Inventaire *des* Fêtes *DE FRANCE*

NADINE CRETIN

Inventaire *des* Fêtes *DE FRANCE* *d'hier et d'aujourd'hui*

LAROUSSE

Direction éditoriale :
Jules Chancel

Réalisation éditoriale :
Marie-Hélène Trouvelot

Suivi éditorial :
Véronique Tahon

Maquette et animation graphique :
Jérôme Faucheux

Illustrations originales :
Anne Cluzel

Correction :
Chantal Barbot, Jean Delaitre, Henri Goldszal

Fabrication :
Nicolas Perrier

ISBN : 2-03-505170-8

Distributeur exclusif au Canada :
Messageries ADP, 1751 Richardson, Montréal (Québec).

À Justine, avec affection

Avant-propos

La fête, temps sacré, marque une rupture dans notre quotidien et inverse, parfois de manière folle, les valeurs sages : ces moments de gaspillage généreux, d'effervescence, remplissent une importante fonction sociale en rapprochant les participants de tout âge et de toute condition.

Les fêtes religieuses, agraires, historiques... ont souvent des origines lointaines qui se sont superposées et qui traduisent le souci constant de l'homme d'assurer sa destinée et de se réfugier derrière des rites protecteurs. « Temps hors du temps », elles ponctuent le calendrier liturgique de l'année chrétienne, juive ou musulmane, signalent la venue des saisons, et marquent la vie de l'homme « du berceau à la tombe ». Il est difficile d'en donner toutes les dimensions, car la valeur émotionnelle – difficile à transcrire – est essentielle. En constante mutation, les fêtes, multiples, diffèrent d'une famille à l'autre, d'une région à l'autre, d'une année à l'autre..., mais elles portent pour la plupart le poids vénérable de la tradition.

De nombreuses fêtes se sont transformées ou ont disparu au XXe siècle, après la Seconde Guerre mondiale, notamment à la suite des grands bouleversements de notre époque contemporaine : exode rural, abandon des croyances autrefois obligatoires, développement des techniques, en particulier dans le domaine de la communication, et avènement des loisirs. Quand les fêtes se sont maintenues, c'est sous de nouvelles formes commerciales et touristiques... préoccupations anciennes, puisqu'au Moyen Âge déjà, la bataille faisait rage pour obtenir des reliques de saints dans le but d'attirer dans sa bonne ville les pèlerins étrangers, et, avec eux, des rentrées sonnantes et trébuchantes !

Beaucoup de fêtes se sont laïcisées et, parallèlement à l'accélération de l'urbanisation et des relations communautaires (disparition des sociétés villageoises, par exemple), elles se sont souvent repliées sur l'intimité familiale et amicale (anniversaires, dîners, pendaisons de crémaillère...).

Les fêtes ont longtemps paru un sujet d'études secondaire et il faut saluer le renouveau des travaux des ethnologues, anthropologues, sociologues ou folkloristes – dont les éminents Paul Sébillot († 1918), Arnold Van Gennep († 1957) et Henri Dontenville († 1981), etc. – au cours du XXe siècle. De nos jours, le mot « folklore » (mot anglais qui signifie « étude du peuple »), né en 1846 sous la plume de W. J. Thoms qui créa ce mot pour remplacer l'expression d'« antiquités populaires », est considéré parfois comme un terme péjoratif. Il marquait l'écart entre les traditions paysannes, ramenées au niveau du pittoresque, et un mode de vie urbain devenu l'expression même de la modernité. Pourtant, ce terme mériterait de connaître la popularité de « patrimoine » (du latin *patrimonium*, « héritage du père »), qui bénéficie, lui, d'une respectueuse considération.

Cet *Inventaire des fêtes de France d'hier et d'aujourd'hui* n'est pas un catalogue de toutes les fêtes connues en France. C'est un relevé aussi complet que possible de ce qui touche de près ou de loin à nos fêtes et traditions, qu'elles soient oubliées ou non.

Chaque notice présente :

– la définition de la fête ou de la tradition, et, éventuellement, son étymologie ;

– son histoire ;

– ses particularités locales ;
– ce qu'elle est devenue aujourd'hui.

Des encadrés mettent l'accent sur des points précis, particulièrement intéressants à développer.

Les différences régionales sont nombreuses et les descriptions mériteraient parfois des localisations plus exhaustives que celles qui sont données : le manque de place nous contraint à les grouper. Le lecteur voudra bien ne pas nous en tenir rigueur.

À la fin de chaque notice, des renvois permettent au lecteur de se reporter à d'autres notices qui lui permettront de compléter son information.

Les illustrations, choisies par l'éditeur, sont pour la plupart tirées de catalogues anciens. Clins d'œil destinés au lecteur, elles agrémentent l'ouvrage et lui confèrent le charme des publications d'autrefois.

A

A

ABONDANCE (fêtes d')

Les fêtes d'abondance clôturent les grands travaux saisonniers productifs, ceux qui « rapportent », disait-on fréquemment : récoltes (fenaisons, moissons, vendanges) ou abattage du cochon (« tuée »).
Toujours célébrées dans la bonne humeur et la convivialité, ces fêtes regroupent ceux qui ont participé de près ou de loin aux travaux dans une théâtralité qui leur est propre. Sont donc considérées comme fêtes d'abondance également les réjouissances corporatives qui marquent la fin d'un ouvrage entrepris collectivement : fin d'un chantier annoncée par un drapeau, une branche de laurier ou une couronne sur le faîte de l'ouvrage (à ne pas confondre avec la pendaison de crémaillère, s'il s'agit d'une maison), publication d'un livre ou d'une thèse, sortie d'un film, dernier jour de reportage scientifique ou médiatique, élections... Le dîner qui suit une journée passée à plusieurs autour d'une activité commune (peinture d'un local, déménagement, chasse...) entre aussi dans cette catégorie.

Ces réjouissances « préhistoriques », pour reprendre le qualificatif d'Arnold Van Gennep († 1957), grand folkloriste français, existent partout dans le monde : nées avec les premiers hommes sédentaires, elles correspondent à des nécessités économiques et ces rituels annuels, souvent placés en automne quand les greniers sont pleins, renforcent les liens des communautés. Si des offrandes de prémices sont parfois faites à l'église, les fêtes d'abondance sont indépendantes de toute religion. Néanmoins, leur existence même est motivée par un souci d'action de grâces, rejoignant l'une des premières croyances en une nature habitée par des esprits. Selon l'anthropologue anglais James George Frazer († 1941), cette croyance aurait même précédé l'idée que la nature est régie par des forces extérieures.

Avant l'avènement de la mécanisation au cours du XXe siècle, les fêtes d'abondance étaient l'expression véritable d'un soulagement après le travail. Plus le labeur a été intense, plus ces fêtes sont gaies, agrémentées de plaisanteries qui soulignent le courage des ouvriers ou leur lenteur. Copieux et bien arrosé, un joyeux repas ou un pot offert par le patron termine la fête, et, parallèlement à la joie des participants, il s'accompagne parfois de chants et de farces (on glissait des attrapes dans certains mets en Dauphiné ou dans le Beaujolais après les vendanges). Arnold Van Gennep voyait dans les repas pris en commun une « explosion compensatrice des dépenses musculaires », ainsi qu'une « affirmation de solidarité et, à l'égard des ouvriers et ouvrières embauchés, une emprise sur l'avenir, une sorte de gage que cette main-d'œuvre ne fera pas défaut l'an d'après ».

◆ Les fêtes de fins de vendanges sont toujours d'actualité, ainsi que les pots ou cocktails qui récompensent tous ceux qui ont œuvré à la production d'un ouvrage dans les diverses corporations.

☛ **Cochon (fête du), Cocktail, Corporative (fête), Élections, Martin (Saint-), Moissons (fête des), Pendaison de crémaillère, Pot, Repas, Vendanges (fête des).**

ADOLESCENTS

La classe d'âge des adolescents se divise elle-même en plusieurs catégories (collégiens, lycéens, étudiants, travailleurs...) et se caractérise par son dynamisme, son insouciance et sa jovialité. Cette période de la vie est marquée par des fêtes qui sont souvent des rites d'initiation.

L'adolescence commençait autrefois dès l'âge de douze ans, âge de la profession de foi (ou communion solennelle), véritable rite de passage. Si cette cérémonie catholique, aujourd'hui disparue dans de nombreuses familles, n'est plus le point de départ obligé, l'adolescence continue à commencer sensiblement au même âge. Le terme anglais *teen-agers* convient parfaitement pour désigner ces jeunes (la finale *teen* termine les chiffres des âges allant de treize à dix-neuf ans).

Le comportement des adolescents, encouragés par la transformation physique de leur corps, traduit avant tout une libération qui s'exprime également dans le choix des vêtements et dans le langage. Après l'enfance où l'on encourage sagesse et obéissance, l'adolescence se caractérise par une provocation qui s'élève contre l'apprentissage de ces vertus : ce rite d'inversion rappelle celui, plus débridé, du carnaval qui veut, lui, chambouler annuellement la rigueur sociale. Groupés en bandes derrière un meneur (le chef), garçons et filles se rapprochent, même si, par leurs éducations qui ne sont plus comme autrefois nettement séparées, ils ont l'habitude de cohabiter depuis l'enfance, tant à l'école que dans les loisirs. Une épreuve, variable suivant les bandes, est souvent imposée, tel un rite d'agrégation : première « cuite » (soûlerie), prouesse amoureuse ou sportive. Le rôle des adolescents dans les fêtes – mariages, plantations des mais, bizutages, monômes... –, toujours bruyant et gai, répond à une organisation rigoureuse où la hiérarchie tient une grande place, comme dans les anciennes sociétés de jeunesse. La solidarité entre jeunes joue un rôle primordial et le maniement de l'humour n'est jamais absent.

L'« adolescence »

• L'adolescence tend actuellement à se prolonger, ce qui montre bien les difficultés rencontrées quand il s'agit de répartir la vie en classes d'âge distinctes et d'interpréter les comportements. Ne parle-t-on pas des « adolescents »? Sachant l'insécurité de l'emploi, ces jeunes tardent à se lancer dans la vie adulte, à se trouver un métier stable : ils sont très amateurs de fêtes, « ruptures du quotidien » qui sont des alternatives au mal de vivre, comme les ravers (amateurs de rave-parties) par exemple. Dans la musique, un « silence dansant » qu'ils voudraient ininterrompu, ils cherchent un havre de paix qui ne soit pas la sécurité recherchée par leurs aînés. Dans leur désir d'être différents, ces jeunes en quête d'identité veulent être indépendants et jouer un tout autre jeu que celui voulu par la société.

☛ **Bizutage, Carnaval, Classes d'âge, Farces, Jeunesse (sociétés de), Mais, Rave-party.**

AGAPES

Les agapes, terme féminin employé au pluriel, désignent de nos jours un festin, repas de fête ou d'apparat au menu copieux.

Le mot « agape » (du grec *agapê*, « affection », « amour fraternel »), employé au singulier, est synonyme de « charité » ; il désigna d'abord pour les premiers chrétiens un repas fraternel pris en commun avec les pauvres et, par la suite, un banquet funèbre. Par extension, le terme signifia au XIXe siècle un repas entre divers convives unis par un sentiment de fraternité.

☛ **Banquet, Maçonniques (fêtes), Repas.**

AGATHE (Sainte-)

La Sainte-Agathe, le 5 février, placée comme la Chandeleur (le 2 février) au milieu de l'hiver, joue une fonction météorologique importante : les jours rallongent et le printemps se laisse entrevoir. En période de passage entre les deux saisons, c'est une date carnavalesque par excellence. Sainte Agathe, invoquée contre les intempéries, est une sainte agraire réputée veiller aux champs et aux étables, comme les autres saints de cette période (Antoine, le 17 janvier, ou Blaise, le 3 février, par exemple). Et, comme patronne des nourrices en raison de son martyre, elle veille sur les femmes mariées qui sont honorées ce jour-là dans certaines régions.

Vierge sicilienne du IIIe siècle, sainte Agathe fut, selon la tradition, martyrisée pour avoir éconduit le préfet Quintanius vers 251. Le récit de son martyre, décrit dans *la Légende dorée* de l'Italien Jacques de Voragine († 1298), montre l'acharnement et la cruauté de ses bourreaux. Née dans une famille noble, Agathe, femme d'une grande beauté, avait voué sa virginité au Christ. Elle résista aux avances du préfet romain qui, furieux, la condamna à être exposée nue dans un lupanar, mais elle fut miraculeusement protégée du ciel. Quintanius lui fit ensuite arracher les seins avec une tenaille : saint Pierre apparut la nuit même dans le cachot de la malheureuse et pansa ses plaies. Finalement traînée sur des charbons ardents, elle mourut en bénissant Dieu. À la suite de sa mort, un terrible tremblement de terre secoua la région.

Patronne de la Sicile avec sainte Rosalie, sainte Agathe devint très vite populaire dans toute la chrétienté. Originaire de Catane, ville située près de l'Etna, la sainte fut naturellement invoquée contre les éruptions volcaniques. Le châle posé sur son tombeau, brandi contre une coulée de lave, aurait miraculeusement détourné le danger.

Sainte Agathe, invoquée également contre les tremblements de terre et toutes sortes de catastrophes naturelles, en particulier contre la foudre, les incendies et les intempéries, partage avec sainte Barbe le patronage des pompiers. De nombreuses cloches, placées sous sa protection, portent son nom : on les sonnait autrefois à toute volée à l'approche des orages, car elles étaient réputées éloigner les dangers (les « démons »). Certains pensent que c'est en raison de la fréquente représentation de sainte Agathe avec des seins en forme de clochettes posés sur un plateau. Elle est devenue la patronne des fondeurs de cloches.

Pour son martyre, sainte Agathe est encore la patronne des nourrices. L'antique fête romaine des « Matronalia », le 1er mars, où l'on honorait les mères de famille et la fécondité, était également placée à une date proche du printemps. La journée, marquée par des manifestations féminines, s'apparente à une tradition du carnaval où, dans la logique de l'inversion, ce sont les femmes qui commandent. Le phénomène de la lactation, sous-entendu dans cette légende, caractérise aussi la légende de sainte Brigite (ou Brigide), abbesse irlandaise de Kildare fêtée le 1er février, autre voisine du calendrier et sainte rustique : sa vache généreuse pouvait donner du lait trois fois par jour. La relation avec la fabrication des crêpes ou des gaufres, pâtisseries carnavalesques qui contiennent du lait en abondance, s'impose. Ces pâtisseries de la Chandeleur, de Mardi gras ou de la Mi-Carême, qui, mangées en quantité, font gonfler les ventres, illustrent l'arrivée du printemps et le retour de la fécondité.

- Dans le Bugey et dans le nord de la Provence, la Sainte-Agathe est placée, comme en Espagne, sous l'autorité des femmes mariées qui se retrouvent entre elles : la journée est liée au phénomène printanier de la fécondité, tout comme la journée des « marottes » ou des « commères » que l'on voit encore dans les carnavals européens.
- Dans certaines localités du sud de la France, la veille de la Sainte-Agathe (« Santo-Gato » à Arles) les cloches résonnent pour protéger des intempéries et des feux du ciel.
- En Alsace, sainte Agathe est invoquée par les jeunes mères devant allaiter et par les paysans. Encore au milieu du XXe siècle, on attachait des « billets de la Sainte-Agathe » sur les portes des maisons, des greniers et des étables pour les protéger.

☛ **Barbe (Sainte-), Blaise (Saint-), Calendrier, Carnaval, Catherine (Sainte-), Chandeleur, Cloches, Crêpes, Imbolc, 1er-Mars, Mères (fête des).**

AGNEAU PASCAL

L'agneau est une figure biblique du temps de Pâques.

Selon la Bible, peu avant le départ précipité des Hébreux d'Égypte à la suite de Moïse (vers 1300 avant J.-C.), un ange exterminateur fut envoyé par Dieu pour frapper les enfants premiers-nés d'Égypte. Dieu voulait par ce terrible fléau manifester sa colère auprès du pharaon qui avait contraint les Hébreux à de durs travaux. Moïse, prévenu par Dieu, fit marquer de sang d'agneau les deux montants et le linteau des portes des maisons de son peuple afin qu'elles puissent être épargnées. Pour cela, les juifs devaient chaque année commémorer la Pâque (du grec *Paskha*, issu d'un mot hébreu signifiant « passage ») en offrant en sacrifice à la première pleine lune de printemps, le 14 Nissan, un agneau ou un chevreau sans défaut âgé de moins d'un an.

- La Pâque juive commémore toujours lors du grand repas (le Seder) ce sacrifice de l'agneau. La fête catholique de Pâques (au pluriel cette fois) commé-

more, elle, la résurrection de Jésus-Christ mort sur la croix trois jours plus tôt, à l'âge de trente-trois ans. Jean-Baptiste avait annoncé le Christ, « Sauveur du monde », en le désignant ainsi : « Voici l'Agneau de Dieu. » Les chrétiens font également un grand repas le jour de Pâques où il est fréquent de manger de l'agneau ainsi qu'une pâtisserie contenant des œufs en abondance. En Alsace, au dessert, on sert un gâteau en forme d'agneau décoré d'un ruban dans le cou.

- Servir un agneau à cette époque de l'année remonte sans doute à d'anciennes coutumes pastorales : le jeune animal, prometteur d'abondance au même titre que l'œuf, est symbole de fécondité.

☛ **Mets cérémoniels, Œuf, Pâques, Pessa'h, Repas, Seder.**

AÏD-EL-ADHA ou AÏD-AL-KABIR

Cette « fête du Sacrifice », également appelée « Grande Fête », est une fête musulmane qui a lieu soixante-dix jours après Aïd-el-Fitr (ou fête de la Rupture-du-Jeûne à la fin du ramadan). Aïd-al-Kabir commémore, par l'offrande d'un mouton, le sacrifice qui fut demandé par Dieu (Allah) à Abraham (Ibrahim) – celui d'immoler son fils – au XXe siècle avant J.-C. Au dernier moment, alors qu'Abraham, malgré sa peine, s'apprêtait à sacrifier son enfant Ismaël (Isaac dans la Bible), son élan fut retenu par un ange : le patriarche avait obéi à la volonté divine, c'était l'essentiel. L'enfant fut remplacé par un bélier qui s'était pris les cornes dans les buissons près de là.

En union avec les pèlerins de La Mecque, la fête religieuse d'Aïd-al-Kabir, qui symbolise la totale obéissance à Dieu, est placée le dixième jour du douzième mois, Dhou al-hijja. L'année musulmane, divisée en douze mois de vingt-neuf jours et demi, comporte 354 jours. C'est pourquoi cette fête, comme les autres célébrations musulmanes, est décalée d'un peu plus de neuf jours chaque année par rapport au calendrier grégorien. Cette grande fête n'est pas une fête d'obligation : elle ne figure pas dans le Coran, mais seulement dans la sunna (la tradition), recueil des pensées et actions de Mahomet.

Cette fête comporte des prières de louanges à la mosquée et le sacrifice de bétail en bonne santé : il s'agit généralement d'un mouton par personne ; jamais de porc qui est proscrit. L'animal tourné vers La Mecque est tué par un sacrificateur ou le chef de famille qui prononce la formule : « De par le nom de Dieu, miséricordieux et compatissant ! » Après avoir été dépouillé de sa peau et de ses abats, l'animal est débité en différentes parts : un tiers pour la famille, un tiers pour les voisins et un tiers pour les nécessiteux. Le sacrifice à Dieu est donc doublé d'un acte de partage. Après le sacrifice, l'homme prend un bain et revêt ses habits des jours de fête, avant d'aller à la mosquée dire les prières de l'Aïd. Pendant ce temps, la femme cuit la viande, en mange et en distribue une partie à ses enfants, en réservant une autre pour la maison afin de la purifier des mauvais esprits. La fête occasionne des festins, des chants et des danses.

L'abattage contesté

- La fête du Sacrifice, l'Aïd-al-Kabir, est contraire aux règlements sanitaires français. Des abattoirs prévus sont à la disposition des musulmans pour se fournir des animaux abattus selon les règles, mais les structures sont insuffisantes, car les familles musulmanes veulent toutes faire le sacrifice d'un animal vivant dans un laps de temps limité. De plus, les sacrificateurs agréés compétents ne sont pas assez nombreux. Cette tradition réprouvée par les populations voisines ne favorise guère la cohabitation des communautés.
- La Commission européenne ainsi que diverses associations pour la défense des animaux jugent inacceptables les traitements infligés aux moutons qui ne sont pas étourdis avant d'être égorgés.

☛ **Aïd-el-Fitr, Calendrier, Obligation (fêtes d').**

AÏD-EL-FITR ou AÏD-AL-SAGHIR

Cette « fête de la Rupture-du-Jeûne », également appelée « Petite Fête » pour permettre de la distinguer de la « Grande », celle du Sacrifice (Aïd-al-Kabir), est une célébration musulmane qui marque la fin du ramadan.

Cette fête familiale, qui n'a pas de signification religieuse, est très populaire et a plus d'éclat que la fête du Sacrifice. Le mois de Ramadan, le neuvième mois de l'année lunaire, commémore la révélation du Coran sur terre. C'est l'un des cinq piliers de l'islam. Chaque jour est consacré au jeûne et à la pénitence entre le lever et le coucher du soleil. Les nuits, où l'on veille tard, sont gaies, marquées de repas en famille et de visites d'amis.

La fête de la Rupture-du-Jeûne, à la tonalité plus joyeuse encore, a lieu le premier du mois de Shawwāl, dès que le croissant lunaire apparaît dans le ciel. Marquée par une grande générosité, cette fête occasionne le matin des aumônes obligatoires aux pauvres faites d'argent ou de nourriture, ainsi que des prières à la mosquée ou « en plein air » (hors des murs de la ville devant un mur blanc tourné vers La Mecque). Un repas copieux rassemble les familles, comportant méchoui ou couscous, ainsi que des sucreries, friandises et gâteaux, ce qui justifie l'appellation de « fête des Douceurs » donnée parfois. Avec des habits neufs achetés pour la circonstance, on fait en cette journée de réconciliation sociale des visites aux parents, aux personnes âgées ou malades, et les enfants reçoivent des cadeaux. Cette fête est également marquée par l'envoi de cartes de vœux.

☛ **Aïd-el-Adha, Calendrier, Carte de vœux, Ramadan, Repas.**

ANCÊTRES

Le culte des ancêtres était très présent dans l'établissement des fêtes anciennes et, parfois même, leur raison profonde. Le christianisme et la croyance dans une vie au-delà de la mort a, sinon supprimé, du moins fortement réduit le besoin inconscient du retour des esprits sur terre.

Les morts étant enterrés, leur esprit était censé renaître au printemps avec les premières pousses : les vivants cherchaient à maîtriser ces forces obscures et chtoniennes (venant de la terre) qui inquiétaient. Les génies du renouveau printanier sont proches de l'au-delà, remarquait l'helléniste Henri Jeanmaire à propos de Dionysos, dieu grec de la Fécondité. Le masque, présent sur les scènes de théâtre antiques dans le culte de Dionysos, était à l'origine un objet sacré qui permettait un contact mystérieux avec l'au-delà. Le masque a justement une grande importance pendant le carnaval, période d'inversion qui marque le passage de la mort à la vie. Le carnaval a couvert l'époque de passage entre l'hiver, saison de la mort, symbole de stérilité, d'obscurité et de captivité, et le printemps, saison du renouveau, symbole prometteur de fécondité et d'abondance. Des traditions débridées avec inversion entre l'autorité et le fol, lors de la fête des Fous par exemple, se sont mises en place pour aider le triomphe de la vie, garantir celle de l'homme et sa prospérité, ainsi que celle de la nature. Dans la même logique, les personnages des beaux, richement vêtus, et des laids, couverts

de haillons et de paille, se côtoient toujours dans des carnavals européens ainsi que dans certaines traditions du Nouvel An. Comme saint Nicolas, le beau est généreux : il distribue noix ou oranges, alors que son acolyte, en l'occurrence le Père Fouettard, n'apporte que la désolation. Ce dernier agitait parfois des chaînes évocatrices de captivité, symbole fantomatique par excellence. Le personnage de l'homme sauvage, conducteur des âmes qui « sait le temps », lui ressemble. Recouvert de verdure ou de paille, il évoque aussi l'ours, animal psychopompe capable de conduire aux enfers.

D'autres traditions inquiétantes, comme celle du chasseur sauvage ou de la menée Hellequin et leurs lugubres processions qu'on entendait passer dans les airs lors des nuits d'hiver dans de nombreuses régions de France, continuèrent jusqu'au début du XXe siècle de faire renaître dans leur sillage les enfants morts sans avoir reçu le baptême, les soldats tombés au combat et tous ceux qui avaient connu une mort violente. De même, de nombreuses traditions de revenants courant les campagnes ou hantant les maisons ont longtemps survécu.

- Rendu organisé et officiel par l'Église, le culte des ancêtres a perdu son omniprésence. Le « jour des Morts », institué par l'abbé Odilon de Cluny au XIe siècle, fut fixé au 2 novembre, lendemain de la Toussaint. Cette époque de l'année était celle de la fête celtique de Samain, devenue Halloween. Les Celtes célébraient à ce moment-là le retour de la saison sombre et leur nouvelle année. Lors de cette fête, on croyait que les mondes humain et divin se confondaient. L'intrusion du surnaturel, toujours inquiétante même si elle comprenait, auprès des sorcières des créatures bénéfiques comme les fées, impliquait celle, qui lui est proche, des revenants et donc des ancêtres. Cette fête s'accompagnait de la présence de figures troublantes creusées dans des légumes (navets, betteraves ou citrouilles), les lanternes végétales bien connues dans les régions celtisées, en particulier dans l'est et le nord de la France. En 610, quand le pape Boniface IV institua une fête de « sainte Marie et tous les saints martyrs », il choisit de le faire le 13 mai pour recouvrir d'anciennes célébrations païennes qui avaient lieu au Panthéon de Rome. Au IXe siècle, cette fête de « tous les saints » fut déplacée le 1er novembre : l'Europe carolingienne s'alignait sur le modèle des Anglais qui, au siècle précédent, avaient choisi de fêter « tous les saints » à l'arrivée des jours sombres et froids, en cette période de Samain.
- Les ancêtres étaient censés revenir à minuit la nuit de la Toussaint ou, plus fréquemment, la nuit de Noël. Dans plusieurs régions du nord et de l'ouest de la France, encore au début du XXe siècle, on laissait une fenêtre entrouverte à leur intention, ainsi que de la nourriture sur la table recouverte d'une nappe bien blanche. Cette tradition de la nourriture laissée sur la table familiale pendant que la famille allait à la messe de minuit était connue dans d'autres régions de France (en Auvergne, dans le Midi), ainsi que celle, toujours actuelle, d'accueillir au repas des pauvres ou des personnes seules.
- En Bretagne, un grand feu brûlait dans la cheminée la nuit de la Toussaint. Il ne servait ni à chauffer, ni à éclairer : il était réservé aux défunts qui étaient censés emporter sa chaleur pour toute une année. Selon l'écrivain breton Anatole Le Braz († 1926), les « chanteurs de la Mort » passaient de maison en maison vers neuf heures chanter la « complainte des âmes » encore au début du XXe siècle : ces chanteurs ont souvent avoué avoir senti sur leur cou le souffle froid de l'*Anaon,* peuple des âmes en peine qui se pressaient en foule derrière eux.

☛ **Bûche de Noël, Carnaval, Chasse sauvage, Halloween, Homme sauvage, Jour des Morts, Masque, Nicolas (Saint-), Père Fouettard, Samain, Toussaint.**

ANDRÉ (Saint-)

La Saint-André, le 30 novembre, annonce le début de l'année liturgique que suit l'Église : l'Avent, période de plus de quatre semaines avant Noël, commence le dimanche qui en est le plus proche.

Saint André, ami du Christ, était pêcheur sur le lac de Tibériade au Ier siècle, comme son frère aîné Simon, davantage connu par son surnom de Pierre. Même si les Évangiles parlent peu de lui, saint André, premier apôtre à suivre le Christ, est très populaire. Il patronne divers pays d'Europe qu'il aurait évangélisés selon des récits tardifs (Grèce, Russie, Écosse), ainsi que les régions du nord et de l'est de la France.

Les ducs de Bourgogne, censés descendre des Scythes, peuple de la Russie méridionale, avaient adopté la croix de Saint-André dans leur blason. Selon la tradition, cette croix en X, devenue le célèbre attribut de saint André à partir du XIVe siècle, aurait été l'instrument de son martyre subi à Patras (Grèce).

La nuit de la Saint-André, considérée autrefois comme magique parce qu'à cheval entre l'automne et l'hiver, marque l'arrivée de ce temps de générosité qu'est l'Avent. Proche des coutumes de la Saint-Nicolas, elle occasionnait autrefois des remises de cadeaux aux jeunes enfants d'Alsace et de Lorraine, ainsi que la venue redoutée d'un affreux personnage assimilable au Père Fouettard, agitant ses baguettes et ses clochettes. Plus généralement, c'était une nuit de miracles où les jeunes filles de l'est de la France imploraient saint André pour l'obtention d'un mari : comme de nombreux saints locaux, il avait la réputation de veiller aux destins amoureux. Par divers procédés, les jeunes filles lisaient

l'avenir et interprétaient les songes après avoir prié le saint de « leur montrer en (leur) dormant, l'époux qu'elles auraient de (leur) vivant ». Elles avaient recours à certains procédés magiques, tel que celui du plomb fondu jeté la veille au soir dans un seau d'eau. En refroidissant, le plomb prenait une forme reconnue comme celle d'un outil ou d'une initiale. Ces traditions étaient semblables à celles de la Sainte-Catherine fêtée à une date voisine, le 25 novembre, et à celles d'autres nuits magiques : veilles de l'Épiphanie, du 1er-Mars, du 1er-Mai ou de la Saint-Jean.

Enfin, la Saint-André occasionnait souvent une fête patronale accompagnée d'une foire, comme d'autres fêtes de l'automne (Saint-Michel, Saint-Martin...), car le paysan était plus disponible à cette époque.

☛ **Avent, Calendrier, Catherine (Sainte-), Foires, Liturgie, Nicolas (Saint-), Patronale (fête), Père Fouettard.**

ÂNE

L'âne, équidé fréquemment présent lors des fêtes de France, servait de prétexte à des réjouissances parfois excessives. L'ethnologue Claude Gaignebet observe que cet animal est l'un des représentants privilégiés du changement des périodes de temps. Avec d'autres créatures telles que l'ours ou la chèvre, l'âne est réputé comme animal psychopompe, capable de conduire dans le royaume des morts. Le héros de l'Âne d'or d'Apulée (auteur latin du IIe siècle), Lucius, transformé en âne à la suite de l'application d'un baume d'une séduisante servante-sorcière, put recouvrer sa forme humaine en mangeant des roses. Ses expériences, dont il put témoigner, inspirèrent d'autres légendes. La transformation en âne est devenue une épreuve initiatique.

D'entretien facile, l'âne était présent dans bien des familles, mais, moins puissant que le cheval et moins utile par conséquent, il attirait volontiers les quolibets. La réputation de son

caractère têtu n'arrangeait rien. Lors des charivaris, les « asinades » ou « azouades » étaient de spectaculaires sanctions qui consistaient à promener, monté à rebours sur un âne, c'est-à-dire le dos tourné vers la tête de l'animal, une personne qu'on cherchait à ridiculiser – un mari trompé ou battu, par exemple.

L'âne, animal biblique, était aussi présent au milieu du Moyen Âge dans les cathédrales de certaines grandes villes de France aux offices de Noël, des Saints-Innocents le 28 décembre, ou du Nouvel An, comme à Beauvais, Rouen, Bourges, Autun ou Sens. Ces offices populaires, tolérés par l'Église, faisaient revivre la Bible et la « procession des Prophètes ». Y figurait, juché sur son ânesse, Balaam qui avait annoncé la venue du Christ, « l'astre issu de Jacob ». L'âne, compagnon du Christ depuis sa petite enfance, évoquait encore la crèche et la fuite en Égypte, ainsi que la triomphale procession des Rameaux à Jérusalem qui précédait de quelques jours la mort du Christ sur la croix. Ces « fêtes de l'Âne », où l'équidé en chair et en os entrait dans une église, dégénérèrent. En 1435, le concile de Bâle condamna ces fêtes joyeuses et ridicules, mêlées aux défilés des fêtes des Fous où les sous-diacres étaient consacrés « diacres saouls ».

◆ Seule représentation sage à avoir longtemps survécu, l'âne à roulettes était de sortie à la procession des Rameaux dans certaines localités alsaciennes (le *Palmesel*). Au XVIe siècle, les Jésuites, en réaction contre la Réforme, encouragèrent les processions de ce genre pour développer une forme de dévotion toute simple, capable de toucher l'imagination populaire, comme ils l'ont fait pour les crèches dans les églises.

◆ Dans le nord et dans l'est de la France, saint Martin ou saint Nicolas, tous deux saints généreux de l'Avent (période qui commençait autrefois six semaines avant Noël), ont la réputation de faire leur tournée avec leur âne. Selon la légende, saint Martin avait perdu son âne dans les dunes bordant la mer du Nord et les enfants, accompagnés d'instruments bruyants et de lanternes, avaient retrouvé l'animal égaré. Des traditions ponctuent le passage nocturne de ces saints, la veille de leur fête : l'enfant dépose près de son soulier une poignée de foin ou une carotte pour la « bourrique » et, en échange, l'âne dépose sur le sol de délicieuses « croquandoules » ou « crottes de l'âne » entre la porte d'entrée et la cheminée. De plus, comme Sleipnir, le cheval à huit pattes du dieu Odin de la mythologie germanique, la monture de saint Nicolas est réputée capable de se déplacer dans les airs. Cette aptitude se retrouvera dans le traîneau du Père Noël.

Un compagnon énigmatique

• En Alsace, dans la vallée de Munster, l'« âne à bec » – le *Bickeresel* – qui accompagnait la Dame de Noël lors de la distribution de ses cadeaux, était énigmatique. Le personnage qui portait le masque de l'animal aux grandes oreilles était revêtu de sacs de jute rembourrés de paille. Il avait un curieux bec mobile qui lui permettait de happer tout ce qu'il pouvait. Comme les affreux personnages démoniaques de l'hiver, tels que le Père Fouettard ou Hans Trapp, cet âne évoquait la stérilité et la captivité avec ses lourdes chaînes. Armé de son gourdin, il portait un sac chargé de pommes et menaçait d'y enfermer les enfants désobéissants.

☛ **Animaux domestiques, Carnaval, Charivari, Cheval-jupon, Crèche, Martin (Saint-), Nicolas (Saint-), Père Fouettard, Rameaux.**

ANGE

L'ange, être d'essence spirituelle, est le messager de Dieu auprès des hommes. Présents à maintes reprises dans la Bible, dans l'Ancien et le Nouveau Testament, les anges servent Dieu, le louent, assurent la liaison entre le Ciel et la Terre et protègent les hommes : les plus connus sont les archanges Michel, Gabriel et Raphaël. Tous trois figurent au nombre des saints. Le culte de l'ange gardien, né en Espagne au début du XVIe *siècle, se développa en France à cette époque par le bienheureux François d'Estaing, évêque de Rodez, et fut étendu à toute la chrétienté en 1608 par le pape Paul V.*

Des messagers divins ont ainsi figuré dans différentes civilisations du bassin méditerranéen, entre autres chez les Sumériens et les Babyloniens.

L'ange chrétien est représenté avec des ailes depuis le IVe siècle et l'art gothique du XIIIe siècle développa son image aux portails des cathédrales. La représentation la plus connue est celle de l'*Ange au sourire* de Reims. En même temps, le personnage de l'ange-enfant s'est développé, et la Renaissance puis l'art baroque ont multiplié les portraits gracieux de ces êtres mi-profanes, mi-sacrés.

À partir du XVIIe siècle, l'ange apparut dans les crèches napolitaines. Lors de la nuit de Noël, selon l'Évangile de saint Luc, des anges (« une troupe nombreuse de l'armée céleste ») annoncèrent aux bergers dans les champs près de Bethléem en Judée la naissance du Christ, en louant Dieu et en souhaitant la « paix aux hommes de bonne volonté ». La multitude de ces êtres qui voltigeaient autour de la crèche était remarquable, alors que la crèche provençale, qui se développa au XIXe siècle, n'en offrait que peu de types : l'ange priant, l'ange à la trompette et l'ange à la lyre principalement.

Les crèches napolitaines ont donné naissance aux représentations d'angelots joufflus qui, partis d'Italie et d'Autriche, gagnèrent l'Allemagne puis les États-Unis. Leur image s'est multipliée outre-Atlantique et ces angelots décorent maintenant autant les tables de réveillons que les sapins, les bougeoirs, les couronnes ou les cartes de vœux.

◆ Jusqu'au début du XXe siècle en Alsace, le distributeur de cadeaux était un ange, la Dame de Noël, appelée aussi *Christkindel* (« Enfant-Jésus »). Habillée de blanc, celle-ci portait une couronne de verdure et de bougies dans les cheveux, comme la sainte Lucie suédoise du 13 décembre. Avec ses cadeaux elle semait des fils dorés sur son passage, fils provenant de ses ailes ou de ses cheveux, disait-on avec émerveillement.

☛ **Crèche, Dame de Noël, Décoration, Distributeurs de cadeaux, Noël.**

ANIMATEUR

L'animateur a pour fonction d'entraîner le public à rire et à chanter lors des fêtes (kermesses, mariages, bals...) : c'est souvent l'un des participants qui s'improvise dans ce rôle. Il existe des animateurs professionnels, dont la réputation se répand principalement par le bouche-à-oreille.

Un bon animateur est un personnage équilibré, dynamique avec un grand sens de l'humour. Il doit s'exprimer avec aisance et savoir chanter si possible. Le choix et la variété des numéros proposés doivent faire preuve d'imagination et de bon goût, afin de pouvoir divertir toutes les personnes présentes, quels que soient leur âge ou leur mobilité, sans tomber dans la trivialité.

Dans les fêtes villageoises, l'animateur était l'un des invités, boute-en-train qui entraînait les autres à rire, à chanter et à plaisanter. Depuis les années 1970, le métier d'animateur, phénomène urbain au départ, s'est développé parallèlement à la fonction du DJ (disc-jockey) dans les discothèques.

☛ **Boute-en-train, DJ, Luron, Professionnels de la fête.**

ANIMAUX DOMESTIQUES

Les animaux domestiques considérés ici sont les animaux des fermes et notamment des basses-cours. Les bénédictions d'animaux, de pain ou de sel à leur usage, les pardons aux chevaux, aux bêtes à cornes... témoignent de l'ancien souci de protéger le cheptel, partie intégrante de la famille qui dormait parfois sous le même toit.

Les échanges commerciaux occasionnaient de joyeuses foires et, dans toutes les fermes, même quand l'animal finissait à la boucherie, on l'élevait avec soin : la fête du Cochon, où l'on sacrifiait l'animal avant l'hiver, était une réjouissance attendue, toute laborieuse qu'elle fût. Dans de nombreuses régions, au moment du carnaval ou un peu plus tard au moment de

Pâques, le bœuf gras, promené fièrement par son boucher, défilait tel un char devant une population reconnaissante avant d'être tué. Les animaux de labour, objets d'attentions pour les grands services qu'ils rendaient, étaient souvent voués à la protection d'un saint et la coutume de mettre une image pieuse dans les étables était répandue. Comme le précise l'ethnologue Anne-Marie Brisebarre à propos de saint Fleuret, évêque d'Auvergne antérieur au VIIe siècle honoré à Estaing (Aveyron), un saint vétérinaire devait veiller sur ce pivot de l'exploitation que représentait autrefois la paire de bœufs : si l'un d'eux tombait malade, de nombreuses difficultés s'abattaient sur la famille. En Bretagne, saint Cornély, pape du IIIe siècle, et saint Herbot, ermite du VIIIe siècle, étaient invoqués pour protéger les bêtes à cornes. Dans les Alpes, saint Guérin, évêque de Sion (Suisse) au XIe siècle, jouait ce rôle. Plus généralement, il s'agissait de saint Blaise, évêque de Sébaste en Palestine au IIIe siècle, dont le pouvoir de guérison était réputé s'étendre aux animaux, ou de saint Roch, pèlerin languedocien du XIVe siècle célèbre pour avoir survécu grâce à un chien.

Les autres rites protecteurs qui sévissaient sur les maisons s'étendaient aux communs ou sur les ruches dans un même désir de protection : un tison de la bûche de Noël ou du feu de la Saint-Jean, un brin de buis des Rameaux les garantissaient de la maladie, des animaux nuisibles, de la foudre ou des incendies.

Les oiseaux et les gros volatiles (coqs, poules, oies) – traces d'anciens sacrifices, ont prétendu certains – étaient prisés pour leur difficulté à se laisser attraper. Des compétitions permettaient autrefois de sélectionner le chef de la société de jeunesse, en Rouergue par exemple. Dans le nord de la France, le jour de la Saint-Grégoire (12 mars) ou à Mardi gras, les enfants élisaient leur « roi » au moyen de combats de coqs.

◆ Dans les régions montagneuses ainsi qu'en Rouergue, en Auvergne, en Provence, la transhumance donne toujours lieu à de jolies fêtes où les animaux (bovins ou ovins) sont décorés et mis à l'honneur en montant ou en descendant de l'alpage. Le cheval, martelant le sol de son galop, figure encore dans de nombreuses cavalcades de mai ou de juin au moment où la végétation est en pleine croissance : quintaines ou courses de chevaux offrent aux jeunes gens l'occasion de s'illustrer auprès de leurs pairs. En Provence, au moment de la Saint-Éloi, le 25 juin, des courses de charrettes ramées (couvertes de verdure), menées par un cortège de plusieurs chevaux, s'élancent dans les rues des villages.

◆ À la suite de l'exode rural, la relation avec les animaux des fermes a changé : la formule de l'élevage intensif s'est développée et les agriculteurs n'ont plus le même rapport affectif avec leurs bêtes. Mais, malgré la modernisation – le tracteur a remplacé les bœufs –, les habitudes sont parfois restées et la protection du saint s'est déplacée : ce dernier veille sur les éleveurs et leur élevage en général. Les fêtes actuelles qui suivent le déroulement d'autrefois – courses de charrettes ou quintaines, par exemple – ont perdu leur fonction initiale, celle d'un rite de protection magique, mais elles sont devenues des divertissements attendus qui renforcent la cohésion sociale.

☛ **Âne, Blaise (Saint-), Bœuf gras, Cavalcade, Cheval-jupon, Cochon (fête du), Coq, Éloi (Saint-), Foires, Jeux équestres, Martin (Saint-), Moissons (fête des), Oiseaux, Pardons bretons, Transhumance (fête de la).**

ANIMAUX MYTHIQUES

Objets fréquents de mythes, de légendes ou de fables, les animaux petits ou grands, sauvages ou non, ont très tôt fait partie des croyances de tous les pays. Partout, l'imaginaire s'est emparé de leurs capacités immédiatement perçues de tous : agilité, souplesse, rapidité, robustesse, fécondité, ruse…

Les figures emblématiques de nombreuses villes, animaux mythiques ou totémiques, monstres ou dragons, représentent la lutte entre le bien et le mal, entre la civilisation et la barbarie, reprenant le thème déjà connu dans l'Antiquité du héros solaire maître de la nature, tel Persée, vainqueur de la Gorgone, ou Apollon, de l'énorme serpent Python. Ce thème biblique du Léviathan, monstre cruel du livre de Job, est parlant : il illustre aussi l'Apocalypse de Jean qui décrit le combat de l'archange saint Michel aidé de ses anges contre le dragon Satan, « séducteur du monde ». Cette lutte orna également de nombreuses légendes hagiographiques, celles des saints sauroctones vainqueurs de monstres, images gluantes et ondulantes du paganisme, comme saint Georges, saint Clément, saint Romain, saint Paul Aurélien (Pol de Léon) ou sainte Marthe. De nombreuses cathédrales exhibaient un monstre d'osier vaincu par un

Le Bal. Danse des pastoureaux autour d'un mai, Heures de Charles d'Orléans, comte d'Angoulême (vers 1470).

Le Roi Arthur à un festin, L'Histoire du saint Graal, XIVe siècle.

saint, au cours des processions des rogations, fêtes instituées au Ve siècle pour protéger les productions rurales et éloigner les calamités naturelles.

Thème fréquent dans les grandes villes traversées de fleuves, la lutte contre le dragon évoquait aussi la permanence des dangers liés à l'eau. Créatures mi-aquatiques, mi-terrestres, les monstres représentaient en effet la sournoiserie des rivières (inondations, noyades...), en un temps où ponts et digues étaient peu nombreux.

- Symboles de fécondité, les animaux du printemps figurent en chocolat dans les vitrines des confiseurs au moment de Pâques, comme la poule et ses œufs. Le lièvre de Pâques, connu des pays germaniques et des Alsaciens, est réputé pour sa fécondité : son « nid » aménagé dans les jardins se couvre d'œufs la nuit de Pâques. Créature nocturne et craintive, cet animal, devenu spécialiste de la peur, entretient des rapports mystérieux avec la lune. Animal biblique, l'agneau pascal est lui aussi porteur d'espoir pour un cheptel fécond. Les moules des gâteaux alsaciens épousent sa silhouette pour le dessert de Pâques. Il en va de même pour le poisson, connu pour sa laitance abondante, qui ponctue les farces du 1er-Avril. Figure courante des carnavals, le poisson évoque aussi les menus de carême et la suppression de la bonne chère.
- Bien vivante dans nos traditions, la « petite souris », rongeur indésirable peut-être mais rarement détesté à l'inverse du rat, passe déposer son cadeau sous l'oreiller quand l'enfant perd ses dents. L'animal pourvu de jolies dents vient magiquement comme le ferait une fée : en contrepartie, ambigu comme tous les distributeurs de cadeaux, il est prêt à punir (« Si tu n'es pas sage, la petite souris ne viendra pas ! »), .
- Accompagnateur de saint Nicolas, célèbre distributeur de cadeaux lui aussi, l'âne était réputé capable de marcher dans les airs comme le cheval du dieu Odin : cette croyance est à l'origine des rennes tirant le traîneau du Père Noël.
- Aujourd'hui encore, les animaux festifs, images de toile familières et populaires, sont appréciés malgré la crainte qu'inspirent leurs proportions démesurées ou leurs gesticulations imprévisibles. Nombreux dans les villes méridionales, ils sont nés de légendes locales, telle la célèbre tarasque qui terrorisait Tarascon au bord du Rhône et qui fut vaincue par sainte Marthe au Ier siècle. L'âne de Gignac (Hérault) qui, par ses braiments, sauva sa ville d'une attaque sarrasine, est de sortie chaque année à l'Ascension, ainsi que le poulain de Pézenas (Hérault) ou, en avril, le chameau de saint Aphrodise, premier évêque de Béziers venu d'Égypte pour évangéliser la contrée. Comme les géants du Nord, très actuels eux aussi, ils jouent le rôle de marqueur spatial sur un territoire qu'ils protègent.

☛ **Agneau pascal, Âne, Cheval-jupon, Dahu, Distributeurs de cadeaux, Emblématiques (fêtes), Géants, Lièvre de Pâques, Petite souris, Poisson d'avril, Rogations, Tarasque.**

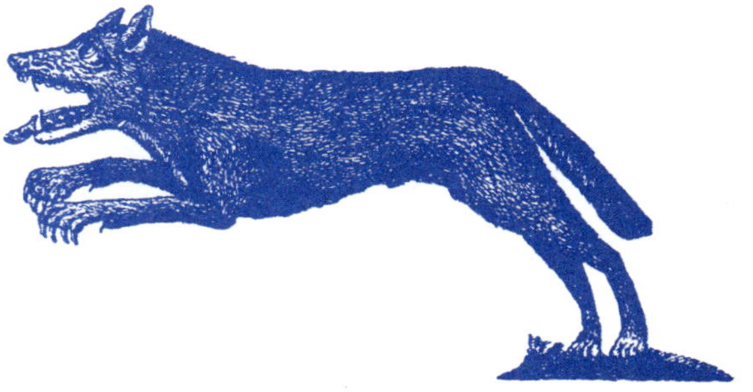

ANIMAUX SAUVAGES

Les animaux sauvages considérés ici sont ceux qui peuplaient autrefois les campagnes et régions montagneuses françaises : l'ours ou le loup principalement. Le bouc ou le taureau, animaux diaboliques et impétueux, font partie également de cette catégorie.

La crainte ambiguë de l'animal féroce ou fougueux apparaît dans le rituel carnavalesque où le sauvage doit être dompté, la nature dominée. En cela, l'animal représente l'« esprit de la végétation », comme le souligne l'anthropologue anglais James George Frazer († 1941). Par ailleurs, les capacités fécondantes de l'animal, si repoussant soit-il, sont enviées, car elles ne connaissent pas de limites. Les déguisements zoomorphes du carnaval, tels que ceux de l'ours, du loup, de la chèvre ou du cerf, en témoignent. Ces déguisements totémiques rejoignent la personnalité complexe de l'homme sauvage qui ponctue le temps qui passe, sait le temps qu'il fait et approche le domaine inquiétant des morts. Messagers de l'au-delà, comme l'ours qui passe l'hiver dans les entrailles de la terre, les animaux sauvages annoncent le réveil de la vie. Selon un dicton célèbre, l'ours ou le loup, en sortant de leur tanière le jour de la Chandeleur, promettent le printemps. Communs à la plupart des traditions masquées d'Europe, ces animaux sont à la charnière du monde civilisé et de la « sauvagerie ». La chèvre et le bouc, capables d'attraper le ciel avec leurs cornes et de fouiller la terre avec leurs sabots, établissent également un lien cosmique entre les mondes céleste et infernal.

- Courses et jeux avec les animaux fougueux (vachettes ou taureaux) sont fréquents en Midi-Pyrénées et en Provence. Bien que dangereux, ils se rapprochent du turf par leur organisation, car les enjeux financiers sont dominants.

☛ **Carnaval, Chandeleur, Homme sauvage, Jeux équestres, Lupercales, Ours, Père Fouettard, Tauromachie.**

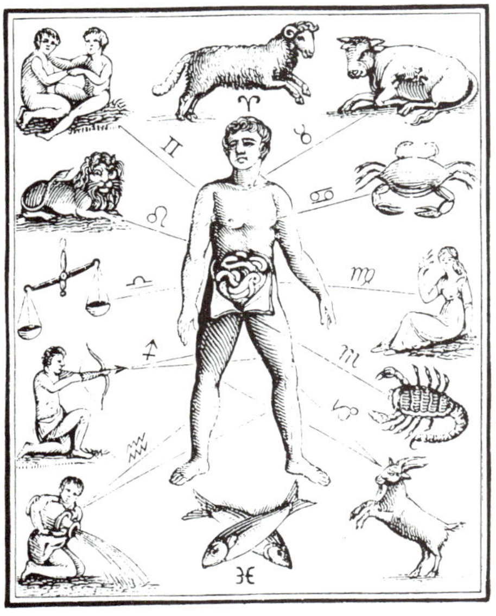

ANNÉE

L'année solaire (année tropique), temps de la révolution de la Terre autour du Soleil, est de 365 jours et six heures environ : elle régit le calendrier grégorien établi par le pape Grégoire XIII en 1582, le plus suivi dans le monde.

L'année comprend deux solstices (du latin *sol*, « soleil », et *stare*, « se tenir immobile »), périodes où l'ensoleillement est plus ou moins long car l'axe de la Terre est penché sur son orbite : celui d'hiver, le 21/22 décembre, et celui d'été, le 21/22 juin. Au solstice d'hiver, les jours sont les plus courts et les nuits sont les plus longues, alors qu'à l'inverse, au solstice d'été, les jours sont longs et les nuits courtes. Entre les deux solstices, les équinoxes (du latin *aequinoctium*, « nuits égales »), le 20/21 mars et le 22/23 septembre, marquent les moments où la nuit et le jour sont de durée équivalente. Solstices et équinoxes délimitent les quatre saisons avec leurs variations climatiques : printemps, été, automne, hiver.

L'année est divisée en douze mois déterminés par les mouvements de la Lune qui tourne autour de la Terre en 29 jours et demi (mois synoptique). L'année lunaire est de 354 jours. La différence entre les deux années, solaire et lunaire, est donc de onze jours environ. Les jours en trop sont placés à la fin de certains mois. Tous les quatre ans, l'année est bissextile : elle comporte un jour de plus, le 29 février, sauf quand elle se termine par deux zéros et que les deux premiers chiffres ne sont pas divisibles par 4 (1900, 2100). Si le découpage de l'année est solaire, le calcul de Pâques dépend de la Lune, ce qui rend mobiles de nombreuses fêtes, du carnaval à la Pentecôte.

Depuis l'établissement du calendrier julien (de Jules César en 46 avant J.-C.), le jour du Nouvel An a été fixé au 1er janvier.

- Les musulmans suivent le calendrier lunaire : le mois commence à chaque nouvelle lune et l'année commence à Ras-al-Am, le 1er-Moharram.
- Les juifs ajoutent un mois supplémentaire tous les deux ou trois ans en redoublant le mois d'Adar. L'année débute pour eux à Rosh Hashana, le 1er-Tischré (en septembre ou en octobre selon les années).
- Pour les catholiques et les protestants, l'année liturgique débute lors du premier dimanche de l'Avent, le plus proche de la Saint-André (le 30 novembre), alors que pour les orthodoxes, elle débute le 1er dimanche de l'Avent. Le calendrier que suit l'Église est important dans l'établissement des fêtes, en particulier pour le calcul de la date de Pâques dont dépendent les jours gras ou la Pentecôte.

Le zodiaque

• Le Soleil passait régulièrement devant une « bande de ciel » définie en douze signes qui formait un « anneau » autour de la Terre (d'où le nom « année »). La notion de zodiaque (du grec *zôon*, « être vivant ») était déjà acquise par les Assyriens 3000 ans avant J.-C. et le nom de ces signes avait été imaginé en fonction de la forme des constellations. L'équivalence du zodiaque avec les mois fut établie au IIe siècle avant J.-C., au temps de l'astronome grec Hipparque : Bélier (21 mars), Taureau (21 avril), Gémeaux (22 mai), Cancer (22 juin), Lion (23 juillet), Vierge (23 août), Balance (23 septembre), Scorpion (23 octobre), Sagittaire (22 novembre), Capricorne (21 décembre), Verseau (21 janvier), Poisson (20 février).

☛ **Calendrier, Liturgie, Mobiles (fêtes), 1er-Moharram, Nouvel An, Pâques, Rosh Hashana.**

ANNIVERSAIRE

L'anniversaire ou le jour anniversaire (nom commun ou adjectif) – du latin annus, *« an », et* versus, *« qui tourne » – est le retour annuel d'un jour marqué par un événement. Quand le mot est employé seul, l'anniversaire indique en général le jour de la naissance d'un individu.*

L'anniversaire n'a pas été toujours célébré, et quand il l'était, c'était en général celui d'un personnage célèbre. Dans l'Antiquité, les premiers anniversaires fêtés furent ceux des dieux. Les Égyptiens ou les Perses connaissaient la date de leur naissance. Au Ve siècle avant J.-C., selon l'historien grec Hérodote, les Perses marquaient le jour par un repas plus abondant que de coutume. Pour les Grecs, c'était l'anniversaire de la mort qu'on célébrait par des offrandes sur les tombes. Par contre, le jour de la naissance d'un guerrier, considéré comme un demi-dieu, était fêté après sa mort. À l'époque d'Alexandre le Grand, au IVe siècle avant J.-C., dans une pièce grecque reprise en latin par Plaute (IIIe-IIe siècle avant J.-C.), *Pseudolus*, il est fait mention d'un proxénète qui organise une fête en l'honneur de son anniversaire. Peut-être était-ce là un acte isolé résultant de la volonté de s'aligner sur d'autres pays ou de se valoriser. Les Romains fêtaient l'anniversaire du « jour natal » en remerciant le génie qui veillait sur eux depuis leur naissance : à cette occasion, ils réunissaient famille et amis autour de l'autel domestique et sacrifiaient aux dieux lares (dieux de la maison), en offrant des gâteaux en forme d'animaux. La personne fêtée recevait des cadeaux.

Avec l'avènement du christianisme, cette tradition fut considérée comme païenne : un chrétien commençait à vivre le jour de sa mort, quand il entrait dans le royaume de Dieu. Pour cette raison, les catholiques fêtaient leur saint patron.

À partir du XVIe siècle, parallèlement au développement de l'humanisme et à la prise de conscience de l'identité de l'homme, les bourgeois protestants d'Europe du Nord décidèrent de fêter leurs anniversaires. Progressivement, au XIXe siècle, l'anniversaire fut célébré dans toutes les classes sociales. Encore au début du XXe siècle de nombreux Français, portant le nom du saint honoré le jour de leur naissance, célébraient leur fête le jour de leur anniversaire. Depuis les années 1950, la célébration de l'anniversaire est devenue courante sous l'influence britannique : la fête entre amis s'impose, soulignée par une vaste pression commerciale à laquelle les enfants sont très réceptifs.

◆ Véritable point de repère dans le temps, l'anniversaire est célébré chaque année dans l'enfance. Les dix-huit ans, étape importante, marquent l'accession à l'âge adulte. Si l'anniversaire continue ensuite d'être fêté en famille, seuls les chiffres ronds (vingt ans, vingt-cinq ans ou « quart de siècle », trente ans, quarante...) permettent d'élargir le cercle d'amis, parfois à l'insu du récipiendaire : il s'agit alors d'un anniversaire surprise.

◆ Obligatoire (telles que les crêpes à Mardi gras par exemple), le gâteau d'anniversaire qui porte les bougies est souvent très élaboré et décoré, sans pour autant avoir de forme spéciale comme celui des anciens Romains, et sans recette privilégiée. Les bougies, par leur flamme montante, symbolisent la vie croissante. On met autant de bougies qu'il y a d'années, ce qui permet de visualiser le franchissement de l'étape, et ces bougies doivent être soufflées d'un coup afin de rappeler la puissance du souffle de vie qui grandit. Le feu et la fumée, présents dans de nombreuses religions sous forme de cierges ou d'encens, sont des symboles purificateurs et régénérateurs.

Pour les enfants

• L'anniversaire d'un enfant donne lieu à un repas familial, avec présence du parrain et de la marraine éventuellement, ainsi qu'à un goûter d'amis avec des enfants de la même classe d'âge en général, ou à une « boum » quand l'enfant est plus grand (vers dix, onze ans). Parfois, une troisième occasion est donnée aux plus petits de souffler leurs bougies à la crèche ou à l'école, autour d'un gâteau apporté le matin par les parents. Cette amplification correspond à l'extension des loisirs en général, avec le « culte » de la table et du cadeau.

• Entre enfants, la réception des amis est très officielle : l'anthropologue Régine Sirota la décrit comme étant un premier rituel de socialisation. Des cartons d'invitation sont envoyés ou distribués à l'avance, la décoration de la maison et celle du buffet, qui comprend bonbons – la « monnaie des petits » – et boissons sucrées, sont recherchées, l'habillement (« chic » ou « cool » selon l'âge), choisi avec soin. L'enfant, roi de la fête, reçoit des cadeaux : impératifs, ceux-ci participent au travail de socialisation. À cette occasion, qu'il reçoive ou qu'il offre, l'enfant apprend les règles de civilité.

• Les contre-cadeaux de petite valeur faits aux amis présents sont obligatoires, eux aussi, comme lors d'un rite d'intégration : pour Régine Sirota, ils rappellent les dragées distribuées au moment du baptême pour faire accepter l'enfant par la communauté qui l'accueille. Cadeaux et contre-cadeaux constituent un système d'échange (le potlatch de l'enfance) d'une valeur monétaire qui finit par être importante à la longue, même s'ils viennent après les cadeaux de Noël.

• Quand les bougies qui décorent le gâteau sont allumées, le moment, souvent souligné par des photos, est intense : tous les regards convergent vers l'enfant devant lequel on place cérémonieusement la pâtisserie. L'assemblée entonne alors de célèbres couplets et le récipiendaire souffle ses bougies.

• Après le goûter, des jeux sont organisés (pêche-à-la-ligne pour les petits, en particulier). Certains choisissent de faire venir à domicile un prestidigitateur ou un clown pour captiver l'auditoire. De plus en plus souvent, des formules « Anniversaires » sont mises en place dans les restaurants et, également, dans certains musées : après la visite de collections appropriées, chaque enfant élabore son cadeau dans un atelier réservé à cet usage, au musée des Arts décoratifs à Paris, par exemple. Dans ce cas, le goûter, à la charge des parents, a lieu sur place. Les visites au zoo et les spectacles de théâtre, de cirque, de marionnettes sont aussi très appréciés.

☛ **Baptême, Bougies, Boum, Buffet, Cadeau, Cierges, Desserts, Dix-huit ans, Fête, Goûter d'enfants, Parrain et marraine, Photographies, Potlatch, Repas, Réunions de famille.**

ANNIVERSAIRE DE MARIAGE

L'anniversaire de mariage, célébré par la plupart des époux, est le retour annuel de la journée de leurs noces.

Les époux le fêtent en général par un repas particulièrement fin pris en tête à tête, et se font parfois des cadeaux mutuels (fleurs, bijoux...) ou s'offrent un voyage. Quand l'anniversaire de mariage a un chiffre rond (dix ans, vingt ans, vingt-cinq ans...), il devient rite d'étape et occasionne souvent une réunion avec la famille et les amis. Ces commémorations, connues d'abord de la bourgeoisie urbaine, se répandirent dans toute la France au XIXe siècle.

Les noces d'or (cinquante ans de mariage), l'anniversaire le plus marquant, sont l'occasion de rassembler toute la parenté. Cette journée, souvent organisée par les enfants, rappelle celle du mariage : parfois annoncée dans la presse, elle est très officielle. Il en est de même pour les noces de diamant (soixante ans), de palissandre (soixante-cinq) et de platine (soixante-dix). À la suite d'une éventuelle cérémonie religieuse, une fête familiale célèbre l'anniversaire, et la remise de cadeaux aux époux exprime la reconnaissance de tous. Selon certains, ces cadeaux doivent être d'or, dorés ou de cristal. Aux noces d'or, les bouquets de fleurs ou d'épis de blé dorés, symbole d'accomplissement et de mûrissement, décorent les tables, les coiffures ou les vêtements. Les végétaux ont toujours été présents pour traduire les sentiments. Les fleurs accompagnent les premières fréquentations, les fiançailles, le mariage : « conter fleurette » ne signifie-t-il pas « courtiser » ?

Les appellations des anniversaires de mariage, classification américaine, dit-on, varient suivant les sources et suivant les pays. Le matériau choisi, du règne minéral ou végétal essentiellement – fleur, bois, tissu, métal ou pierre –, symbolise un lien plus ou moins solide.

1 an : noces de coton	37 ans : airain
2 ans : papier	38 ans : mercure
3 ans : cuir	39 ans : crêpe
4 ans : cire	40 ans : émeraude
5 ans : bois	41 ans : fer
6 ans : cyprès	42 ans : nacre
7 ans : laine	43 ans : flanelle
8 ans : coquelicot	44 ans : topaze
9 ans : faïence	45 ans : vermeil
10 ans : étain	46 ans : lavande
11 ans : corail	47 ans : cachemire
12 ans : soie	48 ans : améthyste
13 ans : muguet	49 ans : cèdre
14 ans : plomb	50 ans : or
15 ans : cristal	51 ans : camélia
16 ans : saphir	52 ans : tourmaline
17 ans : rose	53 ans : merisier
18 ans : turquoise	54 ans : zibeline
19 ans : cretonne	55 ans : orchidée
20 ans : porcelaine	56 ans : lapis-lazuli
21 ans : opale	57 ans : azalée
22 ans : bronze	58 ans : érable
23 ans : béryl	59 ans : vison
24 ans : satin	60 ans : diamant
25 ans : argent	61 ans : platane
26 ans : jade	62 ans : ivoire
27 ans : acajou	63 ans : lilas
28 ans : nickel	64 ans : astrakan
29 ans : velours	65 ans : palissandre
30 ans : perle	66 ans : jasmin
31 ans : basane	67 ans : chinchilla
32 ans : cuivre	68 ans : granit
33 ans : porphyre	69 ans : mélèze
34 ans : ambre	70 ans : platine
35 ans : rubis	75 ans : albâtre
36 ans : mousseline	80 ans : chêne

☛ **Cadeau, Carnet mondain, Fleurs, Mariage, Réunion de famille, Végétaux.**

ANNONCIATION

L'Annonciation est une fête chrétienne qui célèbre l'annonce faite à la Vierge Marie par l'ange Gabriel de la future naissance de son fils Jésus, et de la conception en son sein par le seul fait du Saint-Esprit : « La puissance du Très-Haut te prendra sous son ombre ; c'est pourquoi l'être saint qui naîtra sera appelé Fils de Dieu. » Saint Luc rapporte l'épisode au début de son Évangile en précisant qu'il eut lieu à Nazareth en Galilée, lors du « sixième mois » (au printemps).

Cette fête fut placée le 25 mars au IVe siècle, par rapport au choix du 25 décembre comme date de la Nativité : saint Luc, qui rapporte également dans son Évangile la naissance du Christ à Bethléem, ne précise pas la date de l'événement. L'Église choisit de le placer le 25 décembre pour recouvrir d'anciennes traditions liées au solstice d'hiver (fêtes romaines des saturnales et de *Sol Invictus*, « Soleil invaincu »).

L'Annonciation qui correspondait à l'équinoxe de printemps, servit de début d'année sous les premiers Capétiens, à la fin du Xe siècle. Cet usage, concurrencé dès le XIIe siècle par la date de Pâques, tomba en désuétude au XIIIe siècle.

Cette fête, rattachée au culte du Christ depuis 1969 alors qu'elle était auparavant fête mariale (de la Vierge Marie), était populaire, car elle annonçait le printemps. En Île-de-France, « Notre-Dame de Mars » était la date à laquelle s'interrompaient les veillées commencées le 28 octobre, à la Saint-Simon.

« À Notre-Dame de Mars
Les veillées, à bas. »

« S'il gèle à Notre-Dame de Mars
Chaque mois en aura sa part. »
[Auvergne]

« Si pour l'Annonciation la pluie est là
Pour toutes les fêtes de la Vierge elle le sera. »

☛ **Année, Mariales (fêtes), Noël, Saturnales, Veillées.**

15-AOÛT

Voir Assomption.

APPLAUDISSEMENTS

Les applaudissements (du latin applaudere, *« applaudir ») sont les battements de mains par lesquels les spectateurs expriment leur approbation ou leur enthousiasme.*

Expression naturelle comme le rire ou les pleurs, ils sont toujours très éloquents : leur intensité et leur spontanéité varient. Un « tonnerre », une « tempête » ou des « salves » d'applaudissements sont des termes du registre auditif qui expriment le fracas, la force et la soudaineté. Ces termes s'opposent aux applaudissements « tièdes » ou « polis », voire « inexistants », qui frisent l'indifférence. La désapprobation s'exprime par des « huées » ou des « sifflets », mais ces derniers, quand ils sont soulignés par des applaudissements, peuvent aussi marquer l'enthousiasme.

Les applaudissements s'accompagnent parfois de cris : « bravo ! » (mot italien qui signifie « excellent »), « bis ! » (mot latin qui signifie « deux fois ») ou « une autre ! », ces deux dernières interjections demandant le renouvellement de la prestation tant elle a plu ; on dit qu'elle est alors « bissée ». Par un applaudissement cadencé, les spectateurs font revenir les comédiens ou interprètes sur la scène : ils « battent le rappel ». Lorsque les spectateurs se lèvent pour acclamer, on utilise alors l'expression anglaise de *standing ovation.*

L'ovation (du latin *ovis*, « brebis ») désignait dans l'Antiquité une cérémonie en l'honneur d'un général victorieux, qui s'accompagnait du sacrifice d'une brebis : d'où son nom. L'ovation, soulignée par des applaudissements, rend honneur à un personnage : on dit qu'il est « ovationné ». Cette acclamation publique ou manifestation bruyante exprime une totale approbation, une consécration.

L'acclamation est un cri de joie collectif pour manifester l'enthousiasme et l'approbation. Le hourra, devenu un cri d'enthousiasme public, était un cri d'acclamation poussé par les marins ; c'était aussi autrefois le cri de guerre des Cosaques. Le cri « hourra », qui répond à trois « hip ! » poussés par un boute-en-train, marque l'acclamation : « hip-hip-hip ! hourra ! ».

Le ban ou ban d'honneur est également une acclamation collective qui s'accompagne d'applaudissements rythmés.

Le vivat est une acclamation jointe à une aspersion en l'honneur d'une personne dans le nord de la France.

La claque désigne le groupe de personnes présentes pour applaudir un spectacle ; les « claqueurs » étaient même payés pour cela.

L'« applaudimètre » est l'appellation populaire de la mesure de l'intensité des applaudissements.

La hola

- Lors de la hola, formule populaire qui connaît de plus en plus de succès dans les théâtres, salles de concerts ou stades à gradins, les spectateurs se lèvent les uns après les autres en vagues successives.
- La hola, qui vient de l'interjection familière espagnole « salut ! », est née dans les arènes où les spectateurs peuvent tous se voir. Elle exprime la satisfaction du public ainsi que sa volonté de participation à l'événement, par opposition à l'attitude passive et isolée du téléspectateur.

☛ **Ban, Boute-en-train, Vivat flamand.**

APRÈS-MIDI

Une après-midi – on dit aussi une matinée – peut être dansante ou récréative. Elle exprime alors une forme de loisir collectif mêlant acteurs et spectateurs.

L'après-midi récréative – dite aussi récréation – convient pour les enfants (spectacle d'école, de patronage...) ou pour les personnes âgées (divertissements variés).

L'après-midi dansante, ou thé dansant, implique la consommation de boissons et de pâtisseries.

Le bridge, qui peut avoir lieu le soir également, est une réception centrée autour du jeu de cartes et concerne un groupe défini d'habitués dont le nombre est proportionnel aux tables de jeu (quatre personnes par table). S'il a lieu chez un particulier, la maîtresse de maison sert boissons, canapés ou petits-fours.

☛ **Divertissement, Réception, Thé dansant.**

ARBRE

L'arbre vert, symbolisant la régénération du temps et de l'univers, a toujours joué un rôle important dans les religions européennes, ce qui n'est pas étonnant dans un continent primitivement couvert de forêts. Il marque de sa présence les deux grandes fêtes de passage que sont Noël et le 1er-Mai.

Pour les Celtes, peuple très proche de la nature, les arbres étaient des repères pour leurs assemblées et réunions, au même titre que monts ou monticules. Le *Nemeton*, nom gaulois usité dans tous les pays celtiques, était un sanctuaire le plus souvent de nature forestière comme la forêt des Carnutes (dans la région de Chartres) ou celle de Marseille. Le bois, lié au savoir sacerdotal, servait de support à la connaissance du sacré et avait une valeur divinatoire.

Les anciens Germains et Scandinaves vouaient un culte à l'arbre né de la terre, nourri d'eau et tendu vers le soleil. Ce culte a imprégné l'est de la France : le grand arbre Yggdrasill, if, chêne ou frêne, était l'axe du monde. Défiant le temps et les intempéries, ses racines enserraient le monde souterrain, sa cime approchait les dieux des vents et du ciel. Par sa faune il témoignait de l'intensité de la vie et les sources du savoir coulaient à ses pieds. Maîtres de la destinée, les Nornes (ou « Parques » du Nord, divinités antiques des Enfers maîtresses de la vie des hommes, appelées « Moïraï » chez les Grecs) y tramaient le destin des vivants. Associant le culte des arbres au paganisme, l'Église le condamna lors de plusieurs conciles aux Ve et VIe siècles. En 658, le concile de Nantes ordonna aux évêques de faire arracher certains arbres, objets d'idôlatrie.

Le sapin de Noël

• Ce culte de l'arbre est à l'origine du sapin de Noël, coutume attestée au XVIe siècle en Alsace et dans les pays germaniques, bien que, par ailleurs, le fait de mettre des feuillages dans la maison fût déjà connu des Romains. De même, les Scandinaves plantaient un sapin dans leur jardin au moment des fêtes de Jul (fêtes du solstice d'hiver) pour indiquer la fin des tâches agricoles. Les régions protestantes ont développé la coutume de l'arbre de Noël, alors que les catholiques ont longtemps privilégié la crèche.

◆ Dans la nuit du 30 avril au 1er mai également, ancienne nuit celtique de Belteine qui célébrait le retour de la saison chaude, les « mais », arbres entiers très hauts et effeuillés en partie, décorent encore maintenant les rues et places des villages de certaines régions de l'est, du centre ou du sud-ouest de la France.

☛ **Belteine, Crèche, 1er-Mai, Mais, Noël, Sapin de Noël, Végétaux.**

ARC DE TRIOMPHE

L'arc de triomphe était l'arcade monumentale sous laquelle passait le général romain triomphateur. Ce monument emprunté à l'Antiquité, élevé en travers d'une allée ou d'une rue, permet de saluer le passage d'un souverain, d'un chef ou d'une armée victorieuse.

Lors du grand défilé militaire du 14 juillet 1919, qui se déroula de la porte Maillot à la République à Paris, les troupes victorieuses des différentes nations passèrent ainsi sous l'Arc de Triomphe. Décidé par Napoléon en 1806 à la gloire de sa Grande Armée, ce « monceau de pierre sur un monceau de gloire » selon les termes de Victor Hugo, fut inauguré en 1836. Un soldat inconnu, victime de la Première Guerre mondiale, y repose depuis 1921.

De la même façon, encore dans la première moitié du XXe siècle, les villes élevaient d'éphémères arcs de triomphe, portiques décorés de festons de verdure et de guirlandes pour les fêtes patriotiques, pour les translations de saintes reliques ou pour les Fêtes-Dieu, afin de saluer solennellement le passage d'une personnalité, d'un défilé militaire ou d'une procession.

☛ **Défilé, Entrée solennelle, 14-Juillet, Patriotiques (fêtes), Princières (fêtes), Procession, Souvenir (cérémonial du).**

ARLEQUIN

Arlequin est un valet bouffon de la commedia dell'arte, habillé d'un « manteau », costume disparate fait de pièces triangulaires de couleurs différentes, armé d'une batte ou d'un sabre de bois, et qui se cache derrière un masque noir. Comme ceux des principaux personnages de la comédie italienne, Polichinelle, Pierrot et Colombine, l'habit d'Arlequin évoque par excellence la fête aristocratique (devenue bourgeoise) du « carnaval des cours », tel que celui de Venise qui se déroulait dans l'effervescence et les intrigues.

Le mot même d'« Arlequin » a une origine controversée : selon divers auteurs, dont le mythologue Henri Dontenville († 1981) et le linguiste Algirdas Julien Greimas († 1992), il viendrait de « Hellequin » ou « Herlequin », mot qui désignait un diablotin, un feu follet et même Satan en ancien français, et qui est devenu un nom de personne (du germanique *helle,* « enfer » et *kin,* « parenté », « famille », soit « train ou gent d'Enfer »). Pour l'historien Jean-Claude Schmitt, « il ne fait aucun doute que le nom de Hellequin (ou Herlequin ou Helething), qui apparaît d'abord en Normandie puis en Angleterre, soit d'origine germanique et fasse référence à l'armée *(heer)* et à l'assemblée des hommes libres pour régler les affaires d'intérêt commun *(thing)*, de ceux-là seuls qui portent les armes ». «La maisnie Hellequin », attestée au XIIe siècle chez Chrétien de Troyes et le moine anglo-normand Orderic Vital, était la troupe des morts, d'âmes en peine, devenue horde de fantômes, de démons et de sorcières, qui, sous la conduite de Hellequin, faisait un

vacarme nocturne effroyable. Cette « maisnie Hellequin » ou chasse sauvage, qu'on entendait par les nuits d'automne ou d'hiver, était dite aussi, selon les régions, « chasse du roi Hérode » ou « chasse du roi Arthur ».

L'énigmatique personnage d'Arlequin, qui nous revient d'Italie, est donc ancien. À la fin du XVe siècle, Dante, imprégné d'idées et de mots français, énumère, dans son *Enfer* au chapitre XXI, des démons, parmi lesquels un « Alichino ». Dépouille de pauvre diable, Arlecchino, valet sot et peureux vêtu de loques multicolores, apparaît à la fin du XVIe siècle dans les scénarios de Flaminio Scala, en compagnie de Pedrolino (Pierrot). Jusqu'au XVIIIe siècle, il conserve une trace de corne. Balourd, ivrogne et stupide, le risible Arlequin des pièces italiennes du XVIIIe siècle de Goldoni savait se faire complice du public ; ce valet, devenu leste et rusé, fut popularisé en France par Marivaux au même siècle. Cet être qui exprime la confusion des possibles, l'instabilité et l'indéterminé, laisse croire qu'il est sans idée et sans personnalité. En réalité, avec son costume original, il obéit à une logique tout autre, l'envers même de la rigueur, qui est la logique du carnaval, « fête à l'envers ».

☛ **Carnaval, Chasse sauvage, Déguisement, Homme sauvage, Masque.**

ARMISTICE DU 11 NOVEMBRE 1918

« Armistice » (du latin arma, *« armes »,* et sistere, *« arrêter ») est un terme militaire apparu en 1688, d'abord féminin puis masculin, peu usité jusqu'à la fin du XVIIIe siècle. Employé par des belligérants, il signifie l'arrêt des hostilités par une convention. La fête de l'Armistice commémore la convention signée le 11 novembre 1918 dans un wagon à Rethondes dans la forêt de Compiègne (Oise) ; elle mettait fin à la « Grande Guerre » (Première Guerre mondiale), entérinant la capitulation de l'Allemagne.*

Fête patriotique sans coloration politique, la fête de l'Armistice est une manifestation du souvenir et de la reconnaissance : elle permet de rendre hommage aux morts de cette guerre (1 500 000) et de saluer le courage de tous les soldats. Comme les autres commémorations (14-Juillet, fête de la Victoire), elle permet surtout un travail de mémoire essentiel pour la définition de l'identité nationale.

Tous les bâtiments publics sont pavoisés. Des gerbes de fleurs, composées pour tout ou partie de bleuets, fleurs officielles du souvenir des morts pour la France, sont déposées devant les monuments aux morts de toutes les communes de l'Hexagone, en présence des maires et de personnalités politiques locales. Sur la tombe du Soldat inconnu sous l'Arc de Triomphe à Paris, la cérémonie se déroule en présence du président de la République, de ministres, d'autorités civiles et militaires, ainsi que de membres d'associations d'anciens combattants et des victimes de guerre. Le dépôt de la gerbe s'accompagne éventuellement de remises de décorations aux anciens combattants (les « poilus »), d'une minute de silence et de discours. Les fanfares (tambours et clairons) jouent *la Sonnerie aux morts* et *la Marseillaise*. La présence à cet hommage des enfants des écoles, qui avaient souvent perdu un parent proche lors de la Première Guerre mondiale, était autrefois obligatoire. Le « 11-Novembre » eut une résonance particulière après la Seconde Guerre mondiale.

Les monuments aux morts et *la Sonnerie aux morts*

• Au lendemain de la Première Guerre mondiale en 1919, en hommage aux combattants, une loi accorda l'attribution de subventions aux communes pour ériger les monuments aux morts, afin de « glorifier les héros morts pour la Patrie ». Chaque commune fit élever un monument plus ou moins décoré : souvent une simple stèle de pierre, dotée parfois de personnages émouvants (un soldat brandissant un drapeau, une veuve et son fils…). Elle y fit graver le nom de ses enfants morts au champ d'honneur ainsi que ceux des victimes des guerres suivantes, gardant ainsi leur souvenir dans ses murs.

• *La Sonnerie aux morts*, marche funèbre émouvante, est due au chef de la musique de la Garde républicaine Pierre Dupont : il la composa à la demande du général Gouraud. Cette sonnerie, dédiée aux morts de la guerre 14-18, ainsi qu'à tous les morts pour la France, fut exécutée pour la première fois à l'Arc de Triomphe, à Paris, le 14 juillet 1931. Aux messes militaires, elle est sonnée lors de l'élévation.

☛ **Célébration, Commémoration, Décorations honorifiques, Discours, Fanfare, 14-Juillet, Patriotiques (fêtes), Souvenir (cérémonial du), Victoire (fête de la).**

ARROSAGE

L'arrosage, terme employé de plus en plus fréquemment, est une réunion qui, comme les fêtes d'abondance, couronne la situation nouvelle d'un ou de plusieurs individus : réussite à un examen, soutenance d'une thèse, acquisition d'une nouvelle voiture...

Les personnes invitées à un arrosage sont en général des membres de la famille, des amis ou des collègues proches de celui qui « arrose ». Contrairement au cocktail, l'arrosage n'impose pas de tenue vestimentaire particulière.

Ce terme appartenant au registre des liquides implique l'usage de boissons (du champagne souvent) accompagnées de petits-fours ou de canapés, comme le pot ou le verre de l'amitié.

☛ **Abondance (fêtes d'), Boissons, Champagne, Cocktail, Pot, Vin d'honneur.**

ASCENSION

L'Ascension (du verbe latin ascendere, *« monter vers »), fête chrétienne connue dès le* IV*e siècle, a lieu quarante jours après Pâques et dix jours avant la Pentecôte : elle célèbre la montée de Jésus au ciel vers son Père, relatée dans les Évangiles de Marc et de Luc, ainsi que dans les Actes des Apôtres.*

Lors de cette fête située au milieu du printemps, à un moment où la nature s'affirme, d'anciennes manifestations avaient lieu pour protéger magiquement le territoire et parfois les paysans. Elles ont elles-mêmes engendré les rogations, processions chrétiennes instituées au Ve siècle, placées les trois jours précédents. La reconnaissance à cheval des bordures d'un territoire, attestée encore en Europe au XXe siècle, remonte au très ancien souhait de reconduire les démons aux frontières, lieux que l'on croyait hostiles. Les courses équestres où aucun obstacle ne devait arrêter les concurrents, survivent également à la Pentecôte. On leur accordait un pouvoir fécondant grâce aux piétinements du sol qui réveillaient la terre, ainsi qu'aux grands jeux collectifs, comme la soule, jeu de balle où tous les coups sont permis.

- L'Ascension, qui est un jour férié, se situe toujours un jeudi ; ce jour-là, comme le dimanche, les catholiques se rendent à la messe : c'est une fête d'obligation. L'Ascension occasionne souvent un « pont », permettant de chômer jusqu'au dimanche.
- La journée est encore fréquemment marquée dans toute la France par des concours équestres, jumpings (Arcachon), fêtes de l'attelage (Trois-Fontaines-l'Abbaye, Marne) ou de l'âne (Gignac, Hérault).

☛ **Cierges, Dimanche, Fériés (jours), Jeux équestres, Obligation (fêtes d'), Pâques, Pentecôte, Rogations, Soule.**

ASHURA

Ashura, fête musulmane tournée vers la mort, a lieu le dixième jour de Moharram, premier mois de l'année. Comme le Yom Kippour juif dont cette fête est inspirée, c'est une journée de recueillement et de prière qui occasionne un jeûne expiatoire d'un coucher du soleil à l'autre, et la nuit est sacrée.

Les chiites, qui se réclament d'Ali, cousin et gendre de Mahomet et donc pour eux son successeur légitime, commémorent la mort d'Hussein, petit-fils du Prophète et fils d'Ali :

ils célèbrent cette journée de grand deuil en se flagellant ou se lamentant, après avoir vécu les neuf jours précédents dans la prière et les litanies. Certains assistent à des représentations de drames religieux traditionnels, les *ta'ziyé*.

Pour les sunnites, qui constituent la majorité des musulmans, l'Ashura est une célébration moins douloureuse : fête de la bienfaisance et de la générosité, c'est un temps de recueillement où l'on fait l'aumône. Les femmes vont prier sur la tombe de leurs ancêtres, y brûlent de l'encens et y versent de l'eau pure. Elles y placent aussi des rameaux de myrte, plante symbolisant l'immortalité. Certaines communautés font un repas au menu rituel (une volaille, du pain sans levain).

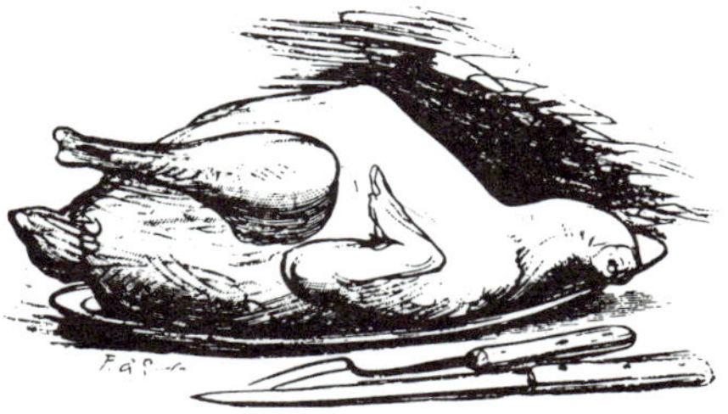

◆ En France, cette journée est marquée par le jeûne et, éventuellement, par la cuisson de couscous donné aux pauvres. Certains fidèles se lèvent lors de cette nuit sacrée pour réciter des prières.

☛ 1er-Moharram, Yom Kippour.

ASPERSION

L'aspersion, qu'elle soit d'eau bénite dans les rites religieux ou bien de graines, de fruits secs, de noisettes, de dragées, de riz, de farine, d'œufs, de lie de vin, de suie, d'oranges, de paillettes ou de confettis, est un rite porte-bonheur de protection et de conjuration qui se manifeste surtout pendant le carnaval.

Annonciatrice d'abondance et de fécondité, l'aspersion était autrefois le fait de jeunes gens qui visaient principalement les jeunes filles. Par ces pluies protectrices, comme par les barbouillages repoussés avec plus ou moins de conviction, les garçons les associaient à leur liesse et à leur dérision. Il n'était pas bon signe pour une jeune fille d'être ignorée de la société masculine, lors de ces jeux publics !

Au début des années 1960, on trouvait encore la présence de ce geste généreux lors des baptêmes, où l'aspersion devenait aussi un rite d'intégration, tel un contre-don : lancer des dragées aux enfants du quartier ou du village permettait de faire accepter le nouveau baptisé parmi ses pairs. De même, au début du carême ou à Noël, les poignées de noisettes, amandes ou dragées, lancées à la volée, étaient attendues des enfants de Savoie ou des Landes, venus les réclamer à la porte des jeunes mariés sans enfant, ou à ceux qui avaient eu un nouveau-né dans l'année.

◆ L'aspersion de riz ou de pétales de fleurs visant les jeunes mariés à la sortie de la mairie ou de l'église relève du même souhait de fécondité. L'aspersion de confettis, dont l'invention remonte à 1892-1893, s'est développée : les confettis, souvent associés à d'autres cotillons, boules de sarbacanes ou serpentins, concernent autant les acteurs que les spectateurs d'une fête. Le jet de confettis, banalisé, figure lors de nombreuses réjouissances actuelles, extérieures ou non, à tel point que l'image des confettis, comme celle du champagne, est devenue symbole de la fête.

Les batailles de Mardi gras

• Les batailles avec œufs et farine à la sortie des écoles, connues dans les villes de France depuis les années 1960, ont été importées par les immigrés portugais. Dans le nord, où le carnaval est une tradition solidement implantée, ces batailles ont lieu au moment de la Saint-Nicolas, le soir du 5 décembre, n'ayant pu s'imposer les jours gras. Le moment est idéal, car saint Nicolas veille précisément sur la fécondité en tant que saint patron des jeunes gens dans les régions du nord de la France (Picardie, Artois...).

☛ Baptême, Barbouillage, Bénédiction, Carnaval, Champagne, Confettis, Dragées, Jeux, Mardi gras, Mariage, Nicolas (Saint-), Œuf.

ASSEMBLÉE

Une assemblée désigne une fête patronale en Normandie, en Beauce, en Touraine, en Brenne et dans les Landes : c'est la « fête du pays », au même titre que la kermesse, la ducasse (Nord), la frairie, la vogue ou la fête votive (Midi). Le mot a été formé sur le latin simul, *« ensemble » ou « en même temps ».*

Cette fête, qui dure deux ou trois jours, était caractérisée autrefois par des cérémonies religieuses, des banquets, des attractions foraines, des bals, ainsi que par des jeux ou concours qui permettaient aux jeunes gens de s'illustrer devant les jeunes filles.

L'assemblée n'a pas comme la foire un but commercial, mais, rassemblant les amis et les parents, elle offre l'occasion de rencontres joyeuses et de discussions sérieuses. Elle rejoint en cela les fêtes celtiques, particulièrement Lugnasad (au moment du 1er août) et Samain (au moment du 1er novembre), qui étaient marquées par des discussions administratives, politiques ou financières.

☛ **Banquet, Ducasse, Foires, Foraines (fêtes), Jeux, Kermesse, Lugnasad, Pardons bretons, Patronale (fête), Votive (fête).**

ASSOMPTION

L'Assomption (mot apparu au VIIIe siècle, du latin adsumere, *« tirer à soi ») est une fête chrétienne qui a lieu le 15 août : elle célèbre la glorification de la Vierge Marie, Mère de Dieu, « élevée à la fin de sa vie en âme et en corps à la gloire du ciel », selon les termes du dogme proclamé par Pie XII le 1er novembre 1950.*

Le dogme est récent, mais cette fête de la « dormition », selon son appellation grecque, est attestée depuis le Ve siècle à Jérusalem et dans les Églises d'Orient, malgré l'absence de témoignages dans les écrits canoniques. L'empereur byzantin Maurice la fixa au 15 août au VIe siècle. Au VIIe siècle, Rome s'est alignée sur l'Orient, et le pape Sergius Ier, Syrien d'origine, contribua à donner de l'éclat à cette fête en la solennisant par une importante procession allant de Saint-Hadrien (au Forum) jusqu'à Sainte-Marie-Majeure.

- L'Assomption est la plus populaire des fêtes mariales : de nombreuses églises érigées sous son vocable l'attestent dans la France entière. La Vierge était à la fin du Moyen Âge le personnage central de la religion chrétienne en Occident. Plus tard, en 1638, Louis XIII, reconnaissant envers la Vierge pour la naissance de Louis XIV, déclara Notre-Dame patronne de la France.
- Le jour du 15 août, fête d'obligation pour les chrétiens, est férié : comme un dimanche, il est marqué par une messe, suivie parfois d'une procession. Par sa situation en plein été au moment des récoltes, des offrandes de prémices (premiers fruits de la terre) et de pain bénit ont lieu dans diverses églises, recouvrant peut-être d'anciennes coutumes préchrétiennes liées à l'abondance. Par ailleurs, le 15 août est souvent l'occasion de fêtes des Moissons, où sont reconstituées pour le public les récoltes d'autrefois, ainsi que de pittoresques fêtes de la Mer (à La Trinité-sur-Mer, par exemple).
- Le 15 août occasionne un « pont » qui, comme celui du 14-Juillet un mois plus tôt, marque une étape pour les vacances d'été. Ces deux fêtes, bien que totalement différentes, l'une étant religieuse, l'autre patriotique, sont comparables dans l'esprit de beaucoup par leur situation « butoir » au milieu de l'été, qui permet des vacances prolongées.

La reconnaissance pour la fécondité-fertilité

- Le culte de la mère nourricière, attesté depuis les Vénus gravettiennes dont l'existence remonte à 22 000 avant J.-C., a marqué toutes les civilisations : Isis en Égypte, Cérès en Grèce, Cybèle en Asie Mineure puis à Rome, par exemple. La reconnaissance pour la fécondité-fertilité en une période où les récoltes sont abondantes semble évidente.
- S'il faut se garder d'assimiler la Vierge Marie, mère du Christ, à ces personnalités vagues et universelles, il reste néanmoins remarquable que, selon la dévotion populaire, les chapelles de la Vierge étaient autrefois fréquentées notamment par des gens qui n'avaient pas d'enfants et qui souhaitaient en avoir.

☛ **Dimanche, Fériés (jours), 14-Juillet, Mariales (fêtes), Mer (fêtes de la), Moissons (fête des), Obligation (fêtes d').**

AUBADE

Voir Sérénade.

AUXILIAIRES (saints)

Quatorze saints « auxiliaires » (ou « intercesseurs ») étaient autrefois honorés pour les services précis qu'ils rendaient. La Vierge Marie s'ajoutait souvent à cette liste, ce qui portait les saints auxiliaires au nombre de quinze. L'adjectif vient du latin auxilium, *« secours ».*

Ces saints, titulaires d'églises ou de chapelles dans la France entière comme dans toute l'Europe catholique, occasionnaient un pèlerinage le jour de leur fête. Leur spécialité était la conséquence d'un élément de leur vie ou de leur légende.

Parmi eux, étaient ordinairement invoqués :
- sainte Apolline, qui eut la mâchoire arrachée lors de son martyre à Alexandrie (vers 250), contre les maux de dents ;
- sainte Barbe, qui fut décapitée par son père tué à son tour par un violent orage à Nicomédie en Asie Mineure (vers 200), contre la foudre, les incendies, les explosions et la mort subite ;

- saint Blaise de Sébaste, qui s'exila dans une grotte parmi les bêtes sauvages et qui intervint miraculeusement pour retirer une arête de poisson dans la gorge d'un enfant (IIIe siècle ?), contre les maux de gorge, pour la protection du bétail et des laboureurs ;
- sainte Catherine d'Alexandrie, qui confondit un auditoire de rhéteurs par son érudition, et fiancée du Seigneur (martyrisée au début du IVe siècle), invoquée par les philosophes et les jeunes filles célibataires ;
- saint Christophe, qui porta le Christ sur son épaule pour lui faire traverser une rivière en Lycie (IIIe siècle), invoqué par les voyageurs ;
- saint Cyriaque, évêque de Jérusalem martyrisé au IVe siècle, ou sainte Lucie (son nom signifie en latin « lumière »), Sicilienne de Syracuse qui se serait elle-même arraché les yeux lors de son martyre (IIIe-IVe siècle) pour cesser d'être courtisée, invoqués pour les yeux ;
- saint Denis de Paris, qui fut décapité (vers 250), contre les maux de tête ;
- saint Érasme (saint Elme), évêque de Campanie, qui eut les intestins arrachés lors de son martyre (début du IVe siècle), contre les maux de ventre ;
- saint Eustache, général romain, ou saint Hubert, évêque de Maastricht à qui le Seigneur apparut sous la forme d'un cerf crucifère (VIIIe siècle), invoqués par les chasseurs ;
- saint Georges, officier qui combattit un dragon à Lydda en Palestine (début du IVe siècle), invoqué par les soldats et contre les maladies de peau, ainsi que sainte Reine, qui fit jaillir une fontaine miraculeuse lors de son martyre en Bourgogne (IVe siècle ?) ;
- saint Gilles, qui avait eu la main transpercée d'une flèche en protégeant une biche (VIe-VIIIe siècle ?) près de l'embouchure du Rhône dans le département du Gard, invoqué par les infirmes, et contre la folie, la stérilité et les possessions démoniaques ;
- saint Guy, qui, venant du sud de l'Italie, avait guéri le fils de l'empereur Dioclétien de l'épilepsie (début du IVe siècle), invoqué contre la « danse de Saint-Guy » et les maladies nerveuses ;
- sainte Marguerite d'Antioche, qui s'était échappée sans mal du ventre d'un dragon (IIIe siècle), invoquée par les femmes enceintes ;
- saint Roch, pèlerin languedocien qui avait contracté la peste (XIVe siècle) et fut miraculeusement nourri par un chien, invoqué contre la peste et pour la protection des animaux domestiques. Saint Sébastien de Milan, transpercé de flèches lors de son martyre à Rome (IIIe siècle), est également invoqué contre la peste.

◆ Le recours à ces saints auxiliaires, dont la liste varie selon les régions, subsiste à la campagne où les visites chez le médecin sont parfois difficiles en raison de l'éloignement, notamment pour les personnes âgées. Les paroissiens, soucieux d'efficacité thérapeutique, accompagnent leurs prières de gestes ancestraux, rituels ou non : pèlerinages, rubans, bouquets ou mots déposés sur l'autel ou près de la statue, processions autour de l'église, plongeon de la statue dans la source miraculeuse… pratiques que l'Église condamne souvent. Cependant les fidèles tiennent à ces cultes et, quand ceux-ci sont maintenus, les pèlerinages s'accompagnent inévitablement d'une joyeuse et bruyante fête foraine.

☛ **Animaux domestiques, Barbe (Sainte-), Blaise (Saint-), Catherine (Sainte-), Christophe (Saint-), Fête, Georges (Saint-) et Saint-Marc, Hubert (Saint-), Patronale (fête), Pèlerinage.**

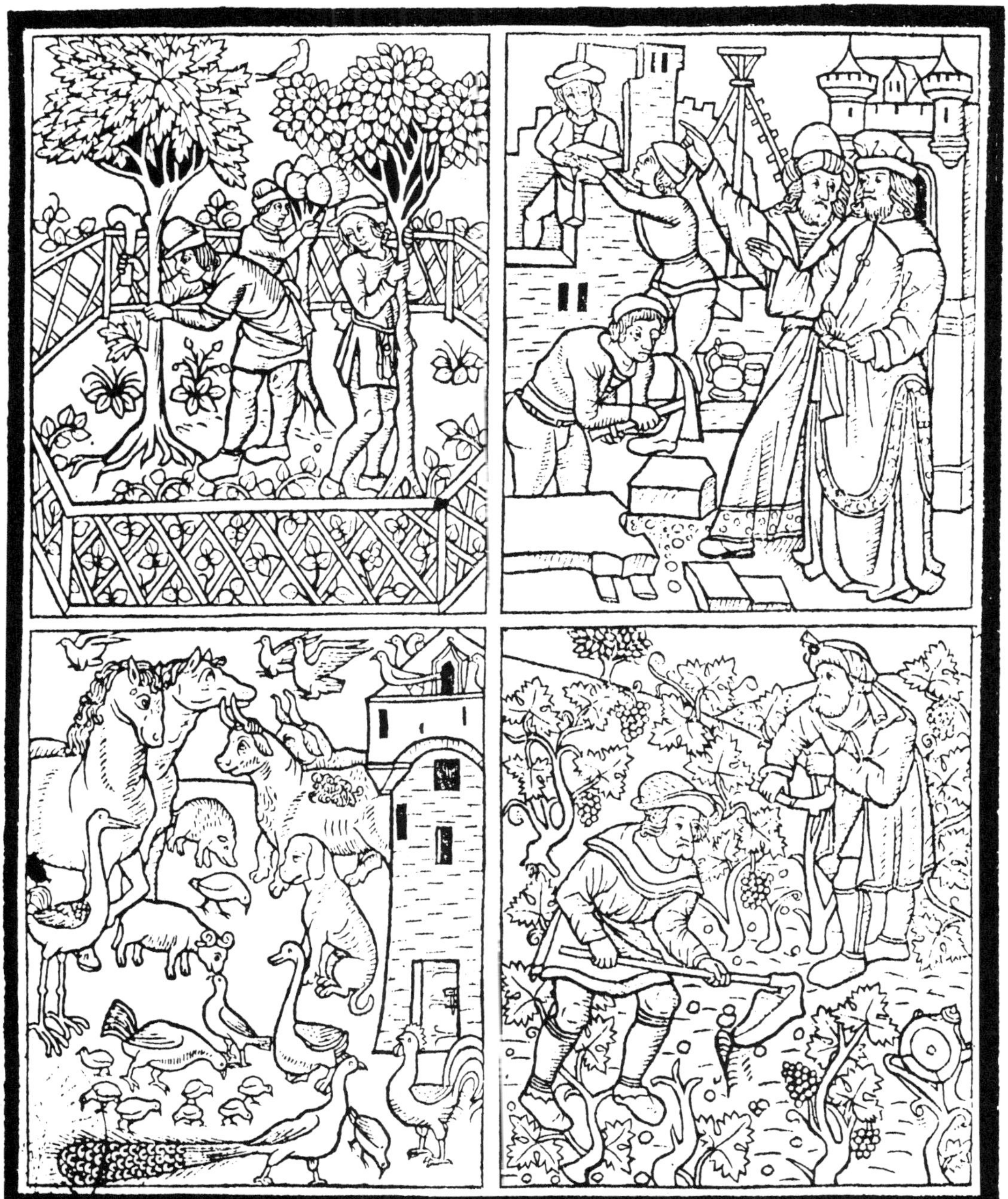

Le Livre des Proufits Champêtres, Pierre de Crescens, 1486.

AVENT

L'Avent est le nom du temps liturgique pendant lequel les chrétiens préparent Noël, fête de la Nativité de Jésus-Christ. Il tient son nom du latin adventus, *mot d'origine profane qui signifie « venue », au sens d'avènement. L'Avent commence le dimanche le plus proche du 30 novembre, jour de la Saint-André, et comprend quatre dimanches. L'année liturgique des catholiques et des protestants débute le premier dimanche de l'Avent, alors que, pour les orthodoxes, l'année liturgique débute le 1er septembre et l'Avent, le 15 novembre. Dans l'hémisphère Nord, cette période s'est toujours caractérisée par de nombreuses attitudes de conjuration ou de protection à l'approche du solstice d'hiver.*

L'Avent a été institué au VIe siècle à Rome, peut-être pour s'aligner sur un temps de jeûne qui précédait les fêtes de Noël et de l'Épiphanie en Espagne et en Gaule dès la fin du IVe siècle. La fête de Noël, célébrant la venue du Christ parmi les hommes à Bethléem en Judée, ne date que du IVe siècle. Auparavant l'Église, qui ne retenait pas les événements de la petite enfance du Christ, célébrait l'Épiphanie le 6 janvier, manifestation de sa divinité à partir du baptême du Christ à l'âge adulte. La première mention de la fête de la Nativité, instaurée dans les années 330, apparaît en 354 dans un chronographe romain, sorte d'almanach liturgique de luxe. L'Église romaine avait choisi de placer cet anniversaire de Jésus, « Lumière du Monde » selon saint Jean, à la date du 25 décembre pour couvrir d'anciennes célébrations païennes liées au solstice d'hiver : les saturnales et la fête du *Sol Invictus* (« Soleil invaincu »), culte d'origine perse au dieu Mithra alors connu à Rome.

Jusqu'au XIIIe siècle, « les Avents » duraient quarante jours : ce « carême de Noël » ou « petit carême » débutait le jour de la Saint-Martin, le 11 novembre, et comprenait six dimanches. Les chrétiens marquaient ce temps de pénitence aux ornements violets (couleur des habits de cérémonie des prêtres en période de pénitence) en « faisant maigre » trois fois par semaine, ne mangeant ni graisses, ni charcuteries, ni viandes, y compris lors du réveillon, s'il avait lieu avant la messe de minuit. De même, certains jours, ils ne devaient pas laver, ni filer, ni aller aux veillées.

Mais la popularité de la fête de Noël a fait de l'Avent, depuis le milieu du Moyen Âge, une période d'attente joyeuse. Dans le Sud-Ouest, jusqu'au milieu du XXe siècle, des sonneries spéciales de cloches annonçaient tous les soirs la future fête avec prédominance de tons aigrelets. Ces sonneries attendues portaient le nom d'aubettes en Ariège, ou d'alaudes en Gascogne.

Dans l'hémisphère Nord en cette époque du solstice d'hiver, on se garantissait depuis longtemps contre la menace de disparition du soleil et de la végétation. On se méfiait de cette époque sombre et froide qui annonçait les « douze jours » allant de Noël à l'Épiphanie, favorables, croyait-on, aux errements des âmes des morts et aux démons. Contre l'obscurité grandissante due aux jours de plus en plus courts, on multipliait dans la maison toutes sortes de lumières (bougies, lanternes), et, contre le dépouillement de la nature, on utilisait de la verdure ou de la paille (guirlandes, branchages, arbre décoré, couronnes). On multipliait les procédés pour s'assurer la fertilité des récoltes futures et la fécondité du cheptel, comme le blé de la Sainte-Barbe en Provence ou le pétillement de la bûche qui brûlait dans les cheminées la nuit de Noël. La convivialité et la chaleur des familles qui se retrouvaient après la dispersion des travaux agricoles conjuraient la froidure de l'hiver des plats traditionnels et des gâteaux aux nombreux ingrédients se préparaient, ainsi que biscuits ou pains d'épices pour décorer l'arbre.

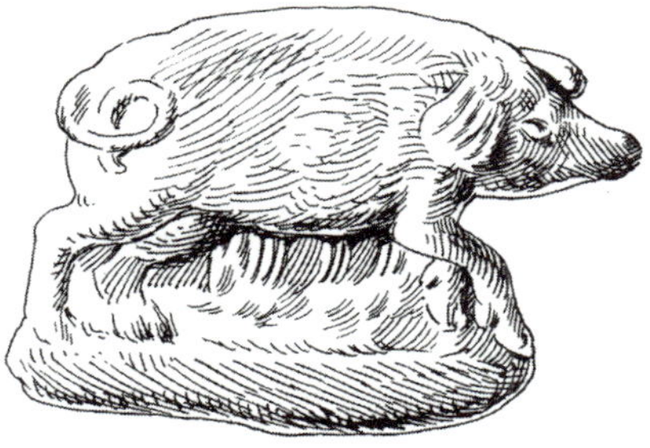

De bruyantes tournées d'origine indo-européennes se mettaient en place : elles étaient censées porter bonheur et purifier l'air infesté de mauvais esprits, notamment lors de la Saint-Nicolas ou des trois jeudis précédant Noël. Aux enfants qui chantaient des noëls de porte en porte, on était heureux de donner argent ou friandises.

L'Avent était un temps de générosité, marqué par la bienfaisance, ce qui caractérise d'ailleurs les saints de cette période : saint Martin offre la moitié de son manteau à un pauvre ; sainte Catherine, le 25 novembre, est « pourvoyeuse de maris » ; saint Nicolas, le 6 décembre, apporte des friandises ; sainte Lucie, le 13, la lumière. Mais comme tous les distributeurs de cadeaux, ces personnages étaient ambigus : ils pouvaient punir en ne passant pas, ou en offrant des baguettes ou du charbon, ou encore en ayant un acolyte avec eux qui s'en chargeait.

◆ La plupart de ces traditions survivent : évocatrices de l'enfance, elles sont aimées et quasi immuables. La décoration apporte vie et chaleur dans les maisons. Dès le début de l'Avent, les catholiques préparent la crèche : la mangeoire reste vide en attendant de recevoir l'Enfant Jésus la nuit de Noël. Sapin, guirlandes, couronnes, rubans, pommes de pin, dessins au pochoir habillent tables, portes ou fenêtres. Les villes, elles aussi, sont animées et décorées de verdure et de lumières. Des marchés de Noël, de plus en plus nombreux, s'installent sur les places. Les bénévoles d'organismes humanitaires agitent leur clochette ou jouent des noëls à la trompette : ils quêtent ou proposent leurs cartes de vœux. Une folle agitation règne dans les rues commerçantes et les vitrines des grands magasins s'animent, spectacles toujours très appréciés.

◆ L'achat des cadeaux et des mets luxueux des réveillons se fait à l'avance : cette frénésie commerciale, souvent dénoncée, n'est pas nouvelle. Le « gaspillage cérémoniel » fait partie des fêtes, comme le décrit l'ethnologue Martine Segalen à propos des mariages. Manger beaucoup est rituel lors des fêtes : l'abondance promet l'abondance.

Les calendriers de l'Avent

• Le calendrier de l'Avent, d'origine allemande, aide les enfants à compter les jours du 1er décembre au 24. Chaque jour, ils ouvrent une petite fenêtre et découvrent une image, un chocolat ou un santon. Ces calendriers, répandus depuis le milieu du XXe siècle, semblent inspirés d'une ancienne coutume qui consistait à donner aux enfants d'outre-Rhin des images pour attendre Noël. Dans les régions alpines, le soir des « nuits d'or » (les neuf nuits qui précèdent Noël), on portait de maison en maison une image ou une statue de la Vierge, et les voisins, s'ils n'étaient pas trop isolés, fêtaient sa venue chaque soir dans une maison différente.

☛ **Baguettes, Cadeau, Carême, Catherine (Sainte-), Couronnes, Crèche, Décoration, Distributeurs de cadeaux, Douze jours, Épiphanie, Gaspillage cérémoniel, Marchés de Noël, Martin (Saint-), Nicolas (Saint-), Noël, Sapin de Noël, Vitrines animées.**

1er-AVRIL

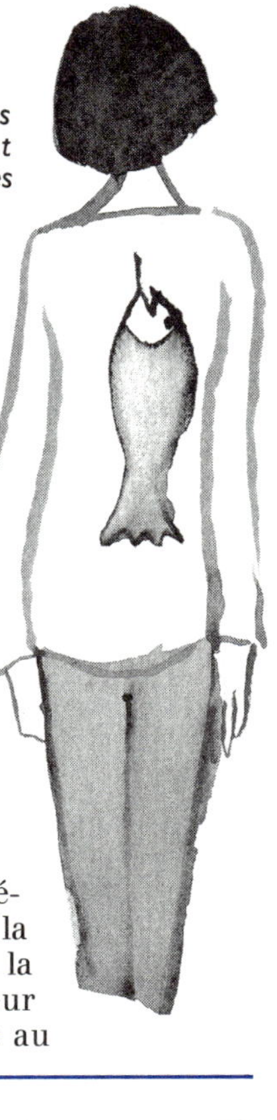

Le 1er-Avril, douze jours après l'équinoxe de printemps, est marqué par d'amusantes farces qui concernent tous les âges et toutes les couches sociales. En France, on ponctue les plaisanteries d'un joyeux « poisson d'avril ! », et on accroche dans le dos des personnes distraites la silhouette découpée d'un poisson en papier.

L'origine du 1er-Avril, qui tombe souvent pendant le carême, période austère, est énigmatique, comme le poisson. L'avènement du printemps s'accompagne d'un rire libérateur, « rire pascal » que le prêtre autorisait à l'église au Moyen Âge.

Cette pause joyeuse caractérise également le carnaval et la Mi-Carême, où la dérision et la satire sont reines. Avant leur condamnation par l'Église au

XVe siècle, les parodies des fêtes des Fous médiévales au moment du Nouvel An et celles de l'enfant-évêque aux Saints-Innocents (le 28 décembre) assuraient l'inversion des hiérarchies et de l'autorité : comme au carnaval, ces temps de logique « à l'envers » permettaient de se ressourcer afin de « rejouer le commencement ».

Pour les Espagnols, le jour des farces est d'ailleurs placé le jour des Innocents, le 28 décembre. En Grande-Bretagne, le 1er-Avril, connu également pour ses farces, porte le nom d'*April Fool's Day*, littéralement le « jour du fou d'avril ». Le fait qu'on la retrouve sous diverses formes dans plusieurs pays européens prouve l'ancienneté de cette coutume. Elle est attestée dans l'Antiquité, si l'on en croit Apulée, auteur latin du IIe siècle qui, dans son écrit *l'Âne d'or,* parle d'une journée de réjouissances en l'honneur du dieu du Rire, qui avait lieu en Grèce chaque année.

On pense généralement que les farces du 1er-Avril sont de fausses étrennes, la période étant celle d'un ancien début d'année. Cette interprétation renforce la fonction carnavalesque du 1er-Avril.

Les farces du 1er-Avril

- Qu'elles aient lieu au moment du 1er-Avril, du carnaval, dans la nuit du 1er-Mai ou lors des veillées, des mariages, des fêtes patronales ou professionnelles, les farces sont toujours un facteur de la vitalité de la jeunesse. Selon le folkloriste Arnold Van Gennep († 1957), les farces du 1er-Avril, liées aux corps de métiers, appartenaient à la catégorie des « farces de réception » ; encore au début du XXe siècle, elles étaient plutôt connues en milieu urbain et représentaient une forme de bizutage pour les jeunes apprentis qu'on envoyait chercher une passoire sans trous, une corde à lier le vent, de la graisse de coude, etc. Les bleus à la caserne ou les jeunes étudiants connaissaient également des épreuves d'admission, présentant des phases vexatoires.
- Les farces du 1er-Avril concernant petits et grands sont restées populaires : les médias aiment ainsi chaque année jouer avec l'actualité en annonçant ce jour-là des informations fantaisistes qui, après avoir étonné le lecteur ou l'auditeur, le font sourire.

☛ **Adolescents, Bizutage, Calendrier, Carême, Carnaval, Conscrit, Dahu, Étudiants, Farces, Fous (fête des), Innocents (Saints-), Mi-Carême, Poisson d'avril, Roi.**

B

B

BACCHUS

Bacchus, autre nom de Dionysos, fils de Zeus et de la mortelle Sémélé, était le dieu grec de la Végétation et de la Fécondité, initiateur de la vie et de la mort. Il fut connu à Rome par la conquête de la Grande-Grèce (Italie du Sud) au IIIe siècle avant J.-C. Mais Bacchus, divinité du vin et de la vigne, dont l'attribut était une grappe de raisin, paraissait subversif au sénat romain et il n'eut pas la renommée qu'il avait connue en Grèce. Son culte ne fut jamais totalement admis à Rome. Il devint le dieu populaire de l'ivresse et fut désormais associé à la débauche et à la licence. L'emploi de termes bachiques désigne encore maintenant tout ce qui touche aux réjouissances et aux excès liés au vin.

Selon l'ethnologue Claude Royer, le vin, généralement associé au sang par sa couleur et par son caractère d'« essence » de la vigne, est le breuvage de vie ou d'immortalité, symbole de la connaissance et de l'initiation. Les bacchanales, réunions secrètes initiatiques, suscitaient la curiosité de beaucoup : les danses nocturnes des bacchantes, prêtresses à demi nues du dieu Bacchus, étaient réputées lascives et s'accompagnaient de jeux et de libations autour d'un simulacre de dieu habillé de lierre. Mais, comme pour toute religion à mystères, le nombre d'intéressés devait déborder celui des initiés. Ces fêtes dionysiaques incontrôlées paraissaient dangereuses sur le plan politique et le sénat romain tenta en vain de les supprimer en 186 avant J.-C.
Le culte de Bacchus fut rapidement connu à l'étranger, si l'on en juge par les nombreuses représentations trouvées en Gaule romaine sur les tonneaux, cruches, balances ou lampes, où le dieu, petit et ventru, passait parfois pour un enfant. Pans, silènes et satyres, personnages mythiques de la nature sauvage associés au culte de Dionysos, étaient des thèmes bachiques courants et on leur prêtait des poses qui dénonçaient l'ivresse. Mais l'abondance des représentations ne signifie pas que le culte de Bacchus ait été solidement implanté.

◆ Ce culte semble n'avoir pas survécu au christianisme, mis à part peut-être la « procession des Bouteilles » à Boulbon (Bouches-du-Rhône) le soir du 1er juin, veille de la Saint-Marcellin : des libations dans la chapelle consacrée à ce saint pourraient être les restes d'un rite de fécondité, une cérémonie bachique à laquelle s'est superposé le rituel chrétien au XIIe siècle. Selon une autre coutume attestée en Île-de-France au XVIIIe siècle, les paysans devaient s'agenouiller dans un pressoir devant une statue du dieu assis sur son tonneau le jour de la Saint-Bacchus, le 7 octobre. Toutefois, il semble s'agir ici d'un amalgame entre le culte du dieu antique et celui d'un saint de ce nom, officier romain martyrisé en Mésopotamie avec saint Serge au IVe siècle. Cette confusion serait née de la vogue pour l'Antiquité plusieurs fois remise au goût du jour au cours de l'histoire.

◆ L'évocation de Bacchus fait souvent partie des fêtes actuelles liées au vin sans que personne ne s'en étonne. Ce culte du dieu antique réimplanté atteste l'ancienneté du vin, réelle celle-là : cette boisson « sacrée » symbolise, avec le blé, la fertilité.

☛ **Beaujolais nouveau, Boissons, Ivresse, Vendanges (fête des).**

BAGUETTES

Les baguettes étaient des branches d'arbres fruitiers écorcées (de noisetier souvent, réputées pour leur souplesse et leur résistance) dont les enfants s'accompagnaient dans leurs tournées hivernales : elles étaient porteuses de fécondité.

Pour les défilés hivernaux, les enfants de France portaient leur lanterne végétale ou leur étoile lumineuse au bout de ces baguettes prometteuses pour l'agrandissement des familles, du cheptel et pour les récoltes à venir. Lors des tournées cérémonielles du Nouvel An, les jeunes gens utilisaient de telles baguettes (sans lanterne cette fois) pour fouetter gentiment les mollets des femmes ou des jeunes filles à marier, ainsi que, parfois, les pattes des vaches à l'étable. Connues jusqu'au milieu du XXe siècle, les anciennes tournées du Nouvel An, appelées improprement « Au gui l'an neuf » depuis le XVIe siècle, tenaient leur nom, non pas du gui, mais de l'*aguilaneu*, « baguette écorcée » en patois normand. En Alsace, c'était le jour des Saints-Innocents, le 28 décembre, que les jeunes gens (ou les enfants) fouettaient les jeunes filles avec des rameaux fleuris mis à germer le 4 décembre, jour de la Sainte-Barbe.

Ce rite rappelle la coutume lustrale (tous les cinq ans) des lupercales, fêtes célébrées dans l'Antiquité à Rome le 15 février : les luperques, qui personnifiaient la troupe de Faunus (dieu des Troupeaux), couraient à travers la ville pour la purifier après l'hiver et, de leur fouet de peau de bouc, frappaient tout ce qui se trouvait sur leur chemin.

◆ L'inquiétante présence des baguettes du Père Fouettard, l'acolyte de saint Nicolas qui menace encore les enfants désobéissants de ses verges dans l'est de la France, trouve ici une explication plus souriante.

☛ **Barbe (Sainte-), Gui, Innocents (Saints-), Lanternes végétales, Lupercales, Nicolas (Saint-), Père Fouettard, Tournées cérémonielles.**

BAL

Le bal est une réunion où l'on danse ; le mot peut aussi désigner le lieu où se donne cette réunion quand il est fixe, comme le dancing ou la discothèque. Le terme vient de l'ancien français baler, *« danser », qui provient lui-même du latin tardif* ballare.

Le bal, souvent payant, contrairement à la réception ou à la soirée, peut être de grand apparat, au profit d'une société de secours, tel le bal des Petits Lits blancs créé en 1917 pour les enfants malades de la tuberculose. Il se tient alors dans un lieu prestigieux, dans les salons d'un hôtel de ville, d'un grand hôtel, d'un casino, de l'Opéra... autour d'invités d'honneur dans une mise en scène somptueuse. Le bal peut être également populaire, comme le bal public, le bal musette, le bal du samedi soir ou du 14-Juillet. Il a alors lieu dans une grande salle communale, sur une place publique ou sous une tente appropriée nécessitant un

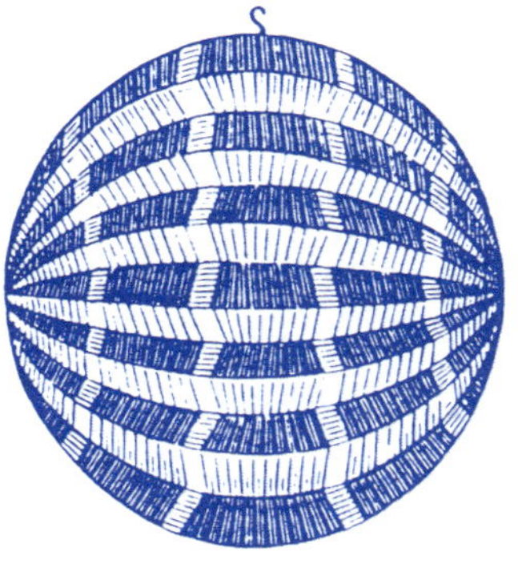

parquet. Un buffet ou un bar est à la disposition des danseurs : lors du bal d'apparat, il peut même s'agir d'un souper fin servi par petites tables. Un véritable orchestre, avec chanteurs ou non, joue sur une estrade des morceaux rapides puis lents : l'intensité lumineuse varie en fonction du rythme. L'orchestre est parfois remplacé par les services d'un DJ (disc-jockey).

Les premiers bals musettes citadins tiennent leur nom de l'emploi de la cabrette, cornemuse emblématique auvergnate, proche de l'instrument de musique champêtre des bergers, composé de plusieurs tuyaux et d'une outre en peau. Dès le XVIIIe siècle, ces bals se tenaient dans le quartier de la Bastille à Paris : on s'y retrouvait entre « pays » – gens appartenant à une même province –, pour y exécuter les danses traditionnelles. Dans ces bals régionaux qui connurent un succès grandissant, la cabrette auvergnate rencontra l'accordéon italien et les bals inclurent bientôt les danses parisiennes pour « couple fermé ». Cette pratique populaire citadine va progressivement s'implanter dans les campagnes entre les deux guerres, et des répertoires « modernes » seront adoptés, au détriment de la danse traditionnelle devenue « danse des vieux ».

Le bal peut être masqué, déguisé, costumé ou travesti. Au « bal de têtes », seuls les visages sont masqués.

Lors de toute soirée dansante, ceux qui ont l'honneur de danser les premiers « ouvrent le bal » : aux mariages, il s'agit souvent de la mariée et de son père. Les jeunes filles qui ne dansent pas « font tapisserie » (ou « font banquette »).

Le « carnet de bal », en usage autrefois lors des bals d'apparat, permettait à la jeune fille de faire inscrire le nom de ses danseurs ; elle devait respecter l'ordre selon lequel ses cavaliers s'étaient présentés.

◆ Les bals, où la musique atteint maintenant un niveau sonore parfois excessivement élevé, se caractérisent par une succession d'influences étrangères : jazz, bals folks après Mai 68, aux accents antimilitaristes (« Faites l'amour, pas la guerre »), créoles, latinos... Les bals sont de moins en moins une affaire de couples : la scène appartient à tous et la danse est devenue une célébration tribale (marquant l'appartenance à une « tribu »). Toutefois, le prestige social de la réunion dansante est maintenu dans les soirées de certains clubs privés, bals de grandes écoles, rallyes...

◆ Les communes qui organisent actuellement des bals publics, rassemblant parfois plusieurs milliers de personnes, renforcent les contrôles de sécurité, afin de réprimer l'utilisation de stupéfiants, la conduite en état d'ivresse et la violence dans les affrontements entre bandes (les « blousons noirs », par exemple), ce qui n'est pas nouveau. Ces phénomènes inquiétants alourdissent l'organisation des bals et certaines communes préfèrent en espacer la fréquence. Les récentes manifestations de rave-parties, qui se tiennent parfois, en raison de leur organisation souterraine, dans l'illégalité sans avoir les permis préfectoraux et municipaux demandés, augmentent leur méfiance.

Le bal des Débutantes

• Les jeunes filles de la haute société étaient l'une des raisons d'être du bal mondain privé qui connut ses heures de gloire au XIXe siècle. Après la Seconde Guerre mondiale, on recréa les grands bals d'autrefois en ayant recours cette fois aux bals ou galas de bienfaisance. Le bal des Débutantes (ou « bal des Debs »), créé en juillet 1959, remplaçait le bal de la cour d'Angleterre donné à Paris par l'ambassade britannique avec présentation collective de cent vingt jeunes filles, selon un modèle anglo-saxon voulu par la reine Victoria. Il était lui-même inspiré d'un grand bal russe du premier quart du XIXe siècle, où les jeunes filles de la noblesse étaient invitées chez le tsar et l'impératrice chaque année au moment de Pâques. Toutes de blanc vêtues, un bouquet de fleurs blanches à la main, les jeunes filles étaient présentées à l'impératrice par sa dame de compagnie. À leur nom, elles faisaient la révérence et, par la même occasion, leur « entrée dans le monde ».

• Le premier bal des Debs eut lieu à l'Orangerie du château de Versailles sous la présidence de la duchesse de Maillé, en présence de mille invités. Depuis lors, encouragé à ses débuts par le danseur et « homme du monde » Jacques Chazot, le bal des Débutantes a lieu chaque année dans des endroits prestigieux, au début du mois de décembre. Une participation financière élevée est exigée de tous les danseurs. Les jeunes filles de l'aristocratie et de la haute bourgeoisie, les « débutantes », âgées de dix-huit ans, s'avancent avec leur cavalier, et se présentent au comité de patronage en faisant une révérence. Un décor soigné, une mise en scène magnifique et élégante, le parrainage de marques luxueuses (grands couturiers, joailliers...) concourent à faire de ce bal fastueux une réunion mondaine très courue.

☛ **Bienfaisance, Danse, Discothèque, DJ, Étudiants, Gala, 14-Juillet, Musique, Rallye, Rave-party, Réception, Surprise-partie, Tenues vestimentaires, Thé dansant, Tonus et bal de l'Internat.**

BAN

Le ban ou publication est la proclamation officielle par voie d'affiche d'un mariage ou d'une ordination (d'un futur prêtre), destinée à permettre aux tiers d'élever d'éventuelles objections.

Le terme « ban » (de l'ancien haut allemand *ban*) est apparu au XIIe siècle avec le sens primitif restreint de convocation légale faite par un cri solennel à certaines audiences royales. Le ban désigna ensuite tout ordre royal, puis toute convocation sous les armes des vassaux ou de la noblesse : le ban s'adressait aux vassaux immédiats (qui relevaient immédiatement d'un prince), et l'arrière-ban, aux autres vassaux.

La triple proclamation des bans d'un futur mariage, faite par le prêtre en chaire lors des trois semaines précédant la célébration, fut instaurée par le concile du Latran IV en 1215. Cette proclamation fit place à la publication de bans par voie d'affiche à l'église après le concile de Trente au XVIe siècle. Depuis l'instauration du mariage civil en septembre 1791, les bans sont publiés à la mairie.

L'affichage des bans a toujours lieu à la mairie où le mariage est célébré, ainsi qu'à la mairie du lieu de domicile ou de résidence de chacun des futurs époux. La publication, affichée pendant dix jours, comporte les prénoms, nom, profession et adresse de chacun des futurs époux, ainsi que le lieu où le mariage devra être célébré.

Pour la publication des bans, chacun des futurs époux doit produire à l'officier d'état civil un certificat médical prénuptial de moins de deux mois.

☛ **Carnet mondain, Faire-part, Mariage.**

BAN DES VENDANGES

Le ban des vendanges est un décret préfectoral connu encore actuellement dans les pays viticoles, qui désigne officiellement la date d'ouverture des vendanges. Le ban (« proclamation du suzerain », de l'ancien haut allemand ban*) définit par extension la proclamation officielle d'un ordre ou d'une défense ; il permettait autrefois de fixer les dates d'ouverture de certains travaux agricoles. Le « Ban des Vendanges » signifie par extension la fête, comprenant défilés et bals, liée en général à l'ouverture des vendanges.*

La proclamation, issue d'un ancien droit féodal, se faisait autrefois oralement par le garde champêtre entre deux roulements de tambour qui « ouvraient » ou « fermaient » le ban, ou par voie d'affiche. Ce ban permettait aux autorités municipales de surveiller toute la vendange. En dehors des dates de la récolte, il était interdit de pénétrer dans les vignobles et de glaner les grappes non cueillies : des garde-vignes ou garde-fruits veillaient au respect de la « mise en ban ».

Le ban, ou ban d'honneur, désigne familièrement une acclamation officielle faite d'applaudissements rythmés.

◆ Depuis 1994, le Ban des Vendanges des Côtes du Rhône, « fête bachique et culturelle », se déroule en Avignon le premier samedi de septembre. Celui de Saint-Émilion a lieu le troisième dimanche de septembre : les confrères de la Jurade proclament le ban du haut de la tour du Roi à 16 h 30 précises. Le Ban du Tilleul, à Buis-les-Baronnies (Drôme), occasionne, un samedi de juin, une messe puis la proclamation du ban par la confrérie.

☛ **Applaudissements, Bacchus, Ban, Vendanges (fête des), Vincent (Saint-).**

BANNIÈRE

La bannière désigne l'étendard porté lors des processions et défilés, permettant de distinguer les paroisses, les confréries, les corporations, les fanfares… groupées derrière lui. Le mot est issu du germanique bandwa*, « étendard ». Suspendue à une barre transversale attachée à une hampe de bois, une pièce de précieux velours ou de soie, bordée de galons et de glands d'or, porte les emblèmes ou l'effigie du saint patron, etc., entourée de feuilles, fleurs ou autres motifs soigneusement brodés ou peints, ainsi qu'une inscription l'identifiant.*

L'emploi des bannières semble remonter aux croix décorées de fanions rouges utilisées pour guider le peuple dans les processions de Rome, dès le VIIe siècle. Au milieu du Moyen Âge, les bannières représentaient l'enseigne d'un seigneur portant ses armoiries, car ce dernier était peu reconnaissable à la guerre sous son armure. Après le XIIe siècle, le mot s'est répandu avec l'utilisation des petits étendards militaires et prit son sens moderne.

Au XVIe siècle, le concile de Trente (de 1545 à 1563) encouragea l'extériorisation de pratiques pour la dévotion publique, en réaction contre la Réforme. Les bannières se sont dès lors multipliées dans les paroisses. L'apparence de la bannière patronale, « drapeau » de la paroisse souvent surmonté d'une croix, se devait d'être riche, afin de donner aux gens de l'extérieur une image sociale cossue.

« Avec chacune d'elles, c'est la foi vivante d'un village qui s'avance et qui passe », écrivait Henri Queffélec à propos des bannières des pardons bretons. Non seulement la bannière était souvent évocatrice du saint patron, mais elle était protectrice également, au même titre que le bâton de corporation. La tenir était honorifique et portait bonheur : cela assurait une copieuse récolte de blé noir, disait-on autrefois en Bretagne. Au XVIIe siècle, ce privilège pouvait même se vendre aux enchères. Le laïc, qui portait la bannière tête nue, prouvait ainsi sa force, et les jours de fête, quand l'office était terminé, plus d'un s'entraînait à soutenir ce lourd fardeau. Lorsque deux paroisses se rencontraient, on ne manquait pas au rituel du « salut des bannières » : elles« s'embrassaient » en signe de

paix. De véritables luttes s'engageaient parfois, mettant la bannière en pièces. Les paroissiens s'empressaient alors d'en récupérer les lambeaux pour les conserver précieusement, tels des talismans.

◆ Les bannières, dont l'exécution est encore d'actualité, font toujours la fierté d'une paroisse ou d'une confrérie : en 2000, lors de la fête de la Toussaint, une grande procession sur la place Saint-Pierre au Vatican en présenta plus de six cents au pape Jean-Paul II, exprimant, plus qu'une image de la Vierge et de saints, leur message de vénération. Les fanfares aiment aussi s'identifier derrière ces « écriteaux de luxe », du meilleur effet lors des défilés.

☛ **Confrérie, Corporative (fête), Défilé, Drapeau, Fanfare, Pardons bretons, Procession.**

BANQUET

Le banquet désigne un repas assis au menu abondant pour de nombreux convives. Le terme, apparu au XIVe siècle, provient de l'italien banchetto, *« petit banc », en référence à l'ajout de bancs disposés autour des tables, ce qui sous-entend de longues tablées alignées, éventuellement placées en U ou en L.*

Le terme de « banquet » ne s'applique pas à tous les dîners assis qui ont souvent lieu autour de tables rondes. Le banquet, s'il a lieu chez un particulier, au besoin dans une grange décorée, est souvent l'affaire de plusieurs maîtresses de maison ; il devient parfois même une cérémonie à laquelle toute la société participe. En ce sens, il est fréquemment qualifié de populaire. Les traiteurs sont de plus en plus sollicités et, à la formule du repas assis, s'ajoute celle du buffet où l'on se sert soi-même.

« Noces et banquets »

• À la façade de certains restaurants, l'inscription « Noces et banquets » signale la présence de grandes salles de réception, même si elles sont pourvues de tables rondes. Cette expression, devenue désuète, est remplacée par celles de « Mariages » ou de « Réceptions ».

• L'usage de tables rondes ou de petites tables rectangulaires pour les réceptions, qu'elles aient lieu au restaurant ou dans les endroits appropriés (salons, châteaux, orangeries...), s'est développé à la fin du XXe siècle.

☛ **Agapes, Buffet, Maçonniques (fêtes), Réception, Repas, Salle, Table (plan de).**

BAPTÊME

Le baptême, du grec baptizein, *« plonger », « immerger », est un sacrement religieux destiné à purifier du péché originel et à rendre chrétien, « enfant de Dieu », celui qui le reçoit. C'est un rite de passage qui permet la première sortie officielle de l'enfant.*

Le Christ lui-même fut baptisé dans le Jourdain par saint Jean-Baptiste, ce qui permit la manifestation de sa divinité. Mais ce baptême juif, reçu vers 30 ans pour confesser ses péchés, avait une fonction plus morale que rituelle. Aux yeux de l'Église, en revanche, le baptême est devenu une nouvelle naissance car l'eau, symbole de vie, permet de renaître. Au tout début du christianisme, on baptisait toute une famille : dans l'ordre, les adultes, les jeunes, les enfants sachant parler puis ceux qui ne savaient pas encore parler. Au moment des persécutions du IIIe siècle, on suspendit le baptême des enfants, pour le rétablir vers le Ve siècle. Les adultes se faisaient baptiser après un catéchuménat qui pouvait durer trois ans. Rite d'exorcisme et d'initiation faisant passer du profane au sacré, le baptême était en France jusqu'aux années 1960 un rite de passage souvent obligé, par lequel l'enfant était désormais admis dans une communauté, sa paroisse. Un baptême civil fut instauré dans les premières années de la IIIe République.

Le baptême peut avoir lieu à n'importe quelle époque de l'année, mais pour les adultes, appelés « catéchumènes » (du grec *katêkhoumenos*, « instruits à haute voix »), il a lieu principalement la nuit de Pâques ou de la Pentecôte. L'âge des baptisés varie : ce sont le plus souvent de tout petits enfants. Jusqu'au milieu du XXe siècle, ces derniers étaient bap-

tisés dans la semaine qui suivait la naissance, sans la mère qui était encore couchée. Selon la liturgie orthodoxe, l'enfant est baptisé quarante jours après la naissance.

Le baptême protestant au temple suit un déroulement très proche du baptême catholique, alors que la cérémonie orthodoxe est beaucoup plus longue.

Pour l'enfant catholique, le prêtre accueille à l'église le candidat assisté de ses parents et de ses parrain et marraine, en l'appelant par son prénom. Après l'avoir marqué du signe de la croix, pour symboliser son arrivée dans la communauté chrétienne, et procédé à une lecture de la Bible qui explique ce « sacrement de la foi », le prêtre le baptise au-dessus des fonts baptismaux qui se trouvent dans une chapelle latérale, ou dans le chœur lorsqu'il s'agit d'un baptême communautaire. Le baptême se fait par immersion, comme aux premiers temps du christianisme, par aspersion ou par infusion (du latin *infundere*, « verser ») ; le prêtre verse alors à trois reprises de l'eau bénite sur le front du baptisé en disant : « Je te baptise au nom du Père, du Fils et du Saint-Esprit. » Puis le baptisé reçoit l'onction du saint chrême, huile parfumée consacrée qui symbolise le don de l'Esprit-Saint : dans la liturgie orthodoxe, il s'agit là du sacrement de « chrismation » (ou confirmation), qui est suivi de la première communion. Chez les catholiques, l'enfant doit être plus âgé pour recevoir ces deux sacrements. Le baptisé, qui a « revêtu » le Christ selon les termes de saint Paul, est couvert d'un vêtement blanc, symbole d'innocence et de pureté : la robe et le bonnet de baptême se transmettent parfois dans les familles, depuis plusieurs générations. Un cierge porté près de lui symbolise l'accès à la « lumière de la foi », mais le feu est aussi un puissant exorciste. La cérémonie se termine par la signature des registres où figurent les noms du baptisé, du prêtre, des parents et des parrain et marraine, ainsi que le lieu et le jour du baptême. Avant que l'enregistrement de l'état civil ne fût confié aux maires en 1792, c'était ce registre paroissial qui consignait les grandes dates de la vie d'un individu (baptême, mariage, funérailles), occasions de cérémonies religieuses.

En cas de grave nécessité, toute personne ayant l'intention requise peut baptiser « au nom du Père, du Fils et du Saint-Esprit » : c'est l'ondoiement. Ce geste permettant le passage du profane au sacré, pratiqué dans l'urgence, éloignant la crainte autrefois répandue de savoir errer l'enfant mort sans baptême dans les limbes, séjour des âmes des justes avant la Rédemption.

Les moindres signes du comportement du baptisé pendant la cérémonie étaient autrefois interprétés comme révélateurs de sa vie future. Les cloches elles-mêmes battaient différemment suivant que l'enfant était un garçon ou une fille. À la sortie, les parrain et marraine jetaient des dragées (noisettes, amandes ou pois, symboles de fécondité) aux enfants du village qui se disputaient pour les ramasser, tels des contre-dons (notion fondamentale en anthropologie indiquant la réciprocité et la reconnaissance) : par ce double rite d'agrégation et d'aspersion porte-bonheur, l'enfant était admis de ses voisins. Les jeunes gens saluaient parfois le nouveau baptisé par des salves de fusil, « vacarme cérémoniel » protecteur : le baptême était l'occasion du premier contact de l'enfant avec l'extérieur et lui permettait d'établir, parallèlement à la déclaration officielle, son appartenance à la communauté.

- Les liens qui s'établissent entre le baptisé et ses parrain et marraine, membres de la famille ou amis proches, sont souvent solides. Ils sont eux-mêmes investis d'obligations vis-à-vis de leur filleul qu'ils doivent aider dans la vie. Cela se manifeste par un échange symbolique de cadeaux à différentes occasions (anniversaires, Noël, mariage). Pour le baptême, le parrain et la marraine s'entendent souvent pour offrir une chaîne et une médaille (ou une croix) en or, bijoux qui accompagneront l'enfant toute sa vie.
- La cérémonie à l'église est suivie d'un repas ou d'un buffet au caractère familial, auquel sont invités les amis intimes. Des cadeaux sont faits au baptisé : articles de décoration, de confection, d'orfèvrerie (timbales, couverts, rond de serviette...). Les invités repartent avec des dragées offertes généralement par le parrain. La tradition veut que le parrain fasse également un cadeau à la marraine.
- Le baptême à l'église est en baisse par rapport au nombre des naissances. Il reste très important dans

Pétrarque, *Les Triomphes*, Le Triomphe de Renommée, XIVe siècle.

Le Carnaval à Cassel, 1860, détail, Alexis Bafcop, XIXe siècle.

beaucoup de familles chrétiennes, même non pratiquantes. Le nombre de baptêmes d'adultes, pour sa part, est en progression. Si le baptême des enfants a gagné en ferveur – en partie à cause de la préparation des parents –, il ne joue plus son rôle de marqueur social. Depuis le décret des 22-25 septembre 1792 qui a enlevé aux prêtres le soin de tenir les registres, la déclaration de naissance, faite dans les trois jours de l'accouchement à l'officier d'état civil du lieu, confère à l'enfant son nom et son identité. Contrairement à cet enregistrement obligatoire, le baptême civil, héritage de la Révolution pratiqué encore aujourd'hui dans certaines mairies, n'a pas d'existence légale.

☛ **Aspersion, Communion (première), Dragées, Épiphanie, Exorcisme, Pâques, Parrain et marraine, Repas, Réunions de famille, Vacarme cérémoniel.**

BAPTÊME D'UNE CLOCHE, D'UN BATEAU...

Le baptême est devenu, par extension, synonyme d'initiation, comme le « baptême de l'air », pour un premier vol aérien, le « baptême du feu », pour un premier combat, ou le « baptême du sang », pour un martyre. Le « baptême de la ligne » ou « baptême du tropique » est une cérémonie burlesque qui marque à bord d'un navire le premier passage de l'équateur ou d'un tropique.

Tout comme l'inauguration de monuments, le baptême officialise le début de la vie d'objets durables considérés comme de véritables êtres animés, tels que les cloches ou les bateaux. Comme lors de la cérémonie religieuse, le rite de dénomination, commun aux cérémonies initiatiques, subsiste : le bateau, qui a une marraine, reçoit un nom. Il est marqué d'une aspersion protectrice : la marraine casse contre sa coque une bouteille de champagne. Le folkloriste Arnold Van Gennep († 1957) associe ce geste à une explosion de joie, telles que les anciennes salves de fusil tirées en l'air à la sortie de l'église lors du baptême d'un enfant. La cloche, qui porte le nom d'un saint patron, a aussi une marraine (parfois un parrain). Une inscription protectrice est gravée. Ces deux cérémonies très officielles ont lieu en présence d'invités de marque.

☛ **Aspersion, Baptême, Baptême de promotion, Cloches, Inauguration.**

BAPTÊME DE PROMOTION

Le « baptême de promotion » est une cérémonie officielle, lors de laquelle la promotion – ensemble des candidats d'une grande école admis la même année – reçoit un nom et un parrain ou une marraine. Par cette cérémonie, la promotion devient une personne à part entière : elle se caractérise par sa permanence et le maintien entre ses membres de liens d'amitié, de solidarité et d'entraide.

Comme lors de tout baptême, la cérémonie est marquée par un rite de dénomination. La « promo » porte le numéro de l'année d'intégration à l'école ou le nom de son parrain ou de sa marraine. En l'occurrence, il s'agit souvent d'une personnalité qui s'est distinguée dans une discipline proche de celles qui sont étudiées. La cérémonie du baptême a lieu en sa présence s'il est encore vivant, sinon en présence de membres de sa famille. La première partie du baptême de promotion est solennelle, avec divers discours officiels. Elle est suivie d'une autre partie moins guindée avec spectacle ou chants (l'humour n'est jamais absent), d'un buffet et d'un bal.

Il ne faut pas confondre cette cérémonie officielle avec le bizutage, qui concerne l'intégration individuelle de l'étudiant parmi ses pairs.

☛ **Baptême, Baptême d'une cloche, d'un bateau..., Bizutage, Étudiants, Parrain et marraine.**

BARBE (Sainte-)

La Sainte-Barbe, le 4 décembre, est l'occasion d'une fête corporative pour tous ceux qui exercent un métier en rapport avec le feu : les pompiers, les mineurs, les artilleurs, les métallurgistes...

Leur patronne, sainte Barbe, ou Barbara – dont le nom vient du latin *barbaria*, « étrangère » –, était une vierge martyrisée au IIIe siècle à Nicomédie en Asie Mineure (ou en Syrie). Ces renseignements, trop succincts, ont permis l'éclosion de diverses légendes : sainte

Barbe est devenue très populaire à partir du IXe siècle, inspirant de nombreux artistes.

Selon l'une des versions, Dioscore, son père, qui aimait passionnément la jeune et belle Barbe, avait voulu lui construire une tour pour respecter son désir de vivre à l'écart des hommes (il voulut l'emprisonner, disent certains). Au retour d'un voyage à la cour de l'empereur, il apprit que sa fille, devenue chrétienne, voyait à travers la troisième fenêtre de la tour, qu'elle avait fait percer, le symbole de la sainte Trinité. Furieux, il la livra au juge Marcien, et Barbe fut soumise à d'atroces tortures, auxquelles cependant elle survécut. Voyant que sa fille refusait toujours d'abjurer, Dioscore décida de l'exécuter lui-même. À l'écart sur une montagne, il la décapita, mais le châtiment céleste ne tarda pas : un orage éclata et la foudre le terrassa.

À la suite de cette légende, sainte Barbe devint la patronne de ceux qui côtoient la foudre et le feu et pour avoir pensé à eux au moment de sa mort, celle des agonisants et, par la suite, des fossoyeurs ; elle est invoquée contre la mort subite, « la malemort », et pour la guérison de certaines maladies mortelles. Ayant été enfermée, elle est patronne des prisonniers et, pour avoir fait percer une fenêtre, celle des architectes, maçons et employés du bâtiment. Sainte Barbe, martyre célibataire, est également invoquée par les jeunes filles. Par jeu de mots sur « barbe », elle patronne enfin les brossetiers et tous ceux qui travaillent le crin, la laine ou les fourrures.

- La Sainte-Barbe, fête des pompiers très populaire auprès des « soldats du feu », s'est généralisée sous la IIIe République, suivant vraisemblablement l'exemple de certains corps de pompiers d'origine militaire. La Sainte-Barbe connaît actuellement des déroulements différents selon les endroits.
- En général, pour les pompiers qui « font Sainte-Barbe », une cérémonie religieuse est suivie d'un dépôt de gerbe au monument aux morts, et d'un vin d'honneur (ou « pot de l'amitié ») organisé par la municipalité reconnaissante en présence de personnalités locales avec fanfares, discours, bilans, nominations et décorations décernées aux pompiers valeureux. Cette cérémonie officielle se termine par un banquet détendu « entre soi », souvent remis au samedi ou dimanche suivant. Dans ce cas, les uniformes font place aux tenues civiles plus décontractées.

Le blé de la Sainte-Barbe

- Quand la foudre menaçait, on sonnait les cloches pour éloigner le danger : c'est pourquoi celles-ci portaient très souvent le nom de sainte Barbe. De là, sainte Barbe est naturellement invoquée pour la profusion des fruits de la terre.
- Le 4 décembre, les Provençaux mettent toujours à germer « le blé de la Sainte-Barbe » dans une coupelle. À Noël, si le blé a germé et que la verdure « vient bien », les futures récoltes seront abondantes.
- En Alsace, ce sont les jeunes filles qui mettent à fleurir dans un vase le jour de la Sainte-Barbe un bouquet de branches de pommier ou de cerisier. Si les branches sont fleuries à Noël, elles y voient un heureux présage pour leur futur mariage. Pour cette raison, certaines placent volontiers le vase près d'un radiateur.

☛ **Banquet, Cloches, Corporative (fête), Discours, Fanfare.**

BARBECUE

Voir Méchoui.

BARBOUILLAGE

Le barbouillage, qui consiste à maculer (« machurer ») le visage des jeunes filles de suie ou de lie de vin, fait partie du rituel de carnaval au même titre que l'aspersion. Le barbouillage, souvent prétexte à des jeux amoureux, est toujours vécu comme une protection magique.

Le barbouillage se retrouve lors des farces des vendanges, période licencieuse également : les jeunes gens salissent le visage des jeunes filles avec les grappes oubliées. Selon un usage indo-européen, les déguisés choisissent parfois de se noircir eux-mêmes le visage : le barbouillage s'apparente alors au masque. Pour l'ethnologue Claude Gaignebet qui y oppose les Pierrots enfarinés, ces déguisés jouent avec les facettes de la lune, astre déterminant dans le calendrier populaire.

◆ Le rite apotropaïque (magique et protecteur) se retrouve dans les inscriptions à la craie au-dessus des portes d'entrée des maisons de l'est de la France, au moment de la nouvelle année : C+M+B+, les trois initiales des Mages suivies du chiffre de l'année, sont apposées par de jeunes enfants, lors de tournées porte-bonheur. Il en est de même pour la croix noire que l'on traçait autrefois sur les portes avec la fumée du cierge de la Chandeleur dans de nombreuses régions de France (Auvergne, Provence, par exemple), afin que « le diable n'entrât pas par là ». Ces formules magiques, avant d'être christianisées, visaient à éloigner les mauvais esprits.

☛ **Aspersion, Carnaval, Chandeleur, C+M+B+, Maquillage, Masque, Tournées cérémonielles.**

BAR-MITSVA

La bar-mitsva et la bat-mitsva, rite de passage juif qui solennise l'entrée dans l'adolescence, marque l'accession à l'âge de la majorité religieuse. Elle est fixée à douze ans pour la fille (la « bat-mitsva » ou « fille de la Loi » en hébreu), et à treize ans pour le garçon (le « bar-mitsva » ou « fils de la Loi »). Le jeune devient officiellement responsable de l'accomplissement des commandements de la Thora (loi de Moïse).

À l'origine, la bar-mitsva n'est pas prescrite par la Thora. Ce sont les rabbins qui, dans le *Traité des Pères* (*Pirké Avoth*), proposèrent des étapes dans la vie d'un individu adaptées pour une bonne participation à la vie religieuse.

La bar-mitsva est fêtée avec beaucoup d'éclat pour les garçons, tandis que la bat-mitsva est plus discrète pour les filles : elles accompagnent leur père à la synagogue et, après la lecture de la Thora, reçoivent une bénédiction. Cet anniversaire occasionne une fête de famille.

En revanche, le garçon qui va devenir bar-mitsva suit une préparation religieuse approfondie de plusieurs années, apprenant à connaître l'hébreu, langue du culte, ainsi que la liturgie, les fêtes, la Bible, le Talmud (interprétation de la loi de Moïse), et les différentes lois religieuses. Il confirme ainsi son appartenance au peuple juif et son entrée dans le monde des adultes. (L'âge de la célébration peut être reculé à quatorze ou quinze ans.)

La bar-mitsva se fait en trois étapes.

– Le jour même de son anniversaire, le jeune garçon assiste à la prière du matin à la synagogue, avec sa famille et des amis intimes.

– Le samedi matin qui suit, il retourne à la synagogue où, revêtu du châle de prière bordé de franges, le *tallith*, il chante et lit publiquement des prières de l'office ainsi qu'un passage de la Thora. Il reçoit les bénédictions en présence de la plupart des invités à la réception (famille, amis et relations). Il porte au front et au bras les tefillin, petites boîtes en cuir qui contiennent des versets bibliques inscrits sur des parchemins. Désormais, il peut figurer parmi les dix hommes nécessaires pour célébrer publiquement un office. À la synagogue, les femmes, séparées des hommes, se tiennent groupées dans une galerie ou derrière une cloison. Comme pour un mariage, beaucoup portent des chapeaux. Les hommes, qui participent aux prières, ont tous la tête couverte d'un chapeau ou d'une calotte, la kippa. Les enfants vont et viennent à leur guise. Une collation est ensuite servie à la synagogue pour les invités et les membres de la communauté, dans une pièce prévue à cet effet.

– Une grande réception a lieu un peu plus tard, soit le samedi soir, soit le dimanche soir, dans des salons loués pour la circonstance ou chez des parents s'ils ont assez de place pour les nombreux invités. Conviés par des faire-part, ces derniers viennent en tenue très habillée. Ils sont accueillis par le jeune homme et ses parents, puis se font photographier avec le bar-mitsva. Ils offrent ensuite leur cadeau : il s'agit souvent d'une participation à un cadeau collectif. Un dîner de gala en musique est suivi d'un spectacle ou d'un feu d'artifice, puis de danses.

☛ **Adolescents, Anniversaire, Cadeau, Danse, Dîner, Profession de foi.**

BARRIÈRE

La coutume lors des mariages de la barrière, répandue encore dans la première moitié du XXe siècle dans de nombreuses régions de France, consistait pour les époux, le matin de leurs noces, à franchir un barrage symbolique ou réel (ruban, branchages, tronc d'arbre...) contre une compensation : invitation à boire ou à danser, monnaie...

Ce rite d'étape rendant solennelle la séparation était pratiqué initialement par la jeunesse locale dans le cas où la mariée quittait sa commune. Il devint souvent systématique, même quand la jeune femme n'allait pas loin. La barrière ou « barre », parfois organisée par les enfants ou les voisins, se dressait dans des endroits variables : à l'entrée du village, devant l'église ou la maison de la mariée... Les mariés se prêtaient volontiers à cet usage en acquittant un droit de passage. Si le marié refusait, il s'exposait à un charivari qui pouvait être violent. Après l'acquittement du « droit de barre », le cortège était salué par des pétards et des salves de fusil (vacarme cérémoniel). La jeunesse « rendait les honneurs » en faisant parler la poudre.

☛ **Charivari, Enterrement de la vie de garçon, Jeunesse (sociétés de), Mariage, Vacarme cérémoniel.**

BATELEURS

Les bateleurs (de l'ancien français baastel, *« instrument » et « tour d'escamoteur ») étaient des saltimbanques qui réalisaient des tours d'acrobatie, d'escamotage (de prestidigitation) ou d'adresse sur les places publiques et dans les foires. Leur réputation connut son apogée entre le XVIe et le XVIIIe siècle.*
Les pièces de théâtre qu'ils improvisaient, populaires par excellence, étaient souvent publicitaires et avaient pour but de vendre des produits plus ou moins sérieux : colifichets, onguents ou élixirs...

Installés sur des tréteaux ou à même le pavé de la rue dans des endroits fréquentés, les bateleurs se révélaient de véritables comé-

diens : certains finissaient dans les troupes professionnelles de la commedia dell'arte. Attirés par les boniments de ces charlatans capables de « faire ressortir le nez à celles qui n'en ont guère » ou de le « faire rentrer à celles qui en ont trop », les badauds se dispersaient vite avant la quête, sauf si la vente du produit miracle les « fixait ». Selon l'historien Roland Auguet, il est difficile de savoir si la séance était faite pour vendre ou si la marchandise n'était qu'un prétexte pour permettre d'encaisser la recette du spectacle. Même incrédules, les spectateurs ne manquaient pas de répondant : ils étaient séduits par les formules expressives des guérisseurs et préféraient ce charlatanisme tapageur haut en couleur à la médecine officielle qui s'offusquait de cette concurrence. Arracheurs de dents, reconnaissables à leurs chapelets de dents autour du cou, orthopédistes, fabricants de jambes de bois ou pédicures soignant les cors, ces « médecins spagyriques » (expression pédante pour asseoir leur supposée qualification), comme ils aimaient à s'appeler,

mêlaient volontiers à leur discours des formules faites de mots savants et de grec. À leurs côtés, tondeurs de chiens, montreurs de marionnettes ou d'animaux savants, acrobates, jongleurs, prestidigitateurs ou brocanteurs faisaient merveille, ainsi que les chanteurs de complaintes et les auteurs de pamphlets, ancêtres des chansonniers, qui amusaient avec leurs satires politiques spontanées. Connues jusqu'à l'avènement de la civilisation industrielle, ces attrayantes « fêtes d'un quart d'heure » permettaient la distraction de passants amusés.

- Si les bateleurs ont presque disparu, le badaud garde le goût de tout ce qui distrait, surtout si c'est nouveau et sensationnel. Certains parvis ou places, comme celle de Beaubourg à Paris, ou divers festivals de France – Annonay (Ardèche), Aurillac (Cantal), Ax-les-Thermes (Ariège), Bagnères-de-Bigorre (Hautes-Pyrénées)... – perpétuent cette tradition et proposent aux flâneurs des spectacles de mimes ou de cracheurs de feu. Par ailleurs, dans les foires ou devant les grands magasins, se produisent toujours des démonstrateurs à la verve talentueuse qui retiennent les passants.
- L'attrait de la publicité à la télévision, spectacle de messages rapides et variés qui se succèdent, relève du même goût récréatif.

☛ **Festival, Foires, Marionnettes, Troubadour et trouvère.**

BEAUJOLAIS NOUVEAU

Le lancement sur le marché mondial de la nouvelle édition du « beaujolais nouveau » a lieu le troisième jeudi du mois de novembre à 0 heure (heure française). Dans les grandes villes, le « beaujolais nouveau » se déguste toute la nuit dans les cafés et les débits de boissons qui restent ouverts à cette occasion.

Cette opération fut instituée par une note du 13 novembre 1951 de la DGI (Direction générale des impôts), autorisant la mise à la consommation du beaujolais et du beaujolais-villages après avis de l'INAO (Institut national d'appellation d'origine) le même jour, à la même heure, dans le monde entier.

Comme le partage de la galette des Rois à l'Épiphanie, le lancement du vin nouveau donne lieu à une fête conviviale célébrée entre amis et dans les entreprises.

Le beaujolais

- Le beaujolais, qui tient son nom de la maison de Beaujeu, est un cépage de gamay noir à jus blanc, délicat à cultiver : depuis l'an mille, il trouve sur les sols pauvres et ingrats du Beaujolais, granits arides et en décomposition, un terroir de prédilection de près de 23 000 hectares (33 000 hectares dans le monde). Sa vinification particulière est délicate également.

☛ **Bacchus, Boissons, Épiphanie, Galette des Rois, Martin (Saint-), Vendanges (fête des), Vincent (Saint-).**

BELLE DE MAI

La « belle de mai » est le nom donné à une fillette âgée de moins de douze ans en général, couronnée et habillée de blanc, qui, le 1er-Mai ou le premier dimanche de mai, incarne en quêtant l'esprit de la végétation, le renouveau du printemps et la pureté. En annonçant la belle saison, cette messagère, jolie personnification de ce mois, symbolise aussi le printemps de la vie.

La jeune « belle de mai », appelée encore « reine », « épousée » ou « fiancée », figurait, semble-t-il, la hiérogamie (« mariage sacré ») du couple primordial, qui symbolisait elle-même l'union des forces de la Nature. De la même façon, un jeune homme couvert de verdure, personnification du printemps, apparaît encore à la Pentecôte. Cette union sacrée était sans doute à l'origine de l'interdiction autrefois répandue des mariages en mai. Certains prétendent que la « belle de mai » était héritière de Maïa, mère de Mercure peu connue à Rome, mais réputée en Gaule, ou de Flore, toutes deux divinités de la végétation et de la fécondité. La coutume fut christianisée tardivement avec l'attribution du mois de mai à la Vierge au début du XVIIIe siècle : les chants qui louent « les blés si grands » et « la blanche épine florissant » sont actuellement suivis d'une justification pieuse et de couplets en l'honneur de la Vierge (« C'est le mois de Marie/C'est le mois le plus beau »). Comme les fillettes des processions de la Fête-Dieu, la « reine de mai » porte une corbeille contenant des fleurs, retenue au cou par des rubans : il s'agissait autrefois d'un poupon qui, croyait-on, représentait l'Enfant Jésus. Mais, selon l'anthropologue anglais James George Frazer († 1941), la poupée symbolisait en réalité le fruit de la terre mère, l'esprit de la végétation et de la fécondité.

◆ Connue dans différentes régions de France et dans d'autres pays d'Europe, ce qui prouve son ancienneté, la sortie des « demoiselles de mai » ou « messagères du printemps » revêt des formes différentes suivant les endroits. La fillette est honorée comme une divinité par ses compagnes et fait l'objet d'une quête. Le produit de celle-ci servait pour une collation, parfois pour l'entretien de l'autel de la Vierge. Comme dans l'ancienne coutume des « trimazos », tournées de mai connues dans l'est de la France, où deux des trois fillettes dansaient autour de leur « reine », les jeunes messagères sont toujours accompagnées de verdure enrubannée.

◆ Jusqu'au début du XXe siècle, la « belle de mai » provençale, âgée de trois à cinq ans, se tenait immobile telle une statue sur son siège orné de fleurs, des bouquets dans les mains, tandis que des compagnes quêtaient en son nom. Encore maintenant en Alsace, la jeune messagère va de porte en porte, parfois sous un arceau de fleurs, en chantant avec ses amies pour quêter des œufs, symbole de vie nouvelle, ou de la monnaie.

☛ **Enfants, Fête-Dieu, Fleurs, 1er-Mai, Mariage, Mariales (fêtes), Œuf, Pentecôte, Tournées cérémonielles.**

BELTEINE

La nuit celtique de Belteine, appelée « nuit de Walpurgis » en Alsace et dans les pays germaniques, annonçait le retour de la saison chaude entre le 30 avril et le 1er mai, de la même façon que Halloween, ancienne fête de Samain, annonçait le retour de la saison froide la nuit de la Toussaint. Belteine, nuit sacrée où les êtres surnaturels erraient, était marquée par des feux rituels destinés à purifier l'atmosphère : on s'y rendait avec recueillement comme à un pèlerinage. Belteine tient son nom de l'ancien irlandais Bel, *« lumière » (probable surnom de Lug, dieu suprême de la mythologie irlandaise), et* teine, *« feu ».*

Lors de cette nuit qui jouissait d'une sombre réputation – en Alsace, encore dans la première moitié du XXe siècle, on n'en parlait qu'à mi-voix –, il fallait éviter la sortie des êtres surnaturels, particulièrement des sorcières supposées se rendre à leur sabbat, grand rassemblement annuel sous l'égide de leur maître Satan. Malgré tout, on allait se promener en forêt dès la nuit pour la « cure de mai » (*Maikür*), afin de profiter de la vitalité printanière. On dansait autour de grands feux, comme à la Saint-Jean, ou bien l'on promenait à bout de bras des brandons en courant dans les champs pour encourager la fertilité.

◆ Dans certaines régions de France (Lorraine, Picardie, Champagne, Limousin, Aquitaine), la nuit est encore marquée de coutumes liées à la végétation, comme la pose de mais d'honneur ou de mais amoureux.

☛ **Brandons, Druidiques (fêtes), Feu de joie, Halloween, Jean (Saint-), 1er-Mai, Mais, Samain, Toussaint, Walpurgis (nuit de).**

BÉNÉDICTION

La bénédiction (du latin benedicere, *« dire du bien », au sens de « glorifier Dieu »), assurance matérielle et spirituelle reçue de Dieu, est transmise par l'intermédiaire d'un ministre du culte sur l'homme ou sur la nature, au moyen d'une formule accompagnée d'un geste : pour les chrétiens, il s'agit souvent d'un signe de croix, d'une aspersion parfois. La bénédiction exprime la faveur divine, mais peut être, à l'inverse, adressée à Dieu comme une prière ou une action de grâces. Dans le langage courant, le mot signifie la sacralisation d'objets divers.*

La bénédiction vise généralement à éloigner l'esprit du mal : elle tend à procurer des avantages temporels (fécondité, prospérité...), tout en impliquant un comportement religieux.

Les grandes fêtes catholiques sont marquées d'une bénédiction papale *Urbi et Orbi* (« à la ville et au monde »), étendue à l'univers entier.

Les bénédictions d'objets s'apparentent parfois à des baptêmes : bateaux, cloches, maisons, récoltes, étables...

Aux rogations, juste avant l'Ascension, le prêtre bénit la campagne trois jours de suite, pour les fenaisons, moissons et vendanges à venir.

La bénédiction du repas

- Cette forme de bénédiction se fait dans les familles pieuses juives ou chrétiennes : le bénédicité (d'une prière latine qui commence ainsi) est récité au début du repas.
- Lors du sabbat et des fêtes juives, les bénédictions des lumières, du vin, du pain... sont récitées par le chef de famille qui prononce le kiddouch (sanctification du nom de Dieu) sur une coupe de vin qui représente la joie.

☛ **Aspersion, Baptême, Baptême d'une cloche, d'un bateau..., Rogations, Sabbat.**

BIENFAISANCE

La bienfaisance, terme qui a remplacé la « bénéficence » depuis la Renaissance, est l'action de faire du bien à autrui. Le mot de « bienfaisance », s'il n'a pas disparu du langage, est devenu désuet : l'usage moderne lui préfère l'« humanitaire ». Un sens plus restreint limite la bienfaisance aux biens destinés à soulager les misères ou besoins matériels.

Lors des « fêtes de bienfaisance » (galas, bals, dîners, concerts, spectacles, kermesses, ventes de charité, conférences, tombolas...), œuvres charitables émanant d'associations (les « sociétés de secours ») ou de particuliers, le bénéfice est officiellement affecté à une œuvre.

Ces manifestations, fréquentes dans les milieux mondains, sont très courues malgré le prix parfois élevé des entrées.

La bienfaisance s'organise partout à l'approche de Noël, avec le retour du froid. Que l'on soit croyant ou non, la période de Noël a une dimension sacrée. La paix (« la trêve de Noël ») et la charité deviennent tangibles : les familles se réconcilient ; les œuvres de bienfaisance se multiplient parallèlement à la fièvre commerciale ; les quêtes ont lieu dans les rues, en musique souvent, comme celles de l'Armée du salut ; la générosité s'exhibe par le biais des médias (Téléthon, par exemple) ; des restaurants (comme « les Restos du cœur ») et des magasins spéciaux s'ouvrent aux déshérités ; les cartes de vœux se vendent au profit d'œuvres charitables (UNICEF), etc.

☛ **Bal, Carte de vœux, Concert, Dîner, Gala, Kermesse, Noël, Paroissiale (fête).**

BIZUTAGE

Le bizutage, subi à l'entrée des « prépas » (classes préparatoires), des grandes écoles et de certaines facultés, souvent décrit comme un « jeu », est à la fois un rite d'admission, un rite d'initiation et un rite d'intégration permettant de fusionner avec ses pairs, avec les bizuteurs et avec les traditions de l'école. Le bizutage est fait d'un parcours d'épreuves destinées à tester l'endurance physique et psychologique de l'étudiant. Appelé parfois « usinage » ou « bahutage », il revêt des formes diverses selon les écoles, et même selon les promotions. Les non-bizutés subissent des pénalisations variables : ils peuvent être rejetés des services d'entraide et des associations d'anciens élèves.

Le terme « bizutage », dans son sens actuel, est apparu dans l'argot de Saint-Cyr en 1843 et son étymologie reste incertaine. Il viendrait de *bisogne*, mot français du XVIe siècle, qui désignait une « jeune recrue d'origine espagnole ». Le mot, écrit « bizut » dans le dictionnaire de l'Académie (parfois « bizuth »), se prononce « bizu », « bizute » au féminin.

Les règles du bizutage auraient été fixées par des élèves de l'École polytechnique au XIXe siècle, parallèlement aux règles de la conscription que connaissaient les jeunes recrues militaires. Elles avaient pour but de briser la barrière symbolique séparant les initiés des impétrants et de faire naître un sentiment de solidarité, de corps avec les nouveaux.

En réalité, ces règles du jeu sont très anciennes, sans qu'on puisse pour autant les rattacher à des coutumes primitives tribales où l'initiation tient toujours une grande place. Si certaines promotions aiment se nommer « tribus », c'est pour donner au bizutage une coloration exotique.

L'appartenance aux royaumes d'enfance et aux sociétés de jeunesse (abbayes, bachelleries...) imposait depuis longtemps des épreuves d'admission qui présentaient souvent des phases vexatoires en cas d'insuccès, comme celle de dénicher des nids haut placés qu'a connue l'écrivain breton, Pierre Jakez Hélias († 1995).

Des épreuves initiatiques existent dans d'autres corps constitués : les mouvements de jeunesse ou les bandes, par exemple.

Comportant des pratiques souterraines – perte d'identité, mort symbolique et renaissance –, le bizutage impose son parcours d'épreuves qui s'apparentent à celles du compagnonnage et de la franc-maçonnerie.

En tout début d'année d'études intensives, le bizutage, dans ses formes excessives, peut être rapproché du carnaval, période d'inversion permettant de se défouler à la veille du carême. De la même façon, le bizutage autorise l'exercice de la dérision, forme privilégiée de l'expression de la jeunesse commune aux charivaris, les barbouillages de boue, de suie ou d'ordures, les aspersions, les jeux collectifs violents, les performances à caractère sexuel avec mise en valeur de la virilité, le désordre et les cris. L'absorption de breuvages infects imposée parfois aux bizuts est une farce classique connue de la jeunesse qui la réserve aux nouveaux mariés dans certaines régions.

- L'autorité des bizuteurs est renforcée par l'aspect militaire de leurs habits et de leurs calots, par le ton employé – « Assis, bizut ! Debout, bizut ! » –, par les méthodes utilisées pour diriger les déplacements, contribuant à intimider et à contraindre le bizut à l'obéissance et à la soumission. Parce qu'il introduit à un nouveau mode de vie adulte et parce qu'il confirme l'éloignement du milieu familial, le bizutage est analogue à l'initiation des bleus à la vie militaire avec ses brimades et ses corvées. Les bizuts sont d'ailleurs parfois appelés « conscrits ».
- Chez les bizuteurs, l'abus de pouvoir est facile : le bizutage peut être vécu comme un avilissement et une atteinte à la dignité. De sévères sanctions sont prévues par la loi pour punir les excès. Le bizutage, maintenant réprimé, est connu sous l'appellation neutre de « transmission des traditions ». Dans certaines écoles, les « week-ends d'intégration », prolongés de parrainages entre anciens et nouveaux, se substituent au bizutage.

Prévention et répression du délit de bizutage selon la loi n° 98-468, adoptée le 17 juin 1998.

• Dorénavant, le bizutage tombe sous le coup de la loi pénale (article 225-16-1) qui condamne tout acte humiliant ou dégradant, portant atteinte à la dignité de la personne : « le fait pour une personne d'amener autrui, contre son gré ou non, à subir ou à commettre des actes humiliants ou dégradants lors de manifestations ou de réunions liées aux milieux scolaire et socio-éducatif est puni de six mois d'emprisonnement et de 50 000 F d'amende. » Cet article complète le dispositif répressif existant qui punit les comportements les plus graves en matière de bizutage (agressions sexuelles, violences, menaces), selon la circulaire n° 97-199 du 12 septembre 1997.

☛ **Aspersion, Barbouillage, Carnaval, Charivari, Conscrit, Étudiants, Farces, Jeunesse (sociétés de).**

BLAISE (Saint-)

La Saint-Blaise, le 3 février, lendemain de la fête de la Chandeleur, remplit avant tout une fonction météorologique au milieu de l'hiver : les jours rallongent et le printemps n'est plus très loin. En période de passage entre deux saisons, c'est une date carnavalesque par excellence. Bien que d'origine orientale, saint Blaise, évêque de Sébaste en Arménie, martyr et guérisseur († vers 316), est très populaire en Europe.

La légende s'est chargée d'ajouter des détails autour de la vie de saint Blaise trop peu connue. Des chasseurs auraient trouvé l'évêque retiré dans une grotte avec des animaux sauvages groupés docilement autour de lui, comme dans le mythe du poète légendaire grec Orphée. Saint Blaise, conduit en prison pour être persécuté, délivra sur le chemin un enfant qui s'était étranglé avec une arête de poisson, ce qui lui vaut d'être invoqué comme médecin pour les maux de gorge (il patronne les chanteurs et les oto-rhino-laryngologistes). Il aurait encore restitué à une pauvre femme son cochon qu'un loup avait ravi. Pour le remercier, la femme offrit au prisonnier les pieds et la tête du porc, ainsi qu'un pain et une chandelle, cadeaux qui symbolisent les vivres et la lumière espérés à la fin de l'hiver. Lors de son martyre, les bourreaux, avant de le décapiter, lui labourèrent les chairs avec des peignes de fer servant à carder le chanvre : pour cela, saint Blaise est devenu le patron des cardeurs et de ceux qui travaillent la laine.

L'évocation de la gorge et le nom même de saint Blaise (en allemand *blasen* veut dire « souffler ») confirment le rôle essentiel que joue le souffle au carnaval. L'ethnologue Claude Gaignebet pense que sa légende s'est inspirée de celle de l'ours, animal psychopompe (du grec *psukhêpompos*, « qui conduit les âmes ») capable de conduire dans l'au-delà. D'après un célèbre dicton connu dans toute l'Europe, l'ours, en sortant de sa tanière le 2 février, jour de la Chandeleur, regarde son ombre, et sait si l'hiver va se terminer ou reprendre vigueur quarante jours durant. Comme l'animal velu ou l'homme sauvage, couvert de verdure ou de paille, saint Blaise connaît le temps.

- Les pèlerinages de la Saint-Blaise, où l'on bénissait la gorge des fidèles à l'aide de deux cierges croisés, ont disparu au cours du XXe siècle. Mais ce saint agraire important qui veille sur les bovins, les animaux de la basse-cour, les semailles et les pluies, est encore honoré dans quelques régions rurales.
- À la Saint-Blaise à Thoard (Alpes-de-Haute-Provence), le rapprochement avec l'ours s'impose. Comme l'animal – souvent présent au carnaval – qui se relève après sa mort, le « saint » se réveille lors de son enterrement. Après avoir vanté ses qualités de bon vivant dans un discours solennel, on déplore son agonie. Alors le « saint », couché sous une couverture, revit et invite à un joyeux bal costumé.

☛ **Bal, Carnaval, Chandeleur, Homme sauvage, Météorologie, Ours, Sébastien (Saint-).**

BŒUF GRAS

La sortie du bœuf gras, orné de rubans, de fleurs et de cocardes, se faisait en milieu urbain au moment du carnaval, quand manger de la viande était encore permis à la veille du carême. La sortie pouvait également avoir lieu à la Mi-Carême, la semaine avant Pâques (le « bœuf gras » devenait alors le « bœuf pascal ») ou même à la Fête-Dieu.

La tradition du bœuf gras, emblème corporatif des bouchers, est apparue avec l'institution des corporations au bas Moyen Âge : il ne semble pas y avoir de filiation, comme certains l'ont prétendu, avec le culte du taureau dans l'Antiquité (Apis pour les Égyptiens, par exemple). Le bœuf, mené fièrement en musique par un boucher et un tout jeune commis à travers les rues de la ville avant d'être mis à mort, matérialisait le rêve de bien manger : sa présence allait de soi au moment du carnaval, fête de « bombance carnée ».

Le bœuf gras était dit bœuf « viellé », « villé », « vilet » ou même « violet » en Berry.

C'était, selon Arnold Van Gennep († 1957), parce que l'animal était précédé de la vielle, instrument de musique ; c'était, pour d'autres, parce qu'il était offert par la ville à ses habitants, particulièrement aux pauvres.

◆ Dans quelques régions, subsistent des manifestations ponctuelles et des réjouissances devenues des spectacles touristiques ainsi à Bazas (Gironde) à la mi-février, ou à Barjols (Var) à la Saint-Marcel les 16 et 17 janvier. Au cours de cette dernière fête, restituée en 1947, se mêlent des éléments religieux et profanes : accompagné de bravadiers (participants d'une bravade), le bœuf est béni sur la place de l'église avant d'être mis à mort, et l'assistance exécute dans l'église, après les offices religieux du samedi soir et du dimanche matin, la « danse des tripettes » (sans doute de l'ancien français *triper*, « sauter »), sautillement sur la plante des pieds. Embroché, le bœuf est ensuite l'objet d'un simulacre de cuisson parmi jeux et danses traditionnelles.

☛ **Carême, Carnaval, Corporative (fête), Fête-Dieu, Mi-Carême, Pâques.**

BOISSONS

Les boissons, au même titre que les mets, font partie des repas de fête. La présence de boissons alcoolisées est souvent associée à l'idée de gaîté. La boisson la plus évocatrice de la fête est le champagne.

Depuis les années 1960 dans les kermesses, les « salons de thé » ont remplacé les « buvettes », ce qui correspond à un changement de la façon de boire, comme en témoigne la disparition de nombreux cafés dans les communes de France ou celle des vins de table dans des bouteilles étoilées. Où que l'on soit, on prend le temps de savourer les boissons servies dans des verres adaptés. Pour certaines boissons autres que les vins, ces verres sont parfois élégamment décorés de sucre et de tranches de citron, de pailles ou chalumeaux.

Certaines fêtes portent un nom associé aux breuvages ou à leurs contenants : « apéritif » (dit familièrement « apéro »), « arrosage », « cocktail », « vin d'honneur », « pot », « verre », « beaujolais nouveau »…

L'absorption de boissons alcoolisées entraîne vite des excès. Les libations, qui consistaient dans l'Antiquité à offrir une boisson (souvent du vin) à une divinité, ont perdu leur caractère sacré. Elles sont maintenant synonymes de fêtes joyeuses et tapageuses, impliquant le fait de boire abondamment. Dans ce même ordre d'idées, la fête peut dégénérer en « beuverie ». L'absorption d'alcool est réglementée dans les débits de boissons, ainsi que dans le Code de la route, et la répression de l'ivresse est sévère.

☛ **Arrosage, Bacchus, Beaujolais nouveau, Champagne, Cocktail, Ivresse, Kermesse, Pot, Repas, Vin d'honneur.**

BOUFFON

Le bouffon (de l'italien buffo, *« plaisanterie ») est un personnage de théâtre qui doit faire rire, tant par ses plaisanteries que par ses acrobaties. Le terme désigne plus particulièrement un personnage de cour, parfois appelé « fou », dont le rôle était de divertir et de faire rire les seigneurs au Moyen Âge et à la Renaissance.*

La tradition du bouffon de cour, valet facétieux fidèle à son maître, est apparue avec la féodalité. Faisant preuve de ses talents d'imitateur, d'acrobate, de jongleur et de pitre, le bouffon devait savoir dramatiser, gesticuler, pleurer, rire ou consoler, tout en déformant ses mimiques à l'envi car le Moyen Âge aimait le visuel. Son registre était beaucoup plus difficile que la simple farce. Comme au carnaval, son jeu devait rompre avec le quotidien. Avant tout, il lui fallait distraire, et il le faisait en se moquant de l'autorité dans des « sermons joyeux », « moralités », « farces morales »… Comme le chansonnier, dont le

Octobre, Le Grand Calendrier des Bergers, Guy Marchant, 1491.

métier est de rire de l'actualité, il se moquait et « riait avec sérieux ». Si ses parodies bourrées d'allusions plus ou moins vives à la politique allaient trop loin, le bouffon pouvait être sévèrement puni, comme certains le furent sous Louis XI ou Charles VIII.

L'aspect physique du bouffon était important. Personnage marginal et très sensible, le bouffon était souvent choisi parmi les nains. Son costume vert et jaune (couleur de la folie) portait à la gaîté, ainsi que son bonnet agrémenté de grelots. Cet assemblage ridicule et désordonné de couleurs marque l'« entre-deux-temps » (fruit vert/fruit mûr), comme le chapeau de la Sainte-Catherine que la jeune fille célibataire porte le 25 novembre, l'année de ses vingt-cinq ans. Le bouffon portait en permanence à la main sa marotte (terme issu de « marionnette »), caricature de sceptre surmonté d'une tête coiffée d'un capuchon bigarré.

◆ Actuellement, un « bouffon » caractérise plus généralement un boute-en-train, celui qui amuse. C'est également un terme argotique qui désigne une personne pas à la hauteur, « bidon ».

☛ **Boute-en-train, Carnaval, Catherine (Sainte-), Fous (fête des), Luron, Marionnettes.**

BOUGIES

Les bougies, que l'électricité ne réussit pas à faire disparaître, jouent un rôle important dans les fêtes, particulièrement au solstice d'hiver et aux anniversaires. Leur nom, apparu en 1300, provient de la ville de Bougie (Algérie), importatrice de cire pour chandelles. Contrairement aux cierges utilisés à l'église, les bougies sont d'un usage profane.

Au moment de Noël, quand les jours sont très courts dans l'hémisphère Nord, les bougies qui chassent les ténèbres évoquent la lumière et la vie, au même titre que la bûche qui brûlait autrefois dans la cheminée. Dans la maison – et jadis dans les étables –, leur présence rassurante était considérée comme protectrice, comparable à la verdure (sapin, couronnes, guirlandes) face aux arbres nus. Le feu, s'il est dominé, est protecteur et purifiant. Alliant lumière et verdure comme la couronne éclairante de la Sainte-Lucie suédoise, la couronne de l'Avent comprend quatre bougies allumées l'une après l'autre lors de chaque dimanche de l'Avent. Les bougies du gâteau d'anniversaire ont la même faculté de symboliser le temps.

Dans certaines régions, au moment de la nouvelle année, on marquait les portes d'une inscription ou d'une croix faite avec la fumée de bougies ou de cierges, dans un but protecteur.

Le carillon des anges

• Les « carillons des anges » qui décorent nos tables de Noël sont inspirés des grandes pyramides de lumières allemandes qui tournent à la chaleur des bougies. Ces bougeoirs originaux en bois étaient sculptés et peints par les mineurs de l'Erzgebirge, région métallifère, lors de leur temps de loisirs au XIXe siècle. Ne pouvant pas tous se procurer un sapin, ces mineurs imitaient la forme conique de l'arbre. Ces pyramides de lumières, décorées de verdure ou de papiers multicolores et garnies de clochettes, tintaient agréablement en tournant. Leur son cristallin est porte-bonheur.

☛ **Année, Anniversaire, Avent, Bûche de Noël, Chandeleur, Cierges, Cloches, Couronnes, Noël.**

BOUM

Souvent occasionnée par un anniversaire, la boum est une réunion dansante d'adolescents et de préadolescents (dès dix-douze ans). Nom commun apparu dans les années 1960, « boum » (parfois écrit « boume »), est la forme abrégée de « surboum », mot lui-même forgé sur « surprise-partie » et sur l'onomatopée « boum » qui suggère un bruit d'explosion.

La boum – illustrée par deux films éponymes dans les années 1980, avec Sophie Marceau, alors adolescente –, qui réunit en général de dix à vingt personnes, a lieu l'après-midi pour les plus jeunes, le soir jusqu'à minuit pour les plus âgés. Cette réunion offre aux préadolescents l'occasion d'échapper aux parents qui assurent cependant une présence discrète, au moins à la fin. Elle peut avoir lieu autour d'un thème. Le buffet ne propose pas de boissons alcoolisées, mais des cocktails de jus de fruits et de sirops, ainsi que des milk-shakes.

◆ Depuis les années 1990, les adolescents préfèrent utiliser d'autres termes, « teuf » (« fête » en verlan), par exemple.

☛ **Adolescents, Anniversaire, Boissons, Buffet, Danse, Réception, Surprise-partie.**

BOUTE-EN-TRAIN

Un boute-en-train est un amuseur qui incite les autres à la gaîté. Le premier élément de ce mot invariable est une forme du verbe « bouter » qui a d'abord signifié « pousser », « frapper », puis, à partir du XVIII*e siècle, « mettre ».*

☛ Animateur, Bouffon, Luron.

BRADERIE

Une braderie (du néerlandais braden, *« rôtir ») est une foire du Nord, où les habitants vendent à bas prix des objets ou des vêtements usagés. Par extension, une braderie désigne aussi une liquidation de soldes qui se fait en plein air. « Brader », vendre en braderie, signifie se débarrasser de biens à n'importe quel prix.*

Comme la foire, la braderie est un événement commercial fréquent à la fin de l'été ou en automne. Lille, ville autrefois spécialisée dans la draperie, organisa une braderie annuelle au bas Moyen Âge pour que les domestiques puissent vendre les vieux vêtements et objets divers dont leurs maîtres ne voulaient plus. Cette « franche feste » était une trêve pendant laquelle il était défendu d'arrêter qui que ce fût.

La Braderie de Lille

• La Braderie de Lille est un joyeux déballage de brocante et marchandage en tout genre, où les « bradeux » s'étalent sur des kilomètres de trottoirs. Elle se produit chaque année le premier week-end de septembre. Ce gigantesque « marché aux Puces » est l'occasion de bruyantes fêtes foraines et de podiums pour chanteurs ou imitateurs. Les chineurs se régalent de moules-frites, ce qui occasionne de spectaculaires concours de tas de coquilles de moules entre restaurateurs.

☛ Foire, Foraines (fêtes).

BRANDONS

Les brandons, torches de paille enflammées (du germanique brand, *« tison »), étaient des feux itinérants qu'on promenait, encore au début du* XX*e siècle, dans les vergers et dans les champs pour les purifier des animaux nuisibles le premier dimanche de carême, appelé « dimanche des Brandons » ou « carnaval des Paysans ».*

Ce rite protecteur des campagnes, comparable à celui du mannequin de paille mis à brûler pour purifier l'espace commun et raviver la chaleur du soleil, est d'ordre carnavalesque. Il pouvait avoir lieu au moment de la nouvelle année, dans le même but. Au déclin du jour, la jeunesse promenait les brandons, bâtons terminés par un bouchon de paille imprégné de graisse et de résine, en chantant.

Des couples couraient autour des arbres en tenant leur brandon et des rondes s'organisaient, ponctuées de cris et de salves de fusil, vacarme protecteur lui aussi.

Les brandons pouvaient être fixes, plantés aux quatre coins d'un verger sous forme de croix garnies de paille auxquelles on mettait le feu en Berry, par exemple.

En Île-de-France, on chantait :

« Brandons, brûlez, *(bis)*
Par ces vignes, par ces blés,
Pour ces filles à marier. »

C'était également un rite de fécondité comme le prouve la coutume du Forez, non itinérante celle-là, qui consistait à planter ce dimanche-là, non loin de la maison de nouveaux mariés, un arbre surmonté de récipients contenant du pétrole et des pétards au milieu d'un feu appelé « brandon ». En Morvan, on allumait sur les hauteurs des *bourdes*, bûchers pour la protection du territoire communal : l'allumage de la première « bourde » était le privilège de la dernière mariée de l'année sans enfant qui passait aux autres jeunes filles le « croûton », morceau de pain bénit, en gage d'un prochain mariage.

◆ Le lancement de disques enflammés se produit encore dans le nord de l'Alsace ce soir-là, afin de célébrer l'équinoxe du printemps. Cette tradition rurale appelle la renaissance du soleil et la protection du territoire. Elle évoque la coutume des roues enflammées, connues encore au milieu du XXe siècle en Moselle, par exemple. Celles-ci étaient précipitées du haut d'une colline vers une rivière au moment de la Saint-Jean, afin de célébrer le solstice d'été : leur façon de rouler avait une signification nettement agraire.

☛ **Année, Carnaval, Feu de joie, Flambeaux (retraite aux), Jean (Saint-), Mi-Carême, Pain bénit, Vacarme cérémoniel.**

BRAVADE

La bravade, ostentation de bravoure typiquement provençale, consiste, selon le poète Frédéric Mistral, « en décharges de mousqueterie qu'on fait solennellement et processionnellement un jour de fête en l'honneur de quelqu'un ». Lors de fêtes votives, à l'occasion de la visite d'un personnage important ou de mariages, les « bravadiers », « bravadaires » ou « bravadeurs » (suivant les communes), constitués en sociétés hiérarchisées sur le modèle des compagnies d'hommes de guerre, défilent en uniforme et font « parler la poudre » avec fusils, tromblons ou pistolets. Simulacres de combats, les bravades sont intégrées aux festivités en signe de réjouissance.

Créés par des nécessités de défense collective, les corps de bravade étaient chargés de la sécurité lors des fêtes, en tant que sociétés de jeunesse. Phénomènes urbains peut-être hérités d'anciens affrontements réels plus ou moins lointains (incursions sarrasines au IXe siècle, guerres de Religion au XVIe siècle), elles ont à leur tour été adoptées par les bourgs au fil du XVIIIe siècle. Certains pensent que les bravades auraient été instituées à Aix-en-Provence au XIIIe siècle par Charles Ier d'Anjou au retour des croisades. Oubliées au début du XXe siècle en raison de la Première Guerre mondiale, elles furent remises à l'honneur vers 1950.

Le capitaine de ville, autrefois désigné chaque année par un concours d'abattage du « papegai » (imitation colorée d'un perroquet), s'entoure de ses officiers de bravade qui défilent sous ses ordres, protégeant dignitaires politiques ou religieux. Le corps de bravade possède un étendard ou une bannière, ainsi qu'une fanfare composée de fifres, de tambours et de clairons, dirigée par un tambour-major. La bravade ponctue de ses salves bruyantes les moments importants de la fête qui dure souvent deux jours. Les tonitruantes démonstrations des bravadiers, parfois à cheval, ainsi que leurs uniformes aux couleurs chatoyantes (du premier Empire en général) varient d'une commune à l'autre.

◆ Les bravades, expressions du tempérament festif provençal, sont toujours aimées, ainsi celle de Saint-Tropez, les 16, 17 et 18 mai, connue depuis le XVIe siècle, ou celle de Fréjus, le troisième dimanche après Pâques, connue depuis le XVIIIe siècle. Les bravades continuent de protéger les processions en l'honneur du saint patron : en l'occurrence, le martyr saint Tropez qui aurait échoué dans une barque venant de Pise au Ier siècle avec un coq et un chien affamés, ou saint François de Paule, qui, venant de Calabre au XVe siècle, aurait délivré Fréjus de la peste. Au XVIIIe siècle, le phénomène était surtout répandu en haute Provence orientale : en témoignent la Saint-Maxime de Riez ou la Saint-Fortunat d'Annot, toutes deux célébrées au moment de la Pentecôte.

☛ **Bannière, Fanfare, Jeunesse (sociétés de), Mariage, Oiseaux, Patronale (fête), Procession, Sébastien (Saint-), Vacarme cérémoniel, Votive (fête).**

BRUIT

Voir Vacarme cérémoniel et Tapage nocturne.

BÛCHE DE NOËL

Une bûche brûlait autrefois dans les cheminées le soir de Noël, promettant force ou abondance selon qu'elle provenait d'un arbre robuste (chêne) ou fruitier. Au moment du solstice d'hiver, quand les jours sont courts et les arbres nus, ce feu domestique, symbole de vie, de lumière et de chaleur, était de plus un rite agraire de multiplication. La tradition était connue de toutes les régions de France, comme en témoignent les nombreuses appellations dialectales : souche, cosse de Nau, tronche, tréfeu ou cacho fiò, par exemple.

La coutume de la bûche de Noël, placée plus ou moins solennellement dans la cheminée, est commune à d'autres pays d'Europe, ce qui prouve son ancienneté. Sacrée, la bûche de Noël était comparable à celle que l'on mettait à brûler (encore à la fin du XIXe siècle) le soir de la Toussaint en Bretagne. Selon l'écrivain breton Anatole Le Braz († 1926), cette dernière était destinée aux défunts qui venaient visiter les vivants, et ne devait servir ni à cuire des aliments, ni à se chauffer. Cette « bûche des défunts » était directement héritée des coutumes celtiques où le feu était réputé éloigner les esprits maléfiques : lors de la fête de Samain, les druides allumaient un « feu nouveau » pour célébrer la nouvelle année et distribuaient des tisons pour les feux domestiques. Au cours du XXe siècle, la disparition des cheminées, remplacées par les fourneaux et les radiateurs dans les habitations, fit oublier la coutume de la bûche.

La façon dont la bûche de Noël se consumait avait une grande importance pour les familles alors essentiellement rurales, toujours menacées par la disette : les moindres signes promettant abondance et fécondité, comme les étincelles ou le bruit, rassuraient. Suivant les régions, la bûche brûlait toute la nuit, ou un peu chaque soir pendant les douze jours (période allant de Noël à l'Épiphanie), ou encore lors des « trois feux », les veilles de Noël, du Nouvel An et des Rois. Tout comme lors des feux de la Saint-Jean au solstice d'été, les tisons étaient soigneusement conservés : ils étaient réputés protecteurs contre l'incendie, la foudre et les mauvais sorts.

◆ Si la vraie bûche, autrefois garnie de friandises et de verdure dans certaines régions, a presque totalement disparu, elle a laissé une trace visible sur les tables du réveillon, dans la bûche pâtisserie connue en France : souvent décorée d'attributs forestiers, elle est garnie de moka ou de crème glacée. En 1879, Antoine Charabot, un chef de la pâtisserie Samson, rue de Buci (Paris VIe), eut l'heureuse idée de reprendre le symbole de Noël pour créer ce célèbre dessert.

Le cacho fiò

• Cette appellation dialectale a donné son nom à une tradition aimée des Provençaux, décrite par Frédéric Mistral (1859). La bûche, qui provient d'un arbre fruitier coupé dans l'année, est placée dans la cheminée le 24 décembre au soir par l'aïeul et le plus jeune de la maison au moment du gros souper. Le feu est allumé avec les tisons de la bûche de l'année précédente. L'aïeul prononce cérémonieusement :

« Allégresse, allégresse !
Que notre Seigneur nous emplisse d'allégresse !
Qu'Il nous fasse la grâce de voir l'an qui vient.
Si nous ne sommes pas plus, que ne soyons pas moins ! »

Il verse à trois reprises un peu de vin cuit sur la bûche (parfois de l'huile d'olive et du gros sel pour chasser les mauvais esprits), boit une gorgée de vin et passe le verre au plus jeune.

☛ **Cheminée, Desserts, Douze jours, Jean (Saint-), Jour des Morts, Noël, Nouvel An, Réveillon, Samain, Toussaint.**

BUFFET

Le buffet désigne le dressoir ou la table où sont présentés rafraîchissements, canapés et petits-fours à l'occasion d'une réception, et où l'on se sert soi-même. Le mot désigne également l'ensemble de ces mets et boissons, tel que le « buffet campagnard ». Le buffet était le nom d'une table au XIIe siècle, puis celui d'un meuble servant à ranger de la vaisselle.

Que l'on fasse ou non appel à un traiteur, la présentation d'un buffet, cœur du cocktail, doit être soignée : souvent recouvert de nappes blanches et agrémenté de fleurs, de feuillages, de bougies..., il se trouve dans un endroit facile d'accès pour les invités, tout en permettant aux personnes du service de circuler aisément vers la cuisine. Il doit toujours être abondamment rempli, ce qui implique de veiller au roulement des plateaux et à la bonne répartition des petits-fours. Des cendriers sont dispersés un peu partout, ainsi que des serviettes en papier.

- Les petits-fours classiques sont nombreux : canapés de toutes sortes, navettes au foie gras, pains surprises, crudités, quiches et pizzas chaudes, feuilletés chauds, assortiment d'amuse-gueules piqués sur des présentoirs, petits-fours sucrés, coupes de fruits frais... Si le cocktail est dînatoire, s'ajoutent des salades en ramequins, des morceaux de viande et de poisson à piquer, des jambons en gelée, des pruneaux au bacon, des boudins créoles, des nems, des gâteaux, des glaces en pots individuels.
- Comme boisson, on sert généralement du champagne. On peut ajouter du whisky et d'autres alcools, ainsi que des cocktails : kir, sangria, punch... Il faut également proposer de l'eau, des sodas et des jus de fruits.

☛ **Boissons, Champagne, Cocktail, Réception, Repas.**

C

CABANES (fête des)

Voir Soukkôth

CADEAU

Le cadeau se disait autrefois « présent », ou « étrenne » s'il se faisait au moment des fêtes de fin d'année. Faire un cadeau est un rituel impératif lors de certaines fêtes (Noël, anniversaires, mariages...). Le fait de le donner ou de le recevoir s'accompagne de témoignages d'allégresse et de gratitude. C'est un hommage fait au destinataire et à la relation qui le lie au donateur : la dimension affective est importante.

Les cadeaux désignaient à l'origine « les grandes lettres placées en-tête des actes ou des chapitres dans les manuscrits en écriture cursive » (Nicot, 1608) ou les enjolivures d'écriture qui s'enchaînaient, fréquentes au bas Moyen Âge. Le mot, qu'on fait généralement dériver du latin *caput*, « tête » (comme « capitale »), pourrait en réalité provenir du latin *catella*, « petite chaîne ». Au XVIIe siècle, le sens figuré du cadeau, joli mais inutile, en fit « un divertissement pour les dames » et, au XVIIIe siècle, il désignait, toujours au sens figuré, une chose frivole pour laquelle on faisait « trop de frais » (*Journal de Trévoux*, 1704). « Faire un cadeau » signifiait dans les campagnes « offrir un grand repas hors de chez soi », sans toutefois donner à ce dernier le caractère solennel du banquet ou du festin.

Toute société se construit autour d'échanges et le don, propre à établir les liens sociaux, est un message définissant la nature de la relation. Selon l'anthropologue Marcel Mauss († 1950), il impose trois obligations : donner-recevoir-rendre. Le cadeau institue en effet le principe de réciprocité ou d'interaction : entre celui qui donne et celui qui reçoit, un double rapport de solidarité et de supériorité est créé. La dépendance est provisoire si le don est rendu, et, véritable défi comme pour le potlatch des Indiens d'Amérique du Nord, il ne faut pas faire moins que l'autre pour avoir sa place dans un cercle défini. Faire un cadeau obéit à des règles de discrétion et d'hypocrisie : les règles commerciales sont contournées – on ne révèle pas le prix –, alors que le jeu de réciprocité contraint au calcul ; le destinataire doit se montrer heureux, même si le cadeau ne lui plaît pas.

Le cadeau, évalué la plupart du temps en fonction des moyens financiers du donateur, est souvent un produit (article ou service) personnalisé qui porte l'image de celui qui l'a offert. Sa valeur économique est censée être proportionnelle à la valeur affective du lien de parenté ou d'amitié. S'il est trop beau, il peut mettre dans l'embarras. Selon l'ethnologue Anne Monjaret, son estimation affiche, outre le degré relationnel, l'importance accordée à l'événement qui le commande. Ce sont généralement les femmes qui prennent en charge l'échange des cadeaux, supports du souvenir. Dans le cadeau de Noël qui n'est pas donné de la main à la main, il y a rupture de l'acte du don et le rôle du donateur effectif est effacé. Lors des dons de monnaie ou de chèques faits sous enveloppe (par des grands-parents à leurs petits-enfants, par exemple), ou lors de participations à un cadeau commun, à un voyage ou à une liste de mariage, le cadeau perd sa matérialité. Pour cette raison, certains donateurs refusent ces formules.

◆ Ces formes contemporaines du cadeau (billet, chèque, chèque-cadeau), où la valeur marchande est évidente, sont destinées à contenter le récipiendaire. Toutefois, elles ne font que marquer les trois étapes décrites par Marcel Mauss et ne contredisent pas la logique du don. Faire des cadeaux, des contre-dons (cadeaux offerts en réciprocité, aux anniversaires des enfants, par exemple) ou organiser des réveillons de fin d'année permet de participer au nécessaire « gaspillage cérémoniel », selon la formule employée par l'anthropologue Martine Segalen à propos des mariages : l'abondance promet l'abondance.

☛ **Anniversaire, Don, Étrennes, Liste de cadeaux, Mariage, Noël, Potlatch, Réveillon.**

CALENDAIRES (fêtes)

Les fêtes calendaires, ou fêtes du calendrier, reviennent annuellement. Ces fêtes ont des origines diverses : elles peuvent être agraires (carnaval, fête des Vendanges...), religieuses et patronales (Noël, Pâques, Saint-Nicolas, Sainte-Barbe...), historiques (14-Juillet, fête du Travail...).

Les fêtes religieuses ont souvent recouvert d'autres traditions plus anciennes, liées elles-mêmes au déroulement des saisons, aux mouvements lunaires ou solaires : la Saint-Jean au solstice d'été, ou Noël au solstice d'hiver. Les fêtes calendaires ne concernent pas les « rites de passage » qui marquent la vie d'un individu, du berceau à la tombe (baptême, mariage, etc.).

Le folkloriste Arnold Van Gennep († 1957) entendait par cérémonies calendaires les seules fêtes patronales « qui se succèdent selon l'ordre du calendrier solaire et ne s'exécutent en règle générale qu'un seul jour par an, rarement deux (avec veille ou lendemain) ».

☛ **Année, Calendrier, Carillonnées (fêtes), Patriotiques (fêtes), Patronale (fête).**

CALENDRIER

Le calendrier est le système de découpage du temps en années, en mois et en jours, à partir de l'observation de cycles astronomiques. Dans chaque civilisation, l'élaboration d'un calendrier témoigne de la volonté très ancienne d'ordonner le temps, afin de créer un outil pour vivre en société. Il « exprime le rythme de la vie collective en même temps qu'il a pour fonction d'en assurer les régularités », selon le sociologue Émile Durkheim († 1917). « Calendrier » vient du latin calendarium, *« livre d'échéances » (mot lui-même dérivé du latin* calendae, *« calendes », premier jour de chaque mois pour les anciens Romains).*

Les différents calendriers tiennent compte des mouvements astronomiques, et les découpes sont lunaires, solaires ou luni-solaires. La rotation de la Terre sur elle-même en 24 heures (moyenne approchée) définit la journée. La rotation de la Lune autour de la Terre, ou lunaison, est de 29 jours et demi en moyenne : elle définit le mois lunaire. La rotation de la Terre autour du Soleil, qui dure en moyenne 365 jours et un peu plus de 5 heures, définit l'année tropique qui va d'un équinoxe de printemps à l'autre. Entre l'année solaire et l'année lunaire de 354 jours (qui comporte 12 lunaisons), il reste donc 11 jours environ.

- La mesure du temps à partir des lunaisons, phénomène très ancien, a donné le calendrier musulman. Le mois change à chaque nouvelle lune.
- Certains calendriers ajoutent un mois supplémentaire tous les deux ou trois ans, comme le calendrier juif qui redouble le mois d'Adar.

Le calendrier julien

• En 46 avant J.-C., Jules César réforma le calendrier sur des bases scientifiques, suivant les recommandations des astronomes d'Alexandrie et de l'astronome grec Sosigène : ce fut l'institution du calendrier julien. Pour que l'année corresponde mieux aux mouvements du Soleil, César reprit le calendrier luni-solaire de la République romaine existant. Entre autres rectifications, il supprima le mois intercalaire ajouté tous les deux ans, allongea les mois d'un ou de deux jours, doubla tous les quatre ans le 24 février, sixième jour avant les calendes de mars (*bis sextus*, qui donna « bissextile »). À la place du 1er mars, l'année commençait le 1er janvier, jour où l'on élisait les consuls, comme cela avait été fixé en 153 avant J.-C. Certains orthodoxes continuent de suivre le calendrier julien : c'est pourquoi leurs fêtes sont décalées de près de deux semaines par rapport au calendrier grégorien.

Le calendrier grégorien

• Le calendrier grégorien est le nom donné au calendrier réformé à l'initiative du pape Grégoire XIII qui, en 1582, supprima dix jours à l'année julienne, décalée par rapport aux mouvements du Soleil. Cette année-là, le vendredi 15 octobre fut le lendemain du jeudi 4 octobre. Grégoire XIII modifia également le calcul des années bissextiles finissant par deux zéros. En France, les dix jours furent supprimés le lendemain du 9 décembre 1582, sous Henri III.

• Le calendrier grégorien, reprenant en grande partie le calendrier julien, dépend du Soleil. Divisée en douze mois, l'année comporte quatre saisons qui débutent aux solstices (été, hiver) ou aux équinoxes (printemps, automne) : à chaque saison la Terre, dont l'axe est incliné sur son orbite, reçoit plus ou moins d'énergie solaire, ce qui impose un cycle de travaux agricoles précis. Les 11 jours en trop sont répartis à la fin des mois : onze mois ont 30 ou 31 jours ; février n'en a que 28 (29 lors d'une année bissextile tous les quatre ans). L'année est donc de 365 ou 366 jours. Ce calendrier, utilisé en France, est le plus suivi dans le monde.

◆ Le calendrier liturgique, structuré par les fêtes de Noël et de Pâques, fut mis au point entre les IVe et IXe siècles. L'année liturgique commence avec l'Avent (période précédant Noël), qui débute le dimanche le plus proche de la Saint-André, le 30 novembre. De nombreuses fêtes mobiles dépendent de la date de Pâques, fixée au dimanche suivant la pleine lune qui vient après l'équinoxe de printemps.

◆ Promulgué le 5 octobre 1793, le calendrier républicain chercha, avec l'utilisation du calcul décimal à déchristianiser le temps en supprimant les fêtes religieuses et les dimanches. Les jours étaient associés à une plante, un animal ou à un instrument agricole et les mois portaient des noms évocateurs (floréal, thermidor, vendémiaire, nivôse...). Quelques fêtes révolutionnaires rythmaient l'année (prise de la Bastille, proclamation de la République...). Ce calendrier trop peu rationnel fut rejeté et le calendrier grégorien, rétabli treize ans plus tard, à compter du 1er janvier 1806.

L'ère chrétienne

• C'est un moine scythe du VIe siècle, Denys le Petit, qui a fait commencer l'ère chrétienne à la naissance de Jésus-Christ, 753 ans après la fondation de Rome. De -1, on est passé directement à +1. Il n'y a pas d'année zéro.

• En réalité, le Christ est certainement né trois ou quatre ans plus tôt.

• Surnommé « le Petit » pour sa modestie, ce savant moine vint à Rome où il fut traducteur de textes grecs, et où il travailla sur des textes liturgiques et sur les calendriers.

• Si l'Église adopta rapidement son idée (théoriquement en 532, mais dans les actes en 613), l'usage ne se généralisa toutefois qu'avec Charlemagne en l'an 800.

☛ **Année, Mobiles (fêtes), Noël, Pâques.**

CARÊME

Le carême (du latin quadragesima, *« quarantième [jour] avant Pâques ») est pour les chrétiens une période de jeûne et de pénitence de quarante jours avant Pâques. Le carême débute le mercredi des Cendres, soit cinquante jours avant Pâques, mais les dimanches, commémorations hebdomadaires de la Résurrection du Christ, ne sont pas comptabilisés.*

Institué à la fin du IIIe siècle en Égypte et au IVe siècle à Rome, le carême débutait un dimanche et comptait six semaines de jeûne, quarante jours avant le début du *Triduum sacrum* les jeudi, vendredi et samedi saints. Au VIe siècle, le carême fut avancé au mercredi des Cendres, mercredi qui précède le premier dimanche de carême, afin de compter quarante jours de jeûne effectif avant Pâques. En réalité, ces jours d'ascèse qui s'opposaient tristement au carnaval marquaient la fin de la « Vieille » (année), avant la renaissance du printemps qu'accompagnait un rire libérateur.

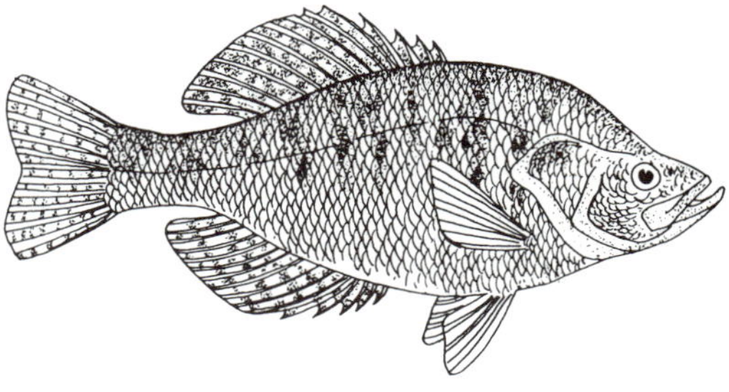

Ce temps de préparation à Pâques fait mémoire des quarante jours que Jésus-Christ a passés dans le désert à lutter contre Satan. Les ornements de l'Église sont violets, couleur de la pénitence. Le mercredi des Cendres, qui rappelle l'inconsistance de l'homme (« Tu es poussière... »), et le vendredi saint, qui fait mémoire de la mort du Christ sur la croix, sont deux jours de « jeûne et abstinence ».

Le carême était autrefois très rigoureux et supposait des restrictions d'ordre alimentaire et sexuel. Il fallait « faire maigre », ne pas manger de gras (viandes, graisses animales) en dehors des dimanches et de la Mi-Carême. Le jeûne, privation volontaire de toute nourriture, appartient à toutes les religions. Son non-respect était sévèrement puni (parfois de mort sous Charlemagne). Le carnaval, période d'« adieu à la chair » qui incarnait le plaisir débridé à la veille du mercredi des Cendres, n'en avait que plus d'importance.

◆ L'Église encourage encore aujourd'hui les chrétiens à profiter de ce temps pour leur conversion. Le carême se limite souvent à faire maigre le vendredi et à « faire des sacrifices », en se privant de sucreries, par exemple, et en distribuant des aumônes.

La quarantaine

• Laps de temps des grandes expériences, la quarantaine est symbolique de l'attente et de l'épreuve dans la Bible, comme les quarante jours du Déluge, les quarante années passées par les Hébreux dans le désert du Sinaï à la sortie d'Égypte à la suite de Moïse, les quarante ans du règne de David ou les quarante jours et quarante nuits de marche du prophète Élie. La « mise en quarantaine » relève d'une croyance analogue. L'ethnologue Claude Gaignebet découpe l'année en quarantaines alternantes, souriantes ou tristes, cycles de vie et de non-vie.

☛ **Carnaval, Mercredi des Cendres, Mi-Carême, Pâques, Quatre-Temps, Ramadan, Semaine sainte.**

CARILLONNÉES (fêtes)

Les fêtes carillonnées, qui sous-entendent de joyeux battements de cloches et une certaine solennité, sont les fêtes religieuses du calendrier chrétien que connaît toute l'Église et donc la France entière : Noël, Pâques, Pentecôte, Assomption, Toussaint…, ainsi que les fêtes en l'honneur de certains saints. S'y sont en effet greffées les fêtes locales patronales (paroissiales, votives…), et les processions, ostensions ou pardons. Ces fêtes impriment leur rythme à la vie des villes et des villages. Aux réjouissances spirituelles s'ajoutent les plaisirs matériels : foires, banquets, bals, par exemple.

Dans les Pyrénées, on mettait en marche une roue munie de douze clochettes (ou « roue à carillons ») placée contre l'une des murailles de l'église à cinq occasions : Noël, Pâques, Pentecôte, fête patronale et Toussaint. Une cinquantaine de ces roues à carillons subsistent en France, dont sept en Bretagne, scellées au mur gauche de l'église. Elles étaient utilisées à diverses occasions : lors de *Te Deum*, baptêmes, élévations de la messe, etc., ainsi que dans un but prophylactique, pour délier les langues des enfants, par exemple.

◆ L'expression de « fêtes carillonnées » est devenue désuète, à l'heure où les fêtes communales ont souvent remplacé les fêtes paroissiales et où les cloches ne jouent plus le même rôle protecteur dans les villes et villages.

☛ **Cloches, Fête, Paroissiale (fête), Patronale (fête).**

CARNAVAL

Le carnaval, rite de passage complexe à la veille du carême, forme un « temps hors du temps » marqué par l'inversion, la satire et les mascarades. Situé à la fin de l'hiver dans l'hémisphère Nord, le carnaval est une fête mobile dont la date dépend de celle de Pâques. Le mot vient de l'expression latine carnem levare, *« enlever la viande (des menus) ». Les « jours gras » (surtout Mardi gras, veille du mercredi des Cendres) s'opposent en effet aux « jours maigres » du carême, où la consommation de viandes et de graisses était interdite par l'Église pendant quarante jours. Certains pensent que le mot viendrait de « char naval », bateau votif destiné au culte méditerranéen de la déesse Isis, mère de la nature honorée au printemps.*

Les origines du carnaval, connu dans l'Europe entière et maintenant exporté dans le monde entier, sont multiples. Des moments de « logique à l'envers » avec renversement de l'ordre établi, temps licencieux parfois, étaient déjà connus dans l'Antiquité, principalement au Nouvel An ou à la fin de l'hiver. Considéré comme nécessaire, ce temps des hiérarchies renversées était autorisé.

À Babylone, lors des Sacées au début du IIe millénaire avant J.-C., un condamné à mort devenait « roi » à la place du souverain pendant cinq jours avant d'être exécuté.

La fête israélite de Pourim, toujours bien vivante, perpétue au printemps le souvenir biblique d'Esther, jeune juive devenue reine au Ve siècle avant J.-C., qui avait sauvé les Juifs de Perse et de Médie, peuple de son oncle Mardochée. Grâce à la supplique d'Esther, le favori du roi de Perse Assuérus, l'horrible Aman, qui avait fomenté le projet de les exterminer, fut pendu. Par ailleurs, Mardochée avait mérité l'honneur de se promener à cheval dans les rues de Suse, couvert du manteau royal.

D'autres manifestations célébraient le retour de la fécondité dans la gaieté et la grivoiserie : parmi elles en Grèce ancienne, les dionysies rurales de décembre honoraient Dionysos, dieu de la Fécondité, du Vin et de la Végétation, marquées par la sortie de l'emblème phallique à travers champs. À Athènes, toujours en l'honneur de ce dieu, les anthestéries invitaient à des défilés, à des mascarades et au mime du « mariage sacré » de l'archonte-roi, premier magistrat de la ville, investi du rôle de Dionysos, et de son épouse (en février-mars).

Dans la Rome antique, autour du 17 décembre, au moment du solstice d'hiver, les maîtres servaient leurs esclaves lors de joyeux banquets à la fête des saturnales où l'on faisait revivre l'Âge d'or, temps de liberté et d'égalité. Ces journées donnaient lieu à l'élection d'un roi de fantaisie. Au Ier siècle dans tout l'Empire, les « libertés de dé-

cembre » étaient suivies, à peine deux semaines plus tard, par les calendes de janvier. Ces réjouissances domestiques, marquées par des échanges de bouquets de branchages et de confiseries, donnèrent lieu à partir du IVe siècle à de bruyantes mascarades extérieures.

Dans les premiers siècles, l'Église naissante condamna à plusieurs reprises ces défilés débridés, ces danses et chants « obscènes, à l'imitation des païens ». Elle s'éleva aussi contre l'usage du masque, atteinte grave au créateur, « car l'homme a été fait à la ressemblance de Dieu ».

Au milieu du Moyen Âge, la fête des Fous allait engendrer au Nouvel An ou à l'Épiphanie des défilés semblables dans différentes villes d'Europe, à la fois dans les rues et à l'intérieur même des églises, proclamant ouvertement la négation de l'ordre établi et de la morale : « Qui est fol est sage », disait-on. L'entrée pompeuse d'un âne dans les cathédrales occasionna entre le XIIe et le XIVe siècle des fêtes bouffonnes qui se confondirent avec la fête des Fous. Parallèlement, lors de l'office des Saints-Innocents, le 28 décembre, un enfant-évêque célébrait la hiérarchie renversée. Cet enfant-évêque, qui réclamait son dû aux portes des maisons à la tête d'un cortège d'enfants, a longtemps fait partie du folklore des écoliers et des clercs. En raison de leurs débordements, toutes ces « fêtes à l'envers » (pour reprendre l'expression de l'anthropologue Daniel Fabre) furent condamnées au concile de Bâle (1435). Par ailleurs, dans les campagnes, des cortèges masqués s'organisaient autour de rites magiques destinés à purifier l'espace commun.

Après la stérilité et l'obscurité de l'hiver, après l'image de mort qui leur est liée, le carnaval célèbre le retour du « temps premier » (printemps), la renaissance de l'homme lui-même, ainsi que celle de la fécondité. La Saint-Valentin, fête des amoureux, n'est pas loin. Le carnaval suppose aussi le réveil de forces chtoniennes (infernales) peu contrôlables. À la campagne, il donne lieu à la fabrication d'un mannequin de paille, bouc émissaire portant le poids des maux de l'année écoulée qui finit brûlé, noyé ou décapité, au milieu de courses-poursuites et de jeux amoureux où les jeunes gens barbouillent les jeunes filles. À la ville, le carnaval parade et prend un aspect spectaculaire avec ses géants et ses chars originaux, souvent élaborés en fonction de l'actualité. Il prend une dimension satirique en permettant une critique de la vie locale.

Tout est savamment désordonné dans un but protecteur, tels ces piétinements ou danses marchées pour réveiller la terre. De même les aspersions, occasionnant des batailles, qu'elles soient de suie, de farine, de fleurs ou de confettis, sont porte-bonheur, ainsi que l'air expulsé de soufflets ou de vessies. Au carnaval, l'image du souffle est importante : en latin, soufflet ou ballon se dit *follis*, comme le « fou », créature vide.

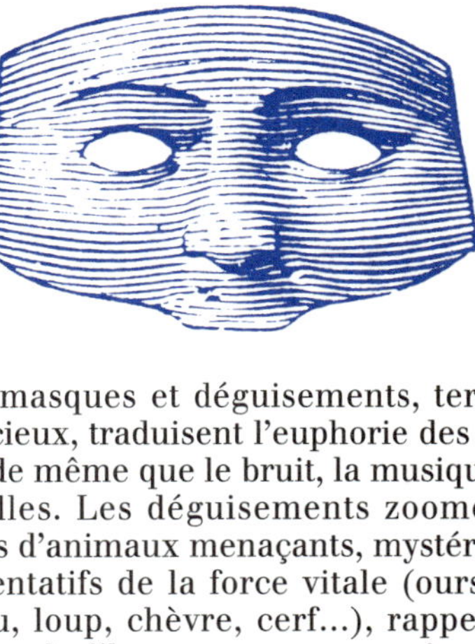

Les masques et déguisements, terrifiants ou précieux, traduisent l'euphorie des participants, de même que le bruit, la musique et les sonnailles. Les déguisements zoomorphes, inspirés d'animaux menaçants, mystérieux ou représentatifs de la force vitale (ours, bouc, taureau, loup, chèvre, cerf...), rappellent la créature de l'homme sauvage qui, en devinant le temps et les destinées humaines, incarne l'au-delà.

La lutte revient régulièrement entre beaux et laids (ambivalence à l'origine de la présence du Père Fouettard au côté de saint Nicolas), maigres et gras, blancs enfarinés et noirs couverts de suie qui représentent les phases lunaires et l'alternance entre la vie et la mort. À la main, ils portent bâtons, balais, plumeaux, soufflets... ustensiles qui chassent les mauvais esprits tout comme le fouet cérémoniel.

Quand le carnaval dure plusieurs jours, une journée est parfois réservée aux femmes, pendant laquelle elles commandent (le lundi gras en Alsace, par exemple) : c'est la journée des « commères » ou des « marottes », qui évoque les coutumes de la Sainte-Agathe, le 5 février, dans le Bugey par exemple. Comme lors de nombreuses fêtes printanières, la fécondité est à l'honneur : jeux et dérisions tournent autour du mariage.

La nourriture servie en abondance, les pâtisseries propres au printemps (crêpes, bugnes, beignets, rissoles ou gaufres) promettent elles aussi l'abondance.

- Les carnavals, plus ou moins assagis, sont connus dans la France entière entre février et avril : aux « Trois Joyeuses » de Dunkerque avec ses bandes de pêcheurs ou autres ; à Solesmes (Nord) avec ses seringueux (pour asperger d'eau) ; à Trélon (Nord) avec sa Saint-Pansard et son mannequin bedonnant ; à Granville (Manche) avec ses chars satiriques ; à la fête de l'Ours à Prats-de-Mollo (Pyrénées-Orientales) ; à Limoux (Aude) avec ses Fécos (pierrots espiègles) et ses meuniers enfarinés ; à Cournonterral (Hérault) et sa fête des Pailhasses (acteurs rembourrés de paille) ; à Nontron (Dordogne) et son carnaval des Soufflets tous les deux ans ; à Saint-Claude (Jura) avec ses soufflaculs (à la queue leu leu) ; à Nice où Sa Majesté défile parmi chars et grosses têtes, sous de célèbres pluies de fleurs...
- Depuis les années 1990, les carnavals européens, sous l'influence des carnavals brésiliens, caribéens et latino-américains, empruntent les musiques et danses rythmées d'origine africaine. Écoles de samba, orchestres de steel-band, salsa... remplacent peu à peu les marches et les farandoles.

☛ **Agathe (Sainte-), Âne, Aspersion, Baguettes, Carême, Char, Confettis, Crêpes, Danse, Déguisement, Fous (fête des), Homme sauvage, Mardi gras, Mascarade, Masque, Mercredi des Cendres, Nicolas (Saint-), Nouvel An, Ours, Père Fouettard, Pourim, Roi, Valentin (Saint-).**

CARNET MONDAIN

Le carnet mondain présente, par le biais de différents médias (quotidiens, Internet), des annonces faisant part de naissances, adoptions, baptêmes, fiançailles, mariages, anniversaires, offices religieux, obsèques, colloques, réunions diverses, diplômes ou autres événements. Peuvent aussi y figurer de simples messages destinés à un lecteur particulier.

Le carnet, qui comportait aussi des annonces de bals, est une formule qui naquit en 1875 dans *le Figaro*. Il existe toujours dans ce journal, sous le nom de « carnet du jour », et informe sur la vie des familles, en général de la grande bourgeoisie et de l'aristocratie.

☛ **Carte de vœux, Faire-part.**

CARTE DE VŒUX

La carte de vœux, généralement illustrée, permet d'adresser aux proches et aux amis des souhaits personnalisés à l'occasion du Nouvel An, d'une fête ou d'un anniversaire. Support d'un sentiment, elle permet de rapprocher expéditeur et destinataire, parfois éloignés, presque au même titre qu'une visite.

L'usage de la carte de Noël remonte à la lettre de vœux peinte à la main que les religieuses adressaient à leur famille en fin d'année au Moyen Âge. Elles y joignaient un menu cadeau : du miel, de la lavande, un pain d'épice, un mouchoir brodé... Jugée trop matérialiste, la coutume disparut avec la Réforme au XVIe siècle, puis réapparut au XVIIIe siècle sans le caractère sacré des premières cartes : les dessins représentaient de la verdure, un réveillon, un groupe d'enfants... Cet envoi rejoignait l'ancien usage chinois d'adresser aux proches des cartes en papier de riz dont la longueur était proportionnelle à l'importance accordée au destinataire.

La première carte est anglaise ; elle porte la mention : *A Merry Christmas and A Happy New Year to you.* John Calcott Horsley la dessina en 1843 à la demande de sir Henry Cole, alors directeur du tout récent Victoria and Albert Museum. Mille copies lithographiées du dessin d'Horsley (représentant une famille réunie) et coloriées à la main furent envoyées en 1846.

À partir de 1860, l'envoi de cartes se développa en Angleterre, s'alignant sur celui des « valentines », cartes adressées à la Saint-Valentin aux amis mariés ou en âge de l'être.

- Les cartes de Noël, qui ne nécessitent pas de longues formules écrites, sont échangées dès le début décembre entre parents, amis ou simples relations dans les pays germaniques et anglo-saxons. En France et dans les pays latins, elles sont envoyées un peu plus tard, au moment du Nouvel An, parfois même jusqu'à la fin janvier.
- L'envoi de cartes de vœux n'est pas désuet, loin de là, même si le téléphone, les cyber-cartes ou les cassettes la remplacent souvent. Les cartes reçues sont exposées sur une cheminée ou un meuble, pendant un mois environ. En France, la coutume est toutefois moins vivace que dans les pays anglo-saxons, où l'on dit que plus on reçoit de cartes de Noël, plus on est supposé avoir de bonheur dans l'année.

La carte de vœux de l'UNICEF

• La vente de cartes de vœux permet souvent aux œuvres caritatives de collecter de l'argent. Les cartes de l'UNICEF (Fonds d'urgence des Nations unies pour l'enfance), illustrées par des bénévoles, sont les plus répandues dans le monde. La première carte, dessinée en 1949 par une petite Yougoslave, Jitka Samkova, célébrait la fin de la guerre. Depuis lors, des artistes de renom contribuèrent à son succès, comme Dufy et Matisse. Les vœux sont exprimés en sept langues (anglais, français, espagnol, russe, allemand, arabe, chinois).

• À la place des mentions imprimées de « Meilleurs Vœux », « Joyeux Noël » ou « Bonne Année », figure parfois celle de « Season's Greetings », afin de convenir également aux juifs qui s'adressent leurs souhaits au moment de Hanoukka, en décembre.

☛ **Anniversaire, Fête, Hanoukka, Noël, Nouvel An, Valentin (Saint-).**

CATHERINE (Sainte-)

La Sainte-Catherine, le 25 novembre, est fêtée par les jeunes filles célibataires de vingt-cinq ans : « pourvoyeuse de maris », sainte Catherine est censée veiller aux mariages. Sa vie, au cours de laquelle les miracles se succèdent, fut écrite tardivement par des moines du mont Sinaï qui avaient retrouvé sa sépulture au IXe siècle. Ils la nommèrent Catherine (du grec katharos, *« pure ») et répandirent son culte et son histoire en Orient.*

Au début du IVe siècle sous Maxence (ou Maximin ?), cette jeune princesse chrétienne d'Alexandrie, pleine de science et de beauté, aurait refusé de sacrifier aux idoles et serait parvenue à confondre un auditoire de grammairiens et de rhéteurs par son érudition. Refusant les avances de l'empereur, elle aurait fini persécutée. Condamnée à être martyrisée par une roue garnie de pointes, elle serait morte finalement décapitée, vers 310. Des anges auraient alors transporté sa dépouille sur le mont Sinaï.

Sans doute grâce aux croisades, le culte de sainte Catherine se répandit en Occident et devint vite populaire en France : son mariage mystique avec le Christ, rapporté par la légende, fit sa réputation auprès des jeunes filles ; son érudition lui valut le patronage des philosophes et des étudiants, et son martyre, le patronage de ceux qui utilisent une roue dans leur travail (potiers, meuniers, fileuses, charrons...). S'impose ici le rapprochement avec les trois Parques, divinités infernales romaines qui présidaient en filant aux destinées humaines (naissance, mariage, mort).

De nombreux procédés de divination pour connaître son futur conjoint étaient utilisés. Dans les pratiques, on retrouvait souvent des épingles ou des rubans, attributs intimes de la jeune fille. Au moment de la Sainte-Catherine, quand les jours raccourcissaient, les veillées permettaient aux langues féminines de se délier, en particulier sur les futurs mariages, liés à l'espérance du retour de la fécondité. Comme les autres saints de l'Avent (Martin, André, Nicolas, Lucie), sainte Catherine se caractérisait par sa générosité : elle « donnait » des maris.

Le jour de sa fête, les villageoises « coiffaient sainte Catherine » en couronnant sa statue à l'église et les sociétés de jeunesse féminines élisaient leur « reine ». Au XIXe siècle, la coutume gagna le milieu urbain, les ateliers de couture et les bureaux. La Sainte-Catherine devint une fête corporative dans le milieu de la couture.

La catherinette « coiffe sainte Catherine », mais, cette fois, c'est elle qui porte un chapeau (ou bonnet) jaune et vert, décoré d'attributs qui lui sont propres. Le jaune, couleur de la faillite, est en fait un blanc défraîchi, symbolisant le mariage qui tarde ; le vert est signe d'espérance et d'insouciance. L'association du vert et du jaune, couleurs du ménage pour certains, figure l'entre-deux temps (fruit vert/ fruit mûr) : ce sont les couleurs du ridicule, propres au bouffon.

Par ailleurs, la coiffure des jeunes femmes (chapeau ou voile) est le symbole du mariage, contrairement aux cheveux laissés libres comme ceux de Marie-Madeleine, la pécheresse de l'Évangile.

- La Sainte-Catherine se fête toujours dans le milieu de la couture, ainsi que dans certaines entreprises du secteur tertiaire, où l'on offre à la jeune fille, avec le fameux chapeau, une prime et parfois des cadeaux. La fête s'est adaptée aux nouvelles donnes du célibat : la catherinette peut vivre en couple ou être mère célibataire. Au lieu d'annoncer la fermeture d'une période propice au mariage, la Sainte-Catherine en marque désormais l'ouverture. Mais, comme le souligne l'ethnologue Anne Monjaret, cette fête sur la virginité prolongée, sujet tabou, dérange.
- Les procédés de divination n'ont pas totalement disparu, même si les jeunes filles rient en pratiquant ces anciennes superstitions : sur la plage de Ploumanac'h (Côtes-d'Armor), les jeunes filles enfilaient des épingles dans le nez de saint Guirec, par exemple, et à la chapelle Sainte-Barbe du Faouët (Morbihan), elles jetaient dans l'eau des épingles à cheveux qui devaient surnager. Plus généralement, lors de certaines nuits (à l'Épiphanie, le 1er-Mars, à la Saint-Jean, à la Saint-André...), elles interprétaient le dessin formé par du plomb refroidi dans un seau d'eau pour y deviner un outil de travail de l'être cher ou une initiale de son nom, ou elles mettaient des herbes sous l'oreiller pour « voir en leur dormant/Celui qu'(elles auraient) de leur vivant ». En Alsace, à la Sainte-Barbe (4 décembre), elles mettaient des branches de cerisier à fleurir pour Noël (près d'un radiateur de préférence). D'autres pratiques divinatoires, plus discrètes, sont encore utilisées par les jeunes filles qui restent et resteront toujours préoccupées par le sujet amoureux : avec la queue d'une pomme tournée en récitant l'alphabet, par exemple ; la lettre prononcée quand la queue s'arrache est l'initiale du futur

conjoint. Des vœux secrets continuent de se formuler sous les étoiles filantes, sous les ponts de Paris... et les jeunes filles scrutent, dans le ciel, les lignes laissées par les avions : si elles s'entrecroisent, c'est que quelqu'un les aime.

☛ **Avent, Barbe (Sainte-), Bouffon, Corporative (fête), Jeunesse (sociétés de), Mariage, Veillées.**

CAVALCADE

Une cavalcade (du latin cavalcare, *« chevaucher ») était une course précipitée de cavaliers au galop. Dans les carnavals, les chars étaient souvent tirés autrefois par des chevaux, d'où l'emploi courant de « cavalcades » pour désigner les défilés.*

Différente de la parade, défilé à pied, la cavalcade désignait un cortège équestre plus ou moins ordonné. Bien que n'impliquant plus la présence de chevaux, le terme s'applique toujours à n'importe quel défilé de type carnavalesque ou à un corso de chars fleuris. Sans avoir forcément lieu au moment du Mardi gras, la cavalcade s'accompagne de mascarades burlesques avec mise en scène de la dérision.

☛ **Carnaval, Char, Cheval-jupon, Corso, Défilé, Jeux équestres, Mardi gras, Mascarade, Parade.**

CÉCILE (Sainte-)

La Sainte-Cécile, le 22 novembre, donne l'occasion aux fanfares et aux orchestres de se réunir, de se produire éventuellement lors d'une messe solennelle et de célébrer leur banquet annuel avec remise de diplômes et de médailles.

Sainte Cécile, patronne des musiciens, est honorée le 22 novembre ou le dimanche le plus proche par les musiciens, chanteurs et fabricants d'instruments de musique lors d'une fête comparable aux fêtes corporatives, même si les musiciens exercent par ailleurs un métier qui n'a rien à voir avec la musique.

Le récit de la vie de sainte Cécile fut écrit au VIe siècle pour les pèlerins qui voulaient connaître la patronne de l'église Sainte-Cécile-au-Transtévère où ils se rendaient. On ne sait rien de cette Cécile enterrée près des papes dans le cimetière Saint-Calixte, sinon qu'elle aurait donné le terrain où il se trouve, ainsi qu'une maison.

Selon sa légende, Cécile, née dans une famille de la noblesse romaine, aurait fait vœu de chasteté en devenant chrétienne. Cependant, elle avait dû se marier contre son gré à un jeune païen, Valérien, qu'elle réussit à convertir avec l'aide d'un ange. Lors de la cérémonie de son mariage, elle n'avait pas voulu, par dépit, entendre la musique de l'orgue, tandis qu'elle priait pour conserver sa virginité. Un peu plus tard, vers l'an 200, elle fut martyrisée pour sa foi et condamnée à être plongée dans un bain d'eau bouillante qui ne lui fit aucun mal. On tenta alors de la décapiter et elle mourut après trois jours d'agonie. Elle avait converti également son beau-frère Tiburce, ses bourreaux et quatre cents païens.

Sa réputation de musicienne naquit à la fin du Moyen Âge d'une mauvaise interprétation de la présence d'un orgue auprès d'elle, sur les représentations.

◆ Le dimanche le plus proche du 22 novembre, la fête est célébrée avec solennité dans la cathédrale d'Ajaccio ainsi que dans celle d'Albi (Tarn), dont sainte Cécile est la patronne. La cathédrale, dédiée auparavant à la Sainte-Croix, se plaça sous le patronage de la sainte à la suite du dépôt de reliques rapportées de Rome au XIIIe siècle, par un noble tarnais.

☛ **Banquet, Corporative (fête), Fanfare, Musique.**

CÉLÉBRATION

La célébration d'un événement ou d'une fête est l'action de marquer par une cérémonie l'accomplissement solennel d'un rituel, religieux ou non. Le mot, synonyme de commémoration lorsqu'il s'agit de l'anniversaire d'un événement heureux ou glorieux, implique en outre l'exécution de gestes précis (souffler les bougies du gâteau d'anniversaire, par exemple).

Les célébrations nationales, mises en œuvre ou soutenues par le ministère de la Culture et de la Communication, commémorent les anniversaires (centenaires ou cinquantenaires) d'événements de l'histoire, de personnages ou d'œuvres importantes. Elles mettent ainsi en valeur auprès d'un large public le passé commun, par le biais de publications, d'expositions, de colloques, de représentations théâtrales, de concerts ou de fêtes.

La IIIe République a introduit dans le calendrier le culte national des grands hommes et des événements fondateurs, suivant l'exemple du calendrier révolutionnaire : centenaire de la mort de Voltaire et de Rousseau en 1878,

célébration du 14-Juillet en 1880, funérailles de Victor Hugo en 1885, en même temps qu'elle inaugura de nombreux monuments commémoratifs.

Depuis 1968, différentes missions et une Délégation aux actions commémoratives furent mises en place, suivies en 1974 de la création par Maurice Druon, alors ministre de la Culture, d'une Association française pour les célébrations nationales, afin d'établir un programme commémoratif et d'en coordonner les manifestations.

☛ **Anniversaire, Calendrier, Commémoration, Inauguration.**

CERCLE PRIVÉ

Le cercle privé, de même que la « société d'hommes » qui lui est proche en milieu rural, est une association volontaire, organisée et égalitaire d'hommes adultes de même rang social, distincte des groupes familiaux ou professionnels. C'est aussi un lieu de récréation et de distractions. Dans certaines régions, comme dans le nord de la France, de telles sociétés sont responsables de l'organisation des fêtes locales réservée autrefois aux sociétés de jeunesse.

Peut-être issu des premières confréries, associations pieuses de laïcs créées à partir du XIe siècle, le cercle, « lieu de sociabilité bourgeoise et moderne face au salon, plutôt aristocratique et traditionnel » selon l'historien Maurice Agulhon, a pris son essor à partir de 1830 en milieu urbain. Il suivait le modèle des sociétés existantes, principalement aristocratiques, alignées sur les « sociétés joyeuses » du XVIIe siècle liées par la convivialité autour de repas et de musique.

Parallèlement à l'industrialisation, la formule du cercle résolument tournée vers la modernité marquait une rupture avec le

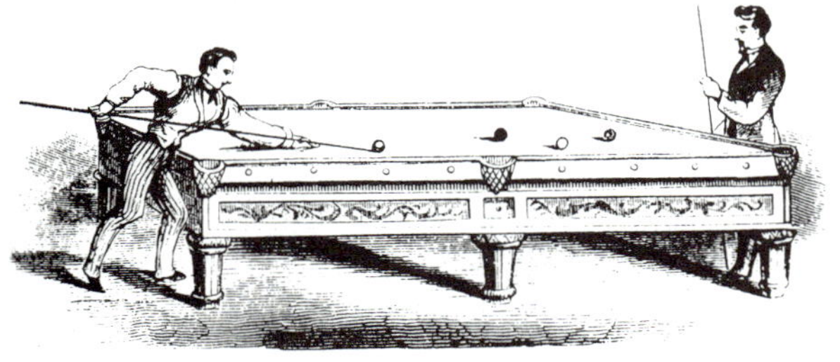

monde ancien des solidarités villageoises. Dans ce sillage, se sont multipliés également cercles catholiques, amicales laïques et patronages.

Liés entre eux par une grande solidarité, les membres sont sélectionnés par cooptation (nomination par ceux qui font déjà partie de l'assemblée). Même si son but n'est pas de pur loisir, le cercle procure à ses adeptes un délassement honnête et agréable : conversation, lecture des journaux, jeux de société, cartes, billards, jeux de plein air (boules) dans les « sociétés d'hommes », boissons, tabac... Les cotisations, souvent onéreuses, servent à soutenir des actions matérielles pour différentes causes humanitaires.

- Les cercles privés et les sociétés d'hommes se caractérisent par l'égalité entre tous, l'organisation démocratique des pouvoirs (officiers, préposés, président, trésorier, rapporteur...), l'obéissance au règlement, le choix et l'organisation d'un lieu permanent de réunion, la régularité des rencontres. Sans bruit et sans désordres contrairement aux cafés, ils fonctionnent sur le modèle des clubs anglais. Les membres sont tenus à la discrétion sur leurs activités. Entre amicales laïques et cercles catholiques, les discussions de politique nationale et municipale sont animées.
- Les cercles les plus connus sont à Paris le Jockey Club (le plus fermé, réservé à la noblesse française : la lignée compte plus que la fortune), le Polo, l'Étrier, le Racing-Club, le club du Bois de Boulogne, le cercle Interallié... L'internationalisme y est très développé : ces clubs, en relation avec d'autres à travers le monde, ouvrent leurs portes aux membres étrangers admis auprès de leurs pairs.
- Le Rotary, fondé à Chicago en 1905 par l'avocat américain Paul Percy Harris, est une association internationale d'hommes et de femmes de divers milieux professionnels (commerçants, industriels, membres des professions libérales), imitée en 1917 par le Lions Club. Ces clubs, fréquents dans les villes, se proposent de défendre un idéal de probité et de confiance dans les affaires entre nations. En milieu rural, les « sociétés d'hommes » n'ont cessé de décliner au cours du XXe siècle, en partie en raison des deux guerres mondiales, en Anjou et en Touraine, par exemple. Elles sont remplacées par la formation de clubs sportifs (jeux de boules) qui ont leur siège dans un café : le développement des compétitions y est devenu la raison d'être. Il faut noter la permanence du monde masculin, même si les femmes sont admises dorénavant.

☛ **Confréries, Convivialité, Jeunesse (sociétés de), Jeux, Maçonniques (fêtes), Sport.**

CÉRÉMONIAL

Le cérémonial est l'ensemble des règles à suivre et l'ordre établi de leur déroulement en vue de l'exécution d'un événement solennel. Le terme ne s'appliquait au départ qu'au déroulement des cérémonies religieuses.

Lors d'événements diplomatiques et de fêtes patriotiques impliquant la participation de hautes personnalités civiles ou militaires, un maître de cérémonie (appelé chef du protocole et dépendant du ministère des Affaires étrangères) dirige et surveille l'exécution du protocole. Lors de mariages ou de funérailles, il s'agit parfois d'un suisse, employé en uniforme chargé de l'ordonnance des cérémonies dans une église : cette formule est en voie de disparition depuis les années 1970.

☛ **Cérémonie, Étiquette, Protocole, Souvenir (cérémonial du), Suisse.**

CÉRÉMONIE

La cérémonie, terme qui ne s'appliquait au départ qu'au culte religieux, désignait une célébration à caractère sacré. Le mot avait aussi le sens de vénération, respect religieux. La cérémonie est par extension l'accomplissement solennel d'une célébration, qu'elle soit civile, militaire ou religieuse. Plus généralement encore, la cérémonie est la forme extérieure de tout événement célébré avec pompe, apparat et mise en scène. Un simple repas peut être une cérémonie.

Toutes les professions ont des cérémonies qui leur sont propres, ainsi, dans le domaine de la Justice, les audiences solennelles, les discours de rentrée, les installations ou les prestations de serments.

La Guerre, Les Noces de Felée et de Thétis, Henri Gissey, 1664.

Bal à la cour de Charles IX, Frans Pourbus, 1571.

La cérémonie, qui se déroule comme un spectacle, obéit à des règles précises dictées par le cérémonial et parfois ordonnées par un maître de cérémonie. Chaque instant compte. Dans son déroulement, la cérémonie flatte les sens : les costumes, les lumières, les couleurs, les fleurs, les bijoux, les tissus, pour la vue ; l'usage de l'encens ou de parfums, pour l'odorat ; la présence de la musique ou de chœurs, pour l'ouïe...

Le tapis rouge, qu'il soit réel ou imaginaire, symbolise par excellence la solennité de la cérémonie.

L'expression péjorative « faire des cérémonies » signifie « en faire trop », « faire des complications ».

☛ **Célébration, Cérémonial, Protocole, Solennité, Tapis rouge.**

CHAMPAGNE

Le champagne est un vin fin français qui porte le nom de sa région de production. Pétillante et effervescente, cette boisson symbolise aujourd'hui la fête dans le monde entier.

L'histoire du champagne, qui date de 1670, est le fruit du travail d'un patient moine cellérier de l'abbaye de Hautvillers près d'Épernay (Marne), Dom Pérignon. Les rois François Ier, Charles IX et Louis XIV appréciaient sur leur table un vin de Champagne, « tranquille », de couleur grise, le vin d'Aÿ, qui avait la capacité de mousser sous l'effet d'une seconde fermentation. Dom Pérignon chercha à contrôler et à retenir cette fugace fermentation qui se faisait d'elle-même au printemps. Il ajouta du sucre pour alimenter le vin dans son fût, puis le mit en bouteilles en bouchant celles-ci de liège comme le faisaient les Romains. Il empila les bouteilles obliquement tête en bas plusieurs mois, jusqu'à la fermentation. Dès qu'un dépôt de levures se fut formé, il remua les bouteilles tous les jours pendant une saison, ce qui lui permit d'éliminer le dépôt tout en conservant le gaz. Grâce à ce procédé, il inventa le champagne, qui connut dès lors le succès que l'on sait.

- Servi frais (8-10 °C), le champagne est bu dans des flûtes ou des coupes. À l'occasion d'exploits sportifs ou autres (bridge...), le vainqueur se sert de la bouteille qui lui est offerte, non pour la boire, mais pour asperger son entourage.
- L'expression « sabler le champagne » signifie « boire du champagne en abondance lors d'une réjouissance » (de « sabler », avaler d'un trait). Elle est souvent confondue avec l'expression voisine, impropre, « sabrer le champagne » : décapiter la bouteille d'un coup de couteau comme avec un sabre.

☛ **Aspersion, Boissons, Toast (porter un), Vivat flamand.**

CHANDELEUR

La Chandeleur, le 2 février, nom populaire de la fête chrétienne commémorant la présentation de Jésus au Temple, vient du latin festa candelarum *(« fête des chandelles »), en raison de la bénédiction des cierges qui avait lieu ce jour-là. Quarante jours après Noël, l'Église célèbre l'épisode rapporté dans l'Évangile de Luc de la présentation de l'Enfant Jésus au Temple de Jérusalem comme le voulait la loi de Moïse pour tout garçon premier-né : le vieillard Siméon avait reconnu en l'Enfant Jésus la « lumière pour éclairer les nations ». Cette fête fut également appelée à la fin du VIIIe siècle « fête de la Purification de Marie », appellation que le calendrier romain de 1969 n'a pas retenue. À un moment charnière où les jours rallongent et où l'hiver bascule vers le printemps, la Chandeleur, centrée sur la lumière purificatrice, a une fonction météorologique. Elle est surtout connue pour ses crêpes « rondes et dorées comme le soleil ».*

La Chandeleur fut célébrée à Jérusalem dès le IVe siècle et la procession des cierges – les « chandelles » – s'y ajouta en 450. Connue en Syrie et à Constantinople au VIe siècle sous le nom d'*Hypapante* (mot grec, qui signifie « rencontre ») – à cause de celle de Siméon et de l'Enfant Jésus –, cette fête religieuse fut ensuite célébrée à Rome au VIIe siècle sous le pape Sergius Ier, syrien d'origine, avec procession des cierges dès l'aurore entre le Forum et Sainte-Marie-Majeure. Selon l'ethnologue Françoise Lautman, les cierges seraient à rapprocher des lampes funéraires que les Romains mettaient sur la tombe des ancêtres lors des *Dies Parentales* (« jours des ancêtres »), du 13 au 21 février. Par l'emploi de torches, on cherchait à éloigner les esprits des ténèbres en ce mois de février (du latin *februare*, « purifier ») qui, à la fin de l'hiver, sous-entendait le réveil des forces chtoniennes. Dans le calendrier celtique, le 1er février correspondait à la fête d'« Imbolc » (de l'ancien irlandais, « lustration »), occasion d'un culte domestique pour protéger la maison et la purifier.

Les cierges de la Chandeleur

• Les cierges bénits de la Chandeleur, investis d'un pouvoir surnaturel, sont gardés précieusement : ce sont des sacramentaux (objets souvenirs de cérémonies religieuses) dont on peut attendre certains effets spirituels. On les rallume encore aujourd'hui auprès d'un malade ou d'un défunt. Dans certaines régions (Provence, Auvergne...), au retour de la messe, on traçait autrefois une croix de fumée sur les portes des maisons « afin que le diable n'entrât pas par là ». Ils étaient également supposés éloigner les dangers liés au feu, en cas d'orage par exemple, comme les tisons de la bûche de Noël ou du feu de la Saint-Jean.

Comme Mardi gras ou la Mi-Carême, la Chandeleur occasionne la fabrication de pâtisseries rituelles, expressions du printemps : crêpes, beignets, bugnes, oreillettes, mariottes ou gaufres... Faites de farine, de lait et d'œufs, ingrédients peu coûteux, les crêpes sont caractéristiques du carnaval. Elles servaient à prouver qu'on avait encore des réserves après l'hiver et jouaient un rôle protecteur : la première, lancée sur le dessus d'une armoire, veillait à l'économie familiale. Selon la tradition, on doit garder à la main une pièce de monnaie en faisant sauter cette première crêpe, afin de s'assurer la fortune toute l'année.

Cette dernière fête familiale du cycle de Noël – c'est à la Chandeleur qu'on enlève la crèche en Provence – est suivie des jours gras, tournés, eux, vers l'extérieur.

- À Marseille, la Vierge noire de la crypte de Saint-Victor, Notre-Dame de Confession ou Nosto Damo de fue nòu (Notre-Dame de « feu nouveau »), est montée pour une semaine dans la basilique supérieure. Certains auteurs ont rapproché la couleur sombre de la Vierge, noircie par la fumée, phénomène fréquent à l'époque romane, de sa situation souterraine évoquant d'anciennes divinités glorifiant la Terre Mère noire et féconde. Ce nom de « fue nòu » est à l'origine de la légende selon laquelle cette Vierge aurait été sculptée par saint Luc dans une racine de « fenouil ». Elle est en bois d'olivier en réalité, patinée par le temps et par la fumée des nombreux cierges verts réputés protéger de la foudre et aider aux accouchements.
- Au retour de la cérémonie, les fidèles rapportent des « navettes » ou « barquettes de Saint-Victor », gâteaux secs allongés et fendus comme la barque de saint Lazare et des saintes Marie qui se serait échouée sur les côtes de Provence au début de l'ère chrétienne.

Le dicton de l'ours

« À la Chandeleur,
l'hiver s'apaise ou prend vigueur. »

• D'après une croyance déjà attestée dans l'*Histoire naturelle* de Pline l'Ancien au Ier siècle, l'ours fait partie du calendrier populaire et son réveil annonce le printemps. Dans bien des contrées européennes, on dit que l'ours (ou le loup) sort de sa tanière le jour de la Chandeleur. Si le temps est clair et que l'animal voie son ombre, il retourne dormir : l'hiver doit se prolonger quarante jours. S'il fait sombre au contraire, la mauvaise saison est sur le point de se terminer et l'animal peut sortir de son hibernation. Très fréquent au carnaval, le déguisement en ours (corps couvert de fourrures et visage noirci) est comparable à la représentation de l'homme sauvage qui « sait le temps ».

☛ **Animaux sauvages, Barbouillage, Calendrier, Carnaval, Cierges, Crèche, Crêpes, Homme sauvage, Imbolc, Mariales (fêtes), Météorologie, Noël, Ours.**

CHANSONS

Les chansons profanes destinées à la danse ou les chants sacrés destinés à la prière (les cantiques), refrains traditionnels ou spontanés, accompagnent les fêtes et expriment naturellement la joie, la louange ou la mélancolie à des degrés extrêmement divers. Par cet art original, né de l'alliance des mots et de la musique, les chanteurs ou les choristes, amateurs ou professionnels, transmettent aux auditeurs une part d'émotion.

Les thèmes des chansons sont extraordinairement variés, ainsi que leurs structures rythmiques et mélodiques rapides ou lentes, solennelles, animées ou douces comme des berceuses. Le mélange des genres est fréquent, la tradition vocale étant un amalgame permanent entre la culture locale et les apports extérieurs. Brièvement, la chanson populaire, transmise par les jongleurs et les ménétriers du Moyen Âge, a une triple origine :

– les chants épiques de l'époque mérovingienne, puis les chansons de geste (*la Chanson de Roland*, à la fin du XIe siècle) ;

– les chants religieux non liturgiques (*la Cantilène de sainte Eulalie* au IXe siècle, *Passions* à partir du Xe siècle) ;

– les chants légendaires ou romanesques des provinces de France (complaintes, ballades...).

Par ailleurs, la chanson militaire ou historique donna naissance aux chants patriotiques ou guerriers.

La chanson religieuse, avec utilisation d'éléments liturgiques ou non (tropes dialogués, plain-chant), engendra les cantiques et les « épîtres farcies », chantées alternativement en latin et en langue vulgaire. Le noël, forme la plus ancienne de chanson pieuse en langue vulgaire, est souvent adapté à un air populaire connu.

La chanson profane se déclina sous de nombreuses formes : madrigaux, vaudevilles, chansons à boire, chansons à danser, chansons d'amour, chansons de fêtes, chansons et bruits de métiers (laboureurs, marins, vignerons, meuniers, brodeuses...), pastorales, chansons gaillardes...

Les couplets incantatoires, qui entrent dans cette catégorie, accompagnaient les tournées cérémonielles : les enfants formulaient des vœux au moment des étrennes (« Au gui l'an neuf ») ou réclamaient leur dû au moment de Pâques. Ces chants magiques et protecteurs se terminaient, en cas de refus, par des malédictions. Comme les comptines et les formulettes qui survivent dans les cours de récréation, ces couplets apotropaïques se transmettaient oralement.

« Le chant marié à la parole est [...] l'expression de la seule poésie vraiment populaire. Son union avec la musique est si intime que si l'air d'une chanson vient à se perdre, les paroles se perdent également », écrivait Théodore Hersart de La Villemarqué dans l'introduction de son *Barzaz-Breiz*, recueil de chants populaires de la Bretagne paru en 1867. Selon les circonstances qui les ont vu naître ou se développer, les chansons sont capables de faire revivre des souvenirs, même si les paroles sont sans grand intérêt. Quand le chanteur est narrateur et conteur, la mélodie peut devenir secondaire. Ainsi en est-il pour la *gwerz*, complainte bretonne relatant des faits souvent dramatiques destinés à édifier la jeunesse. Proches des druides, les bardes celtiques, dont la classe était très honorée pour sa science divinatoire, savaient exalter les vertus et la sagesse des héros : ils exerçaient la fonction de censeurs et dispensaient librement blâmes et louanges de la conduite de leurs congénères. Les sonneurs bretons ont longtemps hérité de cette liberté.

La chanson de rue, qui véhiculait l'information et l'opinion publique en même temps, inquiétait les gouvernements au XIXe siècle et donnait lieu à des contrôles répétés : les chansons révolutionnaires avaient donné le ton, à commencer par la Marseillaise. La dimension satirique des chansons n'est pas près de s'éteindre : le chansonnier provoque le rire sur des railleries souvent très sérieuses autour de l'actualité.

Les chansons régionales

• Les chansons régionales, anonymes ou non, gardent la couleur de la sagesse populaire et des langages dialectaux. Partout, ces chansons marquaient les fêtes, tant celles de l'année que celles qui ponctuaient la vie familiale, particulièrement les amours et le mariage, la vie professionnelle et patriotique. Ces chansons, qui ne sont pas toutes restées dans leur lieu d'origine, subsistent comme des classiques, quel que soit leur âge : chansons revendicatives ou de tradition, noëls des provinces, rondes et branles poitevins, bourrées auvergnates, chansons de canuts lyonnais, chants ensoleillés de Marseille, chants des félibres dirigés par Frédéric Mistral (le Félibrige était un mouvement littéraire et culturel fondé en 1854 pour défendre les traditions provençales) :

O Magali ma tant amado / [...] Mai lis estello paliran / Quand te veiran! (« Oh Magali, ma tant aimée / [...] Mais les étoiles pâliront / Quand elles te reverront ! »)

• Il en est également ainsi pour la chanson du Nord, en particulier les chansons ouvrières et les célèbres couplets de la berceuse d'Alexandre Desrousseaux *le P'tit Quinquin* (1853) ; ou pour la chanson normande illustrée entre autres par *Sur la route de Louviers* ; ou encore pour la chanson vendéenne, avec *Auprès de ma blonde*.

• En Bretagne, pour les chansons à danser, le chanteur assurait le rythme avec des onomatopées. Par ailleurs, Théodore Botrel laissa quelque neuf cents chansons, dont *la Paimpolaise* créée à Montmartre en 1890.

• Les couplets patriotiques d'Alsace et de Lorraine, expressions de la liberté en français et en allemand, prouvent les passages répétés des troupes ennemies sur leur territoire.

• Sont restées célèbres également les satires locales chantées lors des carnavals, comme à Dunkerque, Nice, Chalon-sur-Saône, Douarnenez, Mulhouse. Certains refrains sont devenus nationaux :

« Carnaval est un brave homme
Mais c'est un foutu gourmand... »

☛ **Concert, Crochet, Danse, Danses traditionnelles, Fest-noz, Hymnes, Karaoké, Musique, Noëls, Tournées cérémonielles, Troubadour et trouvère.**

CHAR

Le char, qui figure lors des défilés du carnaval ou des corsos fleuris, est une plate-forme soigneusement élaborée (bien que vouée en partie à la destruction), mue généralement par un véhicule à moteur. Les différents chars qui se succèdent sont souvent décorés selon un thème choisi : bandes dessinées, mois de l'année... Ils s'inspirent parfois de l'actualité et jouent avec les caricatures : la dimension satirique est propre au carnaval.

L'utilisation de chars était déjà connue en Grèce antique. Les chars étaient autrefois tirés par des chevaux, éventuellement des bœufs, d'où le terme de « cavalcade » qui subsiste.

◆ La décoration des chars, à base de carton-pâte et de fruits, comme à Menton lors de la « fête du Citron » en février, ou de fleurs comme à la « fête des Jonquilles » de Gérardmer (Vosges) en avril, peut durer plusieurs mois. Leur mécanisation est ingénieuse : cordes, ficelles, vérins hydrauliques permettent de les animer. Pour de grands carnavals comme celui de Nice, les chars sont l'œuvre de carnavaliers, artistes de plus en plus souvent professionnels : ils représentent des milliers d'heures de travail.

Les chars du Carnaval de Nice

• Le Carnaval de Nice est l'un des plus importants du monde par le nombre de ses grosses têtes, sujets et chars en carton-pâte. Pour la fabrication d'un modèle de carton-pâte, le carnavalier procède à partir d'un dessin de maquettiste réalisé selon le thème décidé chaque année à la fin du printemps : au XXe siècle, Gustav-Adolf Mossa et Alexandre Sidro ont imposé un style spécifique dans l'art pictural du carnaval niçois. Le personnage est sculpté dans de l'argile. Le carnavalier fait alors un moule en plâtre qui sert plusieurs fois. Il recouvre ensuite ce moule de plusieurs couches de papier découpé et encollé avec un mélange de farine et d'eau chaude : certains préfèrent travailler sur une armature grillagée. Après deux jours de séchage, ce modèle est assemblé avec d'autres, peint de couleurs éclatantes par un coloriste, puis habillé par une couturière.

• La corporation des carnavaliers niçois compte cent vingt membres. Au début de sa carrière, le carnavalier construit une grosse tête en « isolé ». Puis, il devient « groupiste » – il doit produire un groupe de huit grosses têtes – puis, par la filiation ou l'ancienneté, « chariste », c'est-à-dire constructeur d'un char entier avec son équipe (sculpteur, monteur, peintre et couturière).

• Aujourd'hui, les jeunes carnavaliers niçois ont de plus en plus de mal à sacrifier leurs loisirs au carnaval. Les anciens passent donc la relève à des professionnels, nouveaux gardiens des traditions de cet art populaire.

☛ **Carnaval, Cavalcade, Corso, Défilé.**

CHARIVARI

Le charivari, chahut discordant accompagné de huées et d'injures, manifestait la désapprobation de la jeunesse et son pouvoir de contestation, en sanctionnant les remariages de veufs ou de veuves, les unions mal assorties – différence d'âge, écart de fortune ou de rang social – et la vie déréglée des filles faciles. Un charivari punissait encore la perte d'un de ses membres qui choisissait de s'unir avec un individu plus âgé, le détournement d'un éventuel héritage ou un veuvage trop tôt consolé. L'étymologie de « charivari » est incertaine : ce mot viendrait d'onomatopées ou de la déformation du mot grec chalybarion *désignant le bruit obtenu en frappant sur des vases d'airain ou de fer, ou encore du mot grec* karêbaria *signifiant « mal de tête ». Le terme de « charivari » sous-entend le plus souvent la simple utilisation d'instruments particulièrement bruyants et discordants.*

Malgré les interdictions répétées pour « trouble de l'ordre public », émanant de membres du clergé, de gouverneurs ou de préfets, le charivari était une pratique courante liée aux coutumes matrimoniales depuis le haut Moyen Âge dans toute la France. Ce mode de sanction est lui-même certainement plus ancien.

Les « charivarisés », quelle que fût leur profession, devaient s'acquitter d'un droit et offrir à boire aux « charivariseurs ». Lorsqu'ils ne payaient pas leur dû, ils avaient droit à une aubade ou une sérénade dans un premier temps et, s'ils se montraient encore récalcitrants, à un charivari plus ou moins dramatisé qui pouvait durer plusieurs nuits de suite. La jeunesse, déclamant quelques couplets satiriques, tempêtait aux sons de cornes, trompettes, casseroles, poêles, sonnailles ou autres ustensiles, en agitant parfois des mannequins de paille et en leur prêtant des postures grossières, mannequins qu'ils brûlaient parfois. La jeunesse se manifestait encore en cassant des pots (le bris de pots était pratiqué dans toute l'Europe pour les jeunes mariés) ou en accrochant aux arbres des tessons pour montrer la probable stérilité de la femme, ou encore en simulant l'enterrement de la défunte avec des chandelles allumées. Ces charivaris à valeur théâtrale diverse pouvaient se dérouler dans tout le village.

Signalé dès le haut Moyen Âge également, le rite de la « carnavalade » ou « azouade », exécuté non plus par la jeunesse, mais par les hommes mariés constitués en tribunal, tenait de la même volonté d'humiliation : cette farce consistait à ridiculiser les maris battus ou trompés en les promenant le Mardi gras sur un âne, la tête tournée vers la queue de l'animal, et une quenouille, attribut féminin, à la main. Cette leçon infligée aux ménages pour qu'y règne la paix était un rite de purification dans la logique du carnaval, période de dérision.

◆ L'aspect punitif du charivari a disparu. Quand il subsiste, dans les villages de Gascogne et d'Aquitaine par exemple, le charivari s'est atténué et n'est plus l'occasion d'exercer un contrôle moral rigoureux. Rassemblant quelques joyeux lurons, hommes et femmes d'âges divers – bien qu'il demeure le privilège de jeunes gens de dix-huit à trente ans –, il oblige les charivarisés à offrir à boire pour que cesse le tapage nocturne.

Le « pot aux roses »

• Une coutume voisine consistait sous l'Ancien Régime à faire briser par une veuve remariée le « pot aux roses » (altération de « pot aux aulx », de ail), pot orné de fleurs et d'une chandelle allumée porté au bout d'une perche, comme à Châteauroux le mardi de Pentecôte, entre quatre et six heures de l'après-midi. En présence d'un joyeux cortège portant de l'ail sur les chapeaux ou dans les cheveux, cet hommage burlesque était brisé devant le seigneur ou son représentant par la dernière veuve remariée, qui venait voilée et s'enfuyait aussitôt pour cacher son identité. Une chanson décrivait ce « pot aux roses » comme l'expression du pucelage.

☛ **Âne, Carnaval, Farces, Jeunesse (sociétés de), Mardi gras, Mariage, Sérénade, Tapage nocturne, Vacarme cérémoniel.**

CHASSE SAUVAGE

La « chasse sauvage », associée à l'orage et à la nuit d'hiver, était aussi appelée « chasse du roi Hérode », « chasse du roi Arthur » ou « menée Hellequin ». Elle se déchaînait, croyait-on, dans l'hémisphère Nord pendant le cycle des « douze jours » entre Noël et l'Épiphanie, ainsi que lors des nuits de tempête, se signalant par des bruits inquiétants : cliquetis d'armes, cors, aboiements de chiens, cris d'oiseaux. « Menée », « maisnie », « mesnie », « mesniee » ou « manni »... vient du latin mansio*, « maison », « famille » (terme qui a donné « ménage ») ; « Hellequin » (du germanique* helle*, « enfer ») désignait un diable en ancien français.*

La croyance en une armée spectrale figurait déjà en Grèce antique dans le culte de Dionysos, meneur d'une chasse fantastique : l'aspect infernal du dieu, proche de l'au-delà, est parallèle à l'expression de la nature qu'il incarne, de la vie végétale qui renaît au printemps. Ce caractère inquiétant, attribué également à la chasseresse sauvage Artémis, la « reine des fées » qui conduisait les « rôdeurs de nuit », s'est adouci dans la Diane des Romains.

En Alsace et dans les régions germaniques, le chasseur sauvage, coiffé d'un chapeau noir à larges bords et vêtu d'un grand manteau, était assimilé à Wotan (Odin, en Scandinavie), dieu de la Guerre et des Morts, à cheval sur une monture blanche. « La maisnie Hellequin », attestée au XIIe siècle chez Chrétien de Troyes et chez le moine anglo-normand Orderic Vital, figure souvent dans les récits monastiques du bas Moyen Âge. Se trouver sur le chemin du chasseur infernal sur terre ou dans les airs était mauvais signe et il fallait se signer quand on l'entendait. Il était suivi de son équipage tout aussi inquiétant : les Walkyries, Hérode et ses guerriers, Perchta – ancienne déesse de la Fécondité et de la Lumière, muée en démon –, et d'une armée « furieuse » (sauvage) de morts, enfants non baptisés et guerriers tombés lors des batailles, devenue horde de fantômes, de démons et de sorcières.

Dans d'autres régions comme en Anjou, on prétendait que c'était le roi Arthur, ou parfois un seigneur puni. Hellequin, Herla, Arthur sont les noms d'un même personnage mythique, roi des morts, qui attirait les vivants dans une pratique du don et du contre-don (cadeau offert en réciprocité) avec, pour enjeux, la vie et la mort.

Les croyances dans les déplacements aériens du chasseur sauvage et ceux d'Odin sur Sleipnir, son cheval à huit jambes, se sont greffées à partir du XIe siècle sur le personnage de saint Nicolas, distributeur de cadeaux honoré dans les pays germaniques depuis le Moyen Âge. L'évêque de Myre est réputé capable de se déplacer dans les airs avec sa monture, ce qui a conduit à l'invention du traîneau du Père Noël relaté en 1822 dans le poème du pasteur américain Clement C. Moore.

☛ **Arlequin, Douze jours, Nicolas (Saint-), Père Noël.**

CHEMIN DE CROIX

Voir Semaine sainte.

CHEMINÉE

La cheminée, centre du foyer, avait une grande importance en hiver dans les familles rurales, majoritaires autrefois. Le foyer, lieu où l'on fait le feu, est devenu, par extension, le terme qui désigne à la fois la maison et la famille. Au moment du solstice d'hiver, quand les jours sont les plus courts dans l'hémisphère Nord, le feu domestique brûlait dans les cheminées, faisant pendant aux feux de joie dressés dans les campagnes la nuit de la Saint-Jean, au solstice d'été.

La cheminée, source de chaleur, de lumière et de vie dans la maison froide et sombre de l'hiver, était l'endroit où l'on se rassemblait, de la fin octobre à la fin mars, le soir pour les veillées entre voisins pour coudre, filer, réparer des outils..., tout en chantant ou en se racontant des histoires.

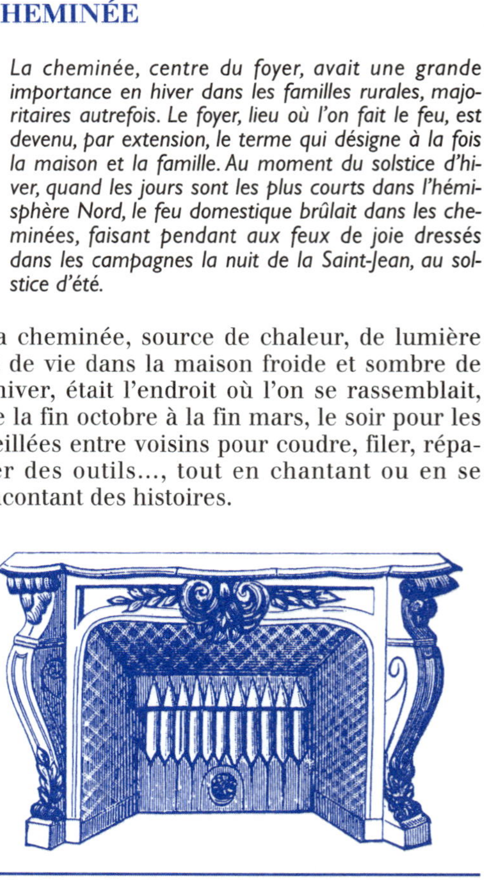

Tel l'autel des dieux Lares (dieux domestiques) pour les Romains de l'Antiquité, la cheminée, par sa dimension verticale, permettait au regard divin de voir le foyer, croyait-on. Seul lien ouvert avec l'extérieur quand volets et portes étaient clos, la cheminée était supposée envahie par les esprits surnaturels, les démons, qui s'y glissaient lors de certaines nuits sacrées, particulièrement lors de la nuit de Noël et des douze nuits qui vont jusqu'à l'Épiphanie. Pour cette raison, dans certaines régions, on faisait du feu sans discontinuer ces nuits-là, afin de s'en protéger. En découlent les croyances, courantes dans toute l'Europe, de la bûche de Noël et des « douze jours », prometteuse d'abondance et de lumière, ainsi que de celle qui brûlait pour les âmes du purgatoire en Bretagne lors de la nuit de Samain (devenue Halloween), la veille de la Toussaint.

◆ La cheminée, quand elle subsiste dans les maisons, est l'endroit où les enfants placent leur soulier la veille de Noël pour y recevoir des cadeaux. Selon d'anciennes croyances, c'était par le conduit de la cheminée qu'était censé passer le distributeur de cadeaux qui prenait la taille minuscule des lutins d'Europe du Nord, comme le célèbre Père Noël.

☛ **Bûche de Noël, Cadeau, Distributeurs de cadeaux, Douze jours, Feu de joie, Halloween, Nicolas (Saint-), Noël, Père Noël, Samain, Toussaint, Veillées.**

CHEVAL-JUPON

Le cheval-jupon, appelé « chiveau-frux », « chevaufrou » ou « masque-cheval » selon les régions, est l'un des déguisements d'animaux totémiques favoris des carnavals du sud et du sud-ouest de la France. Il représente un homme sur un cheval caparaçonné dont la tête peut être stylisée. Installé au milieu d'une carcasse de bois recouverte d'un jupon, le danseur, au bonnet de plumes, parfois le visage noirci, ne semble pas représenter un être humain.

L'origine du cheval-jupon, lointain héritier du centaure, être fabuleux de la mythologie grecque mi-homme mi-cheval, est énigmatique : comme lui, il a le rôle d'initiateur. En cela, il s'approche du masque de l'homme sauvage et de l'âne. Selon Arnold Van Gennep († 1957), ce déguisement serait sans doute une parodie des chevaliers des tournois médiévaux, habiles à faire évoluer et caracoler leurs montures. Selon le folkloriste espagnol Julio Caro Baroja († 1995), pour qui le personnage du cavalier est secondaire ou même inexistant, le déguisement représente avant

tout une monture persécutée que l'on ferre puis que l'on castre (ou qui subit un simulacre de mort), comparable au mannequin du carnaval.

Le cheval-jupon, dont les danses ont un caractère très ancien, fait partie des mascarades d'hiver connues dans toute l'Europe. Par la répétition de gestes magiques complexes avant la renaissance du printemps, on cherche à lutter contre les peurs et le réveil des forces obscures incontrôlables (mort, captivité, maladie...). Ces mascarades parcourent les « frontières sauvages » et explorent les territoires de l'au-delà pour aider à la préservation de la société et à sa fécondité. Le cheval-jupon, comme les autres incarnations d'animaux dans les masques du carnaval, participe au souhait de voir la nature renaître et les animaux domestiques préservés.

◆ Le cheval-jupon figure encore aujourd'hui comme personnage central dans les mascarades basques sous le nom de « Zamalzain ». Il exécute différentes danses, dont la « danse du verre », où il saute avec une extraordinaire légèreté au-dessus d'un verre de vin.

☛ **Animaux domestiques, Carnaval, Cavalcade, Danse, Déguisement, Homme sauvage, Jeux équestres, Mascarade, Masque, Ours.**

CHRISTOPHE (Saint-)

La Saint-Christophe, le 25 juillet, donne lieu à des bénédictions de véhicules (autos, motos, bicyclettes...) comme à Saint-Christophe-du-Jambet (Sarthe), car ce célèbre passeur de rivière, « porteur du Christ » ainsi que son nom l'indique, est le patron des automobilistes, des aviateurs et de tous les voyageurs.

Originaire du nord de la Syrie au IIIe siècle, croit-on, saint Christophe fut martyrisé en Lycie (aujourd'hui en Turquie). Selon sa légende, ce colossal passeur, avec ses « douze coudées de hauteur », transporta une nuit l'Enfant Jésus sur ses épaules pour lui faire traverser la rivière. Pour sa force, il est devenu également patron des forts des halles, des portefaix, des athlètes.

◆ Dans le même esprit, une bénédiction de motards et de leurs motos a lieu lors du célèbre pèlerinage breton institué en 1979 par l'abbé Louis Prévoteau : le pardon de la Madone à Porcaro (Morbihan), le 15 août.

☛ **Assomption, Bénédiction, Pardons bretons, Pèlerinage.**

CIERGES

Les cierges, ou chandelles de cire en usage dans le culte chrétien, sont allumés lors des manifestations religieuses.
Le cierge votif, utilisé pour une pratique populaire de dévotion, est long et effilé. Il est déposé près de la statue d'un saint pour obtenir des bienfaits auprès de l'intercesseur ou le remercier.

Le cierge servait à l'origine à assurer l'éclairage nécessaire aux actes profanes ou rituels, mais le terme fut supplanté par celui de « bougie », apparu en 1300 pour l'usage profane. La pratique du cierge votif est la trace d'un animisme préexistant au christianisme. Par l'emploi de la lumière et du feu, on cherchait à éloigner les esprits des ténèbres. Selon l'ethnologue Françoise Lautman, le cierge semble issu dans l'Occident chrétien de la lampe funéraire mise par les Romains de l'Antiquité sur la tombe des ancêtres lors des *Dies Parentales* (« jours des ancêtres »), du 13 au 21 février. Les illuminations nocturnes s'accompagnaient de libations et de repas. Ces pratiques incontrôlables dans les cimetières firent l'objet d'interdictions religieuses au concile d'Elvire, au début du IVe siècle.

Les cierges, bénits lors de certaines occasions (Chandeleur, veillée pascale), sont des sacramentaux (objets protecteurs, souvenirs de cérémonies religieuses) qui, rapportés à la maison, sont précieusement conservés pour brûler lors d'une veillée funèbre, près d'un malade, en cas d'orage... Autrefois, on marquait les portes des maisons d'une croix avec la fumée des cierges de la Chandeleur, dans un but également protecteur.

Le cierge pascal

• Le cierge pascal, allumé à Pâques lors de la veillée, représente le Christ ressuscité. Allumé au « feu nouveau » (feu sur le parvis que le célébrant vient de bénir), il brûle jusqu'à la Pentecôte.
Il comporte :
– une croix rehaussée de cinq grains d'encens, représentant les cinq plaies du Crucifié ;
– l'alpha et l'oméga, deux lettres qui, compte tenu de leur place dans l'alphabet grec, symbolisent le commencement et la fin de toutes choses, pour signifier que la vie de Dieu est éternelle ;
– les quatre chiffres de l'année.

☛ **Ancêtres, Barbouillage, Chandeleur, Exorcisme, Pâques, Pentecôte.**

CIRCONCISION

La circoncision, pratiquée chez les jeunes garçons juifs (brit-milah) *et musulmans* (khitân *ou* khatnah)*, consiste en l'ablation rituelle du prépuce, membrane recouvrant l'extrémité de l'organe viril. Rite d'initiation qui marque l'admission de l'enfant dans le cercle des hommes, la circoncision est très répandue dans le monde.*
La fête chrétienne de la Circoncision du Seigneur se déroule le 1er janvier, jour octave de Noël (huit jours plus tard).

Cette sorte de sacrifice sanglant, connu des Égyptiens du temps d'Hérodote (Ve siècle avant J.-C.) et encore pratiqué, peut être considéré comme un tribut offert à la divinité avant de pouvoir procréer. Par la circoncision, l'homme s'engageait à observer la loi ancienne. Certains font appartenir cette observation de la loi au temps d'Abraham, d'autres au temps de Moïse : la circoncision, à pratiquer quand l'enfant mâle était âgé de huit jours, était le signe visible de l'appartenance à la descendance d'Abraham, symbole de l'alliance entre Dieu et les hommes.

Les juifs pratiquent la circoncision lorsque le bébé a huit jours, alors que, chez les musulmans, l'enfant a entre trois et quatorze ans (entre trois et sept ans souvent). Les cérémonies, qui ont lieu généralement à la maison, présentent des analogies avec le baptême des chrétiens. L'enfant juif reçoit son prénom en présence d'un parrain et d'une marraine, membres de la famille qui veillent sur lui ce jour-là ; en revanche, ces derniers n'ont pas d'autres obligations morales envers leur filleul par la suite. Dans les deux cas, la fête donne lieu à des réjouissances familiales où l'on offre des cadeaux à l'enfant ou de l'argent. Dans la cérémonie musulmane, des musiciens sont présents.

- Certains, opposés à la barbarie du geste et s'appuyant sur l'article 41 du Code de déontologie médicale, considèrent la circoncision comme une mutilation inutile et le « viol de l'intégrité physique de la personne humaine lorsqu'elle est pratiquée sur un bébé ou un enfant sans raisons médicales sérieuses ».

☛ **Baptême, Cérémonie, Nouvel An, Parrain et marraine, Pidyon Haben, Réunions de famille.**

CITROUILLE

Voir Jack o'Lantern et Lanternes végétales.

CLASSES D'ÂGE

Les classes d'âge, dites « classes » tout court, regroupent les hommes selon leur année de naissance, parfois selon leur état de célibataires ou d'hommes mariés, cette dernière catégorie comprenant elle-même les nouveaux mariés (ou mariés de l'année) et les autres. La tradition des classes est plus ou moins observée suivant les régions ; en Bresse et en Beaujolais, elle est restée très vivace.

Les sociétés de jeunesse formées au milieu du Moyen Âge par des nécessités de défense collective furent remplacées par la conscription, passage obligé de la vie masculine lié au service militaire (ou service national) depuis 1798, jusqu'à la décision prise en 1996 de professionnaliser l'année française. La conscription crée un esprit de fraternité et d'amitié, et les anciens manifestent toute leur vie leur fidélité à la classe. Dans certaines villes, des « amicales de conscrits », groupements d'hommes du même âge fondés l'année de leurs dix-neuf ans, se constituèrent avec président, trésorier, etc. Ces amicales existent aujourd'hui en dehors de toute référence au service militaire.

- En Beaujolais, certaines activités, comme la fête des Conscrits de Villefranche-sur-Saône le dernier dimanche de janvier, rassemblent encore aujourd'hui (avec participation féminine) ceux dont l'année de naissance se termine par le chiffre de l'année : ainsi, en 1998, furent honorées « les classes en 8 » (ceux nés en 1918, 1928... jusqu'en 1978). Comme les sociétés d'hommes ou les cercles, les classes ont un lieu de ralliement : un café ou un établissement particulier où l'on peut boire, se réunir pour jouer au billard, aux cartes, banqueter...
- Plus généralement, le partage se faisait entre célibataires qui participaient à l'organisation des fêtes (fête patronale, carnaval, bûcher de la Saint-Jean...) et les hommes mariés : certains événements les opposaient (soule, luttes...).

☛ **Cercle privé, Conscrit, Jeunesse (sociétés de), Luttes, Soule.**

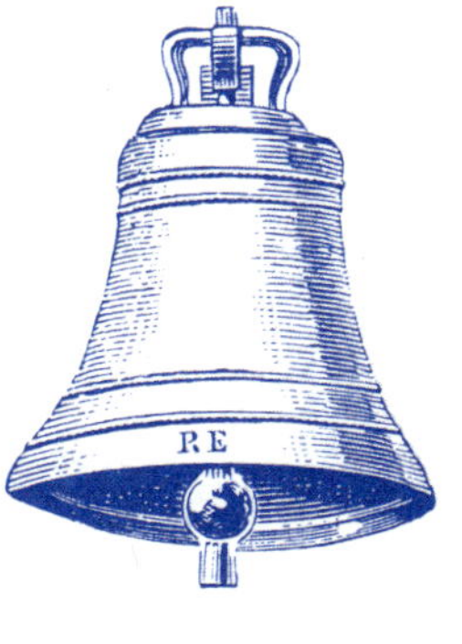

CLOCHES

Outre leurs appels quotidiens ou dominicaux aux offices religieux, les cloches annoncent, de leur voix d'airain joyeuse ou triste, les fêtes carillonnées, les baptêmes, les mariages, mais aussi les funérailles ponctuées du glas.
Elles étaient très présentes dans la vie des villageois, particulièrement jusqu'au début du XXe siècle, avant la diffusion de la montre-bracelet. En sonnant l'angélus trois fois par jour, elles avertissaient le travailleur de l'heure de la pause. Dans la pensée populaire, les cloches étaient de véritables êtres animés capables, croyait-on, de transmettre les messages divins. Pour ce rôle magique et protecteur, on les sonnait afin d'éloigner les « démons » et les dangers, en cas d'orage par exemple.

L'invention des clochettes remonte à l'âge du fer (1000 avant J.-C.), mais les cloches des églises, capables d'avertir à distance, ne sont apparues qu'à partir du haut Moyen Âge dans les monastères : sous le pape Sabinien au VIIe siècle, pense-t-on ; peut-être même avant, puisque, dans les écrits de Grégoire de Tours († 595), on trouve déjà la cloche mentionnée dans le mobilier des églises. Les villages se sont constitués principalement aux XIe-XIIe siècles, groupant les habitations autour de leur église : le clocher, repère spatio-temporel, désigne encore parfois, par métonymie, le village entier. Les cloches rythmaient la vie des villageois en sonnant l'angélus matin, midi et soir. L'habitude en fut prise progressivement : d'abord, les cloches sonnaient à la tombée du jour, et cet usage très répandu s'accompagna au XIIIe siècle, sous l'influence des franciscains, de la récitation de trois *Ave Maria* (« Je vous salue Marie », salutation de l'ange Gabriel à la Vierge lors de l'Annonciation, d'où le terme d'« angélus ») ; au XIVe siècle, on se mit à sonner également le matin à l'aurore, selon l'habitude italienne prise à Parme en 1317, en récitant trois Ave comme le soir ; enfin, l'angélus du midi est dû à Louis XI (1461-1483) qui proposa la récitation de trois Ave pour la paix du royaume.

Par ailleurs, avant l'emploi généralisé des sirènes au cours du XXe siècle, les cloches sonnaient le tocsin pour appeler à l'aide en cas d'incendie.

◆ Au moment de Pâques, les cloches jouent encore aujourd'hui un rôle important dans toute la France. Après l'hymne du Gloria de la messe du jeudi saint, veille de la mort de Jésus-Christ sur la croix, les cloches se taisent en signe de deuil jusqu'au Gloria de la veillée pascale. Selon la tradition, on dit qu'elles vont à Rome se faire bénir et chercher des œufs qu'elles répandent au retour dans les jardins. Le folkloriste Arnold Van Gennep († 1957) pense que cette croyance serait apparue à la fin du XIIe siècle, avec l'interdiction venant de Rome de faire sonner alors des cloches de métal.

Les contre-cloches

• Quand les cloches se taisaient avant Pâques, les enfants de nombreuses régions de France agitaient des contre-cloches en bois, « les instruments des ténèbres » : martelets, crécelles, claquoirs, tartelles…, pour annoncer l'Angélus ou les offices des ténèbres.

• Ce « simple son de morceaux de bois » pour remplacer les cloches était déjà attesté au début du IXe siècle par un élève d'Alcuin (collaborateur de Charlemagne) originaire de Metz.

• En Alsace, les servants de messe agitaient aussi des clochettes dans les rues pour annoncer les offices ces jours-là, rappelant l'ancienne coutume, disparue au début du XXe siècle, du « jour des sonnettes ». Le 21 février marquait la fin de l'hiver pour le paysan : des groupes d'enfants hurlaient, agitant des crécelles et des sonnettes pour « chasser les sorcières du mauvais temps ». Cette « musique » d'instruments discordants, considérée comme infernale, est carnavalesque et rappelle celle des charivaris : selon le propre du vacarme cérémoniel, ces bruits étaient réputés éloigner « les démons ». Les sonnailles accompagnent souvent les déguisements des carnavals.

☛ **Carillonnées (fêtes), Carnaval, Charivari, Dimanche, Œuf, Pâques, Semaine sainte, Vacarme cérémoniel.**

C+M+B+

Les initiales des Mages, C+M+B+ – Caspar (Gaspard), Melchior, Balthazar –, suivies du chiffre de la nouvelle année, sont inscrites à la craie par des enfants de Lorraine et d'Alsace au-dessus de la porte des maisons ou sur les poutres du grenier au moment de la nouvelle année ou de l'Épiphanie. Cette coutume, moins vivace en France qu'elle ne l'est en Allemagne, est encore pratiquée dans certains villages. Les Mages, patrons des voyageurs, sont, par extension, protecteurs des maisons abandonnées pour un temps.

Ces inscriptions rappellent l'ancienne coutume indo-européenne du barbouillage de formules magiques à la suie. Celle-ci a subsisté jusqu'au XIXe siècle sur les portes des maisons et des granges en Lorraine, lors de la nuit fatidique du 5 janvier réputée propice à la circulation d'esprits démoniaques. L'anthropologue anglais James George Frazer († 1941) rappelle qu'en France, le roi élu lors du partage de la galette des Rois était soulevé par trois fois au plafond et devait, à chaque fois, tracer une croix pour que la maison soit protégée. L'Église dénonça l'usage de l'inscription C+M+B+, jugé superstitieux, et réinterpréta les initiales : *Christus Mansionem Benedicat* (« Que le Christ bénisse cette maison »).

◆ La croix faite sur les portes jusque dans les années 1950 avec la fumée des cierges de la Chandeleur, en Provence par exemple, relevait de la même pratique apotropaïque (magique et protectrice).

☛ **Barbouillage, Chandeleur, Cierges, Épiphanie, Galette des Rois, Mages, Tournées cérémonielles.**

COCHON (fête du)

La fête du Cochon, parfois appelée « Saint-Boudin » ou « Saint-Cochon », désigne la fête d'abondance qui suivait la « tuée » du cochon (la « tuerie » dans certaines régions). Célébrée dans la bonne humeur et la convivialité, au même titre que la fête des Moissons ou des Vendanges, elle avait lieu dans les fermes après les gros travaux agricoles à partir de la Saint-Martin (11 novembre), afin de préparer des réserves de nourriture pour l'hiver. Elle était souvent célébrée une deuxième fois avant Mardi gras en février, en prévision de Pâques. Parfois plus, selon les événements familiaux (baptême, communion, mariage) ou la fête patronale. La fête qui suivait l'abattage débordait le cadre de la famille et concernait tous ceux qui avaient aidé au « sacrifice », voisins et amis.

Cette coutume en voie de disparition était autrefois obligée dans toutes les fermes pour des raisons économiques. Elle était souvent pratiquée par un tueur ou saigneur, spécialiste du village qui allait de ferme en ferme, et nécessitait de se conformer à un cérémonial pour tous ceux, hommes et femmes, qui venaient aider. Certains termes utilisés lors de l'abattage du cochon – la « courée » (la curée) en Normandie, la « gruotte » dans le Châtillonnais, en Bourgogne, la « part » en Bretagne – présentent des analogies avec la

chasse au gros gibier (cerf, sanglier) et le repas des chasseurs.

L'abattage du cochon, événement attendu à la ferme, avait lieu de préférence quand il faisait froid : on se méfiait des grosses chaleurs et des mouches. On évitait aussi le vendredi, jour maigre où la consommation de viande était interdite. Selon l'ethnologue Yvonne Verdier, s'il était important sur le plan économique, car il fournissait des réserves de nourriture pour plusieurs mois, cet événement l'était également sur le plan social, mettant « en évidence les principes essentiels de la vie collective : principe de l'échange et de la réserve, principe du partage et de l'entraide, principe de la division sexuelle des tâches » (les hommes « font le saloir », les femmes « font la cuisson »). Le travail avec les voisins et amis était intense, mais tout au long des activités, les plaisanteries (les « cochonneries ») ne manquaient pas. Les recettes des spécialités charcutières obtenues – boudins, tripes, pâtés, rillons, lards, saucisses, crépinettes, andouilles, côtelettes, jambons, rôtis... – variaient selon les régions. Les travailleurs étaient récompensés de leur peine par deux repas cérémoniels : l'un le jour-même, la « gruotte », et l'autre, trois ou quatre jours plus tard, « le repas de cochon » ou « la noce du cochon » qui clôturait le tout. Le ton y était particulièrement gai – voire paillard – et, comme au carnaval ou lors des vendanges, les propos licencieux étaient tolérés.

◆ La fête du Cochon a pratiquement disparu de nos campagnes en raison de l'élevage industriel en batterie. Les porcs sont maintenant tués à l'abattoir, où de rigoureux contrôles d'hygiène se multiplient autour de la fabrication de la charcuterie. Les nuisances qui s'ensuivent (eaux polluées, odeurs) sont dénoncées à haute voix.

☛ **Abondance (fêtes d'), Convivialité, Martin (Saint-), Repas.**

COCKTAIL

Le cocktail est le nom donné à une boisson obtenue à partir d'un mélange de plusieurs autres, dont l'une au moins est alcoolisée. Le terme désigne également une réunion en fin d'après-midi, de deux heures environ, où l'on boit des cocktails autour d'un buffet. (il peut s'agir d'un dîner debout). Ce mot, issu de l'anglais (cock, « coq », et tail, « queue »), est d'origine obscure ; vulgarisé au XIXe siècle, le cocktail était à l'origine un terme argotique : il a d'abord signifié des chevaux bâtards, puis une boisson, bâtarde elle aussi, obtenue par le mélange d'eau et d'alcool.

Les cocktails, réceptions qui peuvent être sous tente ou même à l'extérieur lorsque le temps le permet, sont organisés en diverses circonstances. Ils accompagnent des réunions d'ordre professionnel ou politique : vernissage, inauguration d'un bâtiment, remise de médailles..., ou d'ordre privé : baptême, mariage, simple réunion amicale... Les invités, en circulant, rencontrent davantage de personnes qu'à un dîner.

Les invitations pour un cocktail se font toujours par écrit sur une carte de visite ou sur une carte imprimée pour l'occasion : elles appellent une réponse.

La tenue de cocktail est élégante. Les femmes portent un tailleur ou une robe courte et les hommes, un costume sombre. Le pot, formule voisine, est toutefois moins élégant. Le cocktail, plus mondain, est parfois ironiquement dénommé de « pince-fesses ».

☛ **Arrosage, Boissons, Buffet, Dîner, Invitation, Pot, Réception, Tenues vestimentaires.**

COMBATS

Les combats sportifs ou luttes rituelles faisaient (et font encore parfois) partie des carnavals, fêtes patronales ou pardons : luttes au corps à corps, appelées bagarres ou « batteries », joutes nautiques ou équestres, compétitions diverses, de tir à l'arc, par exemple, ou jeux collectifs de barres, de « ballons » (comme la soule, jeu violent proche du rugby connu dans de nombreuses régions de France), de palets, de boules, etc. Ils opposaient la jeunesse de deux villages ou deux classes d'âge : les célibataires contre les hommes mariés.

Les rivalités, parfois très anciennes, trouvaient des justifications géographiques, historiques, sociales, claniques, religieuses ou politiques. Certaines luttes avaient peut-être une origine militaire, voire aristocratique, car elles se déroulaient sous la présidence d'un seigneur local.

Les combats, spectacles gratuits très attendus, avaient parfois lieu au moment de l'élection du chef de la société de jeunesse, désigné souvent par la compétition. Tel un corps militaire, l'association de jeunesse avait ses batailles, comme elle avait son drapeau, sa hiérarchie, ses tambours et clairons. Ainsi que l'écrivait le folkloriste Claude Seignolle à propos du Languedoc, « la jeunesse considère comme son devoir de maintenir aussi haut que possible la réputation de courage, de force, de gaillardise du terroir ». Par ailleurs, les hommes mariés en voulaient aux célibataires de les ridiculiser par de grossières plaisanteries sur l'infidélité des femmes : les mariés étaient par exemple souvent appelés « cornards ». Ces combats pouvaient être violents, à coup de cailloux, par exemple, ou, au contraire, se limiter à de simples provocations. Ils se faisaient parfois à l'aide d'animaux : avec des oiseaux notamment des volailles (coqs, oies, etc.).

◆ Certains de ces combats subsistent, comme les « choules » de Picardie, qui opposent les hommes mariés aux célibataires lors des fêtes patronales. Les « fêtes des Cornards » témoignent également de ces luttes, comme à Saint-Rome-de-Tarn (Aveyron) ou à Tulette (Drôme).

☛ **Carnaval, Classes d'âge, Coq, Jeunesse (sociétés de), Joutes, Luttes, Pâques, Pardons bretons, Patronale (fête), Quintaine, Soule.**

COMICE AGRICOLE

Le comice agricole est la réunion de personnalités et d'agriculteurs d'une région, destinée à encourager et améliorer le développement de l'agriculture. Le terme « comice » était employé au pluriel après la Révolution et signifiait, comme dans l'histoire romaine antique, une « assemblée du peuple » : à Rome, les comices avaient lieu sur le Forum pour l'élection de magistrats ou pour traiter des affaires publiques.

Institués en 1745 à Paris, les comices agricoles furent supprimés en 1789. L'institution, remise à l'honneur sous la monarchie de

Juillet (1830-1848), fut promue par le maréchal Bugeaud († 1849), à l'époque capitaine féru d'agronomie, et par les conseils généraux. Les comices se multiplièrent ensuite sous la IIIe République.

Ces importantes fêtes paysannes annuelles (parfois plus espacées), nombreuses jusqu'au milieu du XXe siècle, encourageaient la modernisation de matériels agraires et primaient les améliorations de toute nature pour la culture et pour l'élevage. Les plus belles bêtes concouraient. Sur les champs de foire et les places des chefs-lieux de canton, les comices donnaient l'occasion aux paysans de se réunir avec le préfet et les élus locaux dans une ville pavoisée et décorée d'arcs de verdure. La décision du jury donnait lieu à une distribution de prix très attendue. Des banquets étaient prévus pour recevoir les personnalités, ainsi que des buvettes et des manèges pour distraire les enfants, des feux d'artifice et des retraites aux flambeaux.

◆ Les comices agricoles ont progressivement disparu de nos campagnes, mais les occasions de primer les animaux demeurent au Salon de l'agriculture à Paris, qui a lieu tous les ans début mars, ainsi que lors de concours sélectifs régionaux (organisés par des haras, par exemple).

☛ **Concours, Foires.**

COMITÉ DES FÊTES

Un comité des fêtes, réunion de personnes responsables de l'organisation des réjouissances communales, existe au sein de chaque conseil municipal. Le mot « comité » (du latin comitium, *« assemblée du peuple » qui avait lieu sur le Forum romain) s'est assimilé à l'anglais* committee, *de* to commit, *« confier » (du latin* committere*), prenant le sens de « commission ». Ce mot était en vogue au XVIIIe siècle, en particulier à la Révolution.*

Jusqu'au début du XXe siècle, l'organisation des fêtes, même religieuses, incombait en partie aux sociétés de jeunesse. Depuis la séparation de l'Église et de l'État (1905), le clergé doit s'entendre avec la mairie quand les fêtes donnent lieu à des processions dans les rues de la commune (Fête-Dieu, fête patronale).

◆ Les comités des fêtes sont nés dans les années 1960, parallèlement aux unions commerciales, groupements des commerçants des villes qui, par leurs animations, dynamisent certains quartiers au moment des grandes fêtes : Noël, Pâques, 1er-Mai, fête des Mères…

☛ **Communale (fête), Jeunesse (sociétés de), Patronale (fête).**

COMMÉMORATION

La commémoration est un hommage solennel qui honore le souvenir ou la mémoire d'une personne ou d'un événement du passé. Ce terme est facilement associé à une cérémonie funéraire, contrairement à la célébration qui évoque un événement heureux ou glorieux.
En langage liturgique, la commémoraison est la mention d'un saint par l'Église catholique, lorsque sa fête tombe le jour d'une autre fête plus importante.

Les fêtes commémoratives, parfois accompagnées de l'inauguration d'un monument ou d'une plaque, sont ponctuées de discours qui retracent la vie de la personne ou l'événement dont il est fait mémoire, ainsi que de musique : sonneries de fanfares, *Te Deum*, etc. Ce goût pour le passé, exprimé également dans le souci de sauvegarde du patrimoine, introduit à une continuité rassurante et à la confirmation de l'ordre social. Le recours aux fêtes commémoratives renforce l'identité nationale et permet l'établissement de calendriers laïcs de la vie collective qui se substituent aux calendriers religieux.

☛ **Anniversaire, Célébration, Discours, Fanfare, Historiques (reconstitutions), Inauguration, Musique, Panégyrique.**

COMMUNALE (fête)

La fête communale ou municipale est une fête organisée par la commune. Elle a lieu lors d'une date choisie par la mairie de façon arbitraire (entre mai et septembre le plus souvent), parfois lors de la fête patronale qui s'est laïcisée ou lors du dimanche le plus proche. La plupart du temps, elle occasionne feu d'artifice, fête foraine, corso ou défilé en fanfare selon un itinéraire précis (hôtel de ville, église, place du marché), éventuellement en présence d'emblèmes tutélaires : géants, animaux mythiques.

Facteur de cohésion pour la communauté villageoise, la fête communale a progressivement perdu cette aptitude en raison des nouvelles donnes sociales et sa fonction a évolué depuis la deuxième moitié du XXe siècle. L'exode rural et l'accroissement du nombre de résidences secondaires ont participé au renouveau des identités locales. Le repli sur la famille contribue à faire disparaître l'esprit communautaire, ainsi que l'extension du tourisme qui déplace les populations pendant l'été. Par contre, parallèlement au culte du passé, s'est renforcée la notion d'identité régionale : on cherche à renouer avec des traditions festives locales perdues et à conforter l'enracinement de celles qui ont survécu (reconstitutions historiques, fêtes gourmandes...)

☛ **Comité des fêtes, Emblématiques (fêtes), Gourmandes (fêtes), Historiques (reconstitutions), Itinéraire cérémoniel, Patronale (fête).**

COMMUNION (première)

La première communion est la cérémonie lors de laquelle le chrétien reçoit pour la première fois l'hostie consacrée par le prêtre à la messe : cette hostie est pour les chrétiens le pain devenu « corps du Christ », au même titre que le vin, dans le calice, devient son « sang ». La messe commémore l'institution du sacrement de l'eucharistie (du grec eukharistia, *« action de grâces »), le jeudi saint, par le Christ lors de la Cène, repas du soir qui rassemblait Jésus et ses douze apôtres la veille de sa mort sur la croix.*

Pour les catholiques, la première communion, faite autrefois juste après le baptême comme le font encore les orthodoxes, fut repoussée à l'« âge de discrétion », entre douze et quatorze ans, à partir du IVe concile du Latran en 1215. La cérémonie fut solennisée à la fin du XVIe siècle et au début du XVIIe siècle, en réaction à la Réforme, devenant la communion solennelle, véritable rite de passage entre enfance et adolescence. Puis le pape Pie X fixa en 1910 la première communion entre sept et dix ans, à l'âge où l'enfant est « capable de discerner le pain eucharistique du pain ordinaire ». Elle fut appelée « communion privée » par opposition à la « communion solennelle ». Cette dernière cérémonie, où l'enfant renouvelle ses vœux du baptême, est connue maintenant sous le nom de « profession de foi ».

La première communion est une cérémonie de l'enfance qui marque chez les catholiques l'accès à l'âge de raison, alors que pour les protestants elle a lieu « à Pentecôte », quand l'enfant est âgé de quinze-seize ans. La première communion est précédée d'un temps de formation religieuse (au moins une année de catéchisme) et de la première confession – aveu des péchés à un prêtre pour se les faire pardonner (« sacrement de réconciliation »).

- Autrefois, les fillettes étaient habillées de blanc et portaient une couronne fleurie dans les cheveux, tandis que les garçons portaient un costume foncé. Les enfants sont maintenant plus simplement vêtus de couleurs claires, sauf dans les familles issues de l'immigration (portugaise notamment) où l'on reste très attaché aux tenues blanches élaborées.
- La première communion occasionne une cérémonie familiale en présence du parrain et de la marraine.

Après la messe, la journée est marquée par un repas où l'enfant est à l'honneur. Il reçoit des cadeaux religieux ou d'usage courant, en général moins importants que ceux faits à la profession de foi : crucifix, statuettes, livres, cassettes, gravures, montre, appareil photo, stylo, baladeur... L'enfant distribue quelques images souvenirs au dos desquelles sont indiqués son nom, le lieu de la première communion et la date.

☛ **Baptême, Cadeau, Cérémonie, Parrain et marraine, Profession de foi, Repas.**

COMMUNION PRIVÉE

Voir Communion (première).

COMMUNION SOLENNELLE

Voir Profession de foi.

COMPLIMENT

Le compliment (de l'espagnol complimiento, *« accomplissement » [des vœux, des souhaits]) est un petit discours écrit à la louange de quelqu'un, lu ou récité pour le féliciter.*

Faire un compliment (ou des compliments) signifie adresser des paroles louangeuses à quelqu'un pour le féliciter. Plus généralement, les compliments sont de simples paroles de civilité et de politesse.

Le compliment appris par les petits à l'école et récité aux mères le jour de leur fête, est toujours très touchant, même s'il comporte des hésitations.

☛ **Discours, Mères (fête des), Panégyrique.**

CONCERT

Le concert (de l'italien concerto, *« accord ») est un « accord » de personnes qui poursuivent un même but ; c'est aussi un ensemble harmonieux. Le concert est aussi une scéance musicale, une réunion festive pour écouter tout genre de musique.*

Lors des concerts de musique classique, le public observe le plus grand silence et les applaudissements sont mesurés. En revanche, lors de tournées de chants ou de concerts de rock, techno, etc., le rôle du spectateur, invité à souligner le rythme par des battements de mains, à siffler ou à danser même, est actif. Les concerts en extérieur, phénomènes urbains soutenus par les illuminations au

laser s'ils sont nocturnes, conjuguent la musique et la mise en valeur de l'architecture.

☛ **Applaudissements, Danse, Illuminations, Musique, Son et lumière.**

CONCOURS

Les concours (bûcherons, labours...) marquent souvent les fêtes communales au même titre que les luttes ou combats rituels. Les réjouissances profanes, telles que le jeu et la danse, ponctuent également les fêtes religieuses (pardons bretons, fêtes patronales, par exemple). Ces spectacles gratuits font appel à la force et à l'adresse des participants au vu de leur quartier ou de leur village, et les vainqueurs y gagnent un important prestige.

Nés de l'affrontement de la jeunesse de deux villages ou de deux classes d'âge (célibataires contre hommes mariés), ces concours réglaient les différends : ils avaient pour principales fonctions d'officialiser les rivalités et de permettre de séduire les jeunes filles. En Provence, sous l'Ancien Régime, participer aux jeux et concours se disait « courir les joyes » (prix donnés aux vainqueurs).

◆ Suivant le mois et la région où la fête a lieu, ces concours varient, réunissant professionnels ou amateurs. Les célèbres concours de bûcherons se déroulent par exemple dans des régions forestières, à Raddon (Haute-Saône), à Mijoux (Ain) ou aux Saisies (Savoie) à la fin juillet, à Chamrousse (Isère) à la mi-août, etc.

Les concours de labours ou de lancer de bottes de paille ou de gerbes arrachées du sac ou encore les courses de tracteurs, sont aussi régulièrement organisés dans les régions rurales. Ces compétitions peuvent être sportives – boules, luttes, joutes, soules, courses de chevaux ou de taureaux, concours d'attelages – ou fantaisistes – concours du meilleur kougelhof à Ribeauvillé (Haut-Rhin) début juin, championnat de cracheurs de cerises à Francescas (Lot-et-Garonne) à la Pentecôte, ou encore courses de garçons de café, de skis à roulettes, de lits à roulettes, de baignoires ambulantes, concours du plus gros légume, du meilleur mangeur de tripes.

☛ **Classes d'âge, Combats, Communale (fête), Jeux, Jeux équestres, Luttes, Pardons bretons, Patronale (fête), Tauromachie.**

CONFETTIS

Les confettis (de l'italien confetto, *« dragée ») sont des petites rondelles de papier coloré qu'on se lance par poignées lors des fêtes. L'aspersion, qu'elle soit de suie, de noix ou de farine, est un rite porte-bonheur de protection et de conjuration qui intervient surtout au carnaval. Celle de confettis marque n'importe quelle réjouissance, tant familiale que publique : anniversaires, bals du 14-Juillet, etc.*

Les confettis sont apparus au carnaval de Nice dans les années 1892-93 : un ingénieur de Modane eut l'idée de remplacer les dangereuses dragées de plâtre ou les lourds bonbons de sucre candi, que l'on s'envoyait à pleines pelletées, par des rondelles découpées dans les déchets de papier utilisé dans l'élevage des vers à soie.

◆ Partout, les divers cotillons, dont les serpentins et les confettis, permettent d'associer acteurs et spectateurs à la joie générale. Les confettis à thème ont une découpe particulière (bouteille de champagne, cœur, fleur...) en fonction de l'occasion. Comme le champagne, les confettis symbolisent la fête et son effervescence.

☛ **Aspersion, Cotillon, Dragées.**

CONFIRMATION

La confirmation est l'étape par laquelle le chrétien confirme son baptême, c'est-à-dire son entrée dans la communauté des « enfants de Dieu ». Le sacrement de confirmation, don de l'Esprit-Saint, affirme l'appartenance du baptisé à l'Église et « donne l'âge adulte » au chrétien. Généralement, la profession de foi est davantage considérée par les catholiques comme rite de passage entre enfance et adolescence, quoique la démarche de la confirmation soit plus importante aux yeux de l'Église.

Dans l'Antiquité chrétienne, les trois sacrements d'« initiation » (mot en usage depuis la Renaissance) – baptême, confirmation et première communion – étaient donnés le même jour. Les sacrements se dissocièrent petit à petit jusqu'à être totalement distincts au Xe siècle.

Pour les catholiques, la confirmation intervient après la première communion, soit quand l'enfant a neuf-dix ans, soit à l'adolescence, quand il a quatorze-quinze ans. Pour les protestants, la confirmation a souvent lieu une semaine plus tôt que la première communion faite « à Pentecôte », quand l'enfant a quinze-seize ans. Les orthodoxes continuent de recevoir dans la petite enfance les trois sacrements d'initiation le même jour.

Après imposition des mains sur les confirmands – rite d'agrégation comparable aux haies d'honneur – et onction du saint chrême (une huile consacrée la semaine sainte) sur le front de chacun, l'évêque joint un envoi oral. Il l'accompagnait primitivement d'un baiser de paix, remplacé par un « soufflet » attesté à la fin du XIIIe siècle. Ce soufflet évoque celui qui, à la fin de l'enfance, signifiait l'entrée dans l'âge adulte : les mères giflaient ainsi les jeunes filles au moment de leurs premières règles.

◆ La confirmation, nécessitant la présence du parrain ou de la marraine, occasionne une fête de famille, généralement plus simple que la profession de foi.

☛ **Baptême, Honneurs, Profession de foi.**

CONFRÉRIE

La confrérie est une association pieuse de laïcs volontaires, appelés « frères » ou « confrères », gouvernés par un échevin, le « maître » ou le « recteur », et un trésorier, le « prévôt ». Les femmes en étaient autrefois exclues. Proches des loges maçonniques et des cercles privés pour leur mode de fonctionnement, les confréries sont de différents types : les confréries charitables, les confréries de pénitents dans le sud de la France et les confréries professionnelles, présentes autrefois auprès des corporations lors de la fête du saint patron.

Les confréries, qui ont joué un important rôle social sous l'Ancien Régime en France, naquirent au bas Moyen Âge dans des temps d'insécurité spirituelle et matérielle : encouragés par le clergé, les paroissiens éprouvaient le besoin de se grouper pour invoquer le secours de Dieu ou de la Vierge. Les grandes épidémies de peste ou de choléra aux XIVe et XVe siècles ont été à l'origine de beaucoup d'entre elles. Placées sous le signe de la charité et de la fraternité, ces nombreuses confréries avaient leurs propres attributs : uniformes, chaperons ou écharpes, cloches, bâtons, bannières...

Dans les régions alpines, celles qui furent fondées après la Réforme au XVIIe ou au XVIIIe siècle, étaient placées directement sous l'autorité du clergé qui cherchait à mieux développer les idéaux du concile de Trente (milieu du XVIe siècle) et à enrayer les progrès du protestantisme. Ces confréries résistèrent moins bien à l'usure du temps que les plus anciennes. Il s'agissait pour les confrères moins de dévotion que d'une manifestation de la joie d'être ensemble par une fête annuelle. Occasionnant des excès (processions bachiques, banquets plantureux, danses, argent mal dépensé...), certaines furent bientôt interdites.

Les confréries charitables assuraient l'entraide mutuelle, distribuaient des aumônes ou, comme le font encore en Normandie les charités, veillaient à enterrer les morts : ce sont en quelque sorte les ancêtres des pompes funèbres, avec cette différence que la gratuité y était de règle. Les processions en grand apparat permettaient l'affirmation ostentatoire de la place que l'on tenait dans la société.

Les confréries de pénitents veillaient à l'expiation des péchés par la mortification et la pénitence, en accompagnant les condamnés à mort vers le lieu de leur exécution. Elles se distinguaient par leur charité.

- Ces pénitents cagoulés et gardant ainsi l'anonymat accompagnent toujours les chemins de croix la semaine sainte dans le sud de la France : en Corse (à Sartène ou San-Martino-di-Lota, par exemple), en Haute-Loire (au Puy, à Saugues ou à Sainte-Sigolène) ou dans les Pyrénées-Orientales, comme lors de la bruyante procession de la Sanch à Perpignan.
- Les confréries survivent en suivant des règlements adaptés aux nouvelles exigences (celles des loisirs, par exemple) ; elles sont peu nombreuses à conserver leurs formes anciennes pour la défense des œuvres à caractère social et philanthropique.
- Depuis la seconde moitié du XXe siècle, elles refleurissent autour de buts plutôt gastronomiques, comme celle de la « Jurade » de Saint-Émilion, instituée par Jean sans Terre en 1199 et supprimée à la Révolution, ou comme la « Connétablie de Guyenne », de Bourg-sur-Gironde, pour la promotion des vins des Côtes de Bourg.
- Les confréries professionnelles ont entraîné l'établissement de plus en plus fréquent d'associations d'amateurs-défenseurs de divers produits d'appellation contrôlée (produits gourmands, couteaux, pipes, motos anciennes...), groupées sous le nom de « confréries », mais très différentes des premières. Les « frères » aux riches habits de cérémonie se regroupent pour veiller sur la qualité de produits du terroir et pour récompenser les meilleurs ouvriers. Leurs réunions sont souvent ponctuées de copieux banquets.

La Confrérie des chevaliers du Tastevin

- La Confrérie des chevaliers du Tastevin, domiciliée à Nuits-Saint-Georges (Côte-d'Or), fut fondée le 16 novembre 1934 : elle reprenait les usages d'une ancienne société bachique (l'« ordre de la Boisson » créé en 1703). Elle œuvre depuis pour le maintien de la qualité des vins de Bourgogne et se réunit lors de seize chapitres annuels environ, qui ont lieu de janvier à décembre au Clos-Vougeot.

• Elle comprend un grand maître, et onze membres du Grand Conseil. Les différents grades sont : chevalier, commandeur, commandeur-major et grand-officier.

• La Confrérie s'occupe de « restaurer dans son ancienne splendeur la vieille tradition de la fête de Saint-Vincent ». Réunissant tous les vignerons de la Bourgogne, la Saint-Vincent se déroule aujourd'hui chaque année dans une commune différente : c'est la « Saint-Vincent tournante ».

☛ Cercle privé, Corporative (fête), Funérailles, Pénitents, Semaine sainte, Vendanges (fête des), Vincent (Saint-).

CONSCRIT

Un conscrit désigne depuis la Révolution française un soldat nouvellement recruté, inscrit au rôle de la conscription. Le terme était déjà employé dans l'Antiquité : les « pères conscrits » (du latin conscribere*, « enrôler », « anoblir ») étaient les membres du sénat romain. Se détachant peu à peu de son origine militaire, la conscription permet de garder toute sa vie fidélité à la classe, dans un esprit de fraternité et d'amitié.*

Le système de recrutement des troupes régulières, sous l'Ancien Régime, se faisait uniquement par engagement de « volontaires » (souvent forcés). En revanche, le recrutement des troupes auxiliaires provinciales (la « milice ») créées par Louvois, réorganisateur de l'armée sous Louis XIV, connaissait depuis 1690 une ébauche de conscription : les célibataires de dix-huit à quarante ans tiraient au sort leur inscription dans cette milice très mal reçue dans le pays. Par la loi du 5 septembre 1798 (19 fructidor an VI), le général Jourdan rendit le service militaire obligatoire, avec conscription forcée pour tous. Mais, en 1802, le remplacement fut autorisé et, en 1804, le tirage au sort, institué : les premiers numéros (les plus proches du 1) devaient partir. Ces mesures qui arrangeaient les plus fortunés (ils pouvaient payer des remplaçants) rendirent le service très impopulaire et injuste. De plus, de 1818 à 1872, ce service durait sept ans. En 1872, le remplacement fut aboli et le tirage au sort, modifié : les bons numéros ne faisaient qu'un an ; les mauvais, cinq ans. En 1889, le tirage au sort ne servait plus qu'à désigner l'arme dans laquelle l'appelé allait servir : il fut supprimé en 1905. Dès lors, tous ceux que le conseil de révision jugeait aptes étaient astreints à un service de deux ans. Parallèlement, les festivités liées à la conscription se développèrent dans de nombreuses régions, remplaçant souvent celles des sociétés de jeunesse. La suppression du conseil de révision en 1966 a souvent entraîné leur disparition.

Le tirage au sort ou le conseil de révision au chef-lieu de canton, entre janvier et mars, était suivi de l'achat de médailles, de cocardes pour les boutonnières, de rubans de couleurs (noirs si l'on avait tiré un mauvais numéro) et d'images à sujet patriotique à mettre au chapeau avec le papier portant le numéro. En bande tapageuse, les conscrits arrosaient la journée et rentraient informer leurs familles.

L'« année de conscrit », décrite souvent comme « le plus bel âge », était celle qui précédait le départ au service militaire. Cette année précédant l'incorporation, saluée bruyamment, constituait un rite de passage essentiel dans la vie d'un homme : c'était une année d'initiation et de démesure, « à la fois apogée et enterrement de la vie de garçon », selon l'ethnologue Michel Bozon. Les jeunes gens en profitaient avant le brutal retour à l'ordre sous les drapeaux : ils multipliaient vantardises et farces, affirmaient leur virilité (sexe, boisson), devenaient maîtres de la rue et du bruit... Ils se regroupaient avec leurs attributs militaires (drapeau, cocardes, canne du tambour-major), s'accompagnaient d'une fanfare ou d'un simple musicien et composaient leur propre morceau de musique. Leur costume était décoré de verdure (feuillages, fleurs), symbolisant le renouvellement cyclique de la vie.

◆ Avec la décision prise en 1996 de professionnaliser l'armée française et la fin de la loi de programmation militaire à l'échéance 2002, le terme de « conscrit » change : il désigne désormais tous ceux et celles d'une même classe d'âge. Les farces de la jeunesse ne sont pas près de s'éteindre, mais ces « conscrits », unis autrefois par une quasi-parenté, se voueront-ils la même amitié toute leur vie ? Par ailleurs, en raison d'un phénomène dû à une envahissante « parité », les conscrites affirment leur présence auprès des jeunes gens, ce qui est aussi un facteur de changement.

La « fête des Conscrits » de Villefranche-sur-Saône (Rhône)

• À Villefranche, la célèbre « fête des Conscrits », fin janvier, met à l'honneur les différents âges de la vie, les « classes » de 20, 30, 40... jusqu'à 100 ans.

• Deux plaisantins de Villefranche sont à l'origine

Saint Augustin, *La Cité de Dieu*, 1486-87.

de cette fête : convoqués pour le tirage au sort vers 1850, ils se rendirent en habit et gibus au rendez-vous militaire. L'année d'après, d'autres jeunes gens recommencèrent avec un ruban vert au gibus (couleur de la ville), puis, l'année suivante, d'autres encore. Bientôt la cérémonie des « conscrits » fit place à une joyeuse fête civile, marquée par un défilé en fanfare et en rangs serrés dans cette tenue. Les plus âgés se joignirent peu à peu à leurs cadets, suivant l'exemple en 1880 des « 40 ans ». Le soir du défilé avait lieu la « vague », où les classes se défoulaient en déferlant par six, coude à coude, rue Nationale derrière leur fanfare. La vague supplanta bientôt le défilé à onze heures du matin. Les différentes classes ajoutèrent à leur gibus un ruban de couleur pour se distinguer (vert pour les 20 ans, jaune pour les 30, orange pour les 40, rouge pour les 50, bleu foncé pour les 60, violet pour les 70, tricolore pour les plus âgés) ; le bouquet de verdure des conscrits devint un éclatant bouquet de mimosas et d'œillets.

• La fête, qui s'étale sur plusieurs jours, comporte des moments tour à tour gais, voire carnavalesques, et d'autres émouvants célébrés au cimetière ou à l'église. Lors des grands banquets, les orateurs ne manquent pas de s'illustrer.

☛ **Adolescents, Classes d'âge, Enterrement de la vie de garçon, Jeunesse (sociétés de).**

CONVIVIALITÉ

La convivialité, source de chaleur humaine, est la joie de se retrouver autour d'une table pour un repas. En sociologie, la convivialité est l'ensemble des rapports favorables entre les membres d'un groupe.

Le terme, actuellement très employé, est récent : l'essayiste américain Ivan Illich († 2002) intitula ainsi un ouvrage paru en 1973. Le mot fut forgé en anglais (*conviviality*) sur « convivial », de « convive » (personne qui prend part à un repas avec d'autres), terme lui-même élaboré à partir du mot « vivre ». Le « convive », apparu en 1213, était au départ un festin et c'est au XVe siècle qu'il prit son sens actuel.

La convivialité – on parle aussi de « commensalité » (du latin *mensa*, « table ») – est souvent mise à l'honneur pendant les fêtes, occasions de réunions communautaires (familles, amis, concitoyens...) ; elle évoque la prise de conscience de ces moments chaleureux et savoureux que sont les repas et leur préparation. Le repas pris en commun a une grande importance sociale : il renouvelle et renforce le sentiment d'intégration au groupe.

☛ **Banquet, Repas.**

COQ

Le coq (gallus en latin), image de fierté par son attitude altière, est devenu l'emblème de la France par un jeu de mot fait par les anciens Romains sur le nom de Gaulois (« Gallus »). Le coq, animal favori dans les anciens carnavals, se prêtait, avant le XVIe siècle, à un déguisement fréquent qui a donné aux fous leur célèbre bonnet, le « coqueluchon ».

Le coq, symbole solaire qui chante au lever du jour, évoque universellement la lumière naissante et la résurrection. Cette volaille est supposée éloigner les forces obscures : sa présence protectrice était rassurante sur les clochers de France, au même titre que les cloches qu'on sonnait par temps d'orage. Dans le folklore indo-européen, le coq est symbole de vie, grâce à son pouvoir de combattre la mort et les démons. Pour les Grecs, cet oiseau psychopompe, capable de conduire au royaume des morts, était l'attribut du dieu Apollon, héros du jour qui naît.

Il évoque également la faute (bien humaine) de l'apôtre Pierre au moment de la Passion, qui renia le Christ à trois reprises juste avant le chant d'un coq.

Le coq (ou l'oie) sacrifié au carnaval servait à des jeux d'adresse cruels qui ont parfois survécu jusqu'à la première moitié du XXe siècle : l'abattage de la volaille par un candidat qui avait les yeux bandés à grand renfort de cris, de musique et de chants ; ou le fauchage, alors que l'animal était à demi enterré. C'était aussi un combat de coqs qui départageait le « roi » dans les petites écoles le Jeudi gras ou à la Saint-Grégoire, le 12 mars, dès le début du XIIIe siècle. L'élu (propriétaire du coq vainqueur), décoré de plumes, portait fièrement son trophée par les rues du village, suivi de ses camarades.

Au cours de la même période, entre janvier et Pâques, des coqs vivants étaient l'objet de courses ou de concours qui permettaient d'élire le chef de la société de jeunesse.

Le coq, « oiseau d'août », sacrifié là encore, figurait comme plat de résistance au repas terminal des moissons et lui donnait son nom, en Brie par exemple.

◆ Après différentes interdictions, les combats de coqs, particularité des régions du nord de la France, furent rétablis en 1964 entre décembre et juillet dans des « gallodromes ». Les coqs, armés d'éperons d'acier sur les ergots, combattent pendant six à dix minutes : l'un des deux meurt ou se couche devant le vainqueur en signe de soumission.

☛ **Carnaval, Concours, Déguisement, Enfants, Jeunesse (sociétés de), Jeux, Oiseaux.**

CORPORATIVE (fête)

La fête corporative, ou fête professionnelle, qui célèbre le saint patron d'une corporation le jour de sa fête, offre l'occasion chaque année de reaffirmer l'unité du groupe. Elle donne lieu à des réunions tour à tour émouvantes et joyeuses.

Le saint patron est le plus souvent choisi en fonction d'un trait de sa vie, de sa légende ou de son martyre commun avec le métier :
- saint Joseph, qui était charpentier, est le patron des menuisiers ;
- sainte Barbe, dont le bourreau, son propre père, fut foudroyé, est la patronne des pompiers, des mineurs et des artilleurs ;
- saint Michel, archange chef de la milice céleste, patronne les parachutistes...

Ce peut être par calembour :
- saint Vincent, patron des vignerons, qui aurait été choisi pour le « vin » de son nom.

Ce peut être aussi par hasard :
- saint Honoré, évêque d'Amiens au VIIe siècle, est le patron des boulangers, en raison du nom du quartier de Paris proche des Halles propre à cette profession (le saint-honoré, gâteau qui rend hommage au saint patron, date de 1879).

Lors des fêtes corporatives annuelles, en présence des anciens et des actifs en uniforme s'ils en ont un, les emblèmes sont à l'honneur : le bâton de corporation, le drapeau, la fanfare... Ce bâton de corporation, terminé par la statue du saint, est porté par le « bâtonnier » et l'honneur en est disputé, aux enchères parfois. C'est une journée d'hommages qui se termine par un joyeux banquet (ce repas peut avoir lieu quelques jours plus tard en présence des conjoints). La messe avec procession éventuellement est suivie par la revue des troupes et du matériel s'il y a lieu, puis par une cérémonie au monument aux morts où une gerbe est déposée pour les disparus, ponctuée de discours et de sonneries de fanfare (*Sonnerie aux morts*, *La Marseillaise*), parfois en présence d'élus locaux. Ensuite, une remise de médailles pour rendre hommage aux personnes méritantes est suivie d'un vin d'honneur. Pour la Saint-Vincent, les confrères assistaient alors au banquet qui leur était exclusivement réservé, avant la visite des caves. Le banquet a parfois disparu, mais la visite des caves a toujours lieu.

◆ La Sainte-Barbe, célébrée par les pompiers et les mineurs, est sans doute la fête corporative la plus célèbre. Sous un aspect festif, la prestigieuse fête des Guides de Chamonix les 14 et 15 août met à l'honneur la vaillance et le courage de ces hommes.

◆ Les fêtes corporatives sont encore régulièrement célébrées avec quelques nouveautés qui correspondent aux changements de temps : féminisation, buffet à la place du banquet... Certaines fêtes renaissent, mettant à l'honneur un métier oublié. Dans ce cas, elles se déroulent plutôt comme une reconstitution historique : producteurs d'huiles de noix, à Varaignes (Dordogne) le dernier dimanche de février ; sabotiers et fileuses, à Menetou-Salon (Cher) en mai ; fête des Gardians à Arles le 1er-Mai, par exemple.

☛ **Banquet, Barbe (Sainte-), Cécile (Sainte-), Confrérie, Décorations honorifiques, Historiques (reconstitutions), Repas, Vincent (Saint-).**

CORRIDA

Voir Tauromachie.

CORSO

Le corso (mot italien qui signifie « cours », « avenue »), désignait une réjouissance carnavalesque sur le Corso à Nice. Il s'est confondu avec le provençal course, *« course » ou « cavalcade ». Par extension, le terme est utilisé aujourd'hui pour n'importe quel défilé de chars fleuris.*

Le Carnaval de Nice empruntait la promenade du Cours. Cette promenade, réalisée en 1748 sur l'allée occupée par l'actuel marché aux fleurs, fut le centre élégant de la vie mondaine dans la seconde moitié du XVIIIe siècle. Le terme « corso », utilisé dans le sud de la France, est entré dans le vocabulaire au XIXe siècle (Stendhal, 1839).

◆ Plusieurs défilés de chars fleuris se déroulent tout au long de l'année, tels le « Corso fleuri » de Mèze (Hérault) en mai, le « Corso de la Lavande » à Digne-les-Bains (Alpes-de-Haute-Provence) début août ou le « Corso fleuri » de Sélestat (Bas-Rhin) à la mi-août.

☛ **Carnaval, Char, Défilé.**

CORTÈGE

Le cortège (de l'italien corteggiare, *« faire la cour ») est, dans une cérémonie, une suite de personnes qui en accompagnent une autre, la précédant ou la suivant, pour lui faire honneur. Le mot désigne également tout groupe organisé mobile, à pied ou en voiture.*

L'usage des cortèges est aristocratique : les déplacements de rois et de reines suivis de leurs courtisans ont toujours imposé une certaine solennité.

Comme le défilé ou la procession, le cortège se déplace selon un itinéraire précis. Le cortège de la mariée comprend les enfants d'honneur – les demoiselles d'honneur et les garçons d'honneur – habillés de tenues aux couleurs semblables. À l'entrée de l'église, ceux-ci suivent la mariée au bras de son père, – seul un couple de très petits enfants peut marcher devant, parfois un garçonnet portant le missel de la mariée. Pour la sortie, les mariés sont suivis de leurs enfants d'honneur.

Lors de certaines occasions, le cortège peut être bruyant (klaxons aux mariages, par exemple).

☛ **Défilé, Itinéraire cérémoniel, Mariage, Procession, Suisse, Vacarme cérémoniel.**

COTILLON

Le cotillon (de l'ancien français cotte, *« tunique d'homme ») désignait anciennement un jupon. Par métonymie, « courir le cotillon » signifiait, comme « courir le jupon », « courir les femmes ». À la fin du XVIIe siècle, le cotillon devint une danse-jeu très prisée qui, jusque dans le premier quart du XXe siècle, figurait à la fin de tout bal privé.*
Le terme, employé au puriel, désignait les petits accessoires en papier pailleté et en carton qui étaient distribués aux danseurs au début des figures. Si la danse-jeu n'a plus lieu, le mot, lui, est resté dans ce dernier emploi. Les cotillons sont les accessoires en papier qui figurent lors des soirées dansantes : sarbacanes et boules, chapeaux en crépon, serpentins, sans-gêne, confettis, trompettes...

Lors du cotillon à la fin d'un bal, le meneur, parfois assisté d'une meneuse, constituait des couples parmi la cinquantaine de personnes qui s'étaient mises « en place pour le cotillon ». Sur une musique de valse ou de polka, il leur donnait à accomplir des figures, sortes de gages, parmi lesquelles des figures classiques et d'autres inventées. Pour ces « figures fantaisie », il remettait aux danseurs des accessoires pour certains jeux (jeux du « miroir », de la « clé des cœurs », de la « houlette », la « course en sac »...). Ce meneur devait être élégant, dynamique comme tout bon animateur et fin diplomate.

Le cotillon, sorte de « contre-bal », était très apprécié parce qu'il permettait d'inverser la rigidité des usages imposés dans les bals mondains. En cela, le cotillon s'approchait de la « folie » permise au carnaval, univers débridé où l'on se moque impunément des autorités.

☛ **Bal, Confettis, Danse.**

COURONNES

Les « couronnes de l'Avent », horizontales, portent quatre bougies qui symbolisent la croissance de la lumière. Elles sont distinctes des « couronnes de Noël », verticales, qui symbolisent l'hospitalité. Faites de feuillages, de paille ou de fruits secs, ces couronnes décorent les maisons dès le début de l'Avent, avant même l'arrivée du sapin.

La couronne symbolise à la fois le cycle du temps divisé en quatre saisons et celui de l'espace divisé en quatre points cardinaux, cycles qui ne s'arrêtent jamais. L'utilisation de feuillages verts en cette période désolée reproduit l'usage déjà connu à Rome dans l'Antiquité de faire entrer la verdure dans les maisons pour se rassurer (cette coutume est à l'origine du sapin de Noël). Posées sur un meuble ou suspendues au plafond comme un lustre, les couronnes de l'Avent sont allumées progressivement lors des quatre dimanches qui précèdent Noël : la première, le premier dimanche ; les deux premières le deuxième, etc.

Les couronnes de l'Avent furent adoptées d'abord en Allemagne orientale au XVIe siècle puis, plus tard, dans les milieux luthériens et catholiques de toute l'Allemagne. Elles semblent avoir été inspirées de la couronne de Sainte-Lucie, incarnation suédoise de la lumière fêtée le 13 décembre, au moment du solstice d'hiver également.

Les couronnes de Noël, suspendues aux portes, sont anglo-saxonnes et se sont alignées sur l'ancienne habitude protectrice de décorer l'entrée des maisons d'un bouquet de houx. En France, la couronne a fait timidement son apparition dans le premier tiers du XXe siècle. Longtemps associée aux rites funéraires, elle ne s'est répandue que dans la seconde moitié du XXe siècle.

☛ **Ange, Avent, Bougies, Dame de Noël, Décoration, Houx, Noël, Sapin de Noël, Végétaux.**

CRÈCHE

La crèche (du germanique krippe, *« mangeoire »), mangeoire pour le bétail, désigne plus particulièrement celle de Bethléem en Judée où, selon l'évangéliste Luc, l'Enfant Jésus naquit. Par extension, la crèche est la représentation de la Nativité faite dans les églises ou les maisons au moment de Noël : dans une étable ou une grotte, la Sainte Famille, composée de l'Enfant Jésus, de Marie et de saint Joseph, est entourée de l'âne et du bœuf, ainsi que de bergers avec leurs moutons, et des Mages apportant leurs trésors. Faite au début de l'Avent dans de nombreuses familles, la crèche reste jusqu'à l'Épiphanie. En Provence, la crèche est présente jusqu'à la Chandeleur, le 2 février.*

Luc et Matthieu sont les deux évangélistes qui parlent de la petite enfance du Christ. Luc rapporte sa naissance à Bethléem : les premiers avertis de l'arrivée du Christ sur Terre par les anges furent d'humbles bergers qui dormaient dans les champs, ce qui a de tout temps été très populaire. Matthieu, lui, parle de la visite de Mages venus d'Orient qui avaient suivi son étoile pour l'adorer. Ils offrirent au divin enfant de l'or, de l'encens et de la myrrhe, trois cadeaux précieux qui déterminèrent le nombre de Mages et leur richesse. Les évangiles apocryphes, écrits postérieurement, ont ajouté des détails, reprenant certaines prophéties de l'Ancien Testament. L'âne et le bœuf apparurent ainsi au IVe siècle, selon une prophétie d'Isaïe indépendante de la Nativité : « Le bœuf connaît son possesseur, et l'âne la crèche de son maître, [...] mon peuple ne comprend pas ». Les Mages devinrent « rois » selon divers extraits des Psaumes et une autre prophétie d'Isaïe : « Les nations marcheront à ta Lumière et les rois à ta clarté naissante ».

La scène de la Nativité, très visuelle entre les modestes vêtements des bergers et les soieries des Mages, occasionna très tôt des crèches vivantes et des jeux liturgiques célébrés et dansés dans les églises entre Noël et la mi-janvier. En raison des débordements qu'ils occasionnaient, ces jeux furent chassés sur les

parvis : les mystères, pièces de théâtre religieuses en marge de la liturgie, les remplacèrent aux XIVe et XVe siècles. À leur tour, trop bruyants, ils furent interdits au XVIe siècle (en 1548, par un arrêt du parlement de Paris, entre autres). Ces décisions allaient encourager deux sortes de représentations sages que nous connaissons toujours : les noëls, chants repris en chœur à cette époque de l'année, et les crèches.

Dans la lignée des jeux liturgiques, saint François d'Assise, qui voulait stimuler la dévotion des habitants en évoquant le souvenir concret de la Nativité, célébra la messe de la nuit de Noël 1223 dans la grotte de Greccio dans les Abruzzes, au-dessus d'une mangeoire remplie de foin et en présence d'un âne et d'un bœuf. L'exemple du saint contribua à l'essor de la piété populaire et les premières crèches, encouragées par les Franciscains et les Jésuites qui, en réaction contre la Réforme, approuvaient les supports visuels de la piété, apparurent dans les églises au XVIe siècle : à Prague par exemple, en 1562. Les personnages en bois étaient presque grandeur nature.

À la fin du XVIIe siècle à Naples, les maisons aristocratiques adoptèrent des crèches très élaborées qui présentaient la Nativité en plusieurs tableaux : scène de l'auberge (« parce qu'à l'auberge, il n'y avait pas de place pour eux », précisait saint Luc), Nativité dans des ruines antiques, annonce aux bergers, cortèges orientaux. La taille des figurines ne dépassait pas trente à quarante centimètres.

En Provence, un oratorien marseillais avait déjà signalé en 1683 la dévotion pour la crèche. En Alsace ou à Nevers, se multiplièrent à partir du XVIIIe siècle des tableaux vitrés fabriqués dans des couvents, avec des petites figurines en mie de pain ou en verre filé. On n'y trouvait parfois que l'Enfant Jésus parmi les fleurs, symboles du paradis.

La fermeture des églises à la Révolution stimula probablement le développement des crèches familiales et, en Provence, les santons d'argile se multiplièrent, suivant l'exemple du Marseillais Lagnel à la fin du XVIIIe siècle : comme l'homme dans la Genèse, le santon (du provençal *santoun*, « petit saint ») devait être créé dans l'argile. Figé, encore aujourd'hui, dans son costume Restauration (1815-1830), chacun apporte son offrande à l'Enfant Jésus. Les santonniers s'inspirèrent des personnages des pastorales, pièces de théâtre comiques et satiriques où la Nativité n'est plus qu'un prétexte. La première foire aux santons date de 1803 : distinctes des marchés de Noël, ces foires existent toujours en Provence et se tiennent pendant l'Avent et en janvier : celle d'Aubagne est la plus réputée.

☛ **Épiphanie, Marchés de Noël, Mystères, Noël, Noëls, Pastorales, Santons.**

CRÊPES

Les pâtisseries rudimentaires (crêpes, beignets, bugnes, roussettes, gaufres, oreillettes, mariottes…) accompagnent la Chandeleur, le carnaval ou la Mi-Carême, où elles sont mangées en quantité. Elles symbolisent la venue prochaine du printemps et le retour espéré de la prospérité et de la fécondité. Leur confection, simple et exigeant des produits peu onéreux (du lait, de la farine et des œufs principalement), prouve qu'on « n'a pas les poches vides » à la fin de l'hiver.

On a tenté de christianiser ces traditions gourmandes : au Ve siècle, pour réconforter des pèlerins venus à Rome, le pape Gélase Ier aurait fait faire des oublies, sortes de gaufres rondes roulées en cornets. Mais la confection de ces pâtisseries, rondes ou dorées comme le soleil, était antérieure : liées au souhait de manger toute l'année à satiété, les crêpes se retrouvent dans de nombreux pays d'Europe, ce qui prouve leur origine très ancienne. Au carnaval en Bohême, encore au milieu du XXe siècle, les jeunes filles noyaient un mannequin au soleil couchant, puis elles suspendaient une poupée à un arbre naissant décoré de rubans verts, rouges et blancs en chantant :

« Le Printemps vient nous rendre visite
Avec des œufs rouges,
Avec des crêpes jaunes. »

- La tradition de faire sauter la première crêpe de la Chandeleur avec une pièce à la main témoigne du souhait de prospérité sous-jacent. Le culte de saintes dont les histoire sont liées à la fonction de lactation en cette époque préprintanière illustre le souhait de fécondité : sainte Agathe, patronne des nourrices fêtée le 5 février qui eut les seins arrachés, ou sainte Brigide, abbesse irlandaise de Kildare fêtée le 1er février, qui aurait possédé une vache généreuse pouvant donner du lait trois fois par jour.
- La comptine de Mardi gras est encore connue des petits Français :

 « Mardi gras, t'en va pas,
 J' f'rai des crêpes, j' f'rai des crêpes,
 Mardi gras, t'en va pas,
 J' f'rai des crêpes, reste là. »

☛ **Agathe (Sainte-), Carnaval, Chandeleur, Desserts, Mardi gras, Mi-Carême.**

CROCHET

Le crochet, ou radio-crochet, est un concours d'amateurs, chanteurs ou imitateurs, dont le gagnant est désigné par le public. À ses débuts, ce concours était généralement radiodiffusé.

La formule naquit entre les deux guerres mondiales. Le terme vient du crochet dont l'animateur se munissait parfois pour entraîner symboliquement hors de la scène un candidat malheureux éliminé par les protestations du public.

Le premier radio-crochet eut lieu à la salle Pleyel à Paris en 1936-37 pour Radio-Cité, une radio appartenant à Marcel Bleustein-Blanchet. L'animateur, Saint-Granier, était secondé par Jacques Canetti qui « sentait la salle » et « déclenchait le gong ».

☛ **Animateur, Applaudissements, Chansons, Karaoké.**

CROQUEMITAINE

Le croquemitaine, affreux personnage mythique matérialisant le mal, était évoqué sous divers noms et diverses formes pour calmer les enfants ou les tenir éloignés d'endroits dangereux. Très présent autrefois dans l'éducation, il fait partie des créatures fantastiques qui, comme le loup-garou, s'assimilent au diable. Il accompagnait en particulier les distributeurs de cadeaux comme saint Nicolas, le Père Fouettard, connu en Alsace sous le nom de « Hans Trapp ». Le terme semble venir de « croquer » et de l'allemand Mädchen *(« demoiselle »), devenu « mitaine » par analogie de forme.*

Selon certains récits, le croquemitaine serait le fils ingrat du géant Gargantua (attesté avant François Rabelais) qui a des traits communs avec l'ogre de Charles Perrault : son père, gros mangeur, lui aurait donné ce nom par dérision. Il recouvre de très anciennes personnifications diaboliques, toujours connues lors de certains carnavals européens.

Couvertes de paille ou de haillons, retenues parfois par des chaînes, ces créatures expriment la désolation et la mort : elles côtoient les « beaux » qui, habillés de velours ou de soieries, et distribuant noix ou oranges, symbolisent l'abondance et la vie. Leur coexistence traduit la lutte des beaux jours qui s'imposent après la stérilité de l'hiver. De la même façon, les distributeurs de cadeaux sont ambigus : s'ils donnent des présents, ils savent punir également les enfants désobéissants. Encore au début du XXe siècle, le Père Noël avait un bouquet de verges à la ceinture. Même si son allure joviale prédomine maintenant, subsiste toujours la menace : « Si tu n'es pas sage, le Père Noël ne t'apportera pas de cadeaux. »

Son aspect variait selon l'endroit où le croquemitaine « habitait » : à la campagne, il prenait parfois l'aspect et le nom d'un animal « sauvage » (loup, ours...) ou d'un monstre aquatique (la « bête havette » ou la « bête verte », tapie au fond des puits). En revanche, dans la bourgeoisie urbaine où la crainte des animaux est moins vive, il avait une silhouette humaine caractérisée par une taille anormale – démesurée ou, à l'inverse, minuscule, lui permettant de se faufiler partout –, une bosse, de grandes dents (ou, au contraire, pas du tout), une barbe hirsute et un inquiétant sac pour y mettre les enfants.

◆ Les croquemitaines, connus dans toute la France jusqu'au milieu du XXe siècle, sont oubliés dans l'éducation actuelle des enfants « qu'il ne faut plus traumatiser », selon de nombreux psychanalystes et éducateurs. Toutefois, le psychologue américain Bruno Bettelheim († 1990) a souligné en 1976 l'effet salutaire de la cruauté des contes de fées lorsqu'ils mettent en scène des personnages durs et méchants : ils aident l'enfant à intégrer sa personnalité et à régler les problèmes psychologiques de la croissance en l'informant des épreuves à venir. Le goût pour la sorcellerie et les êtres fantastiques se développe avec les manifestations contemporaines de Halloween, parallèlement à tout ce qui relève du domaine de l'imaginaire : ce nouvel élan les réveillera probablement.

☛ **Animaux mythiques, Animaux sauvages, Baguettes, Carnaval, Dahu, Distributeurs de cadeaux, Homme sauvage, Ours, Père Fouettard, Père Noël.**

D

D

DAHU

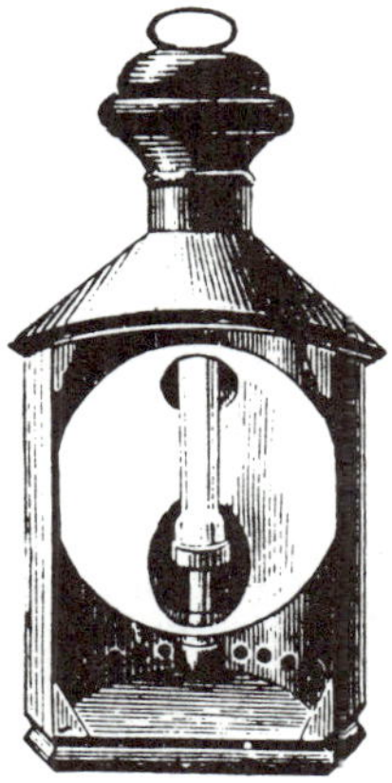

Le Dahu, Dahut ou Daru est un être fantastique plus ou moins diabolique qui a, dit-on, la forme d'un animal très recherché pour sa rareté. Loup, sanglier, oiseau, faisan, lapin, hérisson, blaireau ou poisson..., il est réputé s'attraper surtout lors des nuits d'automne ou d'hiver. La « chasse au dahu », connue dans toute la France, est une farce initiatique jouée à un novice qui a pour but de l'agréger à la communauté locale et de lui forger le caractère.

Cette farce, connue au XVIe siècle, semble provenir d'une variété de « chasse au miroir », d'après le nom de « miroir aux alouettes », engin composé d'une planchette munie de petites glaces que l'on faisait tourner et scintiller au soleil pour attirer les volatiles. Dans la région de Valenciennes, « aller à daru » signifiait « aller à la chasse aux oiseaux pendant la nuit avec des flambeaux ». Par ailleurs, le *dalu* est un vent d'hiver violent et froid du Centre et du Poitou.

Pour la « chasse au dahu », le nouveau était emmené par ses camarades plus anciens dans un endroit désert (bois, landes...) : armé d'une lanterne et d'un sac, il devait rester à l'affût en guettant l'animal près de son repaire. Mais bientôt abandonné des autres rabatteurs, il comprenait la véritable nature de cette « chasse » et essayait de rentrer seul, sans se perdre. L'année suivante, il ne manquait pas de se venger sur un autre.

☛ **Adolescents, Animaux mythiques, Bizutage, Farces, Jeunesse (sociétés de).**

DAME DE NOËL

La Dame de Noël, proche du Christkindel *(l'« Enfant Jésus » alsacien représenté par une jeune fille vêtue en ange), est un être mi-sacré, mi-profane qui passait le soir de Noël déposer son cadeau dans le sud de l'Alsace et en Franche-Comté. Elle était drapée de blanc et couronnée de lumières comme la sainte Lucie suédoise. Souvent accompagnée d'un croquemitaine (Hans Trapp, le Père Fouettard, Peckeresel, Ruppels...), la Dame de Noël rendait autrefois visite aux enfants dès le premier dimanche de l'Avent, une corbeille de friandises dans une main et, parfois, une baguette dans l'autre. Comme tous les distributeurs de cadeaux, c'est un personnage ambigu.*

La représentation du *Christkindel*, appelée aussi « Dame de Noël », est apparue en Alsace après la Réforme (XVIe siècle) en milieu protestant, pour remplacer le personnage de saint Nicolas, jugé trop papiste. En décembre 1570, le « marché de la Saint-Nicolas », qui précédait le 6 décembre, fut transformé en « marché de l'Enfant Jésus » et repoussé de quelques jours selon les ordres des prédicateurs de Strasbourg : ils préféraient que l'on se fît des cadeaux au moment de Noël pour se réjouir de la naissance de l'Enfant Jésus. Parallèlement apparut la Dame de Noël pour remplacer l'évêque dans son rôle de distributeur de cadeaux : elle prit l'aspect de la sainte Lucie suédoise, personnification féminine de l'abondance qui apporte lumières et vivres en cette période sombre et désolée du solstice d'hiver. (L'Église avait remplacé une probable fête de l'abondance par celle de cette sainte dont le nom évoque la lumière – *lux* en latin –, fêtée le 13 décembre.) Cette blanche Lucia n'était pourtant pas uniquement évocatrice de pureté. Elle était à l'image de la « déesse infernale », Perchta, lointain avatar de la déesse nordique Freyja, cette Vénus germanique qui règne sur la magie et sur le monde des morts. Puissance du bien et du mal, fée et sorcière à la fois, Perchta symbolisait la fertilité et la vie, mais aussi la mort.

L'apparition de la Dame de Noël évoque également la Dame blanche, type de fée courant en France. Cette fée couverte d'un voile de gaze ou drapée dans un grand châle blanc serré à la taille était capable de marcher sur les eaux, croyait-on, ainsi que de se poser sur les roseaux ou les herbes sans les faire fléchir. Ange et fée à la fois, la Dame de Noël laissait après son passage dans la maison des cheveux soyeux ou des fils dorés provenant de ses ailes.

◆ La Dame de Noël, comme le *Christkindel*, est le plus souvent détrônée par le Père Noël, qui a totalement perdu lui-même l'aspect justicier qu'il avait

encore au début du XXe siècle. En revanche, la Bavière, région catholique de l'Allemagne, et l'Autriche, heureuses de s'attribuer cette jolie dispensatrice de cadeaux imposée d'abord aux protestants, sont restées fidèles à la messagère adolescente représentant l'Enfant Jésus.

☛ **Ange, Baguettes, Couronnes, Croquemitaine, Distributeurs de cadeaux, Nicolas (Saint-), Noël, Père Fouettard, Père Noël.**

DANCING

Voir Discothèque.

DANSE

La danse est la suite harmonieuse et expressive de mouvements du corps exécutés selon un rythme imposé par une musique qui l'accompagne. Les danseurs exécutent des figures suivant une technique et un art parfois difficiles. Le terme, apparu à la fin du XIIe siècle, vient d'un verbe francique dintjan *qui signifiait « se mouvoir de-ci de-là », les mots latins* ballatio *(« danse ») et* ballatrix *(« danseuse ») ayant disparu à la suite de leur condamnation au début du christianisme.*

La danse de bal, pratique sociale et festive, a toujours accompagné la musique, mais l'avènement de la danse en couple ne date que du XVIe siècle, avec la pavane dite aussi « grand bal ». Depuis le haut Moyen Âge, on aimait « baller » partout : la danse récréative était une pratique commune et communautaire. On dansait des branles, danses en chaîne ouverte ou fermée, dans les maisons, sur les places, dans les rues, dans les prés et même dans les églises et les cimetières.

Les danses mentionnées dans les chroniques et les romans courtois étaient liées principalement aux fêtes de l'aristocratie : naissances, mariages, réceptions princières, traités de paix... La carolle, ronde ou danse en chaîne fermée chantée par les danseurs, est apparue au XIIe siècle. Le rondeau, « chanson balladée » d'origine chorégraphique, où le refrain alternait avec des couplets, était connu au nord de la Loire au début du XIIIe siècle et le virelai, chanté et dansé depuis les XIIIe et XIVe siècles avec accompagnement instrumental, engendrèrent la basse danse au XVe siècle, « danse pour couple ouvert ». Progressivement, la chanson mesurée, liée à la danse dans les ballets de cour, disparut au profit de la danse seule. Se multiplièrent les bals privés (bals d'apparat ou bals masqués). Le premier bal public, le « Bal de l'Opéra », eut lieu en 1716, sous la Régence, instaurant un nouveau brassage de la société : furent réunis pour danser ensemble des gens non plus de même extraction, mais capables d'acquitter un droit d'entrée. Les bals devinrent des réjouissances à tous les niveaux de la société : ils comportaient de plus en plus de danses de couple comme la valse (issue des voltes médiévales) ou la polka. La société s'y donnait en représentation à elle-même : la danse, instrument de séduction féminine, était un rite d'accouplement étroitement surveillé par les mères. Les bals connurent leur âge d'or au XIXe siècle, malgré l'opinion des moralistes qui appréciaient peu ces divertissements.

La danse est un jeu et un moment de rupture lié aux loisirs et à la fête : rupture dans le temps et dans l'espace quotidiens, mais rupture également des codes habituels des relations, puisque la communication s'y établit selon un mode corporel. Le bal est une occasion de rencontre qui fait rêver, un espace de permutabilité des rapports sociaux, contrairement à la danse traditionnelle (« folklorique »), manifestation de l'appartenance à une communauté qui réunissait un groupe de familiers. Le couple, entité dansante qui appartient à une communauté dansante, inventa ses propres évolutions, parfois jusqu'au corps-à-corps comme le tango, danse sensuelle par excellence.

◆ Actuellement, les rapports entre les danseurs ont changé : la plupart du temps, l'unité de danse n'est plus le couple, mais l'individu. Les danseurs évoluent selon leur propre inspiration au gré de la musique, comme dans le jerk, le disco ou la techno. Les rythmes africains métissés de « culture » anglo-saxonne (jazz), les danses caraïbes ou latinos, se sont répandue en Europe grâce à l'essor des radios, télévisions, disques... Dans les formules actuelles ou lors de la reprise de soirées traditionnelles (le fest-noz breton, par exemple), la danse est la raison d'être : une fin et non un moyen.

La contredanse

• Venue d'Angleterre à la fin du XVIIe siècle, sur le modèle de la *counry danse*, la contredanse est une danse communautaire où les figures sont libres : les danseurs disposés les uns en face des autres, nouent et dénouent à l'infini des relations avec l'ensemble des participants dans un climat de jeu et de fantaisie. La contredanse fut bientôt suivie de la contredanse française pour huit danseurs, disposés en carré.

• Le terme de « contredanse », qui commence comme « contravention », signifie depuis 1901 dans le langage populaire une amende, par jeu de mots et par ironie : l'argent « mène une danse ». Le mot connote une fantaisie qu'interdit habituellement le domaine administratif des finances.

☛ **Bal, Boum, Chansons, Danses traditionnelles, Fest-noz, Musique, Rave-party, Surprise-partie.**

DANSES TRADITIONNELLES

Les danses traditionnelles, appelées aussi « danses folkloriques » ou « danses anciennes », à la fonction festive et sociale, avaient pour but de distraire en favorisant les rencontres. Farandoles provençales, bourrées auvergnates, gavottes bretonnes, rigaudons (ou rigodons), branles, rondes… permettaient aux danseurs (quatre au minimum) de manifester leur appartenance à une communauté. Les danses traditionnelles réservées aux hommes, comme la danse des épées ou la danse des bâtons, étaient des exercices d'agilité exécutés principalement au moment du carnaval : elles entendaient précipiter l'éveil de la nature et permettaient à l'homme de s'approprier l'espace commun.

Chaque région de France possédait ses airs, ses chants et ses danses qui ponctuaient les grandes réunions : fêtes et grands travaux. La tradition de les recueillir fut encouragée au XIXe siècle par l'immigration urbaine (avec George Sand pour le Berry, par exemple), parallèlement à l'essor du costume folklorique qui distinguait chaque province. Ces danses ont commencé à décliner vers cette même époque, et la Première Guerre mondiale précipita leur disparition.

Étaient connues dans toute l'Europe au moment des mascarades du Nouvel An ou du carnaval les danses d'origine indo-européenne qui, par le piétinement du sol, cherchaient à hâter la renaissance de la nature. Dans la Rome antique, les prêtres saliens, dont l'institution est attribuée au roi Numa (successeur de Romulus au VIIe siècle avant J.-C.), exécutaient leurs sauts en invoquant « Mars le sauvage » et en citant, à la fin de leur hymne, Mamurius Veturius, le forgeron légendaire de leurs boucliers sacrés. Il s'agissait de danses porte-bonheur : les sauts en hauteur répétaient les gestes magiques pour activer la croissance du blé semé et « chasser les démons ».

◆ La danse traditionnelle, enseignée aujourd'hui, désigne une représentation de danseurs en costumes locaux qui se produisent pour un spectacle. L'importance de ces groupes varie d'une région à l'autre. Les danseurs, semi-professionnels, cherchent à affirmer leur identité locale et à démontrer leur savoir-faire : la danse du verre au Pays basque qui s'exécute avec une extrême légèreté au-dessus d'un verre rempli de vin, par exemple. La recrudescence de ces danses et la démarche « revivaliste » (de l'anglais *revival*, « renaissance ») attestent le double intérêt pour le passé et le pays (le « terroir »), à une époque où certains ont du mal à définir leur identité. C'est précisément en raison des changements de la société que ces danses sont différentes de ce qu'elles étaient. Tel le fest-noz breton, les danses traditionnelles prennent un nouvel essor en raison des évolutions des références individuelles et collectives, ainsi que des bouleversements sociaux et des améliorations techniques. Le folklore, revendiqué comme un patrimoine, est encouragé par des rassemblements et festivals qui permettent des confrontations et des initiations réciproques : le Festival interceltique de Lorient, par exemple.

Le Bacchu-Ber

• Le Bacchu-Ber, à Pont-de-Cervières (Hautes-Alpes), a lieu à la Saint-Roch, le 16 août, sous une couronne de verdure. Neuf danseurs, de blanc vêtus et ceinturés de rouge, sont liés les uns aux autres par leurs épées nues : ils exécutent quarante-cinq figures traditionnelles qui se succèdent dans un ordre précis. Ils dansent sur des mélopées de syllabes chantées par des femmes en costumes du pays. Cette danse énigmatique du Bacchu-Ber (du patois *bal cubert*, « bal couvert », pense-t-on), qui a lieu à deux reprises dans l'après-midi, est suivie de danses traditionnelles, d'une retraite aux flambeaux et d'un bal.

• Les danses d'épées ou de bâtons, connues également dans certains pays d'Europe, sont associées à des rituels de fécondité : elles cherchaient à hâter le printemps. Le Bacchu-Ber a été probablement déplacé à la Saint-Roch, saint invoqué contre la peste, pour le remercier d'avoir épargné le village lors d'une épidémie au XIVe siècle.

☛ **Carnaval, Danse, Farandole, Fest-noz, Moissons (fête des), Nouvel An.**

DANSEUR MONDAIN

Le danseur mondain était un moniteur dont l'activité consistait à faire danser les femmes seules lors de réunions dansantes (soirées, thés dansants) entre 1920 et 1940, dans les grands hôtels, casinos ou dancings. Ses cavalières le rétribuaient discrètement après chaque danse. Il ne faut pas le confondre avec le professeur de danse ou «maître à danser» qui enseigne les danses de société à ses élèves au sein d'une école de danse.

Le danseur mondain sévit encore dans quelques bars ou dancings, où, comme l'entraîneuse, il fait danser les clients et les fait consommer.

☛ **Discothèque, Danse, Thé dansant.**

DAUPHINE

La dauphine est la première demoiselle d'honneur d'une reine de beauté ou d'une miss, élue comme elle sur des critères esthétiques.
Son nom est le féminin de « dauphin », terme qui désignait le fils aîné du roi de France. Les héritiers présomptifs de la couronne reçurent ce surnom après l'acquisition du Dauphiné par Philippe VI de Valois, en 1349.

Les concours officiels de beauté se sont développés dans les mairies de France avant la Première Guerre mondiale, puis dans les années 1920.

☛ **Miss, Reine, Rosière.**

DÉBORDEMENTS

Des débordements accompagnent parfois les manifestations festives, publiques ou non : ils sont favorisés par la consommation d'alcool, le vacarme cérémoniel (pétards, klaxons...), les rassemblements en nombre. La répression peut être sévère pour les délits d'ivresse, d'incendie volontaire, de tapage nocturne...

Police, gendarmerie, pompiers sont prêts à intervenir les soirs de Saint-Sylvestre ou de carnaval : on dit familièrement qu'ils sont « sur les dents ». Ces soirs-là, certaines communes organisent des opérations pour aider les personnes ivres à rentrer chez elles.

Les débordements lors des fêtes ne sont pas nouveaux : ils entraînèrent parfois la disparition de la réjouissance qui y donnait lieu. C'est ainsi que la fête des Fous, condamnée par différents conciles dès la fin du XIIe siècle, a été supprimée à la suite du concile de Bâle en 1435, à une époque où l'Église constituait la principale autorité. Les mystères, joués sur les parvis des cathédrales, furent, quant à eux, condamnés par le parlement de Paris en 1548 et définitivement supprimés en 1677.

☛ **Carnaval, Fous (fête des), Ivresse, Luttes, Mystères, Sylvestre (Saint-), Tapage nocturne, Vacarme cérémoniel.**

DÉCORATION

En parant l'intérieur de la maison mais aussi les rues, les vitrines, les façades ou les jardins lors de certaines occasions, la décoration contribue à mettre en valeur la fonction principale de la fête, celle de rompre avec le quotidien. La décoration est particulièrement spectaculaire au moment de Noël.

La décoration des villes est une coutume ancienne. Autrefois, comme les Romains dans l'Antiquité, on échafaudait des arcs de triomphe de verdure dans les rues où passaient des héros ainsi couverts de gloire. L'utilisation de branchages dans les maisons (lauriers) et la suspension de figurines de terre cuite étaient également connues des Romains au moment des saturnales.

Les lumières (bougies, illuminations) marquent particulièrement les fêtes de l'hiver, tant dans les rues que dans les maisons, quand l'obscurité est grandissante. Les végétaux accompagnent fréquemment les différentes fêtes de l'année : sapins, couronnes, guirlandes de houx à Noël, gui à la Saint-Sylvestre, muguet au 1er-Mai, fleurs d'oranger aux mariages...

L'utilisation de couleurs, selon la tradition anglo-saxonne, marque certaines fêtes : le vert et rouge au moment de Noël (couleurs de la verdure et des pommes, remplacées par les boules), le jaune du poussin à Pâques, le jaune et vert du chapeau de la Sainte-Catherine, les épis dorés aux noces d'or, l'orange et noir au moment d'Halloween (couleurs de la citrouille éclairée et de l'obscurité), ballons de couleurs pour les anniversaires…

Le pavoisement des rues et des établissements publics (drapeaux, banderoles…) associe les villes et villages aux fêtes communales et patriotiques.

Les articles pour la table eux-mêmes s'adaptent aux différentes fêtes, qu'ils soient en porcelaine ou, plus fréquemment, en carton ou en plastique (anniversaires, réveillons…).

Les marchés de Noël, les foires aux santons, les vitrines animées font partie de l'éveil commercial des villes au moment de Noël, comme les trompettes ou les clochettes de l'Armée du salut animent les places et les rues piétonnes.

Dans les maisons entrent aussi à cette même époque les crèches et les calendriers de l'Avent qui participent à la décoration, et partout résonnent des noëls, qui constituent l'ambiance sonore de cette période.

◆ Actuellement, le marché des articles de fêtes est en constante progression. Cette augmentation, encouragée par la publicité, concerne aussi les cartes de vœux appropriées à chaque occasion ainsi que la création de spécialités gourmandes « du jour » par des pâtissiers et des traiteurs.

☛ **Anniversaire, Avent, Bougies, Crèche, Drapeau, Fleurs, Halloween, Illuminations, Marchés de Noël, Muguet, Noël, Réveillon, Végétaux, Vitrines animées.**

DÉCORATIONS HONORIFIQUES

Les décorations sont les insignes d'un ordre honorifique distribués comme récompenses pour des actes de bravoure, des services et vertus civils ou militaires : médailles, croix, étoiles, rosettes, bélières, barrettes, fourragères (cordons tressés agrafés à l'épaule), rubans, palmes.
Les cérémonies d'admission sont souvent entourées de solennité. Elles sont accompagnées d'une fête plus ou moins importante selon la notoriété du récipiendaire.

Les décorations sous l'Ancien Régime désignaient des élites aristocratiques ou héréditaires et récompensaient les hauts faits militaires. À partir du Moyen Âge, les récompenses honorifiques, conférées par le souverain, permettaient au récipiendaire d'entrer dans un ordre restreint groupé autour du Prince (ordre de Saint-Michel, fondé par Louis XI en 1469, ordre du Saint-Esprit par Henri III en 1578, ordre de Saint-Louis par Louis XIV en 1693…), selon le principe des ordres hospitaliers nés à l'occasion des croisades : ordres chevaleresques, militaires, religieux et charitables (les chevaliers du Saint-Sépulcre, de Malte, du Temple, les chevaliers Teutoniques). La première promotion de l'ordre de la Légion d'honneur, ordre de Chevalerie institué le 19 mai 1802 par le Premier consul Bonaparte, eut lieu le 24 septembre 1803, mais les décorations n'apparurent qu'en juillet 1804.

Les grands ordres nationaux sont l'ordre national de la Légion d'honneur, l'ordre de la Libération et l'ordre national du Mérite. Les décorations militaires sont la médaille militaire, la croix de guerre 1914-1918, la croix de guerre 1939-1945, la croix de guerre des théâtres d'opérations extérieurs, la croix de valeur militaire, les croix de combattants volontaires, la croix du combattant, la médaille des évadés, la médaille de la Gendarmerie nationale et la médaille de l'Aéronautique.

Les autres décorations françaises actuelles sont celles de la Résistance (médaille de la Résistance, croix du combattant volontaire de la Résistance…), des ordres civils (ordre des Palmes académiques, du Mérite agricole, du

Mérite maritime, des Arts et des Lettres), les médailles pour services militaires particuliers (médaille d'honneur du Service de santé des armées, de la Défense nationale...), les médailles commémoratives et les médailles d'honneur (récompenses pour actes de courage, médaille d'honneur de l'Aéronautique, des Affaires étrangères, agricole, des Chemins de fer, des Contributions indirectes, des Douanes, des Eaux et Forêts, de l'enseignement du premier degré, de la famille française, de la Jeunesse et des Sports, des marins du commerce et de la pêche, des Mines, des sociétés musicales et chorales, pénitentiaire, des personnels civils relevant du ministère de la Défense, de la Police nationale, des Postes et Télécommunications, de la Protection judiciaire de la jeunesse, régionale, départementale et communale, des sapeurs-pompiers, du Tourisme, des Transports routiers, du Travail, du ministère des Travaux publics).

L'Ordre national de la Légion d'honneur

- L'Ordre national de la Légion d'honneur récompense les mérites éminents acquis au service de la France, soit à titre civil, soit sous les armes. Cette prestigieuse distinction, étant la plus élevée, se porte avant toutes les autres décorations.
- L'Ordre comprend trois grades (chevalier, officier, commandeur) et deux dignités (grand officier et grand-croix). Le grand maître de l'ordre, détenteur du grand collier, est le chef de l'État. Le grand chancelier de la Légion d'honneur, dépositaire du sceau de l'ordre, est choisi parmi les grand-croix et nommé pour six ans. Il a de nombreuses attributions. Entre autres, il administre et représente l'ordre en toutes circonstances, et il préside le Conseil de l'ordre (comprenant seize membres). Il est de droit chancelier de l'ordre national du Mérite (créé en 1963) et gère la médaille militaire (créée en 1852).
- L'insigne, en argent pour les chevaliers, en vermeil pour les officiers, est familièrement appelé « la croix des braves ». C'est une étoile à cinq rayons doubles émaillés de blanc, les dix pointes boutonnées. Les rayons sont reliés par une couronne émaillée de vert, composée de feuilles de chêne et de laurier. Le centre de l'étoile présente un médaillon en or avec l'effigie de la République entourée d'un cercle bleu portant les mots : « République française ». Au revers, le médaillon porte deux drapeaux tricolores, aux hampes entrecroisées, avec la mention : « Honneur et Patrie » et la date de création de l'Ordre : « 29 floréal an X. » L'étoile est reliée à un ruban en moire rouge par une couronne émaillée de vert, également composée de feuilles de chêne et de laurier.
- L'insigne comporte une rosette pour les officiers.
- L'insigne des commandeurs, moitié plus grand, est en vermeil et se porte suspendu à une cravate.
- Les grands officiers portent sur le côté droit de la poitrine la croix d'officier et une plaque en argent en forme d'étoile à cinq rayons doubles. Les grand-croix portent la même plaque en vermeil sur le côté gauche et leur croix de vermeil – presque le double de celle des deux premiers grades – se porte en écharpe, suspendue à un large ruban rouge qui passe sur l'épaule droite.
- Il y a 75 grand-croix, 250 grands officiers, 1 250 commandeurs, 10 000 officiers et 113 425 chevaliers.

☛ **Cérémonie, Distinction, Patriotiques (fêtes).**

DÉDICACE (fêtes de la)

La fête de la Dédicace est une fête juive, appelée plus communément « Hanoukka ».

Dans l'Église catholique, la célébration de la dédicace d'une église est la cérémonie liturgique qui, tel un véritable baptême, inaugure le nouveau bâtiment en présence de l'évêque, des prêtres locaux et des paroissiens. L'anniversaire du jour choisi a rang de solennité pour cette église qui le célébrera chaque année.

☛ **Ducasse, Hanoukka, Inauguration, Solennité.**

DÉFILÉ

Un défilé est une marche en colonnes qui se fait en général en musique. Lors d'une revue, il consiste pour les troupes à passer en colonnes devant un chef militaire, comme le 14-Juillet sur les Champs-Élysées, à Paris, devant le président de la République (chef suprême des armées) et le gouvernement.

Le mot désigne par extension tout déplacement de personnes, de véhicules ou de chars fleuris disposés en file lors des carnavals ou des corsos. Le défilé aux flambeaux, ou « retraite aux flambeaux » est une marche populaire nocturne avec torches ou lampions.

☛ **Cortège, Fanfare, Flambeaux (retraite aux), 14-Juillet, Musique, Procession.**

DÉGUISEMENT

Le déguisement est l'action de revêtir un costume de manière à être méconnaissable. Le mot désigne aussi le costume lui-même. Le carnaval (Mardi gras), la Mi-Carême ou Halloween se prêtent volontiers aux déguisements, ainsi que certaines réceptions (bal masqué, costumé ou travesti, goûter d'enfants...). Le verbe « déguiser », qui date de la fin du XIIe siècle, signifiait « sortir de sa guise », de sa manière d'être.

Les mascarades sont universelles et les traditions du carnaval ou du Nouvel An sont connues dans l'Europe entière : ces moments de « logique à l'envers » avec renversement de l'ordre établi, temps licencieux parfois, étaient déjà connus dans l'Antiquité. Les déguisements ont très tôt exprimé cette inversion : homme/animal, homme/femme, vieux/jeune, noir/blanc...

Les déguisements marquent la rupture avec le quotidien. Quand l'homme adopte un déguisement, son comportement change vis-à-vis des autres et vis-à-vis de lui-même. Lors des carnavals des villes où le but est de parader, les déguisements sont avant tout spectaculaires, tel le vêtement d'Arlequin, où les pièces de toutes les couleurs cousues au hasard expriment le désordre, traduisant parfaitement la logique de l'inversion. Les déguisements des carnavals rustiques obéissent pour leur part au désir confus de dominer les forces de la nature.

Dans un souci d'opulence et de victoire sur les forces maléfiques, l'homme se transforme et se grandit volontiers avec des échasses ou des coiffes volumineuses et ostentatoires. Dans certains carnavals, un personnage richement couvert de soieries ou de velours, symbolisant les beaux jours et l'abondance, côtoie un hère affreux habillé de peaux de bêtes, en haillons ou couvert de paille, symbolisant la stérilité de l'hiver : cette lutte des beaux et des laids est comparable à celle du Père Fouettard et de saint Nicolas, lutte des libres et des captifs, des vivants et des morts.

- Le rôle magique du déguisement apparaît dans les costumes des « pailhasses » de Cournonterral (Hérault), par exemple, témoignant d'un souci de multiplication agraire : plus les jeunes gens sont bourrés de paille et rendus invulnérables aux forces extérieures, plus les récoltes seront prospères, et les familles, fécondes.
- Les déguisements, accompagnés souvent de masques ou de maquillages (le « grime » du carnaval de Dunkerque), sont toujours appréciés lors de carnavals, particulièrement chez les jeunes et les enfants.
- Lors de soirées à thèmes, les déguisements suivent une ligne directrice imposée : les couples célèbres, le noir-et-blanc, la mythologie, l'histoire, la littérature, le théâtre, le cinéma, « ce que vous rêvez d'être », « chapeaux-chaussettes », les années 1960...

☛ **Arlequin, Bal, Carnaval, Homme sauvage, Maquillage, Masque, Mi-Carême, Nicolas (Saint-), Nouvel An, Père Fouettard, Réception.**

DÉPART EN RETRAITE

Le départ en retraite, qui marque la fin de la vie professionnelle, est célébré dans l'entreprise tel un rite de passage. La personne concernée quitte le monde du travail avec plus ou moins de reconnaissance suivant la fonction qu'elle exerçait, le temps de sa vie qu'elle y a consacré, les usages locaux...

Cette fête est née avec l'avènement des sociétés industrielles et l'institution des retraites : elle est devenue courante depuis la Seconde Guerre mondiale, sans être systématique.

- En réunissant tous les salariés d'un même établissement, les fêtes d'entreprise (départs en retraite,

Sainte-Catherine, médailles du Travail) s'approchent des fêtes corporatives. Une première partie solennelle, avec remise d'une médaille ou d'un diplôme accompagnés d'un cadeau et de discours des employeurs, est suivie d'une autre partie plus conviviale. Il s'agit en général d'un « pot », au cours duquel d'autres discours sont prononcés, sur un mode souvent humoristique.

☛ **Cadeau, Corporative (fête), Décorations honorifiques, Discours, Pot.**

DÉPENSES

Les dépenses des fêtes peuvent être très élevées en particulier si l'on fait appel à des professionnels. À l'occasion de certaines réjouissances – aux mariages par exemple ou lors des fêtes de fin d'année –, on dépense « sans compter » pour les cadeaux, repas, toilettes, locations diverses, aménagements d'une salle (sono, éclairage, fleurs...). À Noël, les ménages se délestent des deux tiers de leur budget cadeaux annuel, soit 2,5 % de leur revenu selon l'INSEE.

Ce besoin de dépenser, en s'endettant s'il le faut, est un rituel qui concourt au « gaspillage cérémoniel » : l'abondance promet l'abondance. Telle l'aspersion de dragées ou de confettis, ce gaspillage souligne la générosité du donateur qui n'hésite pas à dépenser pour les autres, tout en se faisant plaisir. Il met ainsi en valeur la rareté de la manifestation et la rupture avec le quotidien (une fois dans l'année ou une fois dans la vie).

☛ **Aspersion, Cadeau, Don, Gaspillage cérémoniel, Mécénat et sponsoring, Professionnels de la fête.**

DESSERTS

Les desserts (« action de desservir », « dernier service » du repas) sont des mets sucrés servis après le fromage. Des gâteaux originaux, les « mets cérémoniels », réservés pour certaines occasions, marquent souvent les fêtes, comme la bûche de Noël, la galette des Rois ronde et dorée comme le soleil, les crêpes de la Chandeleur et de Mardi-Gras ou la pièce montée des baptêmes, communions ou mariages, surmontée de figurines en sucre, plastique ou celluloïd, adaptées à la cérémonie (berceau, communiant, mariés...).

Les desserts de Noël comportent souvent un grand nombre d'ingrédients : treize desserts provençaux, gâteau aux dattes ou christolle alsaciens, Christmas pudding... Les fruits secs (amandes, noix, figues, raisins de Corinthe...) symbolisaient la fécondité et l'abondance espérées au cours de l'année à venir. Avec les pommes, ces fruits secs figuraient d'ailleurs souvent dans les étrennes offertes aux petits quêteurs des tournées du Nouvel An. La bûche, inspirée par la vraie souche qui brûlait dans les cheminées le soir de Noël, est un dessert inventé à Paris en 1879.

Ces desserts du réveillon ou du repas de Noël sont différents des biscuits et pains d'épices faits dès le début du mois de décembre pour décorer l'arbre. Épicés au gingembre, au poivre, à la cannelle, au safran ou à l'anis, ces biscuits en forme d'étoile, de sabot, de cœur, de sapin, de croissant lunaire... comportent souvent des pointes qui avaient la très ancienne signification de porter bonheur et d'agir contre les sorcelleries. Dans toute l'Europe, ils sont également annonciateurs de fécondité et d'abondance (cornes, béliers, boucs, bois de cerfs, cerfs).

Certaines confiseries se dégustent à cette époque : truffes, papillotes appréciées dans la région de Lyon, pâtes de fruits, marrons glacés, fruits déguisés (pruneaux, dattes, abricots confits...), massepains, calissons, sucres d'orge en forme de canne inspirée de la crosse de saint Nicolas, par exemple.

S'ajouta le chocolat, après sa découverte au XVIe siècle. Cette boisson aztèque aux graines de cacao importée du Nouveau Monde fut d'abord un breuvage épicé et épaissi à la fécule. Apprécié au XVIIe siècle pour ses vertus curatives, le chocolat servit alors à faire des biscuits et des « massepains de chocolat glacés ». Au XVIIIe siècle, les bonbons au chocolat se répandirent, de même que les « diablotins » (pastilles de chocolat amer) ou le « chocolat en olives » (truffes caramélisées). Les chocolats fourrés, eux, n'apparaîtront qu'au XIXe siècle.

Les treize desserts provençaux

• En Provence, le soir de Noël, la table est couverte de treize desserts, qui varient selon les endroits. Accessibles à tous, ils couronnent le « gros

souper », le réveillon provençal. Les convives doivent en prendre au moins un peu de chacun :
– une « pompe à l'huile » (une fougasse au beurre à Orange ou, à Aix, le « gibassié », c'est-à-dire « bossu » en provençal) ;
– des nougats blancs et noirs ;
– les « quatre mendiants » (figues sèches, raisins secs, amandes, noisettes), appelés ainsi à cause de leur couleur qui ressemblait à celle de la bure des ordres mendiants (franciscains, dominicains, carmes, augustins) ;
– des noix, dattes, pruneaux ;
– des fruits frais : mandarines, oranges, poires ou pommes (parfois raisins conservés au grenier) ;
– des confiseries ou pâtisseries locales, comme les calissons d'Aix, des pâtes de coing ou des beignets aux pommes.

• Le tout s'accompagne de vin cuit.

• La signification du nombre symbolique de ces desserts est controversée. Treize comme le Christ et ses douze apôtres lors de la Cène le soir du jeudi saint, dit-on. La tradition aurait été christianisée et le chiffre serait plutôt lié aux douze mois de l'année auxquels s'ajoute le « petit mois», période sacrée des Douze jours qui va de Noël à l'Épiphanie, temps considéré hors du temps. De la même façon, on servait autrefois au « gros souper » sept légumes différents, un pour chaque jour de la semaine.

☛ **Bûche de Noël, Crêpes, Galette des Rois, Mardi gras, Mets cérémoniels, Nicolas (Saint-), Noël, Nouvel An, Repas, Réveillon, Tournées cérémonielles.**

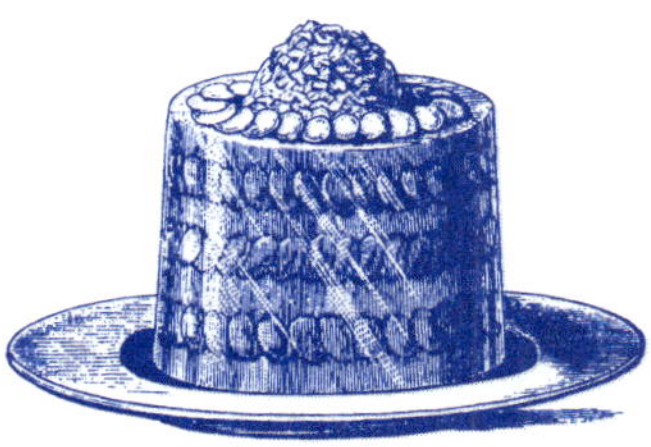

DIMANCHE

Le dimanche (du latin dies dominicus, *« jour du Seigneur »), jour de repos hebdomadaire, est le premier jour de la semaine pour les évangélistes, lendemain du sabbat juif, septième et dernier jour. Chaque dimanche, l'Église commémore la résurrection du Christ, « Soleil de Justice » – en anglais dimanche se dit* sunday, *« jour du soleil ». Les chrétiens se réunissent à l'église le dimanche matin ou le samedi soir pour la messe : le dimanche commence en effet avec le coucher du soleil le soir du samedi, selon l'usage des premières communautés chrétiennes issues du judaïsme. Les jours fériés suivent un déroulement comparable aux dimanches, comme l'atteste l'expression « dimanche et fêtes ».*
Les juifs pratiquants célèbrent le sabbat à partir du vendredi soir au coucher du soleil jusqu'au samedi soir : c'est un jour de repos et de fête consacré à la prière et à l'étude de la Thora.
Pour les musulmans, le jour de prière dirigée par l'imam (guide à la fois spirituel et temporel) est le vendredi.

Le martyr chrétien saint Justin († 165) écrivait : « Nous nous assemblons tous le jour du soleil, parce que c'est le premier jour, où Dieu, tirant la matière des ténèbres, créa le monde et que, ce même jour, Jésus-Christ notre Sauveur ressuscita des morts. » Selon l'historien Jacques Le Goff, « jour du Seigneur, de la messe obligatoire pour tous célébrée par les prêtres, le dimanche a permis à l'Église de contrôler régulièrement le temps économique et social ». Le curé était autrefois une figure importante des villes ou villages de France : il savait tout grâce aux confessions (et grâce à des informateurs parfois malveillants !), et n'hésitait pas à réprimander ses ouailles du haut de sa chaire à l'église.

Ce jour-là, chacun, pratiquant ou non, revêtait des habits propres, les « habits du dimanche », pour rompre ainsi avec le reste de la semaine. Vers 10-11 heures, la majorité des chrétiens se rendait à la grand-messe, messe chantée, tandis que la messe basse, messe récitée, était dite plus tôt pour libérer ceux qui avaient besoin de l'être : ces messes étaient annoncées par des sonneries de cloches (interdites souvent maintenant avant 8 heures par des décrets municipaux). Parfois, les dévots assistaient aux vêpres l'après-midi. Dans certaines régions, un pain bénit, offert tour à tour par chaque ménage, était distribué à l'issue de la messe. Le dimanche, journée de repos obligatoire autour d'un grand repas, était par ailleurs consacré principalement à la famille, à la promenade et au sport (rencontres locales au stade municipal pour les hommes).

◆ Actuellement, le temps de loisirs dure souvent tout le week-end : il s'étale sur deux jours entiers, le samedi et le dimanche. Les jours fériés, quand ils sont proches des week-ends, occasionnent des « ponts », toujours appréciés. D'importantes populations urbaines se déplacent vers leurs résidences secondaires, ce qui pose parfois quelques problèmes de circulation routière aux abords des grandes villes. Les tenues sont décontractées : depuis les années 1960, parallèlement à la montée du secteur tertiaire, on « s'habille » en semaine, selon les professions, à l'inverse d'autrefois. Les occupations du dimanche ont changé : beaucoup de catholiques ne vont plus à la messe chaque semaine ; les activités, mieux réparties dans le couple, sont devenues laborieuses (jardinage, bricolage...), et le sport, s'il reste une pratique répandue, est également souvent une activité passive au travers du petit écran de télévision. Par ailleurs, le tourisme local s'est développé : visites de châteaux, « journée portes ouvertes », musées...

☛ **Cloches, Carillonnées (fêtes), Fériés (jours), Pain bénit, Repas, Réunions de famille, Sabbat.**

DÎNER

Le dîner mondain est une réception qui réunit des convives pour le repas du soir. Pour un « dîner prié », les invitations sont adressées sur des cartons, à l'inverse du dîner intime où elles sont faites par téléphone. Lors d'un dîner placé, les places des convives (ou du moins leur table) sont définies à l'avance, sur des cartons (ou « chevalets ») éventuellement. La mention « dîner assis » signifie que les convives sont assis à une table, contrairement au buffet dinatoire.

Après avoir signifié un repas du matin au XIe siècle, le dîner (du latin populaire *disjunare*, « rompre le jeûne ») a longtemps été un déjeuner – jusqu'au XIXe siècle. Le souper (du bas latin *suppa*, « soupe »), repas du soir auparavant, est depuis 1830 un repas que l'on fait après le spectacle ou lors d'une soirée (d'un bal d'apparat, par exemple).

- Après l'apéritif, offert au salon, on passe à table. La réussite d'un dîner dépend plus de l'ambiance que du nombre d'invités. Le plan de table suit la préséance. Au-delà de quatorze personnes, il vaut mieux prévoir deux ou trois petites tables.
- Le rôle dévolu aux maîtres de maison – les « amphitryons » (du nom du roi légendaire, pris comme nom commun d'après les vers de la comédie de Molière, *Amphitryon*, 1668) – est évidemment très important : non seulement ils doivent veiller à la qualité du service, des mets et de leur présentation, mais aussi mettre à l'aise leurs invités en menant judicieusement la conversation. Il faut éluder les sujets épineux comme la religion, la politique et l'argent. De façon générale, les maîtres de maison doivent éviter tout signe ostentatoire de richesse ou déballage sur la valeur de leurs biens, des mets et des vins servis.
- Le service est « à la française » lorsque le plat est présenté à la gauche du convive qui se sert lui-même ; lorsque le personnel sert les convives, il est « à l'anglaise ». Le service du vin et des boissons s'effectue toujours par la droite. L'ordre du service suit également celui de la préséance : les femmes d'abord, de la plus respectable à la maîtresse de maison, les hommes ensuite, puis les enfants. En cas de doute sur l'attitude à adopter face à un aliment ou l'usage d'un couvert, il convient d'imiter l'hôtesse : il faut de toute façon ne pas commencer à manger avant elle.
- Une fois le dessert terminé, la maîtresse de maison donne le signal de la fin du dîner en se levant et invite ses convives à se rendre au salon pour le café et les infusions.
- Les invités doivent remercier la maîtresse de maison dans les jours qui suivent, et rendre à leur tour l'invitation.

Treize à table

- Une coutume ancienne veut que l'on ne soit jamais treize à la même table, sous peine de malheur.
- L'origine de cette superstition remonterait à la Cène, repas que le Christ fit avec ses douze apôtres le soir du jeudi saint, veille de sa mort sur la Croix.
- Le chiffre 13 est resté un numéro peu convoité (il n'y a pas de rangée 13 dans les avions, par exemple).

☛ **Buffet, Convivialité, Invitation, Réception, Repas, Table (plan de).**

Fête de la Fédération, 14 juillet 1790.

Bal à la Cour des Valois, détail, XVIe siècle.

DISCOTHÈQUE

La discothèque, comme le « dancing », est un établissement où l'on danse moyennant l'acquittement d'un droit d'entrée ou d'une consommation.

L'essor des dancings, au début des années 1950, est lié à celui du microsillon. Le terme, apparu vers 1919, vient de l'anglais *dancing-house*, établissement public où l'on danse. Devenu désuet, il est maintenant remplacé par discothèque, club privé, night-club (ou club) ou encore boîte de nuit (ou boîte).

La fréquentation des discothèques, plus masculine que féminine, concerne avant tout les jeunes gens célibataires.

☛ **Bal, Danse, DJ, Musique.**

DISCOURS

Le discours (du bas latin discurrere, *« aller de côté et d'autre ») est le propos que l'on tient ; c'est, au sens courant, un développement oratoire fait devant une réunion de personnes, ce qui suppose une certaine solennité.*

Contrairement à la conversation, le discours, qu'il soit préparé d'avance ou improvisé, est généralement construit – comme l'allocution, la causerie, la conférence, l'exposé, la harangue, la proclamation ou, familièrement, le laïus (de Laïus, le père d'Œdipe, sujet d'une composition française à l'École polytechnique en 1804), le speech (mot anglais) ou le topo (abréviation de topographie, description de la configuration d'un lieu).

Le discours peut faire la louange d'une personne, comme le panégyrique ou le compliment. Officiel (dans les fêtes patriotiques, par exemple) ou non, il se déclame sur un ton expressif, spécialement lorsqu'il n'est pas lu. Il peut être fait sur le mode humoristique, lors d'un mariage au moment du dessert, par exemple, mettant en valeur qualités ou défauts des mariés, anecdotes et souvenirs mémorables qui ont marqué leur vie.

☛ **Compliment, Panégyrique, Toast (porter un).**

DISTINCTION

La distinction, marque d'estime, désigne depuis le XVII*e siècle l'honneur qui récompense le mérite. Une distinction représente les différentes formes d'une décoration honorifique : insigne, médaille, barrette, ruban, rosette, plaque, fourragère, citation…*

La dignité est la fonction, le titre ou la charge qui donne un rang éminent.

☛ **Décorations honorifiques, Récompense.**

DISTRIBUTEURS DE CADEAUX

Les distributeurs de cadeaux sont des êtres animés mythiques qui viennent anonymement la nuit déposer leurs cadeaux aux enfants. Pour ces cadeaux investis de vertus magiques et non remis de la main à la main, l'enfant ne remercie pas. Le plus célèbre distributeur de cadeaux est le Père Noël, né au XIX*e siècle aux États-Unis sous le nom de Santa Claus à partir de personnages connus depuis longtemps en Europe, comme saint Nicolas et le Père Fouettard. Le lièvre de Pâques, les cloches qui reviennent de Rome (considérées comme des êtres animés) ou la discrète « petite souris » sont d'autres distributeurs célèbres qui passent également pendant la nuit. Les croyances en ces donateurs anonymes plaisent, souvent, autant aux enfants qu'à ceux qui les entretiennent (frères et sœurs plus âgés, parents, maîtres…).*

L'origine indo-européenne de ces donateurs mythiques, connus à travers toute l'Europe sous des noms ou des aspects différents, est très ancienne : les généreux personnages, venus au creux de l'hiver lorsque le retour des beaux jours se fait attendre, personnalisent l'espoir. Ils sont accompagnés de personnages laids et affreux qui symbolisent la stérilité de l'hiver, tout en adoptant l'allure animale de l'homme sauvage et manifestant le souhait confus d'une vie après la mort. Ces personnages, que l'on trouve encore côte à côte lors de certaines mascarades du Nouvel An ou carnavals européens, ont peu à peu inspiré des êtres ambivalents : s'ils sont généreux, ils peu-

vent aussi punir. Cette menace subsiste toujours : « Si tu n'es pas sage, le Père Noël ne passera pas ! »

- Au moment de Noël ou du 1er-Janvier, les distributeurs de cadeaux, qui avaient tous la capacité de se promener dans les airs avec leur monture, étaient autrefois nombreux en France, hommes ou femmes suivant les régions.
- De généreuses fées-sorcières ressemblaient à la « déesse infernale » Perchta qui accompagnait le chasseur sauvage, comme la Tante Arie (ou Tante Airie) en Franche-Comté (on lui a prêté une origine historique en la personne de la comtesse Henriette de Montbéliard qui vécut au XVe siècle), Chauchevieille ou Chauchepaille dans le Jura, ou la Guillaneu en Vendée sur son cheval sans queue ni tête.
- D'autres personnages magiques jouaient ce rôle, comme le Père Janvier, connu dans toute la France, particulièrement dans le Centre et dans le Nivernais, le Bonhomme Janvier en Eure-et-Loir, l'Olentzaro (« la bonne période ») qui personnifie l'Avent et la bûche de Noël au Pays basque et en Navarre.
- Des saints chrétiens étaient encore invoqués, comme le généreux saint Martin et le célèbre saint Nicolas dans le Nord et l'Est. La croyance en l'évêque de Myre (Asie Mineure) au IIIe siècle s'est superposée au culte du dieu Odin de la mythologie germanique. Après la Réforme, la Dame de Noël ou l'« Enfant Jésus » (le *Christkindel*) alsacien, qui a l'apparence d'un ange, ont remplacé saint Nicolas dans les régions protestantes. Ces personnages étaient flanqués d'inquiétantes créatures, comme le Père Fouettard ou Hans Trapp.

☛ **Animaux mythiques, Cadeau, Carnaval, Chasse sauvage, Cloches, Dame de Noël, Enfants, Homme sauvage, Lièvre de Pâques, Martin (Saint-), Nicolas (Saint-), Noël, Nouvel An, Œuf, Père Fouettard, Père Noël, Petite souris.**

DISTRIBUTION DES PRIX

Voir Prix (distribution des).

DIVERTISSEMENT

Un divertissement, moyen de divertir et de se divertir (du latin vertere, « se tourner »), est un court spectacle récréatif donné plutôt l'après-midi. Le mot, appartenant au vocabulaire musical, désigne un petit opéra de circonstance, comportant des entrées de ballet ; par la suite, il s'applique à tout intermède dansé et chanté.

☛ **Après-midi.**

DIX-HUIT ANS

Les dix-huit ans d'une jeune fille, accession à l'âge symbolique des fiançailles, sont souvent marqués par une réception, plus ou moins entourée d'apparat dans les milieux privilégiés. Dans ce même esprit, la jeune fille reçoit des cadeaux emblématiques (bijou précieux, collier de perles, chevalière, carré de soie...).

Dix-huit ans, âge de la majorité depuis 1974 (autrefois fixé à vingt et un ans), était auparavant l'âge où la jeune fille faisait son « entrée dans le monde ». Fêter ses dix-huit ans s'apparente à la coutume du bal des débutantes, réception mondaine créée en 1959, elle-même copiée sur des modèles russes et anglais du XIXe siècle.

☛ **Anniversaire, Bal, Cadeau, Rallye, Réception.**

DJ

DJ, prononcé souvent didji plutôt que didjé comme le voudrait cette abréviation américaine, sont les initiales de disc-jockey, responsable de la musique et animateur de réunions dansantes. Un DJ peut être attaché à une discothèque ou exercer sa profession de façon itinérante, au niveau national ou même international.

La fonction de DJ, qui remplaçait à lui seul les musiciens d'orchestre, est née autour de 1965, avec l'amélioration des sonos dans les discothèques : le rôle du DJ se limitait alors à enchaîner les disques sur deux platines afin de créer une ambiance musicale ininterrompue.

Les rythmes répétitifs à l'origine de la techno se sont imposés grâce aux nombreux DJ.

◆ Étant responsable de l'ambiance, le DJ est devenu le personnage essentiel des réunions dansantes. Il existe maintenant des formations principalement orientées vers le mixage et la création musicale assistée par informatique. Le DJ sélectionne les disques, et sa musique, soulignée par l'éclairage (projecteurs, lasers...), est modelée selon son goût pour faire « vibrer la salle ». Certains DJ sont devenus ainsi de véritables créateurs de musique.

☛ **Animateur, Danse, Discothèque, Musique, Rave-party, Son et lumière, Techno Parade.**

DON

Le don désigne à la fois l'action de donner et ce que l'on donne. Propre à définir la nature des relations sociales et à parfaire l'intégration, le don est essentiel lors des fêtes, particulièrement lors des célébrations des âges de la vie (naissance, anniversaires, mariage...). Il prend la forme de cadeau matériel en espèces ou en nature, comme une réception (« donner une soirée ») ou immatériel comme un poème, une chanson.

Le don, régulateur des échanges sociaux, est aussi moderne et contemporain que caractéristique des sociétés archaïques.

Si l'offrande de cadeaux paraît volontaire, elle obéit en réalité à une triangulation obligatoire mise en valeur par l'anthropologue Marcel Mauss († 1950) : donner-recevoir-rendre. La dépendance entre donateur et récipiendaire n'existe plus quand le don est rendu, et, selon le potlatch des Indiens d'Amérique du Nord, il ne faut pas faire moins que l'autre. Toutefois, l'enfant qui a reçu un cadeau de sa famille, de son parrain ou de sa marraine n'est pas tenu d'en rendre un : il se contente de remercier les donateurs. Ceux-ci n'attendent pas de remerciements quand le cadeau est fait anonymement par l'intermédiaire d'un distributeur mythique sous le sapin ou sous l'oreiller (Père Noël, « petite souris »...). En revanche, si le cadeau vient d'amis de son âge (lors de son anniversaire, par exemple), l'enfant doit en rendre un à son tour.

La poignée de noix ou de noisettes offerte autrefois aux petits quêteurs des tournées,

pour les remercier de leurs souhaits porte-bonheur lors de certaines fêtes de passage (Halloween, Noël, Pâques...), témoigne de la portée magique du don. Don inconsciemment intéressé puisque, contre cette offrande, le donateur pensait mettre l'avenir de son côté.

Le contre-don

- Le contre-don, fait au donateur par le récipiendaire d'un don, participe au rétablissement du cercle rituel de l'échange, lors de l'anniversaire d'un enfant par exemple, ou, jadis, lors d'un mariage, par les cadeaux mutuels que les mariés devaient se faire (bijoux, linge, argent).
- Chaque enfant participant à l'anniversaire d'un ami reçoit un contre-cadeau sous forme de petits objets, jouets et bonbons, donnés ou pêchés à la ligne. Ce contre-don est un rite d'agrégation, comme les dragées ou les pièces de monnaie distribuées autrefois à la sortie d'un baptême afin de faire accepter l'enfant par la communauté villageoise.
- Ce contre-cadeau appartient au dispendieux gaspillage cérémoniel et permet d'obtenir la maîtrise d'une surabondance qui appelle l'abondance. Même s'il est emballé comme un cadeau, il ne remplace pas celui que l'enfant devra faire ultérieurement pour « rendre ».
- Le remerciement est une sorte atténuée de contre-cadeau.

☛ **Anniversaire, Cadeau, Distributeurs de cadeaux, Étrennes, Gaspillage cérémoniel, Mécénat et sponsoring, Noël, Potlatch, Tournées cérémonielles.**

DOUZE JOURS

Les douze jours sont, selon le comput germanique, les jours qui séparent Noël (le 25 décembre) de l'Épiphanie (le 6 janvier). Dans le comput celtique, on parle des douze nuits. Cette période sacrée, marquée par des fêtes importantes, des rassemblements familiaux et de grands repas, annonçait l'année nouvelle : chacun des jours représentait un mois.

Les douze jours figuraient déjà au moment de l'équinoxe du printemps dans le calendrier de Babylone, au VIIe siècle avant J.-C. Cette période janusienne par excellence, oscillant entre la vieille année et la nouvelle, permettait aux calendriers lunaire (354 jours) et solaire (365,25 jours) de se rejoindre. De plus, elle ponctuait la période du solstice d'hiver dans l'hémisphère Nord, pendant laquelle les mouvements du soleil étaient ralentis au maximum. C'était une période où le mouvement pendulaire du temps était souligné par l'inversion des rôles : un sujet prenait la place du roi, l'esclave était servi par le maître, l'enfant devenait évêque... Ces « libertés de décembre » sont à l'origine de la fête des Fous et de nos carnavals.

Ces douze jours pendant lesquels le ciel était censé s'entrouvrir étaient favorables aux divinations. Les pronostics météorologiques abondaient et le moindre signe était interprété : la façon dont la bûche se consumait dans la cheminée (si elle craquait, jetait des étincelles...), celle dont douze grains de blé mis à chauffer l'un après l'autre se comportaient en sautant ou non, etc. Pour une population essentiellement rurale, ces présages des « petits mois » (selon l'appellation lorraine) étaient importants : une année trop humide ou des mois de sécheresse signifiaient famine et misère. La période, « temps hors du temps », était redoutée : dans les régions germaniques, on croyait que le chasseur sauvage et son équipage se déchaînaient ces nuits-là.

◆ De cette époque divinatoire, l'habitude de jouer aux cartes ou aux dés a été conservée, ainsi que celle de partager des gâteaux avec des fèves comme la galette des Rois, ou encore de se livrer à des pratiques propitiatoires pour connaître son futur conjoint.

☛ **Année, Calendrier, Desserts, Épiphanie, Galette des Rois, Noël, Sylvestre (Saint-).**

DRAGÉES

Les dragées (du grec tragema, *« friandise ») sont des confiseries formées chacune d'une amande, d'une noisette, d'une pépite de chocolat, enrobée de sucre durci. Amandes, noisettes ou noix, fruits protégés d'une coque, sont symboles de fécondité et de vie, comme la fève ou l'œuf qui portent en eux leur embryon. Pour cette raison, les dragées sont souvent présentes lors des fêtes, en particulier lors des baptêmes ou des mariages.*

Les dragées, inventées au XVIe siècle en Espagne, furent appréciées à la cour du roi Louis XIV et devinrent une confiserie très prisée au XVIIe siècle. Avec les confitures et d'autres sucreries, elles étaient réservées au dernier service d'un dîner (l'« yssue de table »), après lequel on apportait aux convives le nécessaire pour se laver les mains.

Prometteurs de fécondité et d'abondance, les fruits secs ont toujours été à l'honneur au moment de Noël sur les tables européennes, au naturel (les treize desserts provençaux, par exemple) ou dans les gâteaux (le christolle alsacien, le pudding anglais). Les étrennes données aux quêteurs des tournées cérémonielles consistaient souvent en une poignée de ces fruits très communs, récoltés à l'automne (noix, noisettes...). Lors des baptêmes également, des poignées de noisettes ou d'amandes, parfois même de pois, étaient jetées par le parrain à la sortie de l'église, remplacées ensuite par des dragées. C'était là un rite d'agrégation qui visait à faire admettre l'enfant par ses pairs.

◆ Dans les Landes, encore au début du XXe siècle, les enfants s'attroupaient le matin de Noël devant les maisons où s'était produite une naissance dans l'année, en criant « Pique Haou ! », jusqu'à ce qu'on leur jetât des piécettes et des fruits secs.

◆ En Savoie, les jeunes ménages stériles jetaient des noisettes et des amandes aux enfants le premier dimanche du carême, ou les faisaient jeter par les enfants dans des feux de joie. De telles aspersions prometteuses figuraient à une date très voisine lors de certains carnavals, comme celui de Nice. Vers 1892, d'innocents confettis (*confetti* en italien signifie « dragées ») remplacèrent les lourdes et dangereuses dragées de plâtre lancées à pleines pelletées au carnaval de Nice. Jusqu'en 1955, date à laquelle les confettis de plâtre furent supprimés, les spectateurs devaient se protéger par un masque grillagé.

◆ Les noisettes, symboles de fécondité et de sexualité, figuraient souvent dans les jeux amoureux de la jeunesse, par exemple au fond des poches des jeunes filles fouillées par les jeunes gens lors du jeu de « fouil jakot » en Bretagne, répandu aux pardons.

◆ Encore maintenant, des sachets, cornets ou boîtes de dragées, qui portent la mention du prénom de l'enfant et de la date du jour, sont remis aux parents et aux amis lors d'un baptême : c'est le parrain, en principe, qui les offre. Des sachets de dragées sont parfois distribués lors de professions de foi ou de mariages, mais de façon moins systématique.

☛ **Aspersion, Baguettes, Baptême, Carnaval, Confettis, Desserts, Étrennes, Fève, Mariage, Œuf, Parrain et marraine, Tournées cérémonielles.**

DRAGONS

Voir Emblématiques (fêtes) et Tarasque.

DRAPEAU

Le drapeau (du bas latin drappus, *« vêtement »), pièce d'étoffe le plus souvent rectangulaire attachée à une hampe, sert de signe de ralliement par ses couleurs et ses formes. Emblème d'une nation, d'une région, d'un chef ou de tout groupement, le drapeau est un signe de reconnaissance aisément identifiable. L'étendard, enseigne de guerre, est plus spécialement l'enseigne d'un régiment de cavalerie.*
La cérémonie des couleurs, levée ou descente des enseignes, est un cérémonial patriotique, civil ou militaire, pour rendre les honneurs aux emblèmes nationaux officiels, drapeau ou étendard.
Des drapeaux de différentes formes ou tailles servent à pavoiser lors des fêtes patriotiques ou patronales : banderoles, bannières, enseignes, fanions, flammes, guidons, oriflammes, pavillons…

On attribue aux Perses l'invention de l'étendard (vers 3000 avant J.-C.) – le plus « ancien média du monde » – et aux Chinois l'idée de le fixer à une hampe (vers 300 avant J.-C.).

Le message du drapeau passe par les couleurs (il y en a six principalement : blanc et jaune d'une part ; rouge, bleu, vert et noir, d'autre part) et par les figures, inspirées de l'héraldique. Le drapeau français tricolore est né à la Révolution (1790) de la cocarde bleu blanc rouge, apparue, quant à elle, dans les jours qui suivirent le 14 juillet 1789. L'origine des trois couleurs est controversée. Il s'agirait peut-être du blanc des rois de France, augmenté du bleu et du rouge, couleurs de Paris, alors peu répandues il est vrai. Ces couleurs, que le nouveau drapeau américain combine différemment, symbolisent l'accession à la liberté depuis les années 1770 ; elles répondraient au drapeau de l'Union Jack, drapeau britannique depuis le début du XVIIe siècle.

◆ Le « jet du drapeau », qui consiste à jeter en l'air un drapeau et à le recevoir après d'artistiques évolutions, est une épreuve populaire dans les régions alpines et en Provence.

☛ **Bannière, Honneurs, 14-Juillet, Patriotiques (fêtes), Patronale (fête), Prise d'armes.**

DRUIDIQUES (fêtes)

Les fêtes néo-druidiques, empreintes de mysticisme et de sacré comme les fêtes maçonniques, se déroulent principalement en plein air, mais la présence de cercles de pierres ou de dolmens n'est pas indispensable. Les différents ordres de druides ont entre eux de nombreux points communs et leurs fêtes, centrées autour des notions de justice et de paix, sont associées au cycle solaire (mort, renaissance) et à la relation du ciel avec la Terre-Mère.

Les druides, ou « grands savants », étaient des scientifiques (avec une grande compétence en matière d'astronomie), des philosophes, des théologiens et des littéraires qui s'entouraient de poètes et musiciens, très vénérés chez les Celtes (peuple attesté au VIe siècle avant J.-C). Leur savoir se transmettait oralement, ce qui rend difficile l'accès à leurs connaissances et à leur religion. Au cours du millénaire précédant

notre ère, surtout entre le VIe et le IIIe siècle, les Celtes se sont établis, depuis les bords du Danube, dans une large partie de l'Europe occidentale. Leur langue aux caractéristiques indo-européennes, qui présentait des traits communs avec celles des populations rencontrées, leur permit une intégration rapide. Pour eux, l'année était divisée en deux saisons, la froide et la chaude, précédées chacune d'une grande fête : Samain, devenue Halloween, ou fête du Nouvel An, début novembre, et Belteine, début mai. Les deux autres fêtes étaient Imbolc, début février, et Lugnasad, début août. Malgré la disparition des druides de Gaule avec la conquête romaine, la christianisation et les grandes invasions, ces fêtes allaient laisser leur empreinte dans le folklore (les mais, Halloween...).

Le Druid Order fut fondé en 1717 par le libre-penseur irlandais John Toland, à partir de l'une des quatre loges maçonniques réunies à Londres. Comme deux autres branches constituées en 1781 et 1792, il s'appuyait sur des textes apocryphes gallois. En 1899, une délégation bretonne, constituée en fraternités, décida à son tour de fonder le Gorsedd (« Hautes Assises ») de Bretagne. Quarante sociétés en France se réclament du druidisme.

◆ Le mouvement druidique est moins vivace en France qu'en Angleterre. Les rites néo-druidiques se tiennent en général en pleine nature et, si possible, sur les sites de cultes anciens. (Les mégalithes, qu'on a longtemps attribués à tort aux Celtes, ont été érigés entre 4000 et 2500 avant J.-C., au néolithique.) Les célébrations ont lieu dans un cercle au centre duquel se tiennent les druides qui instruisent les non-initiés (appelés les « enfants »). Ces initiations ont souvent lieu lors de Belteine, le 1er-Mai. Comme lors d'un baptême, les « enfants » reçoivent un nom en rapport avec la nature (nom d'arbre, de plante...). Druides, ovates ou vates (devins) et bardes se retrouvent en juillet-août pour célébrer face au soleil leur traditionnel Gorsedd, cérémonie autour de la nature, de la terre et de l'eau, telle que le Gorsedd Digor à l'occasion du Lug (de la fête celtique Lugnasad). Le feu, élément de purification, est présent sous forme de feu de bois, ou simplement de flambeaux ou de cierges. Chaque solstice d'été (le 21 juin) est également célébré dans les sites conçus pour leur orientation solaire comme Stonehenge en Angleterre : les heures de la marche du soleil sont soulignées par la « veillée de minuit », le « rituel de l'aube », la « cérémonie de midi ». En France, des rassemblements ont également lieu à cette date en Beauce (siège de la célèbre forêt des Carnutes) et à Chartres (Eure-et-Loir).

☛ **Belteine, Halloween, Imbolc, Lugnasad, Maçonniques (fêtes), Mais, Samain.**

DUCASSE

La ducasse (déformation de « dédicace ») est l'anniversaire qui commémore la « dédicace » de l'église, cérémonie liturgique qui inaugure le nouveau bâtiment en présence de l'évêque. Comme la fête patronale, la ducasse occasionne dans le nord de la France et en Belgique une fête religieuse, avec procession des reliques, ainsi qu'une fête populaire avec, parfois, déambulation de géants tutélaires de la ville – attestés depuis le XVe siècle – et des attractions foraines.

☛ **Dédicace (fêtes de la), Foraines (fêtes), Géants, Kermesse, Patronale (fête), Votive (fête).**

E

E

ÉCLAIRAGES

Voir Illuminations.

ÉCOLE (fête de l')

La fête de l'école marque le plus souvent la fin de l'année scolaire (juin), mais elle peut être célébrée aussi à d'autres moments, comme avant les fêtes de fin d'année. Il s'agit en général d'une suite de divertissements (kermesses, spectacles de théâtre, de mime ou de danse, concerts, mascarades, jeux...) destinés aux enfants, à leurs parents et à leurs amis. La durée de cette fête, qui a lieu dans les locaux de l'école, varie d'une demi-journée, pour la majorité des cas, à trois jours : vendredi, samedi et dimanche.

Les fêtes des écoles naquirent à l'occasion des distributions des prix où les austères discours des personnalités présentes étaient parfois suivis d'un programme récréatif, à la grande joie des parents. Par ailleurs, les élèves qui apprenaient le théâtre, la musique ou la danse donnaient souvent une représentation en fin d'année scolaire. Des exemples de spectacles célèbres sont ceux des Demoiselles de Saint-Cyr pour qui Mme de Maintenon avait commandé à Racine *Esther* (1689) et *Athalie* (1691).

Les fêtes des écoles, qui constituent une ressource économique non négligeable, se sont multipliées. En lien avec le personnel de l'école, une équipe de parents en assure l'organisation. De nombreux comptoirs ou stands proposent des livres, des jouets, de la brocante, de l'alimentation, du linge de maison... Parfois également, la fête comprend un spectacle joué par les enfants, un dîner habillé pour les parents, un bar, ainsi que diverses animations (tournoi de ping-pong, pêche à la ligne, magie...).

☛ **Divertissement, Enfants, Étudiants, Mascarade, Prix (distribution des).**

ÉCOLO PARADE

L'Écolo Parade, une fête récente en France (1999) et plutôt parisienne, est un défilé en musique (sambas, jazz, rythmes africains...) de chars fleuris pour la défense de l'environnement. Elle se déroule tous les ans en juin, un samedi. Ces chars, décorés de thèmes revendicatifs en lien avec l'écologie (agriculture biologique, énergie, transport, naturisme...), sont escortés de particuliers qui se déplacent le long de certains quais à Paris, de la Bastille aux Tuileries, à l'aide de moyens de transport non polluants : bicyclettes, rollers, patinettes, bateaux à voile sur la Seine... Ce même jour dans les grandes villes, une « fête des vélos » met à l'honneur la « petite reine ».

La première Écolo Parade parisienne, créée lors d'un rassemblement de jeunes écologistes européens pendant la campagne des élections européennes, eut lieu à la fin mai 1999.

Cette manifestation, qui rassemble l'ensemble des structures écologistes (associatives, syndicales et politiques), est, comme la Techno Parade ou la Gay Pride, proche des carnavals (chars, mascarades, défilés dans les rues). Elle s'accompagne d'une kermesse présentant les associations participant à cette opération, différents stands (alimentation, maquillage...) et diverses animations (échassiers, cracheurs de feu...).

☛ **Carnaval, Char, Défilé, Gay Pride ou marche des Fiertés, Kermesse, Manifestation, Mascarade, Techno Parade.**

ÉLECTIONS

Les fêtes données aux candidats le soir d'une journée électorale, toujours préparées dans la joie, varient selon le résultat obtenu. Dans tous les cas, victoire ou non, la fête exprime un soulagement : telle une fête d'abondance après les gros travaux, elle célèbre la fin de la campagne électorale. S'il y a victoire, elle s'apparente aux fêtes données pour la réussite aux examens, les nominations ou la remise de décorations.

La réception est plus ou moins importante selon l'élection, nationale ou locale, et selon la notoriété du candidat ; quant au lieu de la fête, public ou non, il varie en fonction du résultat (siège de parti politique, mairie, appartement privé...). Après d'éventuels déplacements (télévisions, hôtel de ville...), le candidat retrouve ses collaborateurs (ses « supporters ») et sa famille autour d'un buffet et d'une traditionnelle coupe de champagne. Çà et là, des téléviseurs diffusent les résultats ainsi que les interventions de différentes personnalités.

Quand les résultats sont connus, les électeurs des partis vainqueurs sortent dans les rues et se rassemblent dans une ambiance joyeuse et bruyante (embrassades, concert de klaxons) pour se féliciter mutuellement et célébrer la victoire. Ces réunions spontanées peuvent avoir lieu en musique et occasionner bals et concerts.

Chez les particuliers, les soirées électorales peuvent donner lieu également à une petite fête familiale ou amicale autour d'un ou deux postes de télévision pour suivre les résultats, avec buffet et champagne éventuellement.

☛ **Abondance (fêtes d'), Cérémonial, Protocole, Récompense, Vacarme cérémoniel.**

ÉLOI (Saint-)

La Saint-Éloi (Aloï, en provençal), le 1er décembre, est célébrée comme fête corporative par les « gens du métal ». Elle est également fêtée le 25 juin, jour de la translation de ses reliques, par les « gens de la terre ».

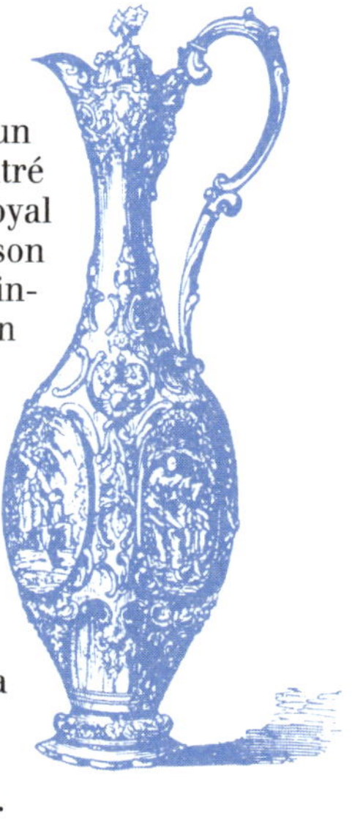

Éloi, né vers 588 en Limousin, aurait fait son apprentissage chez un orfèvre de Limoges. Entré au service du trésorier royal à Paris, il brillait par son habileté. Le roi mérovingien Clotaire II et son successeur Dagobert Ier le choisirent comme conseiller pour sa sagesse et son honnêteté. Il multiplia les œuvres charitables auprès des pauvres et des prisonniers, et, à la mort de Dagobert, entra dans le clergé et fut évêque de Noyon (Oise) en 641. Il mourut en 660.

Saint Éloi devint patron des orfèvres, des joailliers et des numismates. Puisque, selon la légende, il aurait été maréchal-ferrant avant d'être orfèvre, il est aussi patron des travailleurs de métaux, et, pour sa relation avec les chevaux, celui des agriculteurs, vétérinaires, charretiers, selliers et bourreliers. Par la suite, les transporteurs, mécaniciens et garagistes l'ont gardé tout naturellement comme protecteur.

Saint Éloi est très populaire en France, où son culte s'est développé à la fin du Moyen Âge. La chanson bien connue du « Bon Roi Dagobert », secondé du « grand saint Éloi », n'aurait été écrite que vers 1750 sur la musique d'un ancien air de chasse nommé « Fanfare du Grand Cerf ».

- En Provence, où beaucoup de fêtes célébraient les chevaux et les mulets, le culte de saint Éloi était considérable l'été. En Provence rhodanienne, la Saint-Éloi était l'occasion de la sortie de « charrettes ramées » décorées de jeunes rameaux – d'ormeau, de peuplier, de frêne, parfois de produits horticoles... La coutume est toujours vivante dans une douzaine de communes entre la fin mai et le début septembre. Ces charrettes sont tirées par dix à vingt chevaux richement harnachés « à la sarrasine », avec de grands colliers chamarrés garnis de petits miroirs et de pompons, et attelés « en flèche », à la queue leu leu (ils sont jusqu'à quarante si la charrette ne « court » pas). Les festivités, religieuses ou seulement laïques selon les endroits, s'étalent en général sur deux jours. Lors de la procession, rythmée par la musique des galoubets et des tambourins, les fiers charretiers portant pantalon bleu, chemise blanche et « taïole » (ceinture) jaune, défilent avec d'élégantes Arlésiennes qu'ils « prennent en main d'honneur ». La messe est suivie de la bénédiction des chevaux et de la charrette, de repas et de courses spectaculaires. Les chevaux accompagnés de leurs charretiers se lancent à vive allure à travers le village : le passage des virages, en particulier ceux à angle droit réputés dangereux, est très attendu, car la charrette ne doit pas verser. Des jeux de boules et des danses traditionnelles ont lieu l'après-midi. Parfois, tout se termine à la nuit par le feu de la Saint-Jean.
- Ces fêtes de l'agriculture en l'honneur de saint Éloi furent laïcisées ou abandonnées en partie au début du XXe siècle, à la séparation de l'Église et de l'État

(1905). À Rognonas et à Châteaurenard (Bouches-du-Rhône), les clans idéologiques s'affrontaient dès la fin du XIXe siècle par charrettes ramées interposées. À Châteaurenard, la laïcisation de la fête transparaît dans l'appellation de la « charrette de la Madeleine » ou « charrette des maraîchers » devenue « charrette rouge ». Décorée de fruits et légumes, mais aussi de centaines de glaïeuls rouges et du buste de Marianne, cette charrette défend les principes laïcs et républicains.

- Malgré la raréfaction des chevaux, les « charrettes » ont été remises à l'honneur depuis les années 1970 par des associations ou confréries locales de Saint-Éloi ou de Saint-Roch (protecteur des animaux domestiques). À la fête traditionnelle s'associent la mise en valeur du costume arlésien et des danses régionales.

☛ **Bénédiction, Concours, Confrérie, Corporative (fête), Jean (Saint-), Jeux équestres, Patronale (fête).**

EMBLÉMATIQUES (fêtes)

Les fêtes emblématiques, ou fêtes communales avec emblèmes (géants, monstres, dragons, etc.), « s'organisent autour d'un symbole particulier, véritable mascotte locale, figure tutélaire de la cité qui l'a adoptée », selon la définition de l'ethnologue Marie-France Gueusquin. Cet emblème, qui peut être sorti plusieurs fois dans l'année, est un élément du patrimoine culturel local : une figure humaine ou animale liée à la légende ou à un épisode historique, représentant par exemple un danger conjuré (épidémie, siège militaire, inondation...).

Les fêtes emblématiques sont nées avec les processions religieuses médiévales, rites protecteurs connus dans toutes les régions. Jusqu'à la Révolution figurait souvent aux rogations (les trois jours avant l'Ascension) un dragon d'osier – une « gargouille » avec un animal vivant (renard, lapin ou cochon de lait) ou des petits pains dans la gueule. Ce dragon représentait le monstre que le saint patron de la ville était réputé avoir dompté, image du paganisme vaincu : saint Romain, évêque de Rouen au VIIe siècle, par exemple, ou saint Clément, évêque de Metz au IIe-IIIe siècle. Dans les villes exposées aux crues, la présence de figures diaboliques semi-aquatiques, serpents ou dragons, symbolisait le souhait confus d'écarter les dangers liés à l'eau (inondations, noyades au passage des gués...), et d'éliminer les animaux ravageurs.

L'effigie, figure rituelle spectaculaire et solennelle propre à l'endroit, n'est pas là par dérision comme au carnaval. Elle assure une fonction commémorative située au cœur d'une histoire collective réelle ou imaginaire, comme les dignes géants des villes du Nord, symbolisant les personnages guerriers représentés plus grands que nature, les dragons ou les animaux totémiques (de « totem », représentation protectrice d'un clan) méridionaux : tarasque, bœuf de Mèze, poulain de Pézenas... Mode de socialisation, l'effigie offre ainsi, à la municipalité, une occasion de renforcer sa popularité auprès de ses concitoyens, et, à la communauté, de resserrer ses liens.

☛ **Animaux mythiques, Géants, Mannequin du carnaval, Rogations, Tarasque.**

ENFANTS

La société enfantine entretient ses propres traditions avec pratiques, savoirs, règles de jeu et règles morales définies entre ses pairs, en particulier dans les cours d'école. Porteurs d'avenir, les enfants ont toujours joué un rôle important dans les fêtes. Que celles-ci soient déguisées ou non (anniversaires, carnavals, tournées cérémonielles...), les enfants aiment reconstituer les groupes déjà formés, d'amis ou de cousins. La candeur des plus petits est entretenue par des croyances en de généreux distributeurs de cadeaux qui passent à différentes occasions (Père Noël, petite souris, cloches de Pâques).

L'abondance de pâtisseries symboliques distribuées, anonymement ou non, lors de certaines fêtes (galette des Rois, crêpes de la Chandeleur et de Mardi-Gras, œufs de Pâques, pains d'épices de la Saint-Nicolas, biscuits ou pipes en sucre de Noël...), témoigne de l'attention portée aux petits enfants depuis toujours.

Dans toute l'Europe, comme c'était le cas pour la jeunesse, des sociétés regroupaient les enfants. Les « royaumes d'enfance », véritables confréries qui remontent au moins au XIIe siècle selon l'ethnologue Claude Gaignebet, concernaient les enfants des « petites écoles » de moins de treize ans.

Ces royaumes avaient leur rythme annuel de fêtes : Saint-Martin, Saint-Nicolas, Saints-Innocents, carnaval (Jeudi gras), Saint-Grégoire, Saint-Jean. Cette organisation disparut à la Renaissance avec l'apparition d'un droit nouveau.

Le roi de la Saint-Grégoire

• Des combats de coqs au moment du carnaval ou de la Saint-Grégoire (anciennement le 12 mars) permettaient d'élire le « roi » qui défilait fièrement dans les rues. Respecté de tous, ce « roi du coq » pouvait décider de jours de congé, organiser quêtes, farces et représentations (soties où l'on se moquait des scandales de l'année), ou encore modifier les jeux. Il en reste une trace dans la comptine : « C'est toi le chat ; mais comme le roi ne le veut pas, ce ne sera pas toi. »

Les différentes tournées et quêtes cérémonielles de l'année portaient bonheur. Si l'on ouvrait sa porte aux enfants pour leur donner des friandises ou de la monnaie, on se mettait l'avenir de son côté. Les enfants jouaient ainsi le rôle de passeurs, notamment vers l'au-delà et le monde des ancêtres. La poignée de friandises, étrennes données lors des quêtes hivernales en échange des vœux, est l'une des origines du cadeau de Noël : elle rappelle que cette fête, où les chrétiens célèbrent la naissance de l'Enfant Jésus dans la crèche de Bethléem, a toujours été tournée vers l'enfance. Mais ce n'est que depuis le milieu du XIXe siècle, sous l'influence britannique en particulier, que Noël est devenu la fête familiale que l'on connaît, avec abondance de jouets offerts aux enfants.

Lors des Saints-Innocents, le 28 décembre, ou à la Saint-Nicolas, le 6, les enfants de chœur élisaient l'enfant-évêque qui commandait pendant toute la journée : ce renversement de l'autorité où les petits prenaient la place des puissants correspondait à l'inversion souhaitée du temps, au moment du solstice d'hiver quand les jours sont courts, et les nuits, longues et angoissantes. La fête des Fous et le carnaval reproduisent ce même schéma : « Qui est fol est sage. »

Lors de la semaine sainte, les enfants agitaient des crécelles dans les rues pour faire part des offices, quand les cloches étaient parties à Rome, usage christianisé du vacarme cérémoniel pour « chasser les démons ».

Les tournées de Pâques faites par les enfants de chœur sont encore connues dans certaines régions, ainsi que celles de la « belle de mai ». Cette fillette habillée de blanc incarnant à la fois le renouveau du printemps et le printemps de la vie a donné son image angélique aux petites filles de la Fête-Dieu qui lancent leurs pétales. La présence d'enfants dans les processions ou les cortèges – demoiselles d'honneur et garçons d'honneur lors des mariages, par exemple – est toujours attendrissante.

Le 11 novembre, au moment de la Saint-Martin, les enfants défilaient avec leurs lanternes végétales, rite agraire de multiplication et conjuration de la nuit, coutume encore en usage dans le nord de la France et dans différents pays européens, à l'origine des citrouilles de Halloween.

◆ Les tournées cérémonielles reviennent à la mode avec Halloween, ainsi que les retraites aux flambeaux, les défilés de lanternes de la Saint-Martin ou ceux de Mardi gras et de la Mi-Carême. Mais les fêtes d'aujourd'hui, reflet des évolutions sociales, ont changé depuis la seconde moitié du XXe siècle, en partie du fait de l'exode rural, et en raison aussi du regard que la société porte sur l'enfant, devenu compatissant. Le développement des réunions familiales ou entre amis témoigne du repliement sur soi, comme la célébration de l'anniversaire qui, auparavant, n'avait pas cette importance.

☛ **Anniversaire, Cadeau, Carnaval, C+M+B+, Coq, Cortège, Crêpes, Desserts, Distributeurs de cadeaux, École (fête de l'), Fous (fête des), Galette des Rois, Grégoire (Saint-), Innocents (Saints-), Jeunesse (sociétés de), Nicolas (Saint-), Noël, Pâques, Roi, Semaine sainte, Tournées cérémonielles, Vacarme cérémoniel.**

ENTERREMENT

Voir Funérailles.

ENTERREMENT DE LA VIE DE GARÇON

La veille ou l'avant-veille de leur mariage, le futur marié et la future mariée, chacun de son côté, enterrent leur « vie de garçon » ou « de jeune fille » avec leurs amis. Ce rite de séparation entre deux conditions (célibataires/mariés) est l'occasion d'une théâtralisation spontanée : une joyeuse sortie ou un repas bien arrosé où sont mis à l'honneur les principes de liberté permis par le célibat (beuveries, chansons, rires, farces, sexualité...). La nouvelle vie qui attend le jeune homme et la jeune fille, vue comme un emprisonnement, est ridiculisée. Le futur marié (ou la future mariée) doit offrir à ses pairs une compensation pour son départ (pot, dîner, voire une tournée des bars) et réussir les gages qui lui sont proposés.

L'expression « enterrer sa vie de garçon », selon l'anthropologue Arnold Van Gennep († 1957), semble trouver son origine au sein de la bourgeoisie « romantique » du temps de Balzac, c'est-à-dire dans la première moitié du XIXe siècle : les dandys parisiens se réunissaient avec des « cocottes » et des « grisettes » pour dire adieu à leur vie de célibataire. La réunion entre amis, elle, était déjà connue partout, souvent sous la forme d'un banquet offert par le futur marié. Encore au début du XXe siècle, dans la plupart des régions de France, « tuer la jeunesse » s'accompagnait également du prélèvement d'un « impôt », une poule réputée bonne couveuse, symbole de fécondité, que le jeune marié offrait à ses amis ainsi qu'un vin d'honneur.

◆ Dans certaines régions (Dauphiné, Hurepoix), à la fin du dîner, on enterrait réellement un petit cercueil après une veillée funèbre très joyeuse. Des pâtissiers eurent l'idée de faire des cercueils en chocolat pour cette occasion. En Bretagne, la tirelire avec laquelle l'un des jeunes gens devait faire la quête ce soir-là était également en forme de cercueil.

◆ Cette dramatisation burlesque ne concernait autrefois que les garçons : depuis les années 1970, les jeunes filles s'y sont mises, s'alignant sur le modèle de la mixité maintenant répandue dans les grandes écoles. L'« enterrement de la vie de garçon » ou « de jeune fille », préparé par de bons amis ou par les témoins à l'insu du futur marié ou de la future mariée, est plus ou moins dramatisé. Déguisé, muni d'une corde au cou ou d'un boulet au pied, le héros est soumis à différentes épreuves (gages) pour compenser son départ : les sanctions déterminent le nombre de pots qu'il doit offrir à ses pairs.

☛ **Barrière, Étudiants, Farces, Jeunesse (sociétés de), Mariage.**

ENTRÉE SOLENNELLE

Sous l'Ancien Régime, l'entrée solennelle dans une grande ville de personnalités (rois, reines, princes, princesses, ambassadeurs...) donnait lieu à une fête somptueuse, alliant le concours des officiers militaires, du clergé et des notables. L'entrée dans la cité avait lieu par une porte décorée, où un « cortège civique » venait à la rencontre du cortège princier. L'itinéraire suivi ensuite, décoré de verdure et de tentures ornées d'emblèmes héraldiques, conduisait à l'église où l'on chantait un Te Deum (cantique de reconnaissance), puis au palais.

Ces usages diplomatiques de bienvenue, nés avec les princes, disparurent à la Révolution.

◆ Lors de ces jours de liesse, diverses réjouissances étaient organisées pour le peuple : lâchers d'oiseaux, baladins, jongleurs, feux d'artifice, bals, banquets, tournois... Du vin coulait des fontaines. Des arcs de triomphe, dont les décorations s'inspiraient des mythologies grecque et romaine, étaient construits pour l'occasion. D'autres, éphémères, étaient faits de festons de verdure et de fleurs ou d'étoffes colorées. Les rues étaient parsemées de fleurs comme à la Fête-Dieu.

☛ **Arc de triomphe, Décoration, Fête-Dieu, Princières (fêtes).**

ÉPIPHANIE

L'Épiphanie (du grec epiphania, *« manifestation ») est fêtée en France le dimanche qui suit le 1er-Janvier. Les chrétiens d'Occident commémorent la visite des Mages venus d'Orient adorer l'Enfant Jésus, telle qu'elle est rapportée par l'évangéliste Matthieu, et la « manifestation » du Christ au monde. Ce jour-là, dans les familles, on partage une galette : celui qui a la fève cachée à l'intérieur est appelé « roi ».*

La période du solstice d'hiver dans l'hémisphère Nord était célébrée dans toute l'Europe

par les douze jours (allant de Noël à l'Épiphanie) marqués par des rassemblements familiaux et de grands repas. Cette période était considérée comme dangereuse, car, croyait-on, les êtres surnaturels et les démons pouvaient venir sur terre.

Avant 1970, l'Épiphanie était célébrée le 6 janvier, date toujours valable dans les pays où ce jour est chômé. En plaçant (vers 120-140) cette fête chrétienne à la date du 6 janvier, les gnostiques (qui voulaient concilier christianisme et platonisme) ont substitué par celle-ci d'anciennes traditions égyptiennes et grecques liées à la recrudescence des sources et à la renaissance du Soleil. Encore maintenant, les orthodoxes fêtent l'adoration des Mages à Noël (pour eux, qui suivent le calendrier julien, Noël tombe le 7 janvier du calendrier grégorien). Le contenu de l'Épiphanie est différent : cette fête célèbre, par la bénédiction des eaux, le baptême du Christ, vers l'âge de trente ans, dans le Jourdain, et son premier miracle de l'eau changée en vin aux noces de Cana : deux « manifestations » de sa divinité à l'âge adulte. Au cours du IVe siècle, la papauté choisit de célébrer la petite enfance du Christ, ce qu'on ne faisait pas auparavant, en fêtant la Nativité (Noël) le 25 décembre ; elle plaça l'adoration des Mages à l'Épiphanie et, la semaine suivante, le baptême du Christ.

Les Mages étaient des astrologues-astronomes venus d'Orient en suivant une étoile pour adorer l'Enfant Jésus. La tradition les fixa à trois, en référence au nombre de cadeaux cités dans l'évangile de Matthieu (l'or, l'encens et la myrrhe). Elle les fit rois d'après des prophéties de l'Ancien Testament, puis les nomma Melchior, Balthasar et Gaspard, en leur donnant l'aspect correspondant aux trois âges de la vie et aux trois continents alors connus. Les Évangiles apocryphes (du grec *apocruptein*, « cacher ») rédigés tardivement en Syrie et en Arménie donnent volontiers des détails sur ces visiteurs « venus de Perse ».

- Le solstice d'hiver, qui conduit à une nouvelle année, est une époque de présages : la fève ou l'amande cachée dans une pâtisserie en est une illustration. Le partage de la galette, autrefois appelée « coutume du Roy boit », permet l'élection d'un roi avec une inversion de rang et d'état. Déjà à Babylone, au début du IIe millénaire avant J.-C., un prisonnier devenait roi lors de la fête des Sacées et portait les attributs royaux (couronne, sceptre, manteau). À Rome, lors des saturnales où l'on revivait l'Âge d'or, on élisait également un roi de fantaisie. Comme au carnaval ou aux fêtes des Fous ou des Saints-Innocents, cette inversion de l'autorité correspondait à l'inversion du temps, au moment où l'année basculait vers des jours meilleurs.
- Jusqu'à la Seconde Guerre mondiale, les pauvres avaient le droit de frapper aux portes des maisons pour quêter la « part à Dieu ».

☛ **C+M+B+, Étoile, Fève, Galette des Rois, Mages, Noël, Nouvel An, Roi, Tournées cérémonielles.**

ÉTIENNE (Saint-)

La Saint-Étienne, le 26 décembre, était le jour d'une tournée porte-bonheur des jeunes gens revenant de la chasse au roitelet en Bretagne. Ils allaient de porte en porte présenter leurs vœux ainsi qu'une « boîte » décorée de rubans et de guirlandes qui emprisonnait l'oiseau, réputé messager divin chez les Celtes.

Saint Étienne est considéré comme le premier martyr de l'histoire du christianisme : ce diacre choisi par les apôtres pour les aider à l'évangélisation mourut lapidé au Ier siècle. Son corps fut retrouvé vers 415 (un 3 août, dit-on) près de Jérusalem, et cette découverte eut un grand retentissement à travers toute la chrétienté. Saint Etienne est invoqué contre les intempéries (grêles et tempêtes de neige en particulier).

- Le culte de saint Étienne était autrefois très populaire.
- Jusqu'au XIXe siècle, la Saint-Étienne donnait lieu à Aix-en-Provence à un office particulier, ponctué de véritables lamentations, qui attirait beaucoup de monde. Cette cérémonie est attestée – en dialecte gallo-roman – au XIVe siècle.
- Ce lendemain de fête, appelé autrefois « traîne-balai » en Picardie, était marqué par de grands repas dans diverses régions (Provence, Jura) : on achevait les restes des festins, on chantait et on se livrait à toutes sortes de jeux.
- La Saint-Étienne était également une période importante dans la vie des domestiques qui partaient souvent toute une semaine rejoindre leurs familles.
- Les diverses manifestations de la Saint-Étienne ont disparu de France, mais la journée de Boxing Day est restée célèbre en Grande-Bretagne. Fériée dans plusieurs pays d'Europe du Nord, elle occasionne des promenades collectives, traces de ces anciennes chasses au roitelet.

☛ **Jeunesse (sociétés de), Noël, Oiseaux, Tournées cérémonielles.**

ÉTIQUETTE

L'« étiquette » désigne le cérémonial en usage dans une cour, auprès d'un chef d'État ou d'un grand personnage. Ce terme était le nom du formulaire de règles établi pour Philippe le Bon, duc de Bourgogne au XVe siècle, sur le modèle de l'« ordre des étiquettes », du nom des écriteaux fixés sur chaque sac de procès.

☛ **Cérémonial, Préséance, Protocole.**

ÉTOILE

L'étoile de Bethléem, ou de l'Épiphanie, « un astre à son lever » selon l'Évangile de Matthieu, guida les Mages venus d'Orient jusqu'à Bethléem en Judée pour adorer l'Enfant Jésus.

L'identité de l'étoile des Mages est très controversée : s'agissait-il d'un phénomène miraculeux comme la colonne lumineuse qui précédait les Hébreux dans le désert ? D'un astre nouveau ? D'un météore ? Était-ce la conjonction des planètes Mercure, Jupiter et Saturne, phénomène rare qui eut lieu en 6 avant J.-C. ? Était-ce une comète, comme celle de Halley, apparue en 12-11 avant J.-C. (mais les comètes avaient la réputation d'être maléfiques) ?

Cette étoile de Bethléem serait une concession de l'Église naissante à la pensée astrologique alors toute-puissante.

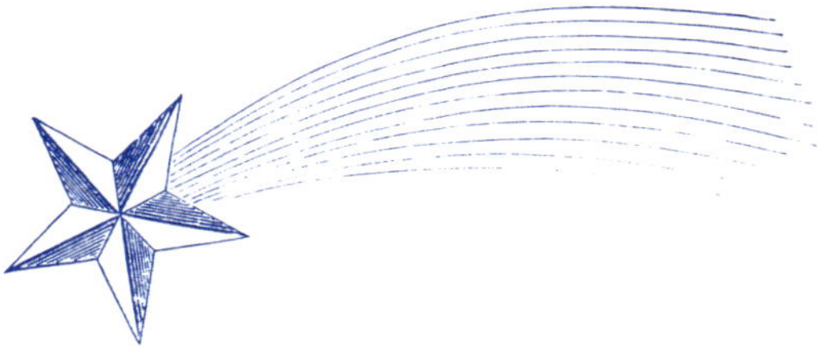

- Un porteur d'étoile mobile accompagne les tournées de début d'année des enfants déguisés en Mages (les « enfants à l'étoile »), encore connues dans l'est de la France et dans une grande partie de l'Europe. Lumière protectrice, l'étoile est tenue à bout de bras, telle une lanterne végétale de la Saint-Martin.

☛ **Épiphanie, Lanternes végétales, Mages, Martin (Saint-), Tournées cérémonielles.**

ÊTRE SUPRÊME (fête de l')

Fête « sacrée » du bonheur utopique de l'humanité nouvelle en l'honneur du Créateur de l'univers, la fête de l'Être suprême, qui se déroula le 8 juin 1794 (20 prairial an II) aux Tuileries à Paris, fut imaginée par Robespierre pour lutter contre l'athéisme révolutionnaire.

Les maisons de Paris furent pavoisées de banderoles tricolores, les rues décorées de festons de verdure. Le peuple se rassembla devant un immense amphithéâtre érigé aux Tuileries, au bas duquel se dressait un monument représentant le monstre de l'Athéisme soutenu par les ennemis de la Félicité : l'Ambition, l'Égoïsme, la Discorde et la Fausse Simplicité en haillons. Robespierre y mit le feu et, de ses décombres, s'éleva la Sagesse, au front serein.

Après un discours de Robespierre où celui-ci expliqua les allégories, un cortège se mit en route vers le Champ-de-Mars : un char, tiré par quatre taureaux, était garni d'instruments des arts et métiers, parmi la verdure et divers produits du terroir. Des représentants du peuple portaient des bouquets de fleurs des champs et des épis de blé. Au Champ-de-Mars, un chœur de musiciens entonna différents chants, parmi lesquels l'*Hymne à l'Être suprême* et *la Marseillaise*.

☛ **Discours, Drapeau, Hymnes, Princières (fêtes).**

ÉTRENNES

Les étrennes sont des cadeaux de bon augure, d'argent principalement (espèces ou chèques), donnés au moment du Nouvel An. Le mot désigne également les « enveloppes » distribuées à cette période pour la gratification de certains personnels (facteurs, pompiers, concierges...).

Le terme, employé au pluriel le plus souvent, vient de Strenia, déesse de la mythologie romaine qui présidait à la force et à la bonne santé : des rameaux verts coupés dans un bois qui lui était consacré auraient été offerts au roi sabin Tatius au VIIIe siècle avant J.-C.

Le terme d'« étrennes » s'appliquait aux cadeaux de type alimentaire (pommes, poignées de noisettes ou de noix, biscuits, gaufres, friandises en sucre...) ou à la monnaie que l'on donnait aux enfants, lors des tournées porte-bonheur du Nouvel An. Ces cadeaux étaient destinés à les remercier de leurs vœux prometteurs et il était mal vu de ne pas ouvrir sa porte. Au XVIIIe siècle, les étrennes désignaient de menus présents : selon *l'Encyclopédie* de Diderot et d'Alembert, la coutume des cadeaux du Nouvel An, récusée par les premiers chrétiens qui y voyaient une tradition païenne encore mêlée de superstitions, avait été remise à l'honneur car, aux yeux de l'Église, elle passait finalement pour « un témoignage d'estime ou de vénération ». Puis, à partir du milieu du XIXe siècle, le terme engloba des présents plus importants donnés une semaine plus tôt, la nuit de Noël, dans les familles de l'aristocratie et de la bourgeoisie : jouets pour enfants, livres, parures pour dames..., parallèlement à l'essor de la philosophie du Noël victorien décrit dans les œuvres de Charles Dickens.

☛ **Cadeau, Noël, Nouvel An, Tournées cérémonielles.**

ÉTUDIANTS

Les étudiants, avec l'aisance propre à la jeunesse, aiment multiplier les farces et organiser des fêtes au cours de leur scolarité : bizutages en début d'année pour affranchir les nouveaux, soirées, galas et bals en cours d'année, mascarades à Mardi gras, monômes pour fêter la fin des examens, banquets... Accompagnées de discours souvent satiriques et humoristiques, ces réjouissances, très gaies et volontiers spectaculaires, sont parfois dictées par la tradition. Elles se font la plupart du temps dans un vacarme cérémoniel porte-bonheur caractéristique de cette classe d'âge (chansons bachiques ou paillardes, musique...), avec l'acquiescement tacite des aînés quand il n'y a pas de débordements.

Le folklore étudiant n'est pas nouveau. Au moment de la nouvelle année, lors de la fête des Fous entre les XIIe et XIVe siècles, la confrérie des clercs procédait à l'élection du « roi de la Basoche ». Comme les corporations et les groupements de jeunesse, ces associations joyeuses d'« escholiers » fonctionnaient avec une hiérarchie parfaitement définie : le roi, aidé de suppôts (qui, pour la Basoche, s'octroyaient les titres de chancelier, maître des requêtes, avocat, procureur général), pouvait exercer son autorité sur une cour de 10 000 sujets. La Basoche organisait des divertissements « libres et gaulois », farces, soties ou banquets, et se livrait impunément à toutes les facéties voulues. Le Lendit (du latin *indictum*, « fixé »), honoraires payés aux maîtres par les écoliers à l'époque de la foire de Saint-Denis (autour du 9 octobre), occasionnait de joyeuses réjouissances à Paris : les étudiants se promenaient dans les rues coiffés de bonnets d'ânes.

De même, les grandes écoles, qui se sont multipliées après la Révolution, ont établi très tôt leur propre folklore (langage, fêtes, musique, bizutage...) et les traditions se transmettent chaque année aux nouveaux, parfois solennellement.

Leurs étudiants arborent volontiers des signes distinctifs : uniformes ou « faluches » (grands bérets de velours), inventées dans les années 1940 par les étudiants français, à la suite d'un congrès universitaire international où ils s'étaient retrouvés les seuls « en cheveux ». Les facultés se reconnaissaient à la couleur du ruban.

- Pour les joyeuses occasions, les étudiants défilent dans les rues en dehors de leur école ou faculté, parfois avec leur propre fanfare (trompettes, trombones, basses, souba, grosse caisse, caisse claire ..), comme celle des Beaux-Arts. Ils improvisent et savent tirer parti du décor : embrasser les personnes rencontrées, se baigner dans les fontaines, les faire mousser, etc. Avec une grande imagination ils renouvellent les thèmes dramatisés, faisant preuve d'un goût parfois douteux.
- Les bals des grandes écoles (appelés aussi « galas » ou « nuits ») sont de deux sortes : ceux qui sont organisés par l'école et par l'association des anciens élèves, et ceux qui sont organisés par le BDE (bureau des élèves). Dans le premier cas, les différentes générations s'y côtoient. Les soirées entre étudiants réservent quelquefois des surprises : commencées dignement, elles peuvent finir de façon légère !

- Lors du repas de mariage de l'un d'entre eux, les étudiants soulignent avec humour ses qualités ou défauts : leur discours, soutenu de moyens audiovisuels, met en valeur anecdotes et souvenirs mémorables. Même âgés, quand ils se réunissent dans le cadre d'amicales d'anciens élèves, par exemple, ils retrouvent facilement le temps d'une journée cette gaieté et cette insouciance caractéristiques, s'appellent par leur surnom et évoquent avec fraîcheur le souvenir de ces joyeuses années.
- Les BDE, plus ou moins importants selon les écoles, se caractérisent souvent par leur dynamisme : ils organisent fêtes et loisirs (voyages, randonnées, séjours à la montagne, spectacles…).
- La mixité, d'une part, et l'implantation fréquente dans de nouveaux locaux éloignés des centres-villes, d'autre part, modifient l'organisation des fêtes du monde étudiant. Celles-ci restent le plus souvent confinées aux locaux de l'école ou à de grandes salles de réception sans être livrées à la rue comme autrefois. Les excès sont sévèrement punis, en matière de bizutage notamment.

☛ **Adolescents, Bal, Bizutage, Chansons, Classes d'âge, Débordements, Fanfare, Farces, Gala, Jeunesse (sociétés de), Point Gamma, Quat'z arts (Bal des), Tonus et bal de l'Internat, Vacarme cérémoniel.**

ÉVÉNEMENT

Un événement (du latin evenire, *« arriver ») désigne ce qui arrive. Le terme peut être utilisé pour la culture, les arts ou dans le monde de l'entreprise. Dans ce cas, l'événement est une occasion créée par le service de la communication, un procédé commercial de transmission.*

L'événementiel, nouveau secteur de la communication, recoupe les métiers, les outils et les structures qui aident à promouvoir une entreprise par le biais d'organisation de congrès, de voyages, de réunions d'affaires ou de fêtes.

☛ **Animateur, Professionnels de la fête, Réception, Repas, Son et lumière.**

EXORCISME

L'exorcisme, pratique religieuse (du grec exorkizein, *« faire sortir un serment »), a pour but de chasser les démons par l'utilisation de formules contraignantes et de cérémonies (bénédictions, consécrations, prières...). De nombreuses fêtes et traditions, liées aux mouvements cosmiques qui rythment l'existence, ont été créées dans le but d'exorciser l'angoisse d'un avenir incertain et de conjurer les dangers imprévisibles (diables, sorcelleries, épidémies...).*

Ce qui faisait peur était utilisé pour conjurer les « démons » : déguisements d'animaux sauvages des carnavals, défilés de dragons ou de la tarasque, lanternes végétales transformées en figures grimaçantes à l'origine des citrouilles d'Halloween, baguettes et fouets cérémoniels, vacarme (salves de fusil des bravades, pétards, klaxons...).

L'homme a toujours eu besoin du dynamisme de ces « pauses » cérémonielles pour donner à sa vie une dimension sacrée en l'associant à l'au-delà et au culte des ancêtres. En outre, les indispensables recommencements qu'étaient les fêtes lui permettaient de se concilier les éléments cosmiques (intempéries, nuits) et de renforcer la cohésion sociale.

☛ **Ancêtres, Animaux mythiques, Animaux sauvages, Bénédiction, Carnaval, Halloween, Homme sauvage, Noël, Tournées cérémonielles, Vacarme cérémoniel.**

F

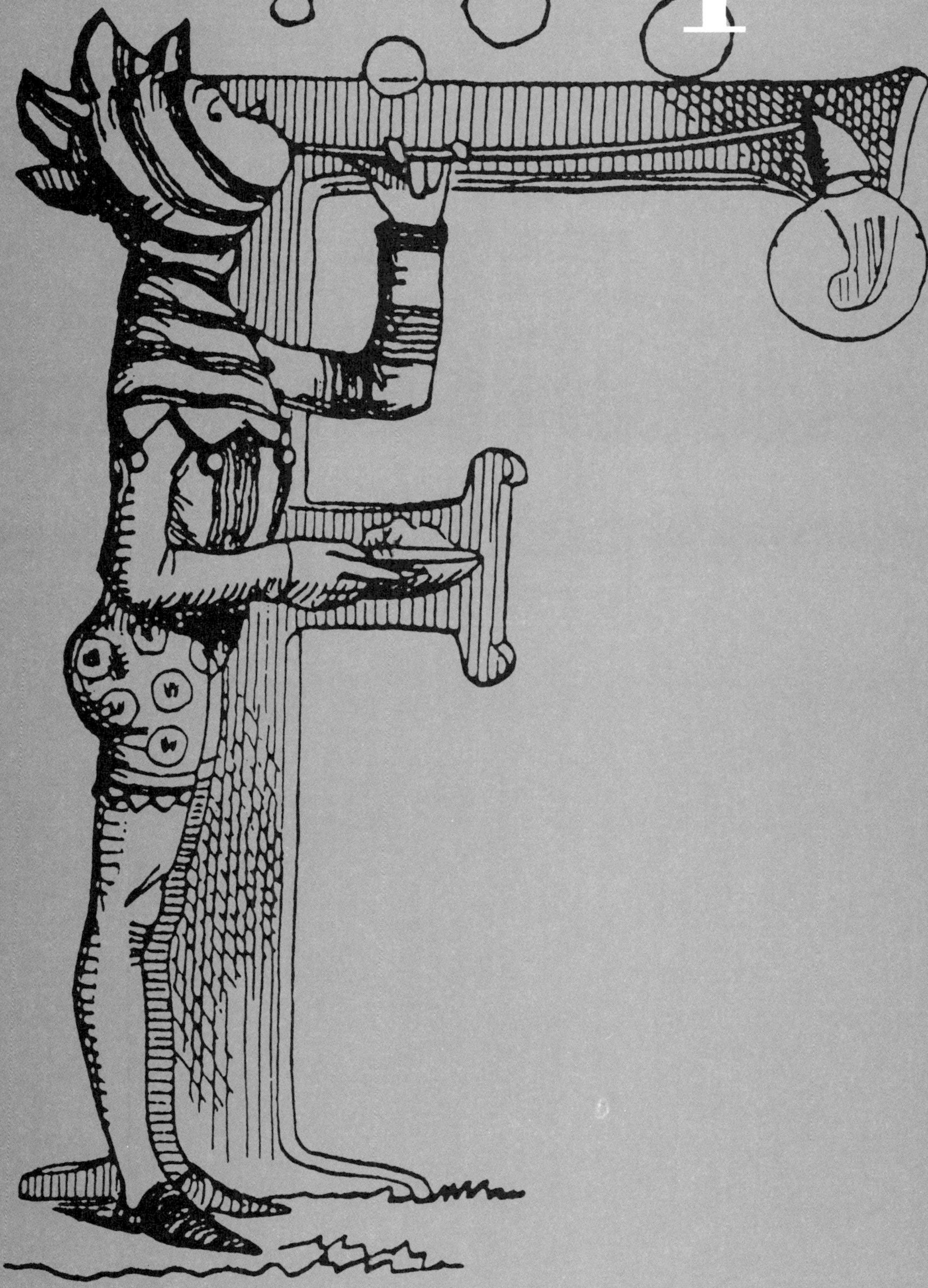

F

FAIRE-PART

Un faire-part est l'annonce, généralement imprimée, d'un événement d'ordre familial (naissance, adoption, mariage, décès...), destinée aux proches. Simplement informatif, comme l'annonce dans le carnet mondain de certains journaux, il ne tient pas lieu d'invitation. La forme aujourd'hui plus variée et personnelle des faire-part reflète l'évolution de la société vis-à-vis des comportements extraconjugaux et le regard plus tendre posé sur les événements familiaux. Elle traduit également l'abandon des convictions religieuses.

☛ **Carnet mondain, Funérailles, Invitation, Mariage, Réunions de famille, Salles.**

FAMILIALES (fêtes)

Voir Réunions de famille

FANFARE

Le mot « fanfare » (sans doute d'origine onomatopéique), apparu en 1532, ou la batterie-fanfare (du latin familier battuere, *« battre ») désigne un orchestre ambulant composé de cuivres – trompettes, trombones, cors et tubas – et d'instruments de percussion et qui comporte un nombre variable de musiciens. La fanfare désigne aussi un air guerrier. Les fanfares civiles se sont multipliées dans les villes et villages sous le nom d'harmonies municipales.*

Les fanfares militaires, composées d'instruments à vent maniables, de tambours et de grosses caisses – ce qui leur valut leur premier nom de « batteries » – ont de tout temps accompagné les troupes pour rythmer leur pas. Les instruments étaient au départ fabriqués à partir de coquillages, de branches creuses ou de cornes d'animaux. Les Romains utilisaient un cor en bronze, le cornu. Les cuivres, répandus à partir du bas Moyen Âge, peuvent produire des sonorités intenses lorsqu'ils sont joués à pleine puissance. Cela explique leur succès sur les champs de batailles, à la chasse ou auprès des hérauts qui

s'annonçaient de loin. L'éclat de leur sonorité vient du faible diamètre du tube, de la perce et de la forme du pavillon. Des sonneries militaires spécifiques ponctuaient la vie de caserne : le réveil, la soupe, la visite des malades, la charge... Les « bruits de guerre » sont les sonneries exécutées par les fanfares pour transmettre des ordres pendant le combat.

- Les fanfares, orchestres sonores et roboratifs qui s'entendent de loin, sont volontiers appelées à participer, à pied ou à cheval, aux défilés militaires ou civils, telle celle de la prestigieuse Garde républicaine. De nombreuses fanfares, qui ont abandonné la rigueur militaire de leurs aînées, participent maintenant à de joyeuses manifestations populaires, comme la fanfare des Beaux-Arts (trompettes, trombones, basses, souba, grosse caisse, caisse claire...). Certaines fanfares, cliques et orphéons (d'Orphée, poète légendaire de la mythologie grecque qui s'accompagnait d'une lyre reçue d'Apollon) accompagnent les carnavals et sont parfois associés aux sorties de majorettes.
- À Dunkerque, le tambour-major, en costume de grognard d'Empire, conduit la « bande des pêcheurs » et sa clique (ensemble de tambours et de clairons). De même, lors de la sortie des géants dans le Nord, les airs martiaux ponctuent le cheminement des héros et participent à la frénésie collective. Pendant les ferias du sud de la France, les « bandas », composées elles aussi de cuivres et de percussions, regroupent jusqu'à cinquante musiciens.

☛ **Carnaval, Cécile (Sainte-), Défilé, Étudiants, Géants, Majorettes, Musique, Patriotiques (fêtes).**

FARANDOLE

La farandole est une danse populaire provençale exécutée sur la voie publique par une file de danseurs se tenant par la main. Faite d'entrechats sur une musique rythmée de galoubets et de tambourins, la farandole est une danse ouverte, qui se déroule et s'enroule en spirale, contrairement à la ronde, danse fermée. Ce terme désigne plus généralement tout cortège dansant où l'on se tient par la main.

Le mot, attesté en 1771, vient du provençal *farandoulo* : il désigne une course proche de celle de la « grue », danse grecque (la *geranos*) décrite par Plutarque (IIe siècle), où les danseurs imitaient le vol des grues pour activer le printemps. Cette danse, en partie religieuse, aurait été inventée, dit la légende, par Thésée en souvenir de sa victoire sur le Minotaure. Selon Béranger-Féraud, spécialiste des traditions provençales au XIXe siècle, la farandole aurait été introduite en Provence par les Massaliotes venus de Grèce au VIe siècle avant J.-C. Elle serait ensuite tombée dans le domaine des amusements populaires. Sa variante, la mauresque – où figurent également entrechats, rondeaux et déroulement des danseurs –, semble attester qu'elle fut dansée par les sarrasins. Symbole de fête populaire spontanée – et donc parfaitement adaptée à l'expressivité révolutionnaire comme certaines rondes, la Carmagnole par exemple –, la farandole connut ses heures de gloire lors de la Révolution française. Au XIXe siècle, elle fut peu à peu remplacée par le bal, manifestation plus organisée, même quand il se déroulait en plein air.

◆ La farandole, à l'aise même dans les ruelles escarpées des bourgs, est redevenue la danse privilégiée des fêtes provençales. Elle a l'avantage de permettre au visiteur de s'intégrer rapidement aux réjouissances locales. On dit que si une jeune fille interrompt une farandole sans y être invitée, elle ne se mariera pas dans l'année.

☛ **Cortège, Danse, Procession, Votive (fête).**

FARCES

Les farces sont des bouffonneries ou tours plaisants que l'on joue à quelqu'un. À partir du XVe siècle, une farce a également désigné une pièce comique populaire où dominaient les jeux de scène. Les farces et autres plaisanteries, d'un goût parfois contestable, accompagnent souvent les mouvements de jeunesse lors de certaines fêtes ou réjouissances, particulièrement au moment du carnaval, le 1er-Avril, dans la nuit du 1er-Mai, lors des veillées, des bizutages ou des mariages.

Épreuves infligées aux retardataires ou aux nouveaux (apprentis, « bleus », étudiants...), les farces jouées par leurs aînés peuvent s'accompagner en plus d'un droit de compensation à payer, un pot en général. Les brimades et bizutages ont pour but de se moquer des défauts dus à l'inexpérience et jouent le rôle de rite d'agrégation pour apprendre à entrer au plus tôt dans la communauté de ceux qui ne sont pas « nés d'hier ». L'initié, lui-même, se vengera à son tour l'année suivante.

Les farces du 1er-Avril, mystifications qui procèdent de l'ironie, concernent toutes les classes d'âge. Les plus distraits se laissent

accrocher dans le dos la découpe d'un poisson en papier. Ces farces rejoignent le « rire pascal », rire complexe d'ordre carnavalesque connu en cette époque printanière et qui exprime un joyeux soulagement après l'hiver et le retour de la fécondité, mais aussi la mise en dérision de la destinée de l'homme.

Plus généralement, les farces sont réservées à la jeunesse, classe d'âge autorisée à être bruyante, en particulier aux garçons. À Mardi gras, ils s'expriment par des batailles d'œufs, et, dans le nord de la France, ces farces ont lieu à la Saint-Nicolas ; en Lorraine, encore au début du XXe siècle, les jeunes gens s'amusaient à faire peur aux jeunes filles qui sortaient des veillées vers 11 heures du soir en promenant d'inquiétantes lanternes végétales, légumes évidés représentant une tête de mort. Autre farce attendue des jeunes filles pendant les vendanges : les garçons ne manquaient pas de les barbouiller avec des grains de raisin oubliés. Avant l'exode rural de l'après-guerre, les farces jouées aux habitants de villages voisins servaient aussi à affirmer la solidarité locale : les « étrangers » qui se mariaient avec les jeunes filles du village devaient ainsi reverser un droit de compensation sous forme d'amende ou de pot.

Les farces des charivaris, menées bruyamment et ostensiblement la nuit par la jeunesse locale, permettaient d'exercer un rôle de censure morale à l'encontre des veufs vite consolés, des épouses de maris soumis ou battus, des jeunes filles à la conduite douteuse... Sous forme de farces, ces tribunaux populaires étaient sans appel : pour la coutume rurale du dônage, parodie des bans faite publiquement le premier dimanche du carême, l'un des jeunes gens ne se privait pas de condamner à voix haute les liaisons mal assorties.

Les farces jouées aux nouveaux mariés procèdent de cette même revendication d'appartenance à une classe d'âge encore libre et insouciante. La décoration de la voiture-balai pour signifier à la mariée son nouveau rôle de ménagère et pour montrer le franchissement d'une étape, les déguisements et parodies du cortège nuptial, la « rôtie », soupe au lait ou au vin peu ragoûtante connue encore dans certaines régions en sont des exemples.

Les farces du 1er-Mai

- Encore maintenant, lors de la nuit du 1er-Mai, parallèlement à la pose des mais devant la porte des jeunes filles à marier ou des notables, les garçons de certaines régions de France (Champagne, Centre, Vendée, Aquitaine, par exemple) rassemblent sur une place du village tout ce qu'ils trouvent : nains de jardin, bicyclettes, volets, pots de fleurs, chaises en fonte... Le lendemain matin, chacun va rechercher son bien en se souvenant que lui aussi a été jeune : ces pratiques collectives rentrent dans le processus de socialisation de l'individu.
- Cette coutume naquit avec les quêtes printanières aux œufs et au lard, que les jeunes gens mangeaient le dimanche suivant au cabaret. Les maisons où l'on n'ouvrait pas étaient insultées, les instruments qui traînaient, jetés dans les puits, etc. Ainsi en était-il lors des farces carnavalesques du « Barri » en Champagne au moment des jours gras, ou en Savoie la veille de Pâques.

☛ **Adolescents, 1er-Avril, Barrière, Carnaval, Charivari, Classes d'âge, Dahu, Halloween, Jeunesse (sociétés de), Luron, 1er-Mai, Mais, Mariage, Poisson d'Avril, Rôtie, Tournées cérémonielles, Valentin (Saint-), Veillées.**

FÉDÉRATION (fête de la)

La fête de la Fédération est une fête révolutionnaire qui se déroula, dans la liesse populaire, le 14 juillet 1790, premier anniversaire de la prise de la Bastille, sur le Champ-de-Mars à Paris.

De la porte Saint-Martin s'ébranla un cortège de 14 000 fédérés, représentants de la Garde nationale, de la Garde parisienne, des délégués de l'armée, de la maison du roi, des maréchaux de France, des officiers généraux, des maréchaux de camp. La foule en liesse leur lançait des petits pains et des pâtés qu'ils enfilaient au bout de leurs baïonnettes au chant du *Ça ira*. Par la rue Saint-Denis, puis par la place Louis-XV (aujourd'hui place de la Concorde), où ils furent rejoints par l'Assemblée constituante et encadrés par des pelotons de drapeaux, ils gagnèrent le quai de Chaillot et traversèrent la Seine sur un pont de bateaux. Ils entrèrent sur le Champ-de-Mars par un arc de triomphe. Au milieu d'un cirque artificiel dû à 200 000 ouvriers volontaires s'élevait un autel circulaire. Les troupes défilèrent devant le roi, la reine et leurs enfants, les frères du roi, le président de l'Assemblée, avant de se ranger pour assister à une messe dite par Talleyrand, évêque d'Autun, et 200 prêtres portant des ceintures tricolores. Les députés de certaines régions (Auvergne, Midi) exécutèrent des danses locales.

Ensuite, La Fayette, délégué général de la Garde nationale, jura devant l'autel sa fidélité « à la nation, à la loi et au roi ». Il fut suivi par le président de l'Assemblée. Le roi jura à son tour « à la nation d'employer tout le pouvoir qui [lui était] délégué par la loi constitutive de l'État à maintenir la Constitution et à faire exécuter les lois ». Les 600 000 hommes présents prêtèrent également serment et tous se congratulèrent. Puis un immense banquet rassembla les gardes nationaux dans le parc de la Muette. La pluie dispersa les convives en fin de journée. La fête dura huit jours. Le 15, sur le Pont-Neuf, le bataillon de la section Henri-IV déposa des fleurs au pied de la statue du roi à qui l'on avait passé une ceinture tricolore, puis assista à une messe dite place Dauphine.

Si la célébration du 14-Juillet commémore la prise de la Bastille en 1789, comme la fête de la Fédération le fit un an plus tard, cette dernière ne se renouvela pas tout de suite. Ce ne fut en effet que le 14 juillet 1879 avec Gambetta que la célébration occasionna une revue militaire à Longchamp. Un an plus tard, en 1880, sous Jules Grévy, la célébration devint nationale. La fête populaire se développa parallèlement.

☛ **Arc de triomphe, 14-Juillet.**

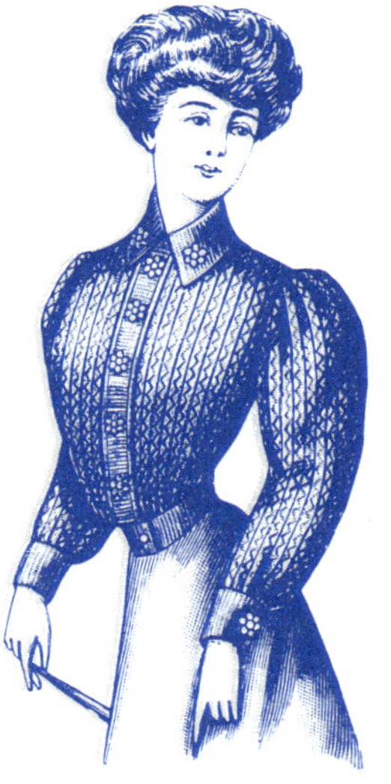

FEMME (Journée internationale de la)

La date du 8 mars choisie pour la Journée internationale des Femmes commémore une grève d'ouvrières du textile à New York en 1857. Cette journée fut instituée par la 2e Conférence internationale des femmes socialistes, réunie à Copenhague en août 1910, grâce à l'initiative d'une journaliste allemande, Clara Zetkin. D'autres manifestations eurent lieu à cette date, par la suite, en 1911, 1913, 1914, dans différents pays du monde. En 1917, à Petrograd (Saint-Pétersbourg), elle fut marquée par la revendication de femmes russes qui réclamaient du pain et le retour de leurs époux partis au front.

Officiellement adoptée par l'ONU en 1977, elle est célébrée en France depuis 1982. Contrairement à la fête des Mères, cette journée n'entraîne pas de réunions familiales.

☛ **Mères (fête des).**

FERIA

La feria (du latin feriae, *« jour de repos ») est une fête populaire du sud de la France, qui comprend des spectacles tauromachiques et parfois équestres. Elle est marquée par la musique et la danse, et ponctuée de nombreuses manifestations.*

Grand marché aux bestiaux à l'origine, la feria est devenue l'occasion de réjouissances spectaculaires. Parallèlement, le public a changé, en particulier depuis l'extension du tourisme dans la seconde moitié du XXe siècle.

◆ Sur le modèle espagnol, les ferias sont connues dans le sud de la France et en Aquitaine. La feria pascale d'Arles (les samedi, dimanche et lundi de Pâques), qui reflète la joie propre à l'identité camarguaise, et celle de Nîmes à la Pentecôte (du jeudi au lundi inclus) sont les plus connues. Corrida, courses de vachettes – comme à Vic-Fezensac (Gers), également à la Pentecôte –, défilés de gardians ou de chars, novilladas (courses de jeunes taureaux toréés par des débutants de quinze à vingt ans), abrivados (courses de taureaux encadrés de gardians à travers la ville), encierros (lâchers de taureaux dans les rues) et fêtes foraines marquent ces joyeuses journées.

- Dans les bodegas, buvettes démontables installées dans les rues, et dans les bistrots, on se restaure joyeusement et on danse jour et nuit sur la musique des bandas ou peñas, orchestres de cuivres et de percussions.

☛ Foires, Tauromachie.

FÉRIÉS (jours)

Les jours fériés (du latin feriae, *« jour de repos »), comparables à des dimanches, varient selon les pays. Au nombre de onze en France, les jours fériés légaux s'opposent aux jours ouvrables, ou travaillés : 1er-Janvier (jour de l'An), lundi de Pâques, 1er-Mai (fête du Travail), 8-Mai (fête de la Victoire de 1945), jeudi de l'Ascension, lundi de Pentecôte, 14-Juillet (Fête nationale), 15-Août (Assomption), 1er-Novembre (Toussaint), 11-Novembre (fête de l'Armistice de 1918), Noël. Les fêtes de Pâques, de l'Ascension et de la Pentecôte sont dites « mobiles », car leur date varie chaque année.*

Dans certaines régions protestantes d'Alsace et de Lorraine, les jours fériés comprennent également le 26 décembre, lendemain de Noël (Saint-Étienne), et le vendredi saint.

Dès le Moyen Âge, les « fêtes carillonnées », fêtes religieuses et fêtes patronales, ont été les premières à être fériées. Ont disparu certains jours comme le mercredi des Cendres ou le 2-Novembre, jour des Défunts. En revanche se sont ajoutées les fêtes civiles ou patriotiques de chaque pays (fêtes nationales, armistices...). Le 1er-Janvier est un jour férié depuis 1810. Le 14-Juillet est fêté depuis 1880. Le 11-Novembre, célébration de l'armistice de 1918, est férié depuis 1922. Le 1er-Mai, fête du Travail, est chômé depuis 1947. La fête de la Victoire, qui marque la fin de la Seconde Guerre mondiale en Europe en 1945, est célébrée un jour fixe, le 8-Mai, depuis 1981.

- Le 1er-Mai est un jour de congé obligatoire rémunéré pour tous les salariés. Les autres jours fériés ne sont chômés que si la convention collective applicable à l'entreprise le prévoit, ou par décision de l'employeur. De plus en plus souvent, les magasins restent ouverts lors des jours fériés, à l'exception du 1er-Mai.
- Certaines journées sont fériées pour les corporations qui fêtent leur saint patron : les mineurs et les pompiers fêtent la Sainte-Barbe le 4 décembre ; les gendarmes fêtent la Sainte-Geneviève le 3 janvier ; les métallurgistes du Nord, la Saint-Éloi le 1er décembre... La Bourse est traditionnellement fermée le vendredi saint.

Les ponts

- Les « ponts », expression éloquente, prolongent les jours fériés en permettant de rejoindre le dimanche le plus proche, dont la veille (le samedi) est elle-même souvent chômée : le pont de l'Ascension permet de chômer le vendredi et de vaquer ainsi du jeudi au dimanche inclus, par exemple. Le pont n'est pas une obligation. La journée précédant ou suivant un jour férié peut être accordée par l'employeur ou par la convention collective. Elle peut être un jour de congé rémunéré ou un jour donnant lieu à récupération dans la période qui précède ou qui suit le pont.
- On parle parfois de « viaduc » quand le pont est particulièrement long.

☛ Armistice, Carillonnées (fêtes), Corporative (fête), Dimanche, Étienne (Saint-), 14-Juillet, 1er-Mai, Mobiles (fêtes), Nouvel An, Patriotiques (fêtes), Victoire (fête de la).

FEST-NOZ

Fest-noz est un terme breton (féminin à l'origine ; au pluriel fest-noz ou festoù-noz) qui désigne la fête de nuit, le fest-deiz étant la fête de jour. Cette fête profane est un bal public propre à la Bretagne où les danseurs évoluent par groupes plutôt que par couples.

Le fest-noz traditionnel, où l'on partageait le chant, la danse (la *dãns tro*) et le jeu, n'a existé que dans quelques communes de la haute Cornouaille finistérienne (région de Carhaix). Organisées à l'occasion des grands travaux (moissons, lessives, « tuée » du cochon...), ces fêtes, gratuites et en plein air, étaient réservées à une communauté paysanne définie, toutes générations confondues. Entre les deux guerres, les festoù-noz ont été peu à peu délaissés au profit des bals, plus modernes. Remis à la mode à la fin des années 1950 grâce à Loeiz Ropars qui relança la pratique de la danse chantée, et parallèlement au développement de la musique bretonne (Alan Stivell) dans les années 1960 et à l'extension du tourisme, les festoù-noz actuels se distinguent totalement de leurs ancêtres traditionnels.

- Le fest-noz est devenu un phénomène de société, comme le bal. On y vient pour danser, et, en cela, il se distingue de la fête folklorique qui n'est qu'un spectacle. Il a lieu dans une salle communale ou sous une tente – et non plus dans une ferme – et l'entrée en est payante. Les danses collectives, animées par deux chanteurs sur un podium, se sont enrichies de nouveaux répertoires : rondes et gavottes de basse Cornouaille ou du Vannetais, accompagnées de musique bretonne (binious, bombardes). Les danseurs sont parfois costumés. Les sonneurs ont perdu leur important rôle social et ne se transmettent plus, comme autrefois, leur répertoire de père en fils : issus des bardes celtiques, ils pouvaient, par leurs chants, exercer une fonction de censure, louant ou blâmant la conduite de leurs semblables. Le buffet, composé de saucisses, galettes, far, cidre, hydromel… est lui aussi essentiellement breton.
- Les festoù-noz n'ont pas lieu simplement l'été pour attirer les touristes : toute l'année, ils permettent aux Bretons de revendiquer leur appartenance au monde celtique, dont ils sont fiers. De dynamiques associations entretiennent l'organisation de ces réunions et l'enseignement des danses du terroir, les danses traditionnelles (dites « folkloriques »).

☛ **Bal, Danse, Danses traditionnelles, Folkloriques (fêtes), Musique.**

FESTIVAL

Le festival (mot anglais qui signifie « fête », lui-même emprunté à l'ancien français, festival *du latin,* festivus, *« de fête ») désigne une grande manifestation musicale, les festivals de Salzbourg (consacré à Mozart) ou de Bayreuth (Wagner) étant les plus fameux. Par extension, le mot festival désigne aujourd'hui toutes sortes de manifestations culturelles caractérisées par une série de représentations dans une branche artistique donnée : danse, théâtre, cinéma, marionnettes, musique, folklore, cirque...*
Les festivals se multiplient à travers la France, mettant en valeur des sites parfois peu connus. Valorisées par des « événements » à caractère exceptionnel (vedettes, créations, soirées uniques…), ces représentations s'étalent sur plusieurs jours ou sur une saison.

Les festivals, apparus au XXe siècle, sont destinés à un public national ou international. Ils sont organisés dans le but de promouvoir la ville ou la région où ils ont lieu, répondant à un souci économique en même temps qu'à une volonté de prestige de la part des pouvoirs locaux, régionaux et nationaux. Tout est mis en œuvre pour accroître sa fréquentation et obtenir une couverture médiatique importante.

- Les festivals sont très nombreux entre mai et octobre. Les festivals les plus connus sont ceux de Cannes au mois de mai (pour le cinéma, depuis 1946) et d'Avignon au mois de juillet (pour le « spectacle vivant », depuis 1947). Le Printemps de Bourges en avril (fondé en 1977) et les Francofolies de La Rochelle en juillet (depuis 1984) attirent de nombreux amateurs de musiques de scène et de chansons. Le Festival interceltique de Lorient en août (fondé en 1971) remporte un énorme succès auprès des populations bretonnes et celles des régions et pays concernés (Écosse, Irlande, pays de Galles, Cornouailles, île de Man, Galice). La création des jeux bretons dans l'édition de 1972 de ce festival a repris la tradition écossaise des Highlands Games, perpétués depuis le XVIIe siècle.

☛ **Dépenses, Musique, Son et lumière.**

FÊTARD

Un fêtard (fêtarde, au féminin) est une personne qui aime faire la fête et qui en abuse, comme le noceur ou le viveur. C'est un terme familier, comme l'est aussi l'expression « faire la fête » ou « bamboula », danse d'origine africaine connue à La Nouvelle Orléans avant l'apparition du jazz.

☛ **Nuit blanche.**

FÊTE

La fête (du latin festa, *« solennité ») désigne une réjouissance de caractère commémoratif, en mémoire d'un personnage ou d'un événement, ainsi que le jour consacré à cette solennité, qu'elle soit religieuse ou non (Pâques, Nouvel An, 14-Juillet, fête des Mères...). Plus généralement, le terme s'applique à toutes sortes de réjouissances, publiques ou privées, périodiques ou occasionnelles, comme l'indique l'expression familière « faire la fête ».*
Au pluriel, le mot désigne en particulier les fêtes de fin d'année, la période allant de Noël au Nouvel An.

Quelle que soit son origine, historique, agraire ou religieuse, la fête rassure. Au travers de ses rituels obligés (bûches de Noël, arbre de Mai, feu de joie, crêpes...), elle aidait autrefois à mieux affronter les incertitudes de l'avenir, à dominer l'imprévisible (diables, sorcelleries, épidémies...), à concilier les éléments cosmiques ou à assurer la fécondité des familles et des troupeaux.

La fête permet l'instauration d'heures joyeuses, qui font oublier l'austérité ou la banalité du quotidien et renforce la cohésion sociale : c'est avant tout un temps de rupture qui régénère.

◆ Avant d'avoir leurs formes actuelles, les fêtes du calendrier et les rites de passage ont évolué au rythme des pratiques et des mentalités : transmission des us ancestraux, confrontation des savoirs, dimension émotionnelle... Le plus souvent, les fêtes liturgiques (Noël, Pâques...) se sont superposées à des célébrations païennes liées aux saisons qui rythment l'existence et qui ont donné les calendriers lunaire et solaire. À la suite de Platon, l'ethnologue Claude Gaignebet évoque l'image d'un immense balancier à torsion qui mesure le mouvement pendulaire du temps. À chaque extrémité de sa course, des purifications sont nécessaires : ce sont les fêtes, indispensables recommencements qui ont en commun l'étalage d'abondance, la convivialité, le bruit, les lumières...

Jour de fête

• Chez les catholiques et chez les orthodoxes, la fête d'une personne se produit le jour de la fête de son saint patron, c'est-à-dire du saint dont elle porte le nom : on souhaite par exemple la fête des Isabelle le 22 février, ou des Joseph le 19 mars.

• Un saint est généralement honoré le jour anniversaire de sa mort, sa « naissance au ciel ». Cependant, trois fêtes de la nativité sont célébrées : celle de Jean-Baptiste, le 24 juin, celle de la Vierge Marie, le 8 septembre et celle de l'Enfant Jésus, le 25 décembre. Le Chronographe de 354, almanach de luxe calligraphié et illustré qui appartenait à un riche chrétien nommé Valentin, est l'un des premiers calendriers à la base du sanctoral (liste des saints) romain. Parmi de nombreux renseignements d'ordre civil, il contient deux listes d'anniversaires : celle des évêques et papes non martyrs de Lucius († 254) à Sylvestre († 335), et celle des martyrs fêtés à Rome.

• La fête patronale ou communale désigne les réjouissances organisées en l'honneur du saint patron d'une paroisse ou d'une commune. Un corps de métier peut également fêter son saint patron lors de sa fête corporative (la Sainte-Barbe, pour les pompiers, par exemple).

☛ **Anniversaire, Calendrier, Célébration, Cérémonie, Commémoration, Corporative (fête), Patronale (fête).**

FÊTE-DIEU

La Fête-Dieu (forme archaïque de « Fête de Dieu ») est une solennité catholique qui célèbre le corps et le sang du Christ. Anciennement fête de l'Eucharistie, elle est aujourd'hui appelée fête du Saint-Sacrement. Placée dix jours après la Pentecôte, le jeudi qui suit le dimanche de la Trinité, elle est souvent célébrée le dimanche suivant, quand le jeudi n'est pas chômé (en France, par exemple). La Fête-Dieu, autrefois très répandue dans toute la France, occasionne encore quelques processions solennelles dans les rues jonchées de verdure et de tapis de fleurs.

Cette fête fut instituée en 1264 par le pape Urbain IV qui étendit une fête célébrée à Liège dès 1247 sur les instances d'une religieuse augustine, Julienne du Mont-Cornillon. Née à la suite des controverses soulevées autour de la présence réelle (du corps et du sang du Christ) dans l'eucharistie, la « nouvelle solennité » se répandit dans la chrétienté latine au cours du XIVe siècle, après que le concile de Vienne eut encouragé les processions en 1318. Ces processions s'inspiraient de celles du jeudi saint qui permettaient de visiter les reposoirs fleuris aménagés dans les églises pour y déposer le saint sacrement. Peu à peu, la cérémonie prit de l'ampleur et le cortège se déploya dans les rues.

« Rien n'était épargné pour rendre luxueuse la plus populaire des processions », écrit l'ethnologue Françoise Lautman qui souligne la magnificence du déroulement de cette fête où figuraient les différentes catégories sociales.

- Quand elle est maintenue, comme en Alsace à Geispolsheim (Bas-Rhin) ou au Pays basque à Iholdy ou à Hélette (Pyrénées-Atlantiques), la procession se déroule toujours avec une grande solennité : enfants, confréries religieuses, politiques et professionnelles, pompiers, militaires en uniforme… entourent le prêtre qui porte sous un dais de soie brodée l'ostensoir (du latin *ostendere*, « montrer ») contenant l'hostie consacrée. Les fenêtres des maisons sont décorées de fleurs et de tentures, et les rues sont couvertes d'éphémères tapis de fleurs ou de copeaux de bois teints. Cet usage reprend celui qui, dans l'Antiquité, consistait à joncher d'herbes odorantes les rues où passaient les cortèges officiels.
- Les reposoirs où s'arrête la procession sont magnifiquement décorés. Dans le Morvan, jusque dans les années 1960, les bouquets de fleurs étaient conservés dans un but protecteur par de pieuses paroissiennes.
- Les fillettes, placées devant, lancent des pétales de fleurs (roses, pivoines…) pour saluer le passage du saint sacrement. Habillées de blanc et couronnées de fleurs, elles portent fièrement leur corbeille enrubannée autour du cou. Elles ressemblent aux belles de Mai, de blanc vêtues, qui exécutaient leur ronde du printemps de porte en porte en portant de semblables corbeilles.
- Ces détails révèlent des traces d'un ancien culte voué à la Nature et d'antiques jeux floraux louant la profusion de la végétation.

La Fête-Dieu à Aix

• La Fête-Dieu d'Aix-en-Provence, ou « marche du Guet », présentait des tableaux à la symbolique complexe, où le profane se mêlait au sacré. Ces jeux auraient été établis en 1462 par le roi René, selon l'usage du temps qui aimait les représentations. Sur deux journées, la marche présentait une suite de tableaux carnavalesques évoquant, la veille au soir, le paganisme, puis, pendant la journée de la Fête-Dieu, le christianisme et le « triomphe de l'Adorable Sacrement ». Aux divinités païennes (Diane, Mercure, Pan, Bacchus, Pluton et Proserpine, le dieu de la Satire Momus qui brocardait les passants) et aux « chevau-frus » (cheval-jupon) venaient s'ajouter les diables, les lépreux, les juifs et les personnages bibliques (la reine de Saba, Hérode et les Innocents qui se roulaient dans la poussière pour mieux montrer leur souffrance…). Les notables de la ville participaient aux processions, ainsi que trois jeunes personnages importants : le « roi de la Basoche », choisi parmi les clercs, l'« abbé de la Jeunesse », choisi parmi les jeunes gens, et le « prince d'Amour », choisi parmi les aristocrates.

• Interrompue à la Révolution, cette populaire marche du Guet qui associait les représentations symboliques des trois ordres fut reprise sans succès au XIXe siècle.

☛ **Belle de mai, Cheval-jupon, Mystères, Procession, Semaine sainte, Solennité.**

FEU D'ARTIFICE

Le feu d'artifice est un spectacle nocturne fait de diverses compositions pyrotechniques destinées à brûler plus ou moins rapidement. Symbole de joie comme les salves de fusil et les pétards, il s'accompagne du bruit des fusées qui éclatent. Il ponctue en particulier la fête du 14-Juillet dans la France entière, souvent le 13 au soir.

Connu des Chinois dès le VIIe siècle, le feu d'artifice était un spectacle très apprécié des jeunes gens, selon Marco Polo, qui décrivit au XIIIe siècle des feux sous forme de fruits, de fleurs ou de personnages. Le feu d'artifice est apparu à la Renaissance en France. Ce spectacle urbain s'inspirait des feux de joie dans lesquels on plaçait des fusées et des pièces d'artifice (« boîtes » et pièces de batterie), employées par ailleurs dans la marine pour les signaux.

Les spectacles de pyrotechnie se multiplièrent au XVIe siècle où ils furent associés au siège des châteaux et à la naumachie, représentation de combats navals dans un bassin. Au XVIIe siècle, on mit en scène la mythologie, illustrée avec éclat par des feux d'artifice pour les fêtes princières (entrées, couronnements, faits d'armes glorieux...). Pour l'inauguration de la place Royale (aujourd'hui place des Vosges) les 5, 6, 7 avril 1612, un feu d'artifice permit l'embrasement spectaculaire de la place et, parallèlement aux artistiques jeux d'eau, des jeux de feux couronnèrent les fêtes de Versailles. Le feu d'artifice prit de l'ampleur au XVIIIe siècle à l'occasion des victoires, des naissances et des mariages royaux, entrant ainsi au cœur des réjouissances publiques.

- Le feu d'artifice, activité dangereuse aux nuisances sonores évidentes, fait l'objet d'un règlement (arrêté ministériel du 27 décembre 1990). Il s'est imposé dans toutes les communes de France. Les particuliers eux-mêmes peuvent en tirer pour des fêtes privées (pendaison de crémaillère, mariage, nuit de la Saint-Sylvestre...).
- L'embrasement des monuments au laser, souvent en musique, est de plus en plus prisé. Par leur mise en scène, comportant parfois de nombreux acteurs, au Puy-du-Fou en Vendée, par exemple, ils s'approchent davantage des spectacles son et lumière.

☛ **Illuminations, 14-Juillet, Pétards, Princières (fêtes), Son et lumière, Vacarme cérémoniel.**

FEU DE JOIE

Le feu de joie, ou bûcher cérémoniel, appelé « marolle » ou « borde » dans certains dialectes du Centre et d'Île-de-France, est un symbole de réjouissance populaire. Les feux de joie sont allumés la nuit, les veilles ou le soir de certaines fêtes qui varient suivant les régions : Saint-Jean, Saint-Pierre, Saint-Clair, carnaval, Pâques (« les feux de Judas »), Saint-Martin, pardons...), en présence de la population qui se réunit autour en chantant et en dansant.

Le feu de joie est un ancien rite magique de protection lors de certaines nuits « sacrées », réputées propices à la sortie des êtres surnaturels maléfiques ou bénéfiques, pendant lesquelles les sorcières étaient supposées se rendre à leur sabbat : nuit celtique de Belteine (dite maintenant « de Walpurgis ») le 1er-Mai, où l'on se rendait auprès des feux comme à de véritables pèlerinages ; nuits de la Saint-Jean (24 juin) ou de la Saint-Pierre (29 juin), par exemple. Sa lumière, en rapport avec celle du Soleil – on fête ainsi le solstice d'été dans de nombreux pays –, et sa fumée étaient censées avoir des vertus purifiantes et fécondantes. L'Église a tenté de rendre chrétienne cette coutume en y plaçant des fêtes catholiques (nativité de saint Jean-Baptiste, Saint-Martin, pardons...). Ainsi, au XVIIe siècle, les enfants du diocèse de Meaux apprenaient-ils au catéchisme que, de cette façon, l'Église témoignait sa joie de la naissance de saint Jean et qu'elle désirait bannir les superstitions, danser à l'entour du feu par exemple.

Les feux réunissaient toute la population locale. Encore dans la première moitié du XXe siècle, le bûcher était dressé par les jeunes gens grâce à des collectes de bois et de vieux meubles auprès des habitants : c'est encore le cas dans le Finistère. Les jeunes couples enjambaient allègrement ces feux supposés fécondants. Les sauts valaient promesse de mariage dans l'année, préservaient des maladies et assuraient des récoltes abondantes en proportion avec leur hauteur.

Par ailleurs, on rapportait chez soi des tisons refroidis qui, comme ceux de la vraie bûche de Noël, portaient bonheur : les soirs d'orage, on en mettait un morceau à brûler dans la cheminée pour éviter la foudre.

Le feu de joie était souvent source de vacarme cérémoniel pour éloigner les forces maléfiques : on y jetait des os à moelle, des pétards et des pièces d'artifice pour faire du bruit. En Bretagne, les villages se répondaient à l'aide de chaudrons sonores qui résonnaient lorsqu'on les frottait. Le bûcher constituait un rite agraire également : pour protéger le bétail, on promenait les animaux dans la fumée épaisse, obtenue grâce à des ajouts de bois vert ou d'herbes. On disait cette fumée protectrice des récoltes et, le lendemain, les cendres du bûcher étaient répandues dans les champs. Les feux itinérants (brandons, roues enflammées) avaient la même réputation.

◆ Les bûchers cérémoniels, s'ils sont moins fréquents dans nos campagnes, n'ont pas totalement disparu. Souvent bénis par un prêtre, ils sont l'occasion d'une fête paroissiale. Ils ont presque partout perdu leur fonction sociale, mis à part dans la vallée de Munster, en Alsace, le samedi qui suit le 24 juin, où les jeunes gens (les conscrits) portent fièrement le drapeau français en arborant des chapeaux de roses confectionnés par les jeunes filles.

☛ **Belteine, Brandons, Entrée solennelle, Jean (Saint-), Mannequin du carnaval, Martin (Saint-), Pâques, Pardons bretons, Pétards, Pierre (Saint-), Vacarme cérémoniel, Walpurgis (nuit de).**

FÈVE

La fève est un petit objet (de porcelaine souvent) caché dans la galette des Rois dégustée le jour de l'Épiphanie ainsi que les jours précédents et suivants. Elle tient son nom de la légumineuse employée autrefois dans cette pâtisserie. Être « roi », lorsque l'on trouve la fève, porte bonheur.

Portant en elle son embryon, comme l'œuf, la fève est symbole de vie et de fécondité. Pour les anciens Égyptiens, elle servait de refuge aux âmes. Selon la pensée pythagoricienne des Grecs, la fève, née grâce à sa pourriture, fut le premier être vivant. Par sa tige creuse, elle permettait les échanges entre les vivants et les morts. De couleur blanche ou noire, cette légumineuse était par ailleurs un procédé d'élection des magistrats dans la Grèce ancienne. On retrouve sa signification funéraire chez les Romains qui l'utilisaient dans le culte des morts : ils en jetaient dans les maisons pendant la fête des Lémures, lors de trois nuits de mai, pour chasser les mauvais esprits.

Dans les pâtisseries, les fèves-légumes, attestées depuis le XIVe siècle, ont été remplacées en 1875 par des figurines en porcelaine de Saxe, moins digestes : celui qui la trouvait, le roi, devait offrir à boire. Par conséquent, beaucoup préféraient l'avaler afin d'éviter la dépense. Dans le nord de la France, dès le XVIe siècle, s'était développé l'usage des « billets des rois », billets qui attribuaient à chaque convive le rôle d'un personnage de cour (roi, fou, écuyer...).

Les premières fèves en porcelaine représentaient des thèmes prometteurs. Ils annonçaient un avenir heureux : couple de mariés, baigneur, roi ou reine de cœur, croissant lunaire (symbole de fécondité)... ; des signes de chance : fer à cheval, trèfle à quatre feuilles, chiffre 13, poisson d'avril... ; des signes de richesse : cochon, automobile, avion, pièce de monnaie... ou de pouvoir : couronne, fleur de lis... Les motifs se sont multipliés : santons, métiers, provinces de France... Blanches ou polychromes, en porcelaine ou en plastique (à partir de 1950), les fèves sont révélatrices de leur époque.

◆ Les productions actuelles, très variées, témoignent d'un net regain d'intérêt depuis les années 1980. Les collectionneurs (les fabophiles) s'arrachent les fèves anciennes et, chaque année, des Salons sont organisés à leur intention, comme à Paris, à la porte de Versailles, en janvier.

Époque de divination

• Les présages sont nombreux pendant la période du Nouvel An, spécialement pendant les Douze Jours qui vont de Noël à l'Épiphanie. À cette époque de divination, le ciel était censé s'entrouvrir. Le partage de gâteaux avec une fève, un haricot ou une amande se retrouve dans divers pays d'Europe, ce qui atteste l'ancienneté de la coutume. D'autres présages, aux interprétations agraires fréquentes, ont également lieu pendant cette période : façon de se consumer de la bûche de Noël (nombre ou hauteur des étincelles...), blé de la Sainte-Barbe mis à germer dans des coupelles par les Provençaux le 4 décembre, jeux de cartes ou de dés à la Saint-Sylvestre.

• Pour rêver de leur futur conjoint, les jeunes filles priaient les Mages dans la nuit du 5 janvier « de leur faire voir en leur dormant le mari qu'elles auraient de leur vivant ».

☛ **Barbe (Sainte-), Bûche de Noël, Douze jours, Épiphanie, Galette des Rois, Roi, Sylvestre (Saint-).**

FIACRE (Saint-)

La Saint-Fiacre (le 30 août) était une fête patronale fréquente dans les localités maraîchères. De nombreuses églises rurales possédaient une statue de ce saint populaire, patron des jardiniers. La Saint-Fiacre s'apparente aux autres fêtes horticoles d'Île-de-France qui célèbrent les récoltes de l'été et de l'automne, comme la « Foire aux haricots » d'Arpajon (Essonne), le troisième dimanche de septembre.

D'origine irlandaise, Fiacre vint en France au VIIe siècle, à la suite de saint Colomban. Il choisit de vivre en ermite non loin de Faron, évêque de Meaux (Seine-et-Marne), réputé pour sa sainteté. À son tour, Fiacre attira de nombreux disciples. Il mourut vers 670. Selon la légende, saint Faron promit à Fiacre autant de terrain qu'il pourrait en délimiter avec sa bêche pendant une journée dans la forêt du Breuil, à huit kilomètres de Meaux. Fiacre creusa miraculeusement un immense fossé autour de son ermitage, grâce à sa bêche qui travaillait toute seule. C'est pour cette raison qu'il est représenté avec son outil miraculeux. Une femme, la « Becnaude », le voyant, le prit pour un sorcier et chercha à le dénoncer. Saint Fiacre est le patron de la Brie.

- Encore au début du XXe siècle, une messe avec offrande d'un imposant bouquet de légumes et de fruits avait lieu à la Saint-Fiacre. Elle était suivie d'une procession à l'extérieur de l'église en musique avec portage de la statue du saint ornée de légumes et de fleurs, puis d'un banquet qui s'apparente au grand repas terminal des fêtes d'abondance (la « passée »). La Saint-Fiacre occasionnait parfois une foire.
- En Île-de-France, les maisons de jardiniers étaient décorées ce jour-là d'un bouquet ou d'une couronne qui restait l'année entière.

☛ **Abondance (fêtes d'), Foires, Moissons (fête des), Rogations, Vendanges (fête des).**

FIANÇAILLES

Les fiançailles (toujours au pluriel) désignent la promesse solennelle de mariage échangée entre des futurs époux ainsi que la période qui s'écoule entre cette promesse et la célébration du mariage. Ce mot vient de « fiancer », qui signifiait jusqu'au XVe siècle « prendre un engagement », d'après l'ancien français fiance, « engagement ». Étape de transition qui marque l'accession de l'état de célibataires à celui de jeunes mariés et de parents, les fiançailles représentent un rite de passage.
Contrairement au mariage, les fiançailles ne sont pas reconnues juridiquement et ne font l'objet d'aucun contrat devant notaire. Pendant les fiançailles, qui durent en général quelques mois, et jusqu'à la fin de la première année de mariage, il est de tradition de ne pas séparer à table les fiancés ou les jeunes mariés.

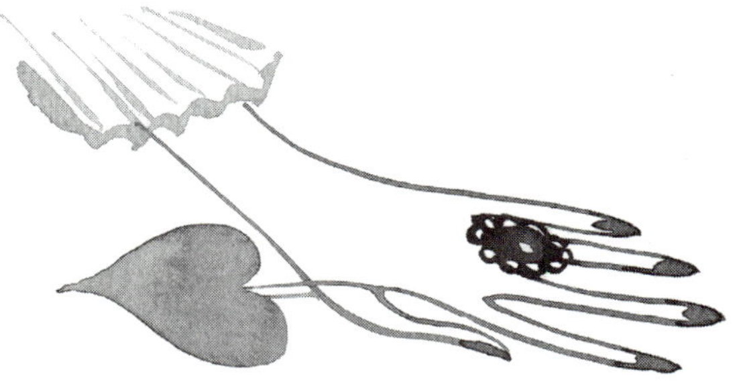

Autrefois, les fiançailles constituaient par leur sérieux une alliance comparable à l'engagement du mariage. La coutume de la bague remonterait officiellement, dans les pays catholiques, à un décret de 860 du pape Nicolas Ier : une bague en métal précieux (généralement en or) devait obligatoirement accompagner la demande en mariage. La bague de fiançailles sertie d'un diamant est attestée dans un contrat de mariage de 1503.

Les accordailles étaient, jusqu'au début du XXe siècle, décidées par les parents le plus souvent : le « mariage d'arrangement » de leurs enfants faisait l'objet de négociations préservant les intérêts de chacun. La cérémonie des fiançailles avait pour but le rapprochement des deux familles, ainsi que des groupes sociaux auxquels les jeunes gens appartenaient (communautés villageoises, mouvements...). Le jeune homme et la jeune fille devaient s'acquitter de leur prochain départ par des rites de séparation : la jeune fille, sous forme de collation offerte à ses amies, le « repas d'adieux », et le jeune homme par l'« enterrement » de sa vie de garçon et l'offrande d'une poule blanche, bonne pondeuse (symbole de fécondité), à la communauté.

- Les fiançailles, quand elles sont décidées, permettent souvent les premiers contacts entre les familles. Les fiançailles officielles sont consacrées par un repas chez les parents de la fiancée (déjeuner, dîner ou buffet), qui rassemble famille proche, parrains, marraines et amis intimes. Une corbeille de fleurs blanches ou claires, adressée par le fiancé à la jeune fille, décore la table, ainsi que le bouquet destiné à la maîtresse de maison. Le repas doit être raffiné.
- L'engagement est concrétisé dans 50 % des cas par le don d'une bague de fiançailles que le fiancé remet à la jeune fille en tête à tête ou au début du repas. Ce bijou, acheté par le fiancé ou provenant de sa famille, se porte à l'annulaire de la main gauche, en raison, dit-on, de la « veine de l'amour » qui relie directement ce doigt au cœur. Dans les familles pieuses, la bague est bénite lors de l'office religieux célébré le matin. Cette bague est le plus souvent ornée d'une pierre précieuse (solitaire, bague blanche...). L'annonce des fiançailles se fait par écrit aux amis proches, parfois dans le carnet mondain d'un quotidien ou sur Internet.
- L'évolution des mœurs (vie commune avant le mariage) entraîne l'abandon progressif des fiançailles. Toutefois, la remise d'une bague peut avoir lieu. Dans certains cas, les fiançailles sont au contraire maintenues, et c'est la cérémonie nuptiale qui est escamotée.

Les pierres précieuses

• Le diamant, la plus dure et la plus brillante des pierres précieuses, promet l'amour éternel et l'harmonie. Le blanc ou translucide est la couleur de la lumière originelle, de la pureté, de la foi, de la fidélité et de l'innocence.

• Le rubis, de couleur rouge, est symbole de la passion. Le rouge est la couleur de la force, du courage, de l'ardeur et de la générosité.

• Le saphir, de couleur bleue, signifie la force céleste. Le bleu est la couleur du souffle divin, de l'immatérialité, de la méditation, de la sincérité et de la loyauté.

• L'émeraude, de couleur verte, symbolise l'espoir et le renouveau. Le vert est la couleur de l'origine de la vie, de l'équilibre, du calme, de l'espérance et de l'immortalité.

☛ **Carnet mondain, Enterrement de la vie de garçon, Fleurs, Mariage, Réception.**

FLAMBEAUX (retraite aux)

Une retraite aux flambeaux se fait la veille de certaines fêtes, en particulier le soir du 13 juillet, à la nuit tombée. En musique, les enfants défilent avec torches et lampions tenus à bout de bras.

Les feux itinérants, portés à bout de bras, n'étaient pas rares dans les campagnes. En revanche, la retraite aux flambeaux est une coutume urbaine, parodie d'un exercice militaire : la « retraite » consistait pour les troupes à regagner leurs quartiers avec flambeaux et fanfares. Lors de certaines fêtes, cette manœuvre était solennellement exécutée par les soldats qui, de la place d'armes, rejoignaient leur caserne. La « retraite » signifie également la sonnerie annonçant l'heure de rentrer.

Les défilés des fêtes populaires, qui réclament une certaine mise en scène, s'inspirent volontiers des parades militaires et de leur rigueur spectaculaire : allure martiale, pas cadencé, uniformes, fanfares, majorettes...

- En automne ou en hiver, les enfants défilaient fièrement dans les villes avec des lanternes végétales, légumes évidés (navets, betteraves) comme les citrouilles de Halloween. Encore aujourd'hui à la veille de la Saint-Martin, le soir du 10 novembre, dans le nord de la France et dans certaines parties de l'Europe (Allemagne, Suisse, Pays-Bas...), les enfants défilent avec leurs lampions. Il s'agit là d'une ancienne coutume de conjuration de la nuit, des forces obscures censées l'habiter et un rite agraire de multiplication. D'autres rites, avec brandons et disques enflammés promenés ou lancés dans les champs et les vergers, sont d'ordre carnavalesque et ont une signification agraire.

☛ **Brandons, Défilé, Feu d'artifice, Feu de joie, Illuminations, Jack o'Lantern, Jean (Saint-), 14-Juillet, Lampions, Lanternes végétales, Martin (Saint-).**

Pétrarque, *Les Triomphes*, Le Triomphe de Renommée, 1514.

FLEURS

Les fleurs, témoins indispensables des événements de la vie, sont très souvent associées aux fêtes : batailles de fleurs des carnavals, corbeille des fiançailles, muguet du 1er-Mai, bouquets de la fête des Mères, pétales de roses jetés par les fillettes à la Fête-Dieu, tapis de fleurs des processions, couronnes des rosières, guirlandes et festons des fêtes communales, bouquet des mariées, fleurs à piquer dans les cheveux ou à la boutonnière, coiffes pour les demoiselles d'honneur, décors de chapeaux, centres de table, herbes de la Saint-Jean, gerbes déposées au pied des monuments aux morts, cadeaux d'anniversaire ou de fête, chrysanthèmes de la Toussaint, couronnes des funérailles… Les fleurs, synonymes de beauté et de fraîcheur éphémères, évoquent le plus souvent la joie, mais aussi les pensées tendres et mélancoliques. Les fleurs sont également associées à l'amour et à la fertilité : « fleureter » (devenu au XIXe siècle « flirter » par homonymie avec l'anglais to flirt, *« jeter », « remuer vivement ») signifie « conter fleurette », dire des propos galants.*

Protectrices et messagères de la paix, les fleurs ont toujours été des symboles évocateurs. Dans l'Antiquité grecque et romaine, les fleurs étaient assimilées aux âmes des morts. Chez les Romains, à l'époque des guerres puniques (IIIe et IIe siècle avant J.-C.), des *Ludi florales* (« Jeux floraux »), dégénérés en jeux de débauche, avaient lieu à la fin avril.

Les batailles de fleurs des carnavals, apparues en 1876 à Nice sur la promenade des Anglais, relèvent, elles, des aspersions bénéfiques propres à ces réjouissances.

Le langage des fleurs

Anémone : abandon.
Anthémis : présomption.
Aster : amour confiant.
Azalée : joie d'aimer.
Bégonia : cordialité, sympathie.
Bleuet : délicatesse et fidélité.
Bruyère : rêverie solitaire.
Camélia : constance (ou fierté).
Capucine : flamme d'amour (ou indifférence).
Chrysanthème : amour.
Colchique : jalousie.
Coquelicot : ardeur fragile.
Crocus : joie (ou inquiétude).
Cyclamen : sentiments durables.
Dahlia : reconnaissance.
Fuchsia : gentillesse.
Géranium : sentiments d'amour.
Glaïeul : indifférence (ou rendez-vous).
Glycine : tendresse.
Hortensia : froideur (ou caprice).
Iris : message (ou tendresse).
Jacinthe : grâce et douceur. Joie.
Jasmin : amour voluptueux.
Jonquille : désir (ou mélancolie).
Laurier-rose : séduction.
Lavande : respect.
Lierre : attachement.
Lilas : amour naissant (ou amitié, s'il n'est pas mauve).
Lis blanc : majesté, pureté.
Lis rouge : inquiétude.
Marguerite : grandeur et fidélité.
Mimosa : sécurité.
Muguet : bonheur (ou coquetterie discrète).
Myosotis : Ne m'oubliez pas !
Narcisse : vanité, égoïsme.
Œillet : amour sincère, passion (ou Vous avez une rivale !).
Œillet de poète : finesse.
Orchidée : ferveur.
Pâquerette : affection partagée, aspiration (ou Vous êtes jolie.).
Pavot : rêves.
Pensée : souvenir d'amour.
Pivoine : confiance, sincérité.
Primevère : affection tendre, sincère.
Renoncule : attraits et danger (ou reproche). Vous avez toutes les séductions.
Réséda : tendresse. Vos qualités égalent vos charmes.
Rhododendron : élégance.
Rose blanche : Votre beauté est innocente.
Rose jaune : Vous êtes volage.
Rose rose : Votre beauté est à son comble.
Rose rouge : Mon amour est ardent.
Souci : jalousie (ou chagrin).
Tulipe : grandeur, magnificence (ou déclaration).
Véronique : fidélité.
Violette : modestie (ou amour secret).

Fleurs blanches : innocence, pureté, naïveté, joie.
Fleurs rouges : impudence, passion, ambition, puissance.
Fleurs bleues : sagesse, amour pur et platonique, communication des âmes.
Fleurs jaunes : richesse, réussite, gloire, infidélité.
Feuillage : espérance, jeunesse, succès.

☛ **Anniversaire, Anniversaire de mariage, Aspersion, Carnaval, Cérémonie, Fête-Dieu, Fiançailles, Funérailles, Georges (Saint-) et Saint-Marc, 1er-Mai, Mariage, Muguet, Végétaux.**

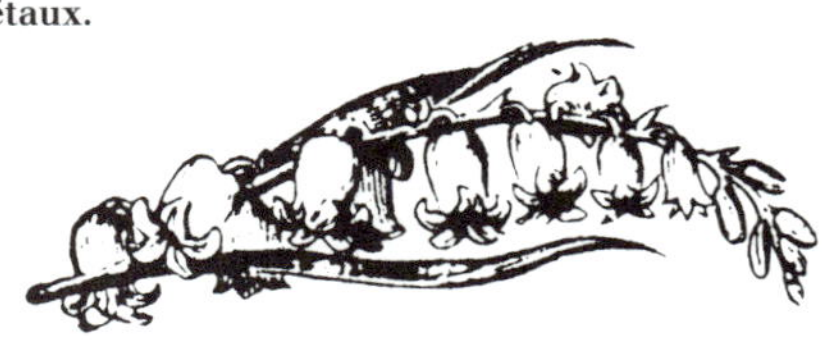

FLONFLONS

Le flonflon, onomatopée apparue à la fin du XVIIe siècle, a signifié d'abord un refrain. Ce mot, actuellement employé au pluriel, désigne depuis le XIXe siècle les accords bruyants de musique populaire.

☛ **Bal, Fanfare, 14-Juillet, Musique.**

FOIRES

Les foires (du bas latin feria, *« jour de fête », les foires se déroulant jadis ces jours-là) engendrent une importante activité économique et favorisent les échanges commerciaux tout en renforçant les liens sociaux : pendant deux ou trois jours, on y vend et on y achète toutes sortes de marchandises (de la vaisselle, du linge, de l'alimentation, des graines pour le jardin, du bétail…). Ces journées, consacrées aux affaires et à la détente, procurent aussi des occasions de rencontre pour les familles éloignées, amis et jeunes gens, favorisant les échanges de nouvelles et permettant de faire des connaissances. Accompagnées de divertissements (fêtes foraines), les foires annuelles sont attendues de tous, petits et grands. Les marchands ambulants sont appelés « forains » par attraction avec les marchands des fêtes « foraines » (du latin* foranus, *« étranger »). Leurs activités sont proches puisqu'ils « tiennent boutique » dans un lieu et un laps de temps définis.*

La foire, qui existe dans toutes les civilisations, remonte à l'origine de l'activité humaine. Sa date, variable d'une localité à l'autre, correspond souvent à celle de la fête patronale qui réunissait les populations environnantes : les pèlerins, qui venaient souvent de loin – parfois même de pays étrangers –, se mêlaient aux forains. Villes et abbayes rivalisèrent pendant tout le Moyen Âge pour obtenir des reliques, gages de futurs pèlerinages et promesses de revenus économiques. L'une des premières foires attestées, la « fête de Saint-Denis » (ou « foire du Lendit ») près de Paris, fut fondée en 629 par le roi Dagobert Ier autour du 9 octobre (jour de la Saint-Denis). Elle durait quatre semaines afin que, selon les termes de la charte royale, « les marchands de l'Espagne, de la Provence et des autres contrées, même ceux d'outremer, puissent y assister ». Les droits en étaient perçus par l'abbé de Saint-Denis. Aux marchands de vins, huiles, épices, métaux précieux… se mêlaient des musiciens, des bateleurs et des montreurs d'animaux.

Toutefois, fêtes et foires n'évoluaient pas forcément ensemble, comme l'a souligné l'historien Michel Vovelle, s'appuyant sur des exemples de communes provençales et alpines. Les foires, qui revenaient régulièrement chaque année, étaient souvent placées en automne, quand les paysans avaient terminé les grands travaux de l'été. Elles n'avaient pas la fréquence des marchés, plus petits et hebdomadaires. Les foires de la Saint-Michel (29 septembre) ou de la Saint-Martin (11 novembre), importantes autrefois pour la « louée » (location) des domestiques, permettaient aussi l'élaboration des baux ruraux. Le jour de la foire était souvent un point de repère dans l'année.

◆ Si l'activité économique des foires est maintenue, elle ne répond plus aux mêmes besoins pour le client qui, pour faire ses achats, se déplace maintenant « en ville », passe sa commande par correspondance ou sur Internet. Leur dimension sociale reste importante toutefois, même si les occasions de se rencontrer sont plus faciles et plus fréquentes aujourd'hui avec le développement des moyens de communication.

Foires et Salons

• Les Salons (foire, forum, mondial…) organisés dans les parcs d'exposition de certaines villes sont de grandes foires à échelle internationale, qui peuvent durer une semaine ou plus. Il s'agit d'une présentation qui se veut exhaustive dans un domaine choisi (musique, automobile, nautisme, agriculture, prêt-à-porter, livres, informatique…), où l'on peut à la fois se contenter d'informations ou concrétiser un achat. Mais il ne s'agit plus d'y traiter d'affaires locales, et les clients, de divers horizons, ne se connaissent pas.

• Le Salon de l'agriculture à la porte de Versailles (Paris XVe) a lieu chaque année au début du mois de mars. Par sa présentation d'animaux sélectionnés et primés, il s'approche davantage du comice que de la foire.

☛ **Braderie, Comice agricole, Feria, Foraines (fêtes), Martin (Saint-), Michel (Saint-), Patronale (fête).**

FOLKLORIQUES (fêtes)

Organisées entre juin et septembre principalement, les fêtes folkloriques ont pour vocation de représenter le passé d'un territoire et de mettre en valeur ses traditions anciennes pour satisfaire la curiosité de leurs spectateurs (populations locales et étrangères) : costumes, musique, danses, spécialités gourmandes… Démonstratives, ces fêtes sont spectaculaires et demandent une mise en scène étudiée : les danses traditionnelles (régionales, populaires, anciennes) gagnent un esprit scénique et changent totalement de fonction sociale. Elles évoquent des sujets plus ou moins graves, comme la fuite du temps, les changements techniques, l'évolution sociale et l'identité individuelle ou collective.

Cet intérêt pour le passé et le « patrimoine », né au XIXe siècle, s'est développé au cours du XXe siècle avec les grands mouvements de population et l'urbanisation grandissante (Bretons, Auvergnats, Aveyronnais, Alsaciens à Paris…). L'éloignement du pays natal renforce l'attachement à sa culture. On cherche à conserver les traditions (les racines) et à lutter contre l'uniformisation des modes de vie, tout comme on remet en valeur dans les villes les quartiers anciens. Inventées de toutes pièces par des cercles locaux, les fêtes folkloriques sont encouragées par les municipalités et les conseils régionaux pour faire connaître le terroir et y relancer l'économie touristique. Manifestations communautaires et conviviales, elles rapprochent les générations, coupent du quotidien et abolissent temporairement les différences sociales. Les fêtes des moissons actuelles, qui n'ont plus rien à voir avec celles d'autrefois, sont à mettre dans cette catégorie.

Les fêtes folkloriques ne se contentent pas de réactiver le passé ou, du moins, l'image plus ou moins fantaisiste qu'on s'en fait (monde celte en Bretagne, merveilleux fantastique et religieux…). Elles prolongent aussi les traditions en créant des œuvres originales, en musique notamment.

◆ Les actuels festivals du folklore et autres grands rassemblements de ce genre, en cherchant à faire des traditions un moyen d'accueil et d'information, remportent un succès régional, national – voire international. Se recréent également d'autres fêtes anciennes oubliées ou peu connues, le fest-noz breton par exemple. Mais cette « démarche revivaliste », selon l'expression de l'ethnologue Yves Guilcher, si elle transplante dans le temps des danses ou chants à forte identité, témoigne d'une rupture avec le passé et d'une substitution de la tradition. En revanche, la société s'enrichit d'expressions nouvelles.

◆ Ces fêtes, dont l'authenticité est contestée, mettent en valeur de vieux métiers (bûcherons, bergers, pêcheurs…), exhibent les costumes anciens régionaux ou recréent dans les rues la vie médiévale. Elles comprennent parfois aussi des concours de gastronomie : kougelhopf à Ribeauvillé (Haut-Rhin) en juin, brioche à Montfermeil (Seine-Saint-Denis) en juin, châtaignes à Nantes en octobre, andouillettes à Clamecy (Nièvre) en juillet, mirabelle à Metz (Moselle), cidre, vins…

☛ **Concours, Danses traditionnelles, Festival, Fest-noz, Gourmandes (fêtes), Historiques (reconstitutions), Moissons (fête des), Musique, Tenues vestimentaires.**

FORAINES (fêtes)

Les fêtes foraines procurent un double spectacle : d'une part, une représentation extérieure, gratuite et en plein air, et, d'autre part, le spectacle privé et payant de chacune de ses attractions. Elles se caractérisent par une ambiance, un rythme particulier, où se mêlent odeurs, bruits, couleurs, lumières, tourbillons et flonflons... Elles ont pour but de distraire, d'émouvoir et de régaler le public présent, quels que soient son âge et sa condition sociale, et répondent à son besoin de « grand frisson » en lui proposant de nombreux amusements aux sensations fortes, où les excès sont permis et les trucages acceptés.

Comme la foire, la fête foraine se déroule dans un laps de temps et un lieu définis, espace « fermé sur lui-même » qu'elle investit après autorisation et paiement de droits. Le mot « forain », autrefois adjectif (« marchand forain »), vient du latin foranus, *« étranger », issu de forum, endroit où se déroulaient les échanges avec l'extérieur.*

La fête foraine, marché de biens festifs, a très tôt accompagné les fêtes religieuses qui occasionnaient des déplacements de foule : fêtes patronales (en l'honneur du saint patron), pardons, pèlerinages, Noël, Pâques, Saint-Jean... La fête foraine s'est dans certains cas maintenue jusqu'à aujourd'hui, alors que la manifestation religieuse, elle, a disparu depuis longtemps. Parfois, la date seule témoigne encore de cette origine.

Disposant de peu de matériel, les bateleurs faisaient des numéros d'artistes et les petits métiers étaient nombreux : saltimbanques, acrobates, funambules, jongleurs, cracheurs de feu, magiciens, montreurs d'ours ou d'animaux exotiques, dompteurs (« belluaires »), oiseleurs, hommes-orchestres, marionnettistes, diseuses de bonne aventure... Les attractions demandaient peu de moyens (loteries, jeux de massacre...) et les numéros insolites se multipliaient.

Les fêtes foraines prirent leur essor aux XVIIe et XVIIIe siècles, en présentant différents spectacles pour des badauds ravis : danses, théâtre de foire, pantomimes, luttes, pitreries... On présentait au fond des baraques des phénomènes ou « curiosités » : femmes à barbe, hommes-troncs, sœurs siamoises, colosses, nains... Ces spectacles courts s'appelaient les « entresorts » (« on entre, on sort »). Des lutteurs et des athlètes, les « hercules », défiaient les spectateurs. Sous le premier Empire, les fêtes prirent de l'importance avec certains jeux issus des divertissements royaux : manèges mus par de vrais chevaux ou poneys (carrousels), chevaux de bois, imitation de jeux de bagues, balançoires, tirs à l'arbalète, jeux d'adresse. Les fêtes parisiennes et de banlieue se succédaient depuis Pâques jusqu'en novembre : foires au Pain d'épices (ancien nom de la foire du Trône), Saint-Laurent, Saint-Germain, Saint-Ovide, des Invalides, de Montmartre, des Gobelins... La fête des Loges, en forêt de Saint-Germain-en-Laye, qui avait lieu à l'occasion de la Saint-Fiacre le 30 août, date du XVIIe siècle. La très chic foire de Neuilly, « fête à Neu-Neu » – réapparue récemment au bois de Boulogne – s'est imposée à la Belle époque. On allait y faire un tour après un arrêt au pavillon d'Armenonville.

Les attractions mécaniques, souvent volumineuses, étaient difficilement transportables. Pour cette raison, les fêtes foraines devinrent stables (Versailles, La Muette, parc Monceau...). Les techniques s'améliorèrent : les manèges transportables apparurent vers 1830. Après 1865, des machines à vapeur autorisèrent différents mouvements : roulis, montagnes russes, « roues de la mort »... En 1890, l'invention de l'électricité bouleversa le monde de la fête foraine, tant pour les machines que pour les éclairages. Se consacrant alors au développement d'attractions vertigineuses, la fête foraine abandonna peu à peu les spectacles fixes : panoramas, féeries, musées de cire (le forain prenait au sérieux son rôle de vulgarisateur scientifique : anatomie, physique, géologie...), théâtres, ménageries, ballons captifs retenus au sol qui permettaient aux visiteurs

une ascension jusqu'à 300 mètres, cinématographe, « curiosité scientifique » qui s'était multipliée dans les fêtes foraines, après son invention par les frères Lumière en 1896 (l'apogée du cinéma forain se situe entre 1902 et 1908).

Les forains, appelés parfois banquistes (de « saltimbanque », celui qui saute sur un banc), ont toujours cherché pour l'élaboration de leurs attractions et de leurs décors à offrir à un public exigeant une vision rassurante du merveilleux, collant à l'actualité.

Tous les sens des visiteurs sont flattés : vue, ouïe, odorat, goût... Les gourmandises, les pâtisseries ou les confiseries allèchent petits et grands : nougats, pains d'épices, amandes grillées, marrons chauds, barbes à papa, gaufres, guimauve... Ils sont consommés sur place ou rapportés à la maison, tels les cochons en pain d'épices porte-bonheur, baptisés « à la minute » et portés fièrement autour du cou.

◆ Aujourd'hui, la fête foraine apparaît comme un vaste parc d'attractions : selon les forains, elle n'a plus la même chaleur. Plus marchands qu'artistes, ces hommes et ces femmes (groupés en 60 000 entreprises environ), qui doivent faire face aux intempéries et avoir une grande mobilité, exercent un métier difficile. Leur disparité entraîne des clans rivaux et les enjeux financiers sont importants : les places et le matériel sont chers.

La grande roue des Tuileries

• Une grande roue mobile fut installée place de la Concorde dans l'axe de l'avenue des Champs-Élysées pour le Nouvel An 2000. Cette roue, haute de 60 mètres (la plus grande d'Europe), entraînait 42 nacelles fermées et brillait de 50 000 lumières. Son propriétaire, Marcel Campion, dut la démonter en janvier 2002 à la demande de la Mairie de Paris. Il le fit à contrecœur, car la roue connaissait un immense succès.

• Cette affaire démontre l'importance de l'emplacement de la fête foraine : au cœur de la ville, elle attire les visiteurs. Mais, souvent, les anciens champs de foire transformés en parkings ont chassé les fêtes foraines dans les périphéries. Les visiteurs ne suivent pas toujours.

☛ **Bateleurs, Foires, Parcs d'attractions.**

FOUS (fête des)

La fête des Fous était une fête médiévale urbaine, joyeuse et sacrilège, qui avait lieu au moment de la nouvelle année, en janvier. Elle se caractérisait par l'inversion des hiérarchies et engendrait des cérémonies grotesques dans les églises où les sous-diacres, barbouillés de moût et vêtus en bouffons ou en bêtes monstrueuses, devenaient les « diacres-saouls ».

Lors des défilés costumés mêlant clercs et laïcs, on mettait en dérision les institutions les plus sérieuses : royauté, religion, famille, étude... Les prêtres du bas clergé s'habillaient en évêques avec des vêtements jaunes et verts, couleurs du bouffon, tandis que l'assistance chantait un verset du magnificat : « Le Seigneur a renversé les puissants de leurs trônes et élevé les humbles. »

Les origines de la fête des Fous et du carnaval sont confuses : toutes les civilisations ont eu besoin de marquer ce passage à la nouvelle année par un temps où le monde est mis à l'envers, temps des Douze Jours qui permet aux calendriers lunaire (354 jours) et solaire (365,25 jours) de se rejoindre, temps de logique à l'envers qui permettait de « rejouer le commencement ». Déjà au IIe millénaire avant J.-C. dans l'ancienne Babylone, lors de la fête des Sacées, en juillet, un condamné prenait la place du roi pendant plusieurs jours et finissait exécuté. Cette inversion se retrouvait dans l'antique Rome lors de la fête des saturnales, autour du 17 décembre au moment du solstice d'hiver, fête qui engendrait « les libertés de décembre ». Un roi de fantaisie était alors élu maître des réjouissances – coutume que nous connaissons toujours à l'Épiphanie lors du partage de la galette – et les maîtres servaient les esclaves à table. Ces saturnales étaient suivies à peine deux semaines plus tard par les calendes de janvier, qui donnaient lieu à des danses et des défilés jugés païens par l'Église naissante et condamnés à diverses reprises. Au Moyen Âge, d'autres fêtes raillaient la liturgie, comme la fête de l'Âne où un véritable animal recouvert d'une chasuble entrait dans la cathédrale. La coutume de l'enfant-évêque qui prenait la place du pontife à la fête des Saints-Innocents le 28 décembre était moins irrévérencieuse. Ces renversements étaient tolérés par l'Église, car ce n'était pas Dieu que l'on mettait en dérision, mais ses représentants. Les abus engendrés furent condamnés par différents conciles, par celui de Bâle (1435) en particulier. Ces sanctions restèrent souvent sans effet jusqu'au XVIIe siècle.

Ce renversement provisoire des rôles souligne l'inversion du temps dans son mouvement pendulaire, selon l'image du balancier à torsion chère à Platon. L'inversion permet d'expulser les forces mauvaises du temps « usé » pour donner vigueur au temps nouveau. Cette fête, négation de l'ordre établi comme le carnaval, était un temps hors du temps. Outre l'inversion, elle permettait de s'inscrire dans l'ordre du monde. « Qui est fol est sage », proclamait-on joyeusement dans les défilés.

L'ethnologue Claude Gaignebet insiste sur le rapprochement entre le « fol » et la « poche d'air », qui ont la même étymologie (*follis* en latin). Pour assurer la circulation des âmes à la fois dans le corps des hommes et dans l'ensemble de la machine universelle, il fallait des rites en rapport avec le souffle : l'un consistait à utiliser des soufflets (instruments restés fréquents dans nos carnavals), et l'autre à manger des aliments flatulents, comme les fèves des galettes.

☛ **Âne, Bouffon, Calendrier, Carnaval, Fève, Douze jours, Épiphanie, Galette des Rois, Innocents (Saints-), Roi, Saturnales.**

FUNÉRAILLES

Les funérailles (du latin funus, funeris, *« funérailles ») sont les cérémonies accomplies pour rendre les honneurs suprêmes à la dépouille de quelqu'un. Si les signes extérieurs du deuil ne sont plus de mise, les aspects festifs des funérailles, devenues non plus une affaire sociale mais privée, sont toujours là. Par ce rite de passage, l'individu quitte le monde des vivants pour s'agréger au monde des morts. Cet « au-delà » est différemment représenté selon les peuples et les religions.*

Le « culte des morts » est commun à toutes les civilisations. La croyance selon laquelle les âmes partaient en voyage et qu'elles pouvaient revenir tourmenter les vivants était répandue.

Le christianisme a valorisé l'enterrement, afin de permettre la « résurrection des morts ». Les confréries fondées au milieu du Moyen Âge, comme les charités dans le nord et le nord-ouest de la France ou celles des pénitents dans le Sud, s'en sont longtemps occupées : la création de ces confréries résulte d'un certain état d'esprit à l'égard de soi-même, de la mort (donner une sépulture décente à tous) et de Dieu.

En France, la liberté des funérailles (enterrement ou crémation) est un principe établi par la loi du 15 novembre 1887.

◆ La cérémonie religieuse des obsèques (du latin *obsequere*, « marquer sa déférence pour quelqu'un ») est le nœud central de l'appareil funéraire des chrétiens. La messe, dite « de Requiem » (« repos », premier mot latin de son chant d'ouverture), est un dernier adieu plein d'espérance. Le défunt (du latin *defunctus*, « celui qui s'est acquitté de sa fonction ») est accompagné jusqu'à sa sépulture au cimetière par ses parents et ses amis qui lui rendent un dernier hommage. Le catholicisme autorise l'incinération depuis 1963. Le protestantisme, qui l'autorise depuis 1898, n'a pas de rituel précis pour l'inhumation : le culte se fait au temple en présence ou en l'absence du cercueil. Pour les juifs, il n'y a pas de cérémonie religieuse à la synagogue, mais seulement une lecture de psaumes avant le transfert au cimetière. Les musulmans, quant à eux, assistent, après le lavage rituel du corps, à des prières au domicile de la famille ainsi qu'au cimetière, au moment de l'inhumation. Le judaïsme et l'islam interdisent l'incinération du corps.

◆ L'expression de « pompes funèbres » témoigne de l'aspect solennel que les cérémonies revêtaient autrefois, ainsi que les nombreuses obligations aujourd'hui disparues (port de vêtements de deuil, condoléances, tentures...). Le côté théâtral de l'inhumation s'est en partie allégé, tout comme les faire-part, ce qui correspond au souci de rendre l'événement moins pesant. L'emploi d'euphémismes va dans le même sens : « rendre l'âme », « reposer », « disparaître »...

◆ Le lieu de l'agonie, autrefois la maison, a changé : la mort se dépersonnalise dans l'anonymat de l'hôpital où le mourant se trouve privé de la chaude sollicitude de parents et d'amis. Si le spectacle de la mort est plus distant, il exerce toujours son pouvoir de fascination. Les amis, solidaires de la famille, se groupent, non plus pour veiller le mort, mais pour offrir des fleurs. Les « deuils » sont annoncés par une insertion dans le journal local, ainsi que les messes ou anniversaires. Des faire-part sont adressés aux parents et amis qui n'hésitent pas à venir de loin. L'aspect social se maintient dans certaines régions, en Normandie par exemple, où les confréries de charité participent à la mort d'un des leurs en l'annonçant à travers les rues de la localité.

◆ Une fois la cérémonie terminée, un repas ou un buffet rassemble les invités. Il ne s'agit plus comme autrefois de repas au menu codifié (viandes bouillies et non rôties, par exemple). La famille y célèbre ses retrouvailles, après la tristesse à l'origine de la réunion et le silence obligé qui accompagne le deuil : les sourires ne sont pas rares à l'évocation de bons souvenirs.

◆ Les funérailles des personnages célèbres, répercutées par les médias, prennent une tout autre dimension qui n'est plus du domaine du privé : les larmes de la famille, de l'assistance, des « anonymes », sont retransmises à tout le pays.

☛ **Ancêtres, Carnet mondain, Cérémonie, Confrérie, Faire-part, Jour des Morts, Repas, Réunions de famille, Toussaint.**

G

G

GALA

Le gala (mot espagnol provenant de l'ancien français gale, *« réjouissance ») est une grande fête de caractère officiel. Le gala (ou « soirée de gala ») est une réception d'apparat (dîner, spectacle ou bal) qui concerne un grand nombre d'invités. Cette soirée peut être organisée dans un but de bienfaisance.*

Le mot est souvent utilisé pour désigner la soirée habillée d'une grande école, comme le Gala HEC, par exemple.

☛ Bal, Bienfaisance, Étudiants, Point Gamma, Réception.

GALANTES (fêtes)

Les « fêtes galantes » sont associées à une série de tableaux peints par le Français Antoine Watteau au XVIII*e siècle, dont le plus célèbre est* l'Embarquement pour Cythère. *Lors de sa réception à l'Académie royale de peinture, le 28 août 1717, l'œuvre, commandée en 1712, fut enregistrée comme « une feste galante, Pèlerinage à l'isle de Cythère ». Le sujet avait été laissé à la volonté de l'exécutant.*
Ce tableau, comme d'autres œuvres du peintre, représente des scènes galantes où les nombreux protagonistes, sous des ciels vaporeux, se courtisent et s'occupent de musique ou de danse dans une nature luxuriante, près de pièces d'eau aux reflets incertains. Les figures féminines tournent leur dos gracieux au spectateur, laissant une impression de rêve et de mystère qui annonce le romantisme. Le « grand goût » imposé par le Roi-Soleil, avec ses rigueurs et ses scènes mythologiques pompeuses, était totalement dépassé.

Au XIXe siècle, le poète Paul Verlaine, après la parution de l'œuvre des Goncourt, *l'Art au XVIIIe siècle* (1859), et l'ouverture au Louvre de la salle Lacaze où Watteau était exposé (1867), s'inspira de la nostalgie qui transparaît dans les tableaux du peintre. Il intitula « Fêtes galantes » des poèmes écrits entre 1866 et 1868. Ses vers reproduisaient les jeux tristes des « masques et bergamasques », les airs de nonchalance de ces « coquettes charmantes » dans des promenades où « les amants lutinent les amantes », sur l'herbe près de rosiers amis, sans avoir l'air de croire à leur bonheur.

◆ Les « fêtes galantes », expression littéraire, sont distinctes des fêtes princières, bien réelles celles-là, données à l'occasion d'entrées solennelles, de naissances royales ou de couronnements.

☛ Entrée solennelle, Princières (fêtes).

GALETTE DES ROIS

La galette des Rois (du gaulois gallos, *« pierre », en raison de sa forme) est une pâtisserie « ronde et dorée comme le soleil » que l'on partage à l'Épiphanie, le 6 janvier, ainsi que les jours et les semaines environnants. À base de pâte feuilletée, elle est généralement fourrée de frangipane et la fève qui s'y cache porte bonheur à celui qui la trouve, le « roi ».*

La coutume préchrétienne qui consiste à cacher une fève dans un dessert se retrouve dans différents pays d'Europe à cette époque de l'année, de même que celle d'élire un roi de fantaisie, comme aux saturnales de la Rome antique. Le partage de la galette des Rois, gâteau composé d'une pâte « feuillée », de beurre et d'œufs, est attesté en 1311 par Robert, évêque d'Amiens. Selon le folkloriste Arnold Van Gennep († 1957), la tradition remonterait aux spectacles liturgiques médiévaux et à l'élection du chanoine que le sort désignait pour jouer le rôle du « roi des Rois ». L'usage joyeux du partage de la galette, bien arrosé, était appelé le « roy boit ». Il inspira de grands peintres du XVIIe siècle comme les Flamands Jacob Jordaens ou David Teniers. En 1664, cette coutume, jugée empreinte de paganisme, fit réagir Jean Deslyons, doyen de la cathédrale de Senlis. Celui-ci s'insurgeait de l'élection d'un « roi faquin du royaume du vin et de la débauche ». La fête des Rois fut

interdite pendant la Révolution. En ce jour de la fête des Sans-Culottes, on partageait le « gâteau de la Liberté ».

Jusqu'au début du XXe siècle, un enfant se cachait sous la table et répondait au maître de maison qui demandait « Phoebe Domine, pour qui ? ». Cette interrogation, proche de l'oracle d'Apollon et de l'appellation du soleil Phoebus, serait en réalité une simple déformation de *fabae*, « fèves ».

- Dans l'ouest de la France, encore dans la première moitié du XXe siècle, on avait l'habitude de garder la « part à Dieu ». C'était la part du pauvre, donnée au mendiant de passage venu la réclamer :
  « Nous sommes d'un pays estrange
  Venus en ce lieu
  Demander à qui mange
  La part à Dieu. »
- Comme lors de toute quête, ne rien donner pouvait porter malheur.
- En Bretagne, une part était conservée pour l'absent, et l'état de conservation de celle-ci en disait long sur la santé du malade.
- En Provence, le gâteau dégusté ce jour-là, en forme de couronne, est appelé « gâteau des Rois » ou « royaume ».
- Aujourd'hui, le partage de la galette est un moment joyeux qui se renouvelle tout au long du mois de janvier, tant à la maison que dans les écoles ou les entreprises. Depuis 1975, il a lieu également à l'Élysée en présence du président de la République, mais là, la galette ne comporte pas de fève.

☛ **Épiphanie, Fève, Roi, Saturnales, Tournées cérémonielles.**

GARDEN-PARTY

Une garden-party (de l'anglais garden, *« jardin », et* party, *« réunion ») est une réunion mondaine qui a lieu en plein air, dans un jardin ou dans un parc. Contrairement au pique-nique, elle a lieu dans un endroit clos autour d'un ou de plusieurs buffets : les invités, en tenue habillée, restent debout ou sont assis sur des sièges, mais non par terre.*

La formule de la garden-party est connue depuis la fin du XIXe siècle.

La garden-party de l'Élysée

- La garden-party de l'Élysée, le 14-Juillet, se déroule après le défilé militaire dans les jardins du palais présidentiel. Cette réception concerne environ six mille personnes, dont les membres du gouvernement, des différents corps et autorités de l'État et des ambassades. Elle permet au président de la République de remercier les personnages méritants qui se sont illustrés pendant l'année. La réception est organisée par le Protocole de l'Élysée, qui est une émanation du Protocole du ministère des Affaires étrangères. Cette formule a été instituée par le président Valéry Giscard d'Estaing en 1975.

☛ **Buffet, 14-Juillet, Méchoui et barbecue, Pique-nique, Réception.**

GASPILLAGE CÉRÉMONIEL

Le « gaspillage cérémoniel », expression employée par l'ethnologue Martine Segalen à propos des mariages, décrit les dépenses qui accompagnent les fêtes. Ces dépenses ont un caractère « obligatoire », auquel on sacrifie volontiers car l'abondance appelle l'abondance. Ce gaspillage, qui marque nettement la rupture avec le quotidien, est comparable aux dispendieuses aspersions (dragées, fleurs ou confettis…) ou à la débauche de bruits (le « vacarme cérémoniel ») nécessaires elles aussi.

Les fêtes ont toujours occasionné des activités marchandes, des repas copieux ou la confection de desserts abondants, comme les crêpes, les gaufres et les beignets à la Chandeleur et à Mardi gras.

Dans toute l'Europe, au moment du solstice d'hiver, un grand repas avait lieu la nuit de Noël ou dans la journée, à proximité d'une bûche mise à brûler dans la cheminée : ce repas, au menu prometteur, était copieux et riche et comprenait un nombre symbolique de plats. Le mot « réveillon » n'apparut dans ce sens qu'au XVIIIe siècle.

- Lors des mariages, tout ce « gaspillage » qui entoure la cérémonie et la réception est prometteur : l'achat de toilettes recherchées, la robe blanche de la mariée qui ne sert qu'une fois, l'accumulation de cadeaux, une décoration soignée dans des locaux prestigieux, des surabondances de fleurs, de lumières, de champagne et de plats, la présence de musiciens, de serveurs… Tant pis s'il faut s'endetter !

☛ **Aspersion, Cadeau, Dépenses, Desserts, Gastronomie, Mariage, Noël, Réception, Réveillon, Tenues vestimentaires, Vacarme cérémoniel.**

GASTRONOMIE

La gastronomie, art de bien manger, est l'un des aspects essentiels des fêtes. La table, dotée d'un caractère véritablement sacré dans la préparation comme dans la présentation, et la convivialité qu'elle permet sont primordiales. Les menus, aux mets parfois « obligatoires », sont copieux – on mange plus qu'à l'ordinaire : la fête, synonyme de rupture avec le quotidien, le réclame. Cette accumulation culinaire obéit au gaspillage cérémoniel : l'abondance appelle l'abondance.

Partout en Europe, l'existence de ces menus abondants, qui perpétuent d'anciennes traditions, prouve que l'importance accordée au repas et à la gastronomie lors des fêtes est très ancienne. Les places des convives autour de la table, celles qui sont laissées pour les défunts ou les pauvres de passage, montrent bien le caractère sacré de ces repas, de même que la symbolique des aliments consommés. La table est au centre de la pratique religieuse de l'Occident : sacrifices immolés puis consommés de l'Antiquité, déroulement du Seder (repas rituel de la Pâque juive), offrande du pain et du vin à la messe des chrétiens... Ce sont également les croyances religieuses qui marquent les jeûnes et les variations des repas gras ou maigres.

- Certaines fêtes calendaires s'accompagnent de menus types plus ou moins élaborés et de vins fins. Les repas de Noël et de la Saint-Sylvestre, appelés « réveillons » quand ils ont lieu le soir ou la nuit, sont prometteurs en cette période de solstice d'hiver qui annonce une nouvelle année. Les éléments de l'eau, de l'air et de la terre que le menu de Noël devait comporter en Alsace se retrouvent dans les formules actuelles : huîtres, foie gras, dinde ou porc (boudin, jambon...). En Provence, le « gros souper » se caractérise toujours par ses treize desserts symboliques, abondance de fruits secs et confits que l'on retrouve dans l'élaboration d'autres gâteaux du moment, le Christmas pudding anglais, par exemple.
- À Pâques, à côté du traditionnel agneau pascal, les œufs sont présents en nombre dans les gâteaux. Il faut y ajouter les œufs en chocolat que proposent les confiseurs, de même que les poules, cloches, poissons ou lapins, trouvés ou non dans le jardin.
- Lors de Pessa'h (Pâque juive), le Seder comporte des aliments qui ont chacun un sens et qui évoquent l'Exode biblique, le départ des Hébreux d'Égypte pour la Terre promise derrière Moïse (vers 1300 avant J.-C.) : pain azyme, herbes amères, harosset...
- Les pâtisseries cérémonielles sont nombreuses jusqu'au printemps : pains d'épices de la Saint-Nicolas, bûches de Noël, galettes des Rois de l'Épiphanie, crêpes, beignets, bugnes ou gaufres de la Chandeleur, de Mardi gras et de la Mi-Carême.
- Les fêtes d'abondance (moissons, vendanges...) donnent lieu à un grand repas terminal qui réunit les ouvriers dans la bonne humeur.
- Les « rites de passage » qui marquent la vie de l'individu du berceau à la tombe (baptême, communion, fiançailles, mariage...) rassemblent les familles dispersées et s'accompagnent toujours de grands repas qui se caractérisent par leur présentation raffinée. Au dessert figure souvent une pièce montée décorée de dragées ou d'amandes, porteuses de fécondité et de vie. Un petit sujet (berceau, communiant, mariés...) surmonte cette somptueuse pâtisserie en la personnalisant.
- Les grands repas et traditionnels banquets font place de plus en plus souvent à des buffets, dont l'élégance est tout autant de mise. La cuisine familiale, qui demandait plusieurs jours de préparation à plusieurs cuisiniers, devient l'affaire de traiteurs. En revanche se multiplient les dîners entre amis préparés à la maison pour un nombre de convives restreint. Ceux qui reçoivent aiment proposer un menu raffiné sur une table élégante.

☛ **Abondance (fêtes d'), Agneau pascal, Banquet, Buffet, Carême, Chandeleur, Convivialité, Crêpes, Desserts, Galette des Rois, Gaspillage cérémoniel, Gourmandes (fêtes), Noël, Pain bénit, Pâques, Pessa'h, Ramadan, Repas, Réveillon, Seder, Sylvestre (Saint-).**

GAY PRIDE ou MARCHE DES FIERTÉS

La Gay Pride devenue Lesbian & Gay Pride ou marche des Fiertés est une manifestation d'homosexuels. À Paris, elle se déroule pendant l'un des derniers samedis de juin. Elle s'apparente aux défilés de chars des nouvelles parades faites en musique, comme la Techno Parade. Son nom est constitué de l'argot américain gay, *terme apparu en 1970 dans le sens d'« homosexuel », et du mot anglais* pride, *« fierté », qui se confond phonétiquement avec « parade ».*

La Gay Pride commémore les événements qui se déroulèrent du 27 au 30 juin 1969 dans un bar d'homosexuels de Greenwich Village à New York, Stonewall Inn. Dans la nuit du 27 au 28 juin, la police y fit une descente, dressa un procès verbal au propriétaire pour le motif fallacieux de « vente d'alcool sans autorisation » et la soirée s'acheva par l'arrivée d'un fourgon de police. Cette opération policière déclencha les hostilités et les deux nuits qui suivirent furent le théâtre de heurts violents entre la police et les homosexuels. Un an plus tard, le 28 juin 1970, la première Gay Pride rassemblait 10 000 personnes à New York.

En France, la première marche nationale eut lieu le 4 avril 1981 à Paris, puis fut abandonnée. Déjà, entre 1971 et 1978, un mouvement homosexuel avait participé aux manifestations syndicales du 1er-Mai. En juin 1977, la première manifestation autonome contre les discriminations anti-homosexuels avait rassemblé entre 350 et 500 participants. L'association Gay Pride fut créée en 1991 ; à partir de cette date, une « marche » fut organisée chaque année en juin, avec un nombre de participants en constante augmentation, tandis que se développait l'aspect festif de celle-ci, avec la présence des chars et les déguisements. À la suite de la venue de nombreux Européens, elle fut rebaptisée EuroPride en 1997. Le principal organisateur, depuis octobre 1999, est l'association LGP (Lesbian & Gay Pride Île-de-France). Depuis 1995, des marches sont organisées également dans les grandes villes de France. L'édition 2000 rassembla 250 000 personnes à Paris.

☛ **Carnaval, Char, Manifestation, Musique (fête de la), Parade, Rave-party, Techno Parade.**

GÉANTS

Les « géants » sont les figures emblématiques et colossales qui déambulent dans les villes du nord de la France à l'occasion de certaines fêtes religieuses ou profanes : carnaval, lundi de Pâques, Ascension, Pentecôte, fêtes patronales ou quinzaines commerciales. Ces effigies tutélaires populaires, qui incarnent le courage et une force herculéenne, sont jalousement gardées d'une année sur l'autre : elles ne sont pas mises à brûler comme les mannequins de carnaval connus dans d'autres régions de France et d'Europe, qui ne s'exhibent, eux, que pendant les jours « gras ». Les gigantesques coiffures arborées par certains et les échasses sur lesquelles d'autres paradent pendant les mascarades du Nouvel An ou du carnaval relèvent du même souci de protection.

Les Géants, fils de Gaia (la Terre) et d'Ouranos (le Ciel), étaient déjà présents dans la mythologie grecque, comme leurs frères, les Titans. Qu'ils soient bienveillants ou malfaisants (les ogres et les croquemitaines), ils appartiennent aux croyances et légendes liées aux particularités géographiques (montagnes, lacs, rivières, gorges, pierres) d'un pays ou d'une région.

Les géants des villes du nord de la France et des Flandres, figures rituelles, spectaculaires et solennelles, naquirent au XVe siècle. Ces figures anthropomorphes au corps d'osier, créées par les manneliers (fabricants de paniers), sont, selon l'ethnologue Marie-France Gueusquin, les descendants directs de la culture médiévale, tout comme les dragons processionnels, la tarasque par exemple : protectrices, elles exorcisaient les peurs. Les géants empruntent leur image aux héros guerriers de l'histoire locale ou à des personnages rendus célèbres par une action remarquable.

La sortie des géants, liée au départ à une fête religieuse – fête patronale, kermesse ou « ducasse » (anniversaire de la dédicace d'une église) –, s'est progressivement laïcisée : réunions corporatives, entrées solennelles princières, inauguration d'une gare…

◆ Les colosses, appelés Gayant (« géant », en picard) ou Reuze (« géant », en flamand), sont suivis de leur épouse et parfois même de leur progéniture : ainsi, à Douai, Gayant et Marie-Cagenon ont trois enfants, Jacquot, Fillon et Binbin. La structure d'osier des géants est si lourde qu'elle justifie souvent la présence de plusieurs porteurs (jusqu'à huit) : ceux-ci sont groupés dans une sorte de confrérie, comme à Douai par exemple. Ils évoluent sur un parcours rigoureusement défini en exécutant des pas de danse rythmés par les ritournelles reprises en chœur par la population. Leur éprouvante prestation, ainsi que celle de la fanfare qui les accompagne, dure souvent plus de six heures.

- Les figures emblématiques, humaines ou animales, jouent le rôle de rassembleur social. Pour cette raison, l'utilisation d'effigies géantes, bien voyantes, est prisée lors de manifestations sportives ou lors de revendications sociales.

Gargantua

- Le culte des géants, expressions d'un autre monde, est ancien. Il permettait de conjurer les peurs suscitées par le diable et la sorcellerie au Moyen Âge.
- Gargantua, figure populaire du folklore national français, apparaît dès la fin du XIIe siècle. Les traces du passage de ce géant, connu aussi en Belgique et en Suisse, sont nombreuses à travers la France. La légende fut alimentée par le célèbre héros de Rabelais au XVIe siècle.
- Le folkloriste Henri Dontenville fait le lien entre Gargantua et Gargan. Il rapproche le Mont-Saint-Michel du Monte Gargano dans les Pouilles en Italie, où l'archange saint Michel s'est illustré dans sa lutte avec le diable. Né « sur la plus haute montagne d'Orient », Gargantua est le fils du dieu des Celtes, Belen, dieu solaire (équivalent de l'Apollon des Grecs), dont le nom exprime la clarté. Sa parèdre (divinité associée) Belisama – « la très brillante » – est assimilée à Minerve.

☛ **Carnaval, Croquemitaine, Emblématiques (fêtes), Historiques (reconstitutions), Mannequin du carnaval, Tarasque.**

GEORGES (Saint-) et SAINT-MARC

La Saint-Georges, le 23 avril, et la Saint-Marc, le 25 avril, deux fêtes étroitement liées, sont peu marquées en France, mais elles restent importantes dans une bonne partie de l'Europe rurale, notamment en Europe centrale. Elles annoncent le retour du printemps et les coutumes du 1er-Mai : c'est à partir de la Saint-Georges qu'on peut s'offrir des bouquets de fleurs coupées. Pareillement, la Saint-Marc autorise la reprise de certaines coutumes agraires. La Saint-Georges et la Saint-Marc indiquent aussi les premières transhumances : les troupeaux montent à l'alpage à ce moment-là et redescendent à partir de la Saint-Michel, le 29 septembre.

Saint Georges, qui vit le jour en Cappadoce, vécut sous Dioclétien et mourut en martyr au IIIe siècle ou au tout début du IVe siècle. Ce saint militaire, patron des cavaliers, s'est illustré par sa victoire sur le dragon, qui lui permit de délivrer une princesse orientale : ce thème de la victoire du bien sur le mal est ancien et fut repris maintes fois dans la mythologie (Persée, Apollon) et dans l'hagiographie (vies de saint Michel, saint Clément, saint Romain, saint Véran...).

Quant à saint Marc, juif de Jérusalem converti par saint Pierre au Ier siècle, il accompagna saint Paul dans plusieurs de ses voyages en Asie Mineure et à Chypre. Il aurait écrit son évangile à Rome, grâce à l'enseignement reçu de Pierre. Selon une tradition, il serait devenu patriarche d'Alexandrie en Égypte, et serait mort martyrisé par le feu après 60.

Les Parilia romaines

- Le 21 avril, les Romains fêtaient les *Parilia*, à la réputation si ancienne qu'on disait que cette fête existait déjà à la fondation de Rome, au VIIIe siècle avant J.-C. Lors de cette fête en l'honneur de Palès, divinité pastorale, on dressait de grands feux près desquels on promenait les troupeaux. Les *Robigalia*, le 25 avril, donnaient lieu à des processions destinées à préserver les blés de la maladie de la rouille. Ces traditions conduisirent, en partie, à l'institution au cours du haut Moyen Âge, de la « litanie majeure » à la Saint-Marc, et des rogations, les « litanies mineures ».

- La « fête de la Souche » célèbre saint Marc, patron des vignobles en basse Provence ou dans le Comtat : un vigoureux cep de vigne enguirlandé de rubans et de fleurs est béni à l'église puis porté en procession à travers la campagne au son des fifres et des tambourins. Cette procession occasionne de joyeuses farandoles. Le soir, la souche est mise à brûler dans un feu de joie. Parallèlement, cette fête célèbre le « mai », jeune plant prêt à être repiqué qui symbolise le renouveau.

☛ **Feu de joie, Fleurs, 1er-Mai, Mais, Muguet, Rogations, Tarasque, Transhumance (fête de la).**

GERBE (dépôt de)

Voir Souvenir (cérémonial du).

GOURMANDES (fêtes)

Les fêtes gourmandes rassemblent les communautés locales dans la consommation collective de spécialités du cru – aïolis, omelettes géantes, escargots de Bourgogne, crêpes, brioches, rigottes, fromages... – ainsi que lors des dégustations de vins, à la « Saint-Vincent tournante » organisée dans des villages différents chaque année, par exemple. Dans toute la France, la convivialité liée aux plaisirs de la table rend joyeuses ces fêtes communales, en plein air ou non, qui impliquent la participation de nombreuses personnes pour leur préparation.

Les traditions des fêtes gourmandes, et de la mise en valeur des produits du terroir, date de la seconde moitié du XXe siècle. Elles reprennent le caractère joyeux des banquets des fêtes corporatives ou patriotiques, auxquels participait dans la bonne humeur une partie de la population.

☛ **Banquet, Communale (fête), Gastronomie, Repas, Vincent (Saint-).**

GOÛTER D'ENFANTS

Le goûter d'enfants – appellation devenue désuète – est une réunion de plusieurs amis et cousins du même âge. Comme son nom l'indique, il a lieu dans l'après-midi autour d'une table ou d'un buffet présentant gâteaux, friandises et boissons chaudes ou froides.

Souvent organisé à l'occasion d'un anniversaire, le goûter d'enfants sous-entend un nombre de convives restreint. Il ne s'accompagne pas forcément de jeux ni de la remise de cadeaux.

☛ **Anniversaire.**

GRAND-MÈRES (fête des)

Les grand-mères sont honorées le premier dimanche de mars. Comme lors des fêtes des Mères ou des Pères, la journée est souvent marquée par des réunions familiales et de grands repas.

La fête des Grand-Mères, aux retombées commerciales certaines (cadeaux, fleurs, repas...), fut lancée en 1987 par la célèbre marque de café du même nom.

☛ **Dépenses, Mères (fête des), Pères (fête des), Réunions de famille.**

GRÉGOIRE (Saint-)

La Saint-Grégoire, autrefois le 12 mars, était une fête importante pour les écoliers. Ils élisaient ce jour-là le « roi » de leur assemblée : dans le nord de la France, un combat de coqs le désignait.

Au VIe siècle, le pape saint Grégoire gagna sa popularité en organisant différents pèlerinages dans sa ville ravagée par une épidémie de peste, qui cessa brusquement.

☛ **Carnaval, Coq, Enfants, Fous (fête des), Innocents (Saints-), Nicolas (Saint-), Roi.**

GUI

Le gui est à l'honneur à l'époque de Noël, surtout la nuit de la Saint-Sylvestre : selon une coutume anglaise, s'embrasser sous une boule de gui en échangeant ses vœux porte bonheur et promet la fécondité.
Ce végétal, facile à récolter en hiver quand les arbres sont nus, est réputé magique grâce à ses « boules de lumière » qui poussent entre ciel et terre. Ses boules le rendent capable, dit-on, de sortir de l'obscurité et de mener au renouveau.

La magie végétale était très présente chez les Celtes : le gui, plante médicinale aux usages multiples, méritait le surnom de « celui qui guérit tout ». La cueillette de cette plante, sacrée quand elle poussait sur un chêne rouvre – considéré comme le roi des végétaux –, est attestée par Pline l'Ancien au Ier siècle après J.-C. : c'était l'occasion d'une grande cérémonie religieuse, d'un sacrifice rituel et d'un banquet. Elle se faisait « au sixième jour de la lune » (début novembre ou après le solstice d'hiver, selon les auteurs) en présence de deux taureaux blancs, les victimes du sacrifice. Vêtu d'une robe blanche, le prêtre montait à l'arbre, coupait avec une faucille d'or le gui qui était recueilli dans un linge blanc.

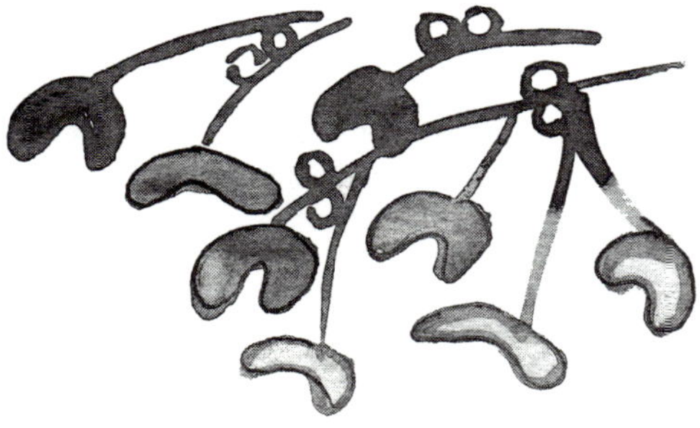

Pour ses vertus et parce qu'il était dit « plante de l'Autre Monde », le gui se rattachait au symbolisme de la fonction royale. La mythologie germanique s'est elle-même inspirée de ce végétal qui permettait l'immortalité : c'est une branche de gui qui tua Balder, le fils d'Odin, sur ordre de Loki, son ennemi. Selon la légende, grâce au gui – ce « rameau d'or » (l'expression est de Virgile) qu'il tenait à la main –, le prince troyen Énée put ressortir vivant des Enfers.

« Au gui l'an neuf ! »

- Les tournées des étrennes débutaient souvent par ce cri joyeux des enfants qui évoquait, disait-on, le souvenir du gui sacré des druides. Mais la formulette « Au gui l'an neuf », invention de lettrés du XVIe siècle selon le folkloriste Arnold Van Gennep, est en fait la déformation du nom dialectal de ces tournées connues dans de nombreuses régions de France : « Aguilaneu », « Aguignette », « Hoguilhaneu », « Eghinané », « Guillonné », « Guinel »... Ce nom viendrait d'une baguette écorcée avec laquelle les enfants faisaient leurs tournées, la *hague* en patois normand. Le rôle de la baguette qui accompagnait les vœux n'était pas punitif : symbole de fécondité, celle-ci était censée insuffler ses vertus aux jeunes femmes et aux jeunes filles à marier ; elle sert encore en Europe centrale à « fouetter » leurs mollets.

- Pour certains, une formule gauloise, *O ghel an heu !* (« que le blé germe ! ») serait à l'origine du nom. Il est certain que ces tournées de bon augure étaient porteuses de souhaits de croissance, tant pour les familles que pour les cheptels ou pour les champs.

☛ **Baguettes, Noël, Nouvel An, Sylvestre (Saint-), Tournées cérémonielles, Végétaux.**

GUINGUETTE

La guinguette est un café populaire situé en plein air, dans la verdure ou au bord de l'eau, permettant de danser grâce à son bal de bastringue, ou bastringue tout court (ce mot vient du bruit de la bastringue, machine à imprimer les toiles, qui a désigné par extension un orchestre tapageur).
L'origine du mot « guinguette » est controversée. Une maison guinguette est pour certains une « maison étroite » : cet ancien adjectif serait le féminin de guinguet *(« étroit »), lui-même variante de* guiguet *(« trop court »), issu de l'ancien français* giguer *(« sauter », « gambader »). La gigue, nom d'origine obscure, désignait une danse. D'après le Littré, le mot « guinguet » est lié au vin aigrelet produit en Île-de-France, qui aurait donné naissance à ces établissements où ce dernier était consommé.*
À la fin du XVIIe siècle, à Paris, un quartier des Guinguettes était attesté près des Tuileries.

Le développement des guinguettes parisiennes, où l'on pouvait danser, date du XVIIIe siècle. Mais au siècle suivant, avec les travaux du baron Haussmann, les guinguettes déclinèrent dans la capitale, en raison de l'annexion des terres comprises entre les barrières et les fortifications. Elles se multiplièrent en revanche à la fin du XIXe siècle sur les bords de la Seine et de la Marne, permettant à un public de petits bourgeois, d'employés, d'ouvriers et de grisettes de s'évader le dimanche à la campagne aux beaux jours. Les cartes postales du début du XXe siècle témoignent de la variété des établissements.

La Belle Époque marque l'apogée de ces nouveaux lieux de loisirs et de détente : les citadins y venaient pour s'amuser, pour danser la valse musette, le swing musette, la java ou le tango au son de l'accordéon, et pour y déguster des fritures. Ils y découvraient les plaisirs de l'eau (canotage, pêche aux goujons, nage...), les promenades dans la verdure, les jeux (balançoires, courses de vélos, jeux de boules, de quilles, tir à l'arc, jeux de cartes et dominos). L'essor des guinguettes est lié au développement des trains de banlieue et des tramways, ainsi qu'à la loi du 13 juillet 1906

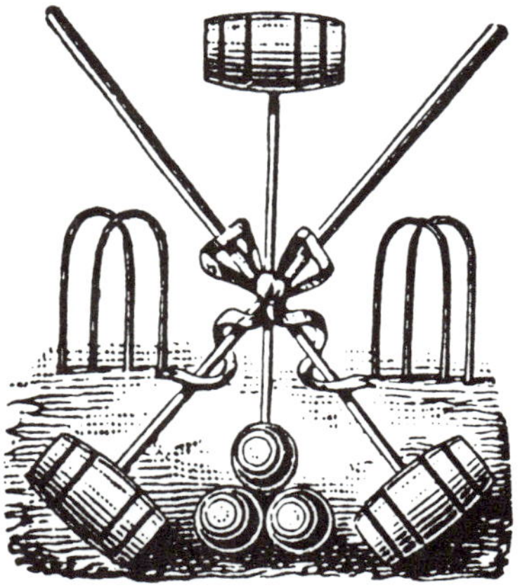

rendant obligatoire le repos hebdomadaire. Mais les inondations de 1910, qui ravagèrent ces établissements peu solides, ainsi que la Première Guerre mondiale freinèrent leur développement. Toutefois, malgré les inondations de 1924, de nouvelles guinguettes ouvrirent après la guerre. Si celles des bords de Marne continuèrent d'attirer une foule considérable, les guinguettes de l'Ouest parisien disparurent progressivement, en raison de l'industrialisation des banlieues. Le développement de l'automobile, qui a permis de partir jusqu'au bord de la mer, leur porta un coup fatal. Néanmoins, quelques guinguettes subsistent, notamment en bord de Marne. Désormais, on y mange des moules-frites, on y joue au bowling ou au mini-golf... et on continue d'y danser.

☛ Bal, Danse, Musique, Thé dansant.

GUIRLANDES

Les guirlandes sont des cordons faits de végétaux (naturels ou artificiels) ou de papiers découpés, que l'on pend en festons dans un but décoratif à un plafond, à des murs, autour d'un mât, autour de l'arbre de Noël, etc. Le mot vient de l'italien ghirlanda, *qui provient de l'ancien français* guerlande, *lui-même probablement issu du moyen haut allemand* wieren, *« garnir ».*

Le feston, ornement de fête (d'où il tient son nom), est une guirlande de feuilles et de fleurs que l'on suspend.

☛ Arbre, Arc de triomphe, Cérémonie, Entrée solennelle, Fête-Dieu, Noël, Princières (fêtes), Procession, Sapin de Noël, Végétaux.

H

H

HAJJ

Le grand pèlerinage à La Mecque, le hajj ou hadj (de l'arabe hadjdji, *« pèlerinage »), est l'un des Cinq Piliers de l'islam ; il est obligatoire pour tout musulman qui en a les moyens, au moins une fois dans sa vie. Cet important rassemblement de croyants a lieu du 7 au 10 du mois de Dhou al-hijja. Il symbolise le retour au centre de toute chose.*

La Mecque, ville d'Arabie saoudite, est le lieu de naissance de Mahomet. Entourée de collines rocheuses, elle est considérée comme un lieu saint, la « demeure d'Allah », par les musulmans. Un pèlerinage y avait déjà lieu avant Mahomet. Des traditions religieuses antérieures furent donc reprises et intégrées par l'islam.

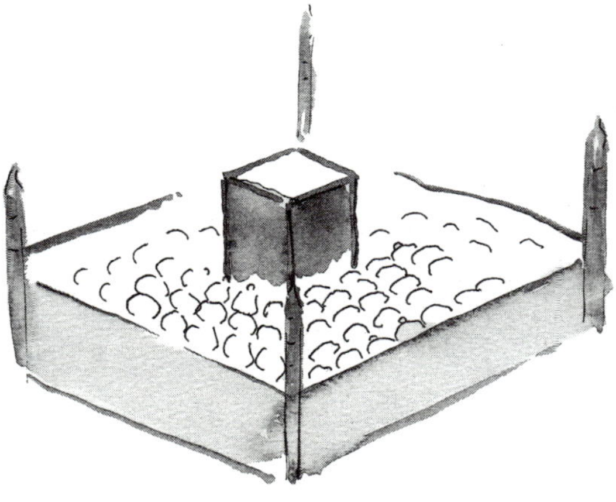

- En faisant leurs prières, les pèlerins vêtus d'une longue pièce d'étoffe blanche tournent sept fois autour de la Kaaba (mot arabe signifiant « cube », « dé »), édifice cubique au centre de la Grande Mosquée, considéré comme le premier sanctuaire monothéiste, édifié par Abraham lui-même, sur le lieu où l'ange Gabriel lui aurait apporté la « Pierre noire ». Puis ils parcourent sept fois les 400 m séparant les deux buttes sacrées Safa et Marwa. Après un rassemblement debout dans la plaine désertique d'Arafat, à 25 km, au pied du mont de la Miséricorde (Jabal Arrahma), les pèlerins repartent vers La Mecque le soir. Ils font le chemin en deux jours et s'arrêtent pour la « lapidation du démon » : ils jettent sept cailloux sur une stèle représentant le Grand Satan.
- Le dernier jour, le hajj se termine par la fête du Sacrifice (Aïd-al-Kabir). Après le sacrifice des animaux, en particulier des ovins, dans la plaine de Mina, le retour à La Mecque s'accompagne de sept nouveaux tours de la Kaaba avec, si possible, le baisement de la Pierre noire sacrée (le nombre des pèlerins – plusieurs centaines de milliers – ne le permet pas à tous), puis sept fois le chemin entre les deux buttes à allure rapide, en souvenir de la course désespérée d'Agar à la recherche d'eau pour son fils Ismaël. Le hajj est fréquemment suivi de la visite du tombeau du Prophète à Médine, à 350 km de là, et d'un voyage à Jérusalem.
- Ce grand pèlerinage, d'une ferveur extraordinaire, préfigure le regroupement des hommes autour du Jugement dernier. Pendant le pèlerinage, les hommes ne doivent ni se raser, ni se couper les ongles, ni avoir de relations conjugales.

☛ **Aïd-el-Adha ou Aïd-al-Kabir, Pèlerinage, Piliers (Cinq).**

HALLOWEEN

Halloween, le soir du 31 octobre, est la reprise carnavalesque d'une fête anglo-saxonne destinée à conjurer à la fois l'obscurité qui va croissant dans l'hémisphère Nord et le monde inquiétant des êtres surnaturels (revenants, sorcières) qu'elle engendre. À la nuit tombée, les enfants vont de porte en porte déguisés en fantômes, sorcières ou squelettes, et prononcent la fameuse formule anglaise, pleine de menaces : « Trick or treat ! » (« Un bonbon, sinon [on vous jette] un sort ! »). Ils jouent aussi parfois des farces et des saynètes. Les rebords des fenêtres et les jardins sont décorés de citrouilles évidées, représentant une figure humaine grimaçante, illuminées d'une bougie : les « Jack o'Lantern ».

La fête de Halloween a lieu la veille de la Toussaint, ce qui lui vaut son nom, *All Hallows'eve* (« veille de tous les saints »). Malgré cette appellation, qui ne peut être antérieure à l'institution de la Toussaint en Grande-Bretagne au VIIIe siècle, les premières manifestations de cette fête sont préchrétiennes : c'était juste avant notre ère la fête celtique de Samain (de l'irlandais ancien « assemblée »), qui marquait

le début d'année et le retour de la saison froide. Cette date du début novembre (mobile puisque le calendrier était luni-solaire) coïncidait avec la fin des récoltes et le retour des troupeaux à l'étable. L'aspect religieux de Samain primait : le monde humain et le monde divin (le *Sid*) se confondaient et les hommes pouvaient communiquer avec les êtres surnaturels, qu'ils soient bénéfiques ou maléfiques. Lors de cette fête, marquée par de grands banquets rituels en Irlande, les druides allumaient des feux nouveaux. Le souvenir des morts, indissociable de l'évocation du monde surnaturel, était présent, ce qui valut à la Toussaint d'être fêtée le 1er novembre dès le VIIIe siècle en Angleterre (et non plus le 13 mai comme à Rome), puis au IXe siècle dans le monde carolingien.

Se sont greffées des pratiques liées au culte de Pomone, déesse romaine des Fleurs et des Fruits, ainsi que d'autres coutumes liées à diverses croyances, dans les tours joués par les êtres surnaturels et par les revenants, censés, eux, appartenir à la nuit en général.

L'utilisation de lanternes végétales, à la fois rite agraire de multiplication et conjuration de l'obscurité, était connue dans une grande partie de l'Europe celtisée. Quant aux tournées indo-européennes, que l'on retrouve à Noël ou à Pâques, elles ont une signification magique et protectrice.

Halloween en Amérique du Nord

• Halloween a gagné l'Amérique du Nord, spécialement la Nouvelle-Angleterre, lors de l'exode massif des Irlandais dans les années 1840, à la suite de la terrible famine causée par la maladie de la pomme de terre, qui fit plus d'un million de morts. Si la fête était marquée par les tournées d'enfants « déguisés pour faire peur », tournées joyeuses malgré tout, et par l'illumination de légumes, elle véhiculait aussi de douloureux souvenirs dans ces familles qui avaient laissé derrière elles parents ou amis défunts.

• Aux États-Unis, la fête se transforma progressivement : les lanternes végétales sont devenues des citrouilles, légumes trop lourds pour être tenus à bout de bras, et l'on a pris l'habitude de les poser sur les rebords des fenêtres.

• Dans le sud des États-Unis, des usages mexicains, hérités à la fois des Espagnols et des Aztèques, se sont ajoutés. La nuit de la Toussaint, les familles vont encore « chercher » leurs aïeux au cimetière et les conduisent gaiement à la maison préparée à leur intention. Ce soir-là, la mort est mise en dérision : les squelettes deviennent des jouets ou des pantins, les crânes et les os, des sucreries. En effet, pour les Mexicains, la mort est peu inquiétante (héritage des Aztèques, habitués aux sacrifices humains), puisque leurs défunts sont censés revenir sur terre épisodiquement.

- Soutenue par d'importantes campagnes commerciales, la fête d'Halloween est revenue des États-Unis en Europe à la fin du XXe siècle, et notamment en France au début des années 1990, avec un côté *trash* (mot anglais qui signifie « ordures ») et sanguinolent qu'elle n'avait pas auparavant.
- Diables, sorcières, chauves-souris, vampires se sont multipliés, et les couleurs orange et noire, de la citrouille et de la nuit, sont de mise. Épouvante et détails macabres se sont d'autant mieux imposés auprès de la jeunesse que se développaient chez celle-ci le goût du paranormal et de la sorcellerie, de même que celui des jeux de rôles et du « gothique ». Si la fête se manifeste, comme autrefois, par des tournées d'enfants déguisés et par l'utilisation de citrouilles, elle occasionne également des défilés de jeunes gens déguisés dans les rues des villes et des tournées dans les bars américains et irlandais. Ces défilés, dont le but est de suspendre la monotonie du quotidien, s'apparentent à la « folie » du carnaval avec un aspect provocateur certain.
- Différentes sortes de réceptions s'organisent chez les particuliers : les enfants, au retour de leurs tournées, se réunissent pour des jeux avec des pommes, des noix ou des noisettes. Les adultes se rendent entre amis à des soirées déguisées autour de buffets particuliers : on y présente des spécialités dont certaines sont anciennes (tarte ou soupe au potiron), et d'autres plus récentes. Il n'y a pas de menu type.

◆ Halloween est une fête contestée. Les évêques et de nombreux parents dénoncent son « folklore mercantile », l'utilisation de la laideur, du macabre, de la sorcellerie, et l'encouragement d'une culture de la mort. Ils s'inquiètent de la banalisation chez l'enfant du monde occulte.

☛ **Déguisement, Jack o'Lantern, Jour des Morts, Lanternes végétales, Martin (Saint-), Samain, Tournées cérémonielles, Toussaint.**

HAMETS

Voir Pessa'h.

HANOUKKA

La fête juive très populaire de Hanoukka (mot hébreu, « Inauguration ») a lieu du 25 Kislêv au 3 Tevêth (correspondant à une semaine en décembre). Elle est appelée aussi « fête de la Dédicace » ou « fête des Lumières ». Cette « petite fête », née de l'histoire du peuple juif, ne figure pas dans la Thora (« la Loi »). Elle commémore la victoire des Maccabées en 164 avant J.-C. sur l'armée du souverain syrien Antiochos Épiphane, qui voulait helléniser les Juifs, et célèbre le miracle qui fit brûler huit jours d'affilée une petite fiole d'huile retrouvée dans le Temple de Jérusalem nouvellement reconquis.

Cette fête des Lumières évoque des événements historiques, mais elle peut aussi être mise en corrélation avec le solstice d'hiver, époque la plus sombre de l'année dans l'hémisphère Nord.

◆ Huit jours d'affilée, à la tombée de la nuit, après des bénédictions, on allume les bougies de la hannoukia, chandelier à neuf branches, à l'aide de la neuvième bougie, le chemesh (« allumeur »). On commence par la bougie de droite le premier soir, puis les deux premières le deuxième soir et ainsi de suite, en commençant à chaque fois par la nouvelle. Pendant

la demi-heure où les bougies se consument, on ne travaille pas. Ces lumières symbolisent la victoire de l'esprit sur la force. Les femmes sont à l'honneur en raison de la ruse de Judith, fille de Yo'Hanan, qui décapita un général syrien. Le soir du huitième jour, les enfants reçoivent des cadeaux et jouent à la toupie ornée de quatre lettres hébraïques, initiales de la phrase : « Il y eut là-bas un grand miracle. »

◆ Pendant cette fête joyeuse, on mange des fritures et des beignets. Des allumages publics ont lieu dans les grandes villes.

☛ **Année, Bougies, Calendrier, Carte de vœux, Cierges, Lanternes végétales, Noël.**

HISTORIQUES (reconstitutions)

Les reconstitutions historiques, organisées par certaines localités, souvent avec le concours de leurs habitants, sont une occasion d'offrir aux gens du cru ainsi qu'aux touristes de passage des fêtes spectaculaires, à la belle saison en général. Ces fêtes illustrent les événements remarquables de l'histoire locale par des cortèges mobiles dans les rues ou par des spectacles son et lumière qui mettent en valeur l'architecture et recréent l'époque concernée.

Ces fêtes emblématiques s'organisent autour d'un héros, d'un saint protecteur ou d'un événement historique glorieux (résistance à l'envahisseur, à une épidémie, etc.). Certaines communes célèbrent l'événement avec faste : Orléans avec la fête de Jeanne d'Arc autour du 7 et 8 mai pour célébrer la libération de la ville en 1429, par exemple ; ou, Beauvais, le dernier week-end de juin, avec la fête de Jeanne Hachette (Jeanne Layné), connue pour avoir arraché sur un rempart l'étendard qu'y plantait un soldat bourguignon au XVe siècle.

Le héros, réel ou légendaire, peut être représenté par un géant dans les villes du Nord, ou par un animal gigantesque dans le Sud : par exemple lors de la fête de l'Âne à Gignac (Hérault) à l'Ascension, où l'on célèbre l'équidé qui, par ses braiments, sauva la ville d'une invasion des Maures. Plusieurs communes languedociennes célèbrent aussi l'heureuse intervention légendaire d'un animal : ainsi le chameau de saint Aphrodise, premier

évêque de Béziers, venu d'Égypte au IIIe siècle ; ou le poulain de Pézenas lié au roi Louis VIII qui, en 1226, contraint d'abandonner sa jument malade, la retrouva quelque temps plus tard auprès d'un petit ; ou encore le bœuf de Mèze qui aida courageusement au développement de cette terre à l'époque de l'occupation romaine. Les dragons domptés paradent aussi : à Tarascon, la tarasque vaincue par sainte Marthe, par exemple.

Le pittoresque d'un quartier ancien offre un décor idéal pour une reconstitution historique, comme à Provins en juin avec les fêtes médiévales ou à Dinan, en juin également, avec la fête des Remparts : des tavernes et des marchés médiévaux animés par des baladins proposent des produits locaux. À Azincourt (Pas-de-Calais), la Biennale d'archerie, qui se déroule les années paires à la fin du mois de mai, se produit sur les lieux mêmes de la célèbre bataille de 1415 (défaite du parti français des Armagnacs contre les Anglais) pendant la guerre de Cent Ans.

Ces fêtes contribuent à renforcer la cohésion des habitants, autour de l'idée forte d'appartenance à un terroir. Indépendantes des fêtes patronales, elles attestent le regain d'intérêt pour les choses du passé. Les fêtes de la mer, qui rassemblent les vieux gréements, relèvent également de cet esprit.

☛ **Animaux mythiques, Emblématiques (fêtes), Géants, Mer (fêtes de la), Tarasque.**

HOLA

Voir Applaudissements.

HOMMAGE

L'hommage rendu publiquement à une personne, vivante ou décédée, fait gloire de ses services et exprime la reconnaissance d'une communauté. Dans le langage de la féodalité, l'hommage (de homme, *« individu placé sous l'autorité d'un autre ») était l'acte par lequel le vassal se déclarait l'homme de son seigneur, lui promettant une fidélité et un dévouement absolus.*

L'hommage s'accompagne parfois de la remise d'une récompense (distinction, médaille) et d'un discours ou panégyrique, suivi d'une réception autour d'un buffet. L'hommage est aussi un acte de vénération et de soumission respectueuse envers Dieu. Le mot est devenu, par extension, un don respectueux, une offrande.

Les hommages (toujours au pluriel), présentés à une femme par un homme, sont un acte de courtoisie, une preuve de dévouement.

☛ **Décorations honorifiques, Discours, Distinction, Panégyrique, Récompense, Souvenir (cérémonial du).**

HOMME SAUVAGE

L'homme sauvage est une créature mythique, complexe, qui, revêtue d'éléments naturels, est supposée dominer les forces de la nature et assurer la survie des âmes. Les apparitions rituelles de ce personnage hybride, mi-homme, mi-bête – comme le centaure de la mythologie grecque qui initiait ses patients à l'art de la médecine et de la chasse –, sont nombreuses dans le folklore européen en hiver et au printemps, particulièrement pendant le carnaval. Les personnifications de l'hiver lui doivent leur double apparence : les beaux incarnent la vie et la renaissance du printemps, ce « temps premier », les laids, la captivité et la mort.

Le mythe indo-européen de l'homme sauvage couvert de verdure, de mousse ou de paille figure dans les mascarades de toute l'Europe, du Nouvel An ou du carnaval, et sous la forme ragaillardie du « feuillu » de la Pentecôte.

Loys filz charles nõme le chaulue q̃ loys le barbe fut appelle vint la nouuelle de la mort son pere a enderuil le ou il estoit lors. Au plus tost ql peut mã da les barons. A ceulx quil peut se recõseil la ꝛ attrahit a lui par promesses ꝛ par dõs Aux vngs donna contez ꝛ aux autres vil les ꝛ a aucũs abbayes ꝛ fist a chascun selõ son pouoir selon ce que ilz requeroiẽt. Lors

Les Chroniques de France, dites *de Saint-Denis* (Paris, J. Mauraud, pour Antoine Vérard, 1493).

Créature sortie de la forêt pour rejoindre le monde civilisé, l'homme sauvage incarne la lignée des ancêtres et assure la pérennité de l'homme. Il « sait le temps, le ressent, le rythme, et chante quand il change », comme le précise l'anthropologue Daniel Fabre. Il est comparable à l'ours, animal psychopompe (conducteur d'âmes) lui aussi, capable de descendre aux enfers. Le déguisement en ours est fréquent dans les carnavals des campagnes, où le temps qu'il fait et les saisons occupent tous les esprits : en effet, les régions rurales étaient autrefois souvent menacées par la misère – voire la famine –, en cas de sécheresse, de grêle ou d'inondation. Le dicton de la Chandeleur, le 2 février, en témoigne : l'animal, au sortir de son hibernation, voit si le printemps n'est plus loin.

☛ **Carnaval, Chandeleur, Cheval-jupon, Croquemitaine, Déguisement, Masque, Nicolas (Saint-), Ours, Pentecôte, Père Fouettard.**

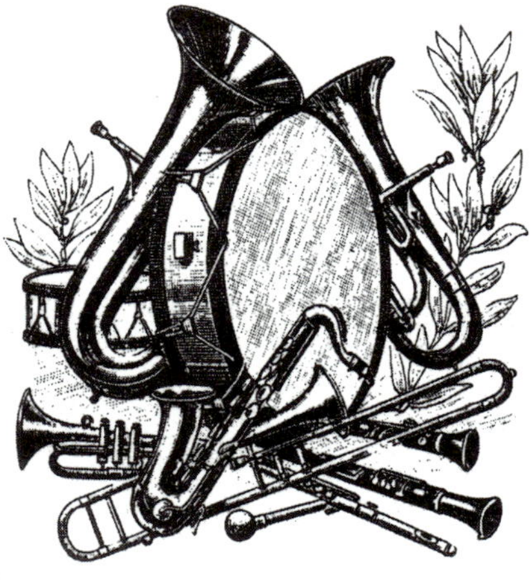

HONNEURS

Rendre les honneurs à une personnalité civile ou militaire, ou à un symbole (drapeau, étendard), donne lieu à une manifestation ou cérémonie d'hommage devant un monument aux morts, une stèle, dans un cimetière ou tout autre lieu. Ces marques de déférence prodiguées aux plus hautes autorités peuvent s'accompagner de sonneries de cloches, pavoisement, exécution de la Marseillaise.

La haie d'honneur

- La haie d'honneur désigne les deux rangées de spectateurs disposées de part et d'autre d'un cortège pour lui faire honneur.
- Lors de certains mariages, les amis des mariés brandissent leurs sabres, ou autres insignes, sous lesquels les jeunes mariés passent à la sortie de la cérémonie. Par ce geste d'appartenance, une équipe adopte le conjoint de l'un de ses membres. Les enfants d'honneur, figurant dans le cortège en tant que pages, accompagnent les mariés lors de la cérémonie.

☛ **Cortège, Mariage, Patriotiques (fêtes), Prise d'armes, Souvenir (cérémonial du).**

HOUX

Le houx, plante à feuilles persistantes garnie de baies rouges en hiver, est mis à l'honneur dans les maisons au temps de Noël. Comme tous les feuillages restés verts en cette époque du solstice d'hiver, où la nature paraît morte dans l'hémisphère Nord, il est symbole de vie. Il est supposé apporter bonheur et prospérité.

Selon les croyances populaires, le houx, avec ses pointes, était censé agir contre les êtres maléfiques, de même que les biscuits en forme d'étoiles, cœur, croissants de lune, etc., que l'on suspendait dans l'arbre de Noël, encore en usage aujourd'hui. La bûche que l'on mettait dans la cheminée était également investie de cette fonction défensive, en se consumant la nuit de Noël, ou, selon les régions, pendant les douze jours, ou encore lors des trois nuits « dangereuses » (Noël, Saint-Sylvestre et Épiphanie).

◆ Le vert et le rouge, couleurs du houx déclinées dans la décoration sous forme de nappes, de bougies, etc., sont les deux teintes préférées de l'époque de Noël.

☛ **Bûche de Noël, Couronnes, Desserts, Gui, Noël, Végétaux.**

HUBERT (Saint-)

La Saint-Hubert, le 3 novembre, donne lieu à des fêtes, à des cavalcades et des concours d'attelages réunissant forestiers, chasseurs et cavaliers qui célèbrent leur patron.
Une messe en présence de sonneurs de trompes de chasse (ou cors de chasse) est suivie d'un repas et de diverses manifestations hippiques ou canines. Des stands liés à l'équitation et à la chasse (sellerie, vêtements...) complètent les festivités.

Saint Hubert, succédant à saint Lambert comme évêque de Liège (Belgique) en 705, évangélisa la Belgique orientale et mourut accidentellement à Tervueren en 727. Sa légende tardive (XVe siècle) ressemble à celle de saint Eustache, moine bénédictin du XIIIe siècle converti lors d'une chasse à courre par un cerf qui arborait une croix lumineuse entre ses bois. Courtisan du roi mérovingien Thierry III et chasseur enragé, le jeune Hubert, qui se trouvait dans une forêt des Ardennes un vendredi saint, fut abordé par un cerf portant une croix entre ses bois qui lui reprocha de ne pas faire pénitence. Il abandonna sur-le-champ sa vie oisive et se retira dans les Ardennes, avant de devenir évêque. De nombreux miracles rendirent son culte très populaire.

On invoquait saint Hubert contre les morsures de chien et de serpents et, par suite, contre toute agressivité, animale, humaine ou démoniaque.

☛ **Cavalcade, Jeux équestres.**

HUMANITÉ (fête de l')

La fête de l'Humanité, dite « fête de l'Huma », qui se déroule sur trois jours autour d'un dimanche de la mi-septembre, est une fête politique pour les sympathisants du PCF (Parti communiste français) et un large public d'amis. Ce rassemblement populaire de plusieurs centaines de milliers de participants a lieu au parc départemental de La Courneuve (Seine-Saint-Denis). La fête tient son nom du journal l'Humanité, *créé par Jean Jaurès en 1904 et devenu l'organe du Parti communiste en 1920.*

Une fête de soutien aux congés payés des Comités de défense de *l'Humanité* se déroula en 1930, à l'initiative des Organisations révolutionnaires de la région parisienne. En 1931, cette fête fut reprise par le journal *l'Humanité*, et l'année suivante se tint la première fête officielle.

- S'étalant sur un terrain de 70 hectares, la manifestation se déroule dans une atmosphère de générosité et d'enthousiasme. De nombreux musiciens du monde entier (musiques orientales, africaines, jazz, latino...) sont invités à se produire et un grand concert (environ 60 000 personnes) est organisé, ainsi qu'un fest-noz géant, une nuit techno, etc.
- Des activités culturelles ou sportives attirent un public de tout âge : café littéraire, théâtre, espaces sportifs (escalade, boxe, athlétisme, patinage sur glace, golf), échecs, attractions foraines... et, comme pour toute foire, la fête se caractérise par une importante activité commerciale. Plus de 500 stands bordant les « avenues » retiennent les promeneurs, dont les stands très courus de produits du terroir (fruits de mer, foies gras, cassoulets, entrecôtes, paellas...).
- La fête donne évidemment lieu à d'innombrables débats et, en particulier, au discours attendu du leader du parti.

☛ **Élections, Foires, Kermesse, Meeting.**

HYMNES

Les hymnes sont des chants, des poèmes à la gloire des dieux ou des héros. Par extension, l'hymne désigne tout chant ou poème lyrique et enthousiaste à la gloire d'une personne ou d'une chose, comme l'Hymne à l'amour.
Dans la tradition chrétienne, le mot est au féminin : une hymne désigne un chant religieux à la louange de Dieu.

L'hymne national, véritable emblème musical d'un pays, est un chant solennel en l'honneur de la patrie et de ses défenseurs.

La Marseillaise

- L'hymne national français fut composé à Strasbourg par l'officier du génie Claude-Joseph Rouget de Lisle, dans la nuit du 25 au 26 avril 1792, alors que la France révolutionnaire venait d'entrer en conflit avec l'Autriche. Ce *Chant de guerre de l'armée du Rhin* galvanisa le patriotisme de la jeune nation et reçut partout un accueil enthousiaste. En juillet 1792, les fédérés marseillais qui montaient vers la capitale le chantèrent à chacune de leurs étapes. Il prit alors le nom de *Chant des Marseillais* puis de *Marseillaise*.
- Adoptée comme hymne national en 1795, *la Marseillaise* fut interdite sous l'Empire et la Restauration. En 1879, elle devint l'hymne officiel de la République. Au même titre que le drapeau tricolore, *la Marseillaise* est mentionnée dans l'article 2 de la Constitution de 1958.

L'hymne européen

- Le 29 mai 1986, l'hymne européen fut joué pour la première fois officiellement lors d'une cérémonie où la drapeau fut hissé solennellement devant le bâtiment Berlaimont, qui abrite la Commission européenne, à Bruxelles.
- Cet hymne reprend le début du prélude du quatrième mouvement de la 9e *Symphonie* de Ludwig van Beethoven, appelé « Hymne à la joie ». La musique fut composée en 1824 sur le poème de Friedrich von Schiller, *Ode à la joie*. Le Conseil de l'Europe adopta cet hymne le 18 janvier 1972, selon l'arrangement musical de Herbert von Karajan.

☛ **Chansons, Musique.**

I

I

ILLUMINATIONS

Les illuminations, naturelles ou artificielles, visibles d'un large public, sont liées aux fêtes de nuit, comme les feux de joie ou les feux d'artifice.

Les feux (feux de joie, brandons, flambeaux), liés aux mouvements du Soleil, figuraient souvent aux solstices, au moment des jours les plus courts ou des jours les plus longs.

L'utilisation de projecteurs, capables de mettre en valeur scènes, jardins ou monuments, permet la réalisation de spectacles son et lumière, sur le modèle de ceux donnés par le surintendant des Finances Nicolas Fouquet à Vaux-le-Vicomte le 17 août 1661, puis par Louis XIV à Versailles en 1664, 1668 et 1674.

Les actuels projecteurs automatiques permettent la multiplication de jeux de lumière et leur amplification. Dans les concerts hyperboliques en extérieur, la musique se conjugue à l'architecture, comme au concert de Jean-Michel Jarre en 1979, place de la Concorde à Paris devant un million de spectateurs. Les progrès de la technique permettent de constantes innovations dans la réalisation de spectacles laser : show laser en continu pour une soirée par exemple, projection d'effets volumétriques dans la fumée, dessins sur un écran, un mur, un immeuble, un écran d'eau...

◆ Les efforts faits à Noël pour l'illumination des villes est remarquable, ainsi que le 8 décembre, à Lyon, pour la fête de l'Immaculée Conception. La fête juive d'Hanoukka donne lieu désormais à l'allumage public de chandeliers géants dans les grandes villes.

☛ **Brandons, Concert, Feu d'artifice, Feu de joie, Flambeaux (retraite aux), Hanoukka, Immaculée Conception (fête de l'), Lampions, Lanternes végétales, Musique, Noël, Son et lumière, Sylvestre (Saint-).**

IMBOLC

La fête celtique d'Imbolc (mot de l'ancien irlandais qui signifie « lustration », « purification »), début février dans le calendrier luni-solaire des Celtes, donnait lieu à un culte domestique destiné à protéger la maison, à la purifier et à la délivrer des souillures de l'hiver. Elle fut christianisée et devint en Irlande la Sainte-Brigite (ou Brigide). Autour d'un repas auprès de la cheminée, on confectionnait des croix de paille à mettre aux murs, une poupée faite dans une gerbe de blé qui passait la nuit dehors, et des liens de paille pour le bétail.

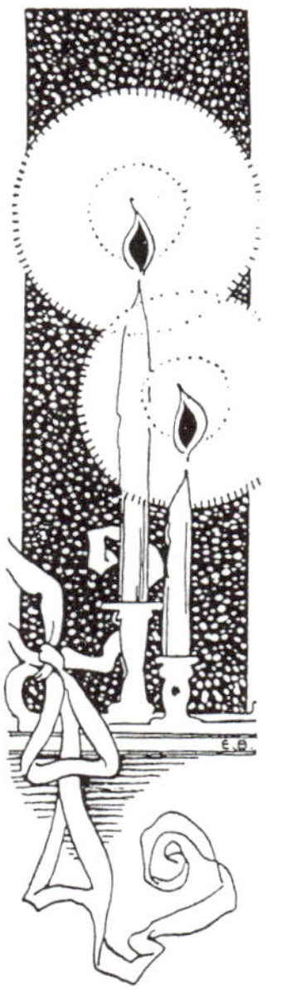

Cette fête marquait le milieu de la période froide qui allait de la nuit de Samain (devenue Halloween), veille de la Toussaint, à la nuit de Belteine, veille du 1er-Mai. Elle soulignait le retour de la lumière et des jours plus longs. Imbolc disparut au profit de la Chandeleur, fête chrétienne célébrée le 2 février.

Sainte Brigite († vers 525) était abbesse de Kildare, premier couvent d'Irlande, fondé vers 470, où l'on entretenait un feu perpétuel. Il ne faut pas la confondre avec sainte Brigitte de Suède, d'ascendance royale (1303-1373), fondatrice de l'ordre du Saint-Sauveur (ordre des Brigittines).

Surnommée « la brillante », sainte Brigite est l'héritière de Brigit (Bride ou Bridget), déesse préchrétienne du Feu, de la Poésie, de la Sagesse et des Moissons, mère des dieux dans la mythologie irlandaise. Souvent représentée avec une bougie à la main, elle fut confondue avec la « Marie aux chandelles » fêtée le 2 février, jour de la Chandeleur.

◆ En Bretagne, la « vierge de l'Irlande » avait la réputation d'aider les personnes en danger, d'éloigner les maladies, de calmer la rage et la tempête. Selon la légende, Brigite était aussi une sainte rustique qui possédait une vache pouvant donner du lait trois fois par jour : la fécondité des familles et des troupeaux était au premier plan, comme à la Sainte-Agathe, patronne des nourrices, dont la fête est à une date voisine (le 5 février).

◆ Par ailleurs, un autre rite de purification, les lupercales, avait lieu dans la Rome antique après l'hiver (le 15 février), marqué également par l'utilisation du lait et de flocons de laine, en rapport avec la fécondité des troupeaux.

☛ **Agathe (Sainte-), Baguettes, Chandeleur, Lupercales.**

IMMACULÉE CONCEPTION (fête de l')

La fête de l'Immaculée Conception, le 8 décembre, est la solennité du mystère de la Vierge Marie conçue sans péché. Sa date dépend de celle de la Nativité de la Vierge, le 8 septembre (célébrée à Jérusalem dès le VIe siècle).

Devenue officielle en 1854 après la proclamation du dogme défini par le pape Pie IX, la fête de l'Immaculée Conception était célébrée depuis longtemps. Au milieu du XIe siècle, des pèlerins venus d'Angleterre en Terre sainte ramenèrent dans leur pays la fête de la « Conception de sainte Anne » que célébrait l'Église byzantine depuis le VIIIe siècle. Au début du XIIe siècle, cette fête devint celle de la « Conception de Marie », qualifiée par certains cercles d'« Immaculée ». D'Angleterre, la fête passa en Normandie, où elle devint très populaire (« Notre-Dame des Avents »), puis elle se répandit dans toute la France, malgré la réticence de certains théologiens.

La fête de l'Immaculée Conception prit une tout autre ampleur après les apparitions de la Vierge à la jeune Bernadette Soubirous à Lourdes. Le 11 février 1858, en allant ramasser du bois près du Gave, cette jeune paysanne de quatorze ans vit une « belle dame » – la Vierge – « baignée d'une vive lumière » dans une niche de la grotte de Massabielle. Vêtue d'une « robe d'un blanc très pur, retenue par une ceinture bleu ciel nouée et dont les extrémités retombaient jusqu'à ses pieds, lesquels étaient nus et reposaient sur des roses d'or », la Vierge allait ainsi lui apparaître dix-huit fois, jusqu'au 16 juillet. Lors de l'une de ces apparitions, une source jaillit, à l'origine de la première cure miraculeuse, et lors d'une autre, la « belle dame » dit à Bernadette dans le patois local : « Je suis l'Immaculée Conception. »

La fête lyonnaise des Illuminations

• La fête des Illuminations se déroule le soir du 8 décembre, depuis 1852, date de l'inauguration de la statue de la Vierge au Manteau érigée au sommet de la basilique de Fourvière.

• Le 8 septembre (et non décembre), jour anniversaire de la Nativité de la Vierge, avait lieu une grande fête à Lyon, depuis 1643, à la suite d'un vœu des échevins de la ville, en remerciement à Marie d'avoir épargné la ville d'une épidémie de peste. En 1852, une statue de l'Immaculée Conception fut commandée pour ce jour-là, mais ne put être prête à temps en raison d'une inondation dans l'atelier du sculpteur Fabisch. Ce fut donc deux mois plus tard qu'on l'érigea, mais une tempête, qui se calma à la nuit tombante, empêcha son illumination. Les Lyonnais décidèrent alors d'allumer des chandelles sur leurs fenêtres pour y pallier.

• Cette fête s'accompagne aujourd'hui d'un festival des Lumières, célébrées sous toutes leurs formes (bougies et lumignons, torches, laser, pyrotechnie...), plusieurs jours de suite. Les monuments de la ville s'embrasent et divers spectacles, avec effets lumineux, animent les quartiers.

☛ **Assomption, Illuminations, Mariales (fêtes), Nativité de Notre-Dame.**

IMMEUBLES EN FÊTE

Le dernier mardi de mai en fin de journée, l'opération « Immeubles en fête » permet aux voisins de se rencontrer autour d'un verre de l'amitié ou d'un repas. Cette opération a pour but de renforcer les liens de proximité, de développer un sentiment d'appartenance à un même quartier ou à un même immeuble et de se mobiliser contre l'isolement.

Cette manifestation fut créée en 1999 par l'association « Paris d'amis », elle-même constituée en 1990 par un élu du XVIIe arrondissement, Atanase Périfan, et un groupe d'amis pour le parrainage de voisins en difficulté : Noël en famille pour les isolés, aide aux personnes peu mobiles, recherches pour demandeurs d'emploi, haltes-garderies à domicile... La première année, 800 immeubles parisiens y participèrent, permettant de mobiliser plus de 10 000 habitants. En 2001, dans 60 villes de France, plus d'un million de personnes furent au rendez-vous.

☛ **Convivialité.**

INAUGURATION

Le mot « inauguration », qui désignait un « sacre » dans le langage militaire au XIVe siècle, fut rarement employé jusqu'au XVIIIe siècle. Après avoir désigné la cérémonie au cours de laquelle on consacrait un temple ou un édifice, ce mot définit plus généralement, aujourd'hui, la cérémonie par laquelle on livre au public tout monument nouveau : édifice, statue, ligne de chemin de fer, plaque commémorative, etc.

L'inauguration a un caractère officiel. Le dévoilement d'une plaque ou la coupe d'un ruban par une personnalité s'accompagne de discours, éventuellement de sonneries de fanfares ou de tout autre prestation musicale. Elle se termine autour d'un buffet ou du verre de l'amitié suivant l'importance de l'événement.

☛ **Baptême, Cérémonie, Dédicace (fêtes de la), Discours, Ouverture (cérémonie d'), Vernissage.**

INNOCENTS (Saints-)

La fête des Saints-Innocents, le 28 décembre, était au Moyen Âge la fête patronale des enfants de chœur et des jeunes clercs de l'Église.

Cette journée commémore le massacre des Saints-Innocents, rapporté dans l'Évangile de Matthieu. Le roi Hérode, jaloux de l'Enfant Jésus, le petit « roi des Juifs » que voulaient voir les Mages venus exprès d'Orient, ordonna d'exterminer à Bethléem et dans son territoire tous les enfants de moins de deux ans, innocentes victimes. Mais entre-temps, un ange avait averti Joseph de fuir en Égypte avec Marie et Jésus.

Dans les cathédrales d'Europe, cette fête donnait lieu à la coutume de l'« enfant-évêque », surnommé l'« évêque des Innocents », élu la veille par ses pairs. Revêtu des attributs de l'évêque (tunique et chape de soie, mitre, crosse), l'enfant présidait et bénissait l'assistance à la place du pontife et invitait à l'humilité. Le soir, la ville l'honorait de cadeaux et le conviait parfois à un festin avec les autres clercs. L'évêque des Innocents illustre ce verset du magnificat : « Le Seigneur a renversé les puissants de leurs trônes et élevé les humbles. »

L'inversion rituelle de l'ordre social ce jour-là permettait également au plus jeune enfant de la maison, habillé des vêtements du chef de famille, de commander ses parents, frères et sœurs, au gré de sa fantaisie. La coutume de cette « royauté d'un jour » est attestée en 1849 à Douai dans la famille de la poétesse Marceline Desbordes-Valmore.

La même inversion des hiérarchies, déjà connue dans l'Antiquité aux saturnales romaines, engendra aussi la fête des Fous en janvier, bien moins sage, celle-là : ses messes bouffonnes se caractérisaient par des danses, sermons paillards et cantiques moqueurs. Sévèrement condamnée par l'Église à plusieurs reprises au cours des XIVe et XVe siècles, la joyeuse fête des Fous, proche de nos carnavals, finit par disparaître.

L'enfant-évêque était parfois élu à la Saint-Nicolas, le 6 décembre, et son autorité s'étendait alors jusqu'aux Saints-Innocents, ou à la Saint-Grégoire, le 12 mars, ce qui montre clairement la fonction carnavalesque de cette fête, aujourd'hui disparue. Les enfants sortaient déguisés dans les rues de la localité et quêtaient aux portes, en jetant des œufs, de la farine ou des cendres. Ces abus irrévérencieux ont conduit cette fête à sa perte.

◆ On assiste actuellement à quelques tentatives de reprise de cette fête de l'enfant-évêque, à Senonches (Eure-et-Loir), par exemple.

☛ **Baguettes, Carnaval, Enfants, Épiphanie, Fous (fête des), Mages, Roi.**

INTERNAT (bal de l')

Voir Tonus et bal de l'Internat.

INTERNET

Le réseau Internet est un moyen rapide pour transmettre aux parents ou amis éloignés l'émotion et l'ambiance d'une fête (anniversaire ou mariage, par exemple), par le biais de photos et de messages. À l'occasion d'un événement, des hébergeurs proposent aux particuliers de créer leur propre site avec un livre d'or qui reste visible huit ou douze mois. Des carnets mondains sont également accessibles aux internautes.

La fête de l'Internet

- La fête de l'Internet, qui se déroule sur trois jours en mars, invite au partage de réflexions sur les loisirs, l'éducation ou le travail, à l'initiative de particuliers, d'associations, de collectivités, d'entreprises ou de services.
- Née en 1998 en France, cette « fête » d'un type particulier, à vocation internationale, est parrainée en partie par le ministère de la Culture.

☛ **Carnet mondain, Convivialité, Photographies.**

INTRONISATION

L'intronisation est la cérémonie solennelle qui consiste à placer un roi sur un trône, un pape sur la chaire pontificale. On parle d'ordination dans le cas d'un prêtre qui devient évêque. L'ordination d'un prêtre, l'installation d'un chanoine ou la prise de voile d'une religieuse sont des cérémonies plus intimes.

☛ **Nomination.**

INVITATION

Une invitation est une proposition adressée à quelqu'un – quel que soit le mode de transmission – de se rendre à un repas, une fête, une réception, etc. Par extension, le mot désigne aussi la lettre ou la carte (appelée communément « carton ») rédigée à cette intention indiquant la nature de l'invitation (cocktail, soirée, dîner...), le jour et l'heure, le lieu et, éventuellement, la tenue vestimentaire. Une invitation peut se faire aussi oralement.

L'invitation, forme de don, obéit à une triangulation mise en valeur par Marcel Mauss : donner-recevoir-rendre. La dépendance entre donateur et récipiendaire n'existe plus quand le don est rendu. Par ailleurs, recevoir une invitation est éloquent et traduit un degré d'estime, surtout lorsqu'il s'agit d'une réinvitation.

- Le nombre d'invités est lié à la nature de la réception. Le carton d'invitation peut être imprimé ou gravé pour l'occasion (pour des dîners « priés » par exemple), et peut même contenir des espaces blancs destinés à être complétés à la plume.
- Pour les soirées, les anniversaires ou les rallyes, les invitations permettent une large fantaisie.

☛ **Anniversaire, Dîner, Don, Faire-part, Rallye, Réception, Repas, Salle.**

ITINÉRAIRE CÉRÉMONIEL

L'itinéraire cérémoniel est le chemin immuable parcouru chaque année par une procession, un cortège ou un défilé carnavalesque.

L'itinéraire cérémoniel remonte à l'origine même de la procession. Encerclement magique du territoire, il suit souvent la course du Soleil et oblige à tourner (parfois trois ou sept fois) autour d'une source, d'un feu de joie, d'un bois, d'un mai, d'un édifice, d'un monument, ou d'une commune entière.

Déjà dans l'Antiquité, fin mai, aux « ambarvalia », les Romains demandaient au dieu Mars la purification des campagnes lors des circumambulations des terres cultivables. Dans un souci analogue, la démarche carnavalesque, qui consistait à couvrir un certain chemin par des danses en zigzag, était censée favoriser, par un rite magique, les cultures.

Les processions religieuses pour la « sortie » des reliques du saint patron à travers les rues d'une localité ou pour bénir les campagnes, comme aux rogations, en ont souvent remplacé d'autres, plus anciennes, qu'elles ont christianisées.

- L'itinéraire des défilés du carnaval peut différer d'une année sur l'autre. Mais, soigneusement étudié, il passe invariablement par les centres politiques (hôtel de ville, préfecture), religieux (église) et économiques (place du marché, rues commerçantes...) d'une localité.
- Un autre itinéraire cérémoniel, variable lui aussi, consiste à passer devant les maisons des jeunes filles à marier pour la pose de mais : plus la jeune fille est charmante, plus elle a de chances de ne pas être oubliée.

☛ **Carnaval, Cortège, Défilé, Feu de joie, Mais, Pardons bretons, Procession, Rogations.**

IVRESSE

L'ivresse (du latin ebrius, *« ivre ») est une intoxication produite par l'absorption d'une grande quantité d'alcool : elle se caractérise par un état d'excitation psychique et d'incoordination motrice. Les fêtes et les soirées sont propices à l'abus de boissons.*
Le mot « ivresse » évoque également l'euphorie et le « transport » (exaltation), tel le plaisir sans partage provoqué par le nectar, breuvage des dieux, mais le plaisir reste dangereux.

Les beuveries « rituelles », libations, saturnales ou bacchanales (l'invention de l'alcool était attribuée aux dieux) ont toujours été prétexte à l'abus de boissons.

La première « cuite » (soûlerie) est considérée par certains comme un rite d'initiation à l'âge adulte, « l'âge du cabaret ». Ce « rituel obligé » est censé permettre l'accession à une certaine liberté : « Tu dois savoir boire pour être un homme. » L'ivresse renforce le sentiment d'éloignement de l'enfance et de la soumission qu'elle implique (parents, morale).

☛ **Bacchus, Boissons, Libations, Saturnales, Tapage nocturne.**

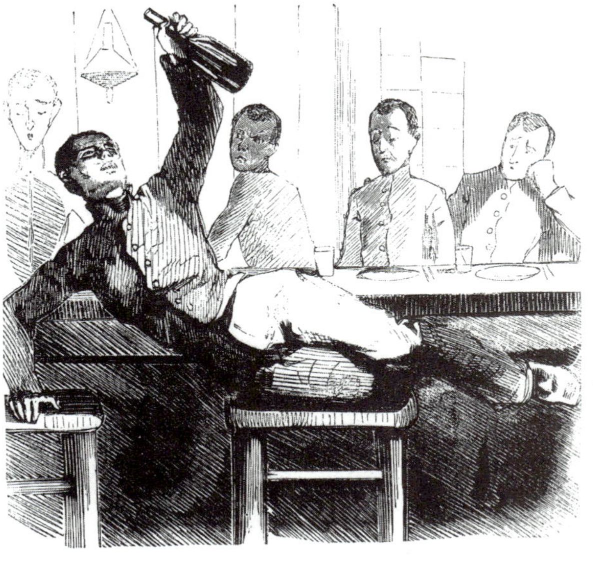

J
K

J

JACK O'LANTERN

Jack o'Lantern est le surnom donné dans les pays anglo-saxons à la lanterne végétale grimaçante de Halloween, fête qui s'est superposée à l'ancienne nuit celtique de Samain. Le nom de la citrouille vient d'un héros de légende, Jack l'Irlandais, trop avare et trop ivrogne pour mériter le paradis. Chassé de l'enfer par le diable, à qui il avait joué de mauvais tours de son vivant, Jack fut condamné à errer sur terre avec sa lanterne éclairée d'un charbon ardent.

Trop lourd pour être porté à bout de bras comme les lanternes initiales creusées dans des betteraves ou des navets, le *Jack o'Lantern*, en général une grosse courge évidée, sculptée et éclairée de l'intérieur par une bougie, est posé sur les rebords des fenêtres des maisons et dans les jardins. Le *Jack* doit représenter un visage qui fait peur : les jeunes gens se servaient de ces légumes pour effrayer les jeunes filles à la sortie des veillées en Lorraine. Le *Jack o'Lantern* symbolise parfaitement cette « fête de l'épouvante » qu'est devenue Halloween. Toutefois, les *Jack* actuels sont plutôt souriants.

☛ **Halloween, Lanternes végétales, Martin (Saint-), Samain, Veillées.**

1er-JANVIER

Voir Nouvel An.

JARRETIÈRE

L'enlèvement de la Jarretière est une farce pratiquée dans toute la France lors du repas de mariage. Bande élastique portée au-dessus du genou de la mariée pour maintenir son bas, la jarretière fait l'objet d'un vol simulé par l'un des invités caché sous la table. Elle est ensuite mise aux enchères au profit du jeune couple : le jeune homme qui s'en charge est en général un gai luron. Les jeunes gens exhibent avec fierté leur trophée : ils ne rendent pas la jarretière au marié, mais la gardent pour s'en parer ou la coupent en petits morceaux pour les invités.

L'origine de cette coutume est incertaine, comme le sont aussi les jeux avec le soulier de la mariée, symbole du sexe féminin.

- Partie intime de l'habillement de la jeune mariée et élément porte-bonheur au même titre que la couronne, le voile ou les épingles, la jarretière évoque la fécondité. Blanche le plus souvent, elle était autrefois bleue ou rouge. Son enlèvement est un rite

magique propitiatoire, promesse d'union et de fécondité au groupe qui se l'accapare. Souvent qualifiée de « grivoise », cette coutume atteste de la gaieté du repas de noces. Les jeunes gens, par leurs farces, entendent témoigner ainsi de leur camaraderie à l'occasion du « départ » de l'un des leurs.
- La jarretière est parfois lancée vers le groupe des jeunes gens, de même que le bouquet de la mariée l'est vers le groupe des jeunes filles. Celui qui attrape la jarretière doit la première danse à celle qui a obtenu le bouquet.

☛ **Catherine (Sainte-), Farces, Jeunesse (sociétés de), Jeux, Luron, Mariage.**

JEAN (Saint-)

La Saint-Jean, le 24 juin, est la fête de la nativité de saint Jean-Baptiste, qui a baptisé Jésus dans le Jourdain. Placée au moment du solstice d'été, quand les jours sont les plus longs de l'année dans l'hémisphère Nord, cette fête a remplacé des pratiques magiques liées à la course du Soleil. Elle est marquée par des feux de joie connus dans toute l'Europe. Rassemblant les habitants d'une commune en plein air, la Saint-Jean a une fonction sociale importante. Noël, son pendant au moment du solstice d'hiver, est à l'inverse une fête familiale qui se déroule dans les maisons autour d'une bûche dans la cheminée.

Fils de Zacharie et d'Élisabeth, parente de Marie, Jean-Baptiste vivait dans le désert de Judée. Vêtu d'une tunique en poil de chameau et se nourrissant de sauterelles et de miel sauvage, selon la Bible, il annonça le Christ, « lumière du monde » : « Il faut que lui (le Christ) grandisse et que moi, je décroisse. »

Arrêté par le roi Hérode pour avoir dénoncé l'adultère entre le roi et sa belle-sœur Hérodiade, il mourut décapité selon le désir de Salomé, fille d'Hérodiade. Jean-Baptiste est le seul saint dont on célèbre la nativité, avec le Christ et la Vierge. Habituellement, un saint est fêté le jour de sa mort, sa « naissance à la vie nouvelle ».

La nuit de la Saint-Jean est similaire à la fête celtique de Belteine, veille du 1er-Mai, qui ouvrait la saison chaude : les feux, aux carrefours ou sur les hauteurs, servaient à purifier cette nuit surnaturelle réputée propice aux mouvements des sorcières, aux fées, aux esprits follets. Ces feux ont perdu le caractère sacré qu'ils avaient chez les Celtes, excepté en Bretagne où l'on disait, encore au début du XXe siècle, que les défunts revenaient lors de cette nuit particulière : avant de partir, on disposait des pierres pour leur servir de sièges autour des bûchers.

La pratique très commune des feux de la Saint-Jean fut combattue par l'Église. Bossuet († 1704), dans *le Catéchisme de Meaux*, dénonce les superstitions qu'ils entraînaient : « Danser à l'entour du feu, jouer, faire des festins, chanter des chansons déshonnêtes, jeter des herbes par-dessus le feu, en cueillir avant midi ou à jeun, en porter sur soi, les conserver le long de l'année, garder des tisons ou des charbons du feu et autres semblables. » Certains diocèses interdirent ces pratiques, mais le clergé finit par adopter l'usage des feux en bénissant le bûcher cérémoniel avant de l'allumer.

On attribuait aux feux de la Saint-Jean un but magique et protecteur, ainsi qu'à la course de roues enflammées fertilisantes jetées du haut de collines dans certaines régions (en Lorraine, par exemple). Tous ceux qui dansaient autour des bûchers, le bétail qu'on faisait passer dans la fumée et les cultures des champs voisins bénéficiaient du pouvoir purificateur des feux. On y brûlait parfois des animaux mal aimés liés à la sorcellerie : crapauds, rats, couleuvres, chats noirs. Le vacarme cérémoniel (pétards) accompagnait souvent ces feux dans le but de « faire peur aux démons ».

En Bretagne, le bruit des « chaudrons sonores », qui résonnaient quand on les frottait, s'entendait de loin et permettait de se répondre de place en place. Les tisons du bûcher cérémoniel étaient soigneusement conservés dans les maisons : ils étaient mis à brûler dans la cheminée par temps d'orage et les cendres étaient réparties dans les campagnes pour les protéger de la foudre et de l'incendie.

Quand les flammes baissaient, les sauts par-dessus les feux, réputés fécondants, promettaient le mariage dans l'année ; certains futurs époux se déclaraient à cette occasion. Comme au moment du solstice d'hiver, cette fête était propice aux divinations. Afin de rêver de leur futur mari, les jeunes filles plaçaient neuf « herbes » sous leur oreiller ou jetaient du plomb fondu dans un seau d'eau : le lendemain, le métal dévoilait une initiale ou un outil, qu'elles interprétaient.

Les coutumes autour de l'eau étaient aussi importantes que celles autour du feu. Cette nuit magique était supposée déposer ses vertus sur la rosée, l'eau des sources, des cours d'eau, des fontaines. On s'y baignait, on en buvait et on en donnait à boire aux animaux ; on se roulait dans l'herbe humide ; en Provence on s'aspergeait... À jeun, avant le lever du soleil, ou à midi, on récoltait neuf « herbes », espèces communes de fleurs rendues précieuses par la rosée qui les imprégnait. Ces « herbes », aux vertus magiques et thérapeutiques, variaient selon les régions : millepertuis, armoise, verveine, marguerite, sauge, lierre terrestre, iris ou glaïeul des marais, sureau, fenouil, camomille, aubépine, tilleul, lavande, fougère... On en faisait des fumigations pour « écarter les démons et les orages ».

◆ La coutume des feux de la Saint-Jean, bien que souvent abandonnée, n'a pas totalement disparu de France ; parfois même, elle est réhabilitée. Les feux de joie peuvent avoir lieu un peu plus tard, à la fête des Saints-Pierre-et-Paul, le 29 juin, ou à la Saint-Thiébaut, le 30 juin.

Le « petit saint Jean »

- La Saint-Jean, fête du protecteur des troupeaux, entraînait avant tout des cérémonies agraires : offrande d'agneaux, bénédiction du bétail..., comme le montrent quelques exemples de dramatisation autour d'un « petit saint Jean », enfant couronné de fleurs et vêtu d'une peau de mouton.
- Ainsi, à Valréas (Vaucluse), chaque année, le 23 juin, la passation de pouvoirs du « petit saint Jean » donne lieu à deux cortèges où figurent 400 personnages costumés. L'origine de cette fête, à la fois historique et légendaire, remonterait à 1504 : pour échapper aux convoitises d'une commune voisine qui voulait s'emparer des reliques du saint, on les remplaça par une figuration vivante de saint Jean-Baptiste. Après la bénédiction de l'étendard et le salut solennel du chef des Bouviers, le « petit cortège » se met en marche au son des tambours avec, au milieu des personnalités de la ville, le Prince à l'Agneau. La cérémonie d'intronisation, qui a lieu au château de Simiane, est suivie du « grand cortège » formé, outre des nombreux dignitaires de la commune, par le chef des Bouviers et le char de l'agriculture, enfin par les représentants des corporations locales portant flammes et bannières.

☛ **Année, Belteine, Brandons, Catherine (Sainte-), Fête, Feu de joie, Flambeaux (retraite aux), Historiques (reconstitutions), Pierre (Saint-), Vacarme cérémoniel, Végétaux.**

JEANNE D'ARC (fête de)

La fête de Jeanne d'Arc, le deuxième dimanche de mai, célèbre la délivrance d'Orléans le 7 mai 1429. Elle devint « fête du patriotisme » après son adoption à l'unanimité par la Chambre des députés et le Sénat le 10 juillet 1920. Comme lors de la Fête nationale, les bâtiments publics sont pavoisés et, dans les grandes villes, les statues de Jeanne d'Arc sont fleuries.

Il ne faut pas confondre cette célébration patriotique avec celles mises en place à la même époque par certains partis politiques d'extrême droite.

Chaque année depuis 1430, la fête de Jeanne d'Arc occasionne plusieurs jours de liesse à Orléans où d'imposants défilés commémorent la délivrance de la ville par la « sainte de la Patrie », selon l'expression de Maurice Barrès († 1923). Une jeune Orléanaise incarne l'héroïne et une longue procession des représentants de la société civile, du clergé et de l'armée chemine à travers la ville. Des festivités ont lieu dans les quartiers : spectacle son et lumière, concerts, animations, marché médiéval, etc.

☛ **Historiques (reconstitutions), Patriotiques (fêtes).**

JEUDI SAINT

Le jeudi saint, les chrétiens commémorent la Cène (du latin cena, *« dîner »), dernier repas que le Christ a partagé avec ses apôtres la veille de sa mort, avant la trahison de Judas, et l'institution du sacrement de l'eucharistie. Lors de chaque messe, le prêtre reproduit les gestes de Jésus et consacre le pain et le vin qui deviennent le corps et le sang du Christ.*

Au Ve siècle, en Gaule, deux messes avaient lieu le jeudi saint : l'une le matin pour célébrer la fin du carême – le « Triduum pascal » (le jeudi saint, vendredi saint et samedi saint) est un temps à part –, et l'autre, le soir, pour commémorer la Cène. Au VIIIe siècle, une messe unique s'imposa, qui comprenait, dans les cathédrales, la confection du saint chrême (huile sainte réservée à certaines onctions). Dans les églises, on reconstituait des reposoirs ornés de luminaires et de fleurs pour l'adoration de l'eucharistie. L'abus de décors aux scènes trop réalistes entraîna leur abandon au milieu du XXe siècle.

- Les défilés de pénitents se mettent en place et, en signe de deuil, les cloches se taisent, après l'hymne du Gloria, le jeudi saint, jusqu'à la veillée pascale, le samedi soir. On dit qu'elles vont à Rome chercher des œufs qu'elles déposeront dans les jardins à leur retour, dans la nuit de Pâques. Encore dans la seconde moitié du XXe siècle, pour annoncer l'Angélus et les offices (« les ténèbres ») du jeudi au samedi de la semaine sainte, les enfants agitaient dans les rues des villages des contre-cloches en bois : martelets, crécelles, claquoirs, maillets, etc. Cette musique d'instruments discordants, considérée comme infernale, est en réalité un très ancien rite printanier d'ordre carnavalesque.
- En Alsace, en ce « jeudi vert », on doit consommer de la verdure (des épinards). Autrefois, il s'agissait d'une soupe constituée de neuf herbes fraîchement poussées. Cela évoque la coutume des herbes servies au Seder, repas rituel de Pessa'h.

☛ **Carême, Cloches, Pâques, Pénitents, Pessa'h, Repas, Seder, Semaine sainte, Vacarme cérémoniel.**

JEUNESSE (sociétés de)

Les sociétés de jeunesse – qui portaient par exemple le nom d'« abbayes », de « bachelleries » ou de « royaumes de jeunesse » – groupaient autrefois les jeunes gens célibataires d'une même localité et jouaient un rôle social et policier important. Ces sociétés marquaient le passage de l'âge de l'adolescence à l'âge adulte. Parallèlement existaient d'autres associations urbaines, tout aussi réglementées – comme celle des étudiants ou celle des clercs –, les « basoches », qui organisaient les fêtes annuelles, les monômes et d'autres réjouissances, tout en veillant au soutien financier et moral des plus pauvres.

Comme les jeunes filles groupées sous la protection de sainte Catherine, les jeunes garçons se plaçaient sous le contrôle de saints patrons : saint Nicolas, évêque de Myre (Asie Mineure) au IIIe-IVe siècle, patron des jeunes gens dans le nord de la France ou, plus fréquemment, saint Sébastien – patron des armuriers – martyr romain du IIIe siècle, qui fut criblé de flèches. Ce patronage guerrier atteste le rôle militaire de ces sociétés dont la création fut déterminée au milieu du Moyen Âge par des nécessités de défense collective. Cette fonction militaire a conduit à l'amalgame avec la conscription, à partir du début du XIXe siècle, et a réduit ces sociétés à une classe d'âge définie qui change chaque année. Les sociétés de jeunesse ont progressivement décliné au cours du XXe siècle.

Suivant les régions, l'âge minimal requis variait (entre seize et dix-huit ans). L'adhésion à ces sociétés débutait par le passage d'une étape définie (prouesse sportive ou amoureuse). Il fallait aussi acquitter une légère imposition, le « droit de reconnue », au capitaine ou au trésorier.

Sous le contrôle de la municipalité, le chef de ces sociétés était élu chaque année à Noël, à Pâques ou à la Pentecôte, après avoir prouvé son habileté au maniement des armes (tirs à l'arc...) ou remporté une compétition en attrapant un oiseau, en gagnant une course de chevaux, etc. Il était parfois nommé par le clergé. Ce président, costumé ou endimanché, arborait fièrement son bouquet (signe distinctif des conscrits également), tandis qu'un cortège de dignitaires l'accompagnait. Il portait un nom qui reprenait souvent celui d'une autorité de la région : capitaine de jeunesse ou capitaine de ville, empereur, prince, roi, abbé, prévôt, lieutenant, chef...

Ces sociétés remplissaient de multiples fonctions : elles veillaient à la sécurité, à l'organisation de réjouissances tant profanes que

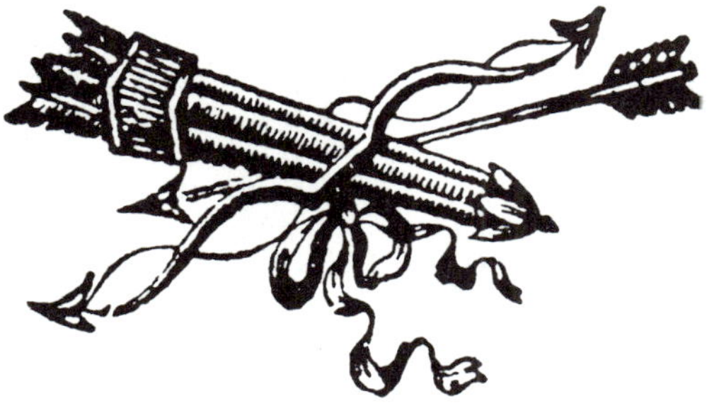

religieuses. Leur rôle militaire leur permettait de faire la police au moment des fêtes qui risquaient de déborder, comme les carnavals. Elles veillaient au respect de la morale et organisaient des charivaris, lors des remariages par exemple. Elles établissaient des quêtes et des tournées au moment des étrennes, de la fête patronale ou de la Saint-Jean dans un but à la fois religieux et profane (musiciens, banquets, bals, bois pour le bûcher, achat de cire pour l'église...), plantaient les mais sur les places ou aux portes des notables ou encore aux portes des jeunes filles la nuit du 1er-Mai, multipliaient les farces en prélevant cette nuit-là tout ce qui traînait dans les rues ou les jardins...

- Les bravades provençales, où l'on fait « parler la poudre », témoignent de la survivance de ces sociétés. Certaines manifestations ont toujours lieu, comme la plantation des mais ou les farces jouées aux voisins la nuit du 1er-Mai dans diverses localités de l'est, du centre et du sud-ouest de la France. Lors des mariages, les jeunes gens se signalent par leurs discours humoristiques ou leurs farces.
- Aujourd'hui, la mixité dans les écoles, associations étudiantes, clubs de supporters, etc., a changé la donne, de même que l'habitat urbain et l'anonymat qui l'accompagne. Mais les bandes, avatars modernes des sociétés de jeunesse, se caractérisent toujours par leurs meneurs.

☛ **Adolescents, Barrière, Bravade, Catherine (Sainte-), Charivari, Classes d'âge, Conscrit, Coq, Étudiants, Farces, Mais, Mariage, Nicolas (Saint-), Patronale (fête), Roi, Sébastien (Saint-), Tournées cérémonielles.**

JEUX

Les jeux sont inhérents aux fêtes, au même titre que les concours ou les danses. Ces activités gratuites, plus ou moins élaborées, prouvent la vitalité de la jeunesse locale qui représente l'avenir. Ces jeux font appel à la force et à l'adresse des participants au vu du quartier ou du village, au vu des jeunes filles surtout : les vainqueurs en retirent un certain prestige et la promesse d'une protection d'ordre magique.

Ces jeux rituels ont différentes fonctions – élire, séduire, ou tout simplement distraire –, selon la règle et l'âge des participants. Comme les concours, ils permettent de régler des différends entre rivaux (habitants de villages voisins, célibataires contre jeunes mariés...).

Les jeux pour élire le chef d'une société de jeunesse (tirs à l'arc, jeux avec des volailles ou des chevaux) étaient très surveillés par les jeunes filles. D'autres jeux pour séduire ces dernières étaient moins innocents : au carnaval, les jeunes gens cherchent encore maintenant à les barbouiller ou à leur lancer des œufs ; lors des pardons bretons, le jeu prometteur du « fouil jakot » consistait pour le jeune homme à fouiller avec ardeur dans les poches des demoiselles pour y trouver des pommes ou des noisettes, symboles de fécondité.

Les jeux des fêtes du calendrier

- Jeux collectifs printaniers (célibataires contre hommes mariés) : soules.
- Jeux avec des œufs au moment de Pâques, nombreux en milieu rural : roulée, toquée, courses aux œufs... ils demandent de l'adresse, car il ne faut pas casser les coquilles.
- Jeu de casse-pots à la Quasimodo.
- Jeux avec des oies à Pâques ou à la Saint-Martin : il faut réussir à abattre, les yeux bandés, le volatile suspendu.
- Jeux avec des cartes la nuit de la Saint-Sylvestre, pour s'assurer que la chance accompagnera l'année qui vient...

- Aujourd'hui encore, les jeux de lancer (boules, quilles, bâtons, ballons, barres, palets...) et de tirs (cible, chamboule-tout...) ne manquent pas de figurer dans le programme des fêtes communales, de même que les mâts de cocagne enduits de suif ou de savon qu'il faut réussir à escalader pour s'emparer de leur butin.

◆ Dans les ports méditerranéens, on organise des joutes nautiques et des jeux de la bigue qui consistent à parcourir un mât enduit de suif, placé à l'extrémité d'un bateau, horizontalement.

☛ **Anniversaire, Barbouillage, Classes d'âge, Combats, Concours, Jeunesse (sociétés de), Jeux équestres, Joutes, Luttes, Mât de cocagne, Patronale (fête), Quasimodo, Sébastien (Saint-), Soule.**

JEUX ÉQUESTRES

Les jeux équestres témoignent de l'attachement de l'homme pour le cheval. Ce dernier était aussi bien le partenaire privilégié du paysan, dans ses travaux journaliers, que le compagnon préféré de l'aristocrate, dans ses exercices de plein air. Ces jeux de force et d'adresse mettaient en valeur la virilité du cavalier auprès du village entier et particulièrement auprès des jeunes filles.

À la fin du IIe siècle après J.-C., sur le modèle des courses de chars de l'Antiquité romaine, les jeux sur hippodrome se répandirent à Byzance, puis donnèrent naissance aux courses organisées entre différents quartiers, comme le Palio de Sienne, encore pratiqué. Vers la fin du IXe siècle, les tournois se développèrent en France avec la chevalerie. Ces jeux équestres réservés à la noblesse, qui connurent leur apogée au XVe siècle à la cour de Bourgogne, étaient indissociables des fêtes seigneuriales. Ils furent interdits en 1560, après que le roi Henri II eut succombé à une blessure reçue au cours d'un tournoi en 1559. L'époque héroïque du turf, à la fois spectacle et jeu, commença vers 1600 en Angleterre.

Jusqu'au début du XXe siècle, bien des jeux équestres avaient lieu au moment du printemps (à l'Ascension ou à la Pentecôte), car le martèlement du sol, censé éveiller la végétation, était un gage de fertilité. Ces jeux très anciens avaient une fonction agraire indiscutable. À ces occasions, on élisait le chef de la société de jeunesse. Dans les mascarades du carnaval, le cheval est parfois remplacé par le cheval-jupon qui évoque, après un simulacre de mort, la renaissance de l'animal permise par le printemps.

◆ Il existe encore en France, comme dans plusieurs pays d'Europe, des quintaines telles que la fête des Lances à Champagné (Sarthe), le jour des Rameaux, ou la Quintaine de Saint-Léonard-de-Noblat (Haute-Vienne), le 6 novembre, lors de la fête patronale. L'ermite franc saint Léonard, qui vécut au VIe siècle dans le Limousin, est réputé protecteur des cultures contre la grêle et protecteur du bétail, surtout des chevaux, de même que saint Éloi (VIe-VIIe siècle), le fameux trésorier de Dagobert. En Provence rhodanienne, fin juin, les courses de la « Saint-Éloi d'été » mettent en compétition des chevaux harnachés à la « sarrazine », qui conduisent au galop une charrette de verdure, la charrette ramée. En Camargue et dans la région d'Arles, des jeux équestres ponctuent les fêtes de la Saint-Georges (23 avril), patron des gardians (gardiens de bétail, de chevaux).

◆ Lors des fêtes patronales figurait souvent le « jeu de bagues », jeu d'adresse où le cavalier lancé au grand galop devait réussir à décrocher un anneau avec une longue perche.

◆ Le cheval est maintenant lié aux loisirs. On pratique l'équitation pour le plaisir ; on élève des chevaux pour les matchs de polo, pour les courses sur les hippodromes, pour les concours hippiques ou pour les chasses à courre en forêt. En revanche, c'est la moto qui a remplacé l'animal auprès d'une grande partie des jeunes gens : « La machine, comme la bête, donne au jeune homme les mêmes sensations de grandeur, de puissance, de liberté. Elle facilite la vitesse, la conquête du monde, l'enlèvement de la fiancée, autant d'initiatives nécessaires à l'épanouissement de sa personnalité », explique l'historienne Michèle Bardout.

☛ **Animaux domestiques, Bravade, Cavalcade, Cheval-jupon, Concours, Éloi (Saint-), Jeux, Quintaine, Rodéo, Tauromachie.**

Cortège des rois mages : Laurent le Magnifique, détail, Benozzo Gozzoli, XVe siècle.

Fête campagnarde avec danseurs, Pierre Angillis, XVIIIe siècle.

JOUR DE L'AN

Voir Nouvel An

JOUR DES MORTS

Le « jour des Morts », le 2 novembre, est pour les chrétiens la journée de la commémoration des défunts. Il est placé le lendemain de la Toussaint (1er-novembre), fête des martyrs et de tous les saints. Les chrétiens, qui ont foi en la résurrection, croient que la mort physique n'est pas le terme de leur relation avec Dieu : pour ceux qui le méritent, elle n'est que le passage obligé vers le paradis.

Le culte des défunts (du latin *defunctus*, « qui s'est acquitté de ses fonctions », « qui a accompli sa vie »), présent dans toutes les civilisations, remonte à la préhistoire. Le culte des martyrs (du grec *martur*, « témoin »), célébré à Rome dès le début du VIIe siècle avant J.-C., est une forme de culte des défunts. Ce jour des Morts, ou « fête des Trépassés », placé dans le prolongement immédiat de la Toussaint, dut son expansion aux moines clunisiens. Saint Odilon, abbé de Cluny, l'aurait établi au début du XIe siècle dans ses monastères, après avoir appris d'un pèlerin de Jérusalem les supplices qu'enduraient les trépassés « dans la fournaise du Vésuve » ou « dans une île déserte et volcanique », selon les mots de ce dernier.

Saint Odilon est invoqué pour le repos des âmes du purgatoire (« temps d'épreuve permettant la purification préalable de ceux qui sont admis à partager le bonheur de Dieu », selon le dogme catholique).

- Le jour des Morts était autrefois un jour chômé. Encore à la fin du XIXe siècle, en Bretagne, on faisait brûler dans la cheminée, le soir de la Toussaint, une bûche destinée aux défunts qui venaient visiter les vivants cette nuit-là. Elle ne devait servir ni à cuire des aliments ni à se chauffer. Cette bûche est comparable à la bûche de Noël mise solennellement à brûler dans la cheminée. Cette coutume montre aussi la dimension sacrée qu'avait la fête celtique de Samain (devenue Halloween), où l'on célébrait le feu nouveau. En Cornouaille, accompagné de la sonnerie du glas et vêtu d'une tunique parsemée de tibias et de larmes, le « clocheteur des trépassés » précédait un groupe de quêteurs qui, à partir de neuf heures du soir environ, allaient de porte en porte jusqu'au petit jour en chantant :

  « Réveillez-vous, gens qui dormez,
  Priez Dieu pour les trépassés. »
- Le produit de la collecte était versé au profit de messes et de services funèbres.
- Dans de nombreuses régions de France, ce chant de quête des Réveillées résonnait aussi la nuit, pendant la Semaine sainte :

  « Chrétiens, réveillez-vous !
  Allons voir notre maître !
  Allons le reconnaître,
  Puisqu'il est mort pour nous. »
- C'est souvent le jour de la Toussaint – jour d'allégresse pour les chrétiens – que les familles se réunissent dans les cimetières pour fleurir la tombe de leurs ancêtres.

☛ **Ancêtres, Bûche de Noël, Réveillées, Samain, Toussaint.**

JOUTES

Les joutes, qui se déroulent l'été à l'occasion de fêtes patronales (fêtes votives ou vogues selon la région…), sont les versions nautiques des tournois chevaleresques. Elles se pratiquent dans les ports de Méditerranée (Provence et Languedoc), ou sur des cours d'eau, dans les régions lyonnaise et parisienne. Chacun des deux jouteurs, debout sur une plate-forme à l'arrière d'une embarcation mue par une dizaine de rameurs (ou par un moteur), essaie de faire tomber l'adversaire, tout en évitant le coup de lance de celui-ci : s'il gagne, et s'il reste sur la plate-forme, il mérite le titre de fraïré (« frère »).
Il y a deux sortes de joutes : la joute par équipe qui se fait jusqu'à la complète élimination des cinq, huit ou dix jouteurs, et la joute individuelle, dite « à la mêlée ».

Une joute (du latin *juxta*, « près de ») était au Moyen Âge un combat singulier à cheval. Connues en Italie, les joutes sur l'eau arrivèrent en Provence probablement avec les combats navals, particulièrement appréciés par les Romains : elles sont attestées sous le roi René, au XVe siècle, sous le nom de « targue », ou « targo » (du francique *targa*, « bouclier »). C'était un divertissement très prisé.

Certaines joutes oubliées furent remises à l'honneur par les pêcheurs au début du XXᵉ siècle. Ligues et sociétés se sont peu à peu constituées. Le premier championnat de France de joute eut lieu en 1959.

Cette attraction populaire se déroule au son du tambour et du hautbois, destiné à rythmer l'effort des rameurs :

Qu'a gagna la targo ?
Lou patroun Vincent
Emé sa lancetto
N'en fé tomba cent.

(« Qui a gagné la targue ?
Le patron Vincent
Avec sa lancette
Il en fit tomber cent. »)

Deux embarcations, les « barques-tintaines », se croisent le plus près possible, tribord contre tribord : à l'arrière s'élève un genre d'échelle mesurant trois mètres, au bout de laquelle est fixée une plate-forme où se tient le jouteur, à quatre mètres environ audessus de l'eau. Les jouteurs, de blanc vêtus, sont munis d'un plastron, bouclier de bois attaché sur la poitrine, et d'une lance, long bâton de bois rond de plus de deux mètres, qu'ils tiennent d'une seule main (la droite). Parfois, ils tiennent le bouclier (le pavois) de la main gauche et ont alors un plastron de liège.

- À Sète, les célèbres joutes ont toujours lieu à l'occasion de la Saint-Pierre (29 juin) et de la Saint-Louis (25 août). Par ailleurs, des petits tournois sont organisés chaque semaine pendant l'été sur les canaux de la cité.
- Autrefois, les célibataires étaient opposés aux hommes mariés : ils étaient dirigés par le capitaine (le « cap ») qui portait le drapeau de sa compagnie. La couleur bleue était réservée aux jeunes gens (leurs habits, la barque et les lances étaient bleues), tandis que le rouge était la couleur des hommes mariés. Au Moyen Âge, en Provence, le bleu était attribué aux seigneurs, et le rouge au peuple. Parfois, la joute fait place à la bigue, exercice d'équilibre au-dessus de l'eau sur une poutre enduite de suif.

☛ **Concours, Jeux, Mer (fêtes de la), Votive (fête).**

JUBILÉ

Le jubilé est une fête célébrée à l'occasion du cinquantenaire de l'entrée d'une personne dans une fonction ou dans une profession, etc.
Ce mot vient de l'hébreu yôbel, *« corne de bélier », trompe dont la sonnerie inaugurait l'année jubilaire juive, en souvenir de celle que le peuple juif fit résonner en entrant à Jéricho, à son arrivée en Palestine (la « Terre promise ») vers 1200 avant J.-C., selon la Bible. Le mot comporte donc un aspect de joie et d'actions de grâces collectives.*

Selon le Lévitique, tous les cinquante ans, l'année juive était dite « jubilaire ». Cette année de rémission était consacrée à Dieu : elle entraînait l'effacement des dettes et le retour au sein de la famille. Pour laisser la terre se reconstituer, semailles, moissons et vendanges étaient interdites.

Les papes de l'Église catholique ont établi à leur tour la pratique jubilaire pour la remise des péchés et la sanctification du temps : la première « année sainte » fut instituée en 1300 par Boniface VIII. La durée de cent ans entre deux jubilés fut réduite à cinquante ans dès 1350, puis à vingt-cinq ans à partir de 1475.

Désormais, pour les chrétiens, c'est une fête religieuse occasionnelle, qui a lieu tous les vingt-cinq ans, lors d'une « année sainte ». Viennent s'y ajouter des jubilés extraordinaires : comme en 1933 et 1983 (soit 1900 et 1950 ans après la mort du Christ). Il existe aussi des jubilés nationaux : ainsi en France, en 1896 par exemple, pour le 14e centenaire du baptême de Clovis, ou en 1958, pour le centenaire des apparitions de Lourdes.

☛ **Anniversaire, Rosh Hashana, Yom Kippour.**

14-JUILLET

Le 14-Juillet est la fête nationale de la France. Cette fête de la patrie donne lieu le matin à un important défilé militaire sur les Champs-Élysées à Paris, devant le chef de l'État et les autorités civiles et militaires. Ce défilé, retransmis par les médias, est suivi d'une garden-party dans les jardins du palais de l'Élysée, d'un discours télévisé du président de la République et de la remise de décorations à différentes personnes méritantes.

Des réjouissances sont organisées dans toute la France. Certaines ont lieu à la nuit tombée, le 14 juillet ou la veille : retraite aux flambeaux, bals populaires (ou « bals des pompiers », corps très aimé qui symbolise le lien idéal entre l'État et les citoyens), feux d'artifice ou autres spectacles pyrotechniques, banquets, jeux, etc., dans un vacarme cérémoniel attendu (pétards). Villes et villages sont pavoisés.

Le 14-Juillet commémore la prise de la Bastille au début de la Révolution française (14 juillet 1789), ainsi que la fête de la Fédération, grande fête civique et pacifique qui réunit un an plus tard (14 juillet 1790), au Champ-de-Mars à Paris, les délégués des gardes nationales et des différentes régions de France, dans un esprit d'union républicaine. L'idée d'une « fête nationale », « sorte d'institution qui doit être considérée comme une partie essentielle de l'éducation publique » selon les propres paroles de Robespierre prononcées le 18 floréal an II, a germé pendant la Révolution, afin d'associer le peuple aux manifestations nationales et de rompre ainsi avec les fêtes de l'Ancien Régime, princières ou religieuses. Mais la fête « nationale » (dans son principe actuel) n'est vraiment apparue qu'en 1880, sous la IIIe République.

En 1879, Gambetta remit à l'honneur la date du 14 juillet, qui avait été irrégulièrement fêtée jusque-là, en organisant à Paris une revue militaire à Longchamp. L'année suivante, Jules Grévy en fit une fête nationale et une fête militaire (décret du 6 juillet 1880). Le choix de la date révolutionnaire ne fit pas l'unanimité et certains auraient préféré le 4 août, qui rappelait l'« abolition des privilèges ». Toutefois, après la Première Guerre mondiale, le 14-Juillet, célébration patriotique par excellence, symbolisant l'incarnation de la République et la souveraineté nationale, gagna son caractère intemporel. Par ailleurs, cette date tombait particulièrement bien dans le calendrier populaire : elle marquait la fin de l'année scolaire et offrait une pause aux paysans absorbés par les grands travaux de l'été (moissons).

Le 14 juillet 1919, quelques mois après la signature de l'Armistice (11 novembre 1918), on assista pendant plus de six heures à un imposant et enthousiaste défilé de la Victoire, sur les Champs-Élysées, qui passa sous l'Arc de Triomphe.

Après la Seconde Guerre mondiale, le défilé du 14-Juillet devint aussi, grâce à la télévision, la vitrine des dernières innovations en matière d'armement, pour les Français et les étrangers.

Les bals du 14-Juillet

- Jusqu'au XVIIIe siècle, le « bal » restait l'apanage de la noblesse. Son appropriation par la République permit de parler d'abord de « bal des républicains », bal d'une communauté parmi d'autres, puis de « bal des citoyens ».
- Le 14 juillet 1790, une pancarte indiquait sur les ruines de la Bastille « Ici l'on danse », mais la grande époque des bals du 14-Juillet, fête laïque et républicaine, fut l'entre-deux-guerres.
- Le soir du 13 juillet, des estrades dressées devant les cafés et sur les places permettaient à des groupes d'accordéonistes d'accompagner les danseurs d'un soir. À Paris, il était alors possible de se promener de carrefour en carrefour sans s'arrêter de danser. Ces bals reprirent en 1947, mais la mode décrut dans les années 1960, parallèlement à la désaffection pour l'accordéon et à la séparation des âges dans les fêtes populaires.
- Les fameux bals des pompiers, donnés dans les casernes ou sur les places publiques, perpétuent cependant cette tradition.
- Aujourd'hui, c'est à l'occasion de la fête de la Musique, le 21 juin, que des estrades pour orchestres sont dressées dans les rues, mais la population qui s'y presse ne danse pas toujours.

☛ **Arc de triomphe, Armistice du 11 novembre 1918, Bal, Célébration, Cérémonie, Commémoration, Décoration, Discours, Drapeau, Fanfare, Fédération (fête de la), Flambeaux (retraite aux), Garden-party, Musique (fête de la), Patriotiques (fêtes), Souvenir (cérémonial du).**

KARAOKÉ

Le karaoké (du japonais kara, *« vide », et* oke, *« orchestre » ; littéralement « orchestre absent ») est un divertissement chanté. Il permet à tout individu d'interpréter, sur une musique enregistrée, une chanson en solo, en duo ou en chœur, en lisant les paroles sur un écran. Le mot désigne également le bar ou le restaurant qui propose cette distraction.*

Ce type de divertissement, né dans un snack-bar de Kobe au Japon, est apparu en Europe dans les années 1990 par le biais des restaurants asiatiques.

☛ **Chansons, Concert, Crochet, Danse.**

KERMESSE

La kermesse (du moyen néerlandais kerkmesse, *« messe d'église ») est une fête patronale dans le nord de la France, en Belgique et aux Pays-Bas, célébrée par des réjouissances en plein air.*

La kermesse, mot devenu d'usage courant, désigne aussi une vente de bienfaisance organisée au profit de causes communes, charitables ou humanitaires : kermesses des écoles, ventes de charité, « journées d'amitié », etc.

La kermesse demande souvent une lourde préparation, parfois de plusieurs mois, pour réunir les produits et lots vendus ou offerts. Les divers emplacements, appelés « stands » (de l'anglais *to stand*, « se dresser ») ou comptoirs, offrent des services et des marchandises variés : bar, alimentation, confection, livres, brocante, jouets, jeux, maquillage, loterie…

☛ **Bienfaisance, Ducasse, École (fête de l'), Patronale (fête).**

KIPPOUR

Voir Yom Kippour.

KLAXONS

Voir Vacarme cérémoniel.

KOL HANE'ARIM

La fête juive de Kol Hane'arim, ou fête de « tous les enfants », a lieu le lendemain de Sim'hat Thora (« joie de la Thora »), le neuvième jour de Soukkôth, au mois de Tishré (septembre/octobre). Comme le jour de Sim'hat Thora, la fête de « tous les enfants » exprime la joie après Soukkôth.
Cette journée de réjouissance populaire est l'occasion d'un grand repas, où figurent des compotes et des confitures faites avec les fruits de l'automne ; elle est agrémentée par des jeux.

☛ Repas, Soukkôth.

L

L
Papillon.

LAG-BAÔMER

Le 18 du mois d'Iyyar (mai/juin), Lag-Baômer, « le trente-troisième jour de l'Omer » (entre Pessa'h et Shavouôth), est une joyeuse fête juive où l'on se réjouit des prémices de la moisson.
Cette journée de pique-niques, de compétitions sportives et de jeux en plein air est marquée le soir par des feux de joie allumés par les enfants. Lag-Baômer exprime un soulagement au milieu de l'Omer, période sombre dans l'attente de fructueuses récoltes. Cette fête ressemble au jeudi de la Mi-Carême.

☛ Feu de joie, Jeux, Mi-Carême, Omer, Pessa'h, Shavouôth.

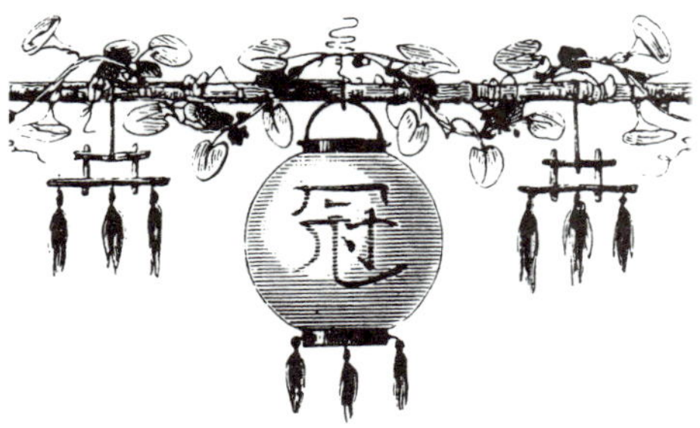

LAMPIONS

Les lampions (de l'italien lampione, *dérivé de* lampa, *« lampe », terme apparu en 1550) étaient autrefois des petits récipients contenant une matière combustible et une mèche.*
Les lanternes vénitiennes, inspirées des imposantes lanternes en bois doré connues à Venise au XVIIIe siècle, désignent actuellement des lampions en papier de couleur, souvent plissés en accordéon, servant aux illuminations des fêtes.
Les lanternes éclairées d'un lumignon et remises aux enfants lors des retraites aux flambeaux sont calquées sur ce modèle.

Les lampions suspendus et les lanternes vénitiennes, dont le simple nom rappelle l'importance de l'Italie dans l'organisation des spectacles nocturnes, éclairés au gaz ou, après 1887, à l'électricité, remplacèrent au XIXe siècle les lampes à huile ou chandelles qui fumaient et sentaient fort, et qui n'éclairaient que très médiocrement les décors.

L'air des lampions

• Réclamer une chose sur « l'air des lampions » revient à la scander sur la même note en trois syllabes détachées, sur un rythme de polka. Cela ferait référence à l'exclamation « Des lampions ! Des lampions ! », reprise par la foule qui aurait, par ce cri, manifesté sa joie lors des émeutes des 19 et 20 novembre 1827, ou réclamé l'illumination des rues le soir. L'air des lampions sert à demander le lever de rideau au théâtre (« Le rideau ! Le rideau ! »), ou l'apparition de quelqu'un ou de quelque chose (« Au balcon ! Au balcon ! »).

☛ Flambeaux (retraite aux), Illuminations, Lanternes végétales.

LANTERNES VÉGÉTALES

Les lanternes végétales, visages de spectres sculptés dans des légumes (courges, concombres, betteraves, navets...) évidés et illuminés d'une bougie, sont utilisées par les enfants dans certaines fêtes à partir de la fin octobre.
Plus petites que les lourdes citrouilles de Halloween (Jack o'Lantern), les lanternes sont portées au bout d'une baguette d'arbre fruitier ou d'osier. Aujourd'hui, elles sont souvent remplacées par des lanternes en carton. Les chants accompagnent ces défilés, qui sont suivis de quêtes cérémonielles auprès des habitants.

Les défilés aux lanternes, accompagnés de tournées de porte en porte, sont communs, de Halloween à la Chandeleur, à plusieurs autres pays d'Europe celtisés (Autriche, Allemagne, Suisse, Pays-Bas, Irlande, Écosse...), preuve de l'ancienneté de cette coutume liée à l'hiver dans l'hémisphère Nord.

Le légume creusé est un rite agraire de multiplication en cette époque stérile ; la présence de la lumière est censée, quant à elle, conjurer l'obscurité grandissante et les craintes que cette dernière engendre, particu-

lièrement celle de la mort et des « démons » (esprits inquiétants). Le vacarme cérémoniel de ces tournées bruyantes a également une fonction d'exorcisme.

- Dans les villes du nord de la France, lors de la fête automnale des Allumoirs, les enfants promènent leurs lanternes à la tombée de la nuit, en chantant :

  « Vivent les allumoirs, ma mère,
  Vivent les allumoirs,
  On les allume quand il fait noir,
  Vivent les allumoirs. »

  et ils font craquer des pétards. Puis, comme à Halloween, les enfants quêtent aux portes des maisons.
- Au XXe siècle encore, près d'Épinal dans les Vosges, un défilé des lanternes avait lieu à « la Samain », le 31 octobre. L'ancienneté de cette fête est attestée par son nom celtique.
- En Allemagne, par exemple, ce type de défilés a toujours lieu la veille au soir de la Saint-Martin, le 10 novembre. À Dunkerque, pour cette fête, les enfants (les « mousses ») munis de lanternes font un grand vacarme au moyen de « teutres » (cornes) et de chaînes. La municipalité leur jette des pâtisseries : cette coutume évoque l'ancienne légende qui veut qu'au IVe siècle des enfants aient trouvé l'âne de saint Martin perdu dans les dunes. Le lendemain matin, en se levant, ils découvrent près de la porte d'entrée les « Crottes de l'âne » ou « Croquandoules ». Dans d'autres régions (en Picardie, par exemple), ces gâteaux sont déposés la nuit du 5 décembre, veille de la Saint-Nicolas.

☛ **Baguettes, Brandons, Chasse sauvage, Flambeaux (retraite aux), Halloween, Illuminations, Jack o'Lantern, Lampions, Martin (Saint-), Nicolas (Saint-), Tournées cérémonielles, Vacarme cérémoniel, Veillées.**

LIBATIONS

Une libation était, dans l'Antiquité, l'action de répandre un liquide (vin, mais aussi lait ou huile) sur le sol ou sur un autel en offrande à une divinité lors de sacrifices.

Dans le langage familier, faire des libations (au pluriel) consiste à boire abondamment du vin ou de l'alcool lors de festins particulièrement joyeux.

☛ **Agapes, Bacchus, Boissons, Ivresse, Maçonniques (fêtes), Repas.**

LIÈVRE DE PÂQUES

Le lièvre de Pâques est le mythique dispensateur de cadeaux qui « pond » ses œufs dans un nid la nuit de Pâques, au cœur des jardins d'Alsace et d'une partie de la Lorraine, ainsi que dans les pays germaniques et anglo-saxons. Il concurrence les « cloches » censées revenir de Rome, connues dans le reste de la France.

Cette créature nocturne, attestée en Alsace en 1572, est liée à Pâques, fête de la Résurrection. Déjà pour les Égyptiens, le lièvre était associé au dieu Osiris, chargé de la résurrection des morts. Selon Bède le Vénérable († 735), théologien et historien anglais, le lièvre était pour les Saxons l'attribut d'Eostre, ou Ostara (qui a donné en anglais *Easter*, « Pâques »), divinité de l'aube et du printemps, assimilée à la déesse nordique Freyja.

Réputé pour sa fécondité, le lièvre de Pâques suggère, comme le poisson, la multiplication. Il est censé être initié aux mystères de la vie, car il naît les yeux ouverts. C'est aussi un animal lunaire qui vit la nuit ; il est capable, dit-on, de communiquer avec les morts grâce à son gîte souterrain. Tous ces pouvoirs font de lui une créature fantastique.

- Les lapins en chocolat, à côté des œufs et des cloches dans les vitrines des confiseurs, sont les représentants sucrés de ces lièvres pascaux peu connus en dehors de l'Est de la France.

☛ **Cloches, Distributeurs de cadeaux, Œuf, Pâques, Poisson d'avril.**

LISTE DE CADEAUX

À l'occasion d'un mariage, d'une naissance, d'une bar-mitsva, d'une communion, d'un anniversaire, d'une pendaison de crémaillère, etc., une liste de cadeaux est parfois déposée auprès d'une ou plusieurs boutiques. Elle a été établie par les récipiendaires et permet aux proches et aux invités de déposer la somme d'argent qu'ils ont choisi de dépenser – plus ou moins importante, selon le lien de parenté ou d'amitié qui les lie avec le bénéficiaire – en choisissant de l'attribuer à un cadeau ou à une simple participation.

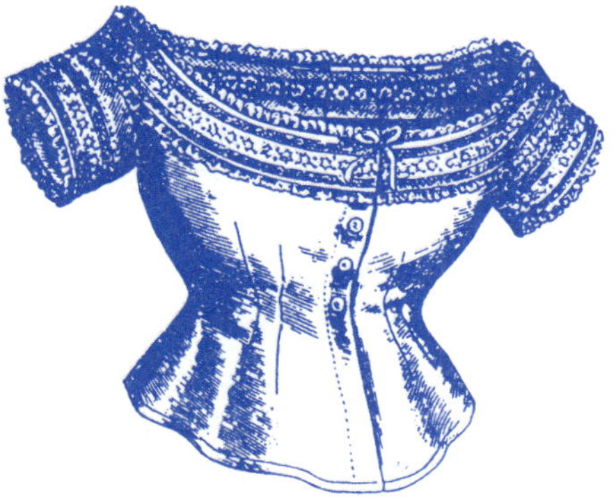

La constitution de listes de mariage est apparue dans les années 1960 à l'initiative de grands magasins et de certaines boutiques de cadeaux des grandes villes. Les trousseaux, dont s'équipaient les jeunes mariées au XIXe siècle et au début du XXe siècle, n'étant plus d'actualité, la formule de la liste s'est développée en même temps que se modernisait la cérémonie de mariage, avec des coûts en augmentation (restaurants traiteurs, etc.). Ce système équivaut donc à une sorte de « dédommagement » (contre-don) de la part des invités.

- La liste implique une distanciation avec l'objet-cadeau, qui est en quelque sorte dématérialisé et monétarisé. Mais elle permet de maintenir la façade sociale de la triangulation – invitation, obligation de cadeau, obligation de remerciement, selon le schéma du sociologue Marcel Mauss († 1950). Le cadeau, qui n'est pas aussi impersonnel qu'un virement sur un compte en banque, plaît forcément puisqu'il a été choisi par le récipiendaire.
- La nature des cadeaux sur les listes varie considérablement : vaisselle, linge de maison, articles de décoration, électroménager, meubles, matériel informatique, chaînes hi-fi, vidéo, voyage de noces, grands vins… Cette formule d'achat qui peut se faire à domicile (par téléphone, fax ou Internet), rencontre un grand succès. Certaines personnes préfèrent toutefois voir ce qu'elles offrent.

☛ **Cadeau, Don, Mariage.**

LITURGIE

La liturgie est le culte public et officiel rendu à Dieu par les Églises chrétiennes. Ce mot désigne également la manière dont les diverses communautés ecclésiales se comportent et définit les textes, les gestes et les rites. La liturgie donne aussi le cadre chronologique de nos fêtes populaires (Noël, Pâques…), fêtes qui recouvrent elles-mêmes des célébrations païennes antérieures liées aux cycles cosmiques (mouvements des saisons, course du Soleil, lunaisons, alternance du jour et de la nuit) qui rythment l'existence et qui sont à l'origine des calendriers lunaire et solaire.

Étymologiquement, la liturgie (du grec *leitourgia*, « service public ») est un service public rendu au peuple. Dans les démocraties grecques de l'Antiquité, il s'agissait d'œuvres caritatives publiques, destinées aux pauvres, aux veuves, aux orphelins, etc. : formation de chœurs, équipement de navires, jeux… Au début du christianisme, le sens d'« office accompli au service d'une communauté » évolua et pris celui de « service religieux » rendu à Dieu par une communauté.

Les liturgies orientales – l'Orient est le berceau du christianisme – concernent les patriarcats d'Antioche et d'Alexandrie. En Occident, la liturgie latine de Rome – siège de la papauté –, s'est implantée rapidement en Italie et s'est imposée dans une grande partie de l'Europe, grâce, notamment, à l'effort unificateur de Charlemagne au IXe siècle.

- La liturgie règle soigneusement les divers cérémonials dans des rituels écrits : messes (appelées « liturgies » en Orient), processions, bénédictions, utilisation de lumières (cierges), de fleurs et d'encens, prières en latin et en langue vulgaire…

◆ L'année liturgique des catholiques et des protestants débute le premier dimanche de l'Avent, dimanche le plus proche de la Saint-André (30 novembre). Celle des orthodoxes débute le Ier septembre.

☛ **Bénédiction, Calendrier, Cérémonial, Cierges, Dimanche, Fête, Mobiles (fêtes), Patronale (fête), Procession, Solennité.**

LIVRE D'OR

Un « livre d'or » est un registre destiné à l'inscription de signatures célèbres, à la réunion de commentaires élogieux. Ce registre, conservé précieusement, est mis à la disposition des visiteurs dans les musées, galeries de tableaux, restaurants, et lors de réceptions. À l'occasion de certaines fêtes, les invités signent un livre d'or dont les commentaires, élogieux en général, constituent de vivants souvenirs, au même titre qu'un album de photographies.

Le livre d'or, terme apparu en 1740, tient son nom d'un registre où figuraient en lettres d'or les noms de familles nobles.

☛ **Internet, Photographies, Réception.**

LIVRÉE

La livrée est le nom du flot de rubans, du morceau de tulle ou de tissu que les invités d'un mariage portent sur eux ou avec lequel ils décorent leur voiture, pour afficher leur appartenance au groupe constitué à l'occasion. La livrée tient son nom des vêtements aux armes d'un seigneur portés par les hommes de sa suite.

Sous l'Ancien Régime, avant le départ du cortège nuptial, étaient remises à ceux qui avaient offert des cadeaux des fleurs blanches (pour les femmes) et roses (pour les hommes) :

cette « quittance » ostentatoire incitait les donateurs réticents à s'acquitter de leur dette à temps. Pour l'ethnologue Martine Segalen, la livrée est donc plus qu'un signe de reconnaissance : le port de l'insigne est permis à condition qu'il y ait eu l'échange du cadeau de mariage, ne serait-ce que celui d'airs de musique, puisque la livrée peut être attachée aux violons et clarinettes des musiciens.

☛ **Jarretière, Mariage.**

LUMIÈRES

Voir Illuminations et Hanoukka.

LUGNASAD

Lugnasad (mot de l'ancien irlandais, « assemblée de Lug ») était une fête celtique en l'honneur du dieu suprême Lug qui avait lieu début août, au milieu de la saison chaude. Cette fête de la prospérité, marquée par une trêve militaire, célébrait le roi, garant de l'abondance. Elle occasionnait de grandes foires, donnant lieu à des discussions politiques, conclusions de mariages, ventes de bétail, jeux, courses équestres, danses et banquets.

☛ **Assemblée, Druidiques (fêtes), Foires.**

LUNDI DE PÂQUES et LUNDI DE PENTECÔTE

Les lundis de Pâques et de Pentecôte sont fériés. Bien qu'étant le prolongement de la fête chrétienne célébrée la veille, ils donnent lieu à des réjouissances profanes.

À partir du IVe siècle, on célébra l'octave de Pâques (les huit jours qui suivent Pâques) qui se termine par la fête de Quasimodo : cette semaine *in albis* (« en blanc », couleur des vêtements que portaient les nouveaux baptisés) permettait de poursuivre dans l'allégresse l'enseignement des néophytes et de catéchiser avec eux l'assemblée des chrétiens.

L'octave de la Pentecôte, attestée dès le VIIe siècle, s'est alignée sur cette semaine pascale festive, alors qu'elle coïncidait au départ avec la reprise du jeûne interrompu depuis Pâques, le « jeûne du quatrième mois ». L'octave s'est finalement réduite à une seule journée.

◆ Ces jours-là étaient réservés, traditionnellement, aux promenades avec déjeuner sur l'herbe, si le temps l'autorisait, de même qu'aux pèlerinages dans des chapelles locales. Ces traditions sont à rapprocher de celles des « cures de mai », promenades « rituelles » connues en Alsace et qui étaient censées transmettre à l'homme la vitalité de la nature. Dans plusieurs régions de France (Centre, Charente), étaient organisés des combats de coqs et des jeux équestres qui permettaient d'élire le chef de la société de jeunesse.

☛ **Dimanche, Fériés (jours), Jeunesse (sociétés de), Jeux équestres, 1er-Mai, Pâques, Pentecôte, Quasimodo, Quintaine, Walpurgis (nuit de).**

LUNE DE MIEL

Pour les jeunes mariés, la « lune de miel », appelée également « voyage de noces », est la période qui suit la cérémonie du mariage. L'expression française, calquée sur l'anglais honeymoon, *est apparue au* XIXe *siècle.* Honeymoon *vient de* honey month *(« mois de miel »), tournure qui traduit la douceur du premier mois de mariage.*
Pour les juifs, le voyage de noces ne peut commencer qu'après les sept jours qui suivent le mariage. Ils ne peuvent pas non plus travailler pendant ce laps de temps.

☛ **Mariage.**

LUPERCALES

Les lupercales, fêtes de la Rome antique, avaient lieu le 15 février, à la fin de l'année primitive qui commençait le 1er mars. À demi nus, vêtus de peaux de bouc autour de la taille, les luperques (du latin lupus, *« loup »), officiants qui personnifiaient la troupe de Faunus, dieu des Troupeaux, couraient à travers la ville pour purifier celle-ci. Ils fouettaient tout ce qui se trouvait sur leur passage avec des lanières de peau de bouc. Avant leur course, on les barbouillait du sang de boucs sacrifiés, puis on passait sur leur front des flocons de laine trempés dans du lait pour les nettoyer. Cette opération était soulignée par un grand éclat de rire.*

Les lanières des luperques rappellent les baguettes écorcées du Nouvel An. Ces fouets cérémoniels réputés insuffler la fécondité étaient connus dans toute l'Europe à cette saison, ce qui prouve l'ancienneté de cet usage.

Par l'intrusion brutale de la vie sauvage dans la civilisation, comparable à celle de l'homme sauvage, les lupercales avaient pour but non seulement de purifier et de laver la ville et ses habitants après les souillures de l'hiver – février vient du latin *februare,* « purifier » –, mais aussi d'insuffler de la vigueur à l'année nouvelle. L'utilisation de lait et de flocons de laine, éléments liés à la fécondité des troupeaux, est en effet prometteuse.

☛ **Baguettes, Carnaval, Gui, Homme sauvage, Imbolc, Ours.**

LURON

Un gai – ou joyeux – luron (gaie luronne, au féminin) est un bon vivant, toujours prêt à rire et à faire rire les autres.
Le mot « luron » comporte le radical lur-, onomatopée fréquente dans les refrains populaires, « turelure »,

par exemple. Apparu au XVe siècle et employé uniquement au masculin, il désignait autrefois un gaillard énergique.

☛ **Animateur, Boute-en-train, Farces.**

LUTTES

Les luttes figuraient parmi les jeux sportifs organisés lors des fêtes patronales, des pardons et des pèlerinages (le jour même ou le lendemain), fêtes où le profane et le sacré se mêlaient. Ces épreuves physiques à mains nues mettaient en scène les corps et attestaient la force, l'agilité et l'adresse des lutteurs, qualités nécessaires à la bonne marche des travaux quotidiens. La victoire signifiait pour le lutteur, outre la démonstration de sa puissance physique, un prestige social : il y allait souvent de l'honneur de tout un village.

Sous l'Ancien Régime, la lutte était très populaire, notamment à l'occasion des assemblées des fêtes patronales ; sociales et religieuses, ces dernières étaient aussi sportives.

En Bretagne, lors des pardons, luttes et jeux intervenaient alors que les vêpres étaient à peine terminées, au grand dam du clergé. Au cours du XIXe siècle, la lutte bretonne (ou lutte celtique) n'était plus pratiquée que dans les campagnes de basse Bretagne. Elle fut remise à l'honneur et codifiée en 1933, devenant une pratique sportive au sein d'une fédération.

◆ À côté de ces jeux sportifs se produisaient des rixes spontanées qu'on retrouve encore aujourd'hui entre bandes rivales.

☛ **Combats, Concours, Débordements, Jeux, Pardons bretons, Patronale (fête), Sport.**

M

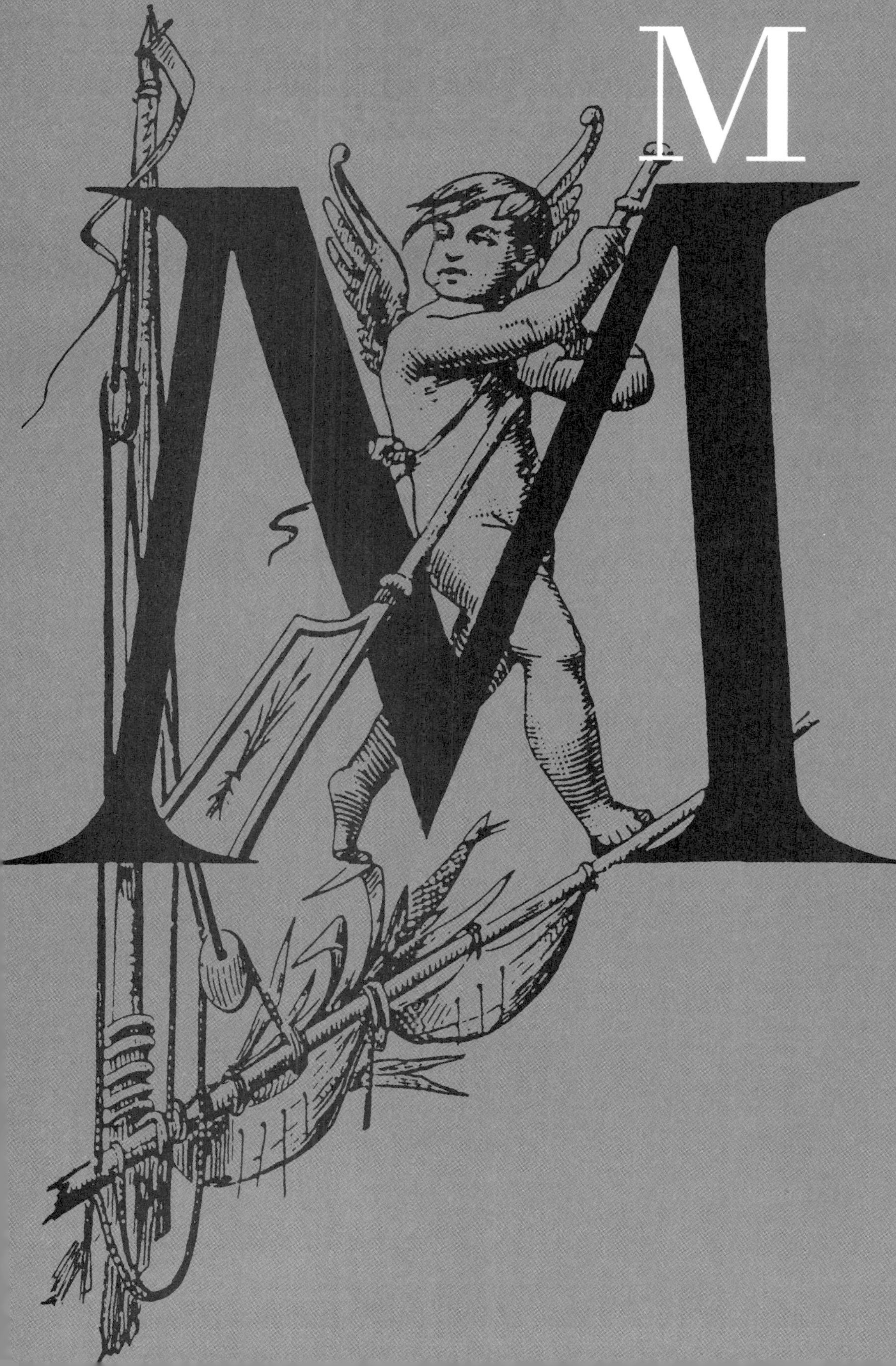

M

MAÇONNIQUES (fêtes)

Les fêtes maçonniques sont nombreuses et variées. En effet, les francs-maçons – dans le souci d'entretenir en permanence le lien de fraternité qui les unit – affectionnent les banquets et les libations, à l'occasion de jubilés de frères, d'anniversaires de loges, de congrès régionaux, de fêtes de bienfaisance, de mariages ou de reconnaissances conjugales…
Les deux Saint-Jean (24 juin et 27 décembre), fêtes astronomiques au moment des solstices d'été et d'hiver, sont honorées, particulièrement celle de juin. Chaque loge organise en plus sa fête annuelle, dite traditionnellement « fête solsticiale », au cours de laquelle se tient son assemblée générale, suivie d'un banquet ponctué de discours. Cette fête est souvent présidée par un conseiller fédéral ou un conseiller de l'Ordre.

Dans la seconde moitié du XVIIIe siècle, les fêtes maçonniques, fréquentes dans les grandes villes, avaient beaucoup d'éclat ; elles se déroulaient devant une importante assistance, qui comprenait de nombreux profanes. Ces fêtes étaient en symbiose avec les fêtes révolutionnaires, comme la fête de la déesse Raison en 1793. Au XIXe siècle, les maçons prirent l'habitude de se réunir dans les temples. Ces réunions commençaient par une messe solennelle, aujourd'hui disparue, qui était accompagnée d'actes de bienfaisance.

- Pour la Saint-Jean d'été, les francs-maçons organisent à la campagne une fête avec feux, banquets et danses. Un banquet rituel a lieu aussi au solstice d'hiver.
- Éventuellement, une procession extérieure souligne la mort de la nature, avec, parallèlement, la destruction par le feu, dans un chaudron, de papiers portant des noms symbolisant le passé. La pérennité de la pensée humaine est étroitement liée aux cycles de la nature.
- Dans la plupart des « tenues », réunions maçonniques, une cérémonie ouvre solennellement les travaux (conférences, débats…). Cette cérémonie d'ouverture, inspirée des textes traditionnels et des cérémonies des anciens compagnons, marque la distinction entre le monde extérieur et le monde maçonnique. À la fin de la tenue, lorsque le dernier orateur a conclu, une cérémonie de fermeture marque le retour au monde profane. Ensuite, les frères se réunissent souvent autour d'un banquet.

☛ **Agapes, Année, Banquet, Jean (Saint-), Libations, Ouverture (cérémonie d'), Repas.**

MAGES

Selon l'Évangile de Matthieu, les Mages sont les adorateurs de l'Enfant Jésus venus d'Orient au temps du roi Hérode. « Un astre à son lever », une étoile dit-on communément, les conduisit à Jérusalem, puis à Bethléem. Ils se prosternèrent devant l'enfant, « roi des Juifs », en offrant de l'or, de l'encens et de la myrrhe. Les Rois Mages (trois dit-on) sont célébrés à l'Épiphanie par les catholiques et à Noël par les orthodoxes. Ils furent nommés après coup Melchior, Gaspard et Balthazar.

Si Matthieu est imprécis quant à l'aspect des Mages, la tradition fixa leur nombre, leur aspect et leurs noms. Parce qu'ils suivaient une étoile, elle en fit des astrologues-astronomes : les premières représentations leur attribuaient les costumes perses des prêtres de Mithra, grands observateurs du ciel, et un bonnet phrygien, puisqu'ils étaient supposés venir d'Orient (de Perse, de Mésopotamie, d'Arabie ou de plus loin encore…). Cet astre nouveau était-il la conjonction des planètes Mercure, Jupiter et Saturne, phénomène rare qui eut lieu en 6 avant J.-C. ? Il ne semble pas s'agir d'une comète, comme celle de Halley apparue en 12-11 avant J.-C., car les comètes avaient la réputation d'être maléfiques.

Ces Mages auraient été trois, d'après le nombre des précieux cadeaux qu'ils avaient apportés. Dès le IIe siècle, l'évêque de Lyon Irénée († vers 200) donna un sens à ces présents : l'or, parce que Jésus était roi ; l'encens, parce qu'il était Dieu ; et la myrrhe, parce qu'il était homme et qu'il serait embaumé après sa mort.

Au IIIe siècle, l'apologiste chrétien Tertullien, s'appuyant sur des extraits de Psaumes et sur une prophétie d'Isaïe de l'Ancien Testament, fit rois ces « gentils » (non juifs) : « Les rois de Tarsis et des îles rendront tribut. Les rois de Saba et de Seba feront offrande... », « Les nations marcheront à ta Lumière et les rois à ta clarté naissante. » Toutefois, ce ne fut qu'à partir du XIe siècle qu'on les représenta avec les attributs royaux.

L'épisode des Mages est très développé dans les récits apocryphes (du grec *apocruptein*, « cacher ») rédigés en Orient (Syrie, Arménie...), où leurs noms apparaissent : « Melkon qui régnait sur les Perses, Balthazar qui régnait sur les Indiens et le troisième, Gaspar, qui possédait le pays des Arabes. » On les rattacha à la religion iranienne du mazdéisme, et à son célèbre réformateur Zoroastre (Zarathoustra, VIIe-VIe siècle avant J.-C.), à qui l'on a fait prophétiser la venue du Messie né d'une Vierge. Au VIIe siècle, une chronique grecque précisa également leurs noms d'origine perse, leur appartenance aux trois âges de la vie et leur origine lointaine : on les faisait venir des trois continents connus alors, l'Asie, l'Afrique et l'Europe. Gaspard avait « le teint coloré », et Balthazar le « teint brun », selon le verset d'un Psaume (« Depuis l'Égypte, des grands viendront, l'Éthiopie tendra les mains vers Dieu. »). Toutefois, ce roi ne devint noir dans ses représentations qu'à partir du XVe siècle.

Ces riches cortèges orientaux avec déploiement de soieries et de pierreries remportèrent un succès considérable, notamment dans les jeux dramatiques, tels que *l'Office de l'Étoile*, mystère joué sur le parvis de Saint-Benoît-sur-Loire du XIIIe au XVe siècle.

◆ Les tournées d'enfants déguisés en Mages, nombreuses en Europe, sont connues encore aujourd'hui au moment de l'Épiphanie : l'un a le visage noirci et un autre porte l'étoile. Dans l'est de la France et en Allemagne, les enfants écrivent à la craie au-dessus des portes les initiales des Mages (C+M+B+), suivies de l'année.

☛ **C+M+B+, Crèche, Épiphanie, Fève, Mystères, Noël, Roi, Tournées cérémonielles.**

1er-MAI

Le 1er-Mai, fête du Muguet en France, est l'occasion d'offrir à ses proches un brin porte-bonheur. Symbole du printemps et de la fécondité, la végétation est mise à l'honneur. Le 1er-Mai, désormais férié, est également devenu la fête du Travail.

La fête du Travail

- De violentes émeutes d'ouvriers éclatèrent à Chicago le 1er mai 1866 pour l'obtention de la journée de huit heures. Cette date fut retenue en France à partir de 1890 par le congrès de la fédération des syndicats pour l'organisation d'une manifestation internationale en faveur de la journée de huit heures : le 1er-Mai devint ainsi la journée revendicative de la classe ouvrière.
- Ce jour, point de départ fréquent des contrats de louages, était une date administrative déjà bien connue des corporations françaises : il fut institué « fête du Travail » en 1947, et devint alors chômé en France.
- En 1955, Pie XII institua la fête de « saint Joseph artisan » (il était charpentier à Nazareth, en Galilée) le 1er mai.

Le 1er-Mai a remplacé la fête celtique de Belteine (devenue nuit de Walpurgis), qui annonçait le retour de la saison chaude, de même que la nuit de Samain (devenue Halloween) annonçait la saison froide. La nuit, propice aux errances des êtres surnaturels, était conjurée par des feux de joie, considérés comme des lieux sacrés autour desquels on se rassemblait comme pour un pèlerinage. Toute la nature s'en trouvait purifiée et, comme à la Saint-Jean, on s'adonnait alors à la cueillette de plantes, à la récolte de rosée et à diverses divinations.

Cette « nuit des sorcières » faisait peur : en Alsace, on n'en a parlé longtemps qu'à voix basse. La journée était marquée par des promenades collectives dans les bois (« les cures de mai »). Dans la nuit, les jeunes gens procédaient à la pose de mais devant la porte d'élus locaux et celle des jeunes filles à marier, soulignant ainsi la fonction amoureuse de cette fête.

Dans certaines régions de France, la pose de mais a toujours lieu.

◆ La coutume consistant à s'adresser des bouquets de fleurs coupées, porteurs de vitalité, à partir de la Saint-Georges, le 23 avril, ou de la Saint-Marc, le 25 avril, est encore connue en Europe : le brin de muguet en découle probablement. Jusqu'à la fin du XIXe siècle, il ne fallait pas être pris « sans verd » le jour du 1er-Mai, c'est-à-dire sans porter sur soi un rameau verdoyant détaché d'un mai. En Normandie, l'expression signifia par la suite « être pris au dépourvu ».

Mai, mois interdit pour les mariages

• Ce mois était regardé comme néfaste pour les mariages, bien qu'on s'y fît souvent la cour, et on a longtemps cru que c'était en raison de la consécration du mois à la Vierge. Or, l'institution du « mois de Marie » ne date que du XVIIIe siècle. La coutume, attestée par le poète latin Ovide au tout début de notre ère, existait déjà chez les Romains dans l'Antiquité. Était-ce en l'honneur de Maïa, divinité de la fécondité de la terre qui donna son nom au mois ?

• Comme c'est encore le cas dans l'est de la France, des fillettes de blanc vêtues personnalisent l'esprit de la végétation : de jeunes messagères du printemps (les « trimâzos » en Lorraine, par exemple), évocatrices de pureté et de renouveau, vont quêter de porte en porte en chantant. Ces tournées sont faites aujourd'hui en l'honneur de la Vierge, mais la coutume, répandue autrefois, remonte en fait à des temps préchrétiens. Encore au début du XXe siècle, il s'agissait en Provence d'une belle de mai (ou « Maïa »), voilée et couronnée de fleurs, qui se tenait immobile sur son siège orné de verdure, alors que ses compagnes quêtaient auprès des passants. De la même façon, de jeunes garçons symbolisent le roi de la Végétation au moment de la Pentecôte.

• Ces fillettes, qui portaient le nom d'« espousées de mai » en Bourgogne, représentent le couple primordial, dont l'union était célébrée à Rome à chaque printemps : le mariage sacré du roi déifié Numa (contemporain de la naissance de Rome en 753 avant J.-C., selon la légende) avec Égérie, la nymphe de l'onde claire qui favorisait les naissances, par exemple. On retrouve dans la mythologie germanique une pareille union, entre le dieu Odin et la déesse Freyja (ou Wotan), symbole de la fertilité-fécondité, qui ont engendré Lenz, le printemps, ou encore en Gaule, avec les divinités Rosmerta et Esus.

• Par ailleurs, dans plusieurs régions d'Europe, pendant ce mois des planètes Vénus et Mars, on était censé concevoir des enfants inaptes à l'amour et aux combats guerriers. On disait encore que les nourrissons conçus pendant ce mois des « amours des ânes » seraient idiots ou « badauds ». De plus, ils naîtraient en février, dernier mois de l'année, réputé néfaste dans l'Antiquité.

☛ **Arbre, Belle de mai, Belteine, Farces, Feu de joie, Georges (Saint-) et Saint-Marc, Jean (Saint-), Mais, Mariales (fêtes), Muguet, Pentecôte, Tournées cérémonielles, Végétaux, Walpurgis (nuit de).**

MAIS

Les « mais » sont les arbres ou les bouquets que les jeunes gens célibataires « plantent » dans certaines localités la nuit du 30 avril au 1er mai sur les places publiques ou devant la maison de particuliers. Arbres entiers dépouillés en partie de leurs branches, les mais peuvent être déposés à d'autres occasions et à d'autres dates, pour honorer les élus locaux ou pour des mariages, par exemple.
Cette coutume d'origine indo-européenne est encore connue dans de nombreux pays d'Europe.

Le culte de l'arbre était répandu dans les religions antiques européennes, notamment chez les Celtes, qui honoraient les chênes rouvres, les Slaves ou les Germains.

La nuit du 30 avril, appelée en Alsace « nuit de Walpurgis », les Celtes célébraient la fête de Belteine, qui annonçait le retour de la saison chaude. C'était une fête magique et protectrice, marquée, comme la Saint-Jean, par de grands feux. La végétation imprégnée des « vertus nocturnes » était à l'honneur.

Mai collectif ou individuel

• Le mai collectif, expression de l'énergie vitale, est un arbre très haut (bouleau, sapin, peuplier...), dénudé en partie et paré de fleurs, de rubans et de couronnes. Les jeunes gens, de la même classe d'âge, le « plantent » sur une place publique pendant la nuit du 30 avril au 1er mai. L'arbre y reste tout le mois, parfois jusqu'à la Pentecôte ou même jusqu'à la Saint-Jean (il est alors brûlé). À différentes occasions, on « tourne le mai », en dansant autour, pour affirmer ainsi la volonté de dominer la nature.

• Au bas Moyen Âge, l'un des mais parisiens était un chêne coupé dans la forêt de Bondy, que les clercs de la Basoche plantaient en bas du grand escalier du Palais de justice. Un autre, offert par la corporation des orfèvres, se trouvait devant Notre-Dame.

• Le mai individuel est un bouquet, arbuste ou jeune arbre, placé devant la maison de certains habitants, jeunes filles ou notables. Symboles du printemps, saison de la séduction et de la fécondité, les mais autorisent les déclarations amoureuses.

• Le « mai d'honneur », au tronc parfois peint en spirales aux couleurs du drapeau, est déposé devant la maison des personnalités locales, devant les auberges ou pour honorer les nouveaux conseillers après une élection municipale. L'espèce choisie des mais d'honneur n'est pas significative.

◆ La coutume du mai collectif survit en Bourgogne et dans le Sud-Ouest. Celle du mai individuel, connue autrefois dans de nombreuses régions de France, est encore en vigueur dans l'Est (Alsace, Lorraine, Champagne), ainsi qu'en Bourgogne ou dans le Limousin.

◆ Après la répartition des mais, les garçons de certaines régions de France (Champagne, Centre, Vendée, Aquitaine…) se livrent souvent à des farces rituelles. Ils rassemblent sur la place du village tout ce qui traîne : nains de jardin, bicyclettes, volets, pots de fleurs, chaises en fonte, etc.

Le langage des mais

• La coutume d'esmayer, attestée en 1207 en Champagne, consistait à accrocher, la nuit du 1er-Mai, les rameaux d'une certaine espèce végétale aux portes des jeunes filles pour leur transmettre un message. Jusqu'à la première moitié du XXe siècle, celles-ci guettaient avec anxiété la verdure déposée à leur porte, choisie en fonction d'un code végétal qui variait d'une région à l'autre : « mai d'amour » ou « mai de la honte ».
Le charme signifiait « charmante » ;
l'aubépine, « je t'estime » ;
le houx ou le genêt, s'il était valorisant dans certaines régions, pouvait signifier ailleurs que la jeune fille était repoussante ;
le sapin, « catin » ;
le saule, « pleureuse » ;
l'ormeau, « vieille peau » ;
le cerisier (il attire tous les merles), « volage » ;
le sureau (en patois picard, *sin u*), « tu pues ».

• Pour le « mai de la honte », on suspendait parfois à une branche tordue un objet injurieux (chiffon sale…).

• De nos jours, l'espèce du mai individuel est le plus souvent sans importance : en Champagne par exemple, les mais sont, pour toutes les jeunes filles, des rameaux de charme ou de bouleau.

☛ **Arbre, Belteine, Farces, Jean (Saint-), 1er-Mai, Végétaux, Walpurgis (nuit de).**

MAJORETTES

Les majorettes (de l'américain drum majorette, *féminin de* drum major, *« tambour-major ») sont les jeunes filles qui défilent dans les rues (ou sur une scène) en uniforme militaire de fantaisie pour l'animation des fêtes.*
Sous la conduite d'« une » capitaine, elles évoluent au son d'une musique martiale exécutée par une fanfare ou par une sonorisation ambulante, tout en maniant un bâton, quand leur expérience le permet.

Les majorettes sont apparues en France dans les années 1960 : la première troupe défila à Moulins (Allier) en 1961 pour le carnaval, s'inspirant des troupes américaines nées entre les deux guerres (1933-1934). Les bataillons de majorettes se sont bientôt multipliés, d'abord à Mont-de-Marsan, au Mans, à Nice, puis dans la France entière, grâce aux comités des fêtes municipaux qui, enthousiastes, recrutaient les jeunes filles dans les écoles de danse ou de gymnastique.

La Fédération nationale des Majorettes de France est née en 1966. Les majorettes ont connu leur période faste dans les années 1970, avant de décliner dans les années 1980.

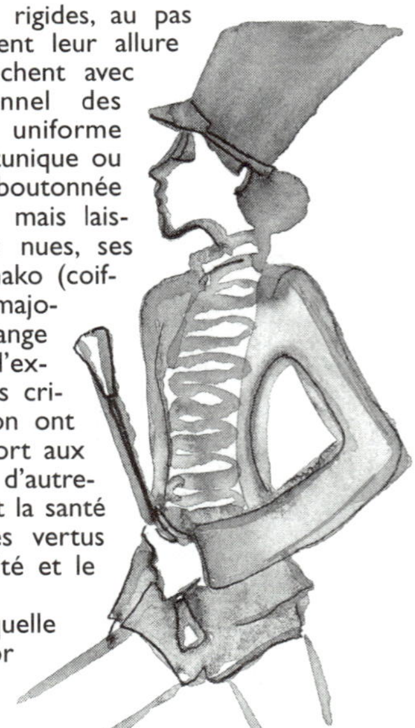

◆ Leurs évolutions rigides, au pas cadencé, renforcent leur allure martiale et tranchent avec l'esprit traditionnel des fêtes. Par son uniforme composé d'une tunique ou d'une redingote boutonnée jusqu'au menton mais laissant ses jambes nues, ses bottes et son shako (coiffure militaire), la majorette est un mélange de rigorisme et d'exhibitionnisme. Les critères de sélection ont changé par rapport aux jeunes rosières d'autrefois : la beauté et la santé ont remplacé les vertus d'antan, la virginité et le mérite.

◆ La canne, avec laquelle le tambour-major bat la mesure, a inspiré le bâton que la majorette doit manier avec dextérité. Cette pratique du bâton nécessite plusieurs mois de travail. En France, contrairement aux États-Unis, les majorettes n'utilisent pas toutes le *twirling baton* (« bâton tourbillonnant ») dans les défilés de rue. Le twirling, devenu un véritable sport, se pratique en revanche dans les gymnases en tant que discipline de la gymnastique rythmique.

Les difficultés d'être majorette

• En dépit des exigences physiques et artistiques requises, l'activité des majorettes est peu reconnue et le public s'en désintéresse. Elles sont par ailleurs concurrencées par les pom-poms girls, qui les ont remplacées dans les stades.

• Obligées de faire appel à des responsables bénévoles, les troupes doivent gérer aussi bien les difficultés financières que celles liées au recrutement de l'encadrement technique, chorégraphique et musical. La durée moyenne d'une troupe n'est que de trois ou quatre ans.

☛ **Communale (fête), Corso, Défilé, Fanfare, Miss, Pom-poms girls, Rosière, Sport.**

MANIFESTATION

Une manifestation (ou « manif », abréviation familière) désigne, depuis le XIXe siècle, un rassemblement collectif ou un défilé de personnes organisé sur la voie publique, et destiné à exprimer (souvent bruyamment) une opinion politique ou une revendication. À l'origine, c'était un terme religieux qui désignait le moyen par lequel Dieu se manifestait aux hommes.
Ce mot est également utilisé pour parler d'un événement organisé dans un but commercial, culturel...

La manifestation utilise les procédés du carnaval : défilés dans les rues, chars ou géants (qui jouent le rôle de rassembleur social), mascarades, banderoles, bruits (fanfares, chants, pétards...), etc.

☛ **Écolo Parade, Événement, Gay Pride ou marche des Fiertés, Géants, Techno Parade, Vacarme cérémoniel.**

MANNEQUIN DU CARNAVAL

Le mannequin de paille ou de carton-pâte – bonhomme plus grand que nature vêtu en paysan ou en roi – personnifie le carnaval. Ce bouc émissaire visible et tangible, comme le décrit l'anthropologue britannique James George Frazer, chargé de tous les maux de la collectivité, est jugé devant un tribunal factice puis mis à mort, à la fin des jours gras ou le mercredi des Cendres, dans une joie générale caractéristique du carnaval. Suivant les régions, il porte les noms de « Mardi-Gras », « Carnaval », ou ceux de « Carême-prenant », « Caramantran », « Carmentran »... qui évoquent le carême, période suivant le carnaval.

Connu dans d'autres régions rurales d'Europe lors des Jours gras ou à des dates voisines, le mannequin remonte aux origines complexes du carnaval, temps des hiérarchies renversées où l'on se moque de l'autorité. Il évoque les véritables condamnés à mort de la fête des Sacées babyloniennes (début du IIe millénaire avant J.-C.), pendant laquelle les serviteurs donnaient des ordres à leur maîtres. Un prisonnier était désigné pour remplacer pendant cinq jours le roi, avant d'être froidement exécuté.

- Le mannequin, bouc émissaire figurant l'hiver, la vieille année et tous les symboles négatifs (faim, calamités...), est mis à mort : on le brûle le plus souvent, on le décapite ou on le noie. Par le feu purificatoire, on célèbre l'arrivée de la lumière et du printemps (le « temps premier »). L'usage rural qui veut que ce rite soit effectué dans un champ ensemencé fait apparaître la fonction fécondante et agraire de celui-ci.
- Le soin et le temps apportés à la confection des mannequins, des costumes et des chars éphémères, voués à la destruction, relèvent de ce que l'on appelle le « gaspillage cérémoniel ».
- La coutume du Judas, mis à brûler en Alsace lors de la semaine sainte, par exemple, s'approche de la coutume printanière du mannequin du carnaval.

☛ **Carnaval, Emblématiques (fêtes), Feu de joie, Gaspillage cérémoniel, Géants, Roi.**

MAQUILLAGE

Le maquillage, qui consiste à mettre en valeur ou à modifier le visage avec des produits appropriés, s'apparente, lors des fêtes, au port du masque ou au barbouillage : c'est un rite de protection magique. Maquiller, issu de l'ancien picard makier, *« faire » (qui dérivait lui-même du moyen néerlandais* maken*), fut utilisé au sens de « faire », « travailler », par le poète François Villon au XVe siècle ; le mot « maquillage », apparu au XVIIe siècle, a donc d'abord désigné un travail. À partir du XIXe siècle, le verbe « maquiller » signifia en argot de théâtre « farder », puis prit le sens de « travestir », « altérer ».*

Au carnaval de Dunkerque, le déguisement, suivi du « grimage », est un cérémonial qui s'effectue dans la gaieté et se poursuit par un repas. Cette préparation constitue un rite de passage qui permet d'enterrer la vie quotidienne et de « rentrer en carnaval ».

☛ **Barbouillage, Carnaval, Déguisement, Mascarade, Masque.**

MARC (Saint-)

Voir Georges (Saint-) et Saint-Marc.

MARCHÉS DE NOËL

Les marchés de Noël, marchés de l'Avent, ou marchés de l'Enfant Jésus, ont lieu chaque année en décembre sur les places principales des grandes villes. Ils proposent des produits en rapport avec la fête de Noël : objets de décoration pour l'arbre et pour la crèche, couronnes, rubans, jouets, spécialités gourmandes salées et sucrées (pains d'épices...), vins chauds, etc. Ces marchés connaissent un vif succès en dépit d'une météo souvent peu clémente. Les trompettes jouant de célèbres noëls et les clochettes des quêteurs de l'Armée du salut ajoutent à l'ambiance joyeuse et festive, allant de pair avec l'animation des quartiers commerçants avant Noël. Débourser sans compter fait partie des fêtes : il s'agit là de la notion de « gaspillage cérémoniel » (l'abondance promet l'abondance).

Attesté en 1570 à Strasbourg, le *Nikolausmarkt* avait lieu trois jours durant au moment de la Saint-Nicolas. À la Réforme, ce marché fut déplacé au moment de Noël et rebaptisé « marché de l'Enfant Jésus », car le personnage de saint Nicolas était jugé trop papiste par les protestants. Il s'inspirait des exemples autrichiens et allemands dont les plus anciens sont le « Marché de l'Enfant-Jésus » à Vienne, en Autriche, autorisé dès l'été 1278, et ceux de Munich (mentionné en 1310) et de Nuremberg (attesté en 1697). La formule fut longtemps particulière à l'est de la France (Alsace, Lorraine, Franche-Comté).

◆ Depuis les années 1990, les marchés de Noël se multiplient à travers la France. Comme tout ce qui touche à cette fête, ils gardent le parfum inaltérable de l'enfance. La Provence, quant à elle, préfère rester fidèle à ses traditions : en décembre, les foires aux santons, périodiques comme les marchés de Noël, vendent principalement des articles pour la crèche.

☛ **Avent, Cadeau, Crèche, Gaspillage cérémoniel, Nicolas (Saint-), Noël, Pain d'épices, Santons, Vitrines animées.**

MARDI GRAS

Mardi gras est une journée de carnaval marquée par les mascarades et par la consommation de « gras », en particulier de pâtisseries rituelles (crêpes, beignets ou bugnes, gaufres...). Dernier des sept jours gras, Mardi gras s'oppose au lendemain, le mercredi des Cendres, qui est le premier jour du carême, période « maigre » de « quarante jours » précédant Pâques.

La date de cette journée de carnaval, en février-mars, dépend de celle de Pâques : l'appellation de « Mardi gras », liée à l'année liturgique chrétienne, est forcément postérieure à celle du mercredi des Cendres au VIe siècle. Mais les coutumes préchrétiennes du carnaval sont bien antérieures.

Le carnaval, pendant les jours gras, connaît ce jour-là son apothéose avec des mascarades, des quêtes, des charivaris, où l'on met en dérision un mannequin (ou « roi ») – parfois un couple – chargé de tous les méfaits de l'année passée et que l'on finit par mettre à mort par le feu, le fer ou l'eau (cette condamnation peut être reportée au lendemain). Les menus du jour comprenaient bouillons gras, omelettes au lard, viandes de toutes sortes, et se terminaient par les pâtisseries rituelles censées porter bonheur si on les mangeait en abondance. Les œufs et le lait, symboles prometteurs de fécondité dans les familles et les troupeaux, entraient souvent dans la confection des plats.

Ces pâtisseries, que l'on retrouve à des occasions voisines dans le temps – Chandeleur et Mi-Carême – sont annonciatrices du printemps.

« Mardi-Gras, t'en vas pas
J'frons des crêpes *(bis)*
Mardi-Gras, t'en vas pas
J'frons des crêpes et t'en mangeras.
Mais Mardi-Gras s'est en allé
J'ons fait des crêpes *(bis)*
Mais Mardi-Gras s'est en allé
J'ons fait des crêpes qu'il n'a point mangées. »
[Étampois]

☛ **Bœuf gras, Carême, Carnaval, Crêpes, Déguisement, Mannequin du carnaval, Mascarade, Masque, Mi-Carême.**

MARIAGE

Le mariage est un acte officiel qui consacre l'union légitime d'un homme et d'une femme. Il est contracté devant une autorité civile à la mairie en présence de témoins majeurs (de deux à quatre), puis, dans 65 % des cas, par une cérémonie religieuse. Ce mot désigne aussi la cérémonie occasionnée par cette union. Le rite y occupe une place essentielle, ce qui traduit l'aspect sacré et solennel de l'engagement.

Les mariages actuels trouvent leur origine dans l'Antiquité romaine, où deux sortes de mariages existaient, sous la tutelle du père ou non : le mariage *cum manu*, officiel, et le mariage *sine manu*, qui n'avait pas d'existence légale. La tradition chrétienne, s'appuyant sur la Bible et la tradition judaïque, valorisa le mariage, fondement de la famille. Les couples faisaient bénir leur union, mais le mariage était une institution éphémère qui se faisait ou se défaisait au gré des alliances entre les familles. Au Vᵉ siècle, le concubinage était encore reconnu. De plus, les débordements extraconjugaux étaient habituels (les enfants illégitimes n'étaient pas rejetés par la société) et, afin d'éviter la dispersion du patrimoine, la consanguinité était fréquente dans les mariages aristocratiques. L'Église, s'élevant contre ces pratiques, établit au VIIᵉ siècle la règle du septième degré de parenté. Puis, en 1140, elle institua par le décret de Gratien le sacrement du mariage : le droit canonique en fit un sacrement indissoluble fondé sur le consentement mutuel des époux. À partir des années 1180, la société occidentale refusa la polygamie, l'inceste et l'adultère. En 1215, le concile de Latran IV imposa la publication des bans avant la célébration pour annoncer le mariage et ramena à quatre les degrés de parenté. Le mariage civil enregistré à la mairie a été instauré à la Révolution en 1791, et, en 1792, l'Assemblée constituante désacralisa et laïcisa le rite matrimonial, tout en lui conservant sa solennité. Sous le premier Empire, le Code civil conserva la règle nouvelle : à l'heure actuelle, les droits et devoirs du mariage qui y sont consignés sont toujours lus à la mairie, avec des modifications postérieures dues à l'émancipation de la femme. La cérémonie religieuse ne peut avoir lieu qu'après le mariage civil. Le marié doit avoir dix-huit ans révolus, et la mariée, quinze ans. Depuis les années 1930, le choix mutuel des époux, guidé par l'amour, n'obéit plus à la volonté des parents.

L'autorité civile précise le régime matrimonial choisi (communauté légale, séparation de biens, participation aux acquêts, communauté universelle) : s'il n'y a pas de contrat de mariage établi au préalable devant notaire, le régime est celui de la communauté des biens réduite aux acquêts. Un livret de famille est ensuite remis aux jeunes mariés.

PACS et concubinage

• Le PACS, pacte civil de solidarité adopté le 13 octobre 1999, est un contrat conclu par deux personnes physiques majeures, de sexe différent ou de même sexe, pour organiser leur vie commune. Les partenaires liés par un pacte civil de solidarité s'apportent une aide mutuelle et matérielle.
Il oblige à se présenter en personne au greffe du tribunal d'instance correspondant au lieu où sera fixée la résidence commune. Le PACS permet, notamment, d'officialiser et de célébrer une union homosexuelle avec la famille et les amis. Une

réception et une fête peuvent être alors organisées, comme pour un mariage.

- « Le concubinage est une union de fait, caractérisée par une vie commune présentant un caractère de stabilité et de continuité, entre deux personnes, de sexe différent ou de même sexe, qui vivent en couple », selon l'article 515-8 du Code civil.

Pour obtenir le certificat de vie commune, les formalités varient d'une municipalité à l'autre. Les maires ne sont pas tenus de délivrer ce certificat.

- Une déclaration sur l'honneur signée par le demandant, la personne avec qui il vit et deux témoins peut suffire.

◆ Pour les chrétiens, la cérémonie religieuse a lieu à l'église ou au temple devant un prêtre, un pope ou un pasteur suivant que les futurs mariés sont catholiques, orthodoxes ou protestants. S'ils sont juifs, ils se marient à la synagogue devant un rabbin, et s'ils sont musulmans, devant un imam chez les parents de la mariée. Quel que soit le type de cérémonie, le rite de passage est évident : des rites de séparation, au cours duquel la jeune fille quitte symboliquement sa famille, précèdent des rites d'agrégation ; les jeunes mariés entament officiellement leur vie commune.

La cérémonie catholique est traditionnellement célébrée dans la paroisse de la jeune fille. Elle débute par l'entrée solennelle de la mariée au bras de son père (ou de son parrain), parfois au bras de son futur époux, accompagnée par de la musique ou des chants. Prières, lectures de l'Ancien ou du Nouveau Testament et homélie du prêtre précèdent le sacrement de mariage. L'échange de consentements en présence de témoins, suivi de la bénédiction des alliances sont les temps forts de la cérémonie : les époux expriment publiquement leur volonté de s'unir pour la vie. À la fin, la mariée sort au bras de son mari. Ils sont précédés et suivis des enfants d'honneur et devancent parents et grands-parents. À la sortie de l'église, on jette sur les mariés des poignées de riz ou des pétales de fleurs, symboles de fécondité.

La cérémonie orthodoxe débute par les « fiançailles » dans le fond de l'église. Les futurs mariés échangent leurs anneaux et sont couronnés pour recevoir le sacrement. Une procession circulaire des mariés et de leurs témoins autour de l'autel symbolise l'engagement éternel du mariage.

Pour les protestants, le mariage civil est valable et suffisant. Par la cérémonie au temple, les mariés témoignent de leur engagement devant Dieu et devant la communauté. Ce n'est pas un sacrement.

◆ Le cérémonial du mariage juif, toujours l'après-midi et jamais le samedi, jour de sabbat, est plus ou moins long selon les souhaits et les moyens des familles. À la synagogue, les futurs mariés sont consacrés sous un dais (la Houppa), qui symbolise la protection divine et l'entrée de la nouvelle épouse dans le foyer. Le futur marié s'y rend aux côtés de son père et de son futur beau-père ; la mariée, voilée, le rejoint, accompagnée de sa mère et de sa future belle-mère. Le fiancé fait tomber le voile de sa fiancée, tandis que le rabbin chante une bénédiction pour remercier Dieu. Le fiancé remet ensuite l'alliance à sa fiancée en affirmant que son épouse lui est consacrée selon la Loi de Moïse et d'Israël. La lecture de la « Ketouba », acte de mariage où figurent les obligations d'affection, d'entretien et de protection de l'époux envers son épouse, est suivie du chant des « Sept Bénédictions ». Le marié brise ensuite un verre avec ses pieds pour montrer la fragilité du bonheur humain et rappeler la destruction du temple de Jérusalem. À la fin de la cérémonie, les mariés se rendent dans une pièce séparée pour rompre le jeûne rituel qu'ils ont dû observer en signe de repentance. Dès leur réapparition, ils sont considérés comme mari et femme.

◆ Lors du mariage musulman, le père de la fiancée présente la jeune fille à son futur époux. Dans un dialogue avec son futur beau-père (un oncle éventuellement) et en présence de deux témoins, le futur marié s'engage à aimer et à assister sa femme. L'imam procède devant les personnes présentes à la proclamation du mariage en lisant la Fatiha, verset d'ouverture du Coran.

◆ La tradition en France veut que la cérémonie religieuse si elle a lieu, ou la cérémonie civile dans le cas contraire, soit suivie d'un cocktail ou d'un vin d'honneur, puis d'une réception (buffet, dîner assis...) marquée par quelques étapes rituelles qui symbolisent, elles aussi, ce grand rite de passage : toasts (« santés »), découpage du gâteau, ouverture du bal par la mariée et son père, farces des amis des mariés... Toutes les activités déployées par la jeunesse montrent le contrôle exercé par la société sur l'union des époux (rite de la barrière, danses au sortir de l'église sur la place publique, plantation de mai, voiture balai...) ; beaucoup d'entre elles ont été abandonnées au cours du XXe siècle, en partie en raison de l'évolution des mœurs. L'institution du mariage elle-même change de sens avec l'augmentation des divorces, des séparations conjugales, des cohabitations et des naissances hors mariage. Selon la sociologue Martine Segalen, « si l'on se marie aujourd'hui beaucoup moins que dans les années 1960, et beaucoup plus tardivement dans le cycle de la vie, on se marie avec plus de fastes et de fêtes qu'il y a vingt ans ». Le mariage ne marque plus forcément un passage, remarque-t-elle encore, mais « confère un aspect public à un engagement ancien, donne l'occasion de faire une fête qui célèbre la durée de l'engagement futur et passé ».

Mariage de Frédéric Barberousse et Béatrice de Bourgogne en 1156, Giovanni Battista Tiepolo, XVIIIe siècle.

Sir John Halkett et sa famille, 1781, David Allan, XVIIIe siècle.

Les préparatifs du mariage

• La longue préparation de cette journée solennelle, qui réunit autour des jeunes mariés famille et amis, débute plusieurs mois à l'avance. Tout est soigneusement prévu et le « gaspillage cérémoniel » s'instaure : achats des faire-part, de la robe de la mariée, des accessoires, des tenues de la famille, du cortège... ; locations des costumes, du lieu de réception, d'une voiture ancienne, de la vaisselle, de la décoration... ; traiteur, photographe, coiffeur, musiciens... On dépense sans compter. Une liste de cadeaux permet aux invités de faire leur don aux jeunes mariés (un contre-don en réalité). S'ajoute souvent une débauche de bruits (klaxons), vacarme cérémoniel porte-bonheur.

☛ **Anniversaire de mariage, Aspersion, Bal, Ban, Barrière, Carnet mondain, Cérémonie, Cortège, Farces, Fiançailles, Fleurs, Gaspillage cérémoniel, Liste de cadeaux, Lune de miel, Organisation, Professionnels de la fête, Réception, Rôtie, Salle, Tenues vestimentaires, Vacarme cérémoniel.**

MARIALES (fêtes)

Les fêtes mariales désignent les fêtes de la Vierge Marie. Trois solennités célèbrent sa maternité divine : Marie Mère de Dieu le 1er janvier, l'Assomption le 15 août, l'Immaculée Conception le 8 décembre. Deux autres fêtes importantes sont celles de la Nativité de Notre-Dame, le 8 septembre, et de la Visitation, le 31 mai. D'autres encore peuvent être citées : celles de la présentation de Marie au Temple le 21 novembre (depuis le XIVe siècle), de Notre-Dame des Douleurs le troisième dimanche de septembre (depuis le XIXe siècle), de Marie-Reine le 22 août (depuis 1954) et de Notre-Dame du Rosaire le premier dimanche d'octobre (depuis le XVIIIe siècle).

D'autres fêtes ainsi que des pèlerinages vénèrent la Vierge : Cœur Immaculé de Marie, Notre-Dame du Mont-Carmel, Notre-Dame de Lourdes...

Le culte de Marie, mère de Dieu, date du début du christianisme : ancré dans la tradition à Jérusalem, il se développa en Occident à partir du concile d'Éphèse en 431. Au VIIe siècle, le 1er-Janvier fut la première fête mariale pour honorer la Mère de l'Enfant Jésus peu après Noël. Quelques décennies plus tard, cette date fut retenue pour la fête de la Circoncision du Seigneur et quatre autres fêtes mariales furent instituées le 2 février, le 25 mars, le 15 août et le 8 septembre.

Depuis le concile de Vatican II (1969), Marie, mère de Dieu, est à nouveau fêtée le 1er janvier ; l'Annonciation, le 25 mars, fut rattachée au culte du Christ, de même que la Chandeleur, le 2 février, autrefois « Fête de la Purification de la Vierge », redevenue, conformément à l'Évangile de Luc, la fête de la « Présentation du Seigneur » (au temple de Jérusalem).

Au Moyen Âge, le culte marial se développa avec la construction des cathédrales, et Marie devint le personnage central de la chrétienté. La Vierge Marie fut solennellement déclarée patronne de la France par Louis XIII en 1638. Le culte marial s'est surtout développé au XIXe siècle, à la suite des apparitions de la Vierge à la Salette (1846), à la chapelle de la rue du Bac à Paris (1850) et à Lourdes (1858).

◆ S'il en est distinct, le culte de la Vierge était proche du culte très ancien d'une mère fondatrice et nourricière qui, comme Cybèle ou Isis, symbolisait la fécondité et l'abondance – les vénus gravettiennes datent d'environ 22000 avant J.-C.

Les Associations mariales

• Les Congrégations ou Associations des filles, appelées « Enfants de Marie », entretenaient l'autel de la Vierge. Elles apparaissaient couvertes d'un voile ou d'un vêtement lors des processions et récitaient le chapelet le dimanche après les offices.

• L'Association fut fondée en 1830 sur l'initiative de sainte Catherine Labouré, qui la plaça sous la protection de saint Vincent de Paul.

☛ **Annonciation, Assomption, Chandeleur, Circoncision, Fleurs, Immaculée Conception (fête de l'), 1er-Mai, Nativité de Notre-Dame, Présentation (fêtes de la).**

MARIONNETTES

Les marionnettes sont des objets animés, souvent des figurines de formes humaines ou animales. Les marionnettes à tringle ou à fils sont manipulées « par au-dessus » par une personne cachée. Les marottes, les marionnettes à tige, à glissière ou à gaine, sont animées « par en dessous » par le manipulateur (le « montreur »).
Le mot désigne aussi le spectacle de plein air ou de salon, ambulant ou non, qui utilise un castelet, un pont ou un simple paravent. Le terme de « marionnette » est un diminutif de l'ancien français mariole *(ou marion), lui-même diminutif de Marie, qui signifiait « figurine sainte » et, par extension, « poupée », « marionnette ».*

L'origine des marionnettes est religieuse : ces manifestations animistes de diverses sociétés primitives (Java, Indiens Hopi de l'Arizona...) étaient censées être investies de fonctions prophétiques, initiatiques ou conjuratrices. En Europe, les marionnettes, peut-être issues de la statuaire animée égyptienne – celles que l'on a retrouvées dans les temples d'Égypte dataient du XIXe siècle avant J.-C. –, sont apparues en Grèce au IVe siècle avant J.-C., sous une forme monumentale parfois, puis à Rome.

Avec le christianisme, des représentations à caractère sacré (savantes ou populaires) inspirées des Écritures saintes se multiplièrent dans les églises de toute l'Europe au bas Moyen Âge : crèches animées, mystères de la Passion, vies de saints selon *la Légende dorée*, miracles... Le marionnettiste donnait des traits humains aux personnages et la dramaturgie s'inspirait de celle du théâtre d'acteurs.

Les crèches parlantes

• Les spectacles de marionnettes de Noël et de Pâques, accompagnés de chants, se développèrent dans des lieux couverts ou en plein air, à la suite de l'interdiction par le concile de Trente (1545 à 1563) de jouer dans les églises. Répandus alors dans toute l'Europe catholique, ces spectacles sont encore organisés de nos jours en Belgique, notamment à Liège et à Verviers. La crèche de Bethléem n'était plus qu'un prétexte à la satire, comme à Besançon dans la « Crèche bisontine » (spectacle repris au Musée comtois), où le vigneron Barbizier critique en patois la société de la fin de l'Ancien Régime, ou encore à Marseille ou à Aix-en-Provence avec la crèche Benoît. En Provence, ces crèches parlantes, inspirées des noëls et de leurs dialogues, contribuèrent à l'engouement pour la représentation de la Nativité, répandue dans toutes les familles avec la multiplication des santons au XIXe siècle.

• Par ailleurs, des montreurs de crèches – adultes ou enfants transportant leur petit théâtre – allaient de porte en porte : connus en Île-de-France encore au début du XXe siècle, ils existent toujours en Hongrie ou en Pologne.

• Aujourd'hui, en France, les crèches parlantes ont pratiquement disparu. En Provence, elles ont laissé la place aux pastorales jouées par des comédiens à partir de 1844 – avec la pastorale Maurel – et qui ont toujours du succès.

• Depuis 1984, à Notre-Dame de Paris au moment de Pâques, un castelet (théâtre de marionnettes) présente le cycle liturgique de l'année dans une chapelle latérale.

L'aspect profane s'est développé parallèlement, comme dans les « Mitouries », jeux de marionnettes dieppois organisés à la mi-août pour l'Assomption de Marie en l'église Saint-Jacques ; les réactions trop démonstratives du public autour du héros Gringalet choquèrent le jeune Louis XIV, et entraînèrent leur interdiction en 1647.

Partout en Europe, les représentations satiriques et burlesques utilisant l'imitation et la caricature se multiplièrent dans les fêtes foraines, donnant aux spectacles de marionnettes une dimension politique. Sur le modèle de Polichinelle, inspiré de la commedia dell'arte, on créa des héros populaires qui illustraient les mœurs du petit peuple : Guignol à Lyon, fondé à la fin du XVIIIe siècle par Laurent Mourguet, ou encore Lafleur à Amiens.

D'autres types de spectacles se développèrent : adaptations siciliennes des épopées et des chansons de geste au Moyen Âge ; jeux raffinés de l'opéra et des ballets de Mozart et de Haydn avec des marionnettes à fils au XVIIIe siècle en Autriche (à Salzbourg en particulier), en Allemagne, en Pologne, en Italie ; pièces données par des amateurs lettrés à Munich ou en France (par George Sand à Nohant au XIXe siècle, par exemple) ; ou pièces des théâtres d'ombres jouées dans les cabarets (*Le Chat noir*) – remarquables dans leur technique d'animation –, à la fin du XIXe siècle. Pour la première fois en France, en 1772, fut créé un spectacle d'« Ombres de Séraphin » au Palais-Royal à Paris, jeux d'ombres humaines et de lanterne magique pour enfants, qui furent peu à peu délaissés à la fin du XIXe siècle. Originaires de l'Extrême-Orient (Java), ces jeux s'étaient répandus avec l'islam à partir du XVIe siècle, autour de Karagöz (« Œil noir »), personnage chauve et bossu, plutôt frondeur, du théâtre d'ombres turc.

- Au cours du XXe siècle, Guignol s'est affadi et le nom de cette marionnette est devenu progressivement celui d'un divertissement pour enfants. Toutefois, la création de nombreux festivals ainsi que l'existence de groupements de professionnels et amateurs dans le monde entier maintiennent la qualité de cet art du spectacle.
- Avec la télévision apparaît un renouveau de la satire de l'actualité (les « Guignols de l'Info », par exemple), héritière du music-hall.

☛ **Bouffon, Crèche, Mystères, Noël, Noëls, Pâques, Pastorales, Santons, Vitrines animées.**

1er-MARS

Le 1er-Mars – jour qui débutait l'année avant l'avènement du calendrier julien en 46 avant J.-C. – était, comme toutes les fêtes printanières, une date importante pour assurer la fécondité des femmes et des troupeaux, ainsi que la fertilité des champs.
La nuit précédant le 1er-Mars, favorable pour les rêves de mariages, est longtemps restée propice aux divinations : en Brenne par exemple, les jeunes filles restaient éveillées jusqu'à minuit, puis se montraient à la fenêtre en disant : « Bonjour, Mars, fais-moi voir en dormant celui que j'épouserai de mon vivant ! »

Le 1er-Mars était la date des « Matronalia », fête romaine des femmes mariées. À cette occasion, les femmes se rendaient au temple de Junon Lucina (« l'Enfanteuse », déesse qui aidait les femmes à accoucher) et elles recevaient des

cadeaux de leur mari. Les maîtresses de maison détenaient une certaine autorité, et c'était un jour de liberté pour les esclaves femmes, comme les saturnales l'étaient pour les esclaves hommes. Les chrétiens continuèrent de célébrer cette fête familiale.

- Le 1er-Mars est encore célébré dans certaines régions d'Europe centrale par des coutumes voisines des carnavals : bruit, déguisements, cavalcades, etc. En cette période de passage où l'hiver se retire, certaines coutumes mettant les femmes à l'honneur ont une fonction analogue, comme la Sainte-Agathe (le 5 février).

☛ **Agathe (Sainte-), Calendrier, Carnaval, Mères (fête des), Nouvel An.**

MARTIN (Saint-)

La Saint-Martin (11 novembre) marquait autrefois la fin des travaux agricoles et l'entrée de l'hiver en Europe : ce jour, qui occasionnait de fréquentes foires d'automne, était important pour les baux ruraux. Une messe d'action de grâces était suivie d'un grand repas autour d'une oie, où l'on buvait le vin nouveau (on « martinait »). Comme Halloween, autre fête de cette période, la Saint-Martin est toujours marquée dans le nord de la France et en Allemagne par des tournées d'enfants munis de lanternes pour conjurer les jours devenus courts. Le 11 novembre est plus connu actuellement comme la fête de l'armistice de 1918.

Saint Martin, très célèbre à travers toute l'Europe, donna son nom à de nombreux villages et plus de trois mille églises et chapelles lui sont consacrées en France. Né vers 316 en Pannonie (Hongrie actuelle), saint Martin servit dans l'armée romaine. Le partage de son manteau avec un pauvre transi de froid, près d'Amiens (Somme), est resté célèbre : dans un songe, la nuit suivante, Martin reconnut le Christ sous les traits du malheureux. Converti, il se fit baptiser en 356 et devint prêtre dans le diocèse de l'évêque saint Hilaire de Poitiers. Martin fonda l'abbaye de Ligugé (Vienne) et fut élu évêque de Tours en 372. Il mourut à Candes (Indre-et-Loire) en 397 : son tombeau devint un lieu de pèlerinage très fréquenté.

- La Saint-Martin occasionnait des traditions liées à l'automne, quand les greniers sont remplis. En ce jour était préparé un repas d'action de grâces pour remercier le Dieu des récoltes. Ce repas ne doit pas être confondu avec le repas terminal des moissons ou des vendanges, fêtes d'abondance. Cette coutume a été maintenue en Amérique avec Thanksgiving : autour d'une dinde (la volaille locale), les familles se réunissent le dernier jeudi de novembre.
- Le soir de la Saint-Martin, à Dunkerque, les enfants défilent avec des lanternes derrière saint Martin à la recherche de son âne. Pour avoir retrouvé l'âne de l'évêque perdu dans les dunes, selon la légende, les enfants reçoivent comme récompense des pâtisseries déposées dans la nuit près de la porte d'entrée : les « crottes de l'âne ».

☛ **Armistice du 11 novembre 1918, Foires, Halloween, Lanternes végétales, Repas, Tournées cérémonielles.**

MASCARADE

Une mascarade (de l'italien mascarata, *de* maschera, *« masque ») désigne un défilé ou un divertissement (bal masqué) où les participants sont déguisés et masqués. Anciennement, la mascarade était un ballet travesti où alternaient les danses et la récitation de vers galants.*
Quand il est employé de façon péjorative, ce terme désigne un accoutrement ridicule ou, au sens figuré, une comédie, une mise en scène fallacieuse.

Les défilés déguisés publics étaient fréquents avant la Première Guerre mondiale, même pour les adultes. Si la coutume a souvent disparu, celle des bals masqués en revanche a été conservée. Ces bals, en vogue au milieu du XIXe siècle, étaient réservés à des groupes restreints de la haute société parisienne (bals masqués de l'Opéra) et de la Côte d'Azur. Dans les bals costumés, les déguisements somptueux étaient laissés à l'imagination des invités. Parfois, des thèmes leur étaient imposés : fleurs, oiseaux, bal vénitien, bal persan... Le bal masqué permettait avant tout l'anonymat. Réunissant le Tout-Paris, les bals costumés du comte de Beaumont étaient célèbres entre 1920 et 1940 : ils inspirèrent *le Bal du comte d'Orgel* de Raymond Radiguet (1924).

Comparables aux pantomimes, les mascarades du Nouvel An, sources de tapage, étaient censées porter bonheur.

- On assiste de nos jours à la renaissance de défilés costumés chez les écoliers. On préfère parler de « carnavals » ou de « défilés de la Mi-Carême ».

☛ **Bal, Carnaval, Déguisement, Farces, Masque, Pantomimes.**

MASQUE

Le masque, objet plus ou moins rigide qui couvre le visage, permet à l'homme de se donner en spectacle, lors de carnavals ou de divertissements costumés, sans se laisser reconnaître. Ce terme peut également désigner un déguisement complet (qui couvre de la tête aux pieds), ainsi que l'homme ainsi travesti.
Commun à de nombreuses langues, ce qui prouve son ancienneté, ce mot évoque la noirceur : tache de suie ou sorcière (une « mascotte » est en provençal un sortilège). « Mâchurer », qui a donné « mascara », signifie « barbouiller de noir ». Depuis la Renaissance, à partir du maschera *italien, le masque désigne le faux visage.*

Les masques, que l'on retrouve dans les rituels du monde entier, transmettent l'inconnu, conjurent les forces du mal et véhiculent un pouvoir surnaturel en établissant le contact avec les forces supérieures. Objet sacré en Grèce ancienne, dans le culte de Dionysos/Bacchus par exemple, il était porté non pour dissimuler, mais parce qu'il permettait l'inquiétant contact avec l'au-delà : en cela, il était initiateur. Selon l'anthropologue Daniel Fabre, porter un masque était un péché pour l'Église, car l'homme ne devait pas modifier son image faite à la ressemblance de Dieu. Pour cette raison, le masque fut associé à l'image du Diable, maître de l'illusion.

- Comme le carnaval prometteur de vie et de fécondité, pause nécessaire au moment du retour du printemps, le masque a un rôle complexe, protecteur et magique. Il obéit aussi à la logique de ce

temps à l'envers : éphémère métamorphose, il souligne les inversions de sexes, d'âges, de positions sociales ou de rôles. Pour rompre totalement avec le quotidien, l'homme masqué, se situant aux frontières du sauvage, peut adopter un nouveau comportement, vis-à-vis de lui-même, des autres et des forces invisibles qui le dépassent.

◆ Dans les bals masqués ou dans les carnavals de cour, les jeux amoureux, voire les libertinages, étaient suggérés grâce aux masques qui conféraient l'impunité. Un simple loup, demi-masque de satin ou de velours noir suffisait.

◆ Les masques peuvent être de simples barbouillages de farine, suie ou cirage, ou des sculptures savantes de bois, cuir, terre cuite, toile, tissu précieux, papier mâché, carton. Avec l'industrialisation, les masques de carton peint se sont multipliés au XIXe siècle, remplacés à leur tour par les masques de plastique rigide ou mou. Le goût de la farce et de la satire propre au carnaval leur donne les traits de personnages célèbres, de héros de bandes dessinées, d'animaux...

◆ Le développement de la fête d'Halloween ces dernières années a encouragé la création de nombreux masques de sorcières, de spectres et de vampires pour les sorties carnavalesques le soir du 31 octobre.

☛ **Bacchus, Barbouillage, Carnaval, Déguisement, Halloween.**

MÂT DE COCAGNE

Le mât de cocagne est un jeu d'exercice traditionnel qui contribue à animer les fêtes communales. Un mât haut et lisse, savonné ou recouvert de suif, est coiffé d'un cercle (cercle de tonneau, roue de bicyclette) sur lequel sont suspendues des récompenses (charcuteries, jouets, billets...) : le concurrent doit réussir à grimper en haut du mât pour décrocher le butin convoité.

Le pays de Cocagne, d'origine méridionale obscure, est un pays imaginaire où l'on reçoit tout en abondance. Le mot provençal *cocanha* désigne une friandise : il vient de la petite boule obtenue à partir de la culture du pastel (du bas latin *pasta*, « pâte »), plante dont les feuilles et les tiges contiennent un principe colorant bleu. « Décrocher les cocagnes » signifierait donc « décrocher les produits locaux ».

En Provence, au XVIIIe siècle, les jeunes gens promenaient ces *joyes* (« jeux ») dans le bourg, en quêtant pour accroître leur mise de départ.

☛ **Jeux.**

MÉCÉNAT et SPONSORING

Les organisateurs de fêtes publiques ou privées bénéficient parfois d'un mécénat ou d'un sponsoring qui les aide à financer leur projet.

Le mécénat désigne le soutien matériel apporté par une entreprise, ou par une personne riche et généreuse (le mécène), à une œuvre ou à un artiste (musique, peinture, littérature...). Le mot « mécène » vient de Mecenas, nom du ministre d'Auguste, noble chevalier d'origine étrusque et protecteur des lettres (de Virgile et d'Horace, notamment) au Ier siècle avant J.-C.

Le sponsoring désigne l'aide financière apportée par une personne ou un organisme (le sponsor) à une entreprise ou à un sport, à des fins publicitaires. Le terme de « sponsor » (mot anglais signifiant « parrain » – lui-même issu du latin *spondere*, « se porter garant de ») est apparu en France au début des années 1970.

☛ **Bienfaisance, Dépenses, Don, Sport.**

MÉCHOUI et BARBECUE

Le méchoui et le barbecue sont des formules devenues courantes pour les fêtes en plein air.

Le méchoui (mot arabe) est le nom donné au mouton (ou à l'agneau) entier mis à rôtir à la broche sur les braises d'un feu de bois. Un méchoui désigne, par extension, une réception organisée autour de la consommation d'une ou de plusieurs viandes rôties à la broche (mouton, bœuf, etc.). Proche du pique-nique et du barbecue, le méchoui a lieu généralement en plein air. La formule est prisée, non seulement pour des fêtes privées, mais aussi pour les fêtes des écoles, les fêtes communales, etc.

Le barbecue désigne un appareil au charbon de bois pour faire des grillades en plein air, et s'applique également à un repas familial ou amical ; au contraire du méchoui, il ne sous-entend pas forcément l'abondance. Ce mot anglais, introduit en France en 1954, proviendrait de l'espagnol américain *barbacoa*, issu lui-même du créole haïtien, désignant le montage en bois imaginé par les Indiens Arawaks pour cuire leur viande. Certains pensent que le mot fut forgé à partir du mode de cuisson de l'animal, mis à rôtir de la « barbe à la queue ».

☛ **Banquet, Bœuf gras, Garden-party, Pique-nique, Repas.**

MÉDAILLES

Voir Décorations honorifiques.

MEETING

Le meeting (de l'anglais to meet, *« se rencontrer ») est une réunion organisée pour informer et débattre d'une question d'ordre collectif, politique ou social. Le mot est apparu dans la langue française en 1733, sous la plume de Voltaire. La formule du meeting, fréquente lors des campagnes électorales, est parfois suivie d'un buffet pour les adhérents du parti politique organisateur. Les applaudissements y tiennent une place importante.*
Par extension, un meeting désigne une démonstration (sportive…) devant un vaste public (le meeting aérien, par exemple).

☛ **Applaudissements, Élections, Sport.**

MER (fêtes de la)

Les fêtes de la Mer se déroulent généralement l'été. Dans certains ports, ces réunions locales annuelles s'apparentent aux fêtes patronales ou corporatives. Elles débutent par une procession religieuse, où sont portés solennellement des ex-voto (maquettes de bateaux offertes en remerciement d'un vœu ou d'une grâce obtenue), suivie d'une bénédiction des bateaux de tout gabarit, pavoisés, parfois enrubannés et fleuris, puis elles se poursuivent par le lancement de couronnes de fleurs à la mer à la mémoire des disparus. Ces fêtes sont aussi animées par des réjouissances profanes (jeux, joutes nautiques…).
Lors des rassemblements internationaux, des bateaux de toutes tailles et de tous genres – voiliers, yoles, bateaux de travail, bâtiments de guerre, canots ou yachts –, parfois réunis autour d'un thème, comme le matériau de construction de leur coque (le bois), évoluent devant un public nombreux ; lorsque les bateaux restent à quai, ils peuvent être visités. Ces fêtes de la Mer s'apparentent à la formule des fêtes historiques qui consistent à faire revivre les choses du passé.

Les vieux gréements

• Parmi les plus fameux rassemblements de vieux gréements, citons celui de Brest, qui a lieu tous les quatre ans, celui de Douarnenez, tous les deux ans, ainsi que l'Armada (mot espagnol qui signifie « armée navale »), qui se déroule sur la Seine dans le port de Rouen, pendant une semaine de juillet, tous les quatre ou cinq ans. Le dernier jour de l'Armada, les voiliers et bâtiments de guerre descendent le fleuve jusqu'à l'estuaire, parcourant une distance de 120 kilomètres.
Ces fêtes peuvent donner lieu à des régates entre bateaux de même catégorie.

• Ces manifestations occasionnent des repas conviviaux entre équipages et des concours de chants de marins. Pour le public, la fête est également sur les quais. De nombreuses animations sont organisées : expositions, ateliers de modélisme, feux d'artifice, concerts, jeux, conférences, spectacles, etc.

☛ **Assomption, Bénédiction, Corporative (fête), Jeux, Joutes, Pardons bretons, Patronale (fête), Pierre (Saint-), Procession, Sport.**

MERCREDI DES CENDRES

Pour les chrétiens, le mercredi des Cendres, le lendemain de Mardi gras, est le premier jour du carême, période d'abstinence et de privation avant Pâques. C'est aussi un temps de partage et de prière, en souvenir des quarante jours que le Christ a passés dans le désert et en souvenir de sa mort sur la croix. Le jour est marqué, pour les pratiquants, par le rite d'imposition des cendres obtenues par la combustion des rameaux bénits de l'année précédente. Le prêtre trace une croix sur le front du fidèle en prononçant une formule l'invitant à se convertir ou celle-ci, tirée de la Genèse : « Souviens-toi que tu es poussière et que tu retourneras en poussière. » Se couvrir de cendres en signe de pénitence est un rite plusieurs fois décrit dans l'Ancien Testament.

Le mercredi des Cendres a été institué au début du VIe siècle pour que le carême, qui débutait dix jours plus tard qu'aujourd'hui, comptât quarante jours de jeûne effectif. L'imposition des Cendres débuta au Xe siècle dans les pays rhénans et fut acceptée dans la chrétienté au XIIIe siècle.

◆ Le mercredi des Cendres marque parfois l'adieu au carnaval : des coutumes propres aux Jours gras survivent avec la fréquente mise à mort du mannequin de paille symbolisant Mardi gras (« Caramantran ») ou les danses carnavalesques des Soufflets (« Soufflaculs »).

☛ **Carême, Carnaval, Mannequin du carnaval, Mardi gras, Pâques.**

MÈRES (fête des)

La fête des Mères célèbre, comme son nom l'indique, les mères de famille lors d'un dimanche de la fin mai ou du début juin en fonction de la date de la Pentecôte. Cette fête devint nationale par une loi du 24 mai 1950.

Des actions ponctuelles pour rendre hommage aux mères de familles nombreuses eurent lieu à partir de 1897. Une journée des Mères, instituée en 1919 pour célébrer les femmes méritantes dans différentes grandes villes, fut promue journée nationale en 1941 par le maréchal Pétain qui voulait encourager la natalité. Elle s'inspirait du modèle américain de la fête des Mères, célébrée en 1911 dans presque tous les États de l'Union et devenue officielle en 1914 sous la présidence de Wilson à la demande d'une institutrice de Philadelphie, Anna Jarvis, qui pleurait le décès de sa mère et qui reprenait elle-même une idée lancée à Boston en 1872 par Julia Ward Howe.

D'autres manifestations honoraient les mères antérieurement. En Europe, on célébrait la fécondité au retour du printemps, lors d'une journée réservée aux épouses : par exemple, à la Sainte-Agathe, le 5 février, ou au moment du carnaval, la journée des « marottes ». Dans la logique de cette période qui encourage les inversions, les femmes commandaient. Le 1er mars, dans la Rome antique, la fête des *Matronalia* célébrait les femmes mariées, littéralement « celles qui ont une descendance ». Comme le remarquait l'érudit latin Aulu-Gelle au IIe siècle après J.-C., c'est de « mère » que vient le mot « mariage ».

◆ Prétexte de réunions familiales, la fête des Mères est souvent marquée par un grand repas. Les maris et les enfants offrent des cadeaux aux mères (fleurs, bijoux fantaisie, parfums...) et les plus petits récitent parfois un compliment appris à l'école, en remettant un cadeau fait de leurs mains (dessin, boîte à bijoux, broche, collier de perles, cadre...).

☛ **Agathe (Sainte-), Cadeau, Compliment, Femme (Journée internationale de la), 1er-Mars, Pères (fête des).**

MÉTÉOROLOGIE

De nombreux dictons météorologiques, inspirés par l'expérience rurale, s'appuient sur des observations pratiques à un moment donné du calendrier.

Avec le développement de l'agriculture, l'homme éprouva le besoin de préciser les dates favorables pour effectuer les travaux des champs, provoquer la fertilité, protéger les moissons... Les dictons aux origines magico-religieuses naquirent ainsi. La plupart des dictons relatifs au calendrier sont postérieurs au concile de Nicée (325) et antérieurs à la réforme grégorienne (1582). Les « pronostications » (ou almanachs) se sont multipliées avec l'invention de l'imprimerie, entre le XVe siècle et la fin du XVIIIe siècle.

- Le jour de l'année est le plus souvent déterminé par le nom du saint fêté.

  « À la Sainte-Catherine [25 novembre],
  Tout arbre prend racine,
  Le cochon couine... »

  « Saint-Vincent [22 janvier] clair et beau
  Fait verser le tonneau. »

- Certaines fêtes ont une fonction météorologique. C'est le cas de la Chandeleur, le 2 février, où le dicton de l'ours (ou du loup), répandu dans les régions montagneuses, annonce le temps des quarante jours à venir. Le vent qui souffle aux Rameaux, fête qui marque le retour du printemps, sera le vent dominant de l'année entière :

  « Le vent pour les Rameaux bénits
  Toute l'année souffle et s'ensuit. »

- Le temps qu'il fait à Noël détermine celui de Pâques. C'est la trace d'un dicton préchrétien : le temps qu'il faisait au solstice d'hiver permettait de prévoir celui qu'il ferait à l'équinoxe de printemps.

  « Noël au balcon
  Pâques au tison. »

  « À Noël les moucherons,
  À Pâques les glaçons. »

☛ **Calendrier, Chandeleur, Fête, Ours, Saints de glace.**

METS CÉRÉMONIELS

Les mets cérémoniels sont les plats « obligatoires » servis lors de certaines fêtes dans toutes les religions : crêpes, beignets, bugnes ou gaufres de la Chandeleur ou de Mardi gras, agneau pascal, mouton de l'Aïd-el-Adha, beignets d'Hanoukka, dinde et bûche de Noël, galette des Rois, miel du Mouloud... Souvent abondants, ces plats sont porte-bonheur. Ils sont parfois coûteux, tels ceux du réveillon, mais la dépense fait partie de la fête.

☛ **Aïd-el-Adha ou Aïd-al-Kabir, Desserts, Gaspillage cérémoniel, Hanoukka, Mouloud, Repas, Réveillon, Seder.**

MI-CARÊME

La Mi-Carême, quatrième jeudi du carême, correspond, comme son nom l'indique, au milieu du carême, période de « quarante » jours pendant laquelle les chrétiens font pénitence avant Pâques. Elle est marquée par la suspension des interdits et autorise les abus de Mardi gras : défilés carnavalesques, farces, pâtisseries « obligatoires » (crêpes, beignets, bugnes, gaufres)...

La Mi-Carême a été autorisée en 1216 par le pape Innocent III. Cette journée de mascarades permettait de « fendre » ou de « scier la vieille » (la « vieille » était une personnification du carême), selon une expression répandue en d'Europe. La « vieille » était parfois figurée par un mannequin qui, comme à Bourges, finissait noyé. Celui-ci représentait également la « vieille année » : jusqu'au XVIe siècle, l'année débutait le plus souvent au printemps.

◆ La Mi-Carême, journée de joie au même titre que le premier dimanche de carême appelé « dimanche des Brandons », rappelle le 1er-Avril et ses farces. À Saint-Jean-de-Maurienne (Savoie), selon le folkloriste Arnold Van Gennep, on faisait des « rosses-vieilles », morceaux de papier découpés en forme de scie qu'on accrochait dans le dos des gens : cette farce évoque la coutume du poisson d'avril. Un rire libérateur, expression d'un soulagement, correspond à cette période de réveil de la nature après l'austérité de l'hiver, la « vieille » saison.

☛ **1er-Avril, Brandons, Carême, Carnaval, Farces, Mannequin du carnaval, Mardi gras.**

MICHEL (Saint-)

La Saint-Michel, le 29 septembre, l'une des dates des grandes foires d'automne (comme la Saint-Denis, la Saint-Martin ou la Saint-André), donnait lieu aux « louées » de domestiques et à l'établissement des baux ruraux (vente ou location de terres, de fermes...). La Saint-Michel, grande étape de la transhumance, marque les grands retours des troupeaux à l'étable : la descente ou « désalpe ».

L'archange saint Michel est le chef de la milice céleste. Décrit dans l'*Apocalypse* de saint Jean, son combat victorieux contre le dragon appelé Diable ou Satan est célèbre. Le culte de l'archange saint Michel se développa aux Ve et VIe siècles, à la suite de son apparition sur le mont Gargan, dans les Pouilles (Italie), à un berger d'Apulie.

Le Mont-Saint-Michel, bâti vers 708 par Aubert, évêque d'Avranches, à la suite de visions répétées de l'archange qui le lui demandait, devint un grand but de pèlerinage : « Saint-Michel-au-péril-de-la-mer. »

☛ **Animaux domestiques, Martin (Saint-), Pèlerinage, Transhumance (fête de la).**

MISS

Une Miss (mot anglais qui signifie « mademoiselle ») est une jeune reine de beauté élue dans des concours internationaux ou locaux pour représenter, en général pendant un an, un quartier, une ville, une région, un pays ou le domaine d'une activité spécifique (Miss Cinéma, Miss Commerce...). Ambassadrice de charme avec son diadème et son écharpe, signes de distinction, la Miss participe fréquemment à l'animation festive locale.

S'inspirant des sélections locales de rosières méritantes ou de reines (du Muguet, des Lavoirs...), qui se sont multipliées au cours du XIXe siècle, le fondateur du quotidien *Paris Midi*, Maurice de Waleffe, institua en 1920 un référendum pour élire la plus belle femme de France. Il présenta sur les écrans de cinéma de salles parisiennes les 49 candidates retenues (sur 1 700 jeunes filles inscrites) et, l'année suivante, fit de même dans 49 grandes villes. Dès 1921, la première Miss America fut élue, puis la première Miss Europe en 1928 et enfin la première Miss Univers en 1935. Les concours de beauté, où la jeune fille se présentait à l'américaine en maillot de bain, se sont multipliés après la Seconde Guerre mondiale. Cantonnées d'abord dans les casinos, ces élections à l'organisation pyramidale (la jeune fille représentait sa ville, puis sa région, puis le pays entier...) se généralisèrent dans les petites villes. À la mort de Maurice de Waleffe en 1946, un comité fondé par Guy Rinaldo et Louis de Fontenay prit la relève et organisa le 22 décembre sa première élection. Celui-ci, rebaptisé « comité Miss France » en 1954, assurait le spectacle qui accompagnait l'élection. En mars 1981, à la mort de Louis de Fontenay, sa compagne, l'ancien mannequin Geneviève Mullman, dite « Geneviève de Fontenay », et son fils Xavier de Fontenay en devinrent présidents. Dans une ambiance magique de conte de fées, la cérémonie, retransmise par la télévision depuis 1987, connaît un succès considérable.

- Le phénomène Miss France promeut une certaine image de la femme, éduquée « à marcher et à parler », loin de l'esthétique émancipée des top models et loin de l'insouciance des jeunes filles de vingt ans. Comme chez la rosière, le beau se superpose à la vertu : la beauté asexuée de ces jolies reines doit être irréprochable, tout autant que leur moralité. Les candidates doivent être saines, gentilles, respectables, sages, discrètes, ne pas fumer, être célibataires et non divorcées, sans enfant, de bonne culture générale et d'excellente réputation. La sélection est cruelle et, quel que soit le résultat, il convient d'arborer l'inaltérable sourire. Pendant l'année entière, l'heureuse Miss France, objet de tous les regards, doit assumer ses fonctions de représentation en France et à l'étranger, en tenant compte des exigences des organisateurs et des sponsors. En contrepartie, elle est rétribuée, reçoit de nombreux cadeaux et l'espoir d'une promotion sociale.
- Les élections de « Monsieur Muscles », fondées sur l'esthétique masculine, sont loin de rencontrer le même engouement.

☛ **Catherine (Sainte-), Dauphine, Majorettes, Mariage, Reine, Rosière.**

MOBILES (fêtes)

Les fêtes mobiles, dont la date est déterminée par Pâques et donc par la Lune, se déplacent dans le calendrier grégorien, lié, lui, au Soleil. La date de Pâques (entre le 22 mars et le 25 avril), fixée en 325 au concile de Nicée, est le dimanche suivant la pleine lune qui vient après l'équinoxe de printemps.

Le calendrier dépend essentiellement de la Lune pendant dix mois de l'année, de la Septuagésime, le neuvième dimanche avant Pâques (fin janvier, début février), à la veille du premier dimanche de l'Avent (fin novembre, début décembre).

Les principales fêtes mobiles sont les fêtes liturgiques du mercredi des Cendres (début du carême, quarante-six jours avant Pâques), le jeudi de l'Ascension (dix jours avant la Pentecôte), la Pentecôte (cinquante jours après Pâques), la Fête-Dieu (dix jours après la Pentecôte). Suivant la date de Pâques, il y a vingt-trois à vingt-huit dimanches après la Pentecôte jusqu'à la fin de l'année liturgique, en novembre.

Le carnaval est mobile puisqu'il a lieu juste avant le mercredi des Cendres, au moment des jours gras.

Certaines fêtes mobiles ne dépendaient pas de Pâques, comme les fêtes des Moissons ou des Vendanges.

☛ **Ascension, Calendrier, Carnaval, Mardi gras, Mercredi des Cendres, Pâques, Pentecôte, Septuagésime.**

1er-MOHARRAM

Le 1er-Moharram, premier jour de l'année musulmane, est l'anniversaire du départ du prophète Mahomet (Rasûl Allah, qui signifie « envoyé de Dieu » ou « prophète d'Allah ») pour Médine en 622, douze ans après les premières révélations qui lui avaient été faites par l'archange Gabriel. Ce jour est appelé également Ras-al-Am (« Nouvel An »). Moharram vient de harrama, qui signifie « interdit » (il est alors interdit de faire la guerre).

Le 1er-Moharram correspond au 24 septembre 622 de l'ère chrétienne, mais il est fixé par la tradition le 16 juillet 622, premier jour de l'année lunaire. Il marque le début de l'hégire (de l'arabe *hedjra*, « fuite »), qui est retenu pour commencer l'ère musulmane, consacrant la rupture de Mahomet avec la « cité de l'idôlatrie », La Mecque. Déclaré indésirable et dangereux par le pouvoir en place en raison de la nouvelle religion qu'il prêchait, l'*islam* (qui signifie « soumission à la volonté de Dieu »), il quitta la terre païenne de ses pères conformément aux visions qu'il avait eues au cours de retraites dans le désert, de la même façon qu'Abraham était parti de Ur en Chaldée pour s'installer en Canaan. L'hégire marque la naissance de la communauté musulmane *(muslim)*.

◆ Le 1er-Moharram, anniversaire de la naissance de l'islam, est particulièrement vénéré et occasionne de grands rassemblements dans les mosquées la veille au soir.

☛ **Année, Calendrier, Nouvel An.**

MOISSONS (fête des)

La fête des Moissons, rite de terminaison célébré à la fois par les ouvriers et leurs patrons, était dans toutes les fermes une réjouissance attendue qui exprimait la joie du travail accompli : plus le labeur avait été dur, plus cette cérémonie de la « passée », ou « passée d'août » (déformée parfois en « passée doux » ou « passée douce »), était gaie.

Selon le folkloriste Arnold Van Gennep († 1957), la fête des Moissons aurait été une cérémonie préhistorique apparue avec les premiers hommes sédentaires, pour qui les récoltes correspondaient à des nécessités économiques.

La dernière gerbe portait le nom des animaux qui pouvaient s'y être réfugiés : en Brie, on « tuait le chien », et, en Champagne, on lui « coupait les pattes ». Pour certains auteurs, le nom de « chien » rappellerait le passage de la

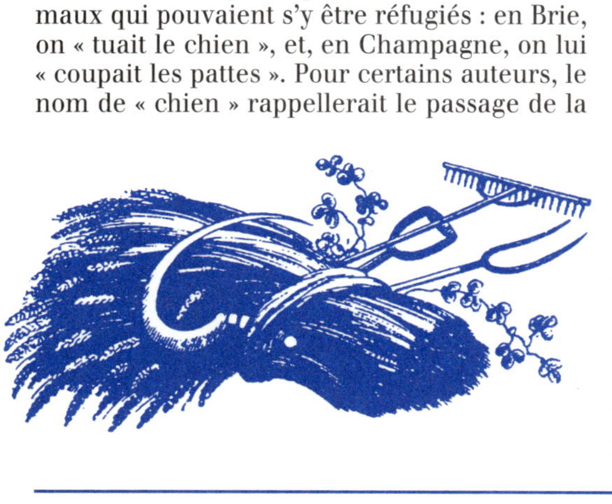

constellation du Grand Chien, qui a donné son nom à la « canicule ». Dans la région d'Amiens et en Franche-Comté, on « tuait le chat ». Il s'agissait parfois de volailles (coq, caille) ou d'un lièvre. Le coq, symbole de la fécondité animale par excellence, était souvent porteur aussi de la puissance végétale. L'animal était dit « gras » ou « maigre » suivant l'ampleur de la récolte.

Le repas terminal portait le nom de la dernière gerbe ou s'appelait « révolle » en Bresse, ou, plus généralement, « paulée » (du latin *epulum*, repas). Ces noms dialectaux désignent souvent encore le banquet qui clôture les vendanges. Le copieux repas était entrecoupé de chansons à boire.

Jusque dans les années 1950 en Île-de-France, on hissait au sommet de la dernière gerbe une branche de feuillage ou un « mai » décoré de fleurs, de rubans et d'une couronne de blés entremêlés de fleurs des champs. En Lorraine, le « mai » désignait un simple bouquet d'épis accroché à la dernière charrette. Les moissonneurs normands chantaient à tue-tête en rentrant pour faire savoir aux villageois qu'ils avaient fini et leur montrer qu'ils avaient travaillé plus vite que les autres. Ils plantaient ensuite le mai au porche d'entrée de la ferme ou sur une meule. Une croix tressée décorait parfois la salle commune pendant un an.

La fin des moissons coïncidait souvent avec l'Assomption, le 15 août, ou avec la Saint-Roch, le 16 août, et des cérémonies religieuses permettaient l'offrande et la bénédiction de pains ou de gerbes à l'église : dans le Morvan, les hommes rapportaient de l'église un bouquet d'avoine bénit pour la protection des biens domestiques, et leurs épouses, un petit morceau de pain, le « croûton de Saint-Roch », pour la protection de l'unité familiale.

- La mécanisation des moissons, permettant d'aller plus vite en besogne et de réduire l'embauche d'ouvriers, a rendu le travail autre, même s'il reste difficile : devenues familiales, les moissons ne concernent plus comme autrefois d'amples communautés paysannes. L'appellation de « fête des Moissons » est donnée maintenant à une fête à vocation essentiellement touristique qui n'a plus rien à voir avec celle d'autrefois. Vers la mi-août, toujours en milieu rural bien sûr, des réjouissances communales à caractère folklorique mettent en valeur le village, le terroir et le passé, par des défilés en fanfare de chars fleuris et d'anciennes machines.

La Saint Roch

- La date de sa fête (16 août) étant voisine de celle de la fête des Moissons, Roch est devenu un saint rural à qui l'on offre, encore de nos jours, des gerbes et des fruits, comme lors du pardon de Pont-d'Ouilly (Calvados).
- Au XIVe siècle, Roch, originaire de Montpellier, contracta la peste alors qu'il soignait des pèlerins malades sur la route de Rome ; il se retira dans une forêt. Le chien d'un seigneur du voisinage vint chaque jour jusqu'à sa cabane lui apporter un pain. Le seigneur, intrigué, avait un jour suivi l'animal et s'était lui-même converti à cette vie de pauvreté.
- Saint Roch, invoqué contre la peste, est devenu protecteur des animaux. Dans le Perche, le jour de sa fête, le prêtre bénissait des « herbes » (roquette, menthe) : une fois séchées, elles étaient mélangées à la nourriture du bétail pour le protéger des maladies contagieuses.
- La danse énigmatique du Bacchu-Ber marque sa fête à Pont-de-Cervières, près de Briançon (Hautes-Alpes).

☛ **Abondance (fêtes d'), Coq, Danses traditionnelles, Folkloriques (fêtes), Vendanges (fête des).**

MONÔME

Le monôme est un défilé d'étudiants qui se promènent sur la voie publique en se tenant par les épaules ou par le bras, et en chantant à tue-tête. Le nom de ce défoulement, traditionnel après la fin des examens, est une allusion à la très sérieuse expression algébrique formulée en 1691 par le mathématicien Jacques Ozanam († 1717). Le monôme désigne une suite ininterrompue : c'est l'un des termes du binôme entre les parties duquel il n'y a pas de signe + ou –.

En 1836, le mot devint « seul-homme » en argot de polytechniciens, conservant sa signification algébrique. À partir de 1878, il désigna le chahut d'étudiants.

☛ **Bizutage, Débordements, Étudiants, Vacarme cérémoniel.**

MONSTRE

Voir Tarasque.

MOULOUD

La fête musulmane de Mawlid al-nabi (mot arabe, littéralement « temps », « lieu », « fête commémorative »), Mouloud ou Mouled, le 12 du troisième mois (Rabî I), est l'anniversaire de la naissance du prophète Mahomet. Ce jour de festivité civile – qui n'est pas réglé par la Tradition – connaît une grande popularité qui ne cesse d'augmenter malgré l'opposition de quelques oulémas, docteurs de la religion musulmane.

Cette fête fut instituée en 1292. La naissance de Mahomet fut fixée arbitrairement un lundi, comme le jour de l'Exil ou celui de sa mort.

- On célèbre le Mouloud la veille au soir par des illuminations et par la lecture du Coran dans les mosquées, ainsi que par des allocutions, des conférences et des poésies élogieuses sur le Prophète ou d'autres grands personnages de l'islam. À l'occasion de cette fête, les musulmans consomment du lait, du miel, pour sa douceur, et des sucreries sont données aux enfants.
- Dans les pays musulmans, la fête donne lieu à de grands feux et à des défilés d'enfants éclairés avec des bougies, censées représenter les âmes des défunts.

☛ **Bougies, Calendrier, Feu de joie, Illuminations, Noël, Repas.**

MUGUET

Le muguet, célèbre porte-bonheur offert le 1er-Mai en France, est une liliacée sauvage aux fleurs blanches très odorantes que l'on trouve dans les sous-bois. Son parfum est à l'origine de son nom, issu de l'ancien français mugue, *qui signifie « musc ». La vente du muguet sur la voie publique, exempte de taxes et ouverte à tous, est autorisée le 1er-Mai.*

La tradition du brin de muguet a une origine controversée. Les bouquets de fleurs coupées que l'on pouvait s'offrir à partir de dates proches du 1er mai en Europe (à la Saint-Georges, le 23 avril, ou à la Saint-Marc, le 25 avril) pourraient être à l'origine de cette coutume, porteuse de vitalité. Les fleurs du muguet, en forme de clochettes, sont également réputées porte-bonheur : les cloches, symboles de protection, de joie et de gaieté, avaient la réputation d'éloigner la grêle, les orages, les épidémies... Pour certains, l'origine de cette tradition remonterait au 1er mai 1560 : le jeune roi Charles IX en aurait reçu du chevalier de Girard à Saint-Paul-Trois-Châteaux (Drôme) et il en aurait offert lui-même aux dames de la cour l'année suivante. Cette tradition serait beaucoup plus récente, d'après le folkloriste Arnold Van Gennep († 1957), puisqu'elle serait apparue dans les régions boisées d'Île-de-France au XIXe siècle, avec l'élection de reines du Muguet à Rambouillet, à Meudon et à Compiègne.

Bien que très toxique, le muguet est un stimulant cardiaque : toutefois, son rôle dans la pharmacopée, découvert tardivement, ne semble pas être à l'origine de sa réputation de porte-bonheur.

☛ **Belteine, Fleurs, Georges (Saint-) et Saint-Marc, 1er-Mai, Mais, Végétaux, Walpurgis (nuit de).**

MUSIQUE

La musique est inséparable de la fête et de la danse, qu'elle soit produite par un seul musicien, tel le « violoneux » des campagnes d'autrefois, par des orchestres plus ou moins importants, ou par tout moyen moderne de retransmission sonore (disque, cassette, disque laser...). Elle prend une grande part dans le succès des fêtes.

La musique et le bruit (cornes, coquillages, bois creux, lyres, tambours, sonnailles...) ont toujours accompagné les fêtes dans tous les pays du monde. Plus ou moins harmonieuse, la musique résonne lors de tout événement réjouissant public ou privé : inaugurations, Noël, nuit de la Saint-Sylvestre, bals, noces, baptêmes, fin des grands travaux...

- Dans certaines fêtes, pour le vacarme cérémoniel, les instruments sont rudimentaires, tels que les *rummelpots* (mot dialectal flamand signifiant « pots à vacarme »), faits d'un bâton que l'on agite dans un pot recouvert d'une vessie de porc, qui servent aux enfants dans les quêtes et les fêtes du Nord ; ou les « chaudrons sonores » de la Saint-Jean en Bretagne, grandes bassines de cuivre contenant un peu d'eau, un couteau ou un chapelet, que l'on faisait vibrer à l'aide de joncs ou de roseaux tressés placés sur les rebords ; ou encore les instruments taillés dans des courges, que l'on fabriquait pour le carnaval de Nice et qui faisaient une « musique des ténèbres ».

- Avec l'arrivée du disque, notamment du microsillon au début des années 1950, la danse n'a plus été tributaire de la présence d'un orchestre et la musique est devenue omniprésente (dancings, surprises-parties...). Les rythmes étrangers se sont progressivement imposés grâce au développement des médias : jazz, rock, tango, rythmes latino-américains, musiques du monde... Depuis les années 1980, parallèlement au déclin de la danse en couple et au développement des techniques, la musique, au niveau sonore croissant, a pris le pas sur la danse (rave-parties, par exemple). Dans certains concerts extérieurs, elle est soutenue par des illuminations au laser pour mettre en valeur l'architecture.

☛ **Cécile (Sainte-), Chansons, Concert, Crochet, Discothèque, Fanfare, Fest-noz, Flonflons, Karaoké, Musique (fête de la), Rave-party, Son et lumière, Tapage nocturne, Techno Parade, Vacarme cérémoniel.**

MUSIQUE (fête de la)

La fête de la Musique, le soir du 21 juin, au solstice d'été, célèbre tous les genres de musiques (classiques, rock, jazz…) et toutes les formes d'expression (chorales, fanfares…) dans le monde entier. Les interprètes qui le désirent, professionnels ou amateurs, se produisent gratuitement dans les rues des villes.

La fête de la Musique a été instituée en France en 1982 par le ministre de la Culture Jack Lang, assisté de Maurice Fleuret, directeur des Affaires culturelles. Son succès fut inattendu et la fête s'est exportée dans beaucoup d'autres pays du monde. En Scandinavie, des manifestations musicales et des concours de danse avaient déjà lieu lors des « nuits claires » de Midsömmer (« milieu de l'été »), au solstice d'été quand le soleil ne se couche pas.

◆ La fête de la Musique est une parfaite illustration de la fête contemporaine, née en milieu urbain.

☛ **Année, Concert, Jean (Saint-), Musique, Son et lumière.**

MYSTÈRES

Les mystères, représentations théâtrales jouées sur les parvis ou sous les porches des sanctuaires des grandes villes autour de thèmes religieux, étaient très populaires entre le XIV*e et le* XVI*e siècle. Ces jeux liturgiques qui cherchaient à la fois à édifier et à amuser étaient donnés au moment des grandes fêtes chrétiennes (Noël, Épiphanie, Pâques) et des fêtes princières. Les « mystères » (nom donné par confusion avec* ministerium, *mot latin signifiant « cérémonie ») se distinguent des miracles, drames sacrés médiévaux autour de la vie de saints, joués toute l'année en salle ou en plein air.*

Les jeux scéniques naquirent avec la liturgie dans des oratoires situés à l'intérieur même des églises, comme celui de la crèche de Sainte-Marie-Majeure à Rome. Vers 435, cette église, mise à l'honneur la nuit de Noël, possédait une réplique de la mangeoire qui passait pour être celle de Bethléem.

Certains passages des Écritures relataient des scènes proches du peuple qu'il était facile de théâtraliser : Adam et Ève au paradis, les bergers accourus près de la crèche, les trois Marie (Marie-Madeleine, Marie Salomé et Marie, mère de Jacques) essoufflées trouvant le tombeau du Christ vide au matin de Pâques… Des danses qui se déroulaient jusqu'au cimetière voisin s'ajoutèrent aux processions.

Au milieu du Moyen Âge, la tradition des tropes, versets chantés et dialogués à l'église, contribuait à rendre les lectures plus vivantes ; elle évolua jusqu'à illustrer des scènes bibliques dont les moines étaient les acteurs.

Au XIIe siècle, les drames sacrés se multiplièrent auprès des diacres et des clercs (« Office des Pasteurs », « Office de l'Âne », « Office de l'Étoile », le petit évêque des Innocents…), mais, avec le temps, certains jeux dégénérèrent : ils remettaient à l'honneur les anciennes « libertés de décembre » dénoncées par Rome, comme la fête des Fous qui autorisait l'élection d'un « pape », « évêque » ou « abbé de la déraison » à l'intérieur même du sanctuaire. Devenus trop bruyants et trop divertissants, les drames liturgiques furent condamnés à plusieurs reprises par l'Église, qui les interdit, à la suite notamment du concile de Bâle en 1435. Les mystères, s'inspirant des évangiles canoniques et apocryphes, naquirent ainsi aux portes des églises.

Plusieurs jours durant, ces spectacles mêlaient, dans un but didactique, des scènes profanes à l'histoire sainte. Graves au départ, ils devinrent distrayants et drôles, dans la représentation par exemple du paradis ou de l'enfer et de ses damnés hurlants. Leur mise en scène était très étudiée, et l'on n'hésitait pas à recourir à toutes sortes de procédés (utilisation bruyante de bombardes, couleuvrines et canons). À leur tour, ces mystères dégénérèrent et furent l'objet de plusieurs interdictions, dont l'une émanant du parlement de Paris en 1548.

◆ Le dynamisme de ces jeux scéniques très populaires persista à travers des chants (les noëls), des jeux de marionnettes, des pastorales et des Passions du vendredi saint.

☛ **Âne, Fous (fête des), Marionnettes, Noël, Noëls, Pâques, Pastorales, Roi, Vendredi saint.**

N

NAISSANCE

Voir Baptême.

NATIONALE (fête)

Voir 14-Juillet.

NATIVITÉ DE NOTRE-DAME

La Nativité de Notre-Dame (ou Nativité de la Sainte Vierge), le 8 septembre, est une fête mariale moins solennelle que l'Assomption. Cette date marquait autrefois l'arrivée de l'automne.

La Nativité de Notre-Dame fut célébrée dès le VIe siècle à Jérusalem, ville où les évangiles apocryphes placent la rencontre d'Anne et de Joachim, les parents de la Vierge. Une église est dédiée à la Nativité de la Vierge près de la Porte des Brebis. Cette fête, connue à Rome sous le pape Sergius Ier (687-701), d'origine syrienne, donnait lieu à une procession qui allait de Saint-Hadrien, au Forum, à Sainte-Marie-Majeure.

La Nativité de la Sainte Vierge était l'une des quatre « Notre-Dame » connues – les trois autres étant l'Assomption, l'Annonciation, le 25 mars, et la Purification de Marie (Chandeleur) –, avant le développement des autres fêtes mariales à partir du XIVe siècle. Il y a seulement trois fêtes de la Nativité ; celles de la Vierge, de l'Enfant Jésus (Noël) et de Jean-Baptiste (la Saint-Jean). C'est habituellement le jour de sa mort, jour de son entrée dans la vie éternelle, qu'un saint est fêté.

« À la Bonne-Dame de septembre,
Bonne femme allume ta lampe. »

« À Notre-Dame de septembre
Le raisin est bon à prendre. »
[Provence]

Le Saint-Cordon

• Le deuxième dimanche de septembre se déroule chaque année à Valenciennes (Nord) la procession du Saint-Cordon. Selon un récit qui date de 1550 environ, la veille de la fête de la Nativité, en 1008, la Vierge serait apparue dans la nuit au milieu d'une grande lumière. Pour sauver la cité de la peste, celle-ci aurait laissé tomber tout autour des murs un lien mystique porté par des anges. La procession du Saint-Cordon, connue en 1250, commémore ce miracle. Après avoir parcouru les rues de Valenciennes jonchées de roseaux, la procession avec port de la statue de la Vierge se déploie sur une quinzaine de kilomètres à l'extérieur. Elle est organisée par les confréries des « Royés » et des « Damoiseaux ».

• L'apparition d'un cordon salutaire est plusieurs fois attestée entre les XIe et XIIIe siècles, particulièrement dans les provinces belges, et une procession similaire a lieu à Tournai – ville qui fut longtemps rivale de Valenciennes –, pour commémorer l'arrêt d'une épidémie du « mal des ardents » (empoisonnement par l'ergot de seigle) en 1090, le jour de l'Exaltation de la Sainte-Croix (14 septembre).

☛ **Assomption, Immaculée Conception (fête de l'), Mariales (fêtes), Noël, Sainte-Croix.**

NAUTIQUES (fêtes)

Voir Joutes et Mer (fêtes de la).

NICOLAS (Saint-)

La Saint-Nicolas, le 6 décembre, est une fête attendue des enfants du nord et de l'est de la France, surtout de Lorraine, et de plusieurs pays d'Europe (Belgique, Luxembourg, Pays-Bas, une partie de l'Allemagne et de la Suisse). La nuit du 5 au 6 décembre, le bon évêque distribue généreusement ses cadeaux, souvent alimentaires (pains d'épices, speculos, couques, pâtes d'amandes...) ; à cette intention, les petits déposent leur soulier dans la cheminée, ainsi qu'une poignée de foin ou une carotte pour sa monture. Saint Nicolas est accompagné de l'affreux Père Fouettard qui, lui, distribue ses baguettes pour punir.
Pendant la période qui précède le 6 décembre, saint Nicolas se déplace publiquement dans les villes (écoles, marchés de Noël...), avec ou sans son Père Fouettard. Jusqu'aux années 1960, leur venue était systématique dans chaque famille. Parfois, saint Nicolas se montre plus généreux que le Père Noël, qui lui fait concurrence dans la distribution de cadeaux.

Au début du IVe siècle, saint Nicolas était évêque de Myre, ville marchande d'Asie Mineure (aujourd'hui en Turquie) au bord de la Méditerranée, où il a combattu les cultes persistants d'Apollon et d'Artémis (Diane pour

les Romains). La légende a amplifié la variété des généreux miracles qu'il aurait produits de son vivant et, comme saint Martin en Occident, son culte a connu un succès jamais démenti chez les chrétiens d'Orient. En Occident, saint Nicolas est connu pour avoir redonné la vie à trois petits enfants découpés et mis au saloir par un cruel boucher, tandis que dans les pays orthodoxes il est célébré par les marins, dont il est le patron, parce qu'il aurait à plusieurs reprises sauvé de la tempête des navigateurs en perdition. Il est aussi patron des marchands – il aurait sauvé Myre de la famine –, ainsi que des prisonniers et des avocats – il aurait délivré trois captifs injustement condamnés (une lecture erronée de la représentation du miracle des prisonniers à demi sortis de leur tour serait à l'origine de la légende du saloir, légende tardive relatée en latin au XIIe siècle). Pour avoir doté trois jeunes filles pauvres, que le père allait vouer à la débauche, en déposant à trois reprises la nuit une bourse d'or sur la fenêtre, saint Nicolas devint le patron des fiancés et gagna sa réputation de pourvoyeur de cadeaux.

Par la suite, il fut dans le nord de la France patron des jeunes gens (comme sainte Catherine est la patronne des jeunes filles). La permanence du chiffre trois, symbole de totalité connu dans les religions occidentales, est remarquable : c'est le chiffre de la Trinité (Père, Fils et Saint-Esprit), dogme contemporain de saint Nicolas proclamé au concile de Nicée en 325.

Le culte de saint Nicolas s'est répandu en Europe à partir de 1087, quand des marchands italiens transportèrent ses restes à Bari, dans les Pouilles, à la fois pour les soustraire aux infidèles et pour promouvoir leur ville qui allait devenir lieu de pèlerinage. À cette époque, le trafic des reliques de saints était fréquent, car c'était un gage de prospérité. Un chevalier lorrain, Aubert de Varangeville, déposa à Port, en Lorraine, une phalange de doigt du saint. Le culte de l'évêque grandit aussi dans les pays rhénans. Le pèlerinage à Saint-Nicolas-de-Port devint célèbre. Saint Nicolas se superposa à Odin, dieu de la mythologie germanique qui se déplaçait dans les airs sur son cheval à huit jambes, et au chasseur sauvage qui se promenait par les nuits de tempête avec son équipage. En Europe occidentale, saint Nicolas prit l'aspect d'un évêque avec mitre, crosse et manteau rouge, tandis que, dans les pays de tradition orthodoxe, il garde celui d'un vieux marin barbu à la tête nue.

Un « débonnaire anthropophage »

- Comme tout distributeur de cadeaux, généreux mais justicier, saint Nicolas, ce « débonnaire anthropophage » (selon les termes de l'ethnologue Colette Méchin), est ambigu. Le Père Fouettard, croquemitaine affreux comme le boucher de la légende, et un âne énigmatique l'accompagnent dans ses tournées.
- Encore dans les carnavals européens, de beaux personnages, richement vêtus, prometteurs de prospérité et de jours meilleurs, sont accompagnés d'autres personnages laids, couverts de paille, de fourrures ou de haillons, qui symbolisent l'hiver, la stérilité et la mort. Quant à l'âne, animal psychopompe capable de conduire dans le royaume des morts, il ressemble aux animaux à mâchoire mobile des mascarades d'hiver européennes. Ces créatures grimaçantes à l'agitation démoniaque incarnent, tel le Père Fouettard, l'aspect chtonien de cette période en sommeil.

◆ Outre la distribution de cadeaux qui lui est associée, la Saint-Nicolas donne lieu à des manifestations nocturnes et bruyantes, où les jeunes gens, sous de vilains déguisements et munis de chaînes ou de cloches, poursuivent les jeunes filles – à Lille, ils les pourchassent en jetant des œufs et de la farine. Comme les baguettes des mascarades qui insufflent leur vigueur, ces courses carnavalesques révèlent la fonction fécondante de la Saint-Nicolas, fête proche dans le temps de la Sainte-Catherine.

☛ **Âne, Aspersion, Avent, Baguettes, Cadeau, Carnaval, Catherine (Sainte-), Chasse sauvage, Dame de Noël, Distributeurs de cadeaux, Homme sauvage, Martin (Saint-), Noël, Père Fouettard, Père Noël.**

NOCES D'OR

Voir Anniversaire de mariage.

NOËL

Noël, le 25 décembre, fête de la Nativité, célèbre pour les chrétiens la naissance de Jésus-Christ dans une crèche à Bethléem, en Judée, rapportée dans l'Évangile de Luc. Cette fête, liée au solstice d'hiver dans l'hémisphère Nord, est tournée vers l'enfance : autour d'un réveillon (ou d'un grand repas le lendemain), les familles se réunissent dans des maisons décorées de lumières et de verdure, et procèdent à la distribution des cadeaux déposés près de l'arbre de Noël. Certains font une crèche qui représente la scène de la Nativité. Les villes et les villages sont également décorés et illuminés.

L'origine du mot

• Le terme de « Noël », parfois féminisé (« a Noël », ellipse de « la fête de Noël »), a une origine controversée : selon l'hypothèse la plus courante, il viendrait du latin *natalis dies*, qui signifie « jour de naissance ».

• D'autres hypothèses sont parfois avancées : Noël dériverait de l'exclamation latine *Novella* ! (« Quelle nouvelle ! ») ; ou bien ce serait une contraction du mot hébreu *Emmanuel*, qui veut dire « Dieu avec nous » ; ou encore ce mot viendrait du gaulois *noio* (« nouveau ») et de *hel* (du grec *hêlios*, « soleil »), faisant référence au solstice d'hiver.

L'Église primitive attachait une plus grande importance à Pâques, fête de la Résurrection du Christ trois jours après sa mort sur la croix, qu'à l'anniversaire de sa naissance, dont elle n'avait pas retenu la date. Le choix du 25 décembre est apparu vers 330, afin de « recouvrir » des fêtes païennes célébrées au solstice d'hiver : les saturnales, célébrées à Rome en l'honneur du vieux maître du temps Saturne et de son Âge d'or où tous étaient égaux, ou les fêtes du *Sol invictus* (« Soleil invaincu »), amalgamées au culte perse du dieu Mithra alors connu dans l'Empire romain. La date du 6 janvier (Épiphanie), choisie dès le IIe siècle (v. 140) pour recouvrir également des célébrations méditerranéennes liées au solstice, marquait pour l'Église d'Orient, non pas la petite enfance du Christ comme en Occident, mais la manifestation de sa divinité à partir de son baptême à l'âge adulte.

Dans sa quatrième églogue des *Bucoliques*, Virgile, auteur latin du début de notre ère, célèbre l'Âge d'or sous la forme d'un enfant à naître. Déjà connue des Égyptiens, cette image n'est pas étonnante au moment du rallongement des jours, quand le Soleil « renaît ».

En Europe, la permanence de certaines traditions « sacrées » (le grand repas, la bûche dans la cheminée comparable au feu nouveau celtique de Samain, la présence de végétaux dans les maisons, les douze jours entre Noël et l'Épiphanie...) montre bien que cette fête préchrétienne était liée au Soleil : il fallait conjurer la saison morte, lorsque les nuits sont très longues et que la nature est dépouillée. Comme pour la nuit de la Saint-Jean, son pendant au solstice d'été, cette nuit surnaturelle servait de cadre à différentes légendes merveilleuses : les arbres fleurissaient à minuit, la terre s'entrouvrait sur des trésors, les animaux se parlaient dans les étables et il était dangereux de les écouter.

La messe de Minuit

• Les chrétiens, pour la célébration de la Nativité, se rendent à une messe nocturne, dite « messe de Minuit ».

• L'heure de cette messe fut déterminée d'après un extrait biblique du *Livre de la Sagesse* : « [Alors que] la nuit parvenait au milieu de sa course, du haut des cieux, ta Parole toute puissante s'élança du trône royal. »

• Les trois messes de Noël – de la nuit, de l'aurore et du jour – étaient déjà mentionnées par Grégoire le Grand († 604). La pratique des trois messes consécutives a longtemps été respectée dans certaines régions, comme en témoigne, pour la Provence, le conte d'Alphonse Daudet les *Trois Messes basses* (1873) ; en Lorraine, ces messes promettaient de ne mourir ni par l'eau, ni par le fer, ni par le feu.

La messe de Minuit a engendré de jolies coutumes, telles que celle des « pastrages » (offrandes de l'agneau) en Provence. Les scènes de la Nativité rapportées dans les évan-

giles de Luc et de Matthieu se prêtaient à la mise en scène : refus des aubergistes d'abriter la Sainte Famille, annonce aux bergers dans les champs, arrivée spectaculaire des Mages... Au milieu du Moyen Âge, des jeux liturgiques étaient célébrés et dansés dans les églises à Noël, puis apparurent les mystères joués sur les parvis entre le XIVe et le XVIe siècle, qui furent à leur tour interdits ; les chants, les immuables noëls, les remplacèrent à partir du XVe siècle, ainsi que des spectacles profanes (marionnettes, crèches mécaniques, pastorales...).

Dans la lignée des jeux liturgiques, François d'Assise avait transposé en 1223 ce thème de la Nativité dans une grotte des Abruzzes. La dévotion pour la crèche allait s'ensuivre. Au XVIe siècle, en réaction à la Réforme, franciscains et jésuites encouragèrent les crèches dans les églises, comme celle de Prague en 1562 ou, en France, celles de Chaource (Aube) au XVIe siècle et de Nogent-le-Rotrou (Eure-et-Loir) au XVIIe siècle, qui figurent parmi les plus anciennes d'Europe. Les crèches familiales apparurent dans les maisons aristocratiques de Naples, en Italie, à la fin du XVIIe siècle, puis en Provence, à la fin du siècle suivant, avec la multiplication des santons d'argile.

Les cadeaux

- Le soir de Noël, l'enfant place son soulier dans la cheminée (endroit symbolique du foyer) ou au pied du sapin pour y recevoir les cadeaux qu'il a commandés au Père Noël. Autrefois souvent représenté avec un bouquet de verges à la ceinture, le Père Noël tient aussi du Père Fouettard : cette ambiguïté du personnage est celle de tout distributeur de cadeaux.
- Jadis, les cadeaux étaient offerts au Nouvel An mais, au milieu du XIXe siècle, s'est développée dans les milieux aristocratiques et bourgeois la mode du cadeau donné à Noël. Cette coutume des étrennes, présents longtemps alimentaires (oranges, pains d'épices, pipes en sucre...), remonte aux poignées de fruits secs, cadeaux de bon augure donnés aux enfants lors des « aguillanées », tournées cérémonielles. Lors des « Sigillaires », à la fin des saturnales, les Romains s'offraient aussi des figurines votives de terre cuite.

- La générosité et l'abondance (cadeaux, copieux réveillons, aides aux déshérités...) caractérisent cette époque transitoire : cet élan de partage et de paix donne à Noël sa dimension sacrée où l'on revit sa propre enfance.
- S'il s'est accentué avec la société de consommation, l'aspect commercial – souvent dénoncé pour ses excès – n'est pas nouveau : dans les fêtes, le gaspillage cérémoniel, où l'on dépense sans compter, est prometteur.
- Symbole de réjouissances familiales et de consommations à outrance pour certains, il peut être aussi synonyme de solitude et d'austérité pour d'autres. C'est une « fête paradoxale », comme le souligne l'ethnologue Martyne Perrot.

☛ **Arbre, Avent, Bûche de Noël, Cadeau, Chasse sauvage, Cheminée, Couronnes, Crèche, Décoration, Desserts, Distributeurs de cadeaux, Douze jours, Épiphanie, Étrennes, Gaspillage cérémoniel, Guirlandes, Illuminations, Marionnettes, Mystères, Nicolas (Saint-), Noëls, Pastorales, Pastrage, Père Noël, Réveillon, Samain, Santons, Sapin de Noël, Saturnales, Tournées cérémonielles, Végétaux, Vitrines animées.**

NOËLS

Les noëls sont des couplets en langue usuelle, non liturgiques, qui ont trait à la Nativité, à l'Avent et à l'Épiphanie. Le noël n'est ni une prière, ni un chant de louange comme le cantique. Le terme de noël (sans majuscule), employé dans le sens de « chant de la Nativité » dès la fin du XVe siècle, désigne tout ce qui se chante à l'époque de Noël tant à l'église qu'à la maison, dans la rue, de porte en porte, y compris les pièces profanes.

On a toujours aimé chanter en cette période de l'année : les tournées de vœux, les « aguillanées » ainsi que les *Christmas Carols*, toujours pratiquées en Grande-Bretagne et en Amérique du Nord, en témoignent.

Par ailleurs, des chants religieux en latin autour de la Nativité, réservés au clergé, apparurent dès le IVe siècle avec Éphrem le Syriaque, Ambroise de Milan et Hilaire de Poitiers. Les évangiles de Noël sont en effet très visuels, lorsqu'ils relatent la Nativité à Bethléem, l'annonce aux bergers dans les champs ou la visite des mages avec leurs précieux cadeaux. Les noëls, forme de lyrisme populaire d'une extraordinaire vitalité, naquirent au XVe siècle sur des mélodies de « divertissements » à la mode : chargés de répliques drôles et de détails savoureux, ils remplacèrent de façon sage les mystères (qui avaient eux-mêmes succédé aux drames liturgiques) en parlant « plus aux yeux qu'à l'âme », selon l'expression d'Henry Poulaille qui a recensé les noëls dans les années 1940.

Des livres de noëls régionaux qu'on chantait aussi chez soi, les « Bibles de Noël », rencontrèrent un grand succès auprès des colporteurs entre 1550 et 1880.

Les chants profanes, connus parfois dans le monde entier, apparurent au XIXe siècle pour la plupart : « Mon beau sapin », « Jingle Bells », par exemple. En 1946, le « Petit Papa Noël » de Tino Rossi connut un immense succès en France : en promettant des cadeaux par milliers, il annonçait la fièvre commerciale qui suivit le temps des privations de la Seconde Guerre mondiale.

◆ Ces chants, repris chaque année avec plaisir, contribuent à donner à Noël sa dimension sacrée où chacun revit son enfance.

☛ **Chansons, Crèche, Mystères, Noël, Pastorales, Tournées cérémonielles.**

NOMINATION

La nomination à de nouvelles fonctions, à une dignité ou à un bénéfice, suivie d'une cérémonie d'installation plus ou moins solennelle, donne lieu à une fête ponctuée de discours. La nomination équivaut souvent à une promotion.

À la suite de la création des Césars en 1976, on parla d'une personne ou d'une œuvre « nominée » (de l'anglais *nominee*, « personne désignée ») pour désigner une personne ou une œuvre citée comme étant digne de recevoir un prix.

☛ **Cérémonie, Prix (distribution des), Récompense.**

NOUVEL AN

Le Nouvel An, ou 1er-Janvier, est le premier jour de l'année selon le calendrier le plus suivi dans le monde, le calendrier grégorien. Il est précédé de la nuit de la Saint-Sylvestre avec, comme moment fort, l'arrivée de la nouvelle année à minuit, célébrée dans la joie et le bruit. Une semaine après Noël, ce jour férié clôt la période des fêtes. À l'occasion du Nouvel An, on échange des vœux et on remet les étrennes à certains personnels (facteurs, concierges…). Pour l'anthropologue roumain Mircea Eliade, le Nouvel An est « une reprise du temps à son commencement » et l'homme participe à ce renouveau.

Le 1er-Janvier correspond à la période du solstice d'hiver dans l'hémisphère Nord : les jours, très courts, commencent à rallonger.

Depuis 153 avant J.-C., le 1er janvier était la date de l'entrée en fonctions des consuls, mais le changement d'année se faisait le 1er mars. En 46 avant J.-C., Jules César fit réformer le calendrier pour que l'année corresponde mieux aux mouvements du Soleil, et fit débuter l'année légale le 1er janvier au lieu du 1er mars (calendrier julien).

Ce calendrier julien fut retouché en 1582 : le pape Grégoire XIII fit supprimer dix jours en octobre et instituer les années bissextiles. Il laissa son nom à ce nouveau calendrier, dit « grégorien ». Pour les orthodoxes, les fêtes suivent le calendrier julien et le Nouvel An a lieu actuellement le 13 janvier. Prenant 0,78 jour de retard par siècle sur le calendrier grégorien, le calendrier julien a donc pour le moment un peu plus de treize jours de retard.

En 532, l'an 1 de notre ère a été fixé à la naissance du Christ par le moine romain Denys le Petit, 753 ans après la fondation de Rome. De -1 on est passé à +1 : il n'y a pas eu d'année 0.

En 1564, Charles IX fixa le Nouvel An au 1er janvier en France. Auparavant, l'année débutait à des dates variables : le 1er mars sous les

Mérovingiens, à Noël sous Charlemagne (« style de la Nativité ») ; jusqu'au XIIIe siècle, ce fut le « style de l'Annonciation » (le 25 mars), puis le « style de Pâques ».

L'année juive débute à Rosh Hashana, le 1er-Tischré (septembre-octobre). Pour les musulmans, qui suivent le calendrier lunaire, l'année commence à Ras-al-Am, le 1er-Moharram (décalé d'une dizaine de jours chaque année par rapport au calendrier grégorien).

Selon la mythologie romaine, le vieillard Saturne, dieu des semailles et des graines, chassé de l'Olympe, trouva refuge en Italie grâce à Janus qui l'accueillit dans le Latium où il régnait. Pour le remercier, Saturne, maître du temps, aurait donné à ce roi divinisé le don de la double science du passé et du futur : Janus, aux deux visages, devenu dieu du commencement de toutes choses, en particulier de l'année (le mois de janvier est dédié à Janus), peut voir la fin de l'année écoulée et regarder le début de celle qui s'ouvre. Toujours selon la légende, après le règne de Janus rempli d'abondance et de paix, Saturne perpétua la civilisation heureuse et parfaite de l'Âge d'or.

Le Nouvel An chinois

• Le Nouvel An chinois, « fête du Printemps » ou « Jour des Trois Débuts » (de l'année, du mois, du jour), varie entre le 21 janvier et le 20 février, selon la deuxième nouvelle lune qui suit le solstice d'hiver. Des animaux mythiques (dragons, serpents...) en carton-pâte, symboles de bonheur et de joie, sont promenés dans les rues : on dit qu'ils contrôlent les forces du mal tout en dansant. Dans les quartiers chinois de Paris et des grandes villes, ce défilé du dragon a lieu chaque année et rencontre un succès croissant. Le Nouvel An offre une occasion de sorties (spectacles, théâtre, opéra...). C'est également une période privilégiée pour les mariages.

• Quinze jours plus tard a lieu la fête des Lanternes. Des lumignons sont accrochés aux maisons et dans les parcs : les enfants promènent des lanternes de toutes les formes dans les rues le soir. À cette occasion, on mange des gâteaux de riz aux formes rondes.

• Selon le calendrier chinois (luni-solaire), le premier cycle sexagésimal (de soixante ans) débuta en 2697 avant J.-C. Un cycle de « douze rameaux célestes » (qui indique les heures) est associé à des directions zodiacales et à des animaux symboliques ; ce premier cycle chevauche un cycle de « dix troncs célestes », associé, lui, par groupes de deux années identiques, aux saisons, aux planètes, aux bruits et aux cinq éléments divisés chacun en mâles ou femelles : bois, feu, terre, métal, eau.

• La partie la plus populaire de l'astrologie chinoise est le cycle des douze signes zoaires : rat, buffle (ou bœuf), tigre, chat (ou lapin), dragon, serpent, cheval, bouc (ou chèvre), singe, coq, chien, cochon.

☛ **Année, Baguettes, Calendrier, Carnaval, Carte de vœux, Étrennes, 1er-Mars, 1er-Moharram, Noël, Pantomimes, Rosh Hashana, Sylvestre (Saint-), Tournées cérémonielles.**

11-NOVEMBRE

Voir Armistice du 11 novembre 1918.

NUIT BLANCHE

Une nuit blanche est une nuit sans sommeil. Le qualificatif s'oppose à la couleur noire de l'obscurité. Les « oiseaux de nuit » sont aussi appelés « noctambules », « fêtards » ou « noceurs ».

« Nuit blanche » à Paris

• Le 5 octobre 2002, la première opération parisienne « Nuit blanche » a invité tous ceux qui aiment et recherchent les mystères de Paris à un parcours artistique à travers des lieux prestigieux. Publics et insolites, magnifiés par l'ambiance nocturne, ceux-ci sont restés ouverts gratuitement toute la nuit, selon les souhaits de Bertrand Delanoë, maire de Paris, et de Christophe Girard, son adjoint chargé de la Culture.

☛ **Fêtard.**

NUIT DU DESTIN

Voir Ramadan.

O

O

OBLIGATION (fêtes d')

Les fêtes d'obligation ou de précepte sont les fêtes que les catholiques sont tenus d'observer. Ces jours-là, les fidèles doivent assister à la messe et se reposer, comme ils le font le dimanche. Jours fériés, ces fêtes sont au nombre de quatre : Noël, Ascension, 15-Août, Toussaint.

Les fêtes de précepte, qui comprenaient l'Épiphanie, la Fête-Dieu, certaines fêtes de la Vierge (Nativité), d'apôtres (la Saints-Pierre-et-Paul), de martyrs locaux et des saints patrons, ont été jusqu'au nombre de 45 au XIIIe siècle. Sous le pape Urbain VIII, en 1642, il y en avait encore 31 et, avec les dimanches, plus du quart de l'année était férié. Les fêtes d'obligation furent réduites à quatre en 1802, soit une par saison. Certaines des fêtes supprimées sont célébrées les dimanches qui suivent leur date.

☛ **Dimanche, Fériés (jours).**

ŒUF

L'œuf, symbole universel de perfection, est fêté au printemps car il est lié à la vie nouvelle et à la fécondité : il figure dans de nombreuses légendes sur l'origine du monde. Abondants dans les basses-cours à cette époque, les œufs sont célébrés au moment de Pâques, tout comme certains animaux réputés pour leur fécondité : poule, poisson, lièvre. L'agneau est également un symbole biblique de croissance des cheptels.
Pour les enfants, des œufs en chocolat et autres friandises sont cachés dans les jardins le matin de Pâques, déposés par les cloches de retour de Rome (dit-on dans la plupart des régions de France), ou par un mystérieux lièvre (en Alsace et dans une partie de la Lorraine, comme dans les pays germaniques et anglo-saxons). Ce même jour, les œufs entrent en nombre dans la composition des gâteaux et, l'après-midi ou le lendemain, ils sont encore parfois à l'honneur dans des jeux de plein air : roulée, toquée, course aux œufs...

Emblème très ancien d'immortalité, l'œuf accompagnait les morts pour leur voyage dans l'au-delà dans certaines civilisation anciennes comme à Sumer (fin du IVe millénaire, début du IIIe millénaire avant J.-C.), en Suède , en Russie... Vers la fin du XIIe siècle après J.-C., l'Église inscrivit une *Benedictio ovorum* (« Bénédiction d'œufs ») dans le rituel général (livre de liturgie). L'offrande d'œufs à Pâques n'est attestée qu'à la fin du XVe siècle en Alsace. Arnold Van Gennep († 1957), folkloriste français, datait cette coutume du bas Moyen Âge ; mais elle remonterait en fait aux temps préchrétiens, comme semble l'attester la permanence de la coutume en Europe.

L'offrande d'œufs (teints en rouge le plus souvent) était faite aux enfants par les parrains et marraines en Alsace, et la coutume est également attestée à la cour du roi de France au XVIe siècle.

Les tournées pascales des enfants de chœur (« roulées », « pâquerets »...), qui quêtent des œufs ou de la monnaie de porte en porte, ont été peu à peu abandonnées. Ces quêtes, christianisées, se sont elles-mêmes superposées à d'autres tournées cérémonielles faites par les jeunes gens.

◆ Encore aujourd'hui, les jeux avec des œufs sont répandus en Europe. La « roulée » consiste à faire rouler des œufs sur une planche inclinée ou sur une pelouse, comme de grosses billes ; dans la « toquée » ou « toquette », deux concurrents, qui ont chacun un œuf, les entrechoquent et tentent de casser celui de l'adversaire, en veillant à ne pas fêler le leur ; la « course aux œufs » permet à l'un des concurrents de ramasser en courant six douzaines d'œufs éparpillés pendant qu'un autre accomplit une course définie (le tour du village, par exemple...).

- Les chasses aux œufs de Montrottier (Rhône) ou de Thoiry (Yvelines) consistent à ramasser des milliers d'œufs (de poule ou en chocolat) disséminés dans la campagne. Le lancer d'œufs se pratique à Valloire (Savoie) le lundi de Pâques. Les batailles d'œufs sont plus connues maintenant au moment de Mardi gras.

Les œufs travaillés

• Pour teindre les œufs de couleurs vives, on les plongeait dans une teinture naturelle plusieurs heures durant :
– pelures d'oignon avec du vinaigre ou jus de betterave pour le rouge ;
– bain de feuilles d'ortie ou de lierre pour le vert ;
– pelures d'oignons pour le jaune ;
– marc de café pour le marron...

• Les œufs travaillés (peints, collés ou grattés) peuvent être de véritables chefs-d'œuvre. Cet art est particulièrement répandu en Europe centrale.

• Les œufs de Carl Fabergé, impérissables, sont de pures merveilles. Fabergé, fils d'un bijoutier français protestant émigré en Russie, exécuta en 1884 pour le tsar Alexandre III, qui voulait l'offrir à son épouse, un œuf de Pâques en or émaillé de blanc contenant une poule miniature. Cet œuf plut tant au tsar qu'il valut à son auteur le titre de « fournisseur de la cour ». Fabergé, qui œuvra aussi pour le tsar Nicolas II, créa pendant trente années 46 pièces uniques contenant de minuscules scènes animées par un mécanisme, s'inspirant d'événements historiques et familiaux.

☛ **Cloches, Distributeurs de cadeaux, Jeux, Lièvre de Pâques, Pâques, Tournées cérémonielles.**

OISEAUX

Les oiseaux, et notamment les volailles, faisaient partie des fêtes rurales, particulièrement des concours annuels pour l'élection des chefs des sociétés de jeunesse. Par ailleurs, chez les Celtes, l'oiseau était réputé être un messager divin, et sa capture à la Saint-Étienne (26 décembre) portait bonheur.

Le tir à l'arc ou à l'arquebuse sur un oiseau – moineau, roitelet, colombe... – permettait d'élire le chef de la société de jeunesse au moment des Rameaux, de Pâques ou de la Pentecôte, dans le Nord, en Île-de-France, en Provence, dans le Midi ou en Bourgogne. Ce tir pouvait aussi avoir lieu lors d'une fête patronale, ou à la Saint-Sébastien, le 20 janvier. Saint Sébastien, martyr transpercé de flèches à Rome en 304 après J.-C., est le patron des arquebusiers.

En Île-de-France, devenait « roi » le premier à abattre un oiseau de bois, de fer ou de carton aux plumes voyantes, le « papegai » ou

« papegaut », mot provençal issu de l'arabe et qui désigne un perroquet. S'il renouvelait l'exploit trois années de suite, le roi devenait « empereur ».

Dans les pays celtiques, les jeunes gens déguisés faisaient leurs tournées porte-bonheur fin décembre, avec un roitelet qui devait n'avoir été ni arquebusé ni atteint par des flèches. L'oiseau était enfermé vivant dans une cage décorée de rubans ou accroché, mort, au bout d'une perche au milieu d'un bouquet de lierre, d'ajoncs ou de houx : le premier à l'attraper devenait « roi » de la jeunesse en Berry ou à Carcassonne, par exemple. L'origine de cette coutume est énigmatique. Au moment du solstice d'hiver, la chasse de ce petit oiseau, lié au monde souterrain pour sa capacité à se cacher dans les moindres crevasses, pourrait symboliser la victoire sur les puissances inquiétantes de la nuit.

Cette chasse figurait, dans l'Ancien Régime, lors de cérémonies d'intronisation et de redevances seigneuriales.

L'image de l'oiseau s'est christianisée, devenant celle de l'Esprit-Saint : jusqu'au milieu du XVIIIe siècle, on lâchait un oiseau dans certaines églises à la Pentecôte.

L'oie fait partie du folklore de la Saint-Martin, le 11 novembre : à cette date marquant la fin des baux, les ouvriers agricoles étaient payés et recevaient une oie qu'ils gardaient pour un repas en famille. Les Américains ont conservé cette coutume automnale lors de Thanksgiving, où figure au menu une dinde, le volatile local.

Dans plusieurs régions (Beauce, Bretagne...), au printemps, des jeux d'adresse prenaient pour cible une oie que l'on suspendait et que l'on devait abattre les yeux fermés. Cette coutume survit en Suisse à Sursee, à la Saint-Martin.

- À Rieux-Volvestre (Haute-Garonne), début mai, des archers visent le « papogay », oiseau de bois suspendu au bout d'un mât de 45 mètres ; le port de

Le Grand Calendrier des Bergers, Guy Marchant, 1491.

l'uniforme par la compagnie des Archers confère à cette coutume un aspect militaire. Le meilleur tireur, élu pour un an, mérite le nom de « connétable ».

- À Charolles (Saône-et-Loire), la fête du Tir de l'oiseau (aujourd'hui au fusil) a lieu en juillet, autour d'un repas en forêt qui accueille tous les participants.

☛ Étienne (Saint-), Jeunesse (sociétés de), Martin (Saint-), Roi, Sébastien (Saint-), Sylvestre (Saint-).

OMER

Omer (mot hébreu qui signifie « gerbe ») est le nom de la période qui s'étend de la Pâque juive (Pessa'h) à Shavouôth (Pentecôte), cinquante jours plus tard. Le 33e jour de cette période d'offrandes est marqué par la fête joyeuse de Lag-Baômer, grande journée qui se déroule en plein air.

L'Omer était l'offrande d'une mesure d'orge que l'on apportait au Temple de Jérusalem, jusqu'à sa destruction en 70 après J.-C. ; celle-ci devait être faite le deuxième jour de la semaine pascale, pour « éloigner les vents maléfiques ».

☛ Lag-Baômer, Pessa'h, Shavouôth.

ORGANISATION

La réussite d'une fête (anniversaire, mariage, soirée) dépend, entre autres, de son organisation. Pour une réception qui compte de nombreux invités, le « compte à rebours », de plusieurs mois, voire de plus d'une année, doit être soigneusement établi car il faut réserver longtemps à l'avance la salle et le traiteur. Pour un simple dîner, la maîtresse de maison doit s'organiser pour avoir du temps à elle et être disponible pour ses invités. On peut même tenir un « livre de dîners » où sont notés noms des convives, plan de table, menu servi..., ce qui permet d'éviter de servir deux fois le même plat aux mêmes personnes.

Les préparatifs de certaines fêtes laïques ou religieuses (fêtes communales, de bienfaisance, des écoles...) – ainsi que le rangement une fois la fête terminée – sont l'expression d'une fraternité et remplissent déjà, par eux-mêmes, une fonction festive.

Désormais, pour les entreprises ou les particuliers qui le désirent, des organisateurs professionnels proposent de s'occuper de toute la préparation dans le temps imparti (invitations, décoration, lumières, sonorisation, buffet...).

☛ Dîner, Événement, Professionnels de la fête, Réception, Repas.

OSTENSIONS LIMOUSINES

Les Ostensions (du latin ostendere, *« montrer ») sont des cérémonies religieuses pour le culte des saints fondateurs, spécifiques au diocèse de Limoges. Tous les sept ans entre Pâques et le mois de juillet, les châsses contenant les reliques des saints locaux sont promenées autour de la commune, et exposées dans l'église à la vénération des fidèles. Pendant toute la durée de l'Ostension, un drapeau offert par une confrérie flotte sur le clocher. Ces diverses confréries, dont l'existence remonte au XIIe siècle, assument l'organisation des processions : leurs membres, des notables pour la plupart, portent les châsses et reliquaires dans les rues pavoisées, décorées de verdure et de fleurs.*
À la fois religieux et historiques, ces cortèges consacrés aux fondateurs de la ville remplissent une importante fonction d'identité locale.

La vénération des saints locaux est attestée en 994 à la suite d'une épidémie. Le terme d'« ostension », quant à lui, apparaît en 1211. À partir de 1519, les Ostensions, qui se sont multipliées dans le diocèse, deviennent septennales. Interrompues en 1547 à cause d'une épidémie de peste, elles reprirent en 1806 après la reconnaissance officielle des reliques pieusement conservées par certains fidèles. Le sens religieux des Ostensions varie suivant les époques : au Moyen Âge, on attend de celles-ci miracles et protection ; puis, au XVIe siècle, elles servirent à faire passer un message chrétien visible auprès de la population locale, participant du même élan de reconquête que les missions populaires et les divers combats livrés par l'Église au temps de la Contre-Réforme.

Au début du XXe siècle, à l'époque des luttes anticléricales, les Ostensions catalysèrent les passions.

◆ Les cortèges réunissent croyants et non-croyants pour le « culte de la cité » et, aujourd'hui, la dimension politique des Ostensions est incontestable. L'ethnologue Françoise Lautman souligne leur polysémie qui les rend accessibles à la fois aux non-croyants, sur un mode poétique, et aux croyants, pour qui elles gardent toute leur force. L'aspect économique n'est pas négligeable ; ainsi, des rivalités naissent entre communes autour de l'organisation de leurs fêtes, qui, afin d'attirer un maximum de visiteurs, doivent avoir le plus d'éclat possible.

☛ **Communale (fête), Confrérie, Cortège, Historiques (reconstitutions), Pèlerinage, Procession.**

OURS

L'ours fascine tout en suscitant de la crainte pour la conservation des troupeaux. Capable de se tenir debout, de marcher sur la plante des pieds et même de danser, cet animal sauvage, proche de l'homme, véhicule plusieurs images qui lui sont chères : la force, la vigueur, la virilité et la fécondité.

Malgré tout, cette créature comparable à l'homme sauvage, qui vient de la montagne et revit au printemps, reste mystérieuse : son long séjour dans l'au-delà pendant l'hibernation lui permet, croit-on, d'accéder à la connaissance des âmes. Selon Aristote, après son séjour dans les entrailles de la terre, l'ours absorbait une plante purgative, qui lui permettait, par un pet, de libérer les âmes.

Le déguisement en ours – le corps recouvert de fourrures et le visage noirci pour faire peur – est connu dans les carnavals ruraux de toute l'Europe. Il en est de même pour le loup. Le bouc ou le taureau, animaux diaboliques et impétueux, font également partie de cette catégorie des animaux sauvages.

Dans les foires, l'animal était accompagné du montreur d'ours, qui ponctuait au son du tambourin la danse « fertilisante » de son compagnon. Ce dernier s'appelait souvent Martin : une fois mort, il donnait sa fourrure comme saint Martin avait partagé son manteau.

◆ Selon un dicton célèbre connu dans les régions montagneuses européennes, des Carpates aux Pyrénées, quand l'ours sort de sa tanière le jour de la Chandeleur (le 2 février), il promet le réveil de la nature s'il ne voit pas son ombre. Sinon, il se recouche quarante jours.

Mort et renaissance

• Les fêtes de l'ours annoncent le printemps. Dans certains jeux du carnaval, une troupe de « chasseurs » capture l'ours déguisé prêt à se jeter sur une jeune fille, et fait semblant de tirer sur lui. L'animal étendu se redresse sous les applaudissements, symbolisant la fin de l'hiver et le printemps qui renaît, symbolisant aussi l'assurance d'une descendance et la vie après la mort. Condamnée à vivre cachée dans la tanière de l'animal, la captive met au monde un enfant mi-civilisé, mi-sauvage, très laid mais très fort. Les villageois le chassent, jusqu'au jour où, tel Jean-de-l'Ours, il se révèle être un adolescent raisonnable qui épousera la fille du roi.

• Dans toute l'Europe circulent ces mêmes légendes d'un ours qui ensorcelle une jeune femme égarée dans la forêt. L'image de l'ours et de la caverne utérine exprime un désir d'éternité.

☛ **Âne, Blaise (Saint-), Carnaval, Chandeleur, Cheval-jupon, Déguisement, Homme sauvage, Lupercales, Masque, Tauromachie.**

OUVERTURE (cérémonie d')

La cérémonie d'ouverture inaugure une manifestation de plusieurs jours, parfois d'envergure internationale : jeux Olympiques, festival, quinzaine commerciale, etc. Elle s'oppose à la cérémonie de « clôture » ou de « fermeture », souvent accompagnée de la remise de récompenses aux vainqueurs (médailles, coupes, trophées, « palmes », etc.), qui marque la fin de la période.

Pour les grandes compétitions sportives, la cérémonie d'ouverture, qui a lieu dans un stade, est spectaculaire et elle est souvent retransmise par les télévisions du monde entier. Parfois nocturne – ce qui permet de jouer avec les lumières et de donner du relief au spectacle (pour l'embrasement de la flamme olympique, par exemple) –, cette cérémonie est un rituel de sacralisation : elle nécessite une importante mise en scène pour la présentation des équipes participantes et pour la concrétisation de symboles que le sport aime véhiculer : paix, fraternité, amour, joie, discipline. Par la dramatisation, cette cérémonie met en valeur la cohésion nationale en jouant sur les emblèmes des différents pays : hymnes, défilés de drapeaux, uniformes des équipes... La présence d'enfants, porteurs d'avenir, ajoute à l'image prometteuse de la manifestation et à l'émotion.

Comme celles qui entourent les fêtes maçonniques, ces cérémonies permettent une coupure avec le temps profane.

☛ **Défilé, Festival, Inauguration, Maçonniques (fêtes), Récompense, Sport.**

P

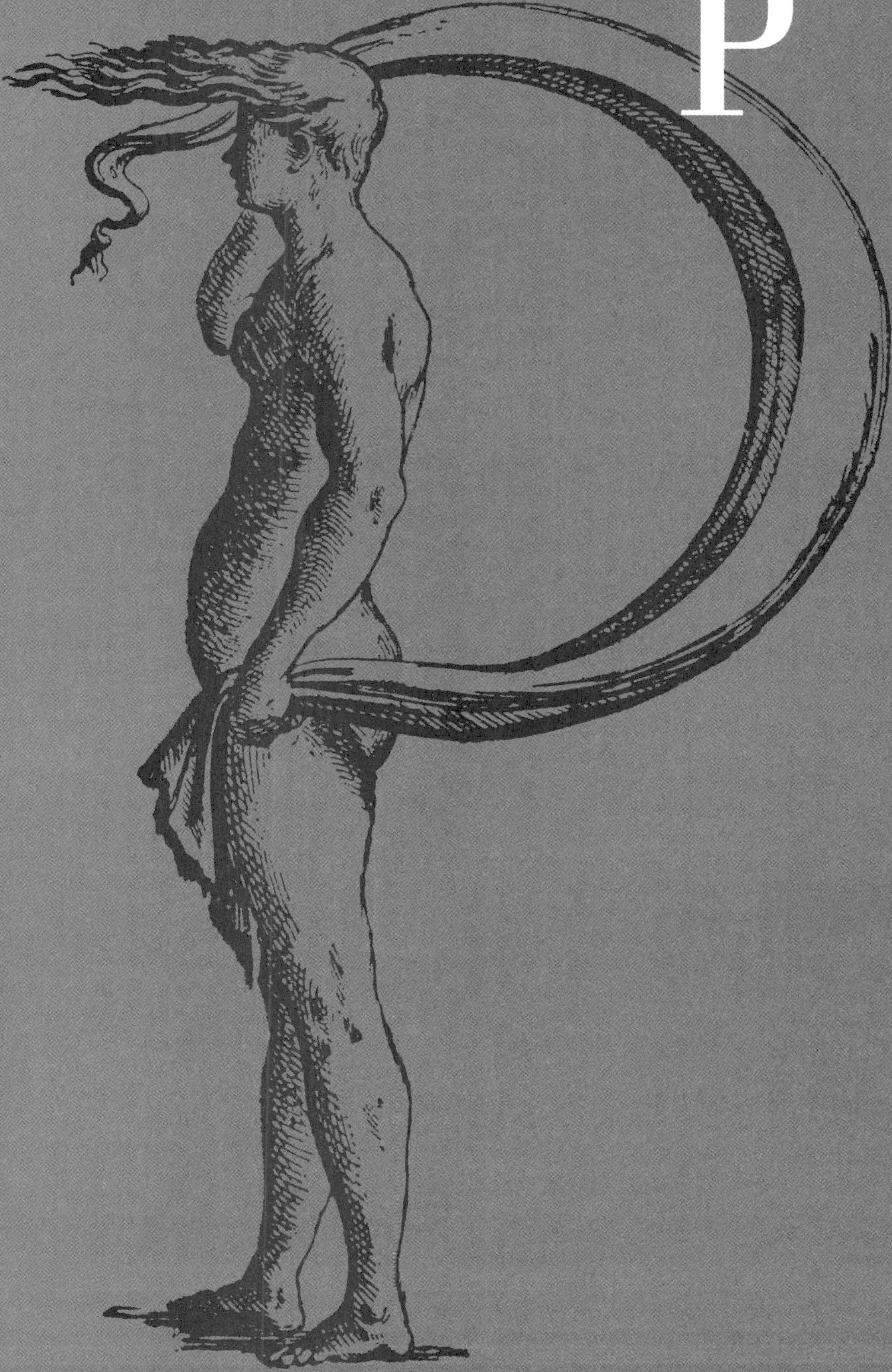

PAILLE

La paille, matière inerte et desséchée, est le symbole de la fuite du temps, de la stérilité, de l'hiver et de l'année passée. Présente dans les fêtes de façon plus ou moins visible, elle est souvent brûlée.
Elle apparaît aussi en couronnes tressées et « mais » (bouquets) des moissons, ainsi que dans les décorations de Noël (étoiles, soleils suspendus dans le sapin...). Dans ces derniers cas, inversement, elle évoque la fertilité des récoltes passées et devient un symbole d'espoir de moissons abondantes. De même, elle est utilisée dans le rembourrage de certains déguisements « paillards » du carnaval : on dit que plus le déguisé est rembourré, plus cela est prometteur.

L'utilisation de la paille dans les fêtes est une pratique primitive qui peut remonter au néolithique, au début de l'agriculture.

On la retrouve dans le mannequin du carnaval, le pendu du jour de l'an en Alsace, le Judas de Pâques en Alsace et Lorraine, lors de l'enterrement de la Kilbe, poupée habillée, menée par les conscrits dans les Vosges au moment de la fête patronale : ce travesti carnavalesque de taille humaine évoque le « Guy » anglais brûlé le 5 novembre, mannequin supposé représenter le conspirateur catholique Guy Fawkes qui fit brûler le Parlement de Londres en 1605. La paille est également utilisée pour façonner le costume de l'« homme de paille » de la Mi-Carême en Alsace.

☛ **Baguettes, Carnaval, Feu de joie, Mannequin du carnaval, Noël, Végétaux.**

PAILLETTES

Les paillettes (« petites pailles ») sont des lamelles d'une matière brillante cousues sur un tissu que l'on porte dans les cheveux ou comme maquillage. Brillant d'un éclat trompeur, elles évoquent la fête au même titre que le strass, matière artificielle (silicoborate de plomb) imitant les pierres précieuses, ou que les petits miroirs porte-bonheur des déguisements ou harnachements qui reflètent le ciel.

Les objets symbolisant la fête sont divers : champagne, confettis, strass et paillettes. Ils évoquent tous le mouvement, l'éclat, la pétulance, l'effervescence et la fugacité. Ces images correspondent à ce qu'est avant tout la fête, une rupture du quotidien.

☛ **Aspersion, Champagne, Confettis, Déguisement, Maquillage.**

PAIN BÉNIT

Une distribution de pain bénit se faisait dans toute la France à la grand-messe du dimanche et lors de certaines fêtes (mariage, profession de foi, confirmation, fête patronale, pardon...) en signe de fraternité et de partage. Les paroissiens qui faisaient l'offrande étaient désignés d'avance : chaque ménage s'en occupait à tour de rôle et les pauvres en étaient dispensés.

La coutume, à l'origine de l'offertoire (offrande du pain et du vin), est probablement née de l'offrande de pain et de vin déposée à l'autel par les fidèles jusqu'au IXe siècle. Le déclin de l'offrande de pain bénit, amorcé au XIXe siècle, s'accentua au cours du XXe siècle.

Cette distribution de petits morceaux de pain blanc ou de brioche disposés dans une corbeille tapissée d'un linge immaculé pouvait avoir lieu pendant la messe avant le sermon, ou à la sortie : le pain était mangé aussitôt ou rapporté à la maison pour être donné aux jeunes enfants, vieillards, malades... Distincte de l'eucharistie – communion où le chrétien reçoit l'hostie consacrée, le « corps du Christ » –, la distribution était faite en échange de monnaie, par le sacristain, par des enfants de chœur, par « deux préposés au pain bénit », jeunes gens fiers de cette fonction honorifique, ou encore par la famille offrante.

Ce pain bénit, « parcelle de la sacralité de la messe » selon l'ethnologue Zeev Gourarier, tissait un lien entre la communion célébrée à l'église et le repas consommé à la maison. Le pain bénit à Pâques était censé agir contre les sorciers, les incendies et préserver les animaux des maladies.

◆ Cette coutume est encore pratiquée parfois lors de mariages et de professions de foi. Les orthodoxes pratiquent cette offrande aux funérailles.

☛ **Communion (première), Mariage, Profession de foi.**

PAIN D'ÉPICES

Le pain d'épices, à base de farine de froment ou de seigle, de sucre, de miel et d'épices (anis, girofle, cannelle...), fait partie des cadeaux traditionnels de la Saint-Nicolas et de Noël. En forme de cœur ou décoré d'une image aux couleurs vives ou de lettres de sucre pour rappeler date, prénom, événement..., il était offert, autrefois, par le parrain lors des fêtes de famille (baptêmes, communions...) de l'est de la France.

Le pain d'épices a des origines lointaines. Dans l'Antiquité, on cuisait des pains au miel, symbole de douceur et de prospérité.

Par ailleurs, le « mi-kong », parfumé de plantes aromatiques que les Chinois connaissaient au Xe siècle, est devenu « le gâteau de lune » dégusté encore aujourd'hui lors de la fête de la pleine lune du huitième mois (septembre-octobre) : ce pain rond, capable de se conserver longtemps, était également apprécié des Mongols, car il avait une grande valeur énergétique.

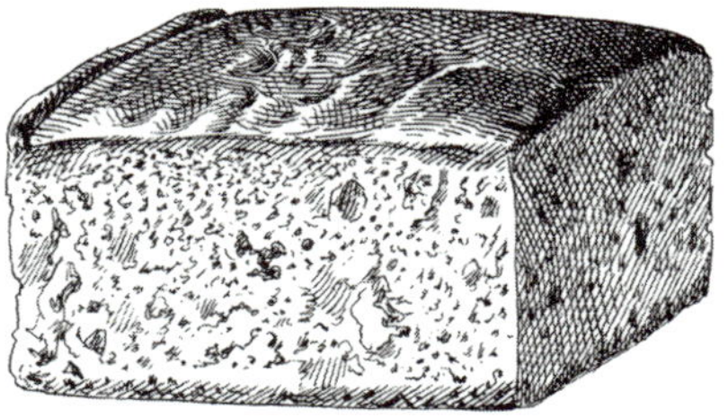

Le pain d'épices s'est répandu en Occident dans les foires. Celles-ci ayant souvent lieu au moment de la « tuée » du cochon en automne ou au printemps, de nombreux pains d'épices prirent la forme de l'animal : les enfants portaient autour du cou un petit cochon à leur nom, baptisé « à la minute ».

Principalement alimentaires autrefois, les cadeaux de fin d'année symbolisaient abondance et fécondité dans le dénuement de l'hiver et évoquaient la poignée de fruits secs remise aux enfants qui chantaient de porte en porte au cours des tournées.

◆ Sur les marchés de Noël, les pains d'épices décorés de chromos (saint Nicolas avec ou sans son âne, le Père Noël...) ont toujours du succès.

☛ **Cadeau, Cochon (fête du), Desserts, Foires, Marchés de Noël, Nicolas (Saint-), Noël, Tournées cérémonielles.**

PANÉGYRIQUE

Le panégyrique (du grec panêgurikos, *« assemblée de tout le peuple ») est un terme liturgique pour désigner un sermon qui fait l'éloge d'un saint, ou un livre qui contient les éloges des saints de toute l'année. Le mot s'est élargi à tout discours fait à la louange d'une personne, d'une cité ou d'une nation.*

☛ **Décorations honorifiques, Discours, Hommage, Inauguration.**

PANTOMIMES

Les pantomimes (du grec pantominos, *« qui imite tout ») sont des drames muets.*

Au Nouvel An ou à l'Épiphanie, les pantomimes étaient des représentations itinérantes et bruyantes, par des gens du peuple masqués qui jouaient des scènes de la vie ou de légendes : ronde des saisons, chasse, mort et renaissance, comme celle de l'ours au moment du carnaval... Les pantomimes, qui portaient en Alsace le nom de « momeries » (de l'ancien français *momer*, « se déguiser »), sont à associer aux bruyantes mascarades porte-bonheur du Nouvel An avec leurs personnifications, belles ou laides. Leurs personnages, dont certains étaient couverts de feuillages et de peaux de bêtes comme l'« homme sauvage », faisaient vivre ces scénarios pour favoriser la régénération de la nature.

Jeux préchrétiens d'ordre sacré que certains rapprochent des tragédies grecques nées avec le culte dionysiaque, les pantomimes étaient pratiquées dans le but d'honorer les forces invisibles redoutées et les esprits des morts. Ces rites étaient de véritables séances d'exorcisme. Par leur vacarme, ils cherchaient à expurger le mal, la peur et l'obscurité, et, par leurs danses, à éveiller et à féconder le sol. Ces jeux correspondaient au goût prononcé du Moyen Âge pour la théâtralisation, où l'on aimait regarder. Christianisés, ils se superposèrent aux jeux liturgiques et aux mystères, représentant le triomphe du bien sur le mal, comme la victoire de saint Georges sur le dragon. Ils étaient donnés à la Toussaint, à Noël et à Pâques.

◆ Ces jeux, qui subsistent en Angleterre à Marshfield (Gloucestershire) – les *Mummers plays* –, donnèrent naissance au « Father Christmas » anglais. Ce vieillard, vêtu d'un manteau de couleur rouge, grise ou bleue et coiffé d'une couronne de houx, est un Père Noël moins ventripotent que le Santa Claus des Américains.

☛ **Carnaval, Danse, Épiphanie, Homme sauvage, Mascarade, Mystères, Nicolas (Saint-), Noël, Nouvel An, Ours, Père Fouettard, Père Noël.**

PÂQUE JUIVE

Voir Pessa'h.

PÂQUES

Pâques, le dimanche qui suit la pleine lune venant après l'équinoxe de printemps, soit entre le 22 mars et le 25 avril, est la fête chrétienne de la résurrection de Jésus-Christ, trois jours après sa mort sur la Croix à Jérusalem. Pâques – toujours au pluriel lorsqu'il s'agit de la fête chrétienne – tient son nom de Pessa'h (probablement de l'hébreu pâsah, « passer », « épargner »), la Pâque juive.
Dans les jardins, les enfants trouvent le matin des œufs en chocolat ou en sucre, ainsi que d'autres friandises en forme de cloches, poules, lapins, agneaux, poissons..., déposés mystérieusement dans la nuit par les cloches de retour de Rome, dit-on généralement, ou par le lièvre de Pâques. Ces confiseries ont remplacé les œufs teints ou naturels, symboles universels de vie et d'éternité, que l'on s'échangeait ce jour-là.
Le lundi de Pâques, jour férié en France, est la trace de l'octave (les huit jours suivants) qui prolongeait la fête jusqu'au dimanche de Quasimodo.

◆ La méthode de calcul de la date de Pâques fut fixée en 325 lors du concile de Nicée. Pour l'Église orthodoxe, qui suit le calendrier julien, la date de l'équinoxe peut être retardée, et par conséquent celle de Pâques, qui en dépend.

La victoire de la vie
• Cette fête est associée à la renaissance de la végétation et de la fécondité après la stérilité de l'hiver. Le « rire pascal » – joyeux soulagement après l'hiver –, autorisé autrefois dans les églises, célèbre le retour de la fécondité. Grâce au passage par la mort (la « catharsis », ou purification, selon Aristote), le renouveau de la nature végétale et animale symbolise la victoire de la vie. Le printemps est sacralisé dans la plupart des religions. Ces mythes de renaissance, rites de passage entre la mort et la vie, sont précédés de périodes de marge (deuil, ténèbres) : Osiris en Égypte, Orphée en Grèce, le dieu syrien Adonis ou le Phrygien Attis. Selon ce dernier mythe oriental, connu à Rome à partir de 204 avant J.-C., la déesse Cybèle frappa de folie Attis, son jeune amant infidèle, qui s'émascula, mourut et revint à la vie.

Selon l'usage des communautés chrétiennes issues du judaïsme, Pâques est célébré dès la veillée pascale le soir du samedi saint, après le coucher du soleil. L'eau et le feu, éléments de purification et de régénération, sont à l'honneur pour marquer ce temps de passage. Lors de cette veillée à l'église, un feu nouveau est allumé par le prêtre sur le parvis : il transmet sa flamme au cierge pascal, symbole du Christ vivant, puis à l'assemblée. L'eau est bénite et elle sera utilisée pour les aspersions et les baptêmes. Lors du *Gloria*, les cloches qui se sont tues le jeudi saint recommencent à tinter joyeusement. La fête de Pâques, comme celle de Noël, entraînait autrefois des spectacles liturgiques : mystères joués sur les parvis au bas Moyen Âge, marionnettes...

L'échange d'œufs, à Pâques, était répandu dans presque toute l'Europe. Les tournées des enfants de chœur (« roulées », « pâquerets »), bien que souvent abandonnées, en témoignaient encore dans les années 1970, dans certaines régions, même si on donnait aux quêteurs de l'argent et non plus des œufs. À ces quêtes de porte en porte s'ajoutaient autrefois celles de personnes ayant une fonction sociale, comme les sonneurs de cloches, facteurs, gardes champêtres, fossoyeurs.

- Pâques est parfois encore l'occasion de mettre des vêtements neufs, et les maisons doivent être pimpantes grâce aux grands nettoyages de printemps. Les mets cérémoniels du repas pascal, qui, comme celui de Noël, rassemble les familles, comprennent un plat de viande. Il s'agit souvent de l'agneau pascal, attesté dans la Bible : les Hébreux devaient manger l'animal sacrifié debout à la hâte, le bâton à la main. L'œuf, évidemment à l'honneur, entre dans la composition des menus (œufs durs, omelettes...) et des gâteaux : alise pacaude ou pain de Pâques en Vendée, couronne corse, pain brioché, flans... Dans l'est de la France, le gâteau prend la forme d'un agneau, comme en Pologne ou en Russie.
- De même, dans une grande partie de l'Europe, de nombreux jeux de plein air (souvent abandonnés au cours du XXe siècle) permettent de s'amuser avec des œufs : roulée, toquée, course aux œufs...

☛ **Agneau pascal, Calendrier, Cierges, Cloches, Desserts, Distributeurs de cadeaux, Jeux, Lièvre de Pâques, Lundi de Pâques et lundi de Pentecôte, Mobiles (fêtes), Œuf, Pessa'h, Quasimodo, Tournées cérémonielles.**

PÂQUES FLEURIES

Voir Rameaux.

PARADE

La parade (du verbe « parer », issu du latin parare, *« disposer d'avance », « préparer ») est une manifestation publique spectaculaire donnée à l'occasion d'une fête ou d'une cérémonie. Ce mot désigne également un défilé ou une cérémonie militaire où les troupes sont en grande tenue.*

À partir du XVIIe siècle, la parade désigna l'exhibition faite par les bateleurs avant les représentations pour attirer les spectateurs.

Encore aujourd'hui, les parades sont les attitudes et boniments des forains pour vanter leur attraction, ainsi que tout procédé publicitaire, visuel ou sonore, destiné à allécher le passant : ces parades théâtralisent les fêtes foraines en instaurant une constante rivalité entre collègues.

« Parade », terme anglicisé, caractérise les manifestations festives internationales, comme la Techno Parade.

☛ **Défilé, Fanfare, Gay Pride ou marche des Fiertés, Techno Parade.**

PARCS D'ATTRACTIONS

Les parcs d'attractions, ouverts une grande partie de l'année, sont des espaces de loisirs fixes. Ces « méga-parcs » à thème, inspirés des fêtes foraines, s'étalent sur plusieurs hectares, comme le parc Astérix à Plailly (Oise), implanté en 1986, ou Disneyland, installé à Marne-la-Vallée depuis 1992.

Les premiers jardins-spectacles ont été fondés à Londres en bordure de la Tamise au XVIIIe siècle : le Vauxhall en 1732, le Ranelagh en 1742. Tivoli, un très beau parc d'agrément de huit hectares proche de l'actuelle gare Saint-Lazare, fut inauguré à Paris en 1795 sur le domaine réquisitionné du trésorier de la Marine, Boutin. Appelés par l'organisateur de fêtes Claude Ruggieri, les forains s'y installèrent : c'était pour eux une aubaine car, lors de la nuit du 4 août 1789, ils avaient été ruinés par l'« abolition des privilèges » (le droit de foire en était un). On y trouvait des jeux de bague, des salles de danse, des espaces pour feux d'artifices, des alcôves de verdure... Le

nom de Tivoli (anciennement Tibur) rappelait la demeure que l'empereur Hadrien avait construite en Italie, entre 118 et 134 après J.-C., à 30 kilomètres de Rome. Cet ensemble à l'architecture raffinée comprenait maisons d'été, bains, bibliothèque, galeries de sculptures, petits temples, portique couvert, nymphées, bassins et jardins stylisés : les statues évoquaient des monuments grecs et égyptiens célèbres. La partie de la villa nommée Canope, composée d'un bassin long de 185 mètres entouré de copies de statues égyptiennes, rappelait la voie maritime qui conduisait au temple de Sérapis à Canope, près d'Alexandrie, en Égypte.

Recouvert de lotissements dès 1827, le Tivoli parisien disparut bientôt, mais d'autres « tivolis » apparurent (comme le Tivoli de Copenhague, fondé en 1843 et qui existe toujours). Ils allaient désormais s'inspirer de cette formule de parc d'agrément présentant toutes sortes d'attractions : animations-spectacles, manèges, montagnes russes, grandes roues... Dans cette mouvance apparut le grand parc d'attractions mécanisé Luna-Park, « ville enchantée », ouvert de 1904 à 1948 à la porte Maillot, à Paris.

◆ Dans ces parcs de loisirs, le visiteur est choyé dès son arrivée : un forfait d'entrée permet l'accès aux attractions selon un scénario qui a un début et une fin comme une histoire. Les parcs Disney, divisés en sections à thèmes (le premier est apparu en Californie en 1955), réunissent la tradition foraine des tivolis et le cinéma. Il en est de même pour les héros de bandes dessinées (Astérix, les Schtroumpfs...).

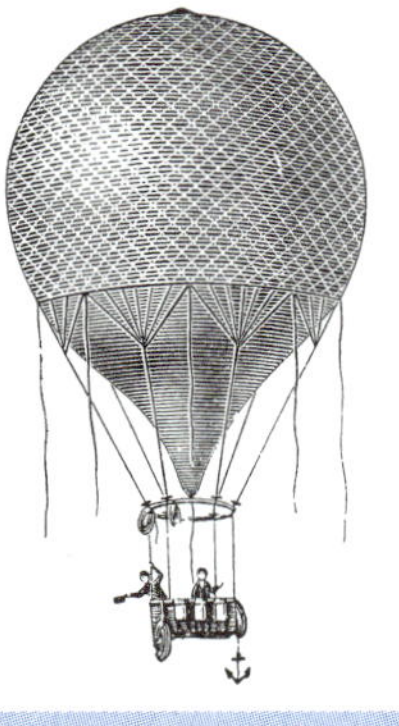

Les parcs savants

• Le divertissement scientifique, déjà connu sur les foires avec les expériences d'illusionnistes « physiciens » aux XVIIIe et XIXe siècles (ascension en ballon, électricité, photographie, cinéma...), continue de séduire. Suivant l'exemple du palais de la Découverte à Paris (fondé en 1937), les parcs savants qui distraient avec leurs attractions pédagogiques et scientifiques se multiplient. Leurs équipements de qualité sont à la fois pédagogiques et ludiques : la *Cité des sciences et de l'industrie* de la Villette (fondée en 1985), le *Futuroscope* de Poitiers (1987), *Océanopolis* à Brest (1990) et *Nausicaa* à Boulogne-sur-Mer (1991) sur l'univers marin, la *Cité de l'espace* à Toulouse (1997) ou *Vulcania* à Clermont-Ferrand (2002) sur les volcans d'Auvergne, par exemple.

☛ Foires, Foraines (fêtes), Son et lumière.

PARDON (Grand)

Voir Yom Kippour.

PARDONS BRETONS

Les pardons bretons sont des fêtes patronales ; les paroissiens, leurs familles, amis et voisins y assistent pour obtenir le pardon de leurs fautes.
Entre Pâques et la Toussaint, les pardons, davantage répandus en basse Bretagne (de langue bretonne), sont de formes multiples : comme toute assemblée religieuse, ils comprennent messe, procession, vêpres et bénédictions. Groupés autour des bannières de leur paroisse, les fidèles suivent la statue ou la châsse contenant les reliques du saint sur un parcours pénitentiel plus ou moins long : certains pardons sont des « troménies » (« tours de la paroisse » en breton) longues de quelques kilomètres, comme à Locronan (Finistère) où la Troménie de juillet devient solennelle tous les six ans (elle s'étire alors sur plus de 12 kilomètres). Marqués parfois la veille au soir par un feu de joie, les pardons occasionnent des pratiques rituelles qui n'ont pas toutes disparu : passer sous la châsse, prendre de l'eau à la fontaine sacrée, faire l'offrande d'un cierge... Leur rôle social est important et ils sont accompagnés de diverses réjouissances profanes : jeux, danses traditionnelles, spectacles, fêtes foraines...

L'origine du pardon est obscure. Les processions autour d'un espace sacré rappellent les antiques déambulations d'origine indo-européenne dans le sens de la marche du Soleil qui consistaient à marquer magiquement les campagnes pour les purifier. De nombreuses pratiques rituelles semblent faire état de cultes primitifs de l'eau, du feu, des arbres, des pierres, etc., cultes connus des Celtes dont la mythologie est empreinte de naturalisme. Ces pratiques – frotter une partie malade ou s'asseoir sur une pierre, jeter des épingles dans une fontaine, tremper sa chemise, etc. – furent condamnées dès 451 au concile d'Arles. Elles subsistèrent cependant encore longtemps et ne disparurent pour la plupart qu'au cours du XXe siècle.

L'octroi des indulgences

- Au Moyen Âge, le « pardon » n'était pas propre à la Bretagne : il désignait toute assemblée religieuse liée au bénéfice des indulgences (remise totale ou partielle des péchés, afin d'accéder au paradis). Les bulles d'indulgence et les édits de création de foires témoignent de l'existence des pardons dès les XIIIe et XIVe siècles.
- Le développement des pèlerinages et des missions catholiques au XVIIe siècle sont à l'origine de l'essor des pardons bretons, à une époque où, en réaction à la Réforme, on encourageait les dévotions spectaculaires (cantiques, processions...). Des efforts ont été faits au XVIIe siècle pour supprimer les pratiques superstitieuses et les abus liés à l'octroi des indulgences. Après avoir été supprimés à la Révolution, les pardons bretons reprirent sous la Restauration et connurent leur apogée entre 1870 et 1939.

Le pardon, l'un des fondements de la vie religieuse et sociale bretonne, pouvait durer trois jours, du samedi au lundi, et les pèlerins s'y rendaient dans le but de garantir leur avenir et d'obtenir la protection de la famille et du bétail : en Bretagne, le culte des saints était en relation étroite avec le monde paysan. La sanctification de nombreux saints locaux, obtenue sous le pontificat d'Alexandre III au XIIe siècle, était fondée sur leur réputation de chefs spirituels, et la Bretagne s'attribua certains saints connus en inventant des traits de leur légende qui les liait à elle (Matthieu, Corneille ou Cornély, Éloi...). Les pardons se caractérisent toujours par la visite de fontaines sacrées réputées pour leurs vertus thérapeutiques, à ne pas confondre avec les fonts baptismaux contenant l'eau bénite qui se trouvent, eux, dans les églises. L'eau de ces fontaines extérieures, comme celle de toute source réputée sainte, est censée avoir des vertus purificatrices, sanctificatrices, protectrices, curatives et miraculeuses.

Ces jours-là s'installaient des auberges de fortune, des boutiques en plein air ; des chanteurs de complaintes et des diseuses de bonne aventure proposaient leur service. Les

mendiants affluaient, parfois délégués par des tiers pour faire le pèlerinage à leur compte. Les jeux profanes mettaient en valeur les corps (luttes, jeux de force, jeux amoureux et danses), parfois dans le sanctuaire même. Ils ont souvent été condamnés par le clergé qui voulait abolir le côté profane de ces assemblées. Les moments festifs, le soir, pendant les repas et dans la journée du lundi (« adpardon »), étaient toutefois très attendus.

◆ Parallèlement à la croissance du tourisme dans la seconde moitié du XXe siècle, les pardons se sont « folklorisés » (costumes traditionnels, musique bretonne), mais, depuis les années 1990, on assiste au retour d'une certaine ferveur. Dans les églises paroissiales, les pardons se réduisent souvent à une messe suivie d'une procession. En revanche, les petits pardons retrouvent leur vitalité grâce aux mouvements associatifs pour la sauvegarde des chapelles rurales. L'un des grands pardons de Bretagne est celui de Sainte-Anne-d'Auray, le 26 juillet. À l'emplacement du sanctuaire, Yves Nicolazic, le « voyant » de Keranna à qui sainte Anne apparut de nombreuses fois à partir de 1624, découvrit miraculeusement une statue d'elle datant du VIIe siècle.

◆ L'appellation de « pardon » est aujourd'hui propre à la Bretagne. Le terme fut repris en 1959 pour le « Pardon national de la batellerie » de Conflans-Sainte-Honorine (Yvelines), en juin, où a lieu une bénédiction de bateaux et des réjouissances en musique sur les bords de la Seine et de l'Oise.

☛ **Assemblée, Bannière, Danses traditionnelles, Fest-noz, Feu de joie, Itinéraire cérémoniel, Jeux, Luttes, Patronale (fête), Pèlerinage, Procession, Rogations, Souvenir (cérémonial du), Votive (fête).**

PAROISSIALE (fête)

L'expression de « fête paroissiale » désigne la fête patronale, mais aussi toutes les fêtes de bienfaisance organisées par la paroisse au cours de l'année : kermesse, vente de charité, braderie, brocante, etc.

☛ **Bienfaisance, Kermesse, Patronale (fête).**

PARRAIN et MARRAINE

Le parrain et la marraine (respectivement du latin pater, *« père », et* mater, *« mère ») sont, pour les chrétiens, deux personnes de confiance, parents ou amis, qu'un couple choisit pour entourer l'enfant lors de son baptême, puis pour veiller sur ce dernier tout au long de sa vie. Le parrainage est un honneur et le lien de « parenté spirituelle » qui unit le parrain et la marraine à leur filleul(le) (du latin* filiolus, *« jeune fils ») est fort.*
En plus d'un soutien moral, ils accompagnent leur filleul(le) lors des cérémonies religieuses (communion, confirmation, mariage...), et, la plupart du temps, ils lui offrent des cadeaux au moment de son anniversaire ou de Noël.

Le parrainage s'est développé au haut Moyen Âge lorsque le baptême des adultes fut remplacé par celui des enfants, parallèlement à l'implantation du christianisme dans les campagnes vers la fin de la période mérovingienne en France. Jusque vers la fin du XVIe siècle, on choisissait plusieurs couples de parrains et marraines pour l'enfant.

Dans toutes les régions de France, de nombreux liens se tissaient entre les filleuls et leurs parrains et marraines : en Alsace, par exemple, les filleuls se rendaient chez eux le jour de l'An pour offrir leurs vœux, et, en échange, ils recevaient des cadeaux (bretzels, pains briochés, pains d'épices...) et quelques pièces de monnaie.

◆ Les baptêmes civils, qui peuvent toujours être célébrés dans les mairies, permettent de donner officiellement à l'enfant un parrain et une marraine choisis par les parents.

☛ **Baptême, Baptême d'une promotion, Cadeau, Cérémonie, Communion (première), Confirmation, Mariage, Noël.**

PASTORALES

Les pastorales sont des spectacles profanes joués entre Noël et la Chandeleur dans des lieux publics – théâtres municipaux, salles paroissiales, écoles, hospices... L'annonce de la naissance du Christ faite par les anges aux bergers (les « pasteurs ») est à l'origine de leur nom. Les pastorales, populaires en Provence et dans le Comtat Venaissin, mettent en scène la Nativité et les « petites gens » dans un registre familier, sans tomber toutefois dans l'irrévérencieux. Des troupes d'amateurs, adultes le plus souvent, les interprètent avec drôlerie.

La mise en scène des Évangiles lors de la messe de minuit est née avec les jeux liturgiques du haut Moyen Âge. En Provence, au XVIIe siècle, Nicolas Saboly, organiste d'Avignon, mit en scène dans ses noëls des personnages du terroir. Ces noëls inspirèrent les pastorales marseillaises du XIXe siècle, chantées en partie, qui devinrent progressivement de vraies pièces de théâtre en plusieurs actes. Celles-ci remplaçaient les crèches parlantes avec santons articulés et marionnettes, dont elles s'inspiraient également.

Après le succès rencontré par la *Pastorale Maurel* en 1844, d'autres pièces naquirent avec plus ou moins de bonheur : il existe plus de 300 pastorales provençales. En 1957, Yvan Audouard composa sa savoureuse et populaire *Pastorale des santons de Provence* : tout un village va adorer l'Enfant Jésus lors d'une nuit merveilleuse où le paresseux meunier se prend à vouloir travailler, le boumian (bohémien) se pique d'honnêteté et la poissonnière s'apprête à vendre son poisson redevenu frais.

Les pastorales, présentées en français ou en provençal, ont toujours du succès et le public apprécie ces pièces dans lesquelles on improvise avec humour (sur le tracé du TGV par exemple). Chaque année, un festival de pastorales a lieu dans la ville de Gordes (Vaucluse) entre Noël et l'Épiphanie.

La Pastorale Maurel

• La *Pastorale Maurel*, où des situations tantôt comiques et tantôt émouvantes se succèdent, est une création due à l'abbé Julien (1805-1848), écrite en provençal par un miroitier-doreur, Antoine Maurel (né en 1815) ; elle fut donnée en 1844 à Marseille par le cercle catholique d'ouvriers de la rue Nau.

• Les personnages de cette crèche-spectacle en cinq actes se rendent à Belem (contraction de Bethléem), pour adorer l'Enfant Jésus qui vient de naître. Après l'annonce aux bergers par les anges, une longue procession se met en marche avec le meunier Barnabé, le boumian (bohémien) et son fils Chicoulet, Pimpara le rémouleur, Pistachié (le grand comique de la pastorale), le bègue Jiget, l'aveugle et enfin les trois vieux, Jourdan, sa femme Margarido, une mégère acariâtre, et leur ami Roustido. Après divers miracles et de nombreuses péripéties, chacun vient déposer son offrande au pied de l'Enfant tout en chantant.

☛ Crèche, Marionnettes, Mystères, Noël, Noëls, Pastrage.

PASTRAGE

Le pastrage, dérivé de « pâtre » (du latin pastor, *« berger »), désigne l'offrande de l'agneau à l'Enfant Jésus par des personnages costumés à l'ancienne, lors de la messe de minuit. Ceux-ci se rendent à l'autel en procession au moment de l'offertoire avec un cierge allumé, et se passent l'agneau enrubanné qu'ils offrent symboliquement au prêtre. La cérémonie de pastrage la plus célèbre est celle des Baux-de-Provence (Bouches-du-Rhône). Le pastrage ne doit pas être confondu avec la pastorale qui est un spectacle profane donné au moment de Noël dans des lieux publics.*

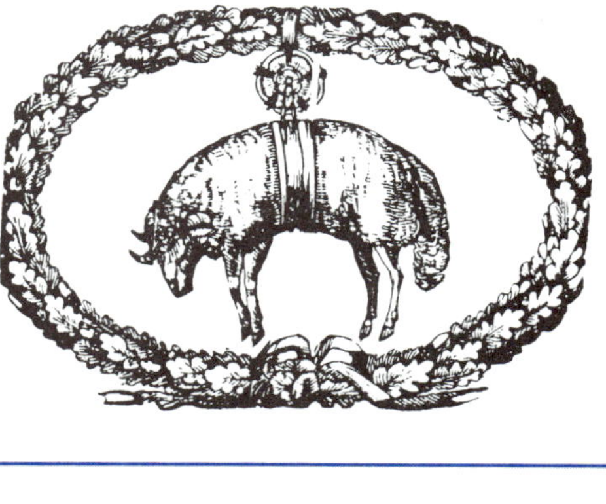

Bien que l'offrande biblique de l'agneau à Yahvé soit ancienne, cette manifestation de type pastoral semble être une théâtralisation de l'Évangile de saint Luc, sans doute postérieure au XVIe siècle selon Arnold Van Gennep († 1957) constatant qu'auparavant aucun noël ne parle d'une telle offrande. Populaires, ces « bergeoteries » n'étaient autrefois pas propres à la Provence : elles étaient très répandues dans de nombreuses régions de France. Le fait que l'annonce de la naissance de l'Enfant Jésus ait été faite en priorité aux humbles pasteurs a toujours plu. Après s'être éteints progressivement, les pastrages réapparurent à la fin du XIXe siècle ou au début du XXe siècle, en particulier dans le midi de la France et en Italie, preuve d'une certaine nostalgie pour un passé rural déclinant. Le pastrage des Baux-de-Provence fut remis à l'honneur en 1902.

◆ Cette cérémonie de l'offrande d'un agneau a lieu en Provence, où elle ne peut être dissociée des soucis d'une population qui a longtemps vécu de l'élevage ovin, mais aussi dans d'autres régions de France : à Saint-Junien (Haute-Vienne), dans quelques localités picardes ou à Saint-Martin-de-Boscherville (Seine-Maritime).

☛ Agneau pascal, Mystères, Noël, Pastorales.

PATRICK (Saint-)

La Saint-Patrick, le 17 mars, est la fête du héros national des Irlandais, marquée en France par des concerts de musique celtique. C'est l'occasion d'animations dans les pubs des grandes villes, où la bière « verte » coule à flot.

Saint Patrick naquit vers 390 dans une famille romaine, en Grande-Bretagne, et reçut une éducation chrétienne. À l'âge de seize ans, il fut capturé par des pirates et vendu comme esclave en Irlande où il se retrouva porcher. Il s'évada six ans plus tard, après une marche de 300 kilomètres, prit un navire et débarqua en Gaule où il fut ordonné prêtre. De retour en Irlande en 432 comme évêque missionnaire, il travailla à l'évangélisation de l'île et y instaura la vie monastique. Contrairement à ce que laisse penser sa popularité actuelle, Patrick rencontra de sévères inimitiés de son vivant. Il mourut en 461 : l'Irlande était devenue grâce à lui l'« île des saints ».

Fêtée depuis les années 1990 en France, la Saint-Patrick est arrivée dans le sillage d'Halloween, autre fête irlandaise revue par les Américains, importée avec succès et encouragée

par des opérations commerciales. Mais la Saint-Patrick n'y a pas la même popularité qu'aux États-Unis. À la suite de la Grande Famine, de nombreux Irlandais émigrèrent à New York et en Nouvelle-Angleterre au milieu du XIXe siècle. Ces catholiques fervents gardèrent l'habitude de fêter la Saint-Patrick, le 17 mars. Encore maintenant, les familles d'origine irlandaise s'adressent des cartes de vœux, où les dessins de couleur verte rappellent celle du trèfle d'Irlande. Ce *shamrock*, dont Patrick se servait pour expliquer le mystère de la Sainte-Trinité, dit-on, est devenu l'emblème de l'île.

L'utilisation d'un végétal en cette époque annonciatrice du printemps ne surprend pas. L'origine de la coutume du brin de buis ou de laurier qu'on suspend dans les maisons le jour des Rameaux relève du même espoir de fertilité et de fécondité que promet la nature.

☛ **Boissons, Halloween, Rameaux, Végétaux.**

PATRIOTIQUES (fêtes)

Les fêtes patriotiques, qui ne sont pas des fêtes politiques, sont des fêtes solennelles qui commémorent des faits glorieux de l'histoire du pays sous le haut patronage du président de la République et en présence d'autorités civiles et militaires (14-Juillet, armistice du 11 novembre, fête de la Victoire...). Elles se caractérisent par des rites laïques : dépôts de gerbes aux monuments aux morts, remises de décorations, défilés de soldats en tenue de cérémonie et discours, en présence de musiques (fanfares) qui dramatisent par leurs sonneries ou leurs silences le moment présent et le chargent d'émotion. Les bâtiments publics sont pavoisés.

Les fêtes patriotiques sont nées avec l'éveil du sentiment républicain, dans la lignée des fêtes civiques de la Révolution devant le peuple assemblé, « le plus magnifique des spectacles » pour Robespierre. « Que toutes [vos fêtes] tendent à réveiller les sentiments généreux qui font le charme et l'ornement de la vie humaine, l'enthousiasme de la liberté, l'amour de la patrie, le respect des lois ! », précisa-t-il le 18 floréal an II (7 mai 1794). La fête civique, acte social, permettait à la fraternité et à la solidarité de s'extérioriser, contrairement aux fêtes princières données auparavant, où la population, bien qu'associée à la liesse autour de fontaines de vin et de feux de joie, ne participait pas de façon solennelle à leur déroulement.

◆ Ces manifestations du souvenir et de la reconnaissance, répercutées au niveau national par les médias, permettent un travail de mémoire essentiel pour la définition de l'identité nationale et ont pour fonction de renouveler l'esprit de la collectivité. « Représentation dramatique de l'histoire présente », selon la description de la fête civique du sociologue Jean Duvignaud, la fête patriotique, très codifiée, traduit en réalité dans sa solennité les enjeux du pouvoir.

☛ **Armistice du 11 novembre 1918, Célébration, Cérémonie, Commémoration, Discours, Fanfare, Historiques (reconstitutions), Jeanne d'Arc (fête de), 14-Juillet, Protocole, Souvenir (cérémonial du), Victoire (fête de la).**

PATRONALE (fête)

La fête patronale, ou « fête du pays » (appelée suivant les régions fête, kermesse, ducasse, assemblée, pardon, balade ou fête baladoire, frairie, balocho, romérage, vogue, voto ou fête votive...), est une fête communautaire annuelle en l'honneur du saint patron, qui dure deux ou trois jours. Elle est fixée en général autour du dimanche le plus proche de sa fête, souvent entre mai et octobre.
Caractérisée par des cérémonies religieuses (messe, procession) et des réjouissances profanes (défilé, fanfare, majorettes, banquet, attraction foraine, bal et jeux), la fête patronale souligne la cohésion communale et compose un réseau de dons et de contre-dons, de rivalités et d'échanges qui constitue la solidarité d'un « pays ».

Ces assemblées communautaires existaient en réalité avant le christianisme, comme la fête celtique de Lugnasad (au moment du 1er août), marquée par des discussions administratives, politiques ou financières, par des banquets et par des foires.

Les réjouissances des fêtes patronales étaient autrefois organisées par les sociétés de jeunesse locales. Elles avaient souvent lieu avant ou après les grands travaux de l'été. Ces rites festifs qui détournaient périodiquement du « sillon-labeur » permettaient aux ruraux de se remettre en contact à la fois avec la communauté villageoise et avec le monde surnaturel d'où émanent les forces occultes propices ou néfastes à leur prospérité.

◆ Ces fêtes patronales se sont laïcisées dans la seconde moitié du XXe siècle. Organisées aujourd'hui par les comités des fêtes des conseils municipaux, elles deviennent fêtes « communales », tout en conservant souvent date et appellation (« la Saint-Sulpice », par exemple). Sans disparaître complètement, les processions religieuses font place, la plupart du temps, à des cortèges historiques qui mettent en valeur le passé, l'identité du terroir ou les métiers oubliés. En fêtant un emblème tutélaire sacré ou profane, un saint (châsse, buste reliquaire, statue...) ou une figure mythique qui appartient à la légende (dragon, géant...), les villes ou villages se livrent à une forme d'autocélébration. Ces fêtes ont une fonction politique évidente puisqu'elles cherchent à faire l'unanimité entre les membres d'une communauté, tout en permettant aux pouvoirs politiques locaux de se valoriser par le biais d'une mise en scène inhabituelle. Ces manifestions collectives, comme toutes les fêtes en général, permettent de couper avec le quotidien et suppriment temporairement les différences sociales. L'aspect commercial n'y est pas primordial.

◆ Depuis les années 1990, on assiste au retour progressif de l'aspect religieux de ces fêtes patronales (processions, bénédictions, bannières...), gommant leur folklorisation qui dominait dans les années 1960-1970.

Saint patron et titulaire d'une paroisse

- Le saint patron est parfois différent du titulaire de l'église paroissiale. Le « patron », mieux connu des habitants, est le saint sous la protection duquel est placé un lieu déterminé : bourg, ville, diocèse, etc. Le jour de sa fête, autrefois chômé dans le lieu concerné, faisait partie des « fêtes carillonnées ».
- Le saint qui donne son nom à une église est appelé « titre » ou « titulaire ». Dans ce dernier cas, il peut aussi s'agir d'un « mystère » (église de la Trinité, de l'Assomption...). La fête du titulaire n'a jamais été chômée.

☛ **Assemblée, Bal, Banquet, Carillonnées (fêtes), Comité des fêtes, Communale (fête), Ducasse, Emblématiques (fêtes), Foires, Foraines (fêtes), Géants, Historiques (reconstitutions), Jeunesse (sociétés de), Jeux, Kermesse, Pardons bretons, Paroissiale (fête), Pèlerinage, Romérage, Votive (fête).**

PÈLERINAGE (fêtes de)

Selon la religion juive, les fêtes de pèlerinage sont au nombre de trois :
– Pâque ou Pessa'h, anniversaire de l'Exode, du 14/15 au 20/21 Nissan, au milieu du calendrier juif (mars/avril) ;
– Shavouôth, Pentecôte ou « fête des Sept Semaines », cinquante jours plus tard (6 Sivan), anniversaire de la révélation de la Loi sur le Sinaï ;
– Soukkôth, « fête des Cabanes » ou « fête des Tentes », symbolisant à la fois l'errance des Hébreux dans le désert et la joie des récoltes, du 14 au 20 Tishré, premier mois du calendrier (septembre/octobre).

Danse de chanteurs traditionnels, Pauline Baynes, XXe siècle.

Noce paysanne, Maerten van Cleve, XVIe siècle.

La signification spirituelle des trois grandes fêtes annuelles de l'Alliance conclue entre Dieu et le peuple d'Israël est primordiale. Aux temps bibliques, le peuple juif devait se rendre à Jérusalem pour celles-ci (d'où leur nom) : très joyeuses, ces fêtes de la communauté se caractérisaient par des sacrifices sur le parvis du Temple, des processions et des danses sacrées.

◆ Pour ces fêtes saintes, il y a, comme pour toutes les fêtes juives, des prières communes à la synagogue, mais aussi de grands rassemblements familiaux et amicaux : le Seder (repas pascal), qui est considéré comme un devoir et un privilège (*Mitsva*), par exemple, ou Soukkôth, qui rassemble dans une cabane autour du *Kiddouch* (bénédiction du vin).

☛ **Agneau pascal, Pessa'h, Repas, Seder, Shavouôth, Soukkôth.**

PÈLERINAGE

Le pèlerinage chrétien (du latin peregrinus, *« étranger ») est un « voyage de dévotion » plus ou moins long, dans le but de vénérer des reliques ou des lieux saints : ce chemin symbolique, accompli souvent avec ferveur afin de gagner la « Jérusalem céleste », décrite dans l'Apocalypse de saint Jean, implique que l'on laisse derrière soi son entourage et les lieux coutumiers. Les pèlerinages rassemblent des fidèles, parfois en très grand nombre, en particulier aux dates d'apparitions ou de dédicaces des sanctuaires. Au terme de leur voyage, les pèlerins accomplissent des gestes rituels pour bénéficier des protections de la Vierge ou du saint honoré : voir et toucher une statue, accrocher des rubans, mettre un cierge, boire de l'eau…*
Par ailleurs, les pèlerinages s'accompagnent de ventes de souvenirs et d'objets protecteurs, de légumes et de fruits même – comme la vente de melons à la chapelle Saint-Sulpice, près de Vendœuvres (Indre), fin août – ou encore de fêtes foraines aux abords du sanctuaire.

Des pratiques préchrétiennes suscitaient de grands rassemblements près des tertres, grottes, pierres, arbres ou fontaines aux vertus curatives reconnues, comme l'attestent la découverte sur ces lieux de nombreux ex-voto (armes et monnaies). Bien que condamnés en 451 au concile d'Arles, ces cultes, christianisés, survécurent en restant entachés de superstition.

Pour les chrétiens, la vénération des tombes des martyrs, afin de mériter le Paradis, était une pratique courante au Moyen Âge. Trois grands pèlerinages existaient alors : Jérusalem et la Terre sainte, Rome et le tombeau de saint Pierre, et celui de saint Jacques, à Compostelle, en Galice (Espagne), arrivé là miraculeusement.

D'autres pèlerinages étaient célèbres : Notre-Dame de Sous-Terre à Chartres, saint Martin à Tours, saint Martial à Limoges, etc. À « Saint-Michel-au-Péril-de-la-Mer » en Normandie (Mont-Saint-Michel), fondé au VIIIe siècle en l'honneur de l'archange, les pèlerinages des « michelets » se succédaient. Selon le mythologue Henri Dontenville, la coquille, ramassée sur la grève par les premiers pèlerins chrétiens, leur servait de signe de reconnaissance : « Il fut fait ensuite des coquilles de plomb ou d'étain fondu, plus tard des médailles, le négoce s'y mêlant. » Tous ces pèlerins cheminaient à travers la France la besace en bandoulière, le bourdon (bâton) à la main, et sur leur chapeau ou leur pèlerine la coquille, devenue aujourd'hui attribut du pèlerinage à Compostelle. Les routes et les établissements hospitaliers se multipliaient, ainsi que des sanctuaires-étapes. L'acquisition de pieuses reliques (souvent rapportées de Terre sainte

par les croisés) était source de prospérité pour les villes qui pouvaient alors espérer la visite de pèlerins.

À partir du XVIe siècle, les pèlerinages aux saints guérisseurs et les dévotions spectaculaires (cantiques, processions) se développèrent, encouragés par le concile de Trente en réaction à la Réforme. Au XIXe siècle, les apparitions de la Vierge à la Salette (Isère) et à Lourdes (Hautes-Pyrénées), puis la renommée de Thérèse de Lisieux imposèrent en France trois autres lieux saints, toujours vénérés. Le développement des transports en commun hâta le déclin des pratiques pérégrines.

Le Tro Breiz

- Le Tro Breiz, ou « tour de la Bretagne », long de 548 kilomètres, se faisait en un mois environ avec pour étapes les tombeaux de sept évêques fondateurs : saint Corentin à Quimper ; saint Pol-Aurélien à Saint-Pol-de-Léon ; saint Tugdual à Tréguier ; saint Brieuc à Saint-Brieuc ; saint Malo à Saint-Malo ; saint Samson à Dol et saint Patern à Vannes.
On disait que ce pèlerinage local permettait à ceux qui ne pouvaient aller en Terre sainte ou dans d'autres sanctuaires éloignés de s'assurer le salut éternel.
- Le Tro Breiz aurait été institué au IXe siècle par Nominoë, chef des Bretons († 851), qui voulait créer une église proprement bretonne et valoriser de nouveaux évêchés. Attesté à plusieurs reprises depuis l'an 1000, il comptait 35 000 pèlerins par an à la fin du XIVe siècle. Il fut quasiment abandonné au XVIe siècle à la suite de l'annexion de la Bretagne à la France (1532).
- Après une interruption de plus de trois siècles, plusieurs tentatives pour le rétablir eurent lieu au cours du XXe siècle. Repris avec succès de 1994 à 2000, le Tro Breiz relia les sept villes saintes à raison d'une étape chaque été.

◆ Créées en 1985 par le pape Jean-Paul II, les JMJ (Journées mondiales de la jeunesse) s'apparentent à un pèlerinage : ce rassemblement international a lieu tous les deux ou trois ans, chaque fois dans une ville différente du monde.

☛ **Fiacre (Saint-), Hajj, Mariales (fêtes), Michel (Saint-), Ostensions limousines, Pardons bretons, Votive (fête).**

PENDAISON DE CRÉMAILLÈRE

La pendaison de crémaillère, ou « la crémaillère », est une fête organisée à la suite de l'installation d'une ou de plusieurs personnes dans un nouveau logement. La crémaillère (du grec kremastêr, *« qui suspend ») est une tige de fer munie de crans qui permet de suspendre un récipient dans la cheminée, symbole du foyer qui figurait autrefois dans tous les logements. Suspendre la crémaillère signifiait que la maison était habitable.*

De telles réunions amicales et familiales se multiplient aujourd'hui, au même titre que les anniversaires. Par rapport aux fêtes communautaires qui réunissent un quartier ou un village (fêtes communales, carnavals...), l'émergence de ces fêtes intimes atteste le repliement sur soi, nouvelle donne sociale apparue dans la seconde moitié du XXe siècle.

☛ **Abondance (fêtes d'), Anniversaire, Cheminée.**

PÉNITENTS

Les confréries de pénitents sont des associations pieuses de laïcs qui s'assignent des mortifications et des actes de pénitence (d'où leur nom) pour l'expiation des péchés : processions, prières, charité auprès des déshérités… Afin de rester anonymes et de gommer toute appartenance sociale, les pénitents sont couverts de la cagoule et du « sac », robe longue (blanche, noire ou de couleur) serrée à la taille par une cordelière. Le soir du jeudi saint ou le vendredi saint, ils processionnent en un chemin de croix en Haute-Loire, dans le sud de la France et en Corse, portant les symboles de la Passion du Christ.

Les confréries de pénitents naquirent au bas Moyen Âge en des temps d'insécurité spirituelle et matérielle, participant au mouvement général de création d'associations religieuses en Europe à partir du XIe siècle. Comme leurs confrères des « charités » dans le nord et le nord-ouest de la France, dont l'activité était centrée sur la mort, les confréries de pénitents (plusieurs centaines) avaient pour but d'œuvrer pour le salut de l'âme des défunts et d'organiser en partie leurs funérailles, ainsi que d'aider financièrement les malheureux (veuves,

malades, prisonniers...). Ce mouvement de dévotion spectaculaire s'est implanté dans les agglomérations urbaines : il n'a pris son essor qu'au XVe siècle, après les grandes épidémies de peste ou de choléra vécues comme des châtiments célestes. À partir de la fin du XVIIIe siècle, parallèlement à la perte progressive du sentiment religieux, leur déclin s'amorça, accentué par les condamnations épiscopales de certains pénitents pour leur comportement trop joyeux et leurs bavardages.

◆ Une trentaine de confréries de pénitents subsistent en France. Ces confréries comptent de 25 à 150 membres qui agissent pour la dévotion religieuse et l'entraide. Elles sont en général beaucoup moins riches qu'autrefois. Après l'acquittement d'un droit de réception, leurs membres obéissent aux officiers (recteur, prieur, grand maître ou prévôt, conseillers, trésorier, secrétaire, maître de cérémonies...) et observent des statuts précis qui réglementent leurs activités. Ces membres se retrouvent dans une chapelle, lieu de réunion et de dévotions qui leur appartient. Les diverses confréries sont regroupées en cinq bailliages (comté de Nice, Provence, Catalogne, Velay et Languedoc) au sein d'une « maintenance » sise aux Baux-de-Provence. Les femmes sont peu nombreuses et certaines confréries féminines possèdent une organisation totalement indépendante.

☛ **Confrérie, Funérailles, Jeudi saint, Pâques, Procession, Semaine sainte, Vendredi saint.**

PENTECÔTE

À la Pentecôte (du grec pentekostê, *« cinquantième »), le cinquantième jour après Pâques, les chrétiens commémorent la naissance de l'Église : après l'envoi de l'Esprit-Saint sur les apôtres sous forme de langues « qu'on eût dites de feu », ceux-ci s'étaient mis à parler d'autres langues qui leur permettraient d'aller évangéliser d'autres peuples.*

Dès les temps bibliques, la fête juive de Shavouôth célébrait les premiers fruits de la terre vers la même époque, c'est-à-dire cinquante jours après la Pâque.

Ce « grand dimanche » commença à être célébré par les chrétiens vers 300 ; à la fin du IVe siècle, la Pentecôte était, comme Pâques, un moment privilégié pour les baptêmes. La semaine qui suivait – attestée au VIIe siècle – permettait de catéchiser les nouveaux baptisés. De cette octave, seul le lundi reste férié.

Au XIIIe siècle, des tourterelles et des pigeons symbolisant l'Esprit-Saint étaient lâchés dans plusieurs cathédrales d'Île-de-France et de Normandie. Des artificiers jetaient des flam-

mèches du haut des voûtes et on répandait une pluie de roses, ce qui valut à la Pentecôte d'être surnommée « Pâques rosées ».

Célébrée autrefois à une période de l'année où l'homme voulait contrôler l'exubérance de la nature, équilibrer humidité et sécheresse ainsi qu'assurer la croissance des troupeaux, la Pentecôte donnait lieu à des dramatisations spectaculaires encore connues dans diverses régions d'Europe, en Alsace par exemple au travers du personnage du « feuillu » (ou « moussu »).

Le « feuillu » de la Pentecôte

• Un jeune garçon recouvert de végétaux, le « feuillu » ou le « moussu » de la Pentecôte, personnifie la végétation : la structure dans laquelle il se cache finit parfois dans la rivière. Cette dramatisation évoque le mythe de l'homme sauvage. Elle est voisine de celle du 1er-Mai, où de jeunes messagères symbolisent le printemps de la vie. En plus de la fonction magique de ces personnifications qui vont quêter de porte en porte, le rite semble aussi être de type initiatique puisqu'il concerne de jeunes adolescents.

• Dans toute l'Europe, du carnaval à la Saint-Jean, de nombreux mannequins de paille finissent ainsi à l'eau. Ils évoquent les célébrations antiques en l'honneur de Cybèle, déesse phrygienne de la Fertilité, pour assurer la fécondité de la terre, ou encore la coutume, rapportée par le poète latin Ovide, de la « purification maximale » de Rome le 15 mai par les vestales : 27 mannequins d'osier étaient jetés dans le Tibre.

◆ La fête du Pré de la Fadaise à Bourg-Saint-Bernard (Haute-Garonne) rappelle encore l'importance qu'avaient autrefois à cette saison les jeux équestres et les jeux amoureux. Comme à Pâques, ces journées étaient fréquemment marquées par des pèlerinages et des sorties extérieures. Les élections des chefs des sociétés de jeunesse avaient souvent lieu le dimanche de la Pentecôte ou le lundi.

☛ **Belle de mai, Jeunesse (sociétés de), Jeux équestres, Lundi de Pâques et lundi de Pentecôte, 1er-Mai, Shavouôth, Tournées cérémonielles.**

PÈRE CENT

Le Père Cent, ou Jean comte Pluckcent, est un personnage imaginaire, gros et laid, dont les appelés célébraient joyeusement la mort cent jours avant la fin du service militaire (la « quille »). À cette occasion, les jeunes gens adressaient à leurs amis et à leur famille un faire-part de deuil humoristique, rempli de calembours (« de la part de Jean Tienlebou et Yvon Noulacher, ses cousins... »). Après avoir fait le tour de la caserne pour récolter de l'argent dans un cercueil-tirelire, ils fêtaient l'événement en l'arrosant copieusement.

Ce rite de séparation utilise le procédé de la farce et de l'ironie propre à la jeunesse. Le cercueil-tirelire est également utilisé pour les quêtes de l'enterrement de la vie de garçon.

☛ **Conscrit, Enterrement de la vie de garçon, Farces, Jeunesse (sociétés de), Quille.**

PÈRE FOUETTARD

Le Père Fouettard, compagnon de saint Nicolas bien connu en Lorraine et dans les pays rhénans, a un aspect repoussant analogue à celui des croquemitaines. Le soir du 5 décembre, il brandit ses verges pour menacer les enfants désobéissants, alors que le « bon saint mitré » distribue ses friandises. Suivant les régions, il se présente sous divers aspects sombres, hirsutes ou zoomorphes (bouc, âne...), démultiplié parfois même, et il connaît différentes appellations, comme celle de « Hans Trapp » en Alsace. Le Père Fouettard et saint Nicolas personnalisent à eux deux le côté ambivalent du distributeur de cadeaux, généreux mais justicier.

Le Père Fouettard appartient aux « masqués » de l'hiver d'origine indo-européenne. Il symbolise le monde de l'ombre et de la mort, en opposition avec celui des vivants. Toutefois, certains lui attribuent des origines historiques : un sévère maréchal alsacien du XVe siècle qui habitait au château de Berwarstein près de Wissenbourg, Hans von Dratt ou von Trotha, lui aurait laissé son aspect repoussant et son nom de Hans Trapp. Mais son nom semble plutôt avoir pour origine le verbe alsacien *tàppe* ou *tràppe*, « marcher pesamment ».

Pour les Lorrains, le Père Fouettard aurait été créé en 1552, pour se moquer de l'empereur Charles Quint qui voulait conquérir Metz. Enfin, selon Arnold Van Gennep († 1957), le Père Fouettard aurait été institué par des pédagogues du XVIIIe siècle pour punir les mauvais élèves.

L'ambivalence entre le généreux saint Nicolas et le mauvais Père Fouettard évoque le double caractère de Perchta-la-Fileuse, « déesse » de la Fécondité muée en démon qui circule pendant les douze jours au côté du chasseur sauvage, connue en Allemagne du Sud et dans les pays limitrophes. Cette ambivalence rappelle également le mythe de l'homme sauvage qui assure la pérennité de l'espèce humaine dans le temps, tout en représentant la lignée des ancêtres. Encore maintenant, elle apparaît nettement dans les mascarades hivernales de Suisse ou d'Autriche, et dans divers carnavals européens.

Quant aux baguettes, elles sont peu inquiétantes en cette période hivernale : elles font penser à celles que les jeunes gens utilisaient pour « fouetter » les mollets des femmes et des jeunes filles. Cette tradition subsiste dans certains pays d'Europe centrale, en Hongrie aux Saints-Innocents, le 28 décembre, par exemple.

☛ **Âne, Animaux sauvages, Baguettes, Carnaval, Croquemitaine, Dame de Noël, Homme sauvage, Nicolas (Saint-), Noël, Père Noël.**

PÈRE NOËL

Le Père Noël est une créature mythique généreuse, attendue des enfants. Ce vieillard barbu et ventru, en houppelande rouge bordée de fourrure blanche, passe dans les maisons la nuit du 24 au 25 décembre déposer ses cadeaux près de la cheminée ou au pied du sapin.

L'invention du père Noël repose en réalité sur des croyances complexes très anciennes, car ce personnage mythique est issu des personnifications préchrétiennes de l'hiver. Cette saison noire et stérile s'opposait au retour espéré du printemps, avec ses jours plus longs et la nature renaissante. Cette confrontation a engendré la création de deux sortes de personnages qui se côtoient encore parfois dans les mascarades européennes du Nouvel An ou du carnaval : les « beaux », vêtus de magnifiques tissus et de coiffures imposantes, porteurs de lumière et d'abondance (gâteaux, pommes, noix...), symbolisant les beaux jours et la vie ; et les « laids », cornus et couverts de paille ou de haillons, symbolisant l'hiver et la mort. Cette ambivalence est également caractéristique de l'homme sauvage.

Christianisés, les « beaux » ont pris les traits des généreux saint Martin, saint Nicolas ou sainte Lucie. Les « laids » subsistent dans l'affreux Père Fouettard connu sous divers accoutrements et appellations. Saint Nicolas et son acolyte passent le soir du 5 décembre en Lorraine, en Belgique et dans les pays rhénans : le bon évêque apporte des friandises, tandis que le Père Fouettard distribue des baguettes.

Dans son aspect actuel, le Père Noël date du XIXe siècle.

La naissance de Santa Claus

• À partir du XVIIe siècle, les protestants hollandais et allemands importèrent dans l'est des États-Unis leur saint Nicolas (« sint Niklaas », devenu « Santa Claus »). En 1822 à Troy, dans l'État de New York, le pasteur américain Clement Clark Moore écrivit pour ses enfants un poème, « The visit of St Nicholas ». Un jovial « Saint Nick », de la taille des lutins d'Europe du Nord, se déplaçait de toit en toit la nuit de Noël avec son traîneau tiré par huit rennes minuscules. Dans ce poème, le saint gardait son nom, sa barbe blanche symbolisant sagesse et expérience, la couleur rouge du vêtement épiscopal et la générosité nocturne du saint. Mais, par rapport au digne « saint mitré », le personnage avait gagné en bonhomie et son compagnon, le Père Fouettard, avait disparu. Le poème du révérend Moore, publié un an plus tard dans le journal local *The Troy Sentinel*, contribua à fixer l'image du Père Noël. En 1863, à New York, Thomas Nast, d'origine allemande, dessina le personnage pour la revue américaine *Harper's Illustrated Weekly* en s'inspirant du poème de Moore et de l'image du Knecht Ruprecht (Père Fouettard) qu'il gardait de son enfance. Santa Claus y conservait une taille de lutin lui permettant, malgré son gros ventre, de passer par les cheminées.

Les régions catholiques d'Europe refusaient le Père Noël et préféraient parler de l'Enfant Jésus ou des Rois mages (en Espagne), de la même façon que, acquises à la crèche, elles ignorèrent longtemps le sapin. La laïcisation des écoles françaises permit l'importa-

tion d'un « Bonhomme Noël » attesté en milieu urbain dès la fin du XIXe siècle (Lyon, Paris). Vers 1931, une campagne publicitaire de la firme américaine Coca Cola répandit dans divers pays du monde l'image d'un Père Noël de taille humaine souriant et joufflu, dessiné par Haddon Sunblom. Elle finit de gommer l'image inquiétante du personnage à la fois généreux et justicier, prêt à punir avec ses baguettes et son sac pour emmener les enfants méchants. Beaucoup de familles, carrément hostiles, continuaient de parler du « Petit Jésus ». À Dijon en 1951, les Jeunesses catholiques brûlèrent l'effigie du Père Noël sur le parvis de la cathédrale Saint-Bénigne. Mais, malgré ces protestations, le personnage connut une exploitation commerciale de plus en plus grande et finit par s'imposer dans les années 1960.

D'autres hypothèses sur les origines du Père Noël

• Les origines du Père Noël couvrent également d'autres croyances : celles du géant Gargan (devenu Gargantua) de la mythologie française, qui portait une hotte et des bottes ; et celles du « Sir Christmas » des pantomimes anglo-saxonnes (avec sa couronne de verdure et son manteau à capuche gris, bleu ou rouge, il figurait dans les « mummer plays », mascarades qui mimaient la ronde des saisons).

• Les premières personnifications françaises de Noël figurent dans un chant de quête retranscrit par le poète Adam de la Halle (d'Arras) de la fin du XIIIe siècle : un « Sire Noeus » envoie les quêteurs demander des « paradis » (friandises) à ses amis ; et, dans un noël bressan du XVIIe siècle, Noël est un personnage portant un balandran (pèlerine à capuchon), qui réchauffe l'Enfant Jésus, tout en offrant des vivres à ses parents.

- Des bureaux de poste appropriés se chargent de répondre aux lettres des enfants, comme à Libourne (Gironde), et des repaires du Père Noël, aménagés dans les grands magasins, permettent aux petits de lui confier leurs souhaits. Sa vie au pôle Nord a été organisée – il vient « de l'hiver » –, et les pays du cercle polaire se le disputent. On lui accorde parfois une Mère Noël.

☛ **Avent, Baguettes, Cadeau, Cheminée, Distributeurs de cadeaux, Géants, Homme sauvage, Nicolas (Saint-), Noël, Pantomimes, Père Fouettard, Sapin de Noël.**

PÈRES (fête des)

La fête des Pères, le troisième dimanche de juin, célèbre les pères de famille. Calquée sur la fête des Mères (trois semaines plus tôt), la journée engendre des réunions de famille, avec en général l'organisation d'un grand repas et la remise de cadeaux.

D'institution récente, la fête des Pères répond avant tout à des critères commerciaux : lancée en France en 1949 par les briquets « Flaminaire », elle prit pour modèle la fête américaine instaurée par le président des États-Unis Calvin Coolidge. Celui-ci avait inauguré son mandat, en 1924, par la création d'un jour spécial dédié aux pères de famille, prenant exemple sur la fête des Mères créée quelques années auparavant (1914).

☛ **Compliment, Mères (fête des), Réunions de famille.**

PESSA'H

Pessa'h (la Pâque juive), qui commence à la première pleine lune du printemps, a lieu du 14/15 au 20/21 Nissan (mars-avril). Appelée aussi « fête des Azymes » et « fête de la Libération », elle fait partie des fêtes de pèlerinage comme Shavouôth (Pentecôte) ou Soukkôth.

Le mot de « Pâque », rattaché le plus souvent à la racine hébraïque pâsah *(« passer », « épargner », en référence à l'ange exterminateur qui a épargné les enfants des Hébreux), remonte peut-être à la racine sémitique* pashahu *(« apaiser »).*

Pessa'h commémore la sortie précipitée des Hébreux d'Égypte où ils étaient contraints par Pharaon à de durs travaux, et les miracles qui aidèrent à leur libération sous la conduite de Moïse (vers 1300 avant J.-C.) : grâce aux révélations divines, les Hébreux marquèrent leur maison de sang d'agneau grâce à quoi ils échappèrent au bras de l'ange exterminateur qui frappa les premiers-nés des Égyptiens et furent donc « épargnés » ; puis, en route vers la Terre promise, ils passèrent à pieds secs la « mer des Roseaux » (mer Rouge).

Pour fêter la Pâque, les Hébreux devaient offrir en sacrifice chaque année un agneau à la première pleine lune du printemps et manger des pains azymes (sans levain) pendant sept jours, afin de commémorer les pains cuits à la hâte avant leur départ. Cette fête du printemps et de la renaissance semble s'être superposée à une fête agraire. Par ailleurs, le sacrifice d'un agneau était un rite connu des pasteurs nomades, par lequel ils s'assuraient au printemps la fécondité du cheptel.

- Le soir du 13 Nissan, une bougie à la main, on débarrasse la maison des dix morceaux de pain qui ont été cachés préalablement, sous forme de jeu pour les enfants : on appelle cela rechercher le *hamets* (mot hébreu signifiant « aliment contenant du levain »), ou le *Bediqua Hamets* (« recherche des hamets »). Le lendemain matin, on se débarrasse de toute nourriture « levée » : pendant une semaine, les *matsoth*, pains azymes fabriqués uniquement à partir de farine et d'eau, symboles de misère mais aussi de liberté, remplacent le pain.
- Le soir du 14 se déroule en famille le Seder, un grand repas de fête au menu symbolique. Au cours de celui-ci, on lit la *Haggada*, récit commenté de la sortie d'Égypte, et on répond à quatre questions

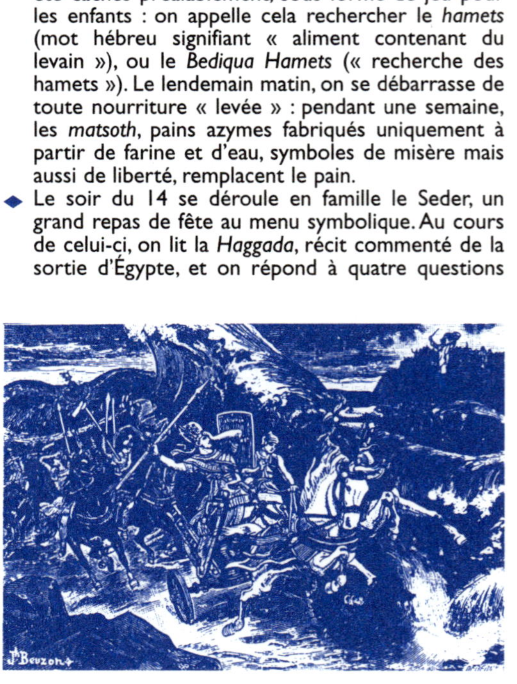

que posent les plus jeunes sur le sens de la fête. On cache une moitié de pain que l'on mange en partie à la fin du repas, et avec les aliments traditionnels préparés sur le plateau de Seder on accomplit des gestes symboliques en chantant des couplets rituels.

☛ Agneau pascal, Pâques, Pèlerinage (fêtes de), Seder.

PÉTARDS

Les pétards (de « pet »), mot apparu dans un traité militaire en 1495, sont des charges d'explosif placées dans des enveloppes ou des cartouches. Servant au vacarme cérémoniel, ils sont utilisés comme dispositifs de signalisation acoustique ou en pyrotechnie.

Pour les fêtes de printemps en Chine, on faisait brûler des morceaux de bambous qui, sous l'effet de la chaleur, éclataient avec un bruit sec. Ces craquements de bon augure permettaient de chasser les mauvais esprits. En Europe, on jetait dans les feux de joie des os à moelle pour obtenir le même vacarme prometteur : c'est pourquoi les Anglais parlent de *bonfire* (littéralement « feu à os ») pour désigner un feu de joie.

- Le pétard est également un mot familier pour désigner un joint, c'est-à-dire une cigarette de haschisch (drogue qui reste interdite en France, mais qui est consommée par certains jeunes, notamment lors de fêtes, au même titre que l'alcool).

☛ Feu d'artifice, Feu de joie, Tapage nocturne, Vacarme cérémoniel.

PETITE SOURIS

L'enfant désigne ainsi le petit mammifère imaginaire qui passe la nuit prendre sous son oreiller sa dent de lait tombée. La « petite souris » lui remet en contrepartie un menu cadeau : une pièce de monnaie ou des friandises.

La blancheur, la gentillesse et la solidité des dents des petits rongeurs a probablement suggéré ces coutumes, comme l'a écrit au début du XXe siècle le folkloriste Paul Sébillot. La souris était un animal familier quasi domestiqué, surtout à la campagne, mais, dans les contes, cet animal bénéfique pouvait être dangereux et annoncer la mort. Comme tous les distributeurs de cadeaux, il est ambigu.

- L'apparition de la première dent est une étape importante et douloureuse dans la vie du bébé. Vers l'âge de six ans, quand ses dents de lait commencent à tomber, l'enfant grandit : par ce signe, il quitte la petite enfance. C'est donc un véritable rite de passage qui marque l'accession à l'âge de raison.
- Au XIXe siècle, les enfants du Limousin posaient leur dent sur la charpente de la maison : on leur disait qu'un rat viendrait la prendre et leur en donnerait une jolie petite en échange. Dans le Poitou, ils la déposaient dans un trou de souris de la muraille en suppliant : « Petite souris, je t'apporte une de mes dents, donne m'en une autre. » Ceux du Béarn récitaient une formulette analogue. Pour donner du courage aux enfants de Franche-Comté quand on leur arrachait une dent, on disait que la « raitôte » (petite rate) en apporterait une nouvelle.
- Selon une ancienne croyance, il ne fallait pas jeter les premières dents sous peine d'envoûtement, car elles pouvaient être récupérées par des sorciers. En Saintonge, c'était une fée bienfaisante qui passait prendre la dent, et en Gascogne, la Sainte Vierge. Dans plusieurs régions, les enfants jetaient la dent au feu pour qu'elle soit purifiée :

  « Tiens, feu, voici ma dent,
  Rends-la moi, dans un mois,
  Blanche comme de l'argent. »

☛ Distributeurs de cadeaux, Enfants.

PHOTOGRAPHIES

Très présentes lors des fêtes, les photographies, auxquelles sont venues s'ajouter récemment divers procédés de vidéo, constituent de vivants souvenirs. Comme les livres d'or, elles sont précieusement conservées pour être regardées de temps à autre. Le développement des techniques aidant, des montages astucieux et des ajouts d'effets spéciaux permettent d'obtenir d'heureux résultats.

À l'occasion de certaines cérémonies (mariages, inaugurations...), les reportages sont souvent faits par des professionnels : leur totale disponibilité leur permet de mieux couvrir l'événement. Il est de plus en plus courant d'adresser, avec les remerciements, une photographie de l'événement : elle remplace l'image souvenir distribuée lors des communions.

La fête dans les médias

• Les médias affectionnent les fêtes, où les héros d'un soir paraissent souriants dans leurs plus beaux atours (prêtés parfois par des grands couturiers). Certaines fêtes sont retransmises par la télévision : mariages princiers, réunions mondaines, défilés du 14-Juillet... Des magazines (presse écrite, télévision...), qualifiés de « people », sont spécialisés dans les reportages de mariages ou de soirées chics, destinés à faire « rêver dans les chaumières ».

☛ Internet, Livre d'or, Mécénat et sponsoring, Télévision.

PIDYON HABEN

Dans les familles juives pratiquantes, la fête de Pidyon Haben (mots hébreux qui signifient « rachat du fils »), ou « Rachat du premier-né », intervient trente et un jours après la naissance d'un premier-né. Le Cohen (desservant religieux), qui perçoit la somme donnée par le père, déclare l'enfant racheté et le bénit.

Depuis la sortie d'Égypte et la faute du Veau d'or (idole que les Hébreux se mirent à adorer croyant que Dieu les avait abandonnés), les lévites et leur famille principale, les Cohen, ont été nommés à la place des fils aînés pour être voués au service divin, car ils n'avaient pas participé au culte de l'idole. Les premiers-nés sont renvoyés à la vie civile et, par ce rachat, on commémore cet échange.

◆ Cette cérémonie se déroule à la maison ou à la synagogue, le plus souvent à l'occasion d'une fête ou d'un repas. La somme doit être d'argent métal (pièces ou objet en argent pur), à l'exclusion de chèques ou de billets.

☛ Baptême, Circoncision.

PIERRE (Saint-)

La Saint-Pierre, le 29 juin, au moment du solstice d'été, comme la Saint-Jean (24 juin), est une journée marquée par des feux de joie. Saint Pierre étant le grand patron de la corporation des pêcheurs, de nombreuses bénédictions de bateaux ont lieu ce jour-là sur le littoral.

Saint Pierre – Simon de son vrai nom – était un pêcheur du lac de Tibériade qui devint, comme André son frère, apôtre du Christ. C'est Jésus lui-même qui lui donna son surnom : « Tu es Pierre et sur cette pierre, je bâtirai mon Église... Je te donnerai les clefs du royaume des cieux. » Après que les apôtres eurent reçu l'Esprit-Saint (Pentecôte), Pierre devint le chef de l'Église et se rendit à Rome. Arrêté sous le règne de Néron, il mourut martyrisé en 64 ; il fut peut-être crucifié la tête en bas comme le veut la tradition.

Sur la côte méditerranéenne, lors des fêtes de la Saint-Pierre, il était interdit de pêcher en mer. Aujourd'hui, on continue à faire un feu de joie sur la plage en incendiant une vieille barque. À Nice, quatre pêcheurs coiffés du bonnet rouge, les jambes nues, promenaient dans les rues la barque pavoisée jusqu'à une place de la ville où elle était brûlée. Des divertissements sont encore organisés pour la circonstance, dont les célèbres joutes nautiques.

◆ Si de nombreuses Saint-Pierre ont disparu, la fête des pêcheurs s'est maintenue notamment à Gruissan (Aude), à Menton (Alpes-Maritimes), à Cassis et à Toulon, où cette célébration occasionne une bravade, ainsi que sur la côte languedocienne.

☛ Bravade, Jean (Saint-), Joutes, Mer (fêtes de la).

PILIERS (Cinq)

Les Cinq Piliers de l'islam sont les cinq grandes obligations religieuses qui président à la vie de tout musulman :
– l'énoncé de la profession de foi attestant de l'unicité de Dieu et de la qualité de Mahomet comme envoyé de Dieu ;
– l'accomplissement des cinq prières quotidiennes individuelles et une prière commune à la mosquée le vendredi (qui remplace celle de midi) ;
– le paiement de l'impôt rituel ou « aumône légale » ;
– le jeûne du mois de Ramadan ;

– le pèlerinage à La Mecque (« hajj ») que tout musulman doit accomplir dans sa vie du 7 au 10 du mois de Dhou al-hijja, si cela lui est possible.

☛ **Aïd-el-Fitr ou Aïd-al-Saghir, Hajj, Ramadan.**

PIQUE-ASSIETTE

Un pique-assiette désigne une personne qui réussit à se faire inviter à dîner partout pour « picorer dans l'assiette » d'un autre. Le terme apparut au début du XIXe siècle.

☛ **Buffet, Cocktail, Pot, Réception.**

PIQUE-NIQUE

Le pique-nique est un repas sur l'herbe, qui peut prendre la forme d'une réception informelle. Le mot, apparu en 1694, sous la plume de Gilles Ménage, vient de l'expression « repas à pique-nique », de piquer (au sens de « picorer ») et de l'ancien français nique (« petite chose sans valeur »).

☛ **Garden-party, Méchoui et barbecue, Réception, Repas.**

POINT GAMMA

Le Point Gamma est l'une des fêtes de l'École polytechnique qui a lieu au printemps. Le nom, choisi par dérision puisqu'il fait référence aux études très sérieuses dispensées dans l'école, désigne en astronomie le point d'équinoxe, intersection de l'écliptique avec le plan de l'équateur.

Cette fête fut organisée pour la première fois en 1862 sur une idée d'Émile Lemoine (promotion 1861) pour remplacer le bal burlesque des « fruits secs », disparu en 1848. Le Point Gamma fut interrompu entre 1880 et 1919, ainsi qu'entre 1939 et 1947.

☛ **Bal, Étudiants, Farces, Gala, Monôme, Quat'z arts (Bal des), Tonus et bal de l'Internat.**

POISSON D'AVRIL

Le poisson d'avril symbolise les farces du 1er-Avril en France ; ce jour-là, sa silhouette en papier est accrochée dans le dos des personnes distraites.

Ce choix du poisson, figure courante du carême, est une énigme d'origine carnavalesque. De bon augure, le poisson est symbole de vie et de fécondité en raison de ses œufs abondants, au même titre que d'autres animaux prolifiques, fêtés au printemps eux aussi : la poule ou le lièvre. Le poisson d'avril, « messager d'amour » ou « faiseur de messages amoureux », comme on l'a décrit, possède un caractère quelque peu licencieux. Le carnaval, marqué par les farces et les charivaris de la jeunesse, n'est pas loin.

Selon le *Dictionnaire de Trévoux* (1704), « on appelle Poisson d'avril un poisson de figure longue et menue dont on fait une pêche fort abondante en cette saison, qu'on nomme autrement maquereau, et parce qu'on appelle du même nom les entremetteurs des amours illicites, cela est cause qu'on nomme aussi ces gens-là Poissons d'avril ». La langue française permet en effet de jouer sur cette ambiguïté de sens autour des mots de « morue » (prostituée) et de « maquereau » (proxénète), symboles à la fois de débordements sexuels et d'abstinence.

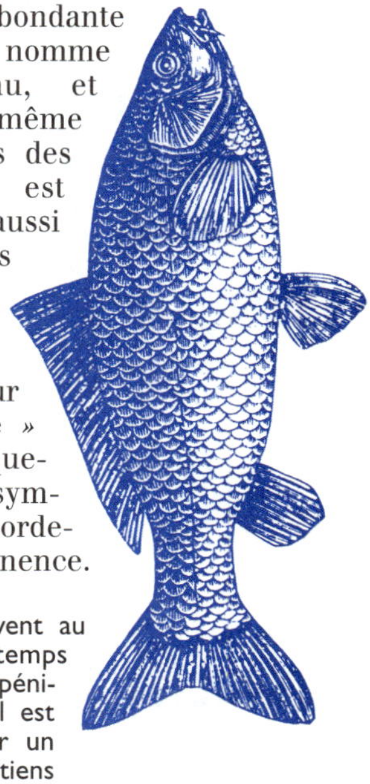

◆ Le 1er-Avril tombe souvent au moment du carême, temps austère de jeûne et de pénitence avant Pâques qu'il est aisé de personnifier par un poisson, puisque les chrétiens d'autrefois avaient chaque jour interdiction de manger de la viande. Comme la Mi-Carême, le 1er-Avril permet de « scier la vieille » et de marquer une trêve. La « vieille » est également l'autre nom d'un poisson marin, le labre. Rire à cette époque revenait donc à se moquer de l'Église et de son autorité de la même façon qu'on le faisait le jour de la fête des Fous au Moyen Âge. En Espagne, l'« Enterrement de la Sardine », qui symbolise l'adieu à la chair (la viande), a lieu à la fin du carnaval : cette fête tient son nom d'un os du porc, la « sardine ».

◆ D'autres hypothèses peuvent expliquer le choix du poisson : le signe zodiacal qui vient de changer (de même que le signe du Bélier expliquerait l'agneau pascal) ; l'homophonie entre « poisson » et « Passion » ; l'interdiction de pêcher certains poissons en cette période de frai ; ou encore l'expression angevine « pêcher le poisson Bobard », poisson énorme et fabuleux, qui revient à « se lancer dans une entreprise impossible ».

☛ **1er-Avril, Carême, Fous (fête des), Mi-Carême, Pâques.**

POMPES

La pompe (mot de l'ancien français qui signifie « magnificence ») est un déploiement de faste dans un cérémonial. Ce terme, vieilli, s'emploie maintenant au pluriel dans ce sens, mais l'expression « en grande pompe » subsiste. Les « pompes » caractérisent les défilés solennels (les pompes funèbres, par exemple).

☛ **Défilé, Funérailles, Solennité.**

POM-POMS GIRLS

Les pom-poms girls sont des jeunes filles bénévoles ou payées par les clubs sportifs (football, basketball), qui présentent sur les stades, en musique, à l'aide de pompons aux couleurs du club, quelques évolutions avant la partie, pendant la mi-temps et à la fin.

Les pom-poms girls, s'inspirant des majorettes nées aux États-Unis entre les deux guerres (1933-1934), sont apparues en Europe après la Seconde Guerre mondiale, dans les milieux universitaires, à l'origine pour parodier leurs consœurs.

Le phénomène reste rare en France et n'a rien à voir avec son ampleur outre-Atlantique, où chaque université d'Amérique du Nord a sa fanfare et ses *cheerleaders* (mot anglais signifiant « conductrices d'applaudissements ») soigneusement choisies.

☛ **Majorettes, Sport.**

PONT

Voir Fériés (jours).

POT

Le « pot » est une réunion qui, comme l'« arrosage », couronne la situation nouvelle d'un ou de plusieurs individus : départ en retraite, soutenance d'une thèse, acquisition d'une voiture... Ce terme familier est maintenant courant : contrairement au cocktail, il implique une réunion peu formelle dans un café, chez soi ou sur les lieux de son travail.
Le terme vient de l'expression « offrir un pot », caractérisée par l'usage métonymique du contenant pour désigner le contenu, comme « boire un verre ».

☛ **Arrosage, Boissons, Buffet, Cocktail, Départ en retraite, Réception, Toast (porter un), Vin d'honneur.**

POTLATCH

Le potlatch, mot d'origine amérindienne (qui signifie « donner » en langue nootka) désignant un don de rivalité ou de provocation, sert à exprimer le principe de réciprocité du don, fondé, selon l'ethnologue Marcel Mauss († 1950), sur trois obligations : donner, recevoir, rendre.

Les chefs des tribus indiennes et les membres de la classe aristocratique défiaient un rival en lui offrant solennellement des richesses. Pour garder son rang et son prestige, le récipiendaire ne pouvait refuser et devait faire ultérieurement un contre-don au moins aussi important. Avec l'économie marchande et le déclin démographique des populations indiennes, le potlatch, phénomène à la fois social et religieux, cessa de fonctionner comme système de distribution des rôles sociaux entre les individus. Mais le mot, popularisé en France par Marcel Mauss, resta pour caractériser les comportements universels entre donateurs et récipiendaires.

☛ **Cadeau, Don.**

POURIM

La fête juive de Pourim (mot persan qui signifie « sorts »), dite aussi « fête des Sorts » ou « fête d'Esther », célèbre le souvenir de la courageuse Esther et de son oncle Mardochée au temps de la déportation à Babylone. Elle se déroule le 14 Adar (février-mars, mois porte-bonheur).

La fête de Pourim célèbre la fin d'un épisode qui aurait pu conduire à la disparition des Juifs de Perse et de Médie en 586 avant J.-C. Fidèle à sa religion, le juif Mardochée avait refusé de se prosterner devant Aman, le Premier ministre du roi perse Assuérus. Pour se venger, Aman avait décidé d'exterminer le peuple juif le 13 Adar, date fixée par le sort. Esther, jeune juive devenue reine de Perse, sauva sa communauté grâce à une émouvante supplique à son mari, le roi Assuérus. En effet, ce dernier déjoua le complot de son favori et Aman fut pendu avec ses fils et ses partisans.

Toujours bien vivante, la fête de Pourim est fondée sur l'inversion, phénomène carnavalesque fréquent avec l'avènement du printemps. Elle contribue à perpétuer les moments de « logique à l'envers » connus en Mésopotamie dès le début du deuxième millénaire avant J.-C., ainsi qu'à Rome au moment des saturnales.

◆ Après un jeûne la veille (peu observé), pour rappeler les trois jours d'abstinence qu'Esther avait imposés à sa communauté avant son intervention auprès d'Assuérus, on se rend à la synagogue le soir du 13 et le matin du 14 pour la lecture de la Meghilla (« rouleau d'Esther »), pendant laquelle les enfants agitent des crécelles chaque fois qu'est prononcé le nom d'Aman. Cette cérémonie est suivie par un repas joyeux (la Séouda), composé notamment de nombreuses pâtisseries, comme les « oreilles d'Aman » (beignets), et bien arrosé jusqu'à, dit-on, ne plus pouvoir discerner entre « Aman-le-Méchant » et « Mardochée-le-Juste ».

◆ Comme pour un carnaval, des mascarades sont organisées en ce jour de liesse : les enfants se déguisent (éventuellement en reine Esther, en roi Assuérus, en Mardochée...) et la joie s'exprime aussi par l'inversion des rôles dans les écoles entre élèves et enseignants.

☛ **Boissons, Carnaval, Déguisement, Desserts, Mardi gras, Mascarade, Roi.**

PRÉCEPTE (fêtes de)

Voir Obligation (fêtes d').

PRÉSÉANCE

La préséance, mot apparu au XVIe siècle (séance vient du latin sedere, *« être assis »), est le droit de précéder quelqu'un dans une hiérarchie protocolaire. Ce mot est souvent employé au pluriel pour désigner les règles en usage à respecter auprès de personnages importants.*

Le respect du protocole et du savoir-vivre, sciences délicates et complexes, est important dans les fêtes, tant lors des cérémonies officielles que lors des réceptions à domicile. Savoir remercier est également essentiel.

L'État et la préséance

• Lorsque les autorités et les membres des corps constitués assistent aux cérémonies publiques à Paris, ils prennent rang dans un ordre de préséance déterminé : en premier lieu, le président de la République, puis le Premier ministre, le président du Sénat, le président de l'Assemblée nationale, etc. Dans les cérémonies non prescrites par ordre du gouvernement, l'autorité organisatrice occupe le deuxième rang après le représentant de l'État.

☛ **Cérémonial, Cérémonie, Étiquette, Protocole, Table (plan de).**

PRÉSENTATION (fêtes de la)

Les fêtes de la Présentation, pour les chrétiens, sont au nombre de deux dans le calendrier : la fête de la Présentation du Seigneur au Temple de Jérusalem, le 2 février, communément appelée « Chandeleur », et celle de Marie, le 21 novembre.

La première commémore la présentation de l'Enfant Jésus au Temple de Jérusalem quarante jours après sa naissance, conformément à la Loi de Moïse qui le prescrivait pour tout garçon premier-né, épisode décrit dans l'Évangile de Luc. La seconde célèbre celle de Marie – ses parents la conduisirent au Temple quand elle avait trois ans –, rapportée dans l'Évangile apocryphe de Jacques qui date du milieu du IIe siècle. La consécration à la Vierge d'une basilique de Jérusalem près du Temple (Sainte-Marie-la-Neuve) le 20 novembre 543 explique le choix de la date.

Cette dernière fête, célébrée dès le VIe siècle en Orient, ne le fut en Occident que vers le milieu du XIVe siècle, grâce à un chevalier français, Philippe de Mézières.

☛ **Chandeleur, Mariales (fêtes).**

PRESSE

Voir Photographies.

PRINCIÈRES (fêtes)

Les fêtes princières, à la fois religieuses, aristocratiques et folkloriques, étaient des cérémonies spectaculaires suivies de réjouissances, offertes à ses sujets par un prince à l'occasion d'événements historiques ou dynastiques – couronnements, naissances, mariages, victoires, etc.–, ou à l'occasion d'entrées solennelles de monarques ou d'ambassadeurs dans une ville. Les jeux aristocratiques de plein air (tournois, joutes...) et les fêtes de cour (bals, mascarades, spectacles, festins...) en faisaient également partie. L'élégance et la beauté des fêtes princières les rendaient particulièrement remarquables.

Ces fêtes raffinées utilisaient volontiers dans leurs décors les scènes bibliques, l'allégorie et la mythologie : aux tableaux vivants s'ajoutaient des guirlandes de feuillages et des banderoles ornées de motifs héraldiques. La liesse s'exprimait dans les rues ou sur les places par des feux de joie et des fontaines de vin. Elles donnaient lieu également à des jeux populaires qui constituaient un spectacle par eux-mêmes, et, dans les jardins princiers, à des jeux d'eaux et de lumières. Ces derniers se développèrent grâce aux machineries italiennes, en particulier dans les splendides fêtes du surintendant des Finances Fouquet à Vaux-le-Vicomte le 17 août 1661, puis de Louis XIV à Versailles en 1664, 1668 et 1674.

Les fêtes princières avaient pour but d'exprimer la relation du prince avec son peuple, ainsi que d'affirmer l'unité du royaume en réunissant les diverses catégories sociales. La population participait à la joie, moins toutefois que lors des fêtes civiques de la Révolution française (« fête de la Fédération », par exemple), où elle intervenait dans le déroulement même des cérémonies, n'était-ce qu'en chantant en chœur.

◆ Avec d'autres fastes, le 14-Juillet remplit aujourd'hui cette fonction de célébration du lien entre le peuple français et ses gouvernants. Grâce aux médias, l'événement est répercuté dans le pays entier.

☛ **Entrée solennelle, Feu d'artifice, Feu de joie, Guirlandes, Jeux équestres, 14-Juillet, Solennité.**

PRISE D'ARMES

La prise d'armes, avec revue des troupes, est une cérémonie militaire à laquelle assistent souvent des autorités civiles : revue du 14-Juillet ou du 11-Novembre, par exemple. Au même titre que les honneurs militaires, hommages rendus officiellement par l'armée aux personnes ou symboles qui le méritent, elle fait partie du cérémonial militaire.

☛ **Armistice du 11 novembre 1918, Drapeau, Honneurs, 14-Juillet, Victoire (fête de la).**

PRIX (distribution des)

La distribution des prix, formule couramment abrégée en « prix », était une cérémonie solennelle à la fin de l'année scolaire qui permettait de récompenser les élèves de leurs mérites, succès, efforts, assiduité, ordre, discipline, etc., en leur remettant généralement des livres. En présence du maire, de personnalités locales et des parents, les élèves méritants allaient chercher leur prix à la proclamation de leur nom. Les séances de remise des prix étaient ponctuées d'intermèdes musicaux ou dansés, ainsi que de discours.

Le « lauréat » désigne celui qui mérite des « lauriers » par ses succès. Une couronne de laurier, arbre d'Apollon, distinguait les vainqueurs des jeux antiques ou des concours, et les poètes chantaient leurs exploits.

Les distributions des prix prirent leur essor au XVIIe siècle dans les collèges parisiens, parallèlement au développement de la discipline : les jésuites puis les frères des Écoles chrétiennes offraient des livres, symboles mêmes du savoir, aux bons élèves. Ce rite scolaire s'est développé au XIXe siècle dans toute la France, en même temps que l'école primaire laïque, gratuite et obligatoire de Jules Ferry (1881) : la dignité des cérémonies devait être à la hauteur de l'enjeu républicain de « l'école pour tous ». Ce véritable « couronnement » avait pour but d'encourager l'émulation entre les élèves, comme la remise d'autres récompenses au long de l'année scolaire (médailles, croix, bons points, images...).

Mais, jugée par certains comme allant à l'encontre du principe d'égalité, la distribution des prix a décliné dans la seconde moitié du XXe siècle.

◆ Malgré les opinions favorables qu'elle suscitait auprès de certains pédagogues, cette tradition a presque totalement disparu des écoles. La cérémonie des prix a laissé la place à la fête de l'école, uniquement récréative.

Les remises de diplômes

• Des remises de diplômes, très officielles, ont lieu dans certaines grandes écoles, à l'instar des universités anglaises et américaines. Pour les manifestations importantes et solennelles de l'Université française, les professeurs, seuls, revêtent la toge : pour la collation (action de conférer un titre à quelqu'un) des doctorats d'État ou pour la remise de doctorats *honoris causa*, par exemple.

☛ **Après-midi, Cérémonie, Décorations honorifiques, Discours, École (fête de l'), Réception, Récompense, Végétaux.**

PROCESSION

La procession (du latin procedere, *« avancer ») est la marche rituelle d'une assemblée accomplie pour des raisons religieuses : pour le pardon des péchés, pour la protection d'un territoire, etc. Ce cortège religieux, l'un des constituants quasi obligés des fêtes d'autrefois, suit un itinéraire souvent immuable plus ou moins long, en tournant plusieurs fois autour d'un sanctuaire. Ce « voyage cérémoniel », où se mêlent traditions religieuses et profanes, vise à circonscrire un territoire pour le protéger de l'emprise du mal.*

Dans l'Antiquité (à Babylone, en Grèce lors des panathénées, ou encore à Rome), on se livrait déjà à des déambulations, consistant à encercler un lieu sacré dans un sens précis, « le sens de la marche du Soleil », disait-on. Dans les premiers siècles du christianisme, le pape Grégoire le Grand († 604) organisa des processions dans Rome pour mettre fin à une épidémie de peste ; l'interruption du fléau valut au pape d'être tenu en grande vénération. Les processions vers un sanctuaire (chapelles rurales, par exemple) se font bien souvent sur des sites de très ancienne dévotion, comme en témoigne l'archéologie.

Au Moyen Âge, parallèlement au goût pour les tableaux vivants (jeux liturgiques, mystères), les processions incorporèrent des éléments démonstratifs, telle la présence de dragons aux rogations. Entachées de superstitions, elles engendraient parfois des désordres. Avec l'avènement de la Fête-Dieu au XIIIe siècle, les processions devinrent plus solennelles, remportant

un vif succès populaire. En réaction à la Réforme, elles se développèrent dès la fin du XVIe siècle et des efforts furent entrepris pour supprimer les pratiques superstitieuses.

La fonction purifiante était souvent plus importante aux yeux des fidèles que la fonction liturgique. Certaines des superstitions, bien implantées, subsistèrent jusqu'au milieu du XXe siècle : dans le Perche, par exemple, on pensait qu'il fallait contourner l'église par la droite, sous peine de voir bêtes et gens « mourir plus vite ». Autre exemple, si un saint était resté sourd aux supplications, on n'hésitait pas à le punir en trempant sa statue dans l'eau d'une fontaine.

Une organisation précise

• Le matériel des processions témoigne de leur ancienne solennité : croix, lanternes, bannières (pour distinguer paroisses ou confréries), etc. Châsses ouvragées et précieux reliquaires sont portés en litière, ainsi que les statues du saint patron et de la Vierge ornées de bijoux, de rubans, de dentelles, de fleurs et de verdure. Au bord de la mer s'ajoutent des maquettes de bateaux offertes en ex-voto.

• Comme pour les bannières et les bâtons des confréries, décorés de symboles religieux et d'écussons peints, le portage était honorifique et réservé aux plus robustes. Le terme de « bâtonnier », qui désigne l'avocat représentant de l'Ordre au sein d'un barreau, vient de là. Autrefois, la place tenue dans le cortège ou à l'église pouvait être source d'affrontements entre notables.

• Tous les âges et toutes les catégories sociales étaient représentés, selon une mystérieuse hiérarchie respectée de tous. Les sociétés de jeunesse, dont la création est due à des nécessités de défense collective, veillaient au bon déroulement des processions : l'aspect militaire est visible encore maintenant dans le port d'uniformes lors de certaines fêtes patronales ou Fêtes-Dieu (uniformes des pompiers ou des bravadeurs provençaux, par exemple). Les enfants des catéchismes marchaient devant, les fillettes jetant des pétales, ainsi que les Enfants de Marie voilées de blanc.

◆ Après un fléchissement entre la fin des années 1960 et les années 1990, on assiste au retour progressif des célébrations ostensibles des processions accompagnées de cortèges historiques.

◆ Dans certaines marches, symboles de progression tant physique que spirituelle, les pénitents et fidèles s'imposaient des mortifications : marcher pieds nus ou à genoux, par exemple, ce qui perdure lors de certaines processions de la semaine sainte. En Provence, un usage ancien voulait que l'on parte du pied droit.

Les processions des Limaces

• Dans plusieurs villages des Alpes-Maritimes, ainsi qu'à Osenbach (Haut-Rhin), à Cluis (Indre), à Méziré (Territoire de Belfort)..., des réjouissances ou des processions dites « aux Limaces », aux « Lumas » ou aux « Escargots » se sont maintenues d'avril à juin.

• Pendant la semaine sainte en Corse, la procession qui s'enroule et se déroule en spirale se dit « Granitola » (« escargot »). Le soir du vendredi saint, la procession des Limaces à Roquebrune (Alpes-Maritimes) est éclairée de centaines de coquilles d'escargots emplies d'huile que les habitants répartissent dans les rues décorées de verdure.

• Conjurer les fléaux par la prière et les processions était une pratique courante. Aux XVe et XVIe siècles, au moment de l'Ascension, il était répandu de traiter de « mauvais chrétiens » les insectes nuisibles (sauterelles, hannetons, chenilles, charançons, etc.), petits ravageurs des ceps, ainsi que les limaces. Le curé les maudissait à haute voix, mais le droit canonique jugea sévèrement ces coutumes, pour déviation ridicule de la pratique de l'exorcisme.

☛ **Bénédiction, Bravade, Confrérie, Corporative (fête), Exorcisme, Fête-Dieu, Itinéraire cérémoniel, Mer (fêtes de la), Ostensions limousines, Pardons bretons, Patronale (fête), Pèlerinage, Pénitents, Rogations, Semaine sainte, Tarasque, Vincent (Saint-), Votive (fête).**

PROFESSION DE FOI

La profession de foi (du latin profiteri, *« déclarer »), terme apparu en 1936 à la place de « communion solennelle », est une cérémonie catholique par laquelle l'enfant (garçon ou fille) de onze-douze ans, revêtu d'une aube, affirme sa foi et renouvelle officiellement les vœux de son baptême.*
Cette cérémonie, souvent considérée comme un rite de passage entre enfance et adolescence, occasionne ensuite une réception (repas ou buffet) et les invités – parrain, marraine, famille et amis proches – offrent un cadeau au communiant pour marquer la circonstance. L'enfant distribue quelques images souvenirs. La profession de foi n'est pas un sacrement comme la confirmation, ni une première communion.

À partir du IVe concile du Latran, en 1215, la première communion, faite autrefois par les catholiques juste après le baptême, fut repoussée à « l'âge de discrétion » entre douze et quatorze ans, à l'âge où beaucoup entraient dans la vie professionnelle. Au début du XVIIe siècle, en réaction à la Réforme qui supprimait tout faste, la cérémonie devint « communion solennelle ».

En 1910, elle se distingua de la première communion (ou « communion privée ») que le pape Pie X institua pour les enfants de sept et dix ans.

Jusqu'aux années 1950, les toilettes que portaient les filles qui faisaient leur communion solennelle étaient très élaborées : celles-ci étaient habillées en véritables petites mariées, alors que les garçons portaient un simple brassard blanc au bras gauche par-dessus leur costume. Comme les cierges, plus ou moins gros avant 1910, les « toilettes » étaient proportionnelles à la richesse de la famille. La journée était marquée par deux cérémonies à l'église : la messe de communion le matin, et les vêpres l'après-midi.

◆ Le repas familial se termine en général par une « pièce montée » coiffée d'une figurine représentant un communiant ou une communiante. La réception est plus modeste que celle de la Bar-Mitsva, cérémonie juive qui marque l'accession du jeune à l'âge de la majorité religieuse. Malgré tout, des listes de cadeaux peuvent être déposées dans les grands magasins où l'on parle encore de « communion ». Il s'agit souvent maintenant d'objets audiovisuels ou informatiques et les cadeaux d'autrefois, religieux ou non (missel, crucifix, chapelet, montre, stylo, appareil photo...), sont souvent offerts aujourd'hui pour la première communion.

☛ **Adolescents, Bar-mitsva, Cadeau, Communion (première), Confirmation, Desserts, Réception, Repas, Réunions de famille.**

PROFESSIONNELS DE LA FÊTE

Le secteur des professionnels de la fête s'est fortement développé dans les années 1990. Certaines agences d'événements ainsi que des sites Internet présentent des formules « clés en main » pour toutes sortes de réceptions ou de manifestations, des plus modestes aux plus grandioses (anniversaires, soirées à thèmes, réunions familiales, mariages, événements professionnels, galas...). Ces professionnels s'occupent de tout ce qui concerne l'organisation, la préparation, la décoration, l'animation, la restauration, la sécurité, le nettoyage... auprès de prestataires de services compétents qu'ils contactent eux-mêmes.

Quelques exemples d'offres des services de location :
– salons, châteaux, orangeries, musées, théâtres, stades, caves, chaumières, péniches...
– habits de cérémonie, jaquettes, aubes, déguisements, accessoires...
– sono, lumières, tentes, parquets, tables et chaises, vaisselle, plantes vertes...
– calèches, voitures décapotables, limousines...

☛ **Animateur, Événement, Mariage, Réception, Repas, Son et lumière.**

PROTOCOLE

Le protocole est un recueil de formules en usage pour les actes publics, ainsi que pour la correspondance officielle.
Le mot vient de l'ancien français protecole *(XIVe siècle), « minute d'un acte », du latin juridique* protocollum, *« feuille collée aux chartes ». Depuis 1859, ce mot désigne aussi un recueil de règles à observer en matière d'étiquette et de préséances, dans les cérémonies et les relations officielles. Il définit le cérémonial diplomatique et, par extension, les formes à respecter dans la vie en société.*

L'établissement de règles, plus ou moins élaborées et strictes, est inhérent à la vie en société ; il permet de normaliser les comportements et de prévenir les conflits. Ces règles une fois définies constituent en quelque sorte la tradition.

Le respect du protocole octroie aux manifestations publiques leur dignité et leur noblesse, en renforçant l'apparat qui les entoure. Il permet d'accorder à chacun le rang et les égards qui lui sont dus par sa fonction et non en raison d'affinités personnelles ou politiques.

☛ **Cérémonial, Cérémonie, Étiquette, Honneurs, Patriotiques (fêtes), Préséance, Prise d'armes, Table (plan de), Tapis rouge.**

Q

Q

QUASIMODO

Le dimanche de Quasimodo est le premier dimanche après Pâques. Dans le calendrier liturgique, ce dimanche qui « poursuit la joie de la Résurrection du Christ » est noté comme le « deuxième dimanche de Pâques ». Il tient son nom des premiers mots de la prière d'introduction de la messe du jour, l'introït : Quasimodo geniti infantes *(« comme des nouveau-nés »). Ce dimanche était également appelé « Pâques closes », « Petites Pâques » ou « Pâquettes ».*

L'octave de Pâques, la semaine *in albis* (« en blanc ») naquit à Rome au IVe siècle. Le dimanche de Quasimodo la clôture : les nouveaux baptisés enlevaient ce jour-là leurs vêtements blancs et prenaient place parmi le peuple. Pour cette raison, il était aussi appelé dimanche *in albis*.

- Le dimanche de Quasimodo entame la saison des fêtes patronales. On avait l'habitude ce jour-là, comme à Pâques, de servir des œufs au repas.
- Dans quelques localités bretonnes, après les vêpres de la Quasimodo, il était de tradition de « massacrer » sur la place du village la poterie au rebut : pichets cassés ou fêlés, jarres ébréchées, etc. On disait que c'était en souvenir des juifs qui renouvelaient leur vaisselle à Pessa'h. Un autre jeu breton consistait à casser l'un des huit ou dix pots de fleurs suspendus à un fil, remplis de divers objets ou animaux : mouchoir, porte-monnaie, farine, eau, pigeon… Les yeux bandés, le joueur tentait d'en abattre un et gardait le contenu, si possible. Ce jeu évoque celui de la *piñata* (de l'italien *pignata*, « marmite ») pratiqué encore maintenant par les petits Espagnols et Mexicains qui cassent des jarres emplies de bonbons lors de certaines fêtes (Noël, anniversaires…).

Le bris de poteries

- On retrouvait jadis le bris de poteries et de verreries dans le nombreuses régions de France, lors des mariages, en général à la fin du repas. Cette tradition carnavalesque de vacarme cérémoniel est encore bien vivante aujourd'hui en Italie, au moment de la nouvelle année, ainsi que lors des mariages.
- Encore au milieu du XXe siècle, le jeu de la pignata était connu à L'Escarène (Alpes-Maritimes) lorsque les mariés sortaient de la mairie, de l'église, sur le parcours du cortège, ainsi qu'à la fin du repas : on cassait aux pieds de l'épouse un vase de Vallauris contenant des fleurs blanches.

☛ **Carnaval, Lundi de Pâques et lundi de Pentecôte, Mariage, Œuf, Pâques, Pessa'h, Vacarme cérémoniel.**

QUATRE-TEMPS

Les « Quatre-Temps », périodes liturgiques mobiles qui marquaient les quatre saisons de l'année, étaient les mercredi, vendredi et samedi qui suivaient respectivement :
– le mercredi des Cendres à l'approche du printemps ;
– le dimanche de la Pentecôte avant l'été ;
– l'Exaltation de la Sainte-Croix, le 14 septembre, avant l'automne ;
– la Sainte-Luce, le 13 décembre, avant l'hiver.
Jusqu'au lendemain de la Seconde Guerre mondiale, lors de ces jours de jeûne, on priait à l'église pour les fruits de la terre et les travaux des hommes, comme aux rogations. Les plus connus des Quatre-Temps, proches de la fête juive de Soukkôth, étaient ceux d'automne.

L'organisation liturgique de la semaine, fixée dès le Ier siècle, préconisait le mercredi et le vendredi comme jours de jeûne, auxquels la papauté ajouta le samedi. De ces trois jours, seul le vendredi allait subsister après le Xe siècle, mais les Quatre-Temps témoignèrent longtemps de cette ancienne tradition. L'institution des Quatre-Temps, ignorée des Églises d'Orient, semble remonter à la fin du IVe siècle. Elle était liée aux pratiques agraires des trois débuts de saisons, les « trois temps », déjà présents dans l'Antiquité romaine : moisson (été), vendange (automne) et cueillette des olives (hiver). S'ajouta ensuite la célébration du début du printemps, afin de conserver le souvenir de mars, premier mois de l'année.

La célébration des Quatre-Temps s'établit progressivement dans tout l'Occident, parallèlement à la diffusion de la liturgie romaine. Toutefois, quand, à partir du XVIe siècle, les missionnaires partirent évangéliser les populations sur d'autres continents, le caractère saisonnier des Quatre-Temps, qui ne correspondaient qu'à l'hémisphère Nord, entraîna leur disparition, confirmée en 1970, après le concile de Vatican II.

☛ **Calendrier, Mercredi des Cendres, Pentecôte, Rogations, Sainte-Croix, Soukkôth.**

QUAT'Z ARTS (Bal des)

Le Bal des quat'z arts était le bal annuel des étudiants de l'École des beaux-arts de Paris, où l'on enseignait quatre arts : la peinture, la sculpture, l'architecture et la gravure.

Ce bal fut créé en 1892 par le peintre Henri Guillaume à l'Élysée-Montmartre. Les suivants eurent lieu au Moulin-Rouge. En 1893, les chars aux présentations osées avec des nus aux poses académiques firent scandale et, les années suivantes, les nus durent se voiler. Cette manifestation gaie et libertine subsista pendant plus de soixante ans.

◆ La fanfare des Beaux-Arts est encore célèbre aujourd'hui.

☛ **Bal, Danse, Étudiants, Fanfare, Farces, Jeunesse (sociétés de), Monôme, Point Gamma, Tonus et bal de l'Internat.**

QUÊTES CÉRÉMONIELLES

Voir Tournées cérémonielles.

QUILLE

La « quille » désignait, en argot militaire, la fin du service pour les appelés et la date attendue de libération de la classe. L'objet, de facture souvent industrielle, est devenu le symbole d'un rite de séparation. Par analogie, le mot désigne également la sortie de prison.

L'origine de cette appellation est incertaine. Le navire qui ramenait les forçats de Cayenne s'appelait *La Quille*, mais il tenait peut-être lui-même son nom de l'expression « prendre les quilles (jambes) à son cou ».

La quille, qui « pousse » ou « perce » à mesure que l'heure de la sortie approche, marque la fin du compte à rebours. Ce symbole viril correspond au monde masculin sans contact avec l'extérieur que représentait le passage à la caserne.

☛ **Conscrit, Père Cent.**

QUINTAINE

La quintaine, ou « course à la quintaine », désigne un jeu d'adresse équestre répandu dans toute l'Europe, donné à l'occasion d'une fête (printanière en général). Les cavaliers, lancés au galop, essaient de frapper une cible avec une massue. Un autre exercice, qui se nomme alors « jeu de bagues », consiste à décrocher avec une lance des anneaux suspendus à un mât.

« Quintaine » vient de *quintana*, féminin de *quintanus*, « du cinquième rang », en référence à l'espace libre réservé aux exercices militaires entre le cinquième et le sixième manipule de la cohorte (partie de la légion romaine). La quintaine a d'abord désigné le parcours, puis le but à atteindre. Le mot désignant le mannequin servant à entraîner les jeunes chevaliers aux tournois serait lui-même

à l'origine de celui de « tintaine », partie de la barque portant le jouteur sur la côte méditerranéenne.

La quintaine et le « jeu de bagues », qui désignaient au départ des exercices guerriers réservés à la noblesse, se sont popularisés en devenant des redevances féodales. Le jeu consistait à abattre un mannequin armé d'un gourdin ou d'un balai qui pivotait sur un axe : si le jouteur (ou cavalier) ne frappait pas juste au milieu, il recevait immédiatement un coup de gourdin administré par la cible manquée. À Amiens, on nommait ce jeu « course du Faquin », d'après le nom donné à la figurine. Cette cible pouvait être un simple bouclier. Ce jeu équestre essentiellement urbain et décliné lors des fêtes princières continue de distinguer les différents quartiers des villes, en Italie par exemple. Il était réservé aux jeunes gens célibataires et, parfois, aux nouveaux mariés. L'Église s'est opposée à ces jeux brutaux, qualifiés d'« exécrables et maudits », qui, comme les tournois, pouvaient être dangereux, ce qui valut leur abandon progressif. Par ailleurs, associées aux fêtes religieuses, de nombreuses quintaines furent supprimées à la Révolution.

◆ Comme les rustiques courses équestres, ces jeux se développaient au printemps pour encourager la végétation par le piétinement du sol. Quand elles sont maintenues, les quintaines d'Europe ont lieu plutôt en été, pour des raisons touristiques.

Deux quintaines célèbres

- Saint-Léonard-de-Noblat (Haute-Vienne) organise une fête de la Quintaine, à l'occasion de la fête patronale un dimanche de novembre (en l'honneur de saint Léonard, ermite franc du Ve siècle, fêté le 6 novembre), patron des prisonniers pour avoir protégé des déserteurs. Il est également vénéré comme protecteur des chevaux, particulièrement en Bavière et en Autriche. Une confrérie de chevaliers se forma en Limousin au XIe siècle pour honorer ses reliques. Après une longue interruption, la quintaine a été restaurée en 1890.

• Les confrères, après un grand repas, se rendent à la fête en gardant leur serviette en sautoir, afin de rappeler le temps où ils assistaient à la quintaine entre deux plats. Les cavaliers lancés au galop doivent abattre avec leur « quilloux » la maquette d'un donjon évoquant une prison.

• À Champagné (Sarthe), une quintaine – attestée au XVIIe siècle mais certainement plus ancienne – a lieu le jour des Rameaux, lors de la fête des Lances. Le matin, la lecture à la messe de l'Évangile de la Passion donne lieu à un mystère représentant la trahison de Judas. Les lanciers en uniforme, dirigés par leur capitaine, quittent l'église et vont au cimetière armés de leur lance, en précédant Judas qui porte une bourse au bout d'un bâton pour y mettre ses trente deniers, prix de la trahison. Ils raccompagnent à l'église la croix du Christ portée sur un brancard et la messe reprend. L'après-midi, les cavaliers essaient de rompre leur lance en la frappant contre un poteau ; un bouquet remis par la reine du village récompense le vainqueur.

☛ **Jeunesse (sociétés de), Jeux équestres, Joutes, Lundi de Pâques et lundi de Pentecôte, Rameaux.**

R

RACHAT DU PREMIER-NÉ

Voir Pidyon Haben.

RALLYE

Un rallye (de l'anglais to rally, *« rassembler ») est la réunion d'un groupe de jeunes adolescents qui partagent ensemble certains temps de loisirs, particulièrement les soirées dansantes, et apprennent la vie en société.*

Le rallye est comparable à ce qu'était, au XIXe siècle, la formule de « bal prié ». Les premiers rallyes eurent lieu à Paris dans les années 1920.

- Organisés par les mères de famille pour leurs enfants, les rallyes réunissent des personnes du même milieu : les contrôles à l'entrée sont parmi les plus stricts des soirées mondaines. La formule est élitiste, puisqu'elle est fondée sur la sélection de ses membres, mais se regrouper entre gens d'un même monde est le propre du bal.
- Les tenues vestimentaires sont raffinées et les soirées ont souvent lieu dans des lieux prestigieux des grandes villes.

☛ **Bal, Danse, Réception, Tenues vestimentaires.**

RAMADAN

Le mois lunaire de Ramadan est, dans le calendrier musulman, le neuvième de l'année, qui en compte douze. Littéralement « mois de la chaleur de l'été », ce mois peut tomber à n'importe quelle saison, en raison du décalage entre l'année lunaire de 354 jours et l'année solaire de 365,25 jours. Du lever au coucher du soleil, chaque jour du mois de Ramadan est marqué par le jeûne, la pénitence et l'aumône : son observance, l'un des Cinq Piliers de l'islam, est rigoureusement respectée, bouleversant la vie sociale de tout musulman.

Si chacun continue de travailler comme d'habitude, il doit s'abstenir de manger, boire et fumer dans la journée, ainsi que d'avoir des relations intimes et se parfumer jusqu'à ce que l'obscurité du soir ne permette plus de « distinguer un fil blanc d'un fil noir ». En revanche, les nuits sont gaies, avec des repas qui réunissent les familles et avec des visites d'amis. Le point d'orgue du mois du Ramadan est la très fervente Nuit du Destin (Laylat-al-Qadr), entre le 26 et le 27, marquée de prières solennelles : on dit que la prière y a plus de valeur que mille mois de supplications. Ce mois se termine par la joyeuse fête de la Rupture du Jeûne (Aïd-el-Fitr), le 1er du mois de Shawwal, appelée aussi « Petite Fête » (Aïd-al-Saghir), où l'on déguste des douceurs lors de grandes réunions familiales.

Le mois de Ramadan est le mois où l'on vénère la révélation du Coran au prophète Mahomet : les premières révélations ont eu lieu douze ou treize ans avant 622, année de l'Hégire – son départ de La Mecque – que l'on célèbre le 1er-Moharram (Nouvel An musulman). Cette commémoration est analogue à la fête juive de Shavouôth (Pentecôte), où l'on célèbre depuis 140 après J.-C. le Don de la Thora (la Loi) à Moïse, sur le Sinaï.

- Le jeûne, considéré par les musulmans comme une « guerre sainte » contre les tentations, permet d'augmenter la foi : c'est à la fois signe de l'obéissance à Dieu et de la maîtrise de soi pour Dieu.

☛ **Aïd-el-Fitr ou Aïd-al-Saghir, Calendrier, 1er-Moharram, Piliers (Cinq), Shavouôth.**

RAMEAUX

Le dimanche des Rameaux est une fête chrétienne, une semaine avant Pâques, au cours de laquelle l'Église commémore l'entrée triomphale du Christ monté sur un âne à Jérusalem, peu avant sa Passion et sa mort sur la Croix. Comme les héros d'alors (militaires, savants, sportifs), le Christ avait été acclamé par les « Hosanna ! » de la foule qui agitait des palmes, branchages toujours verts, symboles de gloire et d'immortalité.

En souvenir de cette journée, les chrétiens emportent à l'église, selon la région, des bouquets de buis, de laurier, de houx, de palmes ou d'olivier..., pour les faire bénir. De retour chez eux, ils en mettent un brin auprès des images pieuses, parfois même dans les étables. Dans certaines régions (Limousin, Alsace), les enfants portent fièrement leurs « palmes », ou rameaux, qui sont de véritables arbustes décorés de fleurs en papier, de friandises et de rubans. Le dimanche des Rameaux était autrefois appelé « Pâques fleuries » ou « dimanche ozannier » (de l'exclamation hébraïque « Hosanna ! »).
En Alsace, les adolescents protestants de treize à quatorze ans sont confirmés dans leur foi le dimanche des Rameaux.

Dès le IVe siècle à Jérusalem, une procession allant du mont des Oliviers au Saint-Sépulcre commémorait l'entrée du Christ dans la ville. À Rome, au VIe siècle, ce dimanche qui fait entrer dans la semaine sainte était dit « de la Passion » en raison de l'évangile du jour qui décrit la crucifixion du Christ le vendredi saint.

Au IXe siècle, l'usage d'emporter des branchages à l'église se répandit en Occident, selon les coutumes connues en Gaule et en Espagne aux VIIe et VIIIe siècles. Pour l'Église, la fête a gardé la double appellation « des Rameaux et de la Passion ».

- De même que l'œuf, promesse de fécondité et de prospérité, l'emploi de la verdure est lié au printemps. Des végétaux chargés d'efficacité religieuse figuraient déjà dans l'antique Rome où, chaque 1er mars, dans un but de purification, on remplaçait les lauriers suspendus dans la curie et chez certains flamines (prêtres attachés au service d'une divinité).
- À partir de ce jour-là, la verdure pouvait être avalée. Sa consommation, connue lors du Seder, repas de Pessa'h, la Pâque juive, où l'on sert les herbes amères, subsiste en Alsace : on mange encore maintenant des épinards le jeudi saint, appelé jadis « jeudi vert ». Aux Rameaux, en Provence, on servait autrefois la « baiano » (sorte de soupe) de pois chiches, et en Hongrie, les jeunes filles avalaient des chatons de saule, jusqu'à neuf à la fois pour « éviter certaines fièvres ».
- Symboles d'immortalité, les rameaux étaient également déposés sur les tombes ou sur les croix des carrefours. Pour de nombreuses familles, ce jour était l'occasion d'aller à la messe puis au cimetière, comme à la Toussaint. Dans les pays rhénans, la procession s'accompagnait de la sortie d'une statue du Christ grandeur nature montée sur un âne à roulettes (le « palmesel ») – au Moyen Âge, c'était un âne vivant. Cette pratique spectaculaire, condamnée par la Réforme au XVIe siècle, fut remise à l'honneur en Alsace au XVIIIe siècle, jusqu'à la Révolution. Aujourd'hui, un seul village alsacien perpétue cette tradition : Ammerschwihr (Haut-Rhin).

☛ **Âne, Arbre, Baguettes, Pâques, Pessa'h, Seder, Semaine sainte, Soukkôth, Toussaint, Végétaux.**

RAS-AL-AM

Voir 1er-Moharram.

RAVE-PARTY

Une rave-party (de l'anglais to rave, *« délirer »), ou « rave », est une sorte de réunion dansante populaire semi-clandestine où plusieurs milliers de personnes (les « ravers ») célèbrent la « culture techno » toute la nuit dans un lieu désert : champ, forêt, usine désaffectée... Dans ces « soirées-délire » organisées souvent en secret, la danse sur musique techno se combine à la consommation d'alcool et de drogue (cannabis, LSD, ecstasy...) pour accentuer l'effet de « voyage » : transe et empathie collective, faculté de s'identifier à autrui, perception bouleversée du temps et de l'espace, conscience kinesthésique et sensuelle du corps...*
Le rave, au masculin, désigne le mouvement « rave » qui, parallèle aux systèmes établis, veut transgresser l'ordre social.

Les rave-parties sont nées du refus de nombreux jeunes gens de suivre à la fois le modèle conformiste de leurs parents et celui des groupes violents qui se sont multipliés dans les années 1980 (hooligans, skinheads, gangs de rue...). La naissance des raves est liée à l'apparition de l'ecstasy et à l'élaboration d'une nouvelle forme de musique, symbole de marginalité, dans des clubs à Manchester en Grande-Bretagne vers 1985. Raves payantes autorisées ou « free-parties » gratuites se justifient par la danse et le dépassement de soi, physique et psychique. À la suite de plusieurs incidents graves (overdoses, bagarres...), elles furent placées par la police sous haute surveillance. Ce contrôle forcé, allant à l'encontre de la philosophie des ravers, poussa ces derniers à se réunir dans la clandestinité. La musique techno, consistant à modifier et

reprendre indéfiniment des morceaux déjà existants, échappait elle-même aux droits d'auteur.

À Paris, les raves sont apparues en 1990 sur des péniches, puis au fort de Champigny et au Collège arménien d'Aubervilliers (Seine-Saint-Denis).

- Les raves se déroulent dans des temps et des lieux toujours réinventés, connus peu de jours à l'avance par le bouche à oreille : cela correspond à un certain état d'esprit (libéré de toutes contraintes, on se veut aussi libre de son expression corporelle). Elles se caractérisent aussi par un volume sonore surdosé, qui favorise l'altération de la conscience, le « voyage ». La danse elle-même, facteur d'individuation, traduit la déviance des identités : les ravers adoptent toutes les chorégraphies voulues et chacun, accepté avec ses différences, peut être ce qu'il veut.
- Le rave est un mouvement international qui a son propre réseau de communication rapide (pour l'échange de DJ, par exemple).

☛ **Bal, Danse, DJ, Musique (fête de la), Techno Parade.**

RÉCEPTION

La réception (du latin recipere, *« recevoir ») est l'action de recevoir des amis chez soi. Ce terme désigne plus spécialement une réunion mondaine, plutôt officielle, organisée chez quelqu'un ou dans une « salle de réception » réservée à cet effet, quels qu'en soient le type (bal d'apparat, soirée, cocktail, dîner...) et le nombre d'invités. Ce mot implique une certaine élégance, tant dans les tenues vestimentaires que dans la composition des menus et dans la décoration.*

La réception peut aussi désigner la cérémonie qui consacre l'admission d'une personne dans un corps, cercle, club, etc.

Jusqu'au début du XXe siècle, la femme du monde avait son jour de réception. En l'occurrence, cela avait lieu dans son salon l'après-midi, autour d'un goûter.

Les soirées

- Les soirées (qui sont plutôt des « nuits ») peuvent débuter tard, vers 23 heures. La formule des soirées à thème a toujours beaucoup de succès : « Soirée chic, Détail choc », « Noir et Blanc », « Chapeau-Chaussettes », « Fables de La Fontaine », « Les Grands Personnages »... Certaines soirées peuvent être improvisées ou se dérouler à l'insu de la personne pour qui la soirée a été organisée (l'anniversaire surprise est une formule fréquente).

☛ **Anniversaire, Bal, Boum, Buffet, Cérémonie, Cocktail, Danse, Déguisement, Dîner, Dix-huit ans, Professionnels de la fête, Repas, Salle, Surprise-partie.**

RÉCOMPENSE

Une récompense (du bas latin recompensare, *« dédommager », « gratifier ») est un bien matériel ou moral remis à une personne pour la remercier de son mérite, d'une bonne action ou d'un service rendu. La remise de récompenses, plus ou moins officielle, occasionne souvent une cérémonie.*

Les récompenses sont diverses (médailles, oscars, coupes, trophées, chèques, livres...) et sont attribuées dans des domaines variés (artistique, sportif, militaire, du travail...).

Les plus hautes récompenses sont les décorations remises sous forme de médailles pour services rendus à la patrie (Légion d'honneur). Les plus médiatiques sont les oscars, césars, molières, septs d'or... remis sous forme de sculptures aux personnalités du monde du spectacle « nominées » pour s'être distinguées au cours de l'année écoulée, ou au cours d'un festival. La récompense est alors

attribuée par un jury lors de la cérémonie de clôture. Dans les domaines artistiques et culturels, sans déprécier pour autant la valeur des lauréats, les récompenses sont en général très prisées pour des raisons commerciales.

Certaines récompenses couronnent des épreuves sportives très suivies : Coupe du monde de football, coupe Davis (tennis), coupe de l'America (voile), etc.

Oscars, césars, molières et palmes d'or

• La cérémonie des Oscars est née en 1927 à Hollywood. La récompense, décernée par l'Académie des arts et sciences du cinéma, est une statuette dorée. Un oscar est devenu par analogie une récompense en général, qui peut donc concerner d'autres domaines, comme la publicité.

• Les césars, version française des oscars américains, furent décernés la première fois le 3 avril 1976 au Palais des Congrès à Paris, par l'Académie des arts et techniques du cinéma, où figurent tous les professionnels qualifiés. La récompense est une sculpture réalisée dans un moule du sculpteur César († 1998).

• Les molières, matérialisés par un trophée en bronze doré (reproduction du célèbre buste de Molière par Jean-Antoine Houdon), sont décernés chaque année par l'Association professionnelle et artistique du théâtre au cours d'une cérémonie télévisée en direct. Ils récompensent les créations et les performances les plus remarquables d'une saison théâtrale. La cérémonie des Molières eut lieu pour la première fois en 1986 au Théâtre des Champs-Élysées.

• La palme d'or, attribuée pour la première fois en 1955 au Festival de Cannes, évoque les armoiries de la ville. Auparavant – le festival fut créé en septembre 1946 –, on distribuait des « grands prix », accompagnés d'œuvres d'art.

☛ **Cérémonie, Décorations honorifiques, Distinction, Festival, Nomination, Ouverture (cérémonie d'), Prix (distribution des), Sport.**

REINE

La « reine » d'une association locale, d'une ville ou d'une région est une jeune lauréate élue pour ses qualités plastiques et morales, comme la miss ou la rosière. Le rôle de la reine et de ses dauphines est de paraître lors des fêtes locales.

Les élections de reines (du « Muguet », du « Commerce », par exemple) se sont multipliées à partir du XIXe siècle, parallèlement à celles des rosières et des catherinettes. Le principe était en réalité très ancien et, comme les vestales de la Rome antique, la reine ou la rosière symbolisait toute la société féminine sans distinction sociale.

D'autres reines villageoises

• La « reine » était la jeune fille qui avait la charge de la société de jeunesse féminine. Selon les régions, elle s'appelait également « maresse », « abbesse » ou « bachelière »..., de même que le chef de la jeunesse masculine était « roi », « mare », « abbé » ou « bachelier ». Contrairement au roi, la reine avait souvent un rôle simplement « décoratif ».

• Le reinage était encore connu au XXe siècle dans certaines régions (Auvergne, Limousin, Rouergue...). L'attribution pour un an des charges de « roi », « reine », « dauphin », « dauphine », « contre-roi », « contre-reine »... faisait l'objet de concours et pouvait aussi dépendre d'une vente aux enchères ou d'une nomination par le curé, à l'occasion souvent de la fête patronale. Pour cet événement, les fusiliers tiraient en l'air des salves de fusil et certains duels rituels pouvaient être violents. Une procession religieuse caractérisait cette élection, à laquelle s'est ajouté un défilé historique, comme à Estaing (Aveyron) pour la Saint-Fleuret, le premier dimanche de juillet.

• Par ailleurs, la « reine de mai » (« belle de mai », en Provence), fillette couronnée et voilée comme une mariée, était une gracieuse personnification du mois et du printemps. Encore connues dans certains villages de l'est de la France, les reines de Mai et les « feuillus » de la Pentecôte sont proches de l'image vivante de l'homme sauvage qui symbolise l'esprit de la végétation.

Comme lors de l'élection de la miss, le choix de la reine et de ses dauphines est fondé sur des critères esthétiques plutôt que sur des critères d'honorabilité, au contraire de l'élection de la rosière. Toutefois, ces derniers n'ont pas totalement disparu.

☛ **Belle de mai, Catherine (Sainte-), Concours, Dauphine, Jeunesse (sociétés de), 1er-Mai, Mariales (fêtes), Miss, Muguet, Pentecôte, Roi, Rosière, Tournées cérémonielles.**

RELEVAILLES

Les relevailles, répandues en France jusqu'à l'avènement du XXe siècle, étaient une bénédiction donnée par le curé aux jeunes mères quand elles sortaient pour la première fois de chez elles. Accompagnée de la sage-femme ou d'une voisine, la femme se présentait agenouillée à la porte de l'église ou à l'autel, avec un cierge allumé et, parfois, un gâteau ou un pain. En la bénissant, le prêtre récitait les prières rituelles. C'était alors seulement que la jeune mère pouvait rendre les visites reçues et reprendre les travaux des champs.

Selon la Loi de Moïse, la femme restait impure quarante jours après la naissance d'un garçon et quatre-vingts jours après celle d'une fille. Avec le christianisme, les relevailles se poursuivirent en raison de la purification de la Vierge Marie qui s'était présentée au Temple le jour de la Chandeleur. Au Moyen Âge, la cérémonie occasionnait dans les milieux nobles et bourgeois des réjouissances familiales. Progressivement, il ne fut plus question de « purification » : la bénédiction devint une simple action de grâces pour l'heureuse délivrance et la bienvenue du nouveau-né.

☛ **Baptême, Chandeleur, Mariales (fêtes).**

REPAS

Le repas est, lors de toute fête, un moment essentiel et sacré qui réunit les convives autour de mets que l'on partage avec d'autres. La table a une importante fonction sociale et permet d'établir des rapports directs par la nourriture, donnant aux convives l'occasion de renouveler et de renforcer le sentiment d'intégration au groupe. Certains repas, comme les réveillons ou les repas de noces, relèvent du gaspillage cérémoniel : « manger, manger beaucoup ne relève pas de l'hédonisme : c'est un rite », comme le souligne l'ethnologue Claude Gaignebet à propos du carnaval, car l'abondance est prometteuse. La préparation aussi est souvent un moment festif.

Le repas est un rite au centre de la pratique religieuse en Occident : sacrifices antiques, jeûne, Seder juif, eucharistie qui commémore la Cène, repas du jeudi saint pris par le Christ et ses douze apôtres... Il reste entouré d'un respect proche du sacré, comme le pain, aliment qui tient une place centrale dans le quotidien des Français, longtemps assimilé à la récompense d'un dur labeur (« gagner son pain »). Le plaisir de manger n'était cependant pas oublié. Mais la gastronomie restait la marque et le privilège de ceux que la fortune favorisait. Les repas fraternels et républicains, autrefois réservés aux notables, se sont multipliés à partir de la Révolution et leur caractère populaire s'est accentué, conduisant aux banquets du 14-Juillet. D'autre part, les grands travaux de la ferme se terminaient par un repas pour fêter l'abondance, et celui de la Saint-Martin, « repas d'action de grâces » à la mi-novembre, couronnait, autour d'une oie, la fin de l'année agricole.

◆ Simples dîners entre familiers (amis, parents...), repas ponctués de chansons, banquets de la fin des vendanges ou de la fête du Cochon, agapes et festins connaissent de nombreuses variantes, tant par le nombre des convives que par celui des mets servis, aux recettes plus ou moins élaborées.

☛ **Abondance (fêtes d'), Agapes, Banquet, Buffet, Cochon (fête du), Convivialité, Dîner, Gaspillage cérémoniel, Gastronomie, Jeudi saint, Mariage, Martin (Saint-), Méchoui et barbecue, Mets cérémoniels, Pain bénit, Réveillon, Seder, Table (plan de), Vendanges (fête des).**

RETRAITE

Voir Départ en retraite.

RÉUNIONS DE FAMILLE

Les réunions de famille jouent un rôle primordial dans la vie de chacun. Les parents, grands-parents, parrain et marraine, etc., accompagnent les étapes qui marquent la vie de tout individu du berceau à la tombe (naissance, anniversaires, mariage...), en présence du groupe familial restreint ou élargi. Certaines fêtes de l'année rassemblent également les familles comme Noël, Pâques ou la Toussaint : autant que les copieux repas, la chaleur des retrouvailles conjure les moments tristes ou froids.

Outre l'identité familiale, l'appartenance à la communauté villageoise était très forte autrefois. L'individu avait ainsi un double repère pour se situer socialement.

- Les rituels de famille (repas conviviaux, remises de cadeaux, photos...) sont souvent accompagnés de récits nostalgiques de l'enfance et de fous rires, voire de disputes : on est « entre soi ».
- Les bouleversements des années 1970 (banalisation du divorce, union libre...), ainsi que l'émancipation des femmes et des adolescents n'ont pas entraîné le rejet de la vie familiale. La famille reste un refuge sûr, en dépit des éclatements et des recompositions. Parallèlement, les recherches des racines familiales se développent et les meetings généalogiques sont de plus en plus fréquents.

☛ Anniversaire, Mariage, Parrain et marraine.

RÉVEILLÉES

Les réveillées (appelées parfois « réveillons ») étaient des tournées cérémonielles nocturnes qui avaient lieu au moment de Pâques dans certaines provinces de France (Picardie, Champagne, Bourgogne, Auvergne, Touraine...). Les réveilleurs, jeunes gens qui cachaient leur identité derrière leurs déguisements, passaient de porte en porte chanter des refrains qui commençaient souvent par « Réveillez-vous, gens qui dormez / Priez Dieu pour les trépassés... ». Le produit de leurs quêtes, essentiellement alimentaire (œufs, lard, saucisses), servait à un festin ultérieur. Selon le principe du vacarme cérémoniel, ces tournées étaient de bon augure.
Les réveillées ont également désigné des couplets chantés la nuit au mois de mai.

Le drame de la Passion et les tournées de crécelles, « contre-cloches » que les enfants agitaient dans les rues entre le jeudi saint et la veillée pascale, ont suggéré l'adaptation populaire du triste *Chant des trépassés*. Ces tournées reproduisaient sans doute un usage ancien. Les réveillées évoquent le « réveil » de la nature et la vitalité du printemps, mais ces tournées nocturnes ne se limitaient pas au temps pascal : d'autres avaient lieu pendant le carnaval ou durant la nuit du 1er mai.

- En Bretagne, une tournée de ce type passait la veille de la Toussaint vers neuf heures du soir, ou, parfois, le soir du 1er novembre. Des hommes de la paroisse chantaient de porte en porte la *Complainte des âmes* : « C'est Jésus qui nous a envoyés vous réveiller, si vous êtes endormis... », tandis que d'autres sonnaient le glas toutes les heures. Cette lugubre procession se terminait au petit jour.
- En Picardie, ces tournées, encore connues à la fin du XIXe siècle, se répétaient tous les soirs de la semaine sainte, et leur passage de ferme en ferme reculait d'une heure chaque jour : le vendredi saint, les quêteurs passaient vers deux heures du matin, et le dimanche de Pâques, ils venaient à quatre heures en chantant joyeusement « Notre Seigneur est ressuscité... ».

- En Auvergne, d'autres quêtes, permettant aux enfants de récolter des bonbons un soir au moment de Noël, portent le nom de « réveillées ». Encore maintenant, au moment de Pâques, des jeunes gens et des jeunes filles déguisés passent de porte en porte pendant la nuit chanter la longue complainte de la Passion, dans le but de récolter des victuailles. Ce mélange des sexes est récent (années 1970) car, dans les réveillées d'autrefois, les garçons n'auraient jamais accepté de filles dans leur groupe.

☛ Cloches, Pâques, Semaine sainte, Sérénade, Tournées cérémonielles, Vacarme cérémoniel.

Le Menuet, ou *Scène de carnaval*, détail, Giovan Domenico Tiepolo, XVIIIe siècle.

Allégorie du goût, détail, Jan I Bruegel, XVIIe siècle.

RÉVEILLON

Le réveillon désigne un copieux repas, au nombre de plats parfois symbolique, que l'on fait le soir du 24 décembre, veille de Noël, ou le soir de la Saint-Sylvestre, veille du Nouvel An. La table de Noël réunit les familles, alors que le réveillon de la Saint-Sylvestre rassemble des amis. Le grand repas cérémoniel de Noël peut avoir lieu dans la journée du 25. Dans ce cas, il ne se nomme pas « réveillon ».
Depuis le XVIe siècle, le réveillon signifiait un petit repas qu'on faisait la nuit, en compagnie. Le mot, dans son sens de repas de la nuit de Noël, remonte au XVIIIe siècle. L'étymologie du mot est discutée : s'il fait « veiller », il pourrait venir du latin rebellare, *« se livrer à de vifs ébats ».*

L'habitude de longs repas en cette période de fin d'année est ancienne : dans la Rome antique, les saturnales, autour du 17 décembre, puis les calendes de janvier occasionnaient de grands repas de famille qui rassemblaient maîtres et esclaves. Plus les mets étaient nombreux, plus l'année promettait d'être abondante. Saint Éloi au VIIe siècle dénonçait l'usage déshonnête de « tenir table ouverte la nuit », ce qui confirme l'habitude des repas nocturnes à cette époque.

Autrefois, le réveillon pouvait se résumer à une simple collation : crêpes, gaufres, châtaignes rôties, soupe au fromage, par exemple. Jusqu'au début du XXe siècle, il fallait laisser une place à table ou une part pour les défunts qui se restauraient pendant la messe de minuit et pour les pauvres de passage. Ces derniers sont encore accueillis aujourd'hui dans certaines familles provençales.

Les animaux à l'étable ou à l'écurie avaient aussi droit à une double ration de foin dans le nord et l'est de la France.

Ce repas nocturne avait lieu avant ou après la messe de minuit suivant les régions et les familles. Il était maigre (soupes, poissons) avant la messe, et gras ensuite (volailles, porc, desserts…).

- Les plats traditionnels, souvent luxueux, varient localement. En Alsace, on doit y trouver des éléments de l'eau, de l'air et de la terre. Aujourd'hui, les copieux réveillons tendent à s'uniformiser : huîtres, foie gras, dinde, truffes, boudins blancs ou jambons persillés (en Bourgogne), bûche glacée… Comme lors de toute grande fête, on dépense sans compter : c'est le gaspillage cérémoniel.
- En Provence, le « gros souper » est un repas maigre que l'on prend sur une table recouverte de trois nappes (trois, comme la Sainte-Trinité, dit-on), garnie de coupelles de blé mis à germer à la Sainte-Barbe, le 4 décembre. Le repas est copieux et comporte sept légumes, comme les sept jours de la semaine, et se termine par treize desserts, à la signification controversée. La bûche de Noël, mise à brûler dans l'âtre par le plus âgé et le plus jeune de la famille, continue à donner lieu à une bénédiction appelée « cacho fiò ».

☛ **Barbe (Sainte-), Bûche de Noël, Desserts, Douze jours, Dragées, Gaspillage cérémoniel, Noël, Repas, Saturnales, Sylvestre (Saint-).**

ROCH (Saint-)

Voir Moissons (fête des).

RODÉO

Le rodéo (du latin rota, *« roue ») est en France une course de motos ou de voitures qui se produit la nuit sur une grande place bitumée (généralement un parking de centre commercial). Cette pratique est interdite, car il s'agit d'un jeu dangereux. Le mot vient de la fête américaine comportant des jeux de maîtrise du bétail, comme celui qui consiste pour le cow-boy à essayer de monter des animaux peu domestiqués, dans un enclos circulaire destiné au marquage des bêtes.*

Le rodéo permet aux adolescents de s'affronter dans la clandestinité, affirmant leur goût du risque et des limites extrêmes. Cette démarche n'est pas nouvelle : certaines courses équestres d'autrefois pouvaient être violentes. Les jeunes cavaliers éprouvaient la même sensation de conquête du monde liée à la vitesse et, s'ils gagnaient, en retiraient le même prestige auprès de leurs pairs et auprès des jeunes filles.

☛ **Adolescents, Jeux équestres, Tauromachie.**

ROGATIONS

Les rogations (du latin rogatio, *« prière ») sont l'appellation chrétienne des trois jours qui précèdent l'Ascension, quarante jours après Pâques. Elles donnaient lieu à des processions extérieures pour la bénédiction des campagnes et des futures récoltes : sur le parcours, les croix et les puits auprès desquels on faisait halte étaient parés de fleurs et de victuailles pour le clergé. En général, le lundi était pour les fenaisons, le mardi pour les moissons, et le mercredi pour les vendanges.*

Les rogations furent instituées par saint Mamert, évêque de Vienne (Isère) en 469 ou 470, après une série de calamités dans le Dauphiné. Le concile d'Orléans généralisa ces trois « litanies mineures » en 511 (la « litanie majeure » était réservée pour la Saint-Marc, le 25 avril). Depuis fort lontemps, l'homme, par crainte pour les récoltes en cette période critique des « saints de glace » à la mi-mai, a procédé à de telles circumambulations ; aux *Ambarvalia*, fin mai, les Romains demandaient au dieu Mars la purification des campagnes en déambulant autour des terres cultivables.

Les rogations étaient des jours de pénitence, marqués par des interdits, comme pétrir, semer des pois, tondre les moutons ou laver le linge.

Dans les villes exposées aux crues, les processions s'accompagnaient de la sortie spectaculaire et carnavalesque d'un horrible saurien ailé (dragon ou serpent), à carcasse de bois ou de carton peint monté sur une armature d'osier. Entre ses mâchoires béantes, le monstre engloutissait les fruits, pâtisseries ou poissons qu'on lui jetait, il crachait du feu ou présentait un animal vivant (renard, lapin ou cochon de lait). Les deux premiers jours, sa queue se dressait, menaçante comme une flèche, tandis que le troisième jour elle était « baissée honteusement », figurant ainsi la victoire de la grâce divine. Ces spectacles répondaient au goût de la dramaturgie propre au Moyen Âge.

Les saints dompteurs de dragons

• À l'image de saint Georges, les saints dompteurs de dragons étaient nombreux à travers la France jusqu'à la Révolution et certains sont encore connus, comme à Tarascon (Bouches-du-Rhône) où sainte Marthe a vaincu la tarasque. Le monstre, qui porte souvent un nom local, est populaire : le « grauli » ou « graouilly » à Metz vaincu par saint Clément, la « grand-goule » à Poitiers (qualifiée de « bonne sainte vermine », ce qui prouve qu'on n'en était guère effrayé) vaincue par saint Hilaire, la « gargouille » à Rouen vaincue par saint Romain, la « guivre » à Paris vaincue par saint Marcel, le « couleubre » à Draguignan vaincu par saint Véran… En même temps, ces dragons symbolisaient le paganisme et l'idolâtrie.

- Comme le pèlerinage ou la troménie bretonne, les rogations constituent un voyage cérémoniel où se mêlent profane et sacré. Le parcours vise à circonscrire un espace pour le protéger et l'exorciser, en conjurant les forces du mal. Sur un mode différent, la démarche carnavalesque où l'on cherche à favoriser magiquement les productions rurales en y promenant et brûlant un mannequin procède d'un souci analogue. De même pour les croisettes que l'on plantait dans les champs le 3 mai, jour de l'« Invention de la Sainte-Croix ».
- Certaines communautés paroissiales ou religieuses (les bénédictins de Kergonan, dans le Morbihan, par exemple) pratiquent encore ces processions des rogations.

☛ **Bénédiction, Georges (Saint-) et Saint-Marc, Pardons bretons, Pèlerinage, Procession, Sainte-Croix, Saints de glace, Tarasque.**

ROI

L'élection d'un roi de fantaisie, comme celui qui est désigné par la fève lors du partage de la galette de l'Épiphanie, est commune à plusieurs pays d'Europe entre Noël et le carnaval (spécialement pendant les douze jours qui vont de Noël à l'Épiphanie), au moment où les jours rallongent dans l'hémisphère Nord. Le roi de la galette reçoit une couronne et choisit éventuellement une reine.

Un temps d'inversion purificatrice, temps hors du temps permettant d'expulser les forces mauvaises du temps usé pour donner vigueur au temps nouveau, était lié aux périodes de passage toujours redoutées (nouvelle année ou éclipses). Le renversement provisoire des rôles soulignait cette inversion du temps dans son mouvement pendulaire : c'est encore aujourd'hui le propre du carnaval.

Au début du IIe millénaire avant J.-C., les hiérarchies renversées marquaient déjà la fête des Sacées à Babylone, où un prisonnier prenait la place du roi pendant cinq jours avant d'être exécuté, en juillet et au moment du Nouvel An, à l'équinoxe de printemps. Elles se perpétuèrent par le biais de la fête juive de Pourim au mois d'Adar (février/mars), qui célèbre encore aujourd'hui le danger écarté de la disparition des Juifs de Perse et de Médie au Ve siècle avant J.-C. grâce à la supplique de la jeune reine Esther auprès de son époux, le roi perse Assuérus, et le complot déjoué d'Aman. Mardochée, oncle de la jeune juive, qui avait sauvé le roi en dénonçant un autre complot fomenté par deux eunuques, avait par ailleurs connu l'honneur d'être promené à cheval à travers Suse couvert du vêtement royal.

Au moment du solstice d'hiver, les saturnales romaines permettaient de pratiquer l'inversion des rôles et de revivre l'Âge d'or lorsque l'égalité régnait pour tous les hommes. Ces fêtes marquées par de joyeux repas donnaient lieu à l'élection d'un roi de fantaisie, maître des réjouissances qui pouvait commander n'importe quoi.

Au milieu du Moyen Âge, l'inversion s'est christianisée, et le roi laissa la place à l'évêque avec ses attributs : manteau rouge ou violet, mitre et crosse. Cette inversion, qui illustrait le verset du magnificat « Le Seigneur a renversé les puissants de leurs trônes et élevé les humbles », a engendré la cérémonie de l'enfant-évêque aux Saints-Innocents, le 28 décembre ; et celle, moins sage, de la fête des Fous au moment de la nouvelle année, avec ses grotesques parodies ecclésiales et ses élec-

tions d'un roi, pape ou abbé de la Déraison, par exemple, qui régnait jusqu'à l'Épiphanie ou jusqu'à la Chandeleur, le 2 février. Comme les rois des carnavals, ces personnages aux royautés éphémères symbolisaient la négation de l'ordre établi. Ils remplaçaient provisoirement les autorités des associations de jeunes gens ou des « royaumes d'enfance », élus ou nommés « rois », « abbés », « empereurs » ou « capitaines » pour un an, coutume qui remonte au moins au XIIe siècle. À Paris, pour les juristes du Châtelet ou du Palais, en certains jours de liesse (Saint-Nicolas, Mardi gras...), un facétieux roi de la Basoche, assisté de ses suppôts (chancelier, maître des requêtes...), dirigeait les réjouissances et se livrait à diverses satires dans des spectacles plusieurs fois condamnés par le parlement de Paris, en 1548 et 1551.

◆ Le roi de la galette doit être distingué des Mages, personnages cités dans l'Évangile de Matthieu, venus d'Orient adorer l'Enfant Jésus à Bethléem et faits rois au IIIe siècle en raison de prophéties antérieures.

☛ **Âne, 1er-Avril, Carnaval, Enfants, Épiphanie, Farces, Fève, Fous (fête des), Galette des Rois, Innocents (Saints-), Jeunesse (sociétés de), Mages, Pourim, Reine, Saturnales, Sébastien (Saint-).**

ROMÉRAGE

Le romérage (appelé aussi « roumérage », « roumévage » ou « roumavage ») désignait, en Provence orientale et en basse Provence occidentale, une fête patronale, fête de dévotion remarquable pour son importance économique et ludique (foire, danses et jeux). Le romérage s'étendait sur deux à trois jours, le plus souvent en été. Son nom évoque le pèlerinage fréquenté de Saint-Pierre de Rome qui passait par ces régions.

Sous l'Ancien Régime, pendant le romérage, les corps de ville et les sociétés de jeunesse avaient des attributions spéciales ainsi que des pouvoirs étendus de justice.

◆ Actuellement, le terme de « romérage » n'est plus que rarement utilisé en France. Début septembre au Lavandou (Var), la messe pour la fête de saint Clair donne lieu à un romérage, nom qui désigne aujourd'hui la partie religieuse de cette fête patronale ; la messe est suivie d'une bénédiction de bateaux puis d'une kermesse.

☛ **Combats, Concours, Foires, Jeux, Joutes, Kermesse, Pardons bretons, Patronale (fête), Procession, Votive (fête).**

ROSH HASHANA

Rosh Hashana, fête de la « tête de l'année », est le Nouvel An juif, premier jour du mois de Thishré ou Tichri (en septembre/octobre), au moment de la récolte des fruits. La fête de Rosh Hashana, aussi appelée « jour du Schofar » ou « Kissé » (le « Trône »), est chômée et dure deux jours : elle est suivie des jours austères qui mènent au Yom Kippour, « Grand Pardon » ou « jour des Expiations » (10 Thishré) pour la rémission et le pardon des fautes.
Le 1er Thishré, lorsque la lune est invisible, jour de la nouvelle lune, est une journée de recueillement : chacun est invité à faire un retour sur soi-même pour préparer son repentir.
Fêtes du premier groupe, Rosh Hashana et Yom Kippour sont des « fêtes austères ». Comme les fêtes du deuxième groupe, ou fêtes de pèlerinage, elles sont promulguées par Dieu. Ces fêtes sont distinctes de celles instituées par les hommes : Pourim, Hannoukka. Les « jours redoutables » de Rosh Hashana et de Yom Kippour, sont très suivis, même par les juifs peu pratiquants.

Rosh Hashana est le jour supposé de la création du monde et celle du premier homme (Adam) en 3761 avant J.-C. Le Talmud, recueil de la Tradition orale et Code du droit judaïque, désigne Rosh Hashana comme le premier jour de l'année. À l'occasion de cette fête, célébrée depuis les premiers prophètes, le monde « revient au point zéro ».

Pendant Rosh Hashana, les synagogues sont décorées de blanc, symbole de pureté et d'innocence. La journée du 1er débute par la sonnerie du schofar (trompette en forme de corne de bélier) pour inviter à la prière. La plupart des juifs se rendent à la synagogue ce jour-là, et prient pour la vie et le bonheur de chacun et pour la paix dans le monde. À la fin de l'office du soir, les fidèles échangent leurs vœux : « Soyez inscrits et confirmés pour une bonne année » (allusion au livre de la Vie que Dieu tient ouvert). La journée se termine après cet office par un repas abondant aux aliments symboliques, non acides : pomme douce trempée dans du miel, tête de mouton ou de poisson... Ce repas est précédé du kiddouch (sanctification du nom de Dieu qui se fait sur une coupe de vin) et de l'allumage des bougies. Le deuxième jour, on lit le passage sur le sacrifice d'Isaac à la synagogue. Dans l'après-midi, certains se rendent au bord d'une rivière ou d'un étang pour s'y secouer les poches ou y jeter une pierre afin d'illustrer une prophétie de Michée : « Tu plongeras dans les profondeurs de la mer tous leurs péchés. » Le second soir, on doit goûter un fruit nouveau en récitant une bénédiction appropriée.

Le schofar, qui résonne encore de trente sons en trois séries suivis d'un son prolongé pour finir, évoque le souvenir d'Abraham prêt à sacrifier son fils Isaac, la révélation des Tables de la Loi à Moïse sur le mont Sinaï et la délivrance future d'Israël.

◆ Cette fête est marquée par l'envoi de cartes de vœux de Nouvel An aux parents et aux amis. Les sonneries du schofar, qui retentissent une centaine de fois en deux jours (sauf si l'un des deux est le jour du sabbat), appellent au repentir.

☛ **Bénédiction, Calendrier, Mets cérémoniels, Nouvel An, Pèlerinage (fêtes de), Repas, Yom Kippour.**

ROSIÈRE

La rosière est une jeune fille méritante. L'élection annuelle de rosières, mettant à l'honneur la vertu associée à l'idée de virginité, a presque totalement disparu aujourd'hui. Cette élection a souvent fait place à la désignation de reines ou de miss, élues sur des critères esthétiques. Le terme de « rosière » vient de la couronne de roses (le « chapel ») qui distinguait autrefois l'heureuse élue.

Une légende veut que cette distinction ait été instituée à Salency (Oise) par saint Médard, évêque de Noyon au VIe siècle : il aurait promis 25 livres et un « chapel de roses » pour récompenser une jeune fille vertueuse de son village. La première rosière aurait été sa propre sœur. Pour cette raison, le couronnement de la rosière avait souvent lieu au moment du 8 juin, fête de saint Médard.

La coutume de la rosière, fête villageoise que Jean-Jacques Rousseau chercha à faire connaître, s'étendit dans la France rurale du XIXe siècle pour valoriser des jeunes filles pauvres et méritantes. L'élue, la « muse du peuple », était couronnée par ses semblables (reine des Laveuses, des Marchés, de l'Industrie…), puis, vers 1900, plus officiellement, par le maire en présence de parlementaires.

L'élection, qui donnait une image désuète de la femme, s'est transformée dans la seconde moitié du XXe siècle. Dans les années 1970, elle disparut presque totalement, au moment où l'émancipation des femmes conduisait à de profonds changements sociaux (vie maritale, mères célibataires, etc.). Suivant ces bouleversements, les élections de reines et de miss présentent désormais l'image d'une jeunesse élégante, sportive et sûre d'elle-même.

Le rôle de représentation que jouent les rosières met en lumière la très ancienne utilisation de la figure féminine comme emblème de la vertu. Cette image a traversé le temps : la guerrière à la fois vierge au cœur pur et déesse-mère fécondatrice, comme Pallas-Minerve, incarne la liberté, la valeur militaire et le courage. Marianne, sage ou révoltée, symbolise la République depuis 1848 (son buste est placé dans les mairies depuis 1877) : son prénom allégorique est d'abord apparu en 1792 dans une chanson de Guillaume Lavabre en occitan à Puylaurens (Tarn) *la Garison de Marianno* (« la Guérison de Marianne »), puis il fut repris en 1797 dans la correspondance secrète de Paul Barras pour désigner son groupe, et sous la Restauration, par une société secrète républicaine, réformée sous le second Empire. Les noms féminins (Liberté, Raison, République…) ne pouvaient être illustrés que par des femmes, tout comme la vertu, la sagesse et la beauté.

La couronne dans les cheveux, au même titre que le voile de la mariée ou le chapeau de la catherinette, symbolise le mariage. À l'inverse, les cheveux laissés libres évoquent ceux de Marie-Madeleine, la pécheresse de l'Évangile.

- Les valeurs incarnées par la rosière, jeune fille en âge de se marier, pauvre et « méritante », sont récompensées par une somme d'argent offerte par la municipalité ou léguée par un donateur pour servir de dot.
- À La Mothe-Saint-Héray (Deux-Sèvres), le deuxième lundi de septembre, a lieu la fête des Rosières, où les jeunes filles sont choisies pour leurs qualités humaines et leur rayonnement. Charles-Benjamin Chameau, célibataire, mort en 1816, avait légué sa fortune pour doter chaque année trois jeunes fiancées vertueuses de son village.

☛ **Belle de mai, Catherine (Sainte-), Dauphine, Miss, Reine.**

RÔTIE

La « rôtie » est le nom généralement donné au breuvage apporté aux nouveaux mariés dans la nuit de leurs noces, le lendemain matin ou l'un des soirs suivants. Les amis des mariés envahissent la chambre nuptiale en chantant : ils leur apportent à boire une mixture peu ragoûtante, très épicée parfois, servie souvent dans un pot de chambre.

Cette farce, connue au Moyen Âge, était générale autrefois en France. Devenue rare, elle perdure dans l'ouest de la France (en Normandie, par exemple).

Cette coutume populaire, jugée souvent comme un divertissement grossier, est un rite d'intégration et de socialisation qui permet de classer les jeunes mariés dans la catégorie des couples mariés. C'est aussi un rite de fécondité, en ce sens que la nature du breuvage est supposée encourager la consommation du mariage. Parfois enivrante ou très longue à avaler (avec des cuillers percées), elle retarde celle-ci au contraire : la soupe au lait bretonne, par exemple. Cette farce jouée par la jeunesse, revendiquant l'appartenance à une classe d'âge encore libre et insouciante, se fait dans la joie, avec des chansons appropriées, et tout le monde se doit de goûter au breuvage.

☛ **Bizutage, Farces, Jarretière, Mariage.**

RUPTURE DU JEÛNE (fête de la)

Voir Aïd-el-Fitr ou Aïd-al-Saghir.

S

S

SABBAT

Le sabbat, ou shabbat (mot hébreu qui signifie « cesser un travail »), est l'un des fondements de la vie juive. Il commence chaque vendredi soir au coucher du soleil et se termine le samedi soir, à la tombée de la nuit, à l'apparition des trois premières étoiles. Pendant ce jour de repos, saint et joyeux, on ne doit pas travailler, ni avoir aucune préoccupation matérielle.

Le sabbat commémore le dernier jour de la création du monde : « Dieu bénit le septième jour et le sanctifia », car tout l'ouvrage était terminé. Le respect du sabbat répond au commandement de Dieu à Moïse : « Pendant six jours, on fera l'ouvrage à faire, mais le septième jour sera jour de repos complet, consacré à Yahvé. » Symbole de libération, il commémore également la sortie des Hébreux d'Égypte. Signe de l'alliance entre Dieu et Israël, il rappelle enfin que les hommes sont égaux devant Dieu et qu'ils doivent être unis devant leur Créateur.

- Dans la maison nettoyée, la table, recouverte d'une nappe blanche, est préparée pour la fête, avec une coupe, deux pains tressés (les *halloth*) sous un napperon, symboles bibliques de la manne couverte de rosée, ainsi que des bougies. La lampe sabbatique reste allumée jusqu'au lendemain. La famille se rend à la synagogue pour commencer le sabbat par des chants (le *Lechà Dodi*, hymne d'accueil à la « fiancée » qui figure le sabbat, par exemple), et par le *kiddouch* (sanctification du nom de Dieu). À la maison, le chef de famille prononce à son tour le *kiddouch* sur la coupe de vin qu'il porte à ses lèvres et passe aux autres ; après l'ablution des mains, il bénit le pain en disant le *motsi* (bénédiction du pain). Il en trempe un morceau dans du sel, symbole de purification, pour chaque convive.
- Le repas, préparé le vendredi après-midi, est gardé au chaud ou consommé froid (il est interdit pendant le sabbat d'allumer le feu). Il se doit d'être plus copieux que d'habitude : avant de se mettre à table, on récite une bénédiction et on chante des cantiques appropriés, les *zemiroth*.
- Le samedi matin à la synagogue, après la lecture de passages de la Thora (le Pentateuque, ou les cinq rouleaux de la Loi de Moïse) et de textes des prophètes, on chante le *kiddouch*. L'après-midi, les familles se réunissent : on célèbre le « délice du sabbat » par une étude, des chants ou des danses. Il est suivi de l'office *minha*, puis d'un troisième repas. Le sabbat se termine avec la *havlada* (séparation), qui comprend trois bénédictions (du vin, des épices et de la lumière). Après une collation, *melavé malka* (« pour raccompagner la princesse »), on se quitte en se souhaitant une bonne semaine.

☛ **Bénédiction, Dimanche, Fériés (jours), Repas, Seder, Yom Kippour.**

SACRIFICE (fête du)

Voir Aïd-el-Adha ou Aïd-al-Kabir.

SAINTE-CROIX

L'« Exaltation de la Sainte-Croix » (du latin exaltare, *« élever »), le 14 septembre, est la fête chrétienne célébrant la Croix de la Passion du Christ. Une autre fête célébrait l'« Invention de la Sainte-Croix » (du latin* inventio, *« acte de découvrir ») le 3 mai, jour où sainte Hélène, mère de l'empereur Constantin, aurait découvert la vraie Croix à Jérusalem vers 326.*

La fête de l'Exaltation de la Sainte-Croix est née à Jérusalem au Vᵉ siècle. La date choisie était liée au jour de la dédicace de la basilique du Saint-Sépulcre, que l'empereur Constantin fit construire en 335 pour recouvrir le calvaire et le tombeau du Christ. Au VIᵉ siècle, l'Église de Rome a d'abord célébré l'Invention de la Sainte-Croix. À partir du milieu du VIIᵉ siècle, elle s'aligna sur Jérusalem pour vénérer le 14 septembre le bois de la Croix dans la basilique Vaticane, puis dans celle du Latran. À la suite de la reconquête de la Croix par l'empereur Héraclius en 630 – après la confiscation de la relique et le saccage de Jérusalem par les Perses en 614 –, cette fête gagna en ferveur.

◆ La fête du 14 septembre occasionnait une procession. À Rouen, au cours de celle-ci, on lavait une croix dans la nef de la cathédrale avant de la présenter d'abord aux malades, puis au clergé et enfin au peuple. Si la fête de l'Exaltation est importante aux yeux de l'Église, la fête de l'Invention (supprimée en 1960) était plus populaire auprès des fidèles. Le 3 mai, la procession parisienne allait de Notre-Dame jusqu'au calvaire du Mont-Valérien en passant par le Bois de Boulogne. Cette journée donnait lieu à des pratiques protectrices, proches des rogations, connues encore au début du XXe siècle. Dans de nombreuses régions (Dauphiné, Bresse, Franche-Comté, Bourgogne, Rouergue, Anjou, Vendée, Île-de-France...), on plantait des croisettes de bois (parfois assez hautes, pour encourager la croissance du végétal) au pied des croix des carrefours et dans les champs : elles étaient censées porter bonheur aux moissonneurs qui les découvraient. On en décorait ensuite les portes des maisons et les étables.

◆ L'ethnologue Marie-France Gueusquin-Barbichon observe que planter des croisettes était un rite de protection et d'accroissement des biens domestiques réservé aux hommes, de même que la confection des croix (de coudrier ou de frêne) et leur répartition sur le territoire. Aux Rameaux, au contraire, la cueillette des branchages de buis ou de laurier, et leur répartition dans les pièces de la maison incombait aux femmes : veillant sur la pérennité et l'intégrité de la vie familiale, celles-ci étaient toutes désignées pour cette coutume de protection du foyer.

☛ **Rameaux, Rogations, Végétaux, Vendredi saint.**

SAINTES-MARIES-DE-LA-MER

Les Saintes-Maries-de-la-Mer (Bouches-du-Rhône) sont le lieu d'un important pèlerinage pour des milliers de Tsiganes qui affluent de toute l'Europe les 24 et 25 mai. Un autre rassemblement, moins important, a lieu le 22 octobre, jour de la Sainte-Salomé.

Les saintes Maries sont Marie Jacobé (ou Marie Cleophas), épouse d'Alphée et mère de Jacques le Mineur, parente du Christ, et Marie Salomé, épouse de Zébédée, mère de Jacques

le Majeur et de Jean. Fuyant la Palestine et les persécutions, elles auraient échoué en Provence en 42 après J.-C., dans un navire sans voile ni rames, avec Marthe, Marie-Madeleine, Lazare et Maximin. Sara, leur servante noire appelée « l'Égyptienne » et devenue la patronne des Gitans, n'a pas été canonisée.

La sortie des reliques jusqu'à la mer et leur aspersion sont des rites de protection que l'on peut rapprocher des coutumes des rogations à la même période, lorsque l'on bénit un territoire. Selon le folkloriste Paul Sébillot, la sortie d'une barque à la mer serait une survivance de l'antique usage connu des Égyptiens du « char naval » pour le culte d'Isis, mère de la nature, début mars.

Au XIIIe siècle, de grands pèlerinages honoraient les saintes Maries. Au XVe siècle, les miracles produits par l'intercession des saintes eurent tant de retentissement que le roi René, comte de Provence, fit rechercher leur sépulture, puis fit placer en 1448 des ossements déterrés dans des coffres-reliquaires. La légende de la venue en Provence des saintes Maries ne fut remise en cause qu'à partir du XVIIe siècle : elle serait due aux moines de Vézelay et daterait du XIe siècle.

Les saintes Maries attiraient les pèlerins du Languedoc, du Comtat et de toute la Provence. En 1852, selon la revue *l'Illustration*, la population nomade qui couchait « sous la tente des charrettes » était composée de « noirs Gitanos ou Zingari », et se mêlait aux « fraîches Arlésiennes » pour faire leurs dévotions.

◆ Le pèlerinage connaît toujours un immense succès. Le 24 mai, au moyen d'un treuil et de cordages, les reliques des saintes sont descendues de la chapelle haute sous les acclamations de la foule. Puis les Tsiganes accompagnent la statue de Sara en une bruyante procession, jusqu'à la mer. Le lendemain, après la messe, parmi d'autres pèlerins, gardians à cheval et Arlésiennes, les Tsiganes accompagnent la petite barque contenant les statues des deux saintes Maries jusqu'à la mer, et les aspergent d'eau. Chacun essaie d'approcher les statues dans une fervente confusion et sous une pluie de fleurs. Danses et chants fusent parmi la nombreuse assistance.

☛ **Aspersion, Pèlerinage, Rogations.**

SAINTS DE GLACE

Les saints de glace sont, le plus souvent, les saints Mamert, Pancrace et Servais (surnommé Servace), fêtés du 11 au 13 mai : cette expression de la météorologie populaire désigne une période de gelée redoutée pour ses effets dévastateurs sur la végétation. Le passage de ces « cavaliers » (ou « chevaliers »), « gresleurs, geleurs et gasteurs de bourgeons », selon Rabelais, marque la fin de l'hiver.

Pour éloigner les dangers de cette période, on célébrait déjà à Rome, dans l'Antiquité, diverses fêtes religieuses : les *Vinalia* (le 23 avril) ou les *Robigalia* (le 25), par exemple, qui engendraient des rites protecteurs pour les vignobles et les blés. Les invocations, christianisées, sont devenues celles de saints que la météorologie populaire a surnommés affectueusement. Par ailleurs, la bénédiction des campagnes subsiste aux rogations, lors des trois jours qui précèdent l'Ascension.

Ces saints varient en fonction de la latitude entre le Nord et le Midi. Dans certaines régions, on invoque ainsi : Georges (Jourguet ou Georget), fêté le 23 avril ; Marc (Marquet), le 25 ; Clet (Colinet), le 26 ; Vital (Vitalet), le 28 ; Eutrope (Troupet), le 30 ; Philippe (Philippet) et Jacques (Jacquet), le 3 mai ; ou Boniface, le 14 mai, Phal (Phalet), le 16, et Célestin, le 19. Le 3 mai, date de l'Invention de la Sainte-Croix, fut retenu pour la fête patronale d'un « saint Croix », surnommé Crouset, Croizet ou Croisset.

La lune rousse

• La période des saints de glace est également celle de la « lune rousse » qui a mauvaise réputation auprès des jardiniers. La lune qui suit la lune pascale (ou celle qui débute le mois d'avril) est considérée comme particulièrement dangereuse surtout quand elle est pleine, parce qu'elle est censée roussir les jeunes pousses. En réalité, ce n'est pas la lune qui provoque le refroidissement. Quand le ciel est serein, la température près de la surface du sol peut descendre en dessous de 0 °C malgré une température de l'air supérieure au point de gelée, ce qui n'arrive pas si le ciel est couvert. Ce sont ces gelées qui sont dangereuses. Celles-ci peuvent se produire avant ou après la période qui va de la mi-avril à la mi-mai, mais les jeunes pousses, non écloses ou déjà bien fermes, ne sont pas alors aussi fragiles.

☛ **Georges (Saint-) et Saint-Marc, Météorologie, Rogations, Sainte-Croix.**

SALLE

La location de salles et salons de réception (le temps d'une soirée ou de plusieurs journées) se développe pour les fêtes, en particulier pour les mariages, de même que le recours aux traiteurs ou aux restaurateurs. Il est en effet plus difficile aujourd'hui qu'autrefois d'organiser des fêtes chez soi (manque de place, nuisances sonores...).

Dans les petites communes, les mairies proposent souvent aux particuliers des « salles polyvalentes ». L'ethnologue Martine Segalen a observé que leur augmentation contribue à transformer l'organisation des mariages et leur calendrier : « Ce retour vers un lieu que l'on peut s'approprier [...] autorise à nouveau une expansion rituelle. [...] On revient maintenant à un schéma de trois jours, comme dans les années 1930 ou 1950, lorsque le mariage se célébrait chez soi. »

Ce système de location de salles permet pour les mariages de lancer plusieurs sortes d'invitations : pour ceux qui viennent dès le vendredi et qui restent jusqu'à la fête plus informelle du dimanche (parents et amis) ;

pour ceux qui assistent, le samedi, à la messe de mariage et au cocktail ou vin d'honneur qui suit (connaissances sociales) ; pour ceux, enfin, qui sont invités au repas de noces, au moment des desserts et à la soirée (amis des mariés). Martine Segalen rapporte qu'en moyenne on compte une centaine d'invités « complets », environ trois cents « vins d'honneur » et cinquante « desserts ». Avec l'aide de leurs parents, les jeunes mariés financent de plus en plus souvent leur fête, ce qui leur permet à la fois d'être maîtres du rituel et de choisir le nombre de leurs invités.

☛ **Foires, Invitation, Mariage, Professionnels de la fête, Réception.**

SAMAIN

La fête celtique de Samain, fête anciennement mobile qui tombait au début du mois de novembre, à laquelle tous les hommes pauvres ou riches étaient tenus d'assister, fermait l'année écoulée et ouvrait l'année à venir. « Samain », traduit à tort « fin de l'été » (par analogie avec sam, « été »), signifiait en irlandais ancien « assemblée », « réunion ».
Fête luni-solaire placée la nuit du 31 octobre par la suite, Samain et les jours voisins, trois avant et trois après en général, représentaient un « temps hors du temps » (comme les douze jours) où les mondes humain et divin se confondaient. L'aspect religieux de cette fête nocturne primait, loin des manifestations contemporaines de Halloween – fête qui l'a remplacée à cette date –, macabres et carnavalesques.

La date de cette fête correspondait au retour de la saison sombre, de la même façon que la nuit de Belteine (du 30 avril au 1er mai) ouvrait la saison claire. Lors de ces deux nuits, l'Autre Monde (le *Síd*) était omniprésent : les hommes étaient incapables d'accéder par leurs propres moyens à ce pays des dieux et des êtres surnaturels, seuls quelques heureux mortels étaient conduits par les messagères des dieux dans ce monde merveilleux d'« éternelle jeunesse ». Le souvenir de tous les ancêtres s'y est associé par la suite.

La fête de Samain, qui coïncidait avec la fin des récoltes et le retour du bétail des pâturages, était marquée par de grands festins rituels réservés aux hommes de toute condition sociale, avec abondance de viande de porc et de boissons (vin, bière, hydromel). Le feu avait une grande importance : pas tant les feux que l'on allumait à l'extérieur, justifiés par les banquets, mais le feu domestique, le « feu nouveau », comparable à l'usage de la bûche de Noël connu dans toute la France. Après extinction de tous les feux, les druides en allumaient de nouveaux et distribuaient des tisons pour les feux domestiques. Cette fête se caractérisait aussi par des assemblées légales où l'on administrait la justice. Par ailleurs, cette nuit magique se prêtait aux divinations de toute sorte.

◆ Se sont ajoutées progressivement des croyances relatives aux tours joués par les créatures surnaturelles et par les revenants (associés partout à la nuit et à la brume) ; d'autres relatives à la lumière, aux feux de joie et aux lanternes végétales ; d'autres, enfin, relatives aux tournées d'enfants, prometteuses pour le futur. Ces amalgames sont à l'origine des manifestations de Halloween.

☛ **Ancêtres, Belteine, Bûche de Noël, Douze jours, Druidiques (fêtes), Feu de joie, Halloween, Jack o'Lantern, Jour des Morts, Lanternes végétales, Toussaint.**

SANTONS

Les santons (du provençal santoun, *« petit saint ») désignent les figurines d'argile placées à Noël dans les crèches. Ces personnages qui représentent des villageois de toutes conditions apportent leur offrande à l'Enfant Jésus.*

Les figurines des premières crèches apparurent dans les églises italiennes aux XVe et XVIe siècles : ces statues polychromes en terre cuite ou en bois occupaient parfois toute une chapelle. Entre le XVIIe et le XIXe siècle, les crèches d'église se multiplièrent dans l'Europe catholique au moment de Noël, et les statuettes diminuèrent de taille. Les premières crèches familiales où les figurines mesuraient moins de 40 cm apparurent à Naples à la fin du XVIIe siècle.

En Provence, les santons d'argile apparurent à la fin du XVIIIe siècle, tels que ceux du « figuriste » marseillais Jean-Louis Lagnel. Le santon d'argile crue ou cuite (fait de terre comme l'homme dans la Genèse) put être produit en série en raison de la présence de carrières proches, et la mode des crèches

familiales gagna peu à peu toute la France. Vêtus à la mode de l'époque (Restauration), les santons s'inspiraient des personnages populaires des pastorales.

◆ Le santon peint à la main, fait tout d'une pièce, ou éventuellement par petits bouts accolés, ne dépasse pas 20 cm. Le santon habillé et articulé, dont seules les extrémités sont modelées en argile, peut aller jusqu'à 40, voire 50 cm.

Les foires aux santons

• La première Foire aux santons, qui présentait le travail de trois santonniers, eut lieu à Marseille sur le cours Saint-Louis le 4 décembre 1803. À partir de 1808, la foire, qui s'était agrandie avec les productions d'autres figuristes, s'installa cours Belsunce. En 1833, un arrêté municipal la déplaça dans les allées de Meilhan, au-dessus de la Canebière, où elle se trouve toujours.

• Débutant par une messe des Santonniers, cette foire, qui propose principalement des santons et des articles pour le décor des crèches, dure de la fin novembre au 1er janvier.

• D'autres cités provençales se sont alignées sur cet exemple, comme la ville d'Aubagne. Les foires, de tailles diverses, durent de un à trois jours. Des concours entre santonniers ont lieu régulièrement et des règles strictes dictent leur production.

☛ **Avent, Crèche, Mages, Marchés de Noël, Noël, Pastorales.**

SAPIN DE NOËL

Le sapin (un épicéa ou un véritable sapin pectiné) est à l'honneur à Noël dans les foyers et sur les principales places des villes. Il représente, en cette période d'hiver, tout ce qui ne meurt pas. Le sapin, au pied duquel les cadeaux vont être placés la nuit de Noël, est décoré de lumières, de boules, de guirlandes, d'angelots, de biscuits, etc.

L'usage de disposer dans les maisons des feuillages verts au moment du solstice d'hiver était déjà connu des Romains : au IIIe siècle, Tertullien, apologiste chrétien, s'est élevé contre cette coutume romaine répandue en Afrique du Nord et, au cours des siècles suivants, l'Église se dressa à plusieurs reprises contre cette pratique païenne. La coutume d'installer un arbre entier apparut en 1419 dans un hôpital de Fribourg-en-Brisgau (Allemagne) : la première mention française d'un arbre vert coupé à l'occasion de Noël figure dans les comptes de la ville de Sélestat (Bas-Rhin) en 1521. La tradition de dresser un « mai » à Noël se répandit d'abord dans les maisons de corporations, puis chez les particuliers. L'arbre, de dimensions modestes, était posé sur une table ou suspendu au plafond.

La duchesse Hélène de Mecklenbourg, belle-fille de Louis-Philippe, l'introduisit aux Tuileries en 1837. L'occupation allemande lors de la guerre de 1870 contribua à son expansion. Le sapin, qui restait pour les catholiques un symbole protestant concurrençant la crèche, s'imposa finalement au début du XXe siècle, parallèlement au développement de l'aspect familial de la fête sur le modèle des Noëls anglais.

En Scandinavie également, on plantait un arbre vert dans le jardin quand arrivait la fin des travaux des champs, et on le décorait de paille et de rubans.

La coutume de décorer l'arbre naquit en Alsace dans les mystères du bas Moyen Âge, donnés à l'occasion de Noël. Afin de figurer le Paradis d'Adam et Ève, un arbre vert représentait l'arbre de la Tentation. On choisissait un sapin, auquel on suspendait des pommes rouges et alléchantes.

Parmi les premières décorations attestées au début du XVIIe siècle figuraient des emblèmes religieux : pommes (symbole d'immortalité chez les Celtes et les Germains), hosties non consacrées et roses en papiers peints symbolisant l'arbre de Jessé (arbre généalogique du Christ représenté à partir du XIIe siècle pour illustrer une prophétie d'Isaïe). S'ajoutèrent des fils d'or, des noix dorées et argentées annonciatrices de fécondité, des sucreries, des étoiles, des jouets et des bougies – une pour chaque mois de l'année, disait-on. Les boules en verre soufflé, fabriquées à Meisenthal en Lorraine, remplacèrent les pommes à la fin du XIXe siècle. Tous ces symboles étaient prometteurs de vie et de prospérité.

◆ Le sapin est de nos jours un symbole de Noël répandu dans le monde (dans les pays chauds, on décore des sapins artificiels ou des arbres exotiques, souvent des filaos).

☛ **Arbre, Cadeau, Décoration, Desserts, Guirlandes, Mystères, Noël, Végétaux.**

SATURNALES

Les saturnales étaient des fêtes que la Rome antique célébrait autour du 17 décembre, au moment du solstice d'hiver. Elles étaient suivies, à peine deux semaines plus tard, par les calendes de janvier qui marquaient le retour de la nouvelle année. Plusieurs jours durant (de un à cinq suivant les époques), on marquait une trêve pendant laquelle on ne devait ni travailler ni faire la guerre. Cette période était ponctuée par de joyeux banquets présidés par des « rois » de fantaisie, où les maîtres de maison servaient leurs esclaves. Les « sigillaires », le dernier jour, donnaient lieu à l'échange de sceaux d'argile (du latin sigillum, *« sceau »), de chandelles de cire et de gâteaux.*

Les saturnales permettaient de revivre l'Âge d'or, temps heureux où tous les hommes étaient égaux. Ce mythe antique décrit par le poète grec Hésiode dans *les Travaux et les Jours* (probablement au VIIIe siècle avant J.-C.), évoque le règne du Titan Cronos, père de Zeus, souvent confondu avec Chronos, dieu du Temps. Dans le monde romain, ce mythe fut repris et modifié. Identifié à Cronos, le vieillard Saturne, après avoir été chassé de Grèce, arriva par la mer en Italie, où il fut accueilli par Janus. Pour remercier ce dernier, Saturne, dont le nom évoque les semences et la fécondité, lui enseigna les techniques de l'agriculture et fonda une civilisation pacifique emplie d'abondance et de liberté.

Les saturnales, ces « libertés de décembre », entraînèrent des pratiques licencieuses condamnées par l'Église qui, vers 330, les remplaça par Noël, fête de la Nativité du Christ. Elles ont néanmoins permis l'établissement de certains aspects des fêtes de Noël et de l'Épiphanie, comme le grand repas, l'échange de cadeaux et le partage de la galette. Les calendes de janvier, qui occasionnaient des défilés parfois débridés, sont à l'origine de ceux du carnaval.

☛ **Cadeau, Carnaval, Épiphanie, Galette des Rois, Noël, Nouvel An, Repas, Réveillon, Roi.**

SÉBASTIEN (Saint-)

La Saint-Sébastien (ou « Saint-Sagittaire »), le 20 janvier, était la fête patronale de nombreuses sociétés de jeunesse. Ce jour-là, leurs chefs étaient désignés par un concours de tir à l'arc ou d'arquebuse et des jeunes gens en uniforme participaient à des démonstrations pseudo-militaires.

Connues dans toute la France, ces sociétés, qui se plaçaient sous la protection de saints, en particulier de saint Sébastien, patron des archers, étaient chargées de la sécurité de leur communauté.

Saint Sébastien, martyr d'origine peut-être milanaise, devint le héros d'une légende au Ve siècle. L'empereur Dioclétien aurait nommé commandant de la garde prétorienne ce soldat enrôlé vers 283, sans savoir qu'il était chrétien. Les activités de Sébastien auprès de prisonniers persécutés pour leur foi lui valurent d'être à son tour condamné : il fut percé de flèches par deux soldats, mais, soigné par Irène, une veuve chrétienne, il guérit et revint défier l'empereur. Dioclétien le fit alors lapider (ou battre à coups de verges) en 288, et son corps fut jeté dans un égout de Rome. Lucine, une Romaine chrétienne, retrouva son corps et l'ensevelit.

Depuis le VIIe siècle, saint Sébastien, patron des archers et des armuriers, était invoqué contre les épidémies de peste (qui « décochait » des bubons sur le corps). Jusqu'au XVe siècle, les représentations le montraient âgé et barbu, vêtu à l'antique ou en chevalier. Le modèle juvénile s'imposa à la Renaissance italienne, sans doute en raison du patronage des jeunes gens.

Au bas Moyen Âge, les archers se groupèrent en compagnies (appelées dans le Nord « ghildes » ou « serments »), dont l'une des premières, la Compagnie de Condé-Sainte-Libiaire (Seine-et-Marne), est attestée en 1302. Ces compagnies se développèrent au XVIIIe siècle.

Le 20 janvier, chaque compagnie se rendait à l'office, drapeau et tambour en tête. L'après-midi, elle participait au tir d'honneur et défilait derrière son « roi », accompagné parfois de la « reine » des jeunes filles. Un grand banquet clôturait la fête.

La danse des bouffets

- À Château-Arnoux (Alpes-de-Haute-Provence), la Saint-Sébastien donne lieu, le samedi et le dimanche qui suit le 20 janvier, à la danse burlesque des bouffets (ou soufflets), connue ailleurs au moment du carnaval.

Vêtus d'une chemise et d'un bonnet blancs, un soufflet à la main, des hommes de tout âge se suivent à la queue leu leu en chantant des couplets grivois. L'image du souffle est importante pendant le carnaval : « soufflet » se disait en latin *follis* ; ainsi le fou est en fait une « créature vide ».

☛ **Bravade, Carnaval, Jeunesse (sociétés de), Oiseaux.**

SECRÉTAIRES (fête des)

La fête des Secrétaires, le troisième jeudi d'avril, célèbre celles et ceux qui, dans l'ombre souvent, sont indispensables à la bonne marche de l'entreprise. Elle fut instaurée dans le but d'encourager les cadres dirigeants à offrir des fleurs à leurs secrétaires et assistantes, en signe de reconnaissance pour leur travail.

Cette fête, qui existe depuis 1991, est soutenue par des opérations commerciales. Après quelques années de relatif succès, elle semble déjà sur le déclin.

☛ **Fleurs.**

SEDER

Le Seder (mot hébreu qui signifie « ordre », « ordonnance ») est un repas qui se déroule lors de Pessa'h (Pâque juive), le soir du 14 Nissan à la première pleine lune du printemps, et parfois aussi le lendemain. Il symbolise la sortie d'Égypte derrière Moïse, vers 1300 avant J.-C. et la naissance d'Israël en tant que peuple.
Après l'office du soir, le Seder réunit famille, amis et, éventuellement, on y invite des voisins isolés. La lecture de la Haggada, récit de l'histoire de la sortie d'Égypte (l'« Exode ») incluant commentaires et actions de grâces, ponctue ce repas. Servi dans une vaisselle réservée à cette occasion, le repas est composé d'une première partie symbolique suivie d'une seconde aux plats traditionnels. C'est le grand événement de Pessa'h.

La Thora (les cinq rouleaux de la Loi de Moïse) donne les prescriptions pour la célébration de Pessa'h, dont l'interdiction de consommer et de posséder des aliments levés et fermentés.

La Cène, dernier repas que le Christ a pris avant sa mort sur la Croix, le soir du jeudi saint, était un Seder.

- Sur une nappe blanche, entre deux chandeliers, se trouve au centre la coupe « du prophète Élie » – annonciateur du Messie –, ainsi que des verres devant chaque convive et, à la place du chef de famille, le bassin pour se laver les mains et le plat de Seder.

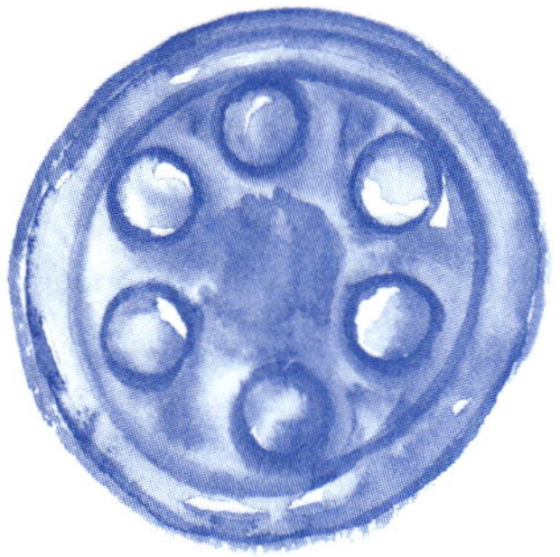

- Ce plat comprend deux parties, dont l'une contient trois *matsoth* (pains sans levain qui rappellent le départ précipité des Hébreux, avec des pains cuits à la hâte). Ceux-ci symbolisent :
  – le Cohen, le représentant du peuple auprès de Dieu ;
  – le Lévi, le serviteur du Temple ;
  – Israël, l'homme simple soutenant ceux qui le guident et l'éclairent.
- Le plateau contenant les *matsoth* passe trois fois au-dessus de la tête des convives, puis le chef de famille prend le Lévi et, après l'avoir soulevé et montré aux assistants, il le partage en deux parties inégales : la plus petite est remise dans le plat, et la plus grosse, l'*aphikomen* (mot grec qui signifie « je suis venu »), enveloppée dans une serviette, est portée comme un fardeau par le chef de famille sur son épaule. Ce morceau, caché sous la nappe ou sous un coussin non loin de lui, ne doit être découvert qu'à la fin du Seder pour clôturer le repas. Une part est conservée, car ce pain est doté de sainteté pour toute l'année.
- Dans l'autre partie du plat sont présentés :
  – un os d'épaule d'agneau (*zeroah*) qui symbolise l'Agneau pascal et le bras de Dieu étendu pour sauver son peuple ;
  – un œuf dur (*betzah*) qui symbolise le deuil et la destruction du Temple de Jérusalem ;
  – des herbes amères (*maror*), comprenant du raifort, des radis et du céleri, qui symbolisent l'amertume de l'esclavage ;
  – le cerfeuil ou le persil (*karpass*), symboles des feuilles du renouveau, et la laitue (*mazereth*) ;
  – une compote de pommes avec du miel, des noix, des amandes ou de la cannelle (*harosset*) qui symbolise l'argile des briques fabriquées par les Hébreux lors de leur esclavage en Égypte.
- Au milieu, un bol d'eau salée ou de vinaigre rappelle à la fois la mer Rouge et les larmes versées par les enfants d'Israël pendant leur esclavage.

- La célébration de la Pâque commence par la bénédiction du vin, le *kiddouch*. Les convives boivent leur vin et mangent les *matsoth* appuyés sur le coude gauche, coutume qui aurait pour origine celle des repas de l'Antiquité grecque ou romaine, pris en position allongée. Les quatre verres de vin rouge correspondent aux grandes étapes de la délivrance : l'adoucissement des corvées, l'émancipation, la libération et l'élection du peuple juif par Dieu. Quand le second verre est rempli, le plus jeune des convives pose quatre questions à l'assistance en faisant tour à tour le sage, le méchant, le naïf et celui qui ne sait pas poser de questions. On récite des psaumes et on chante des chants traditionnels.
- Après cette nuit du Seder débute la semaine de la Pâque.

☛ Agneau pascal, Bénédiction, Pessa'h.

SEMAINE SAINTE

La semaine sainte, qui va des Rameaux à Pâques est, pour les chrétiens, la semaine centrale de l'année liturgique, en particulier le Triduum sacrum *(ou* Triduum pascal*) des jeudi, vendredi et samedi saints, qui célèbre les derniers événements de la vie du Christ à Jérusalem avant sa Résurrection : son dernier repas (la Cène), sa Passion, sa mort sur la Croix à l'âge de 33 ans et son ensevelissement.*

Les derniers jours de la vie du Christ furent célébrés très tôt dans l'Église orientale, au IVe siècle, puis en Occident à partir du Ve siècle et, surtout, à partir du VIIe siècle. Les offices, appelés souvent « Ténèbres » avant 1970, reprennent les gestes du Christ, depuis la Cène jusqu'à la Croix.

Au milieu du Moyen Âge, on jouait sur les parvis des églises les mystères de la Passion. Dans le sud de la France et en Espagne, depuis le bas Moyen Âge, des processions de pénitents sont organisées. Les Chemins de Croix et les Passions subsistent le vendredi saint.

Le goût médiéval pour les spectacles a engendré des coutumes liées à l'obscurité et au silence (le tintement des cloches est remplacé par de stridentes crécelles). Elles traduisent l'angoisse de la mort qui précède le renouveau : cette « période de marge », connue dans les cultes orientaux antérieurs (des dieux de la Végétation, Attis et Adonis, par exemple), comprise entre la mort et la renaissance du dieu, est associée au renouveau de la végétation et au retour de la fécondité après la stérilité de l'hiver.

- Partout en Europe, lors de cette « semaine peineuse » (Normandie), il fallait nettoyer les maisons à fond. Jusqu'au milieu du XXe siècle, les interdits étaient nombreux, surtout le vendredi saint : il était défendu de labourer sous peine de creuser sa propre tombe ou de faire saigner la terre, de laver du linge, de filer, de manger des œufs, de couper de la viande…
- Dans certains villages d'Alsace, on brûle encore Judas, un mannequin de paille, trace de pratique carnavalesque.
- Les enfants de chœur allaient chanter de porte en porte des couplets mi-profanes, mi-sacrés pour quêter quelques sous ou des œufs (le « pâqueret » en Île-de-France et en Normandie, par exemple). En Auvergne, les « réveilleurs », jeunes gens parfois déguisés, passent encore aujourd'hui en pleine nuit psalmodier les récits de la Passion.

☛ **Carême, Cloches, Jeudi saint, Pâques, Pénitents, Réveillées, Tournées cérémonielles, Vacarme cérémoniel, Vendredi saint.**

SEPTUAGÉSIME

La septuagésime (du latin septuagesima, *« soixante-dixième [jour] » avant Pâques), la sexagésime (du latin* sexagesima, *« soixantième ») et la quinquagésime (du latin* quinquagesima, *« cinquantième ») sont les trois dimanches qui précèdent le carême. Le dimanche de la septuagésime, entre le 18 janvier et le 21 février, est le neuvième dimanche avant Pâques. Le Mardi gras se situe dans la semaine de la quinquagésime.*

En effet, trois semaines (contenant ces trois dimanches) avaient été ajoutées au carême pour l'allonger et permettre d'alléger le jeûne les samedis et dimanches, tout en gardant le même nombre de jours de pénitence. Ces appellations ont été supprimées en 1969.

Comme le carnaval, ces dimanches dépendent de la date de Pâques, dimanche qui suit la pleine lune venant après l'équinoxe du printemps. La quinquagésime est attestée à Rome, en Provence et à Turin au VIe siècle. La sexagésime puis la septuagésime sont apparues peu après, aux VIe et VIIe siècles.

- À la cathédrale de Langres, la veille du dimanche de la septuagésime, un enfant de chœur « fouettait l'alleluia », représenté par une toupie, et le chassait dehors. Ce cri d'allégresse hébreu ne devait plus être prononcé avant Pâques. À Auxerre et à Toul, les enfants de chœur « enterraient l'alleluia » jusqu'au samedi saint, en imitant des funérailles.

☛ **Carême, Pâques.**

SÉRÉNADE

La sérénade est un concert donné en plein air la nuit sous les fenêtres d'une personne que l'on veut honorer ; le mot, dérivé de l'italien serenata, *« ciel serein », a subi l'influence de* sera, *« soir ». À l'inverse, une aubade, qui désignait au départ un concert donné le matin à l'aube, définit souvent un concert de bienvenue joué ou chanté en plein air.*
Depuis le XVIIe siècle, le terme de « sérénade » s'applique aussi aux bruits et aux cris des charivaris, manifestations nocturnes qui ne sont guère harmonieuses.

Jusqu'au début du XXe siècle, dans certaines régions (en Isère notamment), des « aubades », ponctuées de salves de fusil, étaient données le matin des noces par les amis du fiancé à la future mariée. Parfois, ces mêmes divertissements avaient lieu à la porte de l'église le matin de la fête patronale et lors des solennités collectives.

Aubades et sérénades désignaient également les chansons de mai (dont certaines « réveillées ») qui se chantaient la nuit : elles mentionnaient le mai et sa plantation aux portes des jeunes filles.

☛ Chansons, Charivari, Concert, Fanfare, Mais, Mariage, Musique, Réveillées.

SHAVOUÔTH

Shavouôth ou Chavouôth (mot hébreu signifiant « semaines »), fête des Sept Semaines ou Pentecôte, est une fête juive qui a lieu le 6 ou 7 Sivan (en mai/juin), cinquante jours après Pessa'h (Pâque juive). Cette fête a une importante signification spirituelle, car elle commémore le Don de la Thora (la Loi de Moïse). Avec Pessa'h, liée à Shavouôth par l'Omer, et Soukkôth (fête des Cabanes), Shavouôth fait partie des trois fêtes de pèlerinage qui obligeaient les juifs à se rendre à Jérusalem, en l'occurrence pour l'offrande au Temple des prémices (premiers fruits de la terre) : froment, orge, vigne, figuier, grenadier, olivier, miel ou dattes.

Cette fête agraire de la Moisson ou des Premiers Fruits, qui ne dure qu'un jour, clôt le cycle pascal. Ce jour-là, il fallait faire l'offrande nouvelle à Dieu de deux pains faits avec deux dixièmes de fleur de farine et cuits avec du levain. La fête est devenue en 140 après J.-C. celle du « Don de la Thora » à Moïse, sur le mont Sinaï (les Tables des dix commandements), ou « Don de la Révélation ».

◆ Les synagogues et les maisons sont décorées d'épices et de fleurs pour, dit-on, « ramener à eux les enfants que la peur de l'Éternel ferait s'évanouir ». Lors de cette fête familiale, on mange des produits laitiers.

☛ Omer, Pèlerinage (fêtes de), Pentecôte, Pessa'h, Soukkôth.

SILENCE (minute de)

Voir Souvenir (cérémonial du).

SIM'HAT THORA

Voir Soukkôth.

SOIRÉE

Voir Réception.

SOLENNITÉ

Une solennité est une fête célébrée avec pompe et apparat (les fêtes princières par exemple : couronnements, entrées…). La solennité désigne aussi le caractère majestueux d'une célébration. Le terme vient du latin sollemnitas, *composé de* sollus, *« tout », « entier »,* et de annus, *« année » : à l'origine, le mot désignait donc un grand jour qui revenait chaque année.*
Dans le langage liturgique, la solennité désigne le degré supérieur de célébration des fêtes : elle donne souvent lieu à une vigile, office célébré la veille. Pâques est la « solennité des solennités ».

☛ Célébration, Entrée solennelle, Liturgie, Pâques, Pompes, Princières (fêtes).

SON et LUMIÈRE

Les son et lumière, fréquents en été dans la France entière, animent et mettent en valeur une architecture remarquable qui sert de toile de fond à un spectacle vivant nocturne et en plein air : château, donjon, chapelle, quartier ancien…

Les spectacles son et lumière ont débuté dans les années 1950 : en 1957, au château du Lude (Sarthe), sur les bords du Loir, l'idée d'un spectacle qui reconstituerait l'histoire du château naquit au cours d'une kermesse dans le parc, quand, le soir, devant le château illuminé,

Le Bal des Ardents, 1393, Chroniques de Froissart, XVe siècle.

Halte de chasse, détail, Carle Van Loo, XVIIIe siècle.

les vendeuses costumées firent revivre les robes à crinolines. La mise en scène raffinée de ces spectacles dans un cadre féerique leur valut un important succès, et d'autres sites prestigieux copièrent cette mise en valeur du patrimoine avec le concours de figurants locaux.

Le déroulement dramatique du spectacle est souligné par une machinerie élaborée qui fait ressortir le décor, lui donne profondeur, volume, mouvements, nuances, etc.

◆ Parmi les nombreux son et lumière, les Féeriques de Montgothier (Manche), non loin du Mont-Saint-Michel, ou le spectacle nocturne du château de Saint-Fargeau (Yonne), font revivre des pans de l'histoire locale dans des reconstitutions vivantes. Les spectacles du Puy-du-Fou en Vendée, fondés en 1989, sont également célèbres : cette « cinéscénie » propose plusieurs tableaux historiques.

☛ **Chansons, Concert, Festival, Feu d'artifice, Historiques (reconstitutions), Illuminations, Musique.**

SORTS (fête des)

Voir Pourim.

SOUKKÔTH

Soukkôth (mot hébreu qui signifie « cabanes »), dite aussi « fête des Cabanes », « fête des Tentes » ou « fête des Tabernacles », est une fête juive de pèlerinage, comme Pessa'h et Shavouôth. Sept jours durant, du 15 au 21 Thishré (septembre/ octobre), on s'installe – pour les repas et pour dormir – dans une cabane provisoire, la soukka*, aménagée dans le jardin ou sur le balcon, et dont la construction a débuté dès la fin du Kippour, quatre jours plus tôt. La* soukka*, faite de planches et de branchages, rappelle l'errance des Hébreux quarante ans durant dans le désert du Sinaï sous la seule protection divine (le ciel doit rester visible entre les branches du toit).*

Les rites de Soukkôth, fête d'allégresse qui intervient après les « jours redoutables » du début d'année (de Rosh Hashana à Yom Kippour), rappellent au peuple d'Israël son destin d'errant sous la vigilante protection de Dieu. Cette fête impliquait aux temps bibliques le déplacement à Jérusalem pour y faire des offrandes. Dans la Bible, Soukkôth, la fête par excellence, est appelée *Hag*, « fête ». Dans la liturgie chrétienne, les Quatre-Temps d'automne auraient perpétué une partie de la tradition juive.

◆ Cette fête automnale voulue par Dieu permet de se réjouir du produit des récoltes : elle associe l'humanité et la nature à la joie universelle de l'éternité promise. Le matin du premier jour, à la synagogue, les fidèles chantent le psaume *Hallel* avec, à la main droite, le *loulav*, bouquet fait de trois plantes (palme, saule, myrte), et, à la main gauche, l'*ethrog* (« cédrat »). Ils agitent ces bouquets dans la direction des quatre points cardinaux et de haut en bas, puis font un tour du *Sefer Thora* (« Rouleau de la Loi »). Symboliquement, ces bouquets représentent les catégories du genre humain (actifs, penseurs, savants, autres) réunis sous l'omniprésence divine. On a parfois rapproché Soukkoth et la célébration des Rameaux, où la foule de pèlerins, les bras chargés de palmes, acclamait le Christ en poussant des cris de joie.

◆ Dans la journée, on entre dans la *soukka*, décorée de fruits d'automne, de tentures, de tapis et de chandeliers, avec le *loulav* et l'*ethrog*.

◆ Le septième jour, le 21 Thishré, la fête de *Hosha'Ana Rabba* (journée du « Jugement définitif ») invite à un retour sur soi. En procession, les fidèles font sept fois le tour du *Sefer Thora*, le *loulav* dans une main et, dans l'autre, les branches de saule dont ils battent le sol. Ce jour de clôture est marqué, le soir, par un grand repas. On entre pour la dernière fois dans la *soukka*, avant le coucher du soleil, pour y manger une friandise, et on en ressort avec les objets précieux qui vont décorer le festin de clôture à la maison.

- Le lendemain, *Shemini Atsereth* (« Huitième [jour] et fin de l'Assemblée ») s'accompagne de prières pour la pluie et le changement de saisons. Cette fête est suivie le neuvième jour (le 23 Thishré) de la *Sim'hat Thora*, ou « Joie de la Thora », jour marqué par la fin et le recommencement de la lecture de la Thora à la synagogue, avec la procession des cinq rouleaux de la Loi sortis de l'Arche sainte auxquels on fait faire sept fois le tour de la *bîma* (estrade où se fait la lecture de la Loi). C'est un grand honneur de lire le dernier verset du cinquième rouleau de la Loi. La cérémonie est suivie de la fête des enfants avec distribution de friandises, jeux et grand repas.
- Pendant cette joyeuse semaine, on mange de préférence des mets fourrés, des desserts aux fruits frais ou confits (compotes, confitures...), ainsi que des pâtisseries fourrées.

☛ **Pèlerinage (fêtes de), Quatre-Temps, Rameaux, Repas, Végétaux, Yom Kippour.**

SOULE

La soule, sioule ou choule, selon les dialectes, est un jeu de balle très ancien pratiqué sur un terrain plat. Proche du rugby, ce jeu d'extérieur, où tous les coups sont permis, tient son nom d'une balle de bois ou d'un ballon de cuir bourré de son ou de foin, qui se lance à la main nue ou avec le pied. L'étymologie du mot est controversée. Certains folkloristes rapprochent la soule de sol, « soleil » en latin, que le ballon symboliserait.

Dans différentes régions de France (Bretagne, Normandie, Picardie, Berry...), ce jeu opposait les célibataires aux hommes mariés, ou les jeunes de deux communes voisines, entre eux, lors des fêtes du printemps (spécialement celles de la Chandeleur à Mardi gras), ou encore au moment de Pâques et de la fête patronale, voire même à Noël. Certaines rencontres avaient lieu à la limite de deux paroisses, même si le terrain y était accidenté.

Les origines de la soule sont obscures. D'ordre carnavalesque, ce jeu semble lié à l'émergence du printemps. Il peut être rapproché de la coutume, encore connue au début du XXe siècle dans le Berry, trace probable d'une évocation païenne en hommage au soleil renaissant : à l'approche de l'équinoxe de printemps, les jeunes filles faisaient des gros bouquets ronds de coucous (primevères jaunes), et les lançaient en chantant « Grand soulé, petit soulé ». Le jeu rituel de la soule est attesté au Moyen Âge (au XIIe siècle, dans le *Jeu de Robin et de Marion*, en Bretagne, et dans le *Roman de Renart* aux XIIe et XIIIe siècles) ainsi que chez Rabelais au XVIe siècle.

Une ordonnance de Charles V datée du 3 avril 1365 recommandait que la soule ne figurât pas parmi les jeux servant à l'exercice du corps, ce qui prouve qu'elle était répandue. Responsable de nombreux accidents, elle fut interdite à différentes reprises (en 1440 à Tréguier, en Bretagne, par exemple), ce qui ne l'empêcha pas d'être toujours en vogue aux XVIIe et XVIIIe siècles. La soule tomba en désuétude après la Révolution. Elle perdura dans certaines régions : ainsi en Normandie jusqu'en 1854, ou dans le Morbihan rural jusqu'à la Seconde Guerre mondiale.

Les enjeux amoureux des jeunes gens devant des spectatrices à qui rien n'échappait, les hommes mariés raillés par les plus jeunes cherchant à défendre leur fierté et leur réputation, les inimitiés personnelles expliquent la détermination qui pouvait animer les « souleurs ».

- La soule est encore pratiquée en Picardie (sous le nom de « choule », avec des règles additionnelles qui la distinguent des soules bretonnes ou normandes) ou dans certains mouvements de jeunesse (le scoutisme, par exemple, où elle est connue sous le nom de « sioule »), mais elle a souvent laissé la place au football et au rugby, jeux réglementés et moins brutaux.

☛ **Adolescents, Combats, Jeux, Luttes, Sport.**

SOUVENIR (cérémonial du)

Le cérémonial du Souvenir a lieu sous l'Arc de Triomphe, à Paris, autour de la tombe du Soldat inconnu, qui symbolise tous les combattants français et alliés tombés au champ d'honneur.

Chaque jour à dix-huit heures trente, le ravivage de la flamme qui brûle en permanence sur la tombe du Soldat inconnu est fait par une ou plusieurs sociétés d'anciens combattants. Un comité de la Flamme, gardien de ce lieu sacré, accueille les anciens combattants et veille au bon déroulement des cérémonies – dépôt de gerbes et ravivage de la flamme, éventuellement en musique.

Le 11 novembre 1923, la flamme du souvenir fut allumée par André Maginot, ministre des Pensions de

l'époque, sur la tombe du Soldat inconnu. Selon l'idée de plusieurs présidents du Souvenir et de députés exprimée dès 1916, la dépouille d'un combattant français anonyme de la Première Guerre mondiale fut placée sous l'Arc de Triomphe le 28 janvier 1921. Ce soldat fut choisi au hasard – parmi huit corps de soldats français provenant de régions différentes rassemblés à Verdun –, par l'un des rares survivants du 132e régiment d'infanterie, le soldat Auguste Thin († 1982). Ce dernier additionna les trois chiffres de son régiment et désigna donc le sixième cercueil.

◆ Ce geste symbolique du ravivage de la flamme fait avec une épée doit être accompli par un ancien combattant français ou allié ou un ayant droit. Les gerbes déposées comprennent souvent des bleuets, fleurs officielles du souvenir des Morts pour la France. La cérémonie est suivie d'une minute de silence (celle-ci remonte au 11 novembre 1919, premier anniversaire de l'armistice).

Le « Relais sacré »

• Les grandes fêtes du Souvenir (le 11-Novembre, qui commémore l'armistice de 1918, fin de la Première Guerre mondiale, et la fête de la Victoire, le 8-Mai, fin de la Seconde Guerre mondiale, en 1945) sont marquées la veille au soir par la cérémonie du « Relais sacré » : le ravivage de la flamme de l'Arc de Triomphe est suivi de l'allumage d'un flambeau porté jusqu'aux Invalides accompagné de la batterie de tambours, et qui sert lui-même à allumer des torchères ou des vasques devant les tombeaux ou statues de chefs militaires illustres.

◆ Chaque année en juin, le Pardon national de la Batellerie de Conflans-Sainte-Honorine (Yvelines) débute le vendredi soir par le ravivage de la flamme du souvenir à l'Arc de Triomphe : celle-ci est ensuite portée à la Maison de la Batellerie, quai d'Austerlitz, puis embarquée le lendemain par voie d'eau pour Conflans-Sainte-Honorine, escortée d'une trentaine de péniches. Le soir, la flamme est déposée sur le bateau-église *Je Sers*. Une messe y est célébrée le dimanche, suivie de la bénédiction des bateaux.

Une journée du souvenir : Yom Hashôah

• Le calendrier des fêtes juives comprend pendant la période de l'Omer (entre Pessa'h et Shavouôth), une journée de haut deuil, Yom Hashôah, le 27 Nissan (en avril/mai). Cette journée commémore l'Holocauste (« sacrifice par le feu ») – ou Shoah, mot hébreu signifiant « anéantissement » –, massacre de six millions de Juifs par les nazis dans les camps d'extermination. À Paris, une cérémonie a lieu au Mémorial de la Déportation, derrière Notre-Dame.

☛ **Arc de triomphe, Armistice du 11 novembre 1918, Cérémonial, Commémoration, Fanfare, Victoire (fête de la).**

SPONSORING

Voir Mécénat et sponsoring.

SPORT

Les combats sportifs ou luttes rituelles font partie des fêtes patronales : luttes, joutes équestres ou nautiques, compétitions ou jeux collectifs de ballons (comme la soule, jeu proche du rugby), etc. Les compétitions donnent lieu à des remises de récompenses en nature (jambon, poule, vin...) ou symboliques (médailles, coupes, trophées...). Les vainqueurs en tirent un grand prestige.
Aujourd'hui, les manifestations sportives, qui se jouent sur le plan régional, national ou international, attirent des foules et sont donc devenues de grandes fêtes populaires (jeux Olympiques ou Coupe du monde de football, par exemple).

Le sport, qui agit comme un puissant catalyseur social, a repris au cours du XXe siècle la fonction qu'il occupait déjà dans l'Antiquité. En Grèce, l'exercice physique faisait partie de la culture et de l'éducation : exercices militaires pour les hommes, et promesse d'avoir de beaux enfants pour les femmes. À partir d'Alexandre le Grand, au IVe siècle avant J.-C., le modèle grec s'est exporté. À Rome, l'exercice physique, qui ne rentrait pas dans l'éducation, se pratiquait pendant les temps de loisirs dans les palestres (gymnases).

Au Moyen Âge, les exercices guerriers et de chevalerie de la société féodale contribuèrent à l'institution de jeux populaires (bagues, quintaines, tirs à l'arc...).

Mais ce fut au XIXe siècle que naquit le sport « moderne », celui que nous connaissons aujourd'hui. Les compétitions sportives se développèrent, sous l'influence anglaise, dans des clubs (le mot « sport » en anglais signifie « divertissement »). Dans les clubs, les aristocrates s'intéressaient aux courses de chevaux ou aux combats de boxe avec paris à la clé. Avec la société industrielle, qui encourageait l'émulation entre ouvriers, s'est développé le mythe de l'exemplaire et le goût du spectacle profane avec ses héros : les stades fleurirent dans les villes, drainant des foules. Le premier Tour de France eut lieu en 1903, la première Coupe du monde de football en 1930 à Montevideo (Argentine), quadriennale comme les jeux Olympiques, rétablis en 1896. Entre 1920 et 1950, le public se prit au jeu de ces championnats qui se transformèrent bientôt en fêtes populaires, mais aussi publicitaires, en faisant connaître les grandes marques commerciales en échange d'argent : la caravane du Tour apparut au début des années 1930. Avec l'avènement des temps de loisirs, des reportages dans la presse et de l'image, l'enthousiasme pour le spectacle du sport s'est confirmé (la « passion sportive »).

- Le développement des médias a contribué à transformer les rituels sportifs, qui s'accompagnent maintenant de renforts financiers importants : dans les années 1970, les sponsors apparurent, d'abord dans le monde de la voile et de la formule 1 ; Éric Tabarly fut le premier a y avoir recours pour la Transat en solitaire en 1976. L'argent a fini par prendre une place primordiale dans la plupart des sports.
- Pour les supporters, davantage masculins dans les domaines à la symbolique guerrière (foot, rugby, boxe...), la notion d'identité collective existe bel et bien et les emblèmes nombreux leur permettent d'afficher leur appartenance au club (accessoires vestimentaires, grimage, drapeaux, chants...). Spectateurs et téléspectateurs, passionnés par la progression de « leur » équipe, se réunissent volontiers sur la place publique pour manifester leur joie lors d'une victoire, avec une large utilisation du vacarme cérémoniel (klaxons, chants...), tolérée par les pouvoirs publics. Ces démonstrations joyeuses s'accompagnent parfois de désordres et de violences.
- Les sportifs vivent dans un monde codifié au moment des grandes rencontres (gestes propitiatoires – choix du maillot, des chaussures, signes de croix –, port d'objets fétiches, embrassades...). Celles-ci deviennent véritablement des grand-messes, si l'on en croit les métaphores qui reviennent régulièrement chez les commentateurs : la pelouse est « sacrée », le stade rempli de « fidèles » « communie » à la « cérémonie », etc.

Les jeux Olympiques

- Les jeux d'Olympie auraient été institués par Héraclès, demi-dieu grec, fils de Zeus et d'Alcmène : la première Olympiade historique eut lieu en 776 avant J.-C. À partir de 572 avant J.-C., toute la Grèce se rassemblait à Olympie tous les huit ans : les cités devaient suspendre toute activité guerrière pendant la trêve olympique. À la fin du IVe siècle, les jeux, déclarés impies par l'empereur Théodose Ier sous l'influence de saint Ambroise, furent interdits.
- À la fin du XIXe siècle, plusieurs tentatives pour les ressusciter, dont celle du baron Pierre de Coubertin en 1892 sur une base conforme aux conditions de la vie moderne, aboutirent finalement à leur rétablissement tous les quatre ans : la première Olympiade eut lieu à Athènes en 1896, et les premiers Jeux d'hiver furent institués en 1924 à Chamonix.
- Tous les quatre ans, les villes organisatrices font des efforts remarquables pour développer le spectacle, traduire l'image de paix entre les peuples, la solennité des Jeux et l'importance de leurs rituels (transfert de la flamme olympique, cérémonies d'ouverture ou de clôture, remise des médailles, illuminations...). Depuis 1994, les Jeux d'hiver sont décalés de deux ans.
- La devise des Jeux, proposée par Pierre de Coubertin, est en latin : *Citius, altius, fortius* (« Plus vite, plus haut, plus fort ») et leur emblème (inauguré en 1914), des anneaux entrelacés symbolisant les cinq continents unis par l'olympisme et les couleurs de toutes les nations.

☛ **Combats, Concours, Jeux, Jeux équestres, Luttes, Mécénat et sponsoring, Mer (fêtes de la), Ouverture (cérémonie d'), Pom-poms girls, Récompense, Sébastien (Saint-), Soule, Tauromachie, Télévision.**

SUISSE

Le suisse, personnage en uniforme armé d'une hallebarde et d'une épée, était chargé de la police d'une église, ainsi que de l'ordonnance des processions et des cérémonies jusqu'aux années 1960.
Aux XVIIe et XVIIIe siècles, le « suisse » était le nom donné au portier d'une grande maison ou d'un hôtel particulier. L'origine est controversée : pour certains, cette appellation viendrait du fait que ces domestiques devaient être originaires de Suisse ; pour d'autres, c'était en raison de leur costume qui rappelait celui des mercenaires suisses.

◆ Le bedeau, employé laïque préposé au service matériel et au respect de l'ordre dans une église, remplace le suisse lors de certains mariages : vêtu d'un costume civil, il annonce avec sa canne les mouvements importants du cortège.

☛ **Cérémonie, Cortège, Mariage, Tapis rouge.**

SURPRISE-PARTIE

La surprise-partie (ou surprise-party), appelée aussi « surboum », « boum » ou « surpatte », était une réunion dansante, de vingt à cinquante personnes en général, organisée à l'occasion d'un anniversaire, pour les dix-huit ans d'une jeune fille, pour fêter un résultat d'examen, etc. Elle tenait son nom du caractère improvisé qui la distinguait au départ des soirées et bals organisés. Le nom de « surprise-partie », aujourd'hui désuet, est remplacé par « soirée », « fête » ou « teuf » (fête en verlan). La « boum » désigne maintenant une réunion dansante de préadolescents.

Le nom anglais de *surprise-party*, apparu pour la première fois en 1882 dans la revue littéraire *Gil Blas*, désignait une réunion d'amis improvisée où chacun apportait quelque chose. Dans les années 1920, le mot désignait une réunion dansante spontanée où chacun participait au buffet. Les invités arrivaient à l'improviste vers dix heures du soir, alors que le maître des lieux ne se doutait de rien, et tous dansaient jusqu'à l'aube. Propre à la « libération » des Années folles, cette formule impertinente correspondait à la « désacralisation » de la danse et à l'abandon du savoir-vivre trop rigide connu en 1900. La surprise-party permettait de dédaigner les « vieilles lunes » (cartons d'invitation, remerciements…) pour adopter le style décontracté à la mode. Les abus (dégâts, vols…) conduisirent bientôt à l'apparition d'une formule plus sage : dans les années 1940, le nom de « surprise-partie » désignait une réunion dansante plutôt informelle (après-midi ou soirée) organisée chez soi ou en villégiature.

◆ La surprise-partie connut une grande popularité dans les années 1960, comme en témoigne encore la célèbre chanson de Sheila « Première surprise-partie ».

☛ **Anniversaire, Bal, Boum, Danse, Dix-huit ans, Réception.**

SYLVESTRE (Saint-)

La Saint-Sylvestre, le 31 décembre, est le dernier jour de l'année. L'arrivée du Nouvel An à minuit est célébrée dans l'abondance de copieux réveillons : le luxe des mets servis (huîtres, foie gras, chapon farci, bûche glacée, champagne…) est de bon augure. On s'embrasse joyeusement sous les bouquets de gui, et, dans les rues des villes, fusent de toute part des vœux : « Bonne Année ! Bonne Santé ! » Des pétards et des concerts de klaxons éclatent dans les villes, comme à Paris sur les Champs-Élysées : ce vacarme cérémoniel est prometteur. Alors que la soirée de Noël se passe plutôt en famille, on se reçoit entre amis à la Saint-Sylvestre, ou l'on sort dans des restaurants, dans des cabarets et des discothèques. Avec cotillons et flonflons, on s'amuse. Dans les grandes villes, des foules se rassemblent autour de spectacles en plein air, d'illuminations ou de concerts.

Saint Sylvestre fut pape de 314 à 335, au moment de l'établissement du christianisme à Rome. Grâce à l'appui de l'empereur Constantin, il dota l'Église d'une liturgie et de basiliques (Saint-Jean-de-Latran, Saint-Pierre, Saint-Paul-Hors-les-Murs…).

Il combattit l'arianisme (doctrine d'Arius, moine de Constantinople, contestant la nature divine du Christ, Fils de Dieu).

L'origine latine du nom de Sylvestre (de *silva*, « forêt ») n'est peut-être pas étrangère à la présence de ce saint au changement d'année. En effet, la nature est importante dans les tournées de Nouvel An ou du carnaval : elle est symbolisée par l'homme sauvage qui incarne les forces obscures et inquiétantes du monde des morts. En témoignent au moment du Nouvel An les tournées suisses des *Sylvesterklaüse* (littéralement les « Nicolas de la Saint-Sylvestre »), dont certains sont vêtus de mousse et de paille.

À Rome, un peu plus de dix jours après les saturnales, les calendes de janvier étaient l'occasion de copieux repas, d'échanges de vœux, d'offrandes de rameaux verts et de confiseries. Le dernier jour, les familles allaient au cirque, jetaient de la monnaie à la foule, se déguisaient... Ces défilés furent repris en partie au Moyen Âge lors de la fête des Fous et se perpétuèrent dans nos carnavals, à la veille du carême.

- En cette période de solstice d'hiver, la présence de lumières et de verdure se multiplie dans les maisons pour conjurer l'obscurité et la mort apparente de la nature. Le gui, « rameau d'or » selon l'expression de Virgile, est à l'honneur au changement d'année ; symbole janusien (du dieu romain Janus, « aux deux visages ») par excellence avec ses boules emplies de lumière poussant entre ciel et terre, il était censé conduire à la fois à l'obscurité et au renouveau. Magique et protecteur, « celui qui guérit tout », comme disaient les Celtes, est une promesse de bonheur, de fécondité et d'immortalité.
- Parfois, on se rassemble autour de jeux de société, jeux de dés ou de cartes, témoins de l'aspect divinatoire de cette époque des douze jours.

☛ **Calendrier, Carte de vœux, Champagne, Décoration, Douze jours, Gui, Homme sauvage, Illuminations, 1er-Moharram, Noël, Réveillon, Rosh Hashana, Tournées cérémonielles, Vacarme cérémoniel, Végétaux.**

T

T

TABERNACLES (fête des)

Voir Soukkôth.

TABLE (plan de)

L'élaboration du plan de table est importante pour la réussite d'un repas. Les personnes honorées dépendent des circonstances (anniversaire, fiançailles, réception officielle, dîner amical...), et le style des invités, groupés par affinités, âge, etc., impose de lui-même leur placement. Si plusieurs personnalités sont réunies, il faut respecter l'ordre de préséance pour ne froisser personne.

Le savoir-vivre s'est aligné sur l'étiquette de la cour : les tables aristocratiques ont elles-mêmes inspiré les tables bourgeoises.

- À la française, le maître et la maîtresse de maison se font face au centre de la table. Ils peuvent être légèrement décalés en fonction du nombre d'invites pour maintenir l'alternance hommes, femmes. À l'anglaise, ils se font face aux extrémités de la table.
- La place d'honneur pour un homme est à droite de la maîtresse de maison, la deuxième place d'honneur à sa gauche, et pour une femme, à droite et à gauche du maître de maison.

☛ **Étiquette, Préséance, Protocole, Réception, Repas.**

TAPAGE NOCTURNE

Le tapage nocturne, bruit excessif fait la nuit, est une infraction au Code pénal, et donc répréhensible. Le règlement (R 623-2) et l'article 222-16 du Code pénal définissent les abus passibles de peines plus ou moins sévères. Tous les officiers de police judiciaire (y compris les maires) et certains agents des communes assermentés sont habilités à recevoir les plaintes en matière de bruit.

En temps de carnaval, lors de la Saint-Sylvestre, de charivaris ou de mariages, le vacarme généré par la fête est toléré. Toutefois, le bruit

est illicite et les activités ludiques bruyantes pratiquées dans les lieux publics font elles-mêmes l'objet de dérogations limitatives dans le temps, l'espace et par rapport au niveau sonore.

☛ **Charivari, Musique (fête de la), Vacarme cérémoniel.**

TAPIS ROUGE

Le tapis rouge est symbole de cérémonie. Les honneurs civils ou militaires réservés aux personnages éminents dans des circonstances solennelles occasionnent le déroulement d'un tapis rouge (à l'église, dans les gares ou les aéroports, par exemple).

Dans l'Antiquité, le « manteau de pourpre » était, comme la couronne d'or, symbole de royauté et de magnificence. Dans l'Empire romain, le rouge était réservé aux empereurs régnants : vêtements, talons... Le général qui triomphait avait droit à la « pourpre impériale ». De même, dans les manuscrits byzantins au temps de l'empereur Justinien (VIe siècle), le rouge était réservé à Dieu et à l'empereur.

- Les honneurs civils et militaires obéissent à des consignes strictes régies par le décret de 1917, allégées le 12 février 1974.

☛ **Cérémonie, Honneurs, Protocole, Roi.**

TARASQUE

La tarasque est le nom de l'animal imaginaire, monstre cruel et dominateur, qui, selon une légende, terrorisait la ville de Tarascon (Bouches-du-Rhône). Cette créature mi-terrestre, mi-aquatique qui nichait au bord du Rhône fut, dit-on, domptée par sainte Marthe peu après son légendaire accostage en Provence avec son frère Lazare et les saintes Maries au Ier siècle (vers 42).
À Tarascon, chaque année à la fin juin, l'effigie de la tarasque, entourée de huit « tarascaïres » portant un pantalon court de satin rose, une chemise à jabot et un chapeau blanc empanaché, fait une sortie très suivie. Après sa bénédiction devant la collégiale, la tarasque, devenue l'emblème de Tarascon, sort dans les rues de la cité, en compagnie de divers groupes folkloriques.

La tarasque est attestée depuis 1465, mais sa procession ne fut décrite avec précision qu'à partir du XVIIIe siècle. Les jeux de la tarasque ont été faussement attribués au roi René (duc d'Anjou et de Lorraine, comte de Provence), qui les aurait inaugurés en 1474. La Révolution, qui accordait une place importante au culte de la Raison, supprima les cortèges emblématiques jugés grotesques avec leurs mannequins gigantesques. Toutefois, certains défilés survécurent ou furent remis à la mode. La coutume de la tarasque, presque oubliée au XIXe siècle, redevint annuelle en 1946.

Le monstre sortait à deux occasions : le lundi de Pentecôte et le 29 juillet, jour de la Sainte-Marthe. À la Pentecôte, la bête semait la panique dans l'assistance ; fin juillet, elle était domptée par une fillette habillée en sainte Marthe qui la tenait au bout d'un ruban avec, dans l'autre main, un seau d'eau bénite. Cette seconde sortie semble être un rite carnavalesque christianisé. Les courses de la tarasque du lundi de Pentecôte s'accompagnaient d'« agressions-attrapes ou divertissements aux dépens du public », comme les a décrits l'écrivain provençal Fernand Benoît. Ces jeux pratiqués par diverses corporations (portefaix, paysans, bergers, meuniers, arbalétriers...) visaient essentiellement les jeunes filles. Les jardiniers les barbouillaient, tandis que les mariniers aspergeaient l'assistance.

◆ Chaque année en juin, la fête de Tarascon occasionne quatre jours durant des défilés importants de chars, des concerts, des farandoles, des exhibitions de gardians à cheval, des manifestations taurines, des bals ainsi que, le dimanche après-midi, la sortie très attendue de la tarasque. Une coutume d'inspiration littéraire, instituée par la commune libre de Jarnègues (quartier de Tarascon), s'est greffée à partir de 1946 : l'arrivée le dimanche matin de Tartarin de Tarascon de retour d'Afrique. En effet, le héros d'Alphonse Daudet, vêtu à la turque, est accueilli par les notables habillés de costumes de la IIIe République. Le récit de ses exploits de chasseur, qu'il conte en ponctuant son discours de salves de fusil, déclenche les rires.

Des animaux et des monstres de toile

• La tarasque est un monstre de carton et de toile au corps hérissé de piquants de près de 5 m de long qui crache le feu. Animée autrefois par une dizaine de porteurs qui symbolisaient ses proies, elle se déplace maintenant sur des roulettes, dirigée par les « tarascaïres ». Pour provoquer les rires, elle agresse la foule avec sa queue (moins menaçante depuis qu'un tortillon a remplacé la dangereuse poutre en 1946).

• En France, dans une quarantaine de villes, un animal mythique est ainsi associé aux légendes locales. Ces créatures démoniaques, inspirées par les grandes peurs engendrées par l'eau et ses dangers (inondations, noyades, sécheresse...), étaient réputées nicher non loin des rivières, dans les cavernes humides, les bourbiers, les marécages, etc. Symbolisant le paganisme et l'idolâtrie, comme le monstre biblique Léviathan, ces créatures permirent les représentations chrétiennes idéales de la victoire du Bien sur le Mal.

☛ **Animaux mythiques, Bénédiction, Croquemitaine, Emblématiques (fêtes), Géants, Georges (Saint-) et Saint-Marc, Itinéraire cérémoniel, Procession, Rogations, Tauromachie.**

TAUROMACHIE

La tauromachie est l'art de combattre les taureaux dans l'arène. Il existe une grande diversité de combats à pied ou à cheval, avec mise à mort de l'animal éventuellement. La tauromachie symbolise la volonté de l'homme de dominer une nature fougueuse.
L'emploi actuel du mot englobe de façon impropre courses ou jeux de bravoure avec vachettes ou taureaux, répandus en Espagne et dans le sud de la France, de Pâques à la Toussaint.

Le combat contre le taureau et la notion sacrificielle qu'il véhicule sont très anciens dans la culture méditerranéenne. Selon la mythologie grecque, Thésée réussit à vaincre le féroce Minotaure (fils de Pasiphaé et d'un taureau blanc envoyé par Poséidon) enfermé dans le Labyrinthe, qui exigeait des victimes humaines tous les neuf ans. Thésée put sortir aisément du Labyrinthe grâce à Ariane, la fille du roi Minos, amoureuse du héros, qui lui remit un peloton de fil dont elle tenait une extrémité.

Dans plusieurs civilisations européennes, on pratiquait les sacrifices rituels de taureaux ou de bœufs. Pour fournir les victimes aux prêtres, les jeunes gens devaient attraper ces animaux sauvages : le rite sacré était ainsi associé au combat sportif. En Espagne, les nombreux troupeaux de taureaux sauvages décidèrent de la vocation tauromachique du pays et les premiers jeux taurins y virent le jour dans l'aristocratie au milieu du Moyen Âge. Toutefois, la corrida, dans sa forme actuelle, est beaucoup plus récente puisqu'elle n'apparut qu'au XVIIIe siècle, parallèlement au déclin de la chevalerie.

Sous l'Ancien Régime, en Provence, seules les courses de chevaux et de mulets étaient organisées. La corrida ne fut introduite qu'au XIXe siècle dans le midi de la France. Les premières corridas intégrales, encouragées par l'impératrice Eugénie (née à Grenade), eurent lieu à Bayonne en août 1853 puis gagnèrent les Landes, Nîmes et Arles. Leur vogue grandit à la fin du XIXe siècle.

Les animaux à cornes

• Au XVIIe siècle, dans le sud de la France, les jeux avec des effigies d'animaux, proches de la tauromachie, avaient aussi pour fonction la domination de la nature. Ces jeux étaient comparables aux courses des carnavals espagnols où l'on cherchait à attraper les fausses vachettes des mascarades, hommes vêtus de peaux de bêtes, portant des cornes de vaches et des clochettes. Les « animaux » couraient d'un bout à l'autre du village et leur agressivité était encouragée par les spectateurs, malgré la peur qu'ils inspiraient. Ils étaient chargés d'initier et d'agréger les étrangers de la commune en s'attaquant à eux en priorité.

• Les croyances autour des animaux à cornes ont toujours figuré dans les tournées hivernales (accoutrements du Hans Trapp alsacien, du Krampus bavarois, ou d'autres masques en Suisse, personnages laids de la même famille que le Père Fouettard) : ces animaux psychopompes (conducteurs d'âmes) capables de descendre aux Enfers comme le taureau, le cerf ou le bouc, évoquaient l'immortalité, de même que l'homme sauvage.

- La corrida est un rituel complexe où le torero, qu'on appelle aussi toréador, affronte le taureau pour le tuer. Elle débute par un *paseo*, défilé solennel des deux *alguazils* (responsables de l'observance des règles) vêtus d'uniformes d'officiers de police du XVIIe siècle, suivis des trois toreros et de leurs *cuadrillas* (les subalternes : picadors et peones ou banderilleros). Le jeu avec l'animal s'inscrit dans un univers symbolique particulier qui est celui du sang et de la mise à mort. La novillada est une course de jeunes taureaux toréés par des toreros de quinze à vingt ans. Une grande familiarité se noue entre les héros de l'arène et le public d'aficionados qui crie volontiers, salue, se fâche, acclame les actions, jette des fleurs. Le public de la corrida est composé de *toristas* qui s'intéressent au taureau plutôt qu'au torero, ou de *toreristas*, plus attentifs à la prestation de ce dernier.
- Le *rejoneo*, appelé « corrida portugaise », est une corrida à cheval.
- L'*abrivado* (du provençal *abriva*, « accélérer l'allure ») est une course de taureaux pratiquée couramment en basse Provence et dans le Languedoc : encadrés de gardians à cheval, les taureaux traversent la ville au grand galop. Ces courses, dont l'origine est liée aux déplacements des troupeaux vers l'abattoir ou vers l'arène, occasionnent des pratiques protectrices : autrefois les jeunes filles portaient fièrement à leur corsage les touffes de poils arrachés à la queue des taureaux par les jeunes gens.
- Rendus célèbres par Ernest Hemingway, qui fréquenta les *Sanfermines* (fêtes de la Saint-Firmin, la deuxième semaine de juillet, attestées au XVIe siècle)

de Pampelune entre 1923 et 1932, les *encierros* sont des lâchers de taureaux dans les rues. Comme les bouchers et les vachers au XIXe siècle, de vigoureux jeunes gens courent devant : ce dangereux rite de passage qui ouvre l'accès au monde viril et adulte est très prisé des touristes américains.

- Les courses landaises (appelées « concours » à Dax), tradition gasconne, en dérivent : elles consistent pour les écarteurs et les sauteurs à éviter l'animal par de savants écarts ou sauts acrobatiques.
- Divertissements très populaires, les courses camarguaises ou courses à la cocarde consistent pour les « raseteurs » à détacher cocardes, glands, frontal et ficelles accrochés à la tête du taureau, le « cocardier ». La feria d'Arles, à Pâques, est célèbre. Dans le midi de la France, les ferias, où alternent épreuves tauromachiques et réjouissances, durent plusieurs jours. Les *peñas*, associations d'aficionados (amateurs et passionnés) qui portent souvent le nom d'un matador, sont chargées d'animer les rues.

Les associations de protection animale contre les corridas

• Les corridas sont ardemment combattues par les associations de protection animale qui reprochent la cruauté et la souffrance infligées aux taureaux pour le lucre et le divertissement.

• À la suite des Journées européennes anticorrida qui se déroulèrent pour la première fois en avril 1993 à Béziers, diverses fédérations ou comités locaux virent le jour pour dénoncer la banalisation de la violence, pour offrir au public une information complète concernant la corrida et pour donner la parole à tous.

• La contestation, qui n'est pas nouvelle, a pris de l'ampleur ces dernières années.

☛ **Animaux sauvages, Carnaval, Combats, Emblématiques (fêtes), Feria, Homme sauvage, Père Fouettard, Tarasque, Tournées cérémonielles.**

TECHNO PARADE

La Techno Parade, un samedi de la mi-septembre, est la fête parisienne de la musique techno. Devant un public d'adeptes nationaux et internationaux, elle se caractérise par un défilé de chars sonorisés, semi-remorques méconnaissables sous leur décoration, chargés de DJ (disc-jockeys), de musiciens, de chanteurs, de danseurs ou d'acrobates. Fête de « voyage » qui rompt avec le quotidien, elle utilise les moyens des carnavals pour habiter les rues : chars, déguisements, bruits, etc.

La première Techno Parade, organisée par l'association Technopol, eut lieu le 19 septembre 1998, à l'initiative du ministre de la Culture Jack Lang qui remettait en cause l'interdiction contre les manifestations raves et techno, prononcée en 1995. De Denfert-Rochereau à la place de la Nation, elle comprenait trente-six chars venus de toute l'Europe, et environ deux cents DJ. Elle fut créée sur le modèle de la « Love Parade » de Berlin (ou « Soft Parade ») qui a lieu chaque année en juillet, depuis 1989.

La techno

• La techno, terme générique, est une musique contestataire née entre 1985 et 1988 à Chicago et à Detroit. Issue du jazz, du funk et de la musique électronique que les DJ s'amusaient à mélanger, elle est constituée de fragments musicaux répétés indéfiniment. La techno est considérée par conséquent comme clandestine (*underground*) du point de vue du marché de la production et de la diffusion. Elle a pris son essor dans les grands rassemblements (technivals, raves, techno parades...). La techno, qui se réinvente constamment, utilise diverses « technologies » du son qu'elle retravaille (d'où son nom). Cette musique étourdissante se caractérise par son action sur le corps.

• Apparue en France en 1990, deux ans après son éclosion en Grande-Bretagne, la techno fait une première apparition remarquée en 1993 sur le parvis du palais de Tokyo à Paris, pour la fête de la Musique. Le 23 juillet 1993 eut lieu à Beauvais la première édition du Technival français (festival de musique techno).

☛ **Carnaval, Char, DJ, Gay Pride ou marche des Fiertés, Musique, Musique (fête de la), Rave-party.**

TÉLÉVISION

La retransmission des fêtes à la télévision permet d'élargir le « public » des spectateurs qui « vivent » ainsi l'événement, en direct : bien que passifs, les téléspectateurs ressentent, grâce à l'image, une véritable émotion. Le domaine des fêtes couvertes par la télévision est vaste : mariages princiers, Saint-Sylvestre, élections, défilés du 14-Juillet, cérémonies d'ouverture et de clôture (jeux Olympiques, Festival de Cannes...), remises officielles de récompenses (coupes sportives, césars...), jeux télévisés, concerts, etc. Les enjeux financiers, soutenus par des campagnes commerciales, sont énormes.

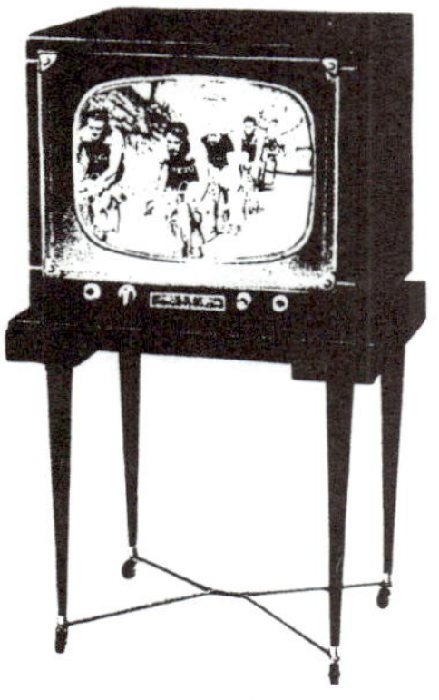

Les actualités cinématographiques, apparues dans les années 1930, permirent de couvrir certains grands événements. Même si les reportages manquaient de souplesse au début, ils permettaient aux téléspectateurs d'« être présents » et par conséquent de mieux vivre la joie, la tristesse ou la déception du public, mieux encore qu'à la radio qui offrait déjà un lien direct avec l'événement, à l'inverse des photographies et des reportages de la presse écrite. Depuis l'avènement de la télévision dans les années 1950, le spectacle fait partie intégrante de notre quotidien. Les progrès technologiques remarquables des prises de vue et de la vidéo en général permettent d'accentuer l'émotion : gros plans, multiplications des caméras, sons, etc.

◆ Dans certaines occasions (Coupe du monde de football, élection présidentielle, concerts…), des écrans géants installés sur les places publiques ou dans les bars permettent à des groupes de téléspectateurs de vivre l'événement en direct : l'ambiance y est proche de celle que vivent les spectateurs.

☛ **Festival, Ouverture (cérémonie d'), Photographies, Récompense, Sport.**

TENTES (fête des)

Voir Soukkôth.

TENUES VESTIMENTAIRES

Les tenues vestimentaires ont une importance évidente dans les fêtes puisque, sans être toujours définies par des règlements écrits, elles obéissent à des conventions qui en déterminent le type général et l'emploi. Ni trop « habillées » ni pas assez, elles doivent être portées avec aisance dans le ton voulu. Acheter ces vêtements coûteux, qui servent peu la plupart du temps, fait partie du « gaspillage cérémoniel ».

La transposition de l'étiquette de cour dans la vie courante, opérée par la bourgeoisie au cours du XIXe siècle, a imposé le port de tenues particulières à certaines heures de la journée. Vers 1900, le code vestimentaire était rigoureux et compliqué : « robe d'après-midi » pour le goûter (*tea-gown* si l'on recevait), « robe de petit dîner », « de grande soirée »… Le chapeau était indispensable (sauf à l'Opéra et à la Comédie-Française).

À cette époque, les hommes portaient l'habit de soirée noir avec gilet noir s'ils sortaient au restaurant, et gilet blanc pour les grands dîners.

Les jeunes filles portaient une robe blanche pour aller danser.

Les costumes régionaux traditionnels disparurent dans la première moitié du XXe siècle (après la Seconde Guerre mondiale en Bretagne). Utilisés aujourd'hui lors de certaines fêtes (pardons, fêtes régionales costumées), ils sont dits « folkloriques » ou « traditionnels ».

Les grands événements de l'existence imposent le port de vêtements caractéristiques : robe et bonnet de baptême, aube de communiants, robe de mariée, smoking, châles…

La toilette de la « communion solennelle », apparue à l'époque romantique, s'est figée vers 1880 dans une longue robe de mousseline ornée de petits plis : cette tenue de « petite mariée » marquait l'importance du rite de passage entre enfance et adolescence. Vers 1955, l'usage de l'aube s'est répandu.

Les tenues du mariage

- La robe de la mariée fut longtemps noire, puisqu'il s'agissait d'une robe régionale neuve qui res-servait d'habit du dimanche. Elle était ornée d'un « bouquet de corsage » blanc. Sur la tête, la mariée portait un chapeau de fleurs fait de boutons d'oranger et de « barbes » de dentelle. Les premières robes blanches virent le jour sous Louis XVI, à une époque où les couleurs claires étaient à la mode. Sous le Consulat apparut le type de robe resté en usage aujourd'hui, imitation lointaine de la tunique blanche que les Romains portaient avec un manteau safran et un voile orange, répondant au goût du moment pour l'Antiquité. La diffusion du dogme de l'Immaculée Conception, en 1850, finit par imposer le blanc, couleur de la pureté. Parallèlement à l'accroissement du nombre des mariages, événements devenus mondains au XIXe siècle, la traîne (copiée sur celle des habits de cour) fit son apparition vers 1875 : sa longueur était proportionnelle à la nef de l'église. La confection de la robe de mariée s'entourait de pratiques superstitieuses : la fiancée ne devait pas coudre elle-même sa robe ; la couturière glissait dans l'ourlet un cheveu, promesse de mariage ; elle ne devait pas y broder de perles, symbole de larmes, etc.
- Le costume du marié, orné d'une fleur blanche à la boutonnière, comportait sous le second Empire un gilet blanc brodé. Habit de ville au XIXe siècle, puis habit de soirée noir, ce costume est passé vers 1908 à la jaquette noire avec pantalon rayé gris. La jaquette, aujourd'hui gris foncé, se porte avec un haut-de-forme gris. Le marié peut aussi arborer l'habit noir à longues basques, ou un costume noir, marine ou gris foncé. Actuellement, la fantaisie est tolérée (couleurs claires, cravate imprimée...), mais le costume reste de rigueur.
- Dans les cortèges, les mères étaient autrefois en couleur puce (brun rouge), prune, vert foncé ou noir.

Les vêtements de deuil noirs semblent être apparus au XIVe siècle, parallèlement à la prise de conscience de la mort et à l'inquiétude qu'elle générait. Au cours du XVe siècle et au début du XVIe siècle, ils devinrent blancs et comprirent une « guimpe » enveloppant la tête et les épaules. Suivant les exemples d'Anne de Bretagne puis de Catherine de Médicis quand elles furent veuves, la tenue de deuil redevint noire (vêtements et voile). Au XIXe siècle, le voile était en cachemire noir, puis, vers 1900, en crêpe anglais ; vers 1930, il était en crêpe georgette et ses dimensions avaient diminué. La tenue de deuil disparut au cours des années 1960.

Les tenues exigées sur les cartes d'invitation

- Lorsque les cartes d'invitation à des dîners ou à des manifestations portent la mention « smoking exigé » ou « cravate noire exigée » pour les hommes, les femmes doivent alors porter une robe du soir, courte ou longue selon la mode.
- La « tenue de soirée » signifie l'habit pour les hommes (de plus en plus souvent relayé par le smoking) et une robe longue pour les femmes. Les jeunes gens portent un costume sombre.
- La « tenue de ville », ou tenue de cocktail, est élégante et habillée, mais courte (tailleur ou robe pour les femmes) ; les hommes portent un costume sombre.
- Les chapeaux sont assortis aux tenues habillées : ils se gardent pour un déjeuner et un cocktail, mais s'enlèvent pour un dîner.

☛ **Baptême, Cérémonie, Cocktail, Cortège, Étiquette, Folkloriques (fêtes), Funérailles, Gaspillage cérémoniel, Invitation, Mariage, Profession de foi, Réception.**

THÉ DANSANT

Le thé dansant est une réunion dansante qui a lieu l'après-midi dans le salon d'un grand hôtel, un dancing, etc. On y consomme des boissons et des pâtisseries.

Ces thés, fréquents au début du XXe siècle, étaient parfois organisés dans un but de bienfaisance. Les hommes y venant en petit nombre, des « danseurs mondains » y étaient embauchés par la direction.

☛ **Buffet, Danseur mondain, Divertissement, Réception.**

Un Autre Monde, Granville, 1844.

TOAST (porter un)

« Porter un toast » est le fait de boire à la santé d'une personne ou de quelque chose, ou le discours qui en fait la proposition.
« Toast » est issu de l'ancien français toster, *« griller » (du latin* torrere, *« sécher ») : au XIIe siècle, une « tostée » était une tranche de pain « rôtie » (c'est-à-dire grillée) trempée dans du vin. Le mot anglais* toast, *qui désigne encore maintenant une tranche de pain grillée (trempée ou non), revint en France dans ce sens au XVIIIe siècle et devint courant avec l'orthographe anglaise au XIXe à la place de « rôtie ». Les Anglais, qui ne trinquaient pas, trempaient une rôtie dans leur verre avant de boire à la santé d'un convive qu'on désirait honorer. En 1750, l'abbé Prévost utilisa la forme « toste » dans ce sens. L'expression, avec l'emploi de « toast » au sens figuré, ne se répandit qu'à la fin du XIXe siècle.*

La tradition veut que la coutume soit née à Bath (Angleterre) sous le règne de Charles II (1660-1685) : un galant aurait rempli un verre de l'eau du bain d'une dame. L'un de ses amis ne voulut pas boire le contenu du verre mais accepta d'y tremper un toast.

☛ **Arrosage, Compliment, Discours, Vivat flamand.**

TONUS et BAL DE L'INTERNAT

Le « Tonus » (mot latin qui signifie « tension ») est la fête des étudiants en médecine, qui célèbre à l'hôpital le changement des internes tous les six mois (fin avril-début mai et en novembre). Cette fête joyeuse se caractérise par un rassemblement de convives déguisés, des « patrons » aux « parasites » (ceux qui ne sont pas de la profession) autour d'un repas ; la hiérarchie fantaisiste instaurée en salle de garde y est hautement respectée. Un économe veille à l'organisation de la fête. Le repas s'accompagne d'inévitables chansons paillardes sans cesse réinventées et de discours gaulois.
Le bal de l'Internat, institution annuelle organisée par les étudiants pour toutes les générations du corps médical, semble reprendre de la vigueur après avoir été abandonné à plusieurs reprises depuis 1968.

Le Tonus hérite d'une longue tradition de défoulements de « carabins » (altération probable de *escarrabin*, mot méridional signifiant « ensevelisseur des pestiférés »).

Le bal de l'Internat, quant à lui, naquit vers 1895, peu après le Bal des quat'z arts (fondé en 1892 pour les étudiants des Beaux-Arts), sur les instances du peintre Jules Bellery-Desfontaines. Juste après le concours de l'internat de Paris, le bal avait lieu à la salle Bullier (près de Port-Royal) ou à la salle Wagram, pour les patrons, chefs de clinique, internes et externes, tous déguisés autour d'un thème donné. Des défilés de chars figuraient d'allégoriques tableaux en lien avec la médecine, avec présences féminines obligées. Au cours d'un fastueux repas, on procédait à l'élection du plus beau char et du plus beau déguisement. Cette cérémonie à l'humour rabelaisien était suivie d'une soirée dansante.

Les deux guerres mondiales du XXe siècle interrompirent la tradition du bal de l'Internat, mais il reprit après chaque conflit. À partir de 1968, cette manifestation, à l'organisation très lourde, fut abandonnée : elle connut pourtant trois années de relance en 1991, 1992 et 1993, dues aux efforts du comité de l'Internat et en particulier de l'un de ses membres, le docteur Jean-Michel Gracies.

◆ En novembre 2002, le bal reprit à la demande des anciens. L'association de salles de garde, « le Plaisir des Dieux », se lança dans l'organisation de cette vaste entreprise, afin de clôturer en beauté les festivités du bicentenaire de l'internat. À la salle Wagram, devant 750 invités, quatre mille ans d'aven-

tures médicales furent mis en scène par les salles de garde parisiennes avec la participation des internats provinciaux.

- Plus les études sont longues et difficiles, plus les fêtes sont gaies. Chez les carabins, le bal permet donc de gommer le temps d'une soirée les hiérarchies et les générations dans un moment de joie, d'amusement et d'excès nécessaires pour oublier la mort côtoyée régulièrement, ainsi que les dures responsabilités qui incombent quotidiennement au médecin.

☛ **Bal, Chansons, Char, Étudiants, Point Gamma, Quat'z arts (Bal des).**

TOURNÉES CÉRÉMONIELLES

Les tournées cérémonielles sont des quêtes d'enfants ou d'adolescents qui passent de porte en porte chanter un couplet prometteur contre quelque menu cadeau (friandises ou monnaie). Ne pas ouvrir sa porte aux quêteurs porte malheur, ce que les enfants soulignent en proférant une malédiction (en « déchantant »).
Ces quêtes, autrefois répandues, avaient lieu lors des grandes périodes de « passage » : à l'arrivée de l'hiver, au moment du solstice ou au début du printemps. Les tournées du Nouvel An (les « aguillanées »), de l'Épiphanie (des Rois mages) ou encore celles de Pâques (pâqueret, réveillées…) sont les plus connues. D'autres quêtes se déroulaient au moment de la Saint-Jean afin de récolter du bois pour le bûcher. Les fillettes n'y participaient qu'au moment du 1er-Mai.

Ces quêtes indo-européennes, où l'on chantait et « déchantait » (pour retirer ce que l'on avait chanté), venaient souligner les périodes d'incertitude. Au temps de la féodalité, la coutume était devenue seigneuriale. En effet, on en retrouve certaines traces encore visibles au début du XXe siècle en Sologne, en Berry ou en Bourgogne : itinéraires, inclinaisons respectueuses, port d'une hallebarde, etc.

Des quêtes protectrices

- Ces quêtes étaient faites dans un but social et protecteur : les enfants, dépositaires de l'avenir, offraient une certaine garantie sur le futur en échange d'un don quelconque. Ces « contre-dons » étaient faits en nature (œufs, lards, pommes, fruits secs, suivant la saison…) et portaient le nom d'« étrennes » lors des tournées du Nouvel An. C'est l'une des origines du cadeau de Noël qui symbolise l'abondance et la fécondité dans le dénuement de l'hiver. Les chants des enfants étaient de véritables incantations : ces derniers jouaient le rôle de passeurs, projetant même dans l'au-delà et le monde des ancêtres.

- Les tournées hivernales ont pratiquement disparu de France : celles des *Christmas Carols*, où l'on chante des noëls, subsistent dans des pays voisins (en Grande-Bretagne, par exemple). En Alsace et en Lorraine, les enfants déguisés en Rois mages passent encore, par trois, de maison en maison, accompagnés d'un quatrième qui porte une étoile. Lors des quêtes de Pâques, les quêteurs étaient les enfants de chœur que l'on rétribuait pour leurs services.
- Depuis la fin des années 1990, les tournées d'enfants déguisés en sorcières, fantômes ou squelettes réapparaissent le soir de Halloween.

☛ **Baguettes, Cadeau, C+M+B+, Étienne (Saint-), Étrennes, Farces, Gui, Jean (Saint-), Noël, Noëls, Nouvel An, Réveillées.**

TOUSSAINT

La Toussaint, le 1er novembre, est la fête chrétienne de « tous les saints ». Elle est souvent confondue avec le jour des Morts, placé le lendemain (2 novembre). Les familles se rassemblent et vont au cimetière sur la tombe de leurs proches déposer des chrysanthèmes ou de la bruyère, ainsi que des chandelles dans l'est de la France.

La fête de la Toussaint et la fête des morts ont toujours été confondues, le culte des martyrs étant une forme du culte des défunts. Instituée par Boniface IV dans l'ancien Panthéon de Rome en 610, une célébration collective avait lieu le 13 mai en l'honneur de « sainte Marie et tous les saints martyrs ». Le printemps était inquiétant puisque cette saison du réveil de la végétation était liée au souvenir des défunts enterrés : on pensait confusément que leur âme sortait de terre avec le sol ensemencé.

La Toussaint fut célébrée le 1er novembre dans l'Empire carolingien à partir du IXe siècle (depuis 835 en France), selon l'exemple de l'Angleterre qui, dès le VIIIe siècle, avait placé le « jour de tous les saints » à cette date. Elle voulait ainsi couvrir la fête celtique de Samain (devenue Halloween) liée au souvenir des défunts. Au moment où les jours raccourcissent nettement, la date semblait parfaitement choisie puisque l'obscurité, propice aux forces de l'au-delà, était inquiétante.

Jusqu'au début du XXe siècle, on pensait en Bretagne que les morts revenaient dans la nuit du 31 octobre, comme lors des nuits de solstice : avant d'aller se coucher, on leur laissait des aliments sur la table couverte d'une nappe et, dans la cheminée, une bûche restait allumée. À l'île de Sein (Finistère), les cloches sonnaient toute la nuit, le soir de la Toussaint, tandis que des adultes, avec des clochettes, passaient de porte en porte, en prononçant ces mots : « Chrétiens, réveillez-vous ! » La coutume de sonner le glas pendant toute la nuit est également attestée en Normandie et en Brie : des hommes robustes se relayaient, tandis que deux autres répétaient la même phrase de maison en maison : « N'oubliez pas les trépassés ! »

◆ Aujourd'hui, les écoles catholiques multiplient les opérations pour faire connaître l'aspect heureux et coloré de la Toussaint, fête de tous les saints.

Les ventes aux enchères de la Toussaint

• À la sortie de la messe ou des vêpres de la Toussaint, en cette saison où les greniers étaient pleins, dons et offrandes en nature donnaient lieu à des ventes aux enchères au profit de l'entretien des cimetières ou de messes pour les défunts. (Ces ventes avaient parfois lieu à la Saint-Martin, le 11 novembre.)

• Certaines ventes subsistent :
– à Sainte-Eulalie-d'Olt (Aveyron), celle de la « Poule 1 » (premier lot de la vente), où l'on met aux enchères diverses denrées données par les familles de la paroisse : lapins, canards, pommes, coings, châtaignes, etc. Autrefois, les jeunes gens y achetaient les victuailles pour un dîner amical ;
– à Plougastel-Daoulas (Finistère), la coutume de l'« arbre à pommes » (pour les Celtes, la pomme était un symbole d'immortalité). L'arbre à pommes est une longue et solide tige hérissée de pointes sur lesquelles sont piqués une vingtaine de beaux fruits. Ces pommes sont vendues aux enchères, jusqu'à ce qu'un assistant « arrache » celle qui est piquée au sommet : l'acheteur emporte l'arbre, qu'il garde précieusement jusqu'à l'année suivante.

☛ **Ancêtres, Bûche de Noël, Funérailles, Halloween, Jour des Morts, Martin (Saint-), Réveillées, Samain.**

TRANSHUMANCE (fête de la)

La fête de la transhumance est occasionnée par le déplacement des troupeaux entre leur lieu de résidence habituel (les vallées ou le « bas pays ») et les alpages ou les pâturages, où ils passent la belle saison. Les troupeaux d'animaux domestiques « ensonnaillés » sont des bovins, des ovins ou des caprins. Suivant les régions et suivant les animaux, les montées se font à des dates différentes, en mai et en juin (à partir de la Saint-Médard, le 8 juin, pour les moutons dans les Cévennes, par exemple) ; les descentes se situent entre le 15 septembre et le 15 octobre environ (à la Saint-Géraud, le 13 octobre, en Aubrac pour les vaches).
À la montée comme à la descente, les plus beaux moutons des troupeaux sont décorés de pompons. Les vaches portent entre les cornes un assemblage de verdure, de fleurs, de rubans et de drapeaux, en particulier celles qui conduisent la marche (les « reines »). Dans les Alpes, où l'estive (du latin aestivare, *« passer l'été ») est située dans les montagnes, on parle d'« inalpe » pour la montée, et de « désalpe » pour la descente.*

La décoration des bêtes semble avoir été faite pour conjurer les esprits maléfiques menaçant les troupeaux. L'utilisation du verbe « décorer » pour exprimer le fait de mettre des sonnailles autour du cou des moutons cévenols (censées éloigner les dangers et les démons) le prouve.

- Aujourd'hui, les animaux sont souvent transportés en camion à l'estive. Certaines montées se font encore à pied, comme celle qui passe à Saint-Rémy-de-Provence le lundi de Pentecôte : 3 000 moutons (de quatre ou cinq troupeaux réunis) traversent la ville dans la matinée, deux heures durant.
- Ces fêtes de la transhumance, qui expriment une nostalgie pour un passé rural oublié, connaissent un succès croissant depuis le début des années 1990. Elles donnent lieu à des repas champêtres, des démonstrations de chiens de berger éventuellement, suivis de danses et musiques provençales, à Die (Drôme), Riez (Alpes-de-Haute-Provence) ou Saint-Martin-de-Crau (Bouches-du-Rhône). À l'occasion de la descente des alpages, une distribution de fromages est parfois organisée.

☛ **Animaux domestiques, Gourmandes (fêtes), Moissons (fête des).**

TRAVAIL (fête du)

Voir 1er-Mai.

TRINITÉ (fête de la)

La fête de la Trinité, le dimanche suivant la Pentecôte pour les catholiques et les protestants, célèbre le mystère chrétien de la Sainte-Trinité, Dieu unique en trois personnes, le Père, le Fils et le Saint-Esprit. La célèbre chanson « Malbrough s'en va-t-en guerre » a rendu célèbre cette fête.
Les orthodoxes célèbrent le mystère de la Trinité le jour de la Pentecôte.

Une messe de la Sainte-Trinité, notée avant ou après la Pentecôte dans les sacramentaires au IXe siècle, s'est progressivement détachée des messes votives, devenant une fête à part entière à partir du Xe siècle. Les papes sont restés longtemps réticents à la consécration d'un jour particulier pour célébrer la Trinité – mystère qui, selon eux, devait être honoré chaque jour –, mais cette fête, bien implantée dans les monastères à des dates indéterminées, finit par être adoptée par Jean XXII en 1334.

- Le jour de la Trinité était parfois le jour des redevances dues au « roi » des sociétés de jeunesse, en Vendée, par exemple.

☛ **Jeunesse (sociétés de), Pentecôte.**

TROISIÈME MI-TEMPS

La « troisième mi-temps » est le nom du repas, en général bien arrosé, fait après un match de football ou de rugby par les joueurs et l'entraîneur, ainsi que les spectateurs et téléspectateurs. Si le résultat est favorable, elle est particulièrement joyeuse.

Le « cinquième »

- Le « cinquième » est une pause faite par les moniteurs ou les chefs qui s'occupent de groupes d'enfants en vacances (colonies, camps), pendant laquelle ils font un « cinquième repas » constitué essentiellement de friandises.

☛ **Abondance (fêtes d'), Sport.**

TROMÉNIE

Voir Pardons bretons.

TROUBADOUR et TROUVÈRE

Troubadour (du provençal trobador, *« trouveur », dérivé du verbe « trouver », dans son ancien sens d'« inventer », « composer »), au sud de la Loire, et trouvère, au nord, étaient – entre le XIe et le XIVe siècle – les noms des poètes lyriques, auteurs des premières chansons profanes. Ces artistes, appartenant à des niveaux divers de la société féodale, s'attachaient à la cour d'un seigneur.*

Les troubadours de Provence (Raimbaut d'Orange, Raimbaut de Vaqueiras, Béatrice de Die...), d'Aquitaine (Marcabru, Jaufré Rudel...) et du Limousin (Bernart de Ventadorn, Arnaut Daniel, Gui d'Ussel, Uc de Saint-Cirq...) mirent à l'honneur la poésie courtoise sur des mélodies parfois issues de la lyrique latine ou des couplets de l'école Saint-Martial de Limoges. Chansons de geste et romans de chevalerie faisaient également partie de leur répertoire.

Les chansons des troubadours se répandirent dans le nord de la France à la fin du XIIe et au XIIIe siècle grâce à des hommes comme Adam de la Halle, Chrétien de Troyes, Gautier de Coincy, Thibaud de Champagne, etc., qui les remanièrent. Chanteurs qui développèrent la polyphonie, les trouvères étaient aussi comédiens, accompagnant leurs poèmes d'une dramatisation. On a recensé environ 400 troubadours et 200 trouvères au cours de cette période.

Troubadours et trouvères se distinguaient des ménestrels (du bas latin *ministerialis*, « chargé d'un service »), chanteurs ambulants et simples exécutants. Ceux-ci donnaient leurs représentations sur les places publiques ou à la cour des seigneurs qui pouvaient les accueillir et les nourrir pendant un temps plus ou moins long. Ils étaient accompagnés parfois de jongleurs. Ces derniers, écrivains de métier pour certains, étaient des artisans ambulants qui, comme les bateleurs, exécutaient des tours et étaient chargés d'animer les festins solennels par des « intermèdes », afin de divertir les convives.

◆ Dans les reconstitutions historiques, tous ces personnages qui illustrent si bien le Moyen Âge sont volontiers recréés pour animer les quartiers anciens.

☛ **Bateleurs, Bouffon, Chansons, Historiques (reconstitutions), Musique, Mystères.**

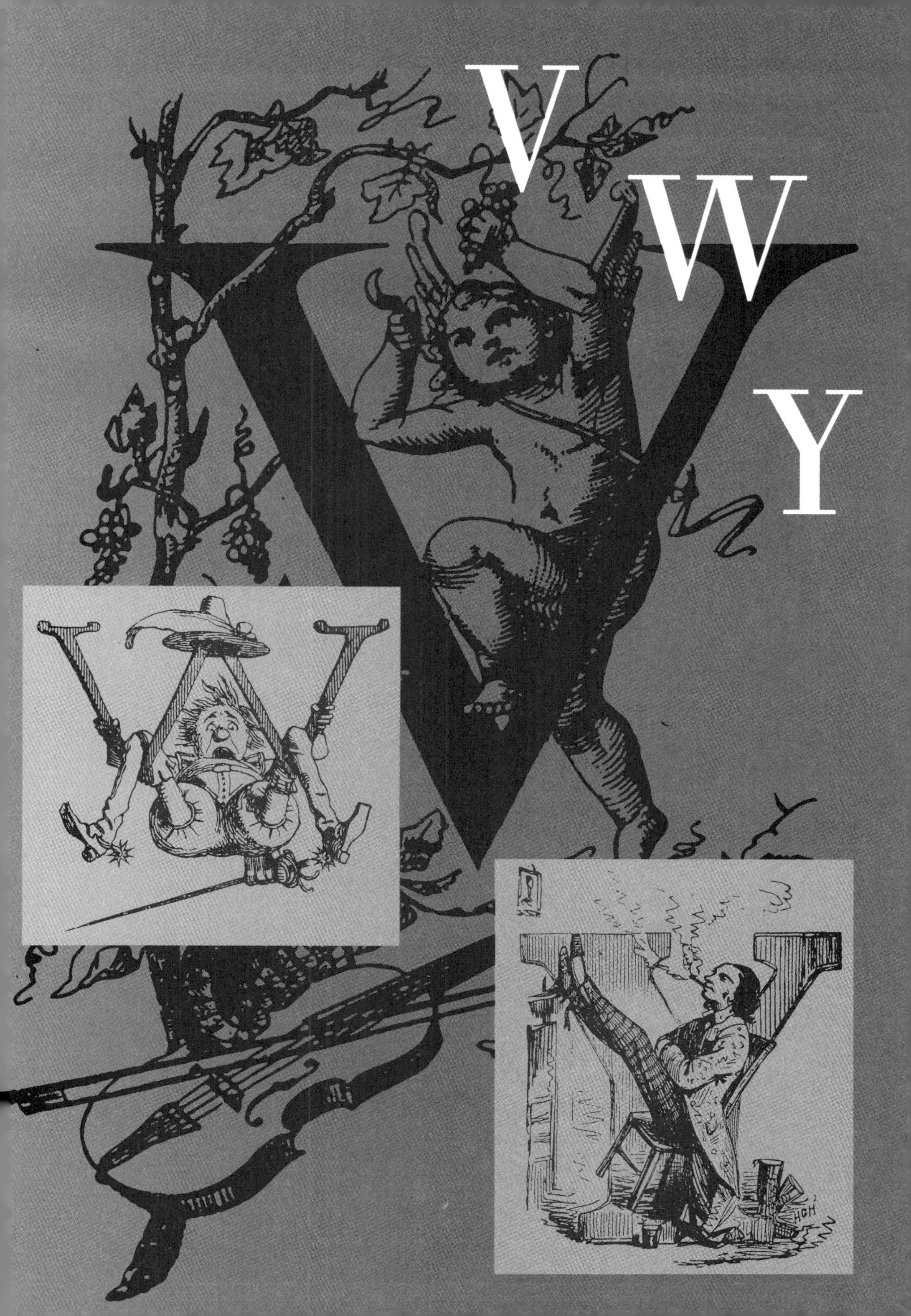
V
W
Y

V

VACARME CÉRÉMONIEL

Le « vacarme cérémoniel » désigne les bruits apotropaïques (détournant le mauvais œil, du grec apotrepein, « détourner ») qui résonnent lors des fêtes : salves de fusils, pétards, cris, sifflets, huées, sonnailles, crécelles, concerts de klaxons.

À l'instar des masques ou des fouets indoeuropéens destinés à purifier l'air ambiant et à « chasser les démons » en leur faisant peur, le vacarme est un rite protecteur connu dans le monde entier.

Le vacarme cérémoniel est inhérent à certaines fêtes (mariages, Saint-Sylvestre, carnaval, etc.) : il est alors assourdissant et discordant, afin de mieux souligner l'inhabituel. Encore au milieu du XXe siècle, dans les tournées et les fêtes du Nord, les enfants s'accompagnaient de *rummelpots* (littéralement « pots à vacarme ») recouverts d'une vessie de porc. Par ailleurs, jusqu'aux années 1960, les crécelles remplaçaient les cloches dans de nombreux villages de France, pendant la semaine sainte.

- Les salves de fusil, qui subsistèrent malgré diverses interdictions jusqu'en 1880, ont été remplacées dans les mariages par le bruit des klaxons. Ce vacarme a pour fonction non seulement de faire connaître l'événement et les mouvements du cortège, mais aussi d'assurer aux jeunes mariés la prospérité.
- Les fêtes musulmanes et les fêtes juives des communautés séfarades originaires d'Afrique du Nord s'accompagnent également de cris stridents lancés à voix haute par les femmes : les « youyous ».

☛ **Applaudissements, Bravade, Carnaval, Chansons, Cloches, Musique, Pétards, Quasimodo, Sylvestre (Saint-), Tapage nocturne, Tournées cérémonielles.**

VACHETTES (courses de)

Voir Tauromachie.

VALENTIN (Saint-)

La Saint-Valentin, le 14 février, est la fête des amoureux. Encouragée par les commerçants, surtout depuis les années 1980, la fête est redevenue très populaire en France.

On sait peu de choses du martyr saint Valentin, prêtre qui fut décapité en 269 à Rome, honoré d'une basilique Via Flaminia. Rien ne le prédisposait en tout cas à ce patronage. Il fut confondu avec un autre Valentin, martyr de la même époque fêté aussi le 14 février, qui aurait été évêque de Terni, en Ombrie. Ce dernier acquit une réputation de guérisseur bien après sa mort. En effet, des récits tardifs le faisaient exercer son art auprès des filles (ou du fils, selon les sources) d'un dénommé Craton, citoyen romain (ou philosophe grec). Il fut arrêté puis décapité lui aussi.

Une légende, selon laquelle les oiseaux se fiancent le jour de sa fête et se marient à la Saint-Joseph (le 19 mars), semble être à l'origine du patronage des amoureux. Mais la signification du nom de « Valentin » (du latin *valere*, « être bien portant », « réussir ») pourrait aussi l'expliquer. En raison de son étymologie prometteuse, la Saint-Valentin était en effet réservée dans de nombreux pays européens (Angleterre, France, Suisse, Allemagne, Italie) à des présages de bonheur – on essayait, en particulier, de connaître son futur époux –, comme la Saint-André (le 30 novembre).

Recouvrant probablement d'anciennes traditions liées à la fécondité en cette époque préprintanière, la fête courtoise de la Saint-Valentin est attestée en Angleterre au XIVe siècle,

dans certains poèmes ou « demandes d'amour » (*le Parlement des Oiseaux* de Geoffrey Chaucer, en 1382, par exemple, et chez son contemporain John Gower).

À la fin du Moyen Âge dans le milieu aristocratique anglais, le « valentinage » consistait à associer pour l'année (parfois seulement pour la journée) des couples formés selon leur libre consentement ou au hasard (première rencontre du matin, tirage au sort...), y compris chez les personnes mariées. Le valentin et sa valentine devaient se faire galanteries et menus cadeaux, et leur association restait secrète. Cette coutume se répandit à la cour de Savoie grâce au capitaine des armées anglaises Othon de Grandson, puis à la cour de France en 1450 par les poèmes et les amis de Charles d'Orléans qui avait été prisonnier à Londres de 1415 à 1440 (« Est-ce tout ce que vous m'apportez / À vostre jour, saint Valentin ? »). Elle gagna la Lorraine au XVIe siècle. Ce « coupable usage » qui occasionnait querelles et désordres fut dénoncé à Annecy en février 1603 par l'évêque de Genève, François de Sales, qui tenta de remplacer le nom des amoureux par ceux de saints lors des tirages au sort.

Dès le XVIIIe siècle, avant même l'usage des cartes de Noël, l'Angleterre connaissait l'envoi des « valentines », messages amoureux parfois anonymes. La coutume du *Valentine's Day*, qui s'est développée en Amérique du Nord, revint en Europe après la Seconde Guerre mondiale grâce aux soldats américains.

◆ Aujourd'hui, la signification symbolique de ce rituel courtois s'est perdue. En France, la Saint-Valentin se célèbre entre amoureux uniquement (offrandes de fleurs, chocolats, cadeaux, sorties au restaurant...), contrairement aux États-Unis où l'on adresse aussi des « valentines » (cartes de vœux) aux ménages amis et aux jeunes gens en âge de se marier.

☛ **Carnaval, Fiançailles, Œuf, Oiseaux.**

VÉGÉTAUX

Les végétaux, symboles de la régénération du temps et de l'univers, sont importants dans les fêtes, et leur utilisation, au-delà de leur rôle décoratif, a une signification symbolique, en associant étroitement le cycle de la nature à la vie de l'homme. Ils peuvent être tressés sous forme de couronnes, entrelacés en guirlandes, « plantés » sur les places villageoises ou dans les salons, dispersés dans les champs, transformés en lanternes, etc. Sous forme de baguettes (dénudées, en bourgeons ou feuillues), de bouquets, d'arbustes ou d'arbres entiers, les végétaux communiquent vigueur et fécondité et symbolisent vie et immortalité. Leur utilisation est également un rite agraire de multiplication.

Consacrés à des divinités et étant parfois l'objet d'une grande vénération, les végétaux appartiennent aux mythologies de toute l'Europe, particulièrement des Germains et des Celtes, comme le gui, l'if ou le buis des Gaulois.

Les déesses mères sont associées au couple fécondité-fertilité : Freyja, la « Vénus germanique », grande déesse des temps initiaux (pré-indo-européens), par exemple, ou Cybèle, venue d'Asie et vénérée à Rome à partir de 204 avant J.-C, la divinité primordiale des premières civilisations agraires, qui symbolisait la résurrection de la nature et de la végétation.

Dans l'Antiquité, la foule agitait des rameaux verts (palmes, olivier...) au passage des héros, pour symboliser l'immortalité de leur gloire, et la couronne de lauriers distinguait les vainqueurs des jeux ou des concours, les « lauréats ». La palme, symbole d'immortalité, devint l'emblème des martyrs.

Choisis parmi des espèces communes, les végétaux répondaient parfois à un code élo-

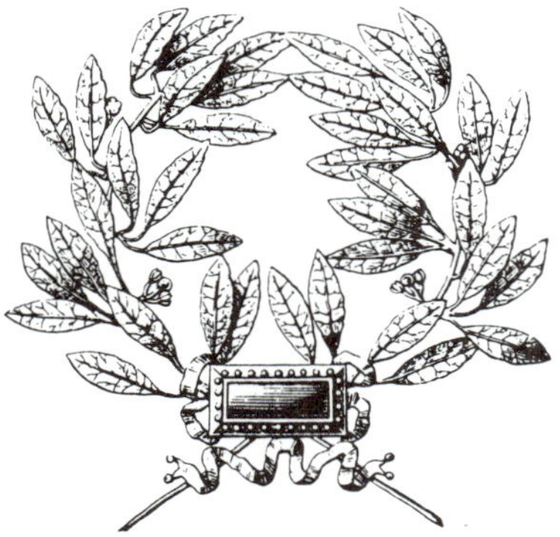

quent. La jeune fille qui trouvait un mai à sa porte le matin du 1er-Mai savait ce qu'on pensait d'elle suivant l'espèce choisie.

☛ **Abondance (fêtes d'), Arbre, Aspersion, Baguettes, Couronnes, Décoration, Fête-Dieu, Fleurs, Georges (Saint-) et Saint-Marc, Gui, Houx, Jean (Saint-), Jeudi saint, Lanternes végétales, 1er-Mai, Mais, Martin (Saint-), Muguet, Paille, Rameaux, Sapin de Noël, Soukkôth.**

VEILLÉES

Les veillées, répandues dans toute la France rurale, étaient des soirées organisées entre voisins plusieurs fois par semaine : elles débutaient après le dîner (dès 18 heures en Bretagne) pour se terminer vers 23 heures. Dans certaines régions – dans l'est de la France par exemple –, les assemblées étaient plutôt féminines. La saison des veillées allait de la fin octobre jusqu'en février ou mars, quand le travail de la terre pouvait reprendre : de la Saint-Simon, le 28 octobre, à la fête de « Notre-Dame de Mars » (l'Annonciation), le 25 mars, en Île-de-France ; ou jusqu'à la Chandeleur, le 2 février, en Provence.

Lors des veillées, on pouvait écouter un récit ou chanter des noëls, tout en cousant, tricotant, filant, réparant des outils, faisant de la vannerie, écossant des haricots ou cassant des noix... près de la cheminée, autour de laquelle on se plaçait suivant son activité (les tricoteuses, qui avaient besoin de lumière, se mettaient souvent devant). Les bavardages allaient bon train dans ces réunions considérées avant tout comme un délassement. Les amusements, jeux et farces n'étaient permis que lorsque le travail était terminé ou bien avancé.

La peur était un sentiment que l'on aimait cultiver avec des histoires de revenants et d'êtres fantastiques. Des jeunes gens déguisés en fantômes (nommés « peurs » dans l'Est pyrénéen) entretenaient ces craintes en figurant des revenants dans la nuit. En Lorraine, ils guettaient le passage des fileuses dans l'obscurité, en brandissant des spectres sculptés dans des betteraves éclairées d'une bougie, telles les citrouilles de Halloween.

Quand les garçons ne s'en excluaient pas comme en Lorraine, les jeunes gens s'y courtisaient, car les veillées étaient un prétexte naturel de rencontre : ils venaient par petits groupes de six à dix dans les maisons des jeunes filles qui leur plaisaient et se distinguaient par leurs farces en cherchant à se faire valoir.

- Les veillées ont disparu avec les guerres et l'exode rural au cours du XXe siècle. Dans les années 1960, l'avènement de la télévision a mis fin aux rares soirées encore organisées entre voisins.
- Dans l'est de la France, on finissait les veillées par la « noyade des lampes », cérémonial qui consistait à jeter à l'eau des planchettes illuminées de bouts de chandelles : c'était là une façon de se débarrasser de l'hiver.

☛ **Farces, Fiançailles, Halloween, Lanternes végétales, Noëls.**

VENDANGES (fête des)

Les vendanges, qui exigent un dur labeur et font appel à de nombreux saisonniers, se déroulent souvent dans la joie, comme le montre ce dicton : « À carême-prenant et vendanges / Tous propos sont licence. » Les farces entre vendangeurs abondent et les filles sont souvent barbouillées par les garçons avec les raisins oubliés. Comme pour toute fête d'abondance, la fin est marquée par un copieux banquet rassemblant maîtres et ouvriers, et le repas est suivi de danses.

Dans toute la France jusqu'en 1914, décorée, la dernière charette du traditionnel bouquet (fleurs ou verdure) traversait joyeusement le village à la fin des vendanges. La coutume, beaucoup plus discrète, s'est perpétuée jusqu'à nos jours dans certaines régions, comme en Alsace, Berry, Corse, Languedoc... où la dernière voiture est décorée d'un bouquet.

Le grand repas qui suit porte des noms divers. C'est en général le même que pour les moissons : « paulée » en Bourgogne, « gerbaude » en Aquitaine. Les patrons récompensent leurs convives pour le travail effectué : la générosité appelle l'abondance des récoltes, selon le principe du gaspillage cérémoniel.

La fête du Biou

• Le premier dimanche de septembre, se déroule la fête du Biou à Arbois (Jura) à l'occasion de l'offrande des prémices à saint Just, patron de la paroisse, à quelques semaines des vendanges.
Le biou, qui peut mesurer 1,50 m et peser 100 kg quand l'année est bonne, est un montage réalisé avec de vraies grappes de raisin blanc et noir données par les vignerons. Cette grappe reconstituée, surmontée de fleurs et de drapeaux, est portée par quatre personnes.
La procession, comprenant viticulteurs et notables, se rend à l'église à la suite de deux violoneux jouant les airs du pays. Le biou est suspendu plusieurs jours dans l'église, puis remis à une œuvre.

• Le « biou », à l'étymologie incertaine, fait référence à l'épisode de l'Ancien Testament de la « grappe de Canaan » : cette grappe géante fut rapportée sur une perche par les envoyés de Moïse, Josué et Caleb, pour prouver l'existence de la Terre promise, pays ruisselant de lait et de miel.

• La coutume de deux bioux offerts par les garde-fruits, l'un à saint Just et l'autre à saint Vernier (patron des vignerons en Franche-Comté), est attestée en 1665. Les garde-fruits armés de piques guettaient les pilleurs jusqu'à la fin de la récolte : les fondements de surveillance de cette « police » viticole remontent au XIIIe siècle.

• Le rite ancien de l'offrande des prémices de la récolte à une divinité se retrouve dans toutes les religions. Il est encore connu en France de nos jours : l'offrande de grappes nouvelles ou d'un « pain de vendanges », gros pain rond décoré de pampres, est faite au cours d'une messe, à la Vierge le plus souvent, protectrice des vignerons. Ce « patronage » de la Vierge viendrait des nombreuses représentations de la Madone avec l'Enfant Jésus, une grappe de raisin à la main. Toutefois, le raisin a ici une valeur eucharistique : le Christ, qui versera son sang, est la « grappe de la vie » – selon l'expression du père de l'Église byzantine Jean Damascène, vers 700.

• D'autres fêtes du Biou ont lieu dans le Jura en septembre : à Pupillin le 16, à Vadans le 23, et à Montholier le 30.

- Très nombreuses dans les régions viticoles, les fêtes des vendanges telles que nous les connaissons aujourd'hui furent créées au cours du XXe siècle ; elles sont souvent spectaculaires, notamment grâce à l'effet produit par les confréries en costume d'apparat.
- Les « vendanges à l'ancienne » permettent aux vendangeurs en costume traditionnel de revivre le temps passé au milieu d'une reconstitution historique, comme à Martigné-Briand (Maine-et-Loire) début octobre.
- À Arbois (Jura), à la mi-septembre, le groupe des vendangeurs, encadré par d'anciens garde-fruits, suit le garde champêtre, coiffé d'un bicorne, qui prononce le ban.
- En Champagne, une fête tournante semblable a lieu à cette époque dans l'une des quinze communes du massif de Saint-Thierry (Marne).
- Fin septembre, le tour des caves des vignerons des vins de Bordeaux est proposé à l'occasion des « Vitinéraires » pour découvrir le vin « bourru » (obtenu avec du raisin fraîchement pressé). La fête des vins du cru Juliénas (Rhône), à la mi-novembre, s'apparente aux dégustations des vins nouveaux.
- Aux Hospices de Beaune (Côte-d'Or), à la fin de la troisième semaine de novembre, ont lieu les « Trois Glorieuses ». Le dimanche est consacré à la vente des vins : la récolte du domaine est mise aux enchères à la bougie (depuis 1859) ; une partie des bénéfices est destinée à l'hôpital local. Le lendemain, la paulée de Meursault, non loin de là, réunit 700 personnes environ. Ce repas, où chaque convive est invité à apporter ses meilleures bouteilles, fut imaginé en 1923 par le comte Jules Lafon, viticulteur de son état.

◆ La paulée de la côte chalonnaise (Saône-et-Loire) se déroule dans un village différent chaque année (« fête tournante ») à la fin octobre. Elle célèbre la fin des vendanges.

Les vendanges de la Butte

• La vocation viticole de la butte Montmartre, réputée au XVIe siècle, disparut au XIXe siècle en raison d'une série de piètres productions. Depuis 1934, une fête des vendanges à lieu chaque automne sur la Butte.

• Elle donne lieu à un défilé folklorique début octobre avec, en tête, les Petits Poulbots de Montmartre, suivis de la reine des Vendanges et des confréries animées par des fanfares. La cuvée du Clos Montmartre est vendue au profit d'œuvres sociales du comité des fêtes du XVIIIe arrondissement.

• Plusieurs autres fêtes des vendanges ont lieu à Paris et en Île-de-France : au parc Georges-Brassens (XVe), à Bagneux, à Issy-les-Moulineaux, à Rueil-Malmaison, à Suresnes (Hauts-de-Seine)...

◆ Il ne faut pas confondre la fête des vendanges avec l'offrande des prémices (les premiers fruits de la terre), qui a lieu plus tôt (à partir du 15 août), ni avec la Saint-Vincent, le 22 janvier, fête corporative du patron des vignerons, ni encore avec les dégustations de vin nouveau à la mi-novembre.

☛ **Abondance (fêtes d'), Bacchus, Barbouillage, Beaujolais nouveau, Boissons, Corporative (fête), Farces, Gaspillage cérémoniel, Ivresse, Martin (Saint-), Moissons (fête des), Repas, Vincent (Saint-).**

VENDREDI SAINT

Le vendredi saint, qui commémore la Passion et la Crucifixion du Christ deux jours avant sa Résurrection à Pâques, est une journée de deuil pour les chrétiens, marquée par le jeûne et l'abstinence.

Le vendredi saint, qui donnait lieu à une procession à Jérusalem au IVe siècle, occasionna au VIIe siècle à Rome une cérémonie avec adoration de la Croix. Les chemins de croix ont été créés par les Franciscains aux XIVe et XVe siècles, sur le modèle de ceux effectués par les pèlerins de Jérusalem allant du tribunal de Pilate (où Jésus fut condamné à mort) au sommet du Golgotha (le Calvaire).

Chemins de croix ou Passions

• Les chemins de croix se déroulent le vendredi saint dans les églises ou à l'extérieur. Ils ont été créés dans le même esprit de dramatisation populaire que les processions de pénitents, nées au bas Moyen Âge, qui escortent les statues du Christ en croix ou de la Vierge de pitié (*Pieta*) dans le sud de la France et en Espagne. Ces « voyages cérémoniels » permettent aux fidèles de revivre en quatorze tableaux la montée au Calvaire du Christ. En Provence, les stations sont des chapelles ou oratoires situés non loin de l'église.

• Les confréries de la Passion constituées de pénitents, présentant des tableaux vivants dans la lignée des mystères médiévaux, naquirent au XVe siècle.

• À Burzet (Ardèche), une soixantaine d'acteurs costumés font revivre la montée au Calvaire dans un cadre naturel qui rappelle l'aridité de la Terre sainte. Certaines Passions sont reconstituées en été comme à Roquebrune (Alpes-Maritimes). Ces processions silencieuses sont faites dans un grand recueillement.

☛ **Carême, Jeudi saint, Mystères, Pâques, Pénitents, Procession, Sainte-Croix, Semaine sainte.**

VERNISSAGE

Le vernissage est aujourd'hui l'inauguration d'une exposition privée en petit comité. Ce terme, apparu dans ce sens à la fin du XIXe *siècle, a d'abord désigné le jour d'ouverture d'une exposition de peinture, les artistes étant autorisés à vernir leur tableau le premier jour.*
Pour une exposition importante, on parle plutôt d'« inauguration ».

☛ **Abondance (fêtes d'), Inauguration, Ouverture (cérémonie d'), Pendaison de crémaillère.**

VÊTEMENTS

Voir Tenues vestimentaires.

VICTOIRE (fête de la)

La fête de la Victoire, le 8 mai, célèbre la fin de la Seconde Guerre mondiale en 1945. La reddition des armées allemandes au général américain Dwight D. Eisenhower eut lieu le 7 mai, et sa ratification, dans la nuit du 8 au 9. « La guerre est gagnée ! Voici la victoire ! C'est la victoire des nations unies et c'est la victoire de la France ! », annonçait le général Charles de Gaulle, sur les ondes, le 8 mai 1945 à trois heures de l'après-midi.

La loi du 7 mai 1946 fixa la commémoration de la victoire alliée sur l'Allemagne nazie le 8 mai, si ce jour tombait un dimanche, ou le premier dimanche qui suivait, le même jour que la fête traditionnelle de Jeanne d'Arc qui avait délivré Orléans le 8 mai 1429. En 1951, le ministre de l'Intérieur Henri Queuille décida de fixer la fête de la victoire alliée le 8 mai, un mardi cette année-là. À la demande des associations d'anciens combattants, résistants et déportés, le 8 mai fut déclaré jour de fête, mais non chômé (loi du 20 mars 1953).

En 1961, la commémoration fut repoussée au deuxième dimanche du mois par le général de Gaulle, sauf pour le vingtième anniversaire en 1965. Supprimée en 1975 sous la présidence de Valéry Giscard d'Estaing au nom de la réconciliation franco-allemande, cette célébration de la victoire alliée de 1945 fut rétablie le 8 mai par François Mitterrand (loi du 23 septembre 1981) qui en a fait un jour férié.

- Comme pour toute cérémonie nationale, les bâtiments officiels sont pavoisés. Fête patriotique, la fête de la Victoire est une manifestation du souvenir et de la reconnaissance aux soldats morts lors de cette guerre, ainsi qu'à tous les combattants. Dans les villes de France, son déroulement, qui se résume en général au dépôt de gerbes au pied du monument aux morts, est proche de celui du 11-Novembre, fête de l'Armistice de 1918.
- Comme lors de toute fête patriotique, des cérémonies cultuelles ont lieu dans des églises catholiques (à Saint-Louis-des-Invalides, à Paris), des temples protestants, des synagogues et des mosquées.

☛ **Arc de triomphe, Armistice du 11 novembre 1918, Patriotiques (fêtes), Souvenir (cérémonial du).**

VIN D'HONNEUR

Le vin d'honneur est un cocktail offert, comme son nom l'indique, en l'honneur de quelqu'un. Lors des mariages, le vin d'honneur (certains préfèrent l'appellation plus mondaine de « cocktail ») a lieu entre la messe et le repas. Il réunit un grand nombre d'invités qui restent debout autour d'un buffet et se retirent à l'heure du repas.

Autour d'un verre ou d'une coupe, le vin d'honneur, plus officiel qu'un « apéritif », sous-entend discours et présence de notables. Dans les années 1970, il s'est imposé dans les mariages, désignant une réception sans discours cette fois. Cette « invention rituelle », pour reprendre les termes de la sociologue Martine Segalen, remplaçait la « tournée des

bistrots » faite à la sortie de l'église, qui avait pour but de remercier d'une manière conviviale les assistants de leur déplacement.

- Moment de célébration de l'identité régionale, avec consommation éventuelle de produits du terroir, cette formule reflète et renforce les nouveaux types de liens sociaux. Contrairement aux relations souvent rigides qui prévalaient jusque dans les années 1960, les contacts amicaux se sont multipliés. L'exode rural a resserré les liens d'un voisinage à la fois proche dans l'espace et proche socialement, et contribué au développement de la vie associative (conseils municipaux, sport, écoles…).
- Le vin d'honneur implique le don de cadeaux aux mariés, selon l'obligation triangulaire du don définie par Marcel Mauss († 1950) : donner, recevoir, rendre.

☛ **Arrosage, Cadeau, Champagne, Cocktail, Mariage, Pot, Toast (porter un).**

VIN NOUVEAU

Voir Beaujolais nouveau.

VINCENT (Saint-)

La Saint-Vincent, le 22 janvier, est une fête corporative en l'honneur du patron des vignerons. Ce jour-là, ou le dimanche le plus proche, une messe est organisée avec bénédiction du bâton de corporation portant la statue du saint, de la bannière des confréries, de vin, de brioches et de bouquets, représentations symboliques des fruits de la terre. Avant et après cette messe, deux processions solennelles cheminent dans les rues pour la quête et le dépôt de la statue du saint chez le bâtonnier ou le confrère qui en a la garde pendant un an.
Elles sont parfois escortées de musiciens en costume régional comme à Champlitte (Haute-Saône) ou Sancerre (Cher). Dans certains villages de Bourgogne, les maisons des vignerons sont décorées d'un écriteau portant sentence ou dicton et de bouquets de fleurs de papier (les « g'niâvres »). Suit un banquet (auquel les femmes n'étaient pas conviées avant les années 1970), ponctué éventuellement de remises de diplômes ou de médailles. Enfin, la journée se termine par la tournée des caves.

Selon la tradition, Vincent, diacre de l'évêque Valère à Saragosse, mourut martyrisé à Valence en Espagne lors des persécutions de Dioclétien vers 304. Il souffrit de nombreuses tortures (« comme le raisin au pressoir » ou « roulé sur des tessons de bouteille », précise-t-on aujourd'hui), et les représentations de son corps exposé dans un champ et épargné par les loups et les oiseaux de proie expliquent peut-être son rôle agraire et protecteur par glissement métonymique (passage du passif à l'actif).

Selon l'ethnologue Claude Royer, saint Vincent était « qualifié » pour devenir le patron des vignerons : diacre, il versait le vin dans le calice ; martyr, il a versé son sang pour sa foi (le vin est assimilé au sang, comme celui du Christ) et son nom même se prêtait aux calembours : Vin – sent (sent le vin), Vin – cent (rend le vin au centuple), Vin – sang (sang de la vigne), « O Vincent O » (« Au vin sans eau », enseigne de cabaret).

La Saint-Vincent, au démarrage du cycle végétatif, marque le début des travaux de taille. Cette période cruciale doit être ensoleillée :

« Saint Vincent clair et beau
Fait verser le tonneau. »

Le culte de saint Vincent remonte au haut Moyen Âge : il pourrait être parti de Mâcon, où le roi mérovingien Childebert avait déposé dans la cathédrale les reliques du saint qu'il avait rapportées d'Espagne au VIe siècle. En Île-de-France la popularité du saint tiendrait au fait que les premiers planteurs de vigne de cette région étaient employés par l'abbaye Saint-Vincent (devenue Saint-Germain-des-Prés), qui conservait aussi des reliques du saint. Les cérémonies religieuses et les confréries – nées au bas Moyen Âge – se sont multipliées au XXe siècle parfois dans des lieux où les vignes ont disparu, comme à Clamart (Hauts-de-Seine).

◆ Saint Vincent, qui a pour attributs une serpette ou une grappe de raisin, n'est pas le seul saint protecteur de la vigne. Il existe en fait plus d'une trentaine d'autres saints, qui sont tous fêtés à un moment capital du calendrier viticole (taille, floraison, mûrissement…) : Urbain (19 décembre) en Alsace, Vernier, Garnier ou Verny (19 avril) en Franche-Comté et en Auvergne, Marcellin en Provence (2 juin), Martin (11 novembre) en Touraine, un saint dont l'âne, en broutant, a découvert la taille, dit-on… Ils peuvent être deux – voire trois – dans la même commune. On attend du saint une protection efficace et on n'hésite pas à le punir si les récoltes sont mauvaises : en trempant sa statue dans la fontaine, par exemple, en le tournant vers le mur, ou en supprimant une partie de son chapeau, comme, pour saint Verny, à Auzon (Haute-Loire).

Les Saint-Vincent tournantes

• Dans diverses régions de Bourgogne (Chablisien, Côte-d'Or…), plusieurs localités se relaient pour fêter la Saint-Vincent chaque année. Cette coutume fut établie en 1938 grâce à la confrérie des Chevaliers du Tastevin, fondée en 1934, qui décida de reprendre les usages de l'ordre de la Boisson, société bachique créée, quant à elle, en 1703. Avec succès, la confrérie entreprit de « restaurer dans son ancienne splendeur la vieille tradition de la fête de Saint-Vincent » et remit à l'honneur, d'abord à Chambolle-Musigny (Côte-d'Or), cet usage quasiment oublié.

• Plus de 70 confréries y participent : en marquant un arrêt au monument aux morts, une imposante procession se rend à l'église où la messe est dite par l'évêque du diocèse. La fête se déroule ensuite autour d'un immense banquet qui réunit un millier de convives. Des animations diverses et des spectacles sont organisés à cette occasion.

☛ **Bacchus, Beaujolais nouveau, Boissons, Confrérie, Corporative (fête), Martin (Saint-), Vendanges (fête des).**

VISITATION (fête de la)

La fête de la Visitation, le 31 mai, célèbre la visite de la Vierge Marie à sa cousine Élisabeth, rapportée dans l'Évangile de Luc. Marie, enceinte de l'Enfant Jésus, alla jusqu'à la maison de Zacharie dans un village des montagnes de Judée trouver sa cousine Élisabeth qui elle-même, bien qu'avancée en âge, attendait Jean-Baptiste. Au moment où celle-ci entendit le salut de Marie, son enfant tressaillit en elle. Élisabeth en fit part à sa cousine et Marie lui répondit par la prière célèbre du magnificat : « Mon âme exalte le Seigneur et mon esprit tressaille de joie en Dieu mon sauveur… »

Autrefois, on fêtait la Visitation le 2 juillet. La « Visitation de Marie » fut célébrée à partir de 1263 par les Franciscains qui reprirent le jour où Byzance fêtait la « Déposition aux Blachernes [un des palais de la ville] du Saint Habit de la Theotokos [« celle qui a enfanté Dieu », c'est-à-dire la mère de Dieu] ». Cette fête fut adoptée en 1389 par le pape Urbain VI, dans le but de mettre fin, grâce à l'intercession de Marie, au grand schisme d'Occident. (De 1378 à 1429, deux papes régnaient en même temps, l'un à Rome et l'autre à Avignon.)

En 1970, la fête fut avancée au 31 mai, à la fin du « mois de Marie », pour figurer plus logiquement entre l'Annonciation, le 25 mars, et la fête de la Nativité de Jean-Baptiste, le 24 juin.

◆ Les fêtes mariales étaient populaires et les dates du Palio de Sienne, le 2 juillet et à la mi-août pour l'Assomption, en témoignent encore (l'enjeu de ces journées est d'ailleurs une bannière à l'effigie de la Vierge).

☛ **Assomption, Jean (Saint-), Jeux équestres, 1er-Mai, Mariales (fêtes).**

VITRINES ANIMÉES

Les vitrines de Noël, ou « vitrines animées », sont mises en place dès le début du mois de novembre dans les grands magasins et sont laissées jusqu'au début janvier ; elles animent et enjolivent les rues au même titre que l'illumination des quartiers commerçants. Mettant en scène marionnettes et automates dans des décors fantastiques avec de savants jeux d'éclairage, ces vitrines ajoutent à la dimension féerique de Noël et connaissent un grand succès auprès des enfants et des parents.

Parallèlement à la fièvre commerciale qui se développa avec l'avènement des grands magasins dans la seconde moitié du XIXe siècle, les vitrines de Noël s'animèrent selon le modèle new-yorkais de Macy's en 1883. En 1909, au Bon Marché à Paris, la première vitrine animée française présentait, grâce à des automates, la récente découverte du pôle Nord par Robert Peary. En 1951, les automates devinrent des marionnettes à fil ; à partir de 1960, on commença à utiliser des jouets en vente dans le magasin (peluches, poupées, trains électriques...).

◆ L'animation des quartiers commerçants est grande pendant l'Avent : les enfants rencontrent de souriants Pères Noël à qui ils se confient, et leurs parents s'adonnent au très ancien « gaspillage cérémoniel » qui se caractérise par de copieux repas et de nombreux cadeaux.

☛ **Avent, Cadeau, Crèche, Décoration, Desserts, Gaspillage cérémoniel, Illuminations, Marchés de Noël, Marionnettes, Mystères, Noël, Père Noël, Repas, Réveillon.**

VIVAT FLAMAND

Le « vivat flamand » (prononcer le « t » de vivat, *mot latin qui signifie « qu'il vive ! ») est une coutume répandue dans le nord de la France pour honorer les personnes fêtées à l'occasion de remise de médailles, fiançailles, mariage, anniversaire, etc. Généralement à la fin du repas, deux ou quatre convives tiennent une grande serviette blanche au-dessus de la tête du ou des récipiendaires, restés assis. L'assemblée est debout et chante un couplet farci (en français et en latin), tandis que l'on verse quelques gouttes de champagne ou de bière sur la serviette, arrosant ainsi – plus ou moins généreusement – les personnes fêtées.*

Le vivat flamand, inspiré par une chanson des soldats saxons qui ont occupé trois ans Tourcoing après la bataille de Waterloo (1815), aurait été chanté pour la première fois dans cette ville. Ce rite protecteur relève des aspersions porte-bonheur connues dans toute l'Europe, en particulier au moment du carnaval. L'utilisation savante dans l'acclamation de formes latines et françaises alternées, à l'image des couplets liturgiques qui connurent leur apogée aux IXe et Xe siècles, renforce la solennité de la coutume :

« Vivat, vivat semper, semper in æternum !
Qu'il vive, qu'il vive, qu'il vive à jamais,
Répétons, sans cesse, sans cesse,
Qu'il vive à jamais, en santé, en paix,
ce sont nos souhaits !
Vivat, vivat, semper, semper in æternum ! »

Tel le dais de la Fête-Dieu ou la « houppa » des mariages juifs qui symbolise le ciel et la protection divine, la serviette tendue au-dessus

de la tête des personnes fêtées a un rôle protecteur. Surprenant toujours les « étrangers », cette mise en scène théâtrale de formulation de vœux, associée à un ban, est un moyen d'affirmer son appartenance à la région : cette acclamation collective peut être ainsi considérée comme un rite d'agrégation.

☛ **Arrosage, Applaudissements, Aspersion, Champagne, Confettis, Toast (porter un).**

VŒUX

Voir Carte de vœux.

VOTIVE (fête)

La fête votive, lou voto *en provençal (du latin* votum, *« vœu »), est une fête de dévotion propre au midi de la France et à la Provence, en l'honneur du saint patron de la paroisse. Comme toute les fêtes patronales (pardons bretons, par exemple), elle donne lieu à des manifestations sacrées (messes, bénédictions, processions...) et profanes. Elle est appelée « vote » ou « voto » en Quercy, dans le Périgord et en Auvergne. Mais dans le Dauphiné et en Savoie, la fête patronale locale, la « vogue » tient son nom de l'allemand* wogen, *« se balancer », qui a donné aussi la « vague ».*

Comme la fête patronale, la fête votive prend ses origines dans les assemblées préchrétiennes qui détournaient du labeur quotidien et permettaient aux communautés de se rencontrer. Devenues communales, ces fêtes villageoises étaient organisées par les sociétés de jeunesse entre les périodes de grands travaux (fenaisons, moissons, vendanges).

◆ **La fête votive désigne toujours la fête patronale dans le sud de la France, même si, sous l'effet d'une laïcisation grandissante, les activités religieuses y sont devenues secondaires. Elle se caractérise par des bals, des concours de boules et de belote, ou par des défilés de vieilles voitures...**

L'ex-voto

- L'ex-voto – à ne pas confondre avec la fête votive – est un objet placé dans une église ou une chapelle, en remerciement d'un vœu exaucé ou d'une grâce obtenue après une prière. Cette appellation, qui date du XVIIe siècle, vient de l'expression latine *ex voto suscepto* (« suivant le vœu fait »).
- Le procédé est très ancien : l'archéologie en témoigne. Les guerriers de l'Antiquité grecque et romaine venaient déposer dans les temples leurs armes, les malades, des membres ou organes (bras, jambe, cœur...) en terre cuite, et les marins, des maquettes de navire.
- Les ex-voto vont de la simple plaque à la peinture votive qui rappelle l'événement (surtout aux XVIIIe et XIXe siècles) en passant par la maquette du bateau exécutée souvent par l'offrant lui-même.

☛ **Assemblée, Carillonnées (fêtes), Communale (fête), Itinéraire cérémoniel, Jeux, Pardons bretons, Patronale (fête), Procession, Romérage.**

WALPURGIS (nuit de)

La nuit de Walpurgis, connue en Alsace et dans les pays germaniques, correspond à l'ancienne nuit celtique de Belteine qui annonçait le retour de la saison chaude entre le 30 avril et le 1er mai, de la même façon que Halloween, veille de la Toussaint, a remplacé l'ancienne fête de Samain qui annonçait le retour de la saison froide. Son nom vient de sainte Walburge, princesse anglaise du VIIIe siècle, qui partit comme missionnaire en Allemagne sur les pas de saint Boniface et qui devint abbesse du couvent de Heidenheim. Sainte Walburge, patronne des paysans, était, dit-on, initiée aux arts magiques.

Cette nuit sacrée était redoutée car les sorcières et les êtres surnaturels étaient censés se réunir ; des feux rituels destinés à purifier l'atmosphère étaient allumés et on s'y rendait avec recueillement. En Alsace, on a longtemps parlé de cette nuit à mi-voix. Paradoxalement, encore au début du XXe siècle, on allait se promener en forêt la nuit venue pour la « cure de mai » *(Maikür)*, afin de profiter de la vitalité printanière ; on allait également danser dans des bals sylvestres qui témoignent de la fonction amoureuse de cette première nuit de mai.

◆ En Scandinavie et en Finlande, la nuit de Walpurgis, marquée par la magie et les sortilèges, inspire leurs déguisements de sorcières aux fillettes qui vont quêter de porte en porte au moment de Pâques, comme d'autres le font à Halloween. Dans plusieurs régions de France, cette nuit du 1er-Mai donne encore lieu à des coutumes liées à la végétation : pose de mais d'honneur ou de mais amoureux.

☛ **Feu de joie, Jean (Saint-), Halloween, 1er-Mai, Mais, Samain, Tournées cérémonielles, Toussaint.**

YOM KIPPOUR

Yom Kippour, jour du Grand Pardon, ou des Expiations, a lieu le 10 Thishré (septembre/octobre) dès le coucher du soleil, dix jours après la fête de Rosh Hashana, Nouvel An juif. Anticipation du jour du Jugement dernier, cette journée de retour à Dieu est la plus importante de l'année sur le plan liturgique.
Yom Kippour est précédé des journées de Techouva (jours de pénitence) qui, après Rosh Hashana, sont marquées par le jeûne de Guédal-Yâh en souvenir du meurtre, en 583 avant J.-C., de Guédalyâh, gouverneur de la Judée, par Ismaël, son rival.
Ces dix jours qui séparent Rosh Hashana de Yom Kippour, jours de repentir ou jours redoutables, constituent une période de retour sur soi.

Yom Kippour et Rosh Hashana sont des fêtes du premier groupe, promulguées par Dieu. À Babylone au VIe siècle avant J.-C., le rituel d'expiation, le cinquième jour du Nouvel An, comprenait l'immolation d'un bouc par le grand prêtre pour le pardon de ses péchés, suivie de celle d'un bouc pour les péchés du peuple. On garda longtemps l'habitude d'offrir deux boucs en sacrifice : l'un, pour Dieu, était immolé ; l'autre, pour Azazel (mot hébreu qui signifie « précipice »), le « prince des démons », était abandonné dans le désert. Ce bouc émissaire emportait avec lui les péchés du peuple.

- Le jour de Yom Kippour, « sabbat des sabbats », les interdictions sont nombreuses : s'abstenir de manger, de boire, de faire du feu ou de la cuisine, de se laver, de se frictionner, de mettre des chaussures en cuir (par humilité) et d'avoir des relations intimes. La journée est marquée par des prières, des confessions à voix haute, la lecture de la Thora, une prière pour les morts... Comme à Rosh Hashana, les synagogues sont décorées de blanc. La prière de clôture, la *Neila*, est le couronnement de Kippour. Lorsque c'est possible, la sonnerie du Shofar annonce la fin de la célébration. Le festin qui se tient le soir constitue une fête à part entière ; après avoir préalablement béni les bougies allumées la veille, on y déguste du poulet, symbole d'expiation. On fait parfois encore « Kapparot », la veille, en faisant tournoyer au-dessus de sa tête un coq pour les hommes, une poule pour les femmes, qui rappellent le bouc émissaire.
- Pour clore la fête, les préparatifs pour Soukkôth (qui débute quatre jours plus tard) et la construction de la cabane, la soukka, commencent.

☛ **Rosh Hashana, Sabbat, Soukkôth.**

FIN

Index thématique

Animaux
Boisson
Bruit, musique
Cadeaux
Calendrier
Celtiques (fêtes)
Chrétiennes (fêtes)
Communautaires (fêtes)
Danse
Déguisement, travestissement
Divertissements, jeux
Enfants
Étapes de la vie
Événements, spectacles
Gestes
Historiques, princières, politiques et nationales (fêtes)
Jeunesse
Juives (fêtes)
Lumière
Médailles, récompenses
Mer
Météorologie
Métiers
Mort
Musulmanes (fêtes)
Nourriture
« Personnages » mythiques
Professionnels de la fête
Récentes (fêtes)
Réceptions
Religion
Saisons
- printemps
- été
- automne
- hiver
Travaux agricoles et pastoraux
Végétaux

DIVERTISSEMENTS, JEUX

ENFANTS

ÉTAPES DE LA VIE

ÉVÉNEMENTS, SPECTACLES

GESTES

HISTORIQUES, PRINCIÈRES, POLITIQUES, ET NATIONALES (fêtes)

JEUNESSE

JUIVES (fêtes)

LUMIÈRE

MÉDAILLES, RÉCOMPENSES

TRAVAUX AGRICOLES ET PASTORAUX

VÉGÉTAUX

Bibliographie

La Bible de Jérusalem, Desclée de Brouwer, 1973.
Dictionnaire encyclopédique du judaïsme, 1996.
Encyclopaedia Universalis, 1987.
Encyclopédie du catholicisme.
Encyclopédie de l'islam, Ed. Maisonneuve, 1979.
Larousse encyclopédique, 2001.
Le Petit Robert (rédaction dirigée par A. Rey et J. Rey-Debove), Le Robert, 1985.
Théo. Nouvelle encyclopédie catholique, Droguet & Ardant/Fayard, 1989.

Agulhon (Maurice), *Marianne au combat*, Flammarion, 1979.
Akoun (André, dir.), *l'Europe. Mythes et traditions,* Brepols, 1990.
Alleau (René, dir.), *Guide de la France mystérieuse,* « Les Guides noirs », Tchou, 1964.
Armengaud (Christine), *le Diable sucré. Gâteaux, cannibalisme, mort et fécondité*, Ed. de La Martinière, 2000.
Auguet (Roland), *Fêtes et spectacles populaires,* Flammarion, 1974.
Bardout (Michèle), *la Paille et le Feu. Traditions vivantes d'Alsace,* Berger-Levrault, 1980.
Baroja (Julio Caro), *le Carnaval*, « Bibliothèque des histoires », Gallimard, 1979.
Barreyre (Jean), *Petite Histoire des marionnettes françaises*, Flammes et Fumées, 1968.
Battini (Jean) et Zaniewicki (Witold), *Guide pratique des décorations françaises actuelles*, Charles-Lavauzelle, 1998.
Beauviala (Anne-Christine) et Vielfaure (Nicole), *Fêtes, coutumes et gâteaux*, C. Bonneton Éditions, 1984.
Becker (Roland) et Le Gurun (Laure), *la Musique bretonne*, Coop Breizh, 1996.
Belmont (Nicole), *Mythes et croyances dans l'ancienne France,* Flammarion, 1973.
Belmont (Nicole), « Chanter et déchanter dans les chansons de quête », in *Ethnologie française*, « Paroles d'outrage », 1992.
Belmont (Nicole) et Lautman (Françoise) [dir.], *Ethnologie des faits religieux en Europe,* CTHS, 1993.
Bénichou (Hélène), *Fêtes et calendriers. Les rythmes du temps*, Mercure de France, 1992.
Benoist (Alain de), *Fêter Noël,* Atlas, 1984.
Bérenger-Féraud, *Traditions de Provence*, Jeanne Laffitte, 1983 (rééd. de l'Ed. de Paris, 1885).
Bernard (Daniel), « Les animaux gras du carnaval », in *la Bouinotte. Le magazine du Berry*, n° 7, 1984.
Bertrand (Régis), *Crèches et santons de Provence*, Ed. A. Barthélemy, Avignon, 1992.
Bicentenaire Gadz'Arts. Livre d'Or, Arts et Métiers, 1980.
Biguine (Michel), Cherry (Danielle), Confetti (Frédéric), *le Guide du savoir-fête,* Les Éditeurs Évidant, 1986.
Bois (Jean-Pierre), *Histoire des 14-Juillet 1789-1919,* Ed. Ouest-France, 1991.
Borgeaud (Philippe), *la Mère des dieux. De Cybèle à la Vierge Marie,* Seuil, 1996.
Boudignon-Hamon (Michèle) et Demoinet (Jacqueline), *Fêtes en France,* Ed. du Chêne, 1977.
Boulagnon (André), *la Signification spirituelle des fêtes juives*, Viens et Vois, 1985.
Bourgoing (Jacqueline de), *le Calendrier maître du temps ?*, « Découvertes », Gallimard, 2000.
Boyer (Régis), *les Religions de l'Europe du Nord,* Fayard-Denoël, 1974.
Boyer (Régis), *Héros et dieux du Nord. Guide iconographique*, Flammarion, 1997.
Bozon (Michel), *les Conscrits*, Berger-Levrault, 1981.
Brisebarre (Anne-Marie), *Bergers des Cévennes*, Berger-Levrault, 1978.
Brisebarre (Anne-Marie), « Saint Fleuret, priez pour nous, pauvres bestiaux », in *l'Univers du vivant,* n° 4, octobre 1985.
Broglie (Marie-Blanche de), *À la table des rois. Histoire et recettes de la cuisine française de François Ier à Napoléon III,* Le Pré aux Clercs, 1996.
Brunel (Jean-Paul) et Cazaux (Bernard), *Guide des ferias*, Calmann-Lévy, 1987.
Caillet (Armand), *le Folklore étampois commun à la Beauce, au Gâtinais et au Hurepoix*, Maisonneuve et Larose, 1967.
Canestrier (Paul), *Fête populaire et tradition religieuse en pays niçois*, Serre Éditeur, 1985 (rééd. 1948).
Cariou (André) et Le Stum (Philippe), *Pardons et pèlerinages de Bretagne,* Ed. Ouest-France, 1997.

Catalogue d'exposition *D'ours en ours,* Jardin des Plantes, Muséum d'histoire naturelle, Ed. du Muséum, 1988.
Catéchèse orthodoxe, *Les fêtes et la vie de Jésus-Christ. 1. L'Incarnation*, Ed. du Cerf, 1985.
Centre de ressources musique et danse, *Histoires de bal. Vivre, représenter, recréer le bal,* Cité de la musique, 1998.
Cesco (Federica de), *Cent Belles Fêtes d'Europe,* Hatier, 1980.
Charpentreau (Jacques) et Vernillat (France), *Dictionnaire de la chanson française*, Larousse, 1968.
Chevalier (Jean) et Gheerbrant (Alain), *Dictionnaire des symboles,* Robert Laffont, 1969.
Chevalier (Sophie) et Monjaret (Anne), « Dons et échanges dans les sociétés marchandes contemporaines », in *Ethnologie française,* « Les cadeaux : à quel prix ? », 1998.
Clébert (Jean-Paul) et Aoun (Josiane), *les Fêtes provençales*, Aubanel, 2001.
Coirault (Michel), *Pour connaître les fêtes juives, chrétiennes, musulmanes,* Ed. du Cerf, 1991.
Colinon (Maurice), *Guide de la France religieuse et mystique*, Ed. du Centurion/ Tchou, 1969.
Cosson (Gabrielle), *Inventaire des dictons des terroirs de France*, Larousse, 1998.
Coursault (René), *le Folklore de la Touraine,* Maisonneuve et Larose, 1972.
Cuisenier (Jean), *la Tradition populaire,* « Que sais-je ? », PUF, 1995.
Daniel-Rops, *les Évangiles de la Vierge*, Robert Laffont, 1968.
Darbon (Sébastien), « Une troupe de majorettes en France », in *Ethnologie française,* « Mélanges », 1993.
Deguchi (Masatoshi), *la Fête populaire en Languedoc. Des traditions en mouvement,* mémoire de maîtrise, Université de Montpellier-III, 1999.
Delcambre (Anne-Marie), *Mahomet. La parole d'Allah,* « Découvertes », Gallimard, 1987.
Delmas (Jean), *les Saints en Rouergue. Enquête sur les pèlerinages et les dévotions populaires,* Musée du Rouergue, 1986.
Delmas (Jean), *le Cap de Jouven, le droit de barres et le tribunal de la Corne à propos de la fête de Saint-Rome de Tarn dite des Cornards*, Association des amis du musée du Rouergue, 1996.
Delmas (Jean), « Le droit de barre », in *Bulletin du Cercle généalogique du Rouergue*, n° 24, avril 1998.
Delpierre (Madeleine), *Uniformes civils français. Cérémonial, circonstances, 1750-1980,* catalogue d'exposition, Musée de la Mode et du Costume, 1982.
Delumeau (Jean), *Rassurer et protéger. Le sentiment de sécurité dans l'Occident d'autrefois,* Fayard, 1989.
Denise (Jean), *Carnaval dunkerquois*, Westhoek éditions, 1984.
Desplat (Christian), *Charivaris en Gascogne, la « morale des peuples » du XVIe au XXe siècle*, Berger-Levrault, 1982.
Detournay (Jean-Paul), *Nogent-le-Roi et son canton. Étude historique*, Jean Grassin Éditeur, 1984.
Deyts (Simone, dir.), *À la rencontre des dieux gaulois. Un défi à César*, catalogue d'exposition, Musée des Antiquités nationales de Saint-Germain-en-Laye, 1998.
Doerflinger (Marguerite) et Leser (Gérard), « À la quête de l'Alsace profonde. Rites, traditions, contes et légendes », SAEP, Ingersheim-Colmar, 1986.
Dontenville (Henri), *la Mythologie française*, Payot, 1948.
Dontenville (Henri), *les Dits et récits de mythologie française*, Payot, 1950.
Dubois (Jean), Mitterand (Henri) et Dauzat (Albert), *Dictionnaire étymologique*, Larousse, 2001.
Duchet-Suchaux (Gaston) et Pastoureau (Michel), *la Bible et les saints. Guide Iconographique,* Flammarion, 1990.
Dufour (Louis), *Calendriers et croyances populaires*, Librairie d'Amérique et d'Orient, 1978.
Dumézil (Georges), *la Religion romaine archaïque,* Payot, 1974.
Dumézil (Georges), *Fêtes romaines d'été et d'automne,* Gallimard, 1975.
Dumont (Louis), *la Tarasque. Essai de description d'un fait local d'un point de vue ethnographique*, Gallimard, 1951.
Dumur (Guy, dir.), « Histoire des spectacles », in *Encyclopédie de la Pléiade*, Ed. Gallimard, 1965.

Dupé (Marie-Odile, dir.), « Bizutages », in *Panoramiques*, Corlet, 1992.
Duret (Évelyne), *Fêtes de Haute-Provence. Calendrier illustré et commenté,* Jeanne Laffitte, 1981.
Duvignaud (Jean), *Fêtes et civilisations*, Librairie Weber, 1973.
Duvignaud (Jean), *l'Acteur*, Écriture, 1993.
Eiguer (Alberto), Leprince (Christine) et Baruch (Florence) [dir.], *la Fête de famille*, Press Éditions, 1998.
Eliade (Mircea), *Traité d'histoire des religions*, Payot, 1949.
Fabre (Daniel), « Occitanie, des rites que l'on croyait perdus », in *Autrement,* n° 7 (« La fête, cette hantise »), 1976.
Fabre (Daniel), *Carnaval ou la Fête à l'envers,* « Découvertes », Gallimard, 1992.
Flandrin (Jean-Louis) et Montanari (Massimo) [dir.], *Histoire de l'alimentation*, Fayard, 1996.
Floch (Marcel) et Peru (Fanch), *Jeux traditionnels de Bretagne*, Skol Uhel ar Vro, 1987.
Frazer (James George), *le Rameau d'or,* " Bouquins ", Robert Laffont, 1981-1984 (rééd. 1915, 1925...).
Frélaut (Bertrand), *Fiançailles et noces en Bretagne*, Ed. Ouest-France, 2002.
Frémy (Dominique et Michèle), *Quid 2002*, Robert Laffont et Dominique Frémy, 2001.
Gaignebet (Claude) et Florentin (Marie-Claude), *le Carnaval,* « Le Regard de l'histoire », Payot, 1974.
Gandouin (Jacques), *Guide du protocole et des usages*, Stock, 1988.
Garanger-Lepagnol (C.), *Carnavals et mascarades*, Bordas, 1988.
Giraudon (Daniel), « La chasse au roitelet », in *Ar Men*, n° 90, décembre 1997.
Giroux (Françoise), Grinberg (Martine), *Carnavals et fêtes d'hiver*, Centre-Pompidou, EDILEC, 1984.
Gordon (Pierre), *les Fêtes à travers les âges : leur unité. L'origine des calendriers,* Arma Artis, 1983.
Gordon (Pierre), « Le rituel et le sacramental, origines de toutes les fêtes », in *Atlantis*, n° 394, *(« Les Fêtes. Du rite sacré à la liesse profane »)*, 1998.
Gourarier (Zeev, dir.), *les Français et la table*, Réunion des Musées nationaux, 1985.
Grande Chancellerie de la Légion d'honneur, *l'Ordre de la Légion d'honneur à l'aube du IIIe millénaire*, Lavauzelle, 1996.
Grisel (Catherine) et Niel (André), *Hommes et traditions populaires en Normandie*, Martelle Éditions, 1998.
Groshens (Marie-Claude), « La pratique théâtrale foraine. Contribution à l'étude de la fête marchande », in *Ethnologie française,* 1987.
Grosz (Pierre), *la Grande histoire de la chanson française et des chansons de France,* Ed. France Progrès, 1997.
Gründ (Françoise) et Lelagadec (Anne), *le Masque et les cinq mondes*, Maison des cultures du monde-EPAD, 1988.
Gueusquin (Marie-France), *Cités en fête,* Réunion des Musées nationaux, 1992.
Gueusquin (Marie-France) et Mestayer (Monique), *Gayant. Fêtes et géants de Douai,* in *Documents d'ethnographie régionale du Nord-Pas-de-Calais*, n° 5, Douai, 1998.
Gueusquin-Barbichon (Marie-France), « Protection des personnes et des espaces dans un village du Morvan », in *Ethnologie française*, 1981.
Guez (Gérard, dir.), *Fêtes du monde. Europe,* Ed. du Moniteur, 1980.
Hamman (A.-G.) et Frot (Yves), *l'Année en fêtes. Les Pères commentent la liturgie de la Parole*, « Bibliothèque », Migne, 2000.
Hell (Bertrand), *le Sang noir. Chasse et mythe du sauvage en Europe*, « Champs », Flammarion, 1994.
Hersart de La Villemarqué (Théodore), *Barzaz-Breiz. Chants populaires de la Bretagne*, Librairie académique Perrin, 1943 (rééd. 1838).
Isambert (François-André), *le Sens du sacré. Fête et religion populaire,* Ed. de Minuit, 1982.
Joannis-Deberne (Henri), *Danser en société. Bals et danses d'hier et d'aujourd'hui*, Bonneton, 1999.
Joisten (Charles, dir.), *Religion populaire. Dauphiné, Savoie, Provence, Cévennes, Valais, Vallée d'Aoste, Piémont*, le Monde alpin et rhodanien, 1977.
La Baume (Renaud de), *le Guide familier des fêtes de France*, Ed. La Boëtie/Les Deux Coqs d'Or, 1981.

Lacombe (Philippe), « Corps, culture, religion : la dimension profane des pardons bretons », in *Ethnologie française, 2000.*

Lançon (Bertrand), *Rome dans l'Antiquité tardive (312-604 après J.-C.),* « La Vie quotidienne », Hachette Livre, 1995.

Langlois (Gilles-Antoine), *Jours de fête, de Tivoli à Eurodisneyland*, Ed. Syros-Alternatives, 1992.

Laroche (Claire), *l'Album du mariage. Amours, délices et noces*, Horay, 1996.

Laurent (Donatien) et Le Guirriec (Patrick) [dir.], *Du folklore à l'ethnologie en Bretagne*, Ier colloque d'ethnologie bretonne, Ed. Beltan, 1989.

Lautman (Françoise), *Religions et traditions populaires,* Réunion des Musées nationaux, 1979.

Lautman (Françoise), « Cultes officiels et pratiques populaires. Emprunts réciproques et modèles de variation », in *Ethnologie française,* 1981 ; « Les ostensions limousines », in *Ethnologie française*, 1983 ; « La fête locale », in *Ethnologie française,* 1987.

Lautman (Françoise), *Crèches et traditions de Noël,* Réunion des Musées nationaux, 1986.

Le Braz (Anatole), *Magies de la Bretagne,* « Bouquins », Robert Laffont, 1996 (rééd. 1893).

Lebrun (Françoise), *Le livre de Noël,* Robert Laffont, 1983.

Lebrun (Françoise), *Le livre de Pâques,* Robert Laffont, 1986.

Lebrun (Françoise), *Le livre de l'anniversaire*, Robert Laffont, 1987.

Lefranc (Georges), *Histoire du travail et des travailleurs,* Flammarion, 1975.

Le Gall (Jean-André), « Pardons et foi populaire », in *Ar Men*, n° 60, 1994.

Le Gall (Robert), *Dictionnaire de liturgie,* CLD, 1982.

Le Gall (Robert), *les Symboles catholiques*, Ed. Assouline, 1999 (rééd. 1996).

Le Goffic (Charles), *Fêtes et coutumes populaires*, Librairie Armand Colin, 1911.

Lepagnol (Catherine), *Biographies du Père Noël,* Hachette, 1979.

Lericolais (Jean-Jacques), « Reines d'un jour », in *la Bouinotte. Le magazine du Berry,* n° 13, 1985.

Le Roux (Françoise) et Guyonvarc'h (Christian-J.), *les Druides,* Ed. Ouest-France, 1986.

Le Roux (Françoise) et Guyonvarc'h (Christian-J.), *les Fêtes celtiques,* Ed. Ouest-France « Université », 1995.

Le Rouzic (Zacharie), *Carnac. Légendes, traditions, coutumes et contes du pays*, La Découvrance, 1995 (rééd. 1924).

Le Sacher (Alain-François), *Fêtes et traditions : leur origine au fil des mois*, Ed. Ouest-France, 1987.

Leser (Gérard), *Noël-Wihnachte en Alsace,* Ed. du Rhin, Mulhouse, 1989.

Lévi-Strauss (Claude), « Le Père Noël supplicié », in *les Temps modernes* , n° 77, 1952.

Le Wita (Béatrix), *Ni vue, ni connue. Approche ethnographique de la culture bourgeoise,* Ed. Maison des sciences de l'homme, 1988.

Ligou (Daniel), *Dictionnaire de la franc-maçonnerie*, PUF, 1987.

Lopez (Noël), « Karaoké et play-back, un orchestre à votre disposition », in *Écouter Voir*, n° 114/115, juin-juillet 2001.

Loux (Françoise), *l'Homme et son corps dans la société traditionnelle*, Réunion des Musées nationaux, 1978.

Loux (Françoise), *l'Ogre et la dent*, Berger-Levrault, 1981.

Mabille de Poncheville (A.), *Fêtes carillonnées*, Librairie académique Perrin, 1929.

Machelart (Félicien),*le Saint-Cordon en cent mots-clés,* Ed. Les Imaginaires, 1999.

Malnic (Évelyne), *Guide des fêtes viticoles*, Ed. Fleurus, 2002.

Marais (Jean-Luc), *les Sociétés d'hommes*, Jean-Luc Marais/Éditions Ivan Davy, 1986.

Marion (F.), *Légendes et traditions populaires de la Côte-d'Or (étude de folklore),* Publications Lumière, 1929.

Marson (Pascale), *le Guide des religions et de leurs fêtes*, Presses de la Renaissance, 1999.

Martimort (Aimé Georges), *l'Église en prière,* t. IV « La liturgie et le temps », Desclée, 1983.

Martin (Philippe), *les Chemins du sacré. Paroisses, processions, pèlerinages en Lorraine du XVIe au XIXe siècle,* Ed. Serpenoise, 1995.

Martin (Philippe-Henri), *Jours de fête. Le guide agenda des fêtes, ferias, foires, cérémonies et concours insolites en France,* Arléa, 1995.

Méchin (Colette), *Saint Nicolas. Fête et traditions populaires,* Berger-Levrault, 1978.

Meesters (Brigitte), *Guide 2001 du mariage. Le carnet du jour du Figaro,* Marabout, 2001.

Menon (Pierre-Louis) et Lecotté (Roger), *Au village de France. Les traditions, les travaux, les fêtes,* Ed. Bourrelier & Cie, Ch. de Bartillat Éditeur, 1993 (rééd. 1945).

Mercier (Ève) et Barraud (Jean), *Peuples en fête. Carnavals et fêtes chrétiennes,* « Les hommes et leurs dieux », Larousse, 1981.

Monjaret (Anne), *la Sainte-Catherine. Culture festive dans l'entreprise,* Ed. du CTHS, 1997.

Moscati (Sabatino, dir.), *les Celtes,* Stock, 1997.

Mozzani (Éloïse), *le Livre des superstitions, mythes, croyances et légendes,* « Bouquins », Robert Laffont, 1995.

Nicolas (Émile), *la Pêche au poisson d'avril,* Le Vieux Papier, 1984.

Noël (Marie-France), « De l'origine du cadeau », in *Ethnologie française, « Les Cadeaux : à quel prix ? »,* 1998.

Panoff (Michel) et Perrin (Michel), *Dictionnaire de l'ethnologie,* « Petite Bibliothèque », Payot, 1973.

Pastoureau (Michel), *les Emblèmes de la France,* Ed. Bonneton, 1998.

Pastoureau (Michel), Verroust (Jacques) et Buren (Raymond), *le Cochon. Histoire, symbolique et cuisine du porc,* Ed. Sang de la Terre, 1987.

Pelt (Jean-Marie), *Fleurs, fêtes et saisons,* Fayard, 1988.

Perrot (Martyne), *Ethnologie de Noël. Une fête paradoxale,* Grasset et Fasquelle, 2000.

Perrot (Martyne), *Noël,* « Idées reçues », Le Cavalier bleu, 2002.

Perrot (Martyne), *Sous les images, Noël !,* Seuil, 2002.

Pillement (Georges), *Paris en fête,* Grasset, 1972.

Plessix (René), *Paysans du Maine dans la France ancienne,* Ed. Horvath, 1986.

Porte (Danielle), *les Donneurs de sacré, le prêtre à Rome,* Les Belles Lettres, 1989.

Postic (Fanch), « La Saint-Jean en Finistère. Richesse et gravité d'un rituel », in *Ar Men,* n° 8.

Poupard (Paul, dir.), *Dictionnaire des religions,* PUF, 1993.

Prado (Patrick), « Fêtes globales, fêtes locales. Autour d'Halloween », in *Ethnologie française,* « Pliures, Coupures, Césures du temps », 2000.

Praneuf (Michel), *l'Ours et les hommes dans les traditions européennes,* Ed. Imago, 1989.

Py (Christiane) et Ferenczi (Cécile), *la Fête foraine d'autrefois. Les années 1900,* La Manufacture, 1987.

Réau (Louis), *Iconographie de l'art chrétien,* PUF, 1955-1959.

Robert (Maurice), « Coutumes champenoises. Les “mais aux filles”. Les farces du 1er mai dans les vallées de la Blaise et du Blaiseron (Haute-Marne) », in *Arts et traditions populaires,* Maisonneuve et Larose, n° 3, 1966.

Royer (Claude), *les Vignerons. Usages et mentalités des pays de vignobles,* Berger-Levrault, 1980.

Saadi-Mokrane (Djamila), *Sociétés et cultures enfantines* (textes réunis par l'auteur), Ed. du Conseil scientifique de l'université Charles-de-Gaulle, Lille-III, 2000.

Saban (Giacomo, dir.), *les Fêtes juives. Traditions et cuisines,* J.-C. Lattès, 1991.

Schmidt (Joël), *Dictionnaire de la mythologie grecque et romaine,* Larousse, 1965.

Schmitt (Jean-Claude), *les Revenants. Les vivants et les morts dans la société médiévale,* Gallimard, 1994.

Schwabe (Éric), *Fêtes et traditions en Suisse,* Avanti, 1984.

Sébillot (Paul), « Les eaux douces », in *le Folklore de France,* Ed. Imago, 1983 (rééd. 1904-1906).

Sébillot (Paul), « La mer », in *le Folklore de France,* Ed. Imago, 1983 (rééd. 1904-1906).

Sébillot (Paul), « La faune », in *le Folklore de France,* Ed. Imago, 1984 (rééd. 1904-1906).

Sébillot (Paul), « La flore », in *le Folklore de France,* Ed. Imago, 1985 (rééd. 1904-1906).

Sébillot (Paul), *le Folklore des pêcheurs,* Ed. L'Ancre de Marine, Bertrand de Quénétain, 1997 (rééd.).

Sébillot (Paul-Yves), *la Bretagne et ses traditions*, Maisonneuve et Larose, 1997 (rééd. 1968).
Segalen (Martine), *les Confréries dans la France contemporaine. Les charités*, Flammarion, 1975.
Segalen (Martine), *Rites et rituels contemporains,* Nathan Université, 1998.
Segalen (Martine), « Où est déposée la liste ? Une enquête sur les cadeaux de mariage », in *Ethnologie française, « Les Cadeaux : à quel prix ? »,* 1998.
Segalen (Martine) et Chamarat (Josselyne), « La rosière et la Miss : les reines des fêtes populaires », in *L'Histoire*, n° 53, février 1983.
Segalen (Martine) et Chamarat (Josselyne), *Amours et mariages dans l'Ancienne France,* Berger-Levrault, 1981.
Seignolle (Claude), *le Folklore du Languedoc, Gard-Hérault-Lozère,* Maisonneuve et Larose, 1977.
Seignolle (Claude), *le Folklore de la Provence*, Maisonneuve et Larose, 1980.
Seignolle (Claude), *le Berry traditionnel,* Maisonneuve et Larose, 1990.
Seignolle (Claude et Jacques), *le Folklore du Hurepoix. Mœurs et coutumes d'Île-de-France,* Maisonneuve et Larose, 1978.
Sidro (Annie), *le Carnaval de Nice et ses fous, Paillassou, Polichinelle, Triboulet*, Ed. Serre, 1979.
Sike (Yvonne de), *Fêtes et croyances populaires en Europe,* Bordas, 1994.
Sike (Yvonne de), *les Masques*, « Rites et symboles en Europe », Ed. de La Martinière, 1998.
Surrault (Jean-Pierre), « Quand Châteauroux célébrait le pot aux roses », in *Berry, une terre à découvrir*, n° 12, 1989.
Tardivon (Jacqueline), *Usages et coutumes en Brenne,* Royer, 1991.
Tremaud (Hélène), « Les joutes provençales », in *Arts et traditions populaires,* n° 4, 1970.
Tryon-Montalembert (Renée de), « Les fêtes d'automne et la liturgie chrétienne », in *Rencontre*, n° 62, 1979.
Vallery-Radot (Maurice),*l'Église des premiers siècles*, Perrin, 1999.
Van Gennep (Arnold), *le Folklore,* Librairie Stock, 1924.
Van Gennep (Arnold), *Manuel de folklore français contemporain,* t. I, vol. 1 à 7, Picard, 1943-1958.
Van Gennep (Arnold), *les Rites de Passage*, Picard, 1981 (réimpression de l'édition 1909).
Van Gennep (Arnold), Guichard (Bernadette), *Manuel de folklore français contemporain,* t. I, vol. 8, Picard, 1988.
Verdier (Yvonne), « Le langage du cochon », in *Ethnologie française*, 1977.
Verdier (Yvonne), *Façons de dire, façons de faire. La laveuse, la couturière, la cuisinière,* Gallimard, 1979.
Vigarello (Georges), *Passion sport. Histoire d'une culture,* Les Éditions Textuel, 2000.
Villette (Jean), *le Guide de Chartres,* La Manufacture, 1988.
Vincent (Michel), *la Magie de la crèche*, Krippana, 1999.
Vloberg (Maurice), *les Noëls de France*, B. Arthaud, 1938.
Vloberg (Maurice), *les Fêtes en France*, B. Arthaud, 1942.
Vovelle (Michel), *les Métamorphoses de la fête en Provence de 1750 à 1820*, Aubier-Flammarion, 1976.

Périodiques

Autrement, « La fête, cette hantise... », n° 7, novembre 1976.
Courrier de l'Unesco, « Le Nouvel An », n° 1, janvier 1956 ; « Que la fête continue ! », décembre 1989.
En Coutère, « Saint-Nicolas-de-Véroce. Histoire d'un village », n° 15, 1994 et
« Saint-Nicolas-de-Véroce. La force des familles », n° 17, 1996.
Le Monde de la Bible, « Les Rois mages », n° 85, novembre-décembre 1993.
Notre histoire, « L'aventure du calendrier », n° 118, janvier 1995 ; « Tabous et interdits », n° 149, novembre 1997 ; « Le Moyen Âge en fête », n° 155, mai 1998.

Sites Internet :

bottin.mondain.com ;

barbier-rd.nom.fr
Laurianne Barbier, « Les guinguettes des bords de Marne et l'imaginaire (de Joinville-le-Pont à Chelles). Émergence d'un loisir de masse à la Belle Époque », 1996-1997 ;

cybertribe02.free.fr
Université québécoise, « Analyse sociologique et psychologique de la rave-party et du mouvement techno » ;

et d'intéressants sites personnels.

CRÉDITS PHOTOGRAPHIQUES

Page 23 : Ph. Coll. © Archives Larbor, Bibliothèque nationale de France, Paris.
Page 24 : © British Library, British Library, Londres.
Page 49 : Ph. Coll. © Archives Larbor, Bibliothèque nationale de France, Paris.
Page 50 : Ph. Philip Bernard © Archives Larbor,
Musée d'art, d'histoire et de folklore, Cassel.
Page 79 : Ph. Michel Didier © Archives Larbor, Musée Carnavalet, Paris.
Page 80 : Ph. Studio Le Monnier © Archives Larbor, Musée Baron Gérard, Bayeux.
Page 119 : © Archives Photeb, Bibliothèque nationale de France, Paris.
Page 120 : © du Musée, Musée des Beaux-Arts, Rennes.
Page 197 : Ph. Scala © Archives Larbor, Palais Medicis Riccardi, Florence.
Page 198 : © Bridgeman-Giraudon, Rafael Valls Gallery, Londres.
Page 223 : © Bridgeman-Giraudon, Residenz Wurzbrug, Allemagne.
Page 224 : © Bridgeman-Giraudon, National Gallery of Scotland, Édimbourg.
Page 269 : © Bridgeman-Giraudon, The Illustrated London News Picture Library, Londres.
Page 270 : © Bridgeman-Giraudon, Musée des Beaux-Arts, Budapest.
Page 301 : © Bridgeman-Giraudon, Musée du Louvre, Paris.
Page 302 : © Bridgeman-Giraudon, Musée Jeanne D'Aboville, La Fere.
Page 321 : © Coll. Archives Nathan, Bibliothèque nationale de France, Paris.
Page 322 : Ph. Hubert Josse © Archives Larbor, Musée du Louvre, Paris.

Les vignettes et gravures sur bois illustrant ce livre
ont été réunies par Jérôme Faucheux. Elles sont tirées d'ouvrages anciens,
comme *Le Magasin pittoresque* et les catalogues de la Manufacture de Saint-Étienne.
Elles proviennent de collections privées
mais aussi du fonds typographique Deberny et Peignot,
des séries de vignettes de Thomas Bewick (1753-1828) et de William Dodd (1862)
chez Dover, ainsi que d'ouvrages d'époque.
Remerciements particuliers à tous les anonymes des siècles passés
qui copièrent, recopièrent et gravèrent les bois, lettrines et cul de lampe
de Dürer, Cranach, Gavarni, Granville... utilisés ici.

Remerciements

Que soient remerciés :
l'équipe éditoriale de Larousse, en particulier Marie-Hélène Trouvelot,
Jules Chancel et Véronique Tahon ;
le maquettiste, Jérôme Faucheux ;
Jean-Foulques, Justine et Agathe Cretin, pour leur aide et leur patience ;
et, pour des services rendus à des degrés divers,
Aharon Altabé,
Michel Allard,
Annie Bindschedler,
Élisabeth Bourgois,
Nicole Bouvier,
Pascale Bourdet (*le Figaro*, « Le carnet du jour »),
Bernard de Charentenay,
Christel Chargelègue,
André Desnoyers,
Roland Dhordain (France Inter),
Loïc Dupont,
Brieuc Dupont pour son illustration du *14-Juillet*,
Brigitte Dupont-Selmer,
R.P. Jean Evenou,
Catherine et Hélène Fromilhague,
Jonathan Giné,
Pierre Huguet,
Anne Isambert,
Jean-Marc Lanois, trompette de la Garde républicaine,
François Levaxelaire,
Jeannine Merlino d'Auzon (Haute-Loire),
Carole Morris,
Pejvack Motlagh,
Gilles Pech de Laclause (promotion Colonel-Cazeilles, Saint-Cyr),
Karine Picot,
Anne-Marie de Sloovère,
Aymeric de Vachon
et les aimables personnels de l'hôpital Cochin (pavillon Ollier)
et de l'hôtel *Repotel* de Fontenay-aux-Roses.

Achevé d'imprimer en février 2003
par Mame Imprimeur à Tours
Dépôt légal mars 2003
Imprimé en France *(Printed in France)*
N° projet : 10080378